Basic Marketing Research:
Customer Insights and Managerial Action

工商管理经典译丛 · 市场营销系列
Business Administration Classics·*Marketing*

营销调研基础

〔第8版〕
Eighth Edition

汤姆 · 布朗（Tom J. Brown）
特蕾西 · 苏特（Tracy A. Suter） / 著
小吉尔伯特 · 丘吉尔（Gilbert A. Churchill, Jr.）
景奉杰　杨　艳 / 译

中国人民大学出版社
· 北京 ·

工商管理经典译丛·市场营销系列

出 版 说 明

随着我国市场经济的不断深化，市场营销在企业中的地位日益突出，高素质的市场营销人才也成为企业的迫切需要。中国人民大学出版社早在 1998 年就开始组织策划了“工商管理经典译丛·市场营销系列”丛书，这是国内第一套引进版市场营销类丛书，一经推出，便受到国内营销学界和企业界的普遍欢迎。

本丛书力图站在当代营销学教育的前沿，总结国际上营销学的最新理论和实践发展的成果，所选图书均为美国营销学界有影响的专家学者所著，被美国乃至世界各国（地区）的高校师生和企业界人士广泛使用。在内容上，涵盖了营销管理的各个重要领域，既注意与国内营销学相关课程配套，又兼顾企业营销的实际需要。

市场营销学是实践性很强的应用学科，随着我国企业营销实践的日渐深入和营销学教育的快速发展，本丛书也不断更新版本，增加新的内容，形成了今天呈现在读者面前的这一较为完善的体系。今后，随着营销学的发展和实践的积累，本丛书还将进行补充和更新。

在本丛书选择和论证过程中，我们得到了国内营销学界著名专家学者的大力支持和帮助，原我社策划编辑闻洁女士在早期的总体策划中付出了大量的心血，谨在此致以崇高的敬意和衷心的感谢。最后，还要特别感谢为本丛书提供版权的培生教育出版集团、约翰威立公司、麦格劳-希尔教育出版公司、圣智学习出版公司等国际著名出版公司。

希望本丛书对推动我国营销人才的培养和企业营销能力的提升继续发挥应有的作用。

中国人民大学出版社

译者序

营销调研是一项复杂的专业性很强的调研活动，旨在提供有用信息以辅助和指导组织或个人进行科学有效的管理决策。在新的数据类型和数据来源快速涌入该领域的形势下，传统调研方法和技术面临严峻挑战，新的变化给调研行业带来颠覆性的组织变革和浴火重生的机会。

作为从事营销调研教学且持续关注营销调研行业发展20余年的营销学者，我们欣喜地看到，由三位国际上营销调研领域久负盛名的大师汤姆·布朗（Tom J. Brown）、特蕾西·苏特（Tracy A. Suter）和小吉尔伯特·丘吉尔（Gilbert A. Churchill，Jr.）联袂编写的《营销调研基础》（第8版）面世，感到相见恨晚却恰逢其时，我们如获至宝，迫不及待地将其呈现给中国从事营销调研教育的专家和学生，以及调研机构和行业的研究者和管理者，希望能够带给使用者同样的惊喜。

本书具有三个鲜明的特点：

1. 使用者导向。本书的使用者包括营销调研专业的教师和学生。考虑到调研行业内的相关培训和自学，提供了一个营销调研过程的基本框架，并通过举例和“经理关注”专栏等多样化手段增强讲授和学习的效果和良好体验。

2. 决策者导向。与很多产品导向和技术导向的书籍不同，本书不仅深入讲述各种基础调研方法和技术，顺应调研行业发展专门设置“大数据”章节，而且关注调研结果对管理决策的影响。

3. 实践者导向。实践者导向可以视作使用者导向和决策者导向的融合与延伸。学习的最终目的是应用，本书强调实务操作和实践应用，力图通过真实的例子为使用者讲解如何在特定环境中运用本书的知识，锻炼他们解决实际问题的能力。

最后，借《营销调研基础》（第8版）中译本出版的机会，向一直给予关心和支持的市场营销、管理学界和营销调研行业的同仁和朋友表示衷心的感谢！祝营销调研行业在中国健康持续发展。

前言

《营销调研基础》（第8版）是针对大学本科学生、管理导向的研究生或者任何想要了解营销调研过程的人提供的这一学科的入门介绍。我们旨在出版一本可读性强的书，能够描绘出收集信息的调研员和使用信息的营销经理对信息收集功能的一般看法。

营销调研是一项复杂的工作。新的数据类型和数据来源快速涌入该领域，使得信息收集的过程更加复杂。在这样的形势下，营销管理者需要考虑所有相关的数据来源，首先寻找内部的二手数据，其次寻找可用的外部数据。只有在以上数据都不存在的情况下，才会想办法收集原始数据。这本书之前的版本主要侧重于收集和分析原始数据，本书中大部分内容依旧保留这个侧重点，因为从某种意义上来说，所有数据在初始收集时都是原始数据。然而，我们在本书中开始着力强调可用的二手数据的重要性。我们意识到产业界正在将大量精力和资源转移到分析大量的公司数据资源。为了收集到正确的、有效的信息我们需要回答很多问题和做出大量决定。

《营销调研基础》（第8版）为我们在收集和分析数据进行营销分析时必须要做出的选择和决定提供了一个框架。这一点非常重要，因为调研过程中任何一个阶段所做的决定都可能会影响到其他阶段。管理者和营销调研员都需要重视调研过程中各个部分之间的关系，这样他们才能对特定的调研结果有信心。

结构

《营销调研基础》（第8版）试着通过将调研问题的过程分成应当遵守的几个基本阶段来为优秀的营销经理和积极的营销调研员提供帮助。这些过程大致包括四个阶段：

1. 界定问题
2. 数据收集
3. 数据分析
4. 信息汇报

每个阶段细分为不同的主题，使得本书更容易让读者消化吸收。比如，我们用11章讨论数据收集过程，最开始从企业决策支持系统中检索已有数据到从外部二手数据来源中检索已有数据，再到在必要情况下收集原始数据。我们为这本书搭建结构时，顺应趋势强调了管理者在寻找有用信息时必须做出的关键决定。如果管理者知道他们需要的信息是什么（界定问题的关键方面），那么关键决定则涉及定位需求信息的来源。在调研行业中，越来越多的精力和资源已经转移到利用二手数据（已有数据）解决问题。本书意识到这种趋势，并专门将利用已有数据解决问题作为一个独立的部分，包括使用大数据（专门一章)。然而，我们仍然在本书的大部分内容中阐述高效收集原始数据。

主要特点

《营销调研基础》(第 8 版）有几大特点能够增强教和学的体验。我们的意图是，不仅向读者提供各种各样的营销调研方法，而且要读者理解每种方法都有各自的优缺点。我们希望通过这种理解使经理和学者能够创造性地运用各种方法，并能够客观评价营销调研的各个过程。其他重要特点如下。

开篇案例 本书的每一篇都是从一个与营销调研有关的商业案例开始的。这样做的目的是通过呈现真实案例激发读者的兴趣和注意力。开篇案例通常与该篇包含的章节呈现的内容直接相关。案例包括索尼和尼尔森联手调查电视收视情况（第1篇)；如何将数据可视化工具应用于海量大学足球球员招募数据（第 2 篇)；Wisdom 如何用于呈现目前前 20 大品牌的美国粉丝的政治倾向（第 5 篇)。

学习目的 在每一章开始都强调了本章学习目标。每章的小结又对本章的重点进行了回顾。

经理关注 每一章中的这个专栏都能让读者更好地理解营销经理是如何处理某一特定的信息。目的是强调调研过程中营销经理的角色并提供导向以达到最佳效果。在 Cedarville 大学教营销调研的乔恩·奥斯汀（Jon Austin）有厚实的与企业客户共事的背景，他为经理关注的大部分写作提供了建议。

经理关注强调了本书的一个关键的不同之处——我们赞成管理有用性以及对深层技术复杂性的理解。这并不是说我们不欣赏诸如大数据集成分析、抽样以及复杂的统计分析之类的主题，我们只是认为作为初始课程，与从大数据分析的探索性调研到客户行为洞察到原始数据收集和统计分析等每一项内容相比，更为重要的是，了解营销调研中与关键决策相关的基本应用，何时何因应用特定的分析技术，以及如何解读分析结果。关于本书大部分内容的更深入的知识可以参考现有的高等课程和教材。

关键术语 通篇关键术语用黑体字标出，每章最后还附有完整的关键术语。

调研之窗 调研之窗展示了在营销调研世界里发生的事情，讲述了在现实中公司的问题并给出解决建议。调研之窗试图利用每章的主题吸引读者关注并且提供更深层次的信息。有一些例子，包括“营销调研公司的工作职位名称和薪酬”（第 1 章），“‘为了更好的口腔卫生’在线焦点小组”（第 4 章），“塔吉特，大数据和你”（第 6 章），“PING 对于高尔夫球手的洞察”（第 10 章）。

章末巩固 每章都会有讨论的问题与案例。这样安排是想为读者提供在特定环境中运用本章知识的机会，锻炼他们解决实际问题的能力。在第 4 篇，许多问题都是针对整个数据分析章节中使用的真实世界的例子，即 Avery 健身中心。这些问题使学生能够更深入地探讨一个真正的公司所面临的调研状况。

数据 我们提供了 Avery 健身中心项目数据。这些数据可以让读者执行第 17 章和第 18 章中讨论的分析，并在第 20 章作为内容的一部分提供报告。这些数据可在网站获取

(www. cengagebrain. com)。

第 8 版的修订　《营销调研基础》(第 8 版) 做了一些修订。最明显的是，我们开发了新的营销调研过程的图示作为本书概要 (请见本前言结尾处)。与本书之前版本的图示相比，新过程强调了探索性调研作为工具在提升界定问题方面的作用，以及将注意力从使用内部或外部来源的现有数据扩展到解决市场营销和商业问题。由此产生的一个变化是需要引入“大数据”的概念，我们通过添加全新的一章来讲解这个概念。另外，本书的大部分内容都是围绕新增和 (我们认为) 改进的调研过程模型进行的。

本版对内容进行了适当精简以更容易吸引读者。同时，我们也保持了从之前版本延续下来的学术标准。我们把重点放在指导营销调研实践方面，即一般意义上的“如何做”，包括关键事件、可能的问题以及解决办法。通过具体的案例，我们阐述了书中的概念和技术如何付诸实践。

另外，为了反映市场现实，我们更新了贯穿本书的实例，并增加了很多新的案例。比如，本书调研之窗专栏中有 10 个是新增的，12 个是修改或更新的。在全书总共 100 多个各种专栏中，大约有 1/4 (26 个) 是全新的，20 个是修改或更新的。本书五个开篇案例都是全新的。

最后，我们还想提及本书的另一个主要内容：在数据分析章节使用 Avery 健身中心项目的基础上，我们在第 20 章基于相关数据增加了一个详细的书面调研报告。这一重要的补充有两个原因：首先，它为学生以后在工作中撰写调研报告提供了一个有用的范本；其次，如果教师愿意，他们可以分配一些 Avery 健身中心的分析任务让学生练习。通过分析 Avery 健身中心的案例以及调研报告，学生会获得对营销调研过程的完整直观感受。学生可以在网站上下载完整的数据文件 (www. cengagebrain. com)。

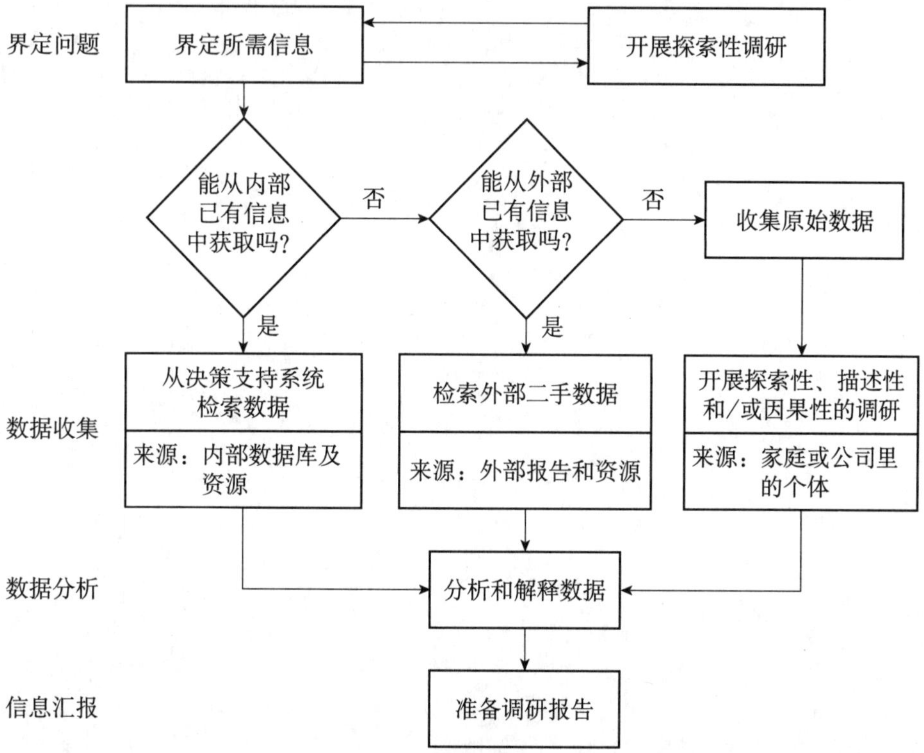

营销调研过程

目　录

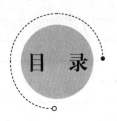

第 1 篇　营销调研导论和问题界定

第 2 篇　使用现有信息解决问题

第3篇 收集一手数据解决问题

第 4 篇 分析数据

第 5 篇 报告结果

第 1 篇　营销调研导论和问题界定

你在电视上看过最难忘或最有影响力的节目是什么？也许是你最喜欢的情景喜剧，或是奥运会这样的备受关注的体育赛事。索尼电子（Sony Electronics）想知道这个问题的答案，于是它与在电视收视率调查行业中最受信任的尼尔森公司（Nielsen）合作。许多人都熟悉尼尔森的每日和每周电视收视率调查，其中一些人甚至作为尼尔森的受调查家庭参加过调查，但是很多人并不完全理解这家世界上最大的营销调研公司所从事的广泛的调研主题。在本书中，我们将提供尼尔森和其他调研公司为营销决策者提供参考意见的营销调研活动的案例。大部分案例不包括电视观众，但是下面这个案例包括。

为了回答索尼的问题，尼尔森从 12 000 名在线参与者中寻求反馈。在进行调查之前，尼尔森委托媒体专家编制了一系列令人难忘的备选答案，包括从 1963 年约翰·肯尼迪总统被暗杀的新闻报道，到《宋飞正传》（Seinfeld）的最后一集。结果有两点令人吃惊。首先，应答者表示他们记住的是与其他人一起观看时的互动而不是电视节目本身。其次，当提到具体内容时，最令人难忘的是新闻而不是娱乐事件。例如，排在前 20 名的事件中，只有 3 个事件有一定的名人吸引力：戴安娜王妃 1997 年的葬礼，2011 年威廉王子和凯特·米德尔顿的婚礼，以及 2012 年惠特尼·休斯顿逝世。另外 17 个是著名的新闻事件，如 2001 年 9 月 11 日的恐怖袭击，1999 年的科伦拜校园枪击事件，1986 年挑战者号航天飞机爆炸。没有戏剧，没有电视节目，没有体育赛事，只有新闻。

索尼提出这个问题并让尼尔森来帮助回答，目的是调查观众对电视内容的反应。这么多人分享的这些“本能反应”是调研的重点。此外，索尼希望了解观众的喜恶将如何为未来的项目开发和营销提供方向。结果有点令人惊讶。索尼的电视副总裁布赖恩·西格尔（Brian Siegel）表示：“对我来说有趣的不是在列表里有什么，而是列表中没有包含什么。没有娱乐，没有超级碗，没有《老友记》的大结局。”相反，人们对意外的新闻或内容印象深刻，这些新闻或内容没有写好的脚本，有时甚至很难做简单的理解。

索尼目前的挑战是将这些结果应用于未来的营销行动。如果你是西格尔先生或是另外的一个索尼执行官，尼尔森的调研结果能为你所在的索尼电视部门提供哪些帮助？你得到的结果与预期的结果如此不同，你将会采取什么行动？营销调研（marketing research）可以帮助揭示和解决这些管理问题。

第1章 营销调研的作用

学习目标

1. 营销调研的定义
2. 讨论开展营销调研的不同类型的企业
3. 列举营销调研职业需要掌握的重要技能
4. 列举学习营销调研的三个理由

引　言

大多数人都做过在线调查或填写过调查问卷，但营销调研方法还有更多，不仅仅是询问消费者对某些话题的看法或感受。举一个简单的例子，你是健身中心或是咖啡店的负责人吗？手机用户已经使用 Foursquare App 积累了基于位置的徽章。Foursquare 业务伙伴（如服装零售商、公共图书馆和餐馆）可向其最忠实的客户提供特价销售和活动通知。忠诚度是通过签到的数量、签到率和用户通常所在的位置等指标来衡量的。[1]这是营销调研的一个很好的例子。对于客户来说是有趣的，对企业来说可以获得有用的信息。这也表明营销调研是比大多数人意识到的更广泛和更常见的活动。

在这一章，我们介绍营销调研在公司或者组织中的广泛运用。另外，我们区分了开展营销调研的不同类型的公司，并讨论了商科大学生应该学习营销调研知识的三个重要原因。

在 20 世纪 40 年代，营销开始被企业认可并渐渐成为企业的共识。你可能听说过营销理念，它是营销实践基础的重要哲学。营销理念强调公司成功或失败取决于它满足客户需求的能力。因此，任何组织中营销部门最重要的作用之一是了解客户及其需求。为了有效地做到这一点，组织需要信息。

问题：营销者需要信息

几乎所有的企业或组织都面临着这样的问题：它们需要信息才能开发和交付可

以满足客户需求的产品和/或服务。思考下面的问题。[2]

例　宝洁公司（P&G）的营销人员对100多个越南家庭进行了家访。营销人员发现了一些现有产品的新用途。例如，该公司现在推广Ambi Pur（在美国以Febreze出售）作为摩托车头盔的除臭剂。从好多年前开始，越南政府强制使用摩托车头盔，越南市场对该产品的需求越来越多，因为越南是一个非常潮湿的国家，摩托车是重要的交通工具。

例　几年前，百事利用网络"DEWmocracy"活动，开发不同种类的激浪（Mountain Dew）饮品。该活动允许消费者在新产品包装设计甚至是新的口味方面提供意见。百事在推出该活动后的四年内，卖出了超过3 600万箱该品牌延伸产品。

例　赛诺菲-安万特（Sanofi Avantis）是一家总部设在巴黎的大型制药公司。在研究发展中国家孕妇数据方面，他们在东南亚的疫苗业务总监发现助产士已成为婴儿疫苗分销渠道的重要组成部分。

例　约翰·迪尔（John Deere）的拖拉机的销售量在国际上迅速增加，部分原因是2009年其推出了8R拖拉机系列。为了引导新型拖拉机的开发，该公司采访了来自世界各地的种植者，最终推出多种拖拉机，近一年来销售的不同配置超过7 800种。在推出新产品线之后，该公司访问了客户中的1 500家来开始下一代拖拉机的研制工作。

例　微软让拥有300名调研人员的团队亲自观察和记录下电脑用户在家里和工作时的情况。这个想法超越了普通调查和焦点小组，在产品使用的情况下进行个人层面的调研。在同一时点，微软工作人员进入七个国家的50个家庭测试该公司将要推出的一个新操作系统，共发现了1 000多个问题，其中大约800个是公司测试人员没有发现的。

例　Iams，一个宠物食品制造商，注意到一些消费者在宠物的干食里面特意添加某种物质以方便年长的牙齿不好的宠物食用。于是Iams下决心调查一下是否许多消费者都会这样做。调查结果表明有40%的宠物主人会采用这种方法。因此，Iams推出一种可供顾客为宠物选择的更方便、更营养的食品——香薄荷沙司。

正如以上例子所示，不同的企业需要不同信息，这些信息可以通过不同的途径收集到。销售人员利用营销调研的数据来帮助他们销售产品。政治家运用营销调研制定竞选战略。公务员也需要营销调研来判断何时提供服务。总之，营销调研活动可以表现为各种不同的形式，但它最基本的功能还是收集信息以帮助决策者更好地做出决策。

营销的任务是通过与顾客的交易来满足顾客与营销者各自的需要。在这样的过程中，营销经理把他们的精力放在4P（产品或者服务（product or service），价格（price），渠道（placement），促销（promotion））上面。他们是为了发展这样一种营销策略：这种策略以使客户的满意度最大化，同时组织获得长期可持续的回报的方式把各种市场元素整合在一起。

营销环境中的许多因素都影响营销战略的成功与否，不幸的是，其中的许多因素并不受营销人员控制，包括其他社会行动者（竞争对手、供应商、政府机构、客户本身等）和外部环境（经济、政治和法律、社会、自然、技术以及竞争环境，见图1-1），因此，营销经理迫切需要获得营销调研所得到的信息。**营销调研**

(marketing research) 是收集和解释用于开发、实施和监控公司营销计划的数据的过程。

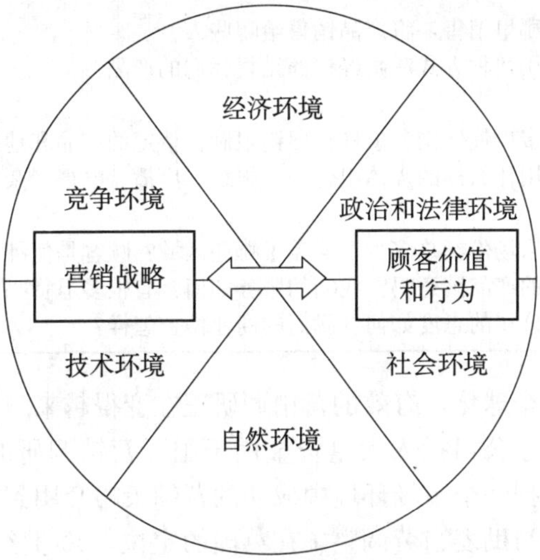

图1-1 环境影响营销

营销调研也与信息管理的所有阶段相关，包括：(1) 对所需信息的说明；(2) 信息的收集和分析；(3) 与最初导致调研开始的目标相关的信息解释。

审视营销调研功能的另一个方式是看经理如何使用营销调研。有些营销调研是为了制定计划，有些是为了解决问题，有些是为了控制。当用于制定计划时，主要是为了决策哪种市场机会是可行的，哪种是不可行的。当市场机会仍然处于空白未被占领时，营销调研的任务是评估该机会的大小和范围，以帮助营销经理更好地获得所需资源。问题解决型营销调研关注企业必须要做出关于市场营销组合决策的短期和长期决定。重要的是，要严格界定问题，以避免过分强调表面问题而忽略核心问题。控制导向的营销调研帮助管理者找到问题，保证现有管理跟得上形势。例如，如果消费者喜欢某产品，但库存很少，管理层可以加强分销和渠道效率，以满足对产品的需求。问题解决型营销调研在计划、解决问题和控制决策方面的功能如表1-1所示。在表1-1中我们可以清楚地看到问题之间的关系和营销经理的职责范围。

表1-1 营销调研能够帮助回答的问题类型

Ⅰ. 计划
A. 哪些顾客在购买我们的产品？他们住在哪里？他们的收入状况如何？共有多少人？
B. 我们产品的市场份额是增长了还是下降了？还有我们应该占领而没有占领的市场吗？
C. 我们的客户还有其他需求未被满足吗？我们可以开发哪些新产品或服务来满足这些需求？
D. 我们产品的销售渠道改变了吗？还可以开发出新的渠道吗？
Ⅱ. 解决问题
A. 产品
1. 哪种类型的产品设计最可能成功？
2. 我们应该采用何种包装？
B. 价格
1. 我们应该为产品定什么样的价格？

续前表

2. 产品成本降低了，我们应该降低产品价格还是提高产品质量？
C. 渠道
1. 我们应该在哪里销售，将产品销售给哪些人？
2. 我们应该采用何种方式激励经销商销售我们的产品？
D. 促销
1. 我们应该花多少钱促销？怎样将促销限制在特定的产品和地区？
2. 我们应该使用什么样的媒体组合——报纸、广播、电视、杂志或互联网？
Ⅲ. 控制
1. 我们的总体市场份额是多少？覆盖了哪些区域？顾客是何种类型？
2. 顾客对我们的产品满意吗？我们的服务如何？有很多退货吗？
3. 政府对我们公司的态度如何？我们的商业信誉怎样？

随着经济全球化，有效的营销调研正在变得越来越重要。这就是宝洁公司和约翰·迪尔等多家公司投入大量资金用于国际营销调研的原因。正如调研之窗 1－1 的例子所示，把一个市场环境中成功的营销策略套用到其他环境中不一定有效。例如，营销调研帮助麦当劳调整了在英国的定位，20 世纪 70 年代麦当劳首次跨越大西洋，消费者被美国原产地和快餐神话吸引，麦当劳在英国的广告口号宣称，“你所享用的麦当劳在任何地方都是一样的。”

随着市场的成熟，麦当劳一直关注市场的变化。麦当劳进入英国市场 15 年后，营销调研发现消费者心目中的麦当劳是老化且傲慢自大的。因此，麦当劳调整了广告策略，试图将麦当劳描绘成占据英国家庭生活中的核心地位。2011 年，13 亿人（每天超过 350 万人次）来过麦当劳在英国的餐厅，创下了历史新纪录。[3]

谁来做营销调研

虽然个人和组织的营销调研实践已经有好几个世纪了——对信息的需求总是存在的，但是真正的营销调研应追溯到 19 世纪。

> N. W. Ayer & Son 广告公司为了解决市场和广告问题，更多的是出于偶然而不是有意为之，运用了营销调研。1879 年，为了为 Nichols-Shepard 公司——一家农业机械生产商——制作出满意的广告策划案，该广告公司电话访问了整个地区的政府官员和出版商以获得当年谷物收成的信息。这次市场调查的尝试也许算得上是美国最早的真正的营销调研了。[4]

Curtis 出版公司是第一家（1911 年）被正式授权的营销调研公司，不过现在营销调研的领头羊是 AC 尼尔森（现在是 VNU 公司的一个部门），它成立于 1923 年。营销调研作为一项重要的商业功能是随着争夺消费者的竞争加剧而出现在第二次世界大战末。

实施营销调研的主要有三类企业：（1）产品或服务的提供商；（2）广告代理商；（3）营销调研公司。

调研之窗1-1

环境差异造成的国际市场失策

例　联合利华（Unilever）被迫暂时从法国市场撤出，因为它了解到法国人对速冻食品不感兴趣。

例　一家美国的玉米片公司想进入日本市场，但是失败了，因为日本人不习惯用谷类食物做早餐，公司怎么能够期望日本人会购买它的产品呢？

例　可口可乐公司1993年再度进军印度软饮料市场时与Parle做了一笔交易，收购该公司的软饮料品牌。印度人认为这是对他们本地品牌的摧毁，因而非常愤怒。当可口可乐公司逐步撤消Parle的可乐商标Thums Up时，消费者更加愤怒。可口可乐最终没有像期望的那样快速发展起来，被迫重新开始促销Thums Up。虽然Thums Up仍旧成为印度最大的碳酸饮料公司，但最初的失误导致可口可乐在开始的10年内损失了3.47亿美元。

例　在北非，男性古龙水的印刷广告以美国农村环境为背景印有一个男人和他的狗。该广告在美国被广泛接受，在非洲却不被接受。广告商简单地认为，“狗是人类最好的朋友”，这应该是全世界都通行的观念，然而，穆斯林认为狗是运气不佳或不洁净的象征。这两种解释都不会提升对古龙水的好感。

例　CPC国际公司在美国销售Knorr汤时遇到了麻烦。公司用小分量的调制好的热汤对路过的行人做口味测试，测试结果表明美国人对这种汤很感兴趣。但是，当这种汤正式摆上货架后却鲜有人问津。进一步调研发现先前的市场测试没有考虑到美国人不喜欢干汤料这一因素。当进行产品测试时，那些行人并不知道是在对一种干的汤料做测试。当被测者发现汤的味道还不错时就表示愿意购买该产品。如果知道这种汤是以干汤料的形式出售，而且要花15～20分钟去调制，他们肯定不会喜欢这种产品。在本例中，汤的食用方法对消费者来说是很重要的，该公司错误的市场测试方法导致了不良的市场反应。

例　Warner公司在智利销售肉桂味的提神口香糖时遇到了困难，当地人并不接受这种口味，产品滞销。可口可乐在智利销售时也遭遇过滑铁卢，可口可乐向当地引入一种葡萄口味的饮料，却发现当地人并不喜欢这种口味，显然，智利人更喜欢葡萄酒而不是葡萄味的软饮料。

例　Chase and Sanborn公司在法国销售速溶咖啡也遇到了障碍。在法国，咖啡在家庭中的地位比在英国重要。在法国消费者看来，调制真正的咖啡几乎是一种仪式，速溶咖啡只是偶尔饮用，因此自然会抵制速溶咖啡。

资料来源： “India Company：Coca-Cola's Long Road to Profit，” *EIU Views Wire*，March 12，2003 and David A. Ricks，*Blunders in International Business*，4th edition（Cambridge，Mass.：Blackwell Publishers. 2006）.

经理关注

任何类型的组织完成一项营销调研项目，产品或者服务厂家的内部调研者，抑或是广告公司或者外部的调研公司的调研者，总是要收集营销经理所需的信息。收集的信息的质量会直接影响营销经理所得到的市场信息的完整性。营销经理有时候没有意识到，他们会显著影响调研者执行工作的质量。

作为一个未来的营销经理，你的行为会怎样影响调研者的工作质量呢？让我们把这个问题仔细思考片刻。你怎样才能使调研者更加努力工作呢？同时你要意识到你什么样的行为可能会降低营销调研的质量？

一个关键点就是现实中的信息。为了很好地满足你的需要，调研者需要完全理解你的营销状况。简单地说，他们需要知道你已经获得的信息。你的目标客户是谁？你的营销战略是什么？你的竞争对手在采取什么样的行动？通过先前的营销调研或者其他渠道的市场信息，你究竟获得了什么？现在正在考虑什么样的营销计划？你现在还有哪些问题不清楚？你公司现在的运营存在什么样的政策限制？过去的营销策略有哪些成败经验？

营销经理经常不愿意承认他们不晓得的事情或者他们的努力在过去是怎样失败的，然而这些信息的披露会深刻影响调研者根据管理者独特的需要来调整工作。换句话说，营销调研的成功取决于调研者和营销经理之间交换的一系列信息（其他许多这样的信息交换将在接下来的章节中讨论）。当调研者和营销经理间交换信息时，他们必须建立在相互信任和相互尊重的基础上。作为一个营销经理，通过学习营销调研这门课，你将会在未来的职业生涯中为这种重要关系的发展和培养做好准备。

生产或销售产品和服务的公司

企业发现再也不能将生产的所有产品卖出，需要揣度顾客的需求来安排相应的生产时，营销调研的作用就凸显出来了。营销调研被用来估计需求。随着顾客选择增多，市场的地位越来越突出，生产的地位逐渐下降。随着市场资源的重组，市场的概念产生了，营销调研就是在这些重组中诞生的。

最近，尽管新的营销调研部门的数量增长放缓了，但是多数企业都有自己的营销调研部门或者至少有专人负责营销调研工作。工业品或快速消费品制造企业设置营销调研部门很普遍。这些公司实施营销调研以提高和营销自己的产品。例如，生产商如固特异（Goodyear），Pillsbury，卡夫（Kraft）及Oscar Meyer成立了或一直拥有自己的营销调研部门。

在其他一些企业也存在营销调研部门。出版商和广播电台也需要做很多营销调研，它们希望测量出自己传播的信息覆盖的范围大小以及想了解听众的人口结构。这些信息用来销售广告时段和广告版面。大的零售商如西尔斯，JC彭尼，通过营销调研部门来收集消费者偏好、店面形象等有用信息。金融机构如银行、证券公司开展营销调研以预测、测试市场潜力，确定市场特性，进行市场份额分析、销售分析、定位分析和产品组合分析。例如，一家家庭抵押贷款公司希望了解如何更好地服务第一次购房的顾客。调研小组进行了一对一的访谈，然后进行了概念测试，最后他们更好地了解了这部分顾客的需要。

广告代理商

正如你可能想象的那样，广告代理商经常开展调研以策划有效的广告活动。这些调研包括测试广告中的不同语言表达和艺术表现形式的效果，或者调查不同产品代言人的效果。很多广告代理商也为客户调查新产品的市场潜力或市场份额。

广告代理商为了服务客户也做调查以便更好地理解消费者、消费者的兴趣和行为。例如，媒体机构MEC开展了一个大规模的项目，以更好地了解中国小型城市的女性购物者，该机构主管认为这是在中国市场扩张的重要潜在市场。细分调研发现了拥有以下特征的五个不同细分市场：高压型（渴望个人成功、家庭成功以及作为女人的身份认同）；传统型（家庭第一位）；实用型（一种生活上务实的做法）；成就型（渴望卓越、思想开明并且跟上潮流）；不稳定型（不与社会接触并且周围充满着变化）。不同细分市场的人群的媒体使用倾向各不相同。例如，访问互联网比例相对较高的人群是成就型（58%）、实用型（48%）和不稳定型（35%），压力型（20%）和传统型（5%）显著较低。对这些中国小型城市的女性进一步调研发现，23%的人在网上购物。这项调研对于MEC的客户接近这些女性购物者具有重要启示。[5]

McCann WorldGroup最近对世界7个国家的7 000名年轻人进行了广泛的调研，以探索激励下一代的因素。由此产生的“青年的真相”报告表明，在7个国家3个基本动机（16个动机中）排名非常高：交融（需要连接、关系和社区），正义（需要社会和个人的正义，做正确的事，成为活动家）以及真实性（看到实物本身样子的需要）。[6] 这个结果可能对有兴趣与年轻消费者沟通的营销人员有重要的启示。

营销调研公司

有许多公司从事专门的营销调研。在美国这一行业的规模达到92亿美元——全美每人平均大约花费超过29美元。[7]在世界范围内，该行业的市场规模超过187亿美元[8]（这些数字并不包括生产商和广告代理机构的营销调研）。

大多数营销调研公司的规模相对较小，但是对于与这些公司合作的企业来说，这些公司的影响力却很大。例如，位于密苏里州斯普林菲尔德的H^2R营销调研公司，该公司对拥有或管理美国各地娱乐产业的HFE公司进行了大量调研，包括多莉山主题公园（田纳西州皮格佛格）和银元城（密苏里州布兰森）。调研之窗1-2概述了H^2R为HFE公司完成的营销调研。

调研之窗1-2

贺森家庭娱乐集团的营销调研

H^2R营销调研公司对美国贺森家庭娱乐集团（Herschend Family Entertainment，HFE）旗下拥有或管理的每个项目进行调研，包括银元城（Silver Dollar City）、多莉山主题公园（Dollywood）和野生探险主题公园（Wild Adventures）。H^2R利用了娱乐业中最全面的一手和二手调研的数据库。图书馆访客、主题公园、旅游、消费者等信息是HFE长期战略规划和营销策略的重要基础。

顾客调查，整理、分析和消费者洞察

H^2R开展了顾客实时调查项目，用来收集顾客的人口统计信息、地理位置信息、行为和满意度水平。这些项目通过人员访问、电话访问或者互联网来进行调查。H^2R根据顾客信息数据库并通过顾客细分处理、分析，生成顾客信息的季度报告。除了测量每个细分市场的规模和潜力以外，调研结果还用于分析资产增值的效果和顾客细分的效果。为了更深入地了解顾客的需求，H^2R利用了各种定性和定量的方法来辨别顾客的实用性需求和情感需求。调研除了帮助HFE集团的每个项目更好地与消费者保持联系外，还能更好地预测市场和营销变化产生的影响。

市场区域调研、整理和分析

H²R定期调研HFE集团旗下项目所处的市场地理位置。和别的调研不同，这种调研通过对游客目的地倾向的分析，可以更好地理解为什么旅游者没有选择HFE。收集的信息包括：总体的游客人口统计信息、游客数量、居民市场规模和人口统计信息、市场绩效和普查数据。

特定目标的调研和分析

除了定期的调研活动以外，H²R也会经常针对特定的市场和管理问题展开调研。例如，消费者洞察力评价、市场潜力评估、新产品概念评价、Bluegrass & BBQ节游客评估、基于PRIZM的顾客心理特征评价。这些调研的结果最后促使主题公园引进了Grand Exposition部门。据银元城总经理布拉德·托马斯（Brad Thomas）介绍，"对妈妈们进行了大量的调研，她们告诉我们更想要的是可以一个家庭一起骑行的体验，因此我们决定取消原计划要新建的一个大型骑乘设施，转而添加了10个新的家庭骑行设施，这样公园的骑行容纳量比原来增加了50%多。"这些调研结果使银元城在过去五年中创建和开发了很多新的节目和景点。

竞争性调研

竞争性调研是H²R的另一个调研手段。除了关注当地竞争者和目的地竞争者以外，H²R还建立了一个全国排名前50的主题公园的数据库。该数据库包括主题公园的游客访问历史、价格历史、资本增值历史、估计的资本投资、到各主题公园过夜的国内游客、居民数量、居民收入、居民的年龄、公园开放的时间、公园的规模以及安装过山车的数量等。这些信息用以调研各种类型的因素对公园访客量的影响。例如，多莉山主题公园可能想要确定过山车的长度，公园里的过山车数量，或主题公园总访客量。使用这些信息可以为公园设计和布局的决策者提供更好的决策依据。

其他调研和统计分析

用到的其他调研和统计分析包括终身价值分析、因子分析、层次聚类分析、判别分析和回归预测模型。这些统计分析用以了解特定顾客的潜在价值，或是将要实施的特定营销项目的潜在价值（或缺陷）。

消费者和休闲趋势的追踪

H²R密切注意趋势的变化以跟上顾客变化的需求、想法和行为。公司追踪顾客的人口统计特征和行为趋势特征、顾客的年龄、党派、最后一次观光、收入等。这些变化影响着未来战略决策和营销计划的制定。

顾客倾向也受到重点关注。通过书面的、阶段性的、辛迪加调研和讨论会，顾客的社会的、人口统计学的、技术的、经济的和商业的趋势受到广泛关注。

H²R也注意主题公园行业的发展趋势。除了上面提到的参与、定价和资本走向，H²R也调查上市的主题公园的股票价格、行业的整合、正在引进的主题公园新型排队技术、新型骑乘技术和促销。

以上只是H²R调研部门为HFE开展的很多趋势追踪中的几个类别而已。为了探究这些趋势是否影响HFE发展，H²R每年都要评估和分析很多信息资源。

资料来源：H²R Market Research.

一些营销调研公司是大型企业。表1-2显示了排名前10位的大型营销调研公司、所在国家以及收入状况。有些公司提供辛迪加服务，它们定期收集某些特定的信息，出售给对这些信息感兴趣的客户。这些辛迪加服务像尼尔森等的操作程序，为消费品零售商、药品零售商和阿比创营销调研公司（Arbitron，它测量美国广播收视率）提供产品流动信息。这种服务的特点在于：它是为了特定的顾客定期收集信息进行分析。其他一些公司就是专门为客户提供定制服务的，它们中的有些公司只提供一个领域内的信息，它们仅仅收集数据然后将数据直接转交给调研资助方。有些公司是有限服务公司，它们不仅为客户收集数据还帮助分析数据。还有一些公司提供全方位调研服务，除了收集和分析数据外，还负责设计整套调研方案。这类公司如GfK顾客调研公司，为许多《财富》500强的公司提供整套顾客调研服务。GfK使用多种传统技术，也使用在线收集信息的方法，提供自始至终的大型质量和数量调研。

提供和实施营销调研的其他部门包括政府机构、商业协会和大学。政府机构以公共统计报告的形式提供很多市场信息。实际上，联邦政府是最大的市场信息提供者，它经常通过普查和出版物的形式来发布信息。商业协会经常收集和分享来自成员的信息。许多大学资助的营销主题方面的调研，是由市场营销学者或设立在商学院的商业调研机构来完成的。学者调研的成果经常见诸营销杂志，调研机构的成果经常以不同主题的专著形式出现。

表1-2 世界排名前10位的大型营销调研公司

排名/机构	总公司所在国	全球调研收入（百万美元）
1. 尼尔森（Nielsen Holdings N. V.）	美国	5 353.0
2. Kantar	英国	3 331.8
3. 益普索（Ipsos SA）	法国	2 495.0
4. GfK SE	德国	1 914.0
5. SymphonyIRI Group Inc.	美国	764.2
6. IMS Health Inc.	美国	750.0
7. Westat Inc.	美国	506.5
8. INTAGE Inc.	日本	459.9
9. 阿比创（Arbitron Inc.）	美国	422.3
10. The NPD Group Inc.	美国	265.3

资料来源：Developed from information in "2012 Honomichl Global Top 25 Research Report," *Marketing News* (August 31, 2012). pp. 12-40. This report describes the services provided by the 25 largest global research organizations.

营销调研行业中的就业机会

对想在营销调研行业就业的人来说，工作机会一直很多。美国劳工统计局的报告指出，截至2020年，营销调研分析师的就业需求将超过所有职业的平均增长速度（预计增长率为41%）。[9]为什么呢？因为对信息的需求在增加，需要更多的人员收集、分析和解释信息。总的来说，那些拥有高学历的人的机会比大学没毕业的人的机会更多。

营销调研的工作类型

营销调研者——无论是公司内部还是外部——可能需要面对许多类型的任务。根据营销调研机构的类型，是为一家制造商服务，为一家广告代理商服务，还是为营销调研公司服务或者是为其他类型的公司服务，工作的类型和范围会有很大差别。在小型公司里，调研者很可能需要完成多种类型的任务。在大型公司，每位雇员的工作任务会更加专业。研究调研者的职责范围涉及从简单的问卷分析到大型调研部门的管理。调研之窗 1－3 根据 Quirk 营销调研媒体最近进行的一项调查，列出了一些常见的职位与营销调研公司员工的薪酬平均数。

调研之窗 1－3

营销调研公司的工作职位名称和薪酬

单位：美元

营销调研工作职位名称	基础工资	奖金	总计
所有者/总裁/CEO	116 145	31 873	148 018
高级副总裁或副总裁	130 433	21 107	151 540
调研总监	94 333	8 716	103 049
团队主管/经理	83 705	6 228	89 933
高级项目总监/经理	75 568	5 083	80 651
项目总监/经理	58 026	14 312	72 338
高级调研分析师	56 567	3 115	59 682
调研分析师	49 464	4 089	53 553
统计员	77 867	6 786	84 653
业务拓展	86 882	11 691	98 573
高级调研助理	73 350	2 684	76 034
调研助理	46 536	3 200	49 736
设施经理	62 600	2 125	64 725
营销/沟通经理	52 783	3 143	55 926
销售总监	86 000	36 579	122 579
销售/客户代表	74 517	28 464	102 981
管理员/协调员	65 556	3 429	68 985
其他	76 535	5 122	81 657

资料来源：“Market Research Salaries by Job Title,” Quirk's Marketing Research Media (May 2011), downloaded from www. quirks. com on August 14, 2012.

在消费品公司，典型的初级岗位是调研分析员，通常负责某个特定的品牌。在调研分析员了解了行业的特征和详情以后，调研经理将会对他进行在职培训。调研分析员通常的职业之路是从初级调研分析员晋升到中级调研分析员，接着到调研专员，然后到一个特定品牌的调研经理，最后调研者的职责可能会扩大到管理一系列的品牌。

在营销调研公司，最典型的初级岗位是调研实习生，在这一位置他们将要学到有关供应商的各种特定知识以及实施调研所需的很多程序。实习生往往需要花费很多时间来完成实际的访谈、编码或辅助数据分析。目的是使实习生了解公司需要面对的所有过程，这样他们能成为销售代表，他们必须对公司运用信息快速响应客户需求的能力足够熟悉。

进入营销调研行业需要掌握的能力包括：人际关系能力、沟通能力、界定和分析技巧。营销调研者需要能够与他人有效地沟通，必须既是语言的又是书面的优秀沟通者。他们需要了解一般业务和营销的流程。在为品牌、广告、销售或其他类型的经理提供服务时，他们需要对这些经理面临的问题有所了解。营销调研人员也应该具备基本的数字和统计技能，或者至少应该有能力学习这些技能。他们必须熟悉数字和各种营销调研的技术。随着公司需要处理的数据越多，对于他们运用所掌握的技术进行收集、存储和分析的能力要求就会越高。

为制造商工作的营销调研者，往往会在职业生涯的某一天工作任务突然从调研转向产品或品牌管理。这些营销调研者的优势在于：运用市场知识工作了很多年后，他们会比在该公司工作了同样长年限的人更了解顾客，更了解行业和竞争者。尽管营销调研者想要获得成功需要很好的商业和市场基础知识，但是那些想转行的营销调研者必须拥有更多的关于市场和商业的总体知识。

成功的营销调研者需要的更多的是前瞻性而不是后摄性，也就是说，他们趋向于辨别和领导整个调研项目进展的方向而不仅仅是被动的信息答复。成功的营销调研者意识到营销调研的主要任务是帮助更好地做出营销决策。

为什么要学习营销调研

几乎所有的商学院都开设营销调研课程，许多学校还将营销调研课程作为市场营销专业的学生的主修课程。为什么呢？

商科学生必须要学习营销调研课程至少有以下三个原因。第一，许多学生会发现学习营销调研非常有趣而且回报也很大。对这些学生来说，关于如何收集和发现信息的初级训练有助于他们进一步学习和研究。通常这些学生都会为收集到新的信息并把它们转化成能够帮助营销经理做出重要决策的可用信息而很有成就感。对这些学生而言，营销调研课程的学习与他们未来的职业生涯密切相关。

大多数学生最终并不会进入营销调研行业，那他们为什么要学习营销调研呢？我们都是营销调研和公共调研的最终消费者。学习营销调研的第二个理由就是学习以后就可以变成一个“聪明”的消费者。商业人士经常会接触到营销调研，而且很多调研的最终目的就是试图说服你去做某事。制造商会利用营销调研来提高其产品和服务的知名度；广告代理商会利用营销调研鼓励公司在某个特定媒体促销产品；产品经理会利用营销调研模拟自己开发的产品的可能销售量以争取更多的资金支持。当然，优秀的营销经理并不会肤浅地利用调研结果，他们明白要考虑结果真实可能性的问题。

学习营销调研的第三个关键的理由是：可以获得对营销调研整个过程的理解，哪些可以做，哪些做不到。作为一位营销经理，你必须知道营销调研可以完成哪些任务。虽然营销调研是一项必不可少的商业任务，但是收集信息和产生信息的过程极有可能出现误差从而导致错误的结论。因此，调研并不是十全十美的，营销经理在做决策时必须要考虑到这一点。营销经理还必须知道他到底想通过营销调研完成什么任务。整个过程是琐碎的、费时的，需要大量的思考和努力。因此，营销调研对整个公司来说花费巨大，琐碎的小事就不应该采用营销调研，也不能为了支持已经做出的决策而做营销调研。

小结

学习目标1

营销调研的定义

营销调研是收集和解释用于开发、实施和监控公司营销计划的数据的过程。

学习目标2

讨论开展营销调研的不同类型的企业

产品和服务的供应商经常有营销调研部门，收集与它们生产的产品和服务及其经营行业相关的信息。广告代理商经常运用营销调研来试验广告效果。营销调研公司的业务是进行营销调研，有些针对调研过程的特定方面，有些则提供全程调研服务。

学习目标3

列举营销调研职业需要掌握的重要技能

营销调研行业的大多数职务都需要分析、交流和人际关系技能。除此以外，营销调研者必须掌握数学和统计技术，并且必须熟悉各种各样的营销调研方法。

学习目标4

列举学习营销调研的三个理由

(1) 许多学生将以营销调研为职业；(2) 几乎所有人都是营销调研的消费者，有必要了解如何评价营销调研的真实性；(3) 营销经理必须了解营销调研能够做什么，不能做什么，营销调研过程都涉及哪些任务。

关键术语

营销调研（marketing research）

复习题

1. 如何定义营销调研？这一定义的关键点是什么？
2. 实施营销调研的主体有哪些？每个企业最经常做的营销调研有哪些类型？
3. 为什么第二次世界大战以后营销调研行业飞速发展？
4. 在大型营销调研部门，由谁负责确定调研项目的目标？由谁负责特定程序的跟进？由谁设计问卷？由谁分析结果？由谁将最后结果报告给经理？
5. 在营销调研行业中初级雇员需要具备哪些必要的技能？随着职位级别的提高，技能也需要改变吗？如果是，高级职位需要哪些技能？

6. 为什么说学习营销调研很重要？

讨论的问题与案例

1. 营销调研与以下组织是否相关？如果相关，这些组织可能会如何运用营销调研？

a. 百事公司

b. 你所在的大学

c. 花旗银行

d. 美国癌症协会

e. 一家小型干洗机制造公司

2. 请列出下列情形中对营销调研有用的信息来源。伊桑·穆尔（Ethan Moore）在一家民族风味的餐馆任主厨已经好几年了，因为不满意自己的薪水，他决定自己开一家餐馆。根据自己的经验，他确信当地有对民族风味食品的需求。他想要开一家专门售卖亚洲和非洲风味食品的公司。

穆尔准备开设一家名为伊桑民族食品公司的新企业。在当地会计师的帮助下，穆尔准备了一份请求融资15万美元的财务报告，提交给了当地银行的商业贷款委员会审议。不久穆尔收到了银行的来信，如下：

> 穆尔先生：
>
> 我们已经收到财务报告并认真考虑了您想要开一家公司的请求。虽然您的想法是好的，但是我发现您的预测依据的只是您自己的经验，并没有给出您将要生产的产品有很强的市场潜力的有力的客观证据。这样的信息就是我们要认真考虑的，因此我们只好拒绝您的请求了。

这封信给穆尔很大的打击。凭借有限的经济条件，请你列出穆尔先生可能从哪里、怎样才能获得他所需要的信息。（提示：首先要确定什么样的信息才是有用的信息。）

3. 以下两项调研情形有何共同点？

情形1：Bugs-Away公司的杀虫剂营销非常成功。该产品很有效，处于市场领导地位。产品包装是红顶的蓝色罐身的气雾剂铁罐。说明书在显眼的位置注明了“儿童远离”的警告。然而，竞争者的包装和该公司的大多数产品的包装都很相似。Bugs-Away公司的CEO对日益下降的销售额和利润空间忧心忡忡。另一个让人头疼的问题是，公司因为使用气雾剂铁罐而受到政府和公众的强烈批评。CEO找到广告代理商，要求他们做一些必要的调研找出问题到底出在哪里。

情形2：2008年初期亚当斯大学的董事会想扩大商学院的招生规模，因为在过去10年里该校的报名人数不断增加，董事会因此决定再雇用5名教员，招生从每年100人增加到120人。这一雄心勃勃的计划的资金支持来自某些私人投资、内部集资以及联邦政府和州政府资助。一项以前的调研（1998年完成）预测学生的入学人数会在2006年达到最高点，随后将会减少。在2002年11月展开的另一项调研表明，2013年毕业生人数将降到最低点。董事会很关心后续调研的结果，担心是否会造成政府削减资金支持。于是，董事会最终决定开展第三次调研以预测可能的入学学生人数。

4. 下列两项调研有何共同点？

情形1：AI-Can，一个铝制罐头的生产厂家，其营销经理对前几周销售增长感到十分高兴。他想知道公司两个月以后将要上市的新罐头是否可以制定比原有产品更高的价格。他对产品经理充满信心地说："市场上从来没有人销售过铝制螺旋顶盖的罐头，我相信只要占领一小部分市场就可以赚取可观的利润。"但是产品经理不同意他的看法，实际上，他反对向市场推出这种新罐头。新罐头保存食物可能还存在一些问题。他是这样想的："铝是可以回收的，因此没有人会用它来保存其他东西。"但是他并不能改变什么，因为采用这种新包装是公司的决定。他坚持新产品应该和市场上的其他产品保持同样的价格水平。营销副总裁认为可以进行营销调研来解决这个问题。

情形2：一家玩具生产商正在考虑开发一个针对5～10岁儿童的玩具包。这个玩具包包括一把小锯子、一把小螺丝刀、锤子、凿子、钻子。这一玩具包和其他竞争者产品不同的是该产品包含一本指导手册——《可以做的101件事情》。产品经理很担忧产品的安全性，建议在产品中再加一本家长手册。销售经理建议产品应该装在一个小盒子里，这样可以增加销售量。广告经理建议开展一次广告宣传活动以将该产品与其他同类产品区分开。副总裁认为所有的建议都值得考虑，但是那样一来会大大增加成本。他向营销调研经理咨询，营销调研经理建议他实施一项调研之后再做决定。

5. 列出个人获得以下职位需要具备的关键能力。为什么这些能力是必需的？

a. 高级调研分析员

b. 全职访问员

c. 营销调研专员/调研总监

6. 设想你已经决定应聘营销调研行业的某个职位。为了达到你的目标，你应该学习哪些课程？为什么？招聘人员希望在你的简历中看到哪些兼职或社会活动？为什么？

注释

1. Chris Thompson, "Foursquare now lets businesses speak directly to their customers with 'local updates,'" (July 18, 2012), downloaded from http://aboutfoursquare.com/foursquare-now-lets-businesses-speak-directly-to-their-customers-with-local-updates/ on September 18, 2012; "Introducing Local Updates from businesses—keeping up with the places you love has never been easier!" (July 18, 2012), downloaded from http://blog.foursquare.com/2012/07/18/introducing-local-updates-from-businesses-keeping-up-with-the-places-you-love-has-never-been-easier/ on September 18, 2012.
2. For more information on these examples, see "P&G Woos the Hearts, Minds, and Schools of Vietnam," *Bloomberg Businessweek*, (July 9–15, 2012), pp. 19–21; Doreen Lorenzo, "Etsy's Secret? The 'Cult of Me,'" *Fortune* (May 10, 2012), downloaded from http://tech.fortune.cnn.com on July 24, 2012; Dan Briody, "Big Data: Harnessing a Game-changing Asset," Economist Intelligence Unit, September 2011, downloaded from http://www.sas.com on July 16, 2012, p. 12; Bryan Gruley and Shruti Date Singh, "Big Green Profit Machine," *Bloomberg Businessweek*, (July 9–15, 2012), pp. 44–49; Bruce Horovitz, "Marketers Take a Close Look at Your Daily Routines," *USA Today* (April 30, 2007); Jack Neff, "P&G Kisses Up to the Boss: Consumers," *Advertising Age* (May 2, 2005), downloaded via ProQuest, July 25, 2008.
3. Harry Wallop, "McDonald's Serves 1.3Bn U.K. Diners," *The Telegraph* (January 24, 2012), downloaded from http://www.telegraph.co.uk on June 15, 2012.
4. Lawrence C. Lockley, "History and Development of Marketing Research," Section 1, p. 4, in Robert Ferber, ed., *Handbook of Marketing Research*, Copyright © 1974 by McGraw-Hill, 1974. Used with permission of McGraw-Hill Book Company.
5. "China's Female Shoppers Take to the Web," accessed April 1, 2012, from http://www.iresearchchina.com/news/3908.html. "Women in China: The Next Emerging Market for Brands: MEC Research Decodes Untapped 542 'Lower Tier Cities' for Brands," accessed July 12, 2010, from http://www.wpp.com.
6. "The Truth about…Youth," McCann WorldGroup (May 2011), downloaded from http://www.iab.net on August 14, 2012.
7. Jack Honomichl, "The 2012 Honomichl Top 50 Report," *Marketing News* (June 12, 2012), downloaded from http://www.marketingpower.com on August 14, 2012.
8. Jack Honomichl, "2012 Honomichl Global Top 25 Research Report," *Marketing News* (August 31, 2012), p. 13.
9. "Market Research Analysts," Bureau of Labor Statistics, U.S. Department of Labor, *Occupational Outlook Handbook, 2012–13 Edition*, downloaded from http://www.bls.gov/ooh/business-and-financial/market-research-analysts.htm on August 14, 2012.

第2章 调研过程与道德问题

学习目标

1. 概述营销调研过程
2. 描述营销调研的一般方法
3. 列举营销调研中的最关键误差
4. 强调效用分析法、公正分析法和权利分析法三种道德推理方法之间的主要区别
5. 描述应当避免的调研类型

引　言

第1章给出了诸多可以通过营销调研来解决的问题。第1章重点指出营销调研是一个公司与外部环境的沟通手段，营销调研能在规划、问题解决与控制等方面给营销经理提供帮助。尽管每个公司在应用营销调研方面都有各自的特色，在本章，我们将给出营销调研的一般过程（见图2-1)。某些时候，调研人员通过连续调查得到他们自己的数据，并将这些数据作为信息系统的输入数据。还有一些情况，调研人员是从别的地方收集到或购买到信息。然而，有时候公司需要一些专门的定制化的信息，这些信息在其他地方是获取不到的。这种情况下，就需要通过项目方法来收集所需信息。无论怎样，总有一个管理者在收集信息时需要遵守的一般流程。

营销调研过程

图2-1列出的营销调研过程给出了需要采取行动的一般顺序，这些行动旨在提供制定决策所需的信息。首先，所需的信息必须准确界定，这一过程通常需要探索性调研，下一阶段是为满足信息需求收集必要的数据。这一阶段可以通过使用公司内部或外部的现有数据（比如二手数据）或收集新数据（比如原始数据）来完成。一旦数据收集过程结束，接下来的调研重点将变为数据分析及解释。最后一个阶段是向相关管理人员汇报分析结果，他们可以以此为基础做出精准决策。该过程的每个步骤看似很简单，其实都存在许多问题需要解决。表2-1列出了需要解决

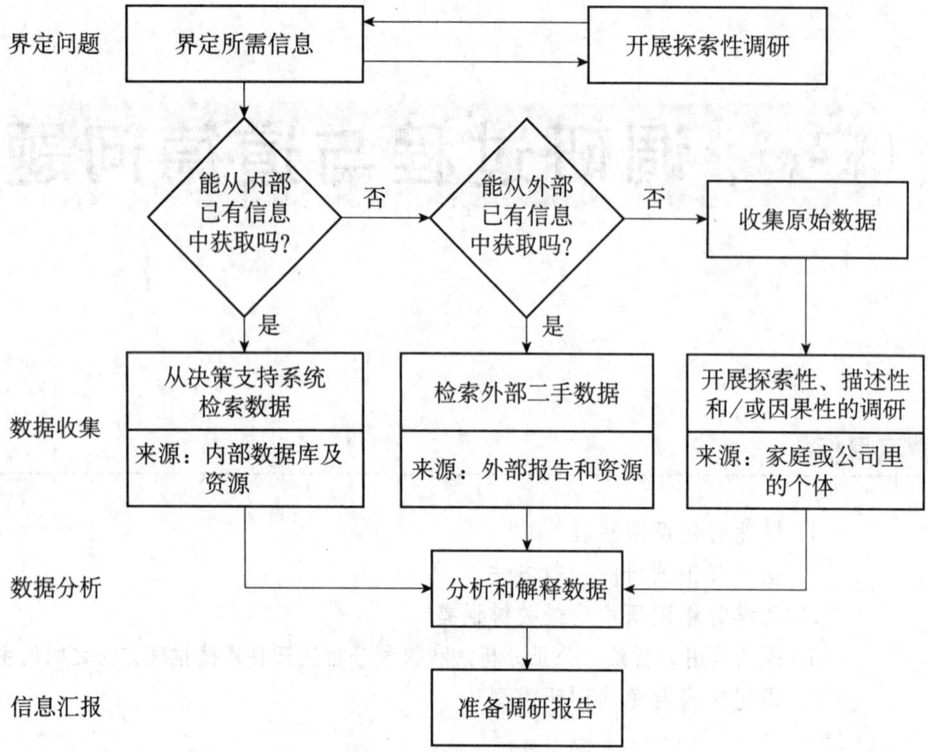

图 2-1　营销调研过程

的一些典型问题。

本书接下来的章节详细介绍了调研过程的每个步骤。在本章中，我们对各个章节的内容进行简要介绍。首先我们从问题界定开始，这也是调研过程中最重要的一步。

表 2-1　　在调研过程的各个阶段需要解决的典型问题

阶段	典型问题
界定问题	调研的目的是什么？是为了解决问题，还是为了识别机会？ 需要其他背景信息吗？ 问题来源是什么（计划中的变化或没有预期的变化）？ 调研目的是提供信息（发现导向）还是制定决策（战略导向）？ 制定手边决策需要什么样的信息？ 如何利用信息？需要开展调研吗？ 已经知道的信息有多少？ 能够形成假设吗？
数据收集	现有数据能从内部资源中检索到吗？ 现有数据能从外部资源中检索到吗？ 需要测量什么？如何测量？ 要收集的数据来源于何处？ 可以使用观察法来收集数据吗？ 实施观察法时可以使用电子或机械手段吗？ 能通过问询调查获得客观答案吗？ 应该对被调查对象怎样提问？

续前表

阶段	典型问题
数据收集	问卷调查应该以人工形式，还是通过电话、邮件或者互联网等形式进行？ 结构化或非结构化的问项可用来收集数据吗？ 调研目的可以告诉被调查对象吗？ 观察人员应当记录哪些具体行为？ 界定目标总体的标准是什么？ 是否有可获得的总体要素列表？ 概率抽样是可取的吗？ 样本多大合适？ 谁来收集数据？ 数据收集的时间多长？
数据分析	谁来进行数据编辑？ 数据应该如何进行编码？ 需要用到什么样的分析技术或方法？
信息汇报（准备调研报告）	调研报告的阅读者是谁？ 他们的技术深度如何？ 他们在该项目中扮演什么样的角色？ 是否需要管理建议？ 书面报告的格式是怎样的？ 需要口头汇报吗？ 口头汇报的结构应该是怎样的？

界定问题（第 3 章和第 4 章）

我们只有对一个问题或条件进行准确界定后，为此设计的调研才能提供所需的信息。界定问题过程的内容包括将管理人员的决策问题以及一个或多个需要解决的调研问题具体化。营销调研的所有方面都应与决策问题直接挂钩。在进入调研过程的下一步之前，必须将决策问题及调研问题进行明确界定。

这是调研委托协议书（research request agreement）的主要目的，该文件清晰记录了调研项目中需要解决的调研问题。

如果我们对调研的对象知之甚少，通常可以采用探索性调研（exploratory research）将问题弄清楚。通常情况下，在需要解决的问题范围较广或问题界定模糊的情况下，可以采用探索性调研。探索性调研包括查看已公布的数据、采访专业人士、开展焦点小组访谈、研究分析类似问题的商业文献、分析公司数据库或各种其他活动所获得的大量数据。探索性调研的一个重要特点是充分的灵活性。当调研人员对问题不够了解时，他们可以通过直觉发现可能的调查领域和策略。该阶段探索性调研最重要的结果是能够对管理人员在制定重要决策时需要什么样的信息和数据进行准确界定。有了这方面的了解，调研人员与管理人员能够对调研委托协议书达成一致的意见。

经理关注

在本章中，我们会提供各章内容的路线图。后面各章将重点强调项目设计时以及为了完成高质量调研必须要考虑的问题。在此，我们只是想让你知道一个市场营销管理人员为什么需要具备深厚的调研领域的背景知识。因为如果没有这些知识储备，在你想对正在实施的调研项目及已完成的调研所获得的信息的质量进行评估时，你对他人提供的建议会有云里雾里之感。换句话说，你将自己的职业发展架构在别人身上，这可是相当危险的。如果具备了这些专业调研知识，你将变成公司营销调研方面不可忽视的一分子。你将成为营销调研服务的一个有效且独立的消费者，同时也会为营销调研公司所运用的方法提供有价值的反馈。在一个信息驱动的市场中，能够理解营销调研的重要性、对不同方法应用的优缺点了然于胸的管理人员往往是一个公司不可或缺的。

数据收集：现有数据（第5章到第7章）

广义而言，营销调研收集营销情报有两种方法：(1) 为解决特定问题而收集数据；(2) 建立决策支持系统，提供连续的市场情报。每个方法都有优缺点，这两种方法互为补充。两种方法都能够帮助管理人员在履行其决策制定职责时获得较多需要的信息。

这两种方法的区别在于：两种方法都会得到一些营销情报信息，但针对具体问题收集数据就像闪光灯，连续收集数据更像一根徐徐燃烧的蜡烛。[1]一个营销调研项目在某个特殊时间可简单地针对某个特定问题，不必过于烦琐。相反，连续的营销调研信息体系几乎不会给出某一特别情况的详细描述，但其影响是广泛而稳定的。

市场营销管理人员制定日常决策所需的大部分信息可能已经存在于公司的数据库中，或通过公司的决策支持系统（DSS）获得。比如，通常情况下，公司可以将销售额按不同地区、销售人员、生产线等进行分解并追踪，以此作为判断各种营销计划成功与否的一种方法。通过大数据、产品内置的传感器得出的数据集、电子设备（如手机）发出的GPS位置数据、从互联网收集得来的数据、社交媒体数据、呼叫中心的音频记录数据及客户电子邮件，公司能够挖掘出很多有价值的信息，当然数据来源绝不只有上面列出的这几项。不考虑公司特有的内部资源，如果公司有解决某一问题所需的信息资料，那么我们可以对数据进行检索，为数据分析做好准备。公司内部已有的大部分数据成为公司决策支持系统的一部分。这种最终成为决策支持系统一部分的连续性数据通常是指二手数据（secondary data），或出于其他目的收集的数据，但这些数据可用于解决眼前的问题。

然而，许多时候，问题超过常规内部数据所能解决的范围。下一步，我们需要考虑的是，能否从现有的外部资源收集到相关数据。这种外部资源可以来自政府（比如普查数据）、贸易协会、已经发布的数据资源或商业资源——擅长收集二手数据并将其兜售给有需要的公司。如果外部数据能够解决手头问题且来源可靠，公司通常会选择使用这些数据而不会再投入成本对这些问题进行相关调查。然而，通常情况下，需要的信息只是针对目前这一时间和背景，且解决问题所需的数据不能简单地从内部的决策支持系统或外部资源中得到。在这些情况下，公司必须要收集原始的、全新的数据来解决问题。

数据收集：原始数据（第 8 章到第 15 章）

获取原始数据通常是一个耗时又烧钱的过程——这也是提供图 2－1 的原因，只有信息不能从公司的内部资源或外部资源那里获得的情况下，才可以进行原始数据的收集工作。一旦调研的问题在调研委托协议书中进行了准确定义且被清楚地描述出来，就可以开展描述性的或因果性的调研（有些时候，调研人员也会在这个阶段进行探究性调研，以此将手头上的问题进一步细化，或者为数据收集工作的准备阶段提供所需的其他信息）。

因果性调研（causal research）使用实验来确定不同变量间的因果关系。采用市场试销的方法确定公司该上市哪款产品，该使用哪种包装设计，哪种广告形式最有效，产品应该如何定价等，这些都是因果性调研的实例。许多网站也会采用实验来决定营销产品和服务的最佳方式。尽管因果性调研，特别是在网络环境中，正在变得越来越重要，但描述性调研仍然是许多公司收集数据所采用的最为普遍的方式。

顾名思义，描述性调研（descriptive research）聚焦于对一个总体进行描述，通常强调某些事情发生的频次或两个变量之间的相关程度。在进行描述性调研时，需要考虑许多问题，包括：数据收集工作是通过观察还是问卷调查的形式进行？如何开展观察？——人工的，还是电子化的？问卷调查应该以人工形式，还是通过电话、邮件或者互联网的形式进行？

一旦调研人员确定了调研所采用的方法，他们下一步就需要制定实际项目会采用的意见咨询表或调查问卷表。假定我们采用调查问卷的形式，该问卷是不是应该包含一些固定问题和备选答案，或者问题回答采取开放式，允许应答者用自己的语言来回答？调研目的需不需要跟被调查对象解释清楚，或者不能向调研对象透露调查目的？需要采用一些评价尺度吗？采用何种类型呢？

在确定了信息收集方式后，接下来调研人员必须确定需要观察的或问询的人群。根据调研类型的不同，目标人群可以是家庭主妇、学前儿童、跑车爱好者、宾夕法尼亚人，或者网球运动员。我们将为调研选定的总体的特定子集称为样本。在设计样本时，调研人员必须界定样品框、使用的抽样计划类型以及样本大小。有两种基本的样本选定方案。在一个概率抽样（probability sample）中——这是我们最偏好的抽样方法，总体中的每一个成员入选样本的概率都是已知的、非零的，那么我们可以在有一定抽样误差存在的情况下，确定从样本元素中获得的信息对总体而言是否为真。然而，如果调研人员选择一个非概率抽样（nonprobability sample），不论是何种形式的非概率抽样，其个体或群组都只是调研的一部分，结果也仅适用于所选择的样本——结果不能用于推断总体情况。

数据分析（第 16 章到第 18 章）

调研人员可以检索到大量的内部或外部二手数据，或从成千上万的被调查对象那里收集到原始数据，但只有我们针对手头上的问题对这些数据进行分析和解读后，这些数据才能派上用场。数据分析一般包括几个步骤。对原始数据而言，我们必须对调查表格进行查阅，以确定这些表格填写是否完整、连贯，且应答者是根据要求填写的。我们将这一过程称为编辑（editing）。编辑完毕后，我们对表格进行编码（coding），对每个答案都给定一个数字，这样就可通过电脑对表格进行分析了。一旦数据编辑、编码完成，我们就可以对数据进行分析了。

大多数分析是简洁明了的，包括频率计数（通常情况下，我们将以特定方式回答问题的人数标以百分比形式报告）或简单的描述性统计（如总体均值和标准差）。有时，调研需要交叉表，这就要求我们对不同群组之间的关系或差异性进行了解，以此对数据进行深入分析。比如，假定调研人员询问他们所调查的目标女士“是否已经购买了某一新品牌的化妆品”这一问题，被调查对象（比如已经购买的这部分女士）会按照年龄、收入层次等进行交叉分类。

信息汇报（第19章与第20章）

书面调研报告是提交给管理层的文件，该文件将调研结果及结论进行了汇总。这份文件是许多主管能够看到的关于调研成果的全部，因此就成为主管人员对调研进行评判的标准。调研报告一定要逻辑清晰、内容精确，因为无论你此前执行的调研过程有多成功，只有调研报告才能将这些成功点展现出来。此外，有些调研报告是通过口头进行表述的。简单来说，通常情况下，书面调研报告与口头汇报都是影响调研成果对调研目的是否有用的最重要因素。

目标：最小化总误差

在我们陈述的调研过程方面，还需额外考虑另一项因素。没有人会设计出一套十全十美的决策支持系统，或者开展一个没有任何漏洞的营销调研项目（特别是对收集原始数据而言）。即使最好的调研项目也包含这样或那样的错误，而且任何阶段都可能出现错误。我们的目标是将营销调研过程中的总误差控制在最小范围内，而不是仅仅针对某项特定错误而言的。调研的每个阶段都是非常关键且必不可少的，重点强调某个阶段而忽略其他阶段是非常危险的。再次强调，相对于某个阶段的错误而言，控制调研工作中的总体误差是非常重要的。表2-1中罗列的诸多问题必须各个击破，这样我们才能将总误差控制在最小范围内。

营销调研道德规范

营销调研人员需要在整个调研项目过程中制定许多决策。在这一过程中，调研人员必须考虑他们在制定决策时涉及的道德问题。

道德规范（ethics）是个人或群体进行各种活动的道德准则和价值标准，它适用于所有可能对个人或群体产生实质性或潜在性伤害的情况（如经济、身体或心理伤害）。**营销道德规范**（marketing ethics）是营销人员遵循的原则、价值标准和行为准则。表2-2提供的实例中，一些公司在营销调研方面就做出了不道德的决策。

许多调研人员（以及管理者）以某种特定的方式进行调研时经常不会考虑

是否符合道德规范，他们认为只要某种行为合法，那么这种行为必然是合乎道德规范的。但事实并非如此简单。合法与合乎道德规范不尽相同。许多人尽管理解这一点，但也不会在决策时考虑其道德意义。一些调研人员可能不在乎这些，另一些人（虽然在乎，但是）又很容易忽视这一点，因为做正确的事情并非易事。

营销调研人员必须意识到其工作很大程度上取决于公众的喜好。“坏”调研违背了调研参与者的信任，只会让接近、招募及调查参与者的工作更加难做，耗费的代价更高。从商业角度来说，即使是那些不在乎自己行为对与错的调研人员也应该考虑到这些问题。良好的道德操守就是良好的业务，这是市场营销和舆论调研协会制定道德准则来指导其成员行为的原因之一。调研之窗 2-1 列举了营销调研的道德规范准则——不管你信不信，这只是缩减版。专业的营销调研人员更在乎道德准则。

表 2-2　营销调研中的不道德决策

汽车经销店雇用的促销公司会向当地居民发送信件，邀请他们在下周去经销店参加特殊的“市场营销测试”。这使得信件的被调查对象深信该调研需要他们的帮助。经销店以及促销公司的调查最终表明，他们所做的调研不过是想调查有多少人能够去经销店里进行试驾并买车。促销公司的员工承认他们这样做是因为它行之有效。

大型公司会开展一系列焦点小组访谈来收集消费者对公司正在开发的新无线电话服务的反馈意见。第一个焦点小组的消费者在新服务展示之前似乎对其很乐观，但一经展示，焦点小组的参与者又表示该服务似乎“太难使用”且“太复杂”。公司代表召开紧急会议之后决定，在剩下的焦点小组中不再展示该服务。这样的话，下一焦点小组出现乐观的态度就不足为奇了，因此就引进了这项新服务。最终新无线电话服务在市场中一败涂地。

几年前，营销调研提供者福里斯特调研股份有限公司（Forrester）因其进行和发表的产品对比调研而名噪一时，调研（a）中微软因其具有竞争力的产品而备受欢迎，调研（b）中仁科（PeopleSoft）的消费者相比其他竞争公司的消费者满意度更高一些。调研本来开展得很好，但是当有报道揭露微软和仁科均为该调研提供了资金支持后，该公司的信誉就遭到了质疑。

几年前，可口可乐在提高销量方面备感压力。公司经理决定通过汉堡王餐饮连锁店提高自己的销量。如果在为期两周的市场测试中，促销手段（冰镇可乐优惠券）增加了弗吉尼亚州里士满汉堡王品质餐的销量（与佛罗里达州坦帕对比），汉堡王的经理就会赞助数百万美元来促销冰镇可乐。第一周的结果并不令人满意。负责该测试的可口可乐经理说：“很明显除非改善测试结果，否则冰镇可乐全国促销计划根本不可能进行。”可口可乐共向里士满的儿童俱乐部和其他非营利组织提供了 9 万美元，购买了数百份品质餐。可口可乐背后的努力虽然只增加了 700 份品质餐，但使得汉堡王对进行冰镇可乐全国促销计划深信不疑，而该计划之前一直被认为是不会成功的。

资料来源：George J. Boggs，“Listen to Customers But Don’t Let Credibility Falter,” *Marketing News*，April 14，2003，p. 18，downloaded via ProQuest，June 13，2005；Thomas Hoffman，“Market Research Providers Confront Credibility Concerns,” *Computerworld*，October 13，2003. P. 4，downloaded via ProQuest，June 12，2005；and Chad Terhune，“Into the Fryer：How Coke Officials Beefed Up Results of Marketing Test；Consultant Gave Kids’ Clubs Cash to Buy Value Meals in Burger King Promotion；Wiring \$9 000 for Whoppers,” *The Wall Street Journal*，August 20，2003，p. A1，downloaded via ProQuest，June 14,2005.

调研之窗 2－1

《营销调研标准准则》（营销调研协会（Marketing Research Association，Inc.，MRA））

资料来源：Marketing Research Association，http：//www. mra. org/pdf/expanded _ code. pdf（downloaded June 13，2005）. MRA（Marketing Research Association）is the largest U. S. Association of the opinion & marketing research profession.

营销调研协会（MRA）制定《营销调研标准准则》（Code of Marketing Research Standards）是为了确保 MRA 的成员遵守以下原则：

- 以开诚布公及合乎道德规范的方式进行调研。
- 逐步建立民众对调研的信心以鼓励公众合作。
- 逐步建立民众对调研的信心，相信调研是以专业且公平的方式完成。
- 给成员提供指南，指导其采用科学的、统计的和实证的方法开展调研。
- 根据准则进行每一项调研。
- 尊重公众及其权利。

作为入会条件，MRA 的公司成员和个人成员必须签署并遵守《营销调研标准准则》。

鼓励非 MRA 成员熟悉《营销调研标准准则》，以便与营销调研协会成员打交道，也可作为一项教育工具。

《营销调研标准准则》的背景

营销调研协会是营销调研行业的公认领导者，宗旨是促进营销调研的实际应用以及民众对营销调研行业的专业性的理解。

该协会的基本目标是确保行业标准得到执行。在不违背联邦、州及当地法律、法规和条例的情况下，最大化促进营销调研知识在商业界和公众间的传播。

MRA 希望其成员秉承诚信、专业、公平及保密的原则捍卫公众及当事人的利益，以促进良好的商业实践。MRA 的《营销调研标准准则》要求其成员不仅要对彼此负责，而且要对公众及商业界负责。

调研者不得有意或无意地做出任何有损营销调研职业声望和信誉的事情。

所有 MRA 成员必须签署《营销调研标准准则》协议书作为入会的条件。协议书列出了成员需要遵守的原则（诚信、正直、尊重公众、专业、公平以及服从准则）。不签署该准则的公司或个人将会被 MRA 除名。

文件的使用

《营销调研标准准则》包含营销调研人员必须遵守的道德标准。因为MRA是涵盖该行业所有细分职业的协会，所以该准则包含对终端使用者、调研购买者、调研提供者/供应者、数据收集者以及其他相关服务提供者的标准。某些专业性很强的相关服务有其自己的标准。MRA还提供一些“推荐最佳商业实践”的独立文件。这些被推荐的最佳商业实践可以作为典范，指导营销调研人员为社会提供专业的、合乎道德规范的、可靠的产品或服务。“推荐最佳商业实践”用于补充《营销调研标准准则》的强制准则。（注意：术语的定义及每条准则的解释可参考下载“准则扩充”。）

部分A

所有营销调研协会的成员承诺，将：

1. 确保每项调研都会根据与当事人签订的协议进行。

2. 绝不会在调研或项目的任何阶段以任何原因篡改或泄露数据。

3. 所有为公众消费而发布的营销及意见调研都会符合《营销调研标准准则》中的主要调研标准，并包括定量调研的以下内容：（1）数据收集方法；（2）数据收集时间；（3）样本结构；（4）抽样方法；（5）样本大小；（6）计算的误差范围。

4. 会保护所有调研技术及/或调研方法的机密性，以及那些被确定为机密或专有的信息。

5. 未经授权允许，绝不泄露用于确定被调查对象的信息。

6. 将观察所有调研技术及/或调研方法，以及那些被确定为机密或专有的信息的机密性。未经授权允许，绝不泄露用于确定被调查对象的信息，除了：

- 在消费者满意度调研中，当事人或当事人的代理人希望快速收到所有的调研结果以供后续跟进。
- 法院要求或其他合法要求（如在悬而未决的案件中进行举证）。

7. 对调研结果进行精确、诚实的报告。

8. 保护被调查对象的权利和隐私。

9. 采用专业的态度和方法对待被调查对象。

10. 会采取一切合理的预防措施，以保证调研对象决不会在其参与的营销调研项目中受到直接伤害或不利影响。

11. 不滥用公众对营销调研的信心。

12. 不得虚假声称其资格、经验、技能、资源或其他不具备的设备。

13. 不提及自己的营销调研协会成员身份作为自己职业能力的证明。

14. 不允许成员将调研转包出去从事任何《营销调研标准准则》不可接受的活动，和从事任何适用的联邦、州或地方法律、法规和/或条例明令禁止的活动。

15. 保护从客户那里了解到的商业机密，并将这些机密当做专有信息资料。

16. 在进行二手数据调查时，让终端用户了解到二手数据的来源。绝不能将二手数据作为原始数据呈递给终端用户。

17. 在下列情况下，会通知客户：

- 客户的项目将会与其他客户的项目合并在一起或者整合起来执行。
- 客户的项目的部分或全部将被分包到调研者的机构之外的其他公司或机构。

18. 在为不同客户进行工作时，调研者必须致力于避免接受服务的客户之间可能的利益冲突，尤其对那些在相同或相近行业的客户。

19. 在有责任开发产品或服务供被调查对象使用时，负责提供的产品及服务应该：

● 是安全的、适合使用的。

● 根据相关法律法规进行了标识说明。

● 当问题发生时，采取措施确保被调查对象安全。

● 会提供紧急联系方式。

20. 会给参与数据收集过程的人员提供详细的书面或口头调研指导。

21. 不会将某个非调研性活动作为营销调研，诸如但不限于：

● 唯一目标是获取有关被调查对象的私人信息，不管是出于法律、政治、商业、私人或其他目的。

● 出于任何非调研目的的登记表、汇编列表或包含名称/地址的数据库文件（比如，拉票或资金筹集）。

● 工业、商业或其他任何形式的会对个人或公司造成伤害的间谍活动。

● 通过信用评级服务机构或其他相同机构获取信息。

● 向被调查对象进行销售或促销活动。

● 收取欠款。

22. 除非是为了进行真正的神秘顾客任务，运用调查和其他数据收集的方法时不得通过随意或漫谈的方式来收集数据。

23. 未经过被调查对象的同意，不会采用调研信息来确认被调查对象的身份。以下情况除外：

● 在处理数据或整合数据文件时会用到被调查对象的身份信息。

● 需要将被调查对象的身份信息添加到客户或第三方数据中以作为基础调查数据文件。

● 在法院指令或某一其他合格、公认法律权威的合法要求下，需要对被调查对象的身份信息进行披露（比如，一个悬而未决的法律案件的侦破阶段）。

● 如果有这样的许可且许可是安全的：调研人员必须记录在册或者调研中所有的而非某一个应答者都必须这样做。如果获得了这样的许可，数据仅限于被调查对象同意的目的用途。

此外，成员需要保证所有被调查对象的身份信息受到合理保护，不会被非法获取。

24. 会尊重被调查对象在调查中的任何阶段退出或拒绝配合的权利，不能采取任何措施或方法强制或暗示被调查对象必须予以配合。

25. 如果调查/讨论过程需要通过某种方式进行音频或视频录制，调研人员需要确保在调查开始前就已将实际情况告知被调查对象，且如果录制的调查/讨论内容有第三方需要查看，或需要复制版本以用于其他用途，在必要的情况下，调研人员需要获得被调查对象的书面同意。

26. 如果存在这种可能，即在不使用被调查对象名字或地址的情况下，被调查对象仍可能被认出，那么被调查对象有权利拒绝参与调查（比如，由于所取的样本人群的大小）。

27. 遵守《儿童在线隐私保护法案》(Children's Online Privacy Protection Act)，在调查采访13周岁以下的儿童之前，需要得到儿童父母、法定监护人或责任监护人的许可及书面同意。在获得许可之前，调研人员应告知调查主题、问询时间长度及被调查对象想要得知的其他特殊任务。

28. 确保调查结果只属于终端用户。决不会与其他客户分享调查结果。

29. 对被调查对象报以尊重的态度，且在任何问题上，都不会直接或间接地影响被调查对象的观点或态度，包括问题的设置。

30. 在数据收集过程中，确保投标及汇报的所有公式符合《MRA 的发生率指南》(MRA Incidence Guidelines)，或符合经由客户和调查提供方协商同意的发生率计算公式。

31. 不管是口头或书面的陈述都要真实有效，以确保合作顺利进行，且在采访过程中要信守对被调查对象作出的承诺。

32. 不论调研人员采用什么技术或方法，在与未成年人接触或沟通时，所有调研人员都要遵守所有适用的法律或法规。

33. 未经客户书面授权，不得披露能够识别客户的任何信息。

34. 确保公司、公司员工及转包商在数据收集过程中，会采取合理的预防措施，保证在未经赞助方明确许可的情况下，不会同时针对同一被调查对象开展多项调查。

35. 将客户提供的所有调查资料或从客户提供的资料中得出的某些结论或数据均视为客户的财产。在调研期间，这些材料在经由客户同意的情况下可以保留或处置。

36. 如果时间和条件允许，为客户提供监督调研进展的机会，以此确保调研质量。

37. 确保从任何调研中获取的信息不会用于销售、广告或拉票。

38. 从其他机构数据库或某个独立招聘人处获得信息时，注意保护这些机构或个人对所持有的数据的专属权。

39. 会遵从机构施加的所有使用限制条件，以此保证各方的机密性。

40. 除非在调查初期就告知被调查对象有可能被再次联系，且被调查对象同意被再次联系，否则不得使用被调查对象的联系信息再次联络被调查对象。

41. 互联网调查会遵守联邦、州和地方有关互联网/在线交流的法律。包括所有自愿性加入及自愿性退出的请求。

42. 熟悉 MRA、IMRO 及 ESOMAR 制定的有关互联网调查的指导原则，包括对未获邀约电子邮件的定义。

43. 开展互联网调查时，确保调研人员的身份信息对被调查对象是公开的。

44. 开展互联网调查时，会在线公布隐私政策声明。

45. 开展互联网调查时，未经被调查对象许可，不得以任何方式使用任何与提供方隐私声明相悖的数据。

46. 开展互联网调查时，不得向已经选择退出的被调查对象发送未获邀约的电子邮件。

部分 B：抽样

提供样本的人员必须遵守以上所有准则外，还需：

47. 遵守数据所有者在数据使用方面设定的要求和限制条件，包括列出代理商及数据库编译器。这些要求和限制条件包括但不限于：

- 在被要求时提交问卷调查文件。
- 对敏感资料使用上的限制条件，这些敏感资料包括有关儿童的数据、医疗状况数据、财务信息及列表提供者或拥有者认定的其他方面的敏感数据。
- 除了合法性的调研目的外，不能将样本或被试列表用于任何其他目的。

● 和对待收集到的调查数据一样，确保样本信息中所含的家庭及个人数据的保密性，只可将其用作调查样本的分层、选择和控制，或用于汇总数据的列表。

● 确保从样本中获得的信息不会用于个人市场营销活动，即不会由于参与者提供了这些信息而导致针对他们的任何营销或销售活动。

48. 不会谎报抽样方法及其对调查数据的影响。

49. 在被要求的情况下，对用于产生、分级和挑选具体样本的实践和方法进行披露。

50. 在被要求的情况下，确定抽样方法本身的恰当性及其完成调查目标的能力。

51. 保护调研机构的身份信息和机密性，未经同意的情况下，不会对信息进行披露，除非有法院指令或某一其他合格、公认的法律权威的合法要求（比如，一个悬而未决法律案件的侦破阶段）。

52. 编译、维护及使用的网络样本仅限于那些同意被联系（自愿性加入），且有合理意愿接受意见调查及以营销调研为目的网络邀请的那些个体。

53. 在抽样时不会采用任何欺骗性的方法。在被调查对象不知道或没有经过其同意的情况下，样本提供方不能采用任何方法或技术收集电子邮件地址，不论是主动的还是被动的。

54. 将隐私政策发布在每个在线调查管理网站的显著位置，供公众查阅。

55. 在每次调查时，都允许被调查对象选择从未来的在线调查邀请名单上删除（自愿性退出）。

使用样本的人员必须遵守以上所有准则外，还需：

56. 尽可能在每个项目上都会就采用的抽样方法的恰当性咨询终端用户。最后，调研服务提供方与最终用户就关键信息保持沟通。

57. 做好将调研目标、决策制定及数据使用的性质披露给样本提供方的准备，且在调研过程中不会故意误导任何参与方。

58. 遵守样本提供方设定的政策和/或契约，这些政策和/或契约是对购买的和/或授权的样本资源或文件进行管理之用的。

59. 在每次调查时，都允许被调查对象选择从未来的互联网调查邀请名单上删除（自愿性退出）。

部分 C：制表和数据处理

那些参与制表和数据处理的人员必须遵守所有以上准则，此外：

60. 应客户的请求，会将数据处理公司使用的质量控制流程告知客户。

61. 应客户的请求，为客户就项目范围、时间跨度和相关费用的编写工作给出明确表述。

62. 应客户的请求，会将数据处理公司使用的归档和存储过程告知客户。

63. 应客户的请求，将处理工作中使用的软件（名称、厂商及版本）告知客户。

资料来源：Marketing Research Association，downloaded from http：//www.marketingresearch.org/the-code-of-marketing-research-standards-0 on October 16，2012.

道德推理的三个方法

在判断一个提议的行动是否合乎道德方面，我们有必要采用一个或多个道德推理框架。在本节中，我们会简要总结这些推理框架中的三个：效用分析法、公正分析法性及权利分析法。[2]

道德推理的第一个方法是**效用分析法**（utility approach）。这种方法以社会为分析单位，强调行为对所有被直接或间接影响对象的后果。效用分析法认为，正确的行动方向是推崇“为最多数的最大利益”。因此，调研人员需要将拟订的行动方案所影响的所有人的全部效益与成本都考虑进来——实际上，就是考虑社会整体的效益和成本。如果效益大于成本，则我们认为该行动在伦理和道德层面是可以接受的。然而，确定所有相关效益和成本是相当困难的，且因为分析单位是社会，极有可能社会中一个或几个个体或集团承担了大部分成本，其他个体或集团享用大部分效益。

看一下表2-3，假设你是被雇来执行“消费者在杂货店里如何购买蔬菜及其他产品”这项调查的调研人员，在消费者不知情的情况下，使用摄像头记录消费者的行为是一个道德的决策吗？使用效用分析法时，我们试图将效益（比如，了解消费者在阅读营养性产品标签后是如何实际行动的，这将为如何更好地传递这一重要信息提供思路）和成本（侵犯消费者隐私权和他们是否参加调研的选择权利；调研的成本）加起来。仅仅考虑到这些潜在的成本和效益，大多数人会认为，从效用角度来看，此行动是符合道德规范的：公司和社会从所获取的信息中获得的潜在效益看似大于在不知情情况下参加该项调研的消费者所产生的成本，同时也大于实际调研成本。

表2-3　在实践中应用道德框架

你被雇来帮助一家大型绿叶类蔬菜生产商了解杂货店里的消费者是如何购买的。公司正在考虑用不同的方法来包装他们的产品，特别是在最大化展示蔬菜的营养价值方面。公司的管理人员认为，如果更多的人能够了解他们的产品所含的营养价值（其他厂商的产品亦是如此），那么消费者就能对他们及其小孩吃的食物做出更好的决定。然而，要完成这一目标，公司管理人员需要充分了解消费者在杂货店环境中的实际行为是怎样的（比如消费者阅读营养相关信息、比对不同类型的蔬菜以及选定购买各种蔬菜会花费多长时间）。因为你怀疑如果消费者知道他们的行为在被其他人观察时，会改变他们的购物行为，所以你决定将小型摄像头放置在四家参与调查的杂货店的隐蔽位置，并花超过两周的时间来记录消费者的行为。

- 通过效用分析法进行道德推理的话，这一行为符合道德规范吗？
- 通过公正分析法进行道德推理的话，这一行为符合道德规范吗？
- 通过权利分析法进行道德推理的话，这一行为符合道德规范吗？

道德推理的**公正分析法**（justice approach）考虑的是：拟订方案的成本和效益在个体和集团之间的分配是否公平合理。那么由谁来决定效益和成本公正分配的数量到底是多少？本质上，答案取决于社会层面达成的共识——在一个社会中大多数人所接受的公平是什么。如果某一行动方案的效益和成本是公平分配的，那么在公正分析法下，我们就认定该行动方案在道德规范上是可以接受的。

现在，回到杂货店的话题上来。从某种程度上讲，从调研中获得的信息有可能使社会上的大多数人受益——包括参与该项调查的消费者以及为该项调研提供赞助的公司，通过改善饮食习惯（对消费者而言）及增加利润（对公司而言），我们大概可以认为效益或多或少是公平分配的（顺便说一下，我们应当注意到，“公平”分配并不等同于“平等”分配。在这种情况下，公司本身及其员工会享有更大比例的效益，但同时他们也承担更大比例的成本和风险）。假设公司开展调研的目的仅仅是想知道在不考虑客户或者客户需求的情况下，如何能够卖出更多产品。如果付出重要成本（比如隐私暴露、对参与者隐瞒情况）的人压根儿就没得到什么收益，那么从公正性评价的角度来讲，该行动方案很可能被评判为不符合道德规范。

最后，我们再来考虑道德决策制定的**权利分析法**（rights approach）。效用分析法和公正分析法都注重行为产生的结果。在权利分析法框架下，拟订的行动方案是对还是错，是就其自身而言的，不太关注行动产生的结果。遵循道德推理权利分析法的调研人员注重个人或多人的权利带来的福利。他们认为，每个个体都有权要求保证人格尊严、尊重及自主性。比如，美国的大多数人会认为，每个人都有权要求保证人身安全、有权获得相关信息、有权选择自己喜欢的人或事、有权让社会倾听自己的声音。

杂货店消费者的调研结果又是如何呢？当我们关注这些并不知情或并没得到其许可的被调查消费者时，在权利分析法下，对调研是否符合道德规范进行评判看似非常简单。这也凸显了应用权利分析法的一个难点：一般而言，在这种方法下，判定行动方案是否符合道德规范是更加困难的，因为几乎不可能确保所有相关个体或集团的每一项权利都不被侵犯。

从实际角度来看，将所有这些方法都应用到一项营销调研决策中是比较困难的。然而，每个独立的调研人员最终都要决定，其参与的行动方案是否符合道德规范，以及该行动方案是否还需要进行下去。对很多人来说，他们自然会比较青睐权利分析法，因为大多数人相对更关注个人权利。但像我们从杂货店实例中看到的那样，社会通常会从基本权利的（临时性的）侵犯中获益，比如，被告知的权利及自愿选择参与到调研中的权利。营销调研的目标就是要发现某一现象或情况的真相——杂货店中，如果我们告知消费者正在对他们的行为进行调查，那么我们就不可能获得真实消费者行为数据。

像我们看到的那样，道德框架所呈现的结论并不总是一致的。图2-2给出了考虑某一拟订的营销调研方案是否符合道德规范的一种方法，表2-4给出了一些在答案不明显时该做什么的实践指导方针。重要的一点是，调研人员必须考虑他们行动的道德后果。后面的章节包括各种道德情况，这些情况会着重强调调研人员在与调研参与者及其他相关方相处时会遇到的两难境地。

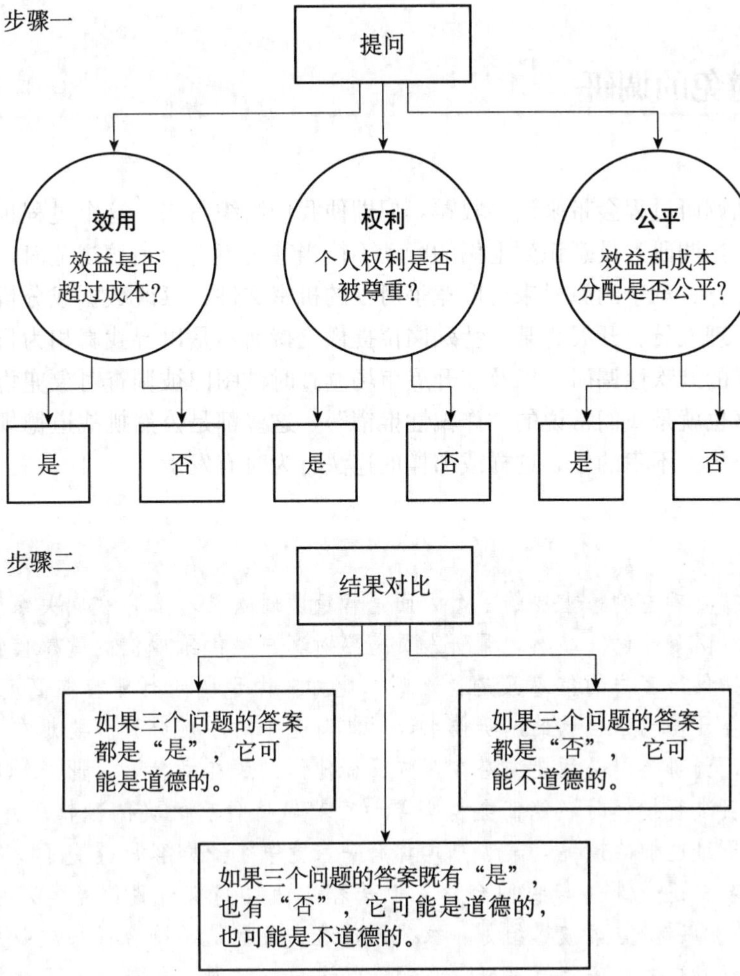

图 2-2　道德问题的分析方法

资料来源：Anne T. Lawrence and James Weber，*Business and Society*；*Stakeholders*，*Ethics*，*Public Policy*，12th ed.（New York：McGraw-Hill Irwin，2008），p. 106. Reprinted by permission.

表 2-4　道德分析的实践指导方针

道德规范测试	实践道德规范的指导方针
常识	如果拟订的行动方案有悖你的常识，不要去做
最好的自己	如果拟订的行动方案与你感知的最好的自己不一致，那么就不要这样做
将某些信息公开	如果你不愿意让你的信息为公众所了解，那么就不要参与该项调研行动
公开讨论	根据大家的意见来完善你拟订的行动方案。不要让自己陷入道德层面的两难境地。多听取他人意见
"净化"观念	不要以为其他人如会计师或律师说他们觉得你拟订的方案没问题就能"净化"你的方案。你仍然要对自己的方案负起十分责任。
四项禁忌	不要因为贪婪、懈怠、懒惰或模棱两可的态度对你的行动或决策作出妥协
恶作剧实验	绝对不要以开玩笑的心态来执行一项行动方案

资料来源：Archie B. Carroll and Ann K. Buchhoitz，*Business and Society*：*Ethics and Stakeholder Management*，7th ed.（Cincinnati，OH：South-Western College Publishers，2009），p. 309.

需要避免的调研

营销调研过程会带来诸多收益，但即便我们组织得当，这个过程也不会是十全十美的。当调研人员意识到他们的行动不恰当甚至不符合道德规范时，情况就会变得更糟。打着竞争的旗号来窃取竞争对手的机密文件、篡改数据或分析结果来取悦客户或管理人员、开展为某一特殊岗位提供支持而不是以寻找真相为目的且有伪造科学成果的鼓吹性调研，以及在开展市场调查时试图向被调查对象兜售产品或服务或想法（也就是我们常说的“诈骗性推销”），这些都是公然挑战道德规范的虚假营销调研行为。不幸的是，这样或那样的违法行为时有发生。

经理关注

道德规范需要考虑的最重要的一个方面是营销调研人员与客户之间关系所需的机密性。机密性也有两个方面。显然，调研人员需要对客户提供给他们的敏感性信息高度保密。调研公司提供给客户的信息又是什么呢？比如，由于调研行业存在高度竞争关系，调研公司通常会开发属于自己的调研技术，以此与竞争对手区分开。要想在这个行业中争取一块蛋糕，调研公司必须要向潜在客户解释他们到底在做什么。此外，当调研公司对某一调研项目进行投标时，他们会将需要为客户做些什么之类的独特思想陈述出来。我们也亲身经历过这样的情况，某客户声称有一家竞争企业向客户提交了一份更加优越的提议，虽然客户还是选择与我们合作，但是客户让我们执行我们竞争对手提出的方案。将一家公司的调研方案披露给另一家公司，这本身就是不符合道德规范的，就像一家调研公司披露客户的机密信息一样。我们已经说过，管理人员与调研人员的成功协作是基于相互信任。作为一名管理人员，你的道德行为在于与调研提供方建立信任关系，这是至关重要的。

除了不符合道德规范方面的调研，还有其他类型的调研也应当避免。有时，决策制定者对某个特殊情况会有一些预设想法，他的想法不会改变，不管调研人员得出的调研结论是什么。在这种情况下，调研仅仅是让决策制定者安心。如果调研结果与决策制定者想要制定的决策一致，或者与其对当下情况的认知一致，或者与备选方案的结果一致，那么该结果就会被欣然接受，否则，好的情况是，结果遭到质疑，坏的情况是，结果直接被视为不准确而被弃用。当然，原因是决策制定者对情况的看法是不容置疑的，因此调研能做出的改变也极为有限。如果出现这种情况，那么开展调研就是对公司资源的浪费。

上面这种情况的管理人员，我们可以将其定义为死心眼，尽管他的动机是比较单纯的。不幸的是，在某个调研项目完成之后，有些管理人员得寸进尺地想要“设定”调研成果，这是另外一种形式的鼓吹性调研。在这种情况下，管理人员大多会找个推卸责任的理由，以防广告活动失败或新产品没有成为主流产品（比如，“但是调研结果都是正面的呀……”）。这也是管理人员需要尽可能避免的。

如果时间、预算等资源不支持按部就班地开展一项调研，则不宜开展调研。这样表述看起来有点奇怪，因为有调研数据总比没有强，但情况并非总是如此。危险在于管理人员会将初步或探索性调研作为重要决策的依据。不是所有调研都是成本巨大或时间很长的，但重要的决策需要正确的调研成果作为支撑。有太多情况，管理人员喜欢走捷径。

“如果有时间上的压力，这些管理人员通常会让调研人员组织几个焦点小组，就某一概念或想法打 100 个问询电话，或采取其他受到追捧的常规方法，我们称这种方法为‘死亡之愿调查’。这些方法在时间方面看似比较合理，因为这些方法迅速、成本低且会支持营销人员的已有想法。这些方法花的时间及成本也更少，但‘死亡之愿调查’能给出的有价值的信息少之又少。公司得到的更多的是误导性的信息，这会导致营销方案的失败。因此，执行人员在营销调研上的信心下降也就不足为奇了。”[3]

即使调研方法得当，还是会存在如下情况：营销调研没有提供给公司寻找的答案或结果，有时候其带来的缺点甚至还大于其可能存在的优点。比如，营销调研的效益必须要与泄密给竞争对手的实际风险进行衡量，在这种情况下，竞争对手会飞快地将一款类似的产品投入到市场中，价格还更有优势，或者很受消费者追捧，消费者也很快知道了如何正确使用这款产品。比如，电话答录机和电脑鼠标都受到了第一批使用者的热捧。[4]如果一款新产品的推出有财务上的风险，那么有些公司会放弃市场试销。最好的策略是从调研中找到潜在收益，并确保调研收益能够超过预期成本，不管是在财务上还是其他方面。

经理关注

研究发现，管理人员与调研提供方的导向是很不相同的。管理人员更青睐那些能够证实他们对营销环境判断准确的调研。调研人员则恰恰相反，他们通常比较重视未知的调研发现，因为这些新发现可能会暗示有新的机会或威胁。如果调研未能达到管理人员的预期，通常的结局是管理人员不相信调研结果或把非预期的结果归咎于调查中存在的诸多问题。作为一个市场营销管理人员，正确认识你可能会给调研进展带来的认知偏差是非常重要的。通过学习本书提出的方法培养出更深次的认识，你将会更好地确定某些非预期的调查结果是不是源于调查中出现的错误，或这些非预期结果也能够反映出你此前未曾设想过的真实结果。这种能力将成为营销团队的一笔宝贵财产。

小结

学习目标 1

概述营销调研过程

营销调研过程一般有四个阶段：（1）界定问题；（2）数据收集；（3）数据分析；（4）信息汇报。有三种潜在的数据源，应该根据特定的信息需求依次考虑，分别是：（1）内部来源的现有数据；（2）外部来源的现有数据；（3）来自个人的原始数据（如新产生的数据）。

学习目标2

描述营销调研的一般方法

营销调研有两种方法：(1) 为解决特定问题而收集数据；(2) 建立决策支持系统，提供连续的市场情报。第一种方法可以比作一个手电筒，它能提供指向特定点的集中光线。第二种方法就像一支蜡烛，能发出稳定的光，但不能提供特定点的照明。

学习目标3

列举营销调研中的最关键误差

总误差，而不是在各个阶段中发生的单个误差，是调研工作中最关键的误差。

学习目标4

强调效用分析法、公正分析法和权利分析法三种道德推理方法之间的主要区别

效用分析法侧重于将社会作为分析的单位，强调行为对所有被直接或间接影响对象的后果。如果该行为对社会的效益超过其成本，则该行为是合乎道德规范的；如果净效益是负的，则该行为是不合乎道德规范的。公正分析法考虑的是基于社会共识的成本和效益公平分配的程度。如果成本和效益是公平分配的，那么这种行为是合乎道德规范的。权利分析法侧重于将个人作为分析单位，特别是每个人享有的权利。侵犯个人基本权利的活动被认为是不合乎道德规范的。

学习目标5

描述应当避免的调研类型

应该避免几种类型的调研，包括不道德的调研（如虚假的、鼓吹性的调研）；支持既有决策的调研；无合适可用资源下的调研，成本大于收益的调研。

关键术语

道德规范（ethics）

营销道德规范（marketing ethics）

效用分析法（utility approach）

公正分析法（justice approach）

权利分析法（rights approach）

复习题

1. 营销调研过程是怎样的？
2. 营销调研过程中最关键的误差是什么？解释一下。
3. 道德推理方面，效用分析法、公正分析法及权利分析法的主要区别是什么？
4. 对营销调研道德规范方面的考虑为什么如此重要？

讨论的问题与案例

1. 如果遵循图2-1描述的营销调研过程，营销调研人员能获得怎样的优势？
2. 采用调研过程步骤构架你自己的思路，并对下述营销调研案例进行评估。

FlyRight 航空公司想调整其飞机的内部布局，以迎合商务人士不同层次的品位和需求。管理层想要减少座位的数量，配置一些小型书桌，让商务人士在长途飞行中也能工作。在整修之前，管理层决定做一些调研，保证这些改变能够满足乘客的需要。为了将调研成本控制在最低水平，公司采用了下述方案：由飞行中的乘客来完成调查问卷。由于易于管理和收集，调查问卷只在短途（小于一个小时）飞行中进行分发。该项调查是在12月的第二周和第三周进行的，

因为这段时间的航班上座率较高。为了能够提高问卷的回收率，每个航班的服务人员分别负责收集某一部分的问卷。管理层认为，这段时间是尽可能收集更多信息的好时机，因此，除了新的座位安排外，问卷还包括一些其他问题。最终，问卷的完成要花 20 分钟的时间。

3. 采用调研过程步骤构架你自己的思路，并对下述营销调研案例进行评估。

FlyRight 航空公司想调整其飞机的内部布局，以迎合商务人士不同层次的品位和需求。管理层想要减少座位的数量，配置一些小型书桌，让商务人士在长途飞行中也能工作。在整修之前，管理层决定做一些调研，保证这些改变能够满足乘客的需要。为了将调研成本控制在最低水平，公司采用了下述方案。航班服务人员被要求记录：(1) 在飞行旅途中工作的人数(比如，阅读报告、详细的费用账目，或使用笔记本电脑)；(2) 进行阅读活动的人数（比如，报纸、杂志、精装书或平装书)；(3) 在飞行中睡觉的人数；(4) 在飞行中相互交流的人数。为了帮助服务人员进行记录，航空公司制定了一个观察表，这样一来，所有航班服务人员只需简单记个数就可以了。服务人员被要求在给旅客提供饮料之前完成填表任务。该项调查是在 7 月的第二周和第三周进行的，因为这段时间的航班上座率较高。为了能够提高问卷的回收率，每个航班的服务人员分别负责收集某一部分的问卷。管理层认为，这段时间是尽可能收集更多信息的好时机，因此，服务人员被要求添加任何其觉得对观察表比较重要的注释。

4. 在你家附近或你上学的地方，与某公司的营销调研主管安排一场会面。在会面过程中，尝试制定一个该公司一般开展调研的类型的详细清单，以及该公司是出于什么目的进行这些调研的。列举两项调研，尽可能多地给出这两项调研的具体细节，比如调研类型和样本大小、所使用的数据收集工具是什么、数据收集后进行了怎样的处理等。向该主管汇报你的发现成果，当然汇报形式要根据公司针对该项调研制定的方案和项目策略。

5. 将图 2－1 中所列的调研过程全盘考虑一遍。对营销调研人员在调研过程中的不同阶段均可能发生的不符合道德规范的行为的具体形式进行讨论。

6. 考虑下述情况。对每种情况，对在这三种道德推理方法（如，效用分析法、权利分析法及公正分析法）的基础上，行动方案是否符合道德规范进行讨论。

a. 一个金融机构的调研负责人注意到某项非常重要的调研报告的截止日期已经非常接近了，于是决定将所需的样本量减半，并告知调研人员不要在任何汇报文档中提及样本大小这一数值，这些汇报文档都是为给决策制定者汇报准备的。他认为他的行为没有错，他解释称调研根本就不重要，“当然如果报告没有按期完成，那么调研也不值将人员开除的成本。”

b. 在前述例子中的一个调研人员同样意识到，调研项目不能在截止日期前完成了。由于担心自己的工作，他只能硬着头皮自己干，于是他在家里加班加点完成了总共 106 份调查，这样一来，调研推进的速度就明显加快了。

c. 了解到许多被调查对象想要“帮助”调研人员完成调查，他们会提供他们认为调研人员想听到的那种答案，一名为一家著名百货公司开展营销调研的人员因此开始向不知名的“泰勒调研小组”那里发布调查而不会在调查说明信中使用百货公司的名称。他注意到，做出这样的改变后，客户满意度问题的反馈结果有下滑趋势。

d. 一名调研人员调研的是儿童在成长期间是如何玩一套新玩具的。然而，他担心如果小孩或其父母知道玩具是新的，他们可能会比在正常情况下更加注意玩具的使用。他将几个新玩具的免费样品送给了附近一家日托中心，让日托中心的员工将这些玩具与其他玩具放在一起，如此一来，他就规避了上述这个潜在问题。一个星期后他来到了这家日托中心，观察孩子们玩玩具的情况，并从日托中心的员工那里得到了相关反馈。

注释

1. Robert J. Williams, "Marketing Intelligence Systems: A DEW Line for Marketing Men," *Business Management*, January 1966, p. 32.
2. Much of the discussion in this section is based on Anne T. Lawrence and James Weber, *Business and Society: Stakeholders, Ethics, Public Policy*, 12th ed. (New York: McGraw-Hill Irwin, 2008), pp. 103–107.
3. Kevin J. Clancy and Peter C. Krieg, "Surviving Death Wish Research," *Marketing Research: A Magazine of Management & Applications* 13, Winter 2001, p. 9.
4. William I. Zangwill, "When Customer Research Is a Lousy Idea," *The Wall Street Journal*, March 8, 1993, p. A12. See also Justin Martin, "Ignore Your Customer," *Fortune*, May 1, 1995, pp. 121–126.

第3章 界定问题

学习目标

1. 明确界定问题的主要步骤
2. 讨论与客户初次会面的两个目标
3. 讨论营销问题/机会的两个基本来源
4. 解释为什么调研人员必须参与界定问题
5. 辨别决策问题的两种类型
6. 辨别决策问题和调研问题
7. 描述调研委托协议书
8. 列举调研提案的各种因素
9. 描述征求建议书的目的

引　言

一个企业执行官曾经这样说过：当他耗费了毕生的精力到达了事业的顶峰之后，他才发现他当初选错了方向。他很后悔没有将更多的时间花在真正重要的事情上。假如我们不小心，同样的事情也会发生在营销调研问题上：我们实施所有必要的步骤最终得到完美有效的答案——只是发现我们在问错误的问题。

20世纪80年代可口可乐公司推出新可乐的经历就是一个经典案例，它说明了没有正确地界定问题将会产生灾难性的后果。可口可乐的市场份额从20世纪40年代中期的60%跌落到1983年24%以下。同期，可口可乐最主要的竞争者百事可乐正持续赢得市场份额。可口可乐的管理人员很快就明白出现了问题。公司调研人员、经理和董事们被“百事挑战”促销活动——活动显示消费者在口味测验中一致喜欢百事可乐而不是可口可乐——误导，对可口可乐有“口味问题”深信不疑。[1]

可口可乐的调研人员开展了一项大范围的营销调研——包括对190 000位消费者进行口味测试，花了400万美元——来比较新可口可乐、百事可乐以及老可口可乐的口味，结果大部分消费者喜欢新可口可乐。进一步的调研表明，在告诉消费者所品尝的可乐的品牌之后这个结果仍然成立（事实上更强烈）。管理者都相信他们开发的新产品能够成功地解决口味问题。根据调研结果，可口可乐于1984年4月向全世界投放新可乐来取代老可乐。

用新可乐代替老可乐的决定结果被证明是一个巨大的错误。该计划实施不到三个月，公司就决定恢复老可乐。到底是怎么回事呢？这项调研在技术上是完全正确的，事实上人们也很有可能更喜欢新可乐更甜的味道。然而，对许多消费者来说，比口味更重要的是老可口可乐一个世纪的历史和形象的价值，这一点却被公司轻视和摒弃了。虽然可口可乐的经理们事先已经认识到一些消费者可能不会接受品牌的变化，但他们仍然关注“口味问题”。另外两个糟糕的界定问题的经典案例在表3-1中能看到。

表3-1　糟糕的界定问题的经典案例

- 第一款低热量啤酒由Meister Brau开发出来。新的味觉测试显示，人们喜欢新开发出来的啤酒，但是当Meister Brau将啤酒推入市场时却遭遇了失败。这家受挫的公司又把它卖给了米勒酿酒公司，米勒酿酒公司认为营销调研问题的界定应该更加宽泛一些，而不是简单的消费者口味偏好问题。米勒调研了消费者对新型啤酒的认知，发现低热量啤酒概念隐含“懦夫”的意思，啤酒的重度饮用者试图展现男子气概。基于这些调研结果，米勒公司的营销重点变成了通过运动明星代言来改变品牌的形象。
- 在经过大量的调研工作后，RJR Nabisco开发并推出了Eclipse香烟——一种味道能被接受还没有烟雾的香烟。不幸的是，吸烟者并没有关注和购买这种产品，他们喜欢有烟雾的香烟。香烟的烟雾仅仅对非吸烟者是个问题——确切地说，他们并不是公司的目标受众。这家公司耗资1亿美元，为了改正顾客并不认为是问题的问题，开发出了一种顾客不想要的产品。

资料来源：Wayne A. Lemburg，“Past AMA President Hardin，Head of Market Facts，Looks Back at the Early Days of Marketing Research，” *Marketing News* 20，December 19，1986，p. 9 and Cliff Edwards，“A Look at the Century's Hyped Products，” *Chicago Tribune*，June 13，1999，Sec. 5，p. 12.

问题与机遇

我们说的“定义问题”或“界定问题”，简单来说，是指试图识别某个需要额外的营销环境信息的特定领域的过程。决策者可能会面临一些对公司非常不利的情况，比如某个零售商的销售额比以前明显下降；一个社团组织可能会长期缺乏志愿者；缺少市场需求方面的证据来说服投资者对企业的新产品计划投资。这些情况一般来说都可以看成“问题”。

决策者也可能遇到一些对公司有潜在积极影响的情况，比如，公司的研发部门发明了一种新的化合物可以更新公司的生产过程以生产出更多新产品；品牌经理发现他们已经找到一个尚未被竞争者满足的细分市场。我们曾经工作的一家公司遇到的最大问题是如何有效利用已经赚得的钱。尽管这些看起来并不像是问题，但管理者仍然需要相关的信息以决定是否需要探索这些机会以及如何探索这些机会。

我们认为最好把问题和机会看作一枚硬币的两面。不管前景如何，决策者在面对这两种情况时，都要先收集更多的营销环境信息才能开始做决定。今天，在面对一个机会时，如果公司没有好好地把握而竞争者却利用了它，那么明天它就会变成问题。同样地，如果公司在面对竞争者时成功地解决了问题，就会为自己提供在行业里领先的机会。正是由于这些原因，我们经常把需要更多信息的事情看作问题，而不管公司是把它看成问题还是机会。

界定问题过程

一个公司如何避免调研了错误问题的陷阱？最好的方法是在恰当界定问题之前不要急于开展调研。通常调研人员工作的第一步都是写一个项目书来描述调研所使用的方法，与经理人合作的营销调研人员必须花时间充分了解情况。很多情况下会涉及探索性调研，我们会在下一章中介绍。如果调研人员未能正确界定问题，即使精心设计和执行的调研也无法挽救项目（以及由此产生的商业决策和后果）。

表 3-2 列出了界定问题的 6 个关键步骤。正确地界定问题是方案成功的重要因素。界定问题在整个营销调研过程中是最难的但也是最重要的。困难主要是因为每个决策者遇到的情况都是独一无二的。虽然我们提供了一些相当具体的指导，但界定问题过程更多的是艺术性的而不是科学性的，因此务必小心谨慎。

表 3-2　界定问题过程的关键步骤

与委托人会面	获得：(a) 董事会对问题/机会的看法；(b) 背景资料；(c) 董事会的调研目的；(d) 调研结果可能引起的管理上的变革。
辨别问题/机会	通过探究管理上的假设和从管理者和/或其他人那里收集额外的需要的信息来辨别问题/机会。有需要的话实施探索性调研。
描述管理者的决策问题	包括来源（计划内或计划外的环境变化）、类型（发现导向的还是决策导向的）和范围（一次性的或多次发生的）。
列出所有可能的调研问题	它们为解决管理者的决策问题服务。
选择调研问题	根据对每个可能的问题成本和收益的评估，找出最有助于解决管理者的决策问题的调研问题。
准备和提交调研委托协议书	准备和提交调研委托协议书给委托人，与委托人一起商议确定。

步骤一：与委托人会面

正确界定问题的第一个步骤就是与需要做调研的管理者会面。这一点需要在方案最开始时执行。原因有两个：第一，管理者与调研人员能够充分交流是至关重要的。除非公司内部关系融洽并且大家相互信任，否则这一点很难实现。在某种程度上，调研人员需要得到委托人的承诺并且让他们积极参与到调研过程中，特别是在界定问题这一步骤上，当然后面的阶段也是需要的。

第二，调研人员需要从管理者处获得关于当前问题/机会的尽可能多的信息。调研人员尤其需要清楚地知道管理者对问题的看法以及所有相关的背景资料。更广泛的背景至关重要，因为许多人相对于更广泛的问题（例如，我们失去了市场份额）会变得非常专注于一个特定的任务（例如，我需要一个口味测试）。没有考虑到更广泛的问题，你可能会意外地走上一条非常特别且可能不正确的道路。

在这一点上，有一些合适的问题。

- 你现在面对什么问题或机会？它能或者应该被更广泛地界定吗？它能被界定得更狭窄吗？
- 什么使你注意到这个问题？你有其他的证据或信息吗？

- 为什么你认为这种情况已经发生了？（问五次“为什么”深入探讨可能的原因。）
- 如果接下去12个月什么都没做将会发生什么事？
- 这可能是一个连续不断发生的问题吗？你是否需要持续收集相关信息？
- 你希望利用营销调研完成什么？
- 依据这些答案，你将采取什么行动？

计划内的变化 & 计划外的变化 一般来说，营销问题有两种基本来源：（1）不可预测的营销环境变化；（2）计划内的营销环境变化。对问题起源的基本认识可为我们提供关于问题的性质和所需调研类型的线索。

有时候因为外部环境的变化，问题/机会的出现会出乎意料。公司如何对新技术、竞争者所生产的新产品或人口统计特征、生活方式的改变做出反应，很大程度上决定了这种变化是问题还是机会。例如，许多美国汽车经销商面临着来自其他国家汽车品牌的激烈竞争。从国内汽车经销商角度来看，这肯定属于计划外的消费者偏好的变化。一家恰巧位于本田和丰田经销商旁边的销售美国本土品牌汽车的经销商改变了战略，开始专注于销售二手车，其利润率比新车高出七倍。[2]它进行了大量营销调研来跟踪消费者偏好的变化。

与计划内变化相比，计划外的变化的细微不同在于其意外性。不可预见的新创意可能来自某个顾客的投诉信或其他一些渠道。Marie Moody，Stella & Chewy's公司生产宠物包装食品，其创始人知道要仔细聆听客户的投诉，在收到消费者对冷藏宠物食品包装的投诉后，最后同意使用不透明包装而不是透明包装，因为消费者在Stella & Chewy透明包装的产品上看到了冰晶会选择其他品牌。包装改变以后，消费者反应良好，销售额开始飙升。[3]

有的公司了解到客户会误用产品。雅芳发现其柔肤产品可以用作防虫剂，尽管公司并没有以这种方式促销。经理们抓住了这个机会，开发了一个品牌延伸款——“Skin So Soft Bug Guard Plus”，可用于各种情形。在这些情况下，意外发生了一些事情，经理们需要有关如何最佳地回应消费者的信息。

在另外一些情况下，公司已经在实验室进行了基础研究，并且生产了不知道该用来做什么的化学物质或化合物，直到有人意外用到它才发现怎样使用它。例如，在宝洁实验室工作的化学家开发了一种新的化合物（羟丙基β环糊精，简称为HP-BCD），可是没有明显的用处。一个烟瘾很大的化学家一天傍晚回家，他的妻子很好奇为什么他的衣服没有烟味了，结果发现HPBCD有一个惊人的特质——复合物能除去服装和其他物品上的气味。这是个突破性发现，多年来营销调研结果已经表明，消费者需要能消除气味而并不仅仅是掩盖不良气味的产品。在短时间内，宝洁将Febreze引入美国市场。[4]3M受欢迎的便利贴的发展历史是类似的，参见表3-3。

并不是所有变化都是不可预期的，很多都是可预测的。许多公司想要扩大业务并为之做了很多营销工作。这些工作包括开发引进新产品、改进分销渠道、更有效地定价和广告。计划内变化主要是以未来为导向，不可预期变化主要是以过去为导向。前者更具前瞻性，后者更具反应性。计划内变化是公司希望发生的变化——基本问题是怎样变化。

表 3-3　　一个值得关注的成就

它们很小，黏合力强，又不是太硬。这就是大家都喜欢便利贴的原因！然而，使这些小贴纸变得不可或缺的独特黏合力等待了十多年才有机会来改变世界。 3M 科学家斯潘塞·西尔弗博士（Dr. Spencer Silver）在 1968 年发现了黏性材料的配方，却是由西尔弗的同事阿特·弗赖伊（Art Fry）最终想出了一个实际用途。在教堂合唱团中唱歌时触发了弗赖伊有关贴纸的想法。他的书签不断从诗集里掉出来，导致他找不到他想看的那一页。利用 3M 称之为“走私的政策”，弗赖伊利用部分的工作时间来解决他的问题。现在世界上对这个广受欢迎的便利贴赞誉有加。 经过多年的产品开发，3M 于 1977 年在四个主要市场推出了便利贴概念，但是没有实际的样品用于体验，并没有引起消费者的关注。一年后，3M 公司向爱达荷州博伊西市场提供了便利贴样品。在使用这个贴纸后，超过 90%的用户表示会购买该产品。这个测试非常成功！到 1980 年，便利贴开始在全国销售。今天全世界都在使用它并且评价很高。

资料来源：Downloaded from http：//www. mmm. com/us/office/postit/pastpresent/history _ ws. html. July 3，2008.

万豪集团向来是旅游和酒店行业发现新机会方面做得较好的公司之一。几年前，该公司意识到需要一个面向商旅人士的酒店。他们对商旅人士的入住情况进行调研，以确定酒店最需要的功能，这是万豪连锁庭院酒店发展的过程。它是实施计划内改变的一个很好的例子。

步骤二：辨别问题/机会

在界定问题的第一步中，调研人员最主要的任务就是仔细聆听管理者对问题的看法、问题的背景、问题的起源（计划内 vs. 计划外）以及他们想从营销调研中得到什么。步骤二帮助管理者准确抓住问题的核心。这看起来好像有点儿可笑——难道管理者认识问题不比调研人员更透彻吗？然而，最好不要让管理者根据自己的判断结果执行活动，做决策也是如此。此外，许多人非常专注于一个特殊的解决方案，或者他们相信已经了解了导致问题的根本原因，然而，这很可能不是问题的真正原因。调研人员必须成为顾问，负责找到问题的根本原因和清晰的行动路线。

有时候有必要对管理者的假设提出质疑。举个例子来说，有一种新型服务，它无法达到公司财务目标，可能是因为消费者根本不需要这种服务。有时候用“为什么这个问题很重要”来调查管理者也很管用：“你为什么想测量客户满意度？你已经看见客户可能不满意的迹象了吗？你担忧新进入的那个竞争者吗？你打算更新服务并得到平均水平以上的满意度吗？”这并不是要管理者亲临现场或证明他的智力高人一等，只是想要帮助管理者明白问题真正的本质。如果你已经表现出你的专业水平并且与委托人建立了融洽的关系，那么询问难题会变得容易许多。

这一阶段采用探索性调研比较适合，特别是当管理者已经看到问题的现象（如销售收入减少，顾客抱怨增多）但不知道内在的原因时。下一章我们将讨论探索性调研可以帮助我们找出问题。

调研人员能够做的最重要的事情之一就是提出对问题/机会的不同理解。许多管理者特别是那些在一家公司待了很久的管理者经常受到“常规思维”的困扰，因为他们已经习惯了用常规思维来看待业务和面对不同情况。在很多时候这样做很好，通过制定标准和程序可以极大地提高工作效率。

然而，常规思维阻碍看到问题的本质。作为调研人员，你应该提供一个新的视角，即使客户可能一开始不会欣赏它。表3-4提供了一个例子能令你的思考更有创造性。在这个例子中保安因为按常规思考问题而懊恼不已——他没有考虑到其他可能。同样地，假如你问100个人表针是怎样转的，大部分人会说是按照顺时针转的，这是正确的，除非你从背面透视，那时表针才是逆时针转的。方案进行到这个阶段，调研人员最重要的任务之一还是确保管理者所关注的是真正的关键问题。

用一个全新的视角来看问题是个不错的想法，但怎样看？可口可乐怎样才能认识到要从更宽泛的范围来界定问题而不是局限于口味测试？老实说，这很难。因为调研人员没有像管理者那样每天处理公司事务，所以他就不太可能陷入机械的常规思维中。调研人员必须提出关键性问题，仔细聆听这些问题的答案，询问更多的问题以辨别以后的趋势，还要一边思考或分析，直到正确地界定出问题/机会。

表3-4　常规思维存在的问题

有一个古老的故事，说的是一个工人，他每天下班后回家都推着一辆独轮车，车上堆满了生产过程留下的碎屑和废物。每次在工厂门口保安都会脱帽向他打招呼"晚上好"，保安内心诧异为什么有人愿意拿这些材料回家，但是因为这些废物对公司没有价值，所以保安每个晚上都让他顺利通过。几年之后，保安和这个工人都离开了公司，有一次保安在一个购物商场里碰到这个工人。寒暄之后，保安把工人拉到一边问道："既然现在我们都已经不干了，我有一些事想知道，你为什么每天晚上带那些废物回家？"工人看了看他，笑了，"我不是要那些废物"，他说道，"我偷的是独轮车！"

步骤三：描述管理者的决策问题

在做好了第一步和第二步后，调研人员应该能够指出管理者的**决策问题**（decision problem）——管理者所面临的最基本的问题/机会，营销调研就是要为管理者提供答案。对决策问题的良好表述是指尽可能简单、能够抓住管理者的观点、抓住问题的实质。例如，大学校园附近新开了一家餐厅，已经开张6个月了，可是还没盈利，成本已经控制到最低，但销售收入没有实现预期目标。老板对此有很多疑问，怎样才能成功地营业下去？他最重要的决策问题可能是："为什么营业收入这么低？"这种情形肯定是没有预料到的，因此这个问题属于计划外的变化。

餐厅老板所面临的决策问题是**发现导向的决策问题**（discovery-oriented decision problem）。发现导向的决策问题一般伴随着营销环境中出现计划外的变化。在这样的情境中，管理者需要了解关于"发生什么事了"和"为什么会这样"的信息，调研人员应提供管理者在制定解决该问题的决策时所需要的信息。举个例子来说，调研人员可能会提供顾客满意方面的信息（可能商店出售质量不一的产品），或者目标市场的认知度方面的信息（可能大部分人不知道该商店），或者消费者对其竞争者的认知方面的信息（可能人们觉得附近的一家餐厅消费性价比更高）。在任何情况中，调研人员都要为管理者提供对解决问题有帮助的情报和数据。要注意发现导向的调研一般不为解决问题提供行动上的建议。这种类型的调研只是让管理者对问题有更深入的了解，以及为管理者做出更好的决策提供必要的基石。

发现导向的决策问题也可以应用于计划内变化的情形，尤其是在计划的初期阶段，当主要议题是识别可能的行为过程（而不是选择偏好的行为过程）时。在这种情况下，最主要的问题可能就是："哪种选择最有效？"或"为什么这个选择有效？"

管理者的决策问题的第二种形式叫做**战略导向的决策问题**（strategy-oriented decision problem），它更直接地以制定决策为目标。这种决策问题一般用于计划内的变化，它强调如何使计划内变化发生。它对某些计划外变化也是适用的，只要对形势足够了解（可能是通过探索性调研了解的），就可以制定战略了。假设餐厅的初始调研表明目标市场中只有38%的顾客知道这个餐厅，这时候适合的决策问题就是"怎样提高知晓度"。调研人员就要判断在两个提高知晓度的方案中，哪个效果更好。这个调研的成果就是建议在两个具体方案中选择哪一个。发现导向的和战略导向的决策问题最主要的区别是后者提供行动建议。调研之窗 3－1 讨论了 Visa 怎样去选择一个新商标。

可能的话，调研人员应该试着开展战略性调研。就像前面所看到的，通过探索性调研提供的信息可能无法帮助管理者做出好的决策。然而，有些时候探索性调研是必需的，特别是当管理者遇到环境中计划外的变化时。

在应对管理层的决策问题时，还有一个重要的考虑因素。和管理者一起工作的调研人员必须确定这是一次性的信息需求（例如，为餐厅选择一个新的位置或商标），还是需要持续跟踪的信息需求（例如，长期跟踪客户满意度或目标市场的品牌知名度）。有时候，营销经理需要的信息非常具体，仅适用于特定的情境，那么决策问题应该为一次性项目。当企业管理和营销过程中需要持续的信息时，决策问题应被定为重复的项目。正如我们将在后面章节中看到的，公司会定期地收集数据，这些数据成为公司决策系统的一部分（参见第 5 章和第 6 章）。关于信息需求是一次性的还是重复性的决定很重要。不过，好消息是，通过与客户的讨论，正确的答案通常会变得明显。

调研之窗 3－1

Visa：使用营销调研的方法选择新商标

总部位于旧金山的 Visa 是世界上最有价值和最成功的商标之一。公司有分布在 200 多个国家和地区的 15 000 个金融合作机构。全世界有数千万个零售网点和 196 万台自动取款机在使用它的服务。公司每天要处理 800 亿笔交易，年处理金额达 6.3 万亿美元。其市场份额大大超过其最有竞争力的竞争对手。然而回顾 2003 年，管理者也曾为公司的未来担忧。

问题/机会

尽管公司已全球闻名，管理者仍然感觉到当前的商标需要注入新的生机，使其在保留成功商业基因的同时恰当应对正在改变的市场。当前的商标在 20 世纪 70 年代设计出来时，公司只有一个基本目标：成为一流的 Visa 信用卡。到 2003 年为止，Visa 旗下发展出超过 75 种不同的产品和服务，这还不包括使用 Visa 商标的成员机构提供的成千上万种支付卡。此外，也有大量促进新品牌需求的其他的商业因素。随着行业愈加成熟，成员机构更多地想将卡设计成"真的不动产"（卡正面的空间）来呈现和区分它们自己的品牌。公司的动态发展，包括商业的需求、技术的进步和消费者品位都要求 Visa 管理者努力看到 Visa 的品牌需求。

尽管对全球消费者的定性调查表明当前卡的优良特性（可信的、安全的、可靠的、区域性的和全球性的、被广泛接受的），但消费者也有些负面的评论，诸如"有点过时的"

“它不能告知将来要做的东西”“这是在蒸汽时代，而不是电子时代”。此外，调研表明Visa的形象与塑料卡片紧紧相连，很难与公司正在发展的一些新的服务挂钩。因此，公司的管理者越发相信Visa品牌容易被锚定停留在过去，阻止了公司全面发展，不能很好地使其潜在的利益资本化。

探索性调研

2003年11月，公司开始设计并试验一种新的品牌符号作为扩展性品牌构架的一部分，用来应对当前的和预期的服务事项。但是，当前的品牌符号更能够赢得人心，这意味着在新的商标价值发展起来之前核心品牌资产必须保留。

与外界的品牌顾问一起工作时，管理者筛选了4套备选的商标，并将它们按照设计上的变化从小到大排列。调研初始阶段的目标是确定在保持Visa品牌核心价值不变的基础上，消费者允许商标做出改变的程度。调研者在全球7个市场上（美国、巴西、俄国、法国、日本、英国、韩国）组织了焦点小组访谈。每一个市场上都开展4组焦点小组访谈，两个小组调查Visa的用户（一个女性组，一个男性组），两个小组调查非Visa用户（一个女性组，一个男性组）。结果表明，消费者对商标改变非常开明，允许Visa的商标朝着更加现代、更加开放的方向发展，不过也不能与原有的商标有太大的差别。图A展示了测试的几种商标——圆圈代表了消费者愿意接受的变化的一个大致程度。在全球范围内的市场调查结果也出奇地相似。

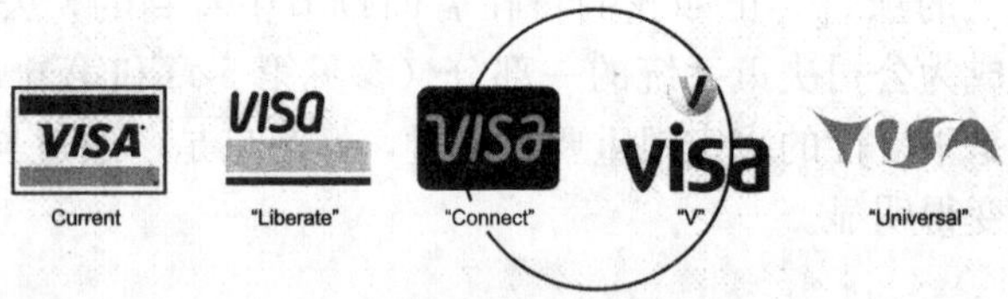

图A 许可延伸

带着这些结果，Visa管理者进行了进一步的设计工作。在全球7个市场上，每一个又开展了两组焦点小组访谈。每一个市场分别有一个男性组和一个女性组，每一个小组都由Visa产品的用户和非用户组成。结果显示，每个小组中都有25%的参与者会成为早期的使用者，这些使用者在选择新产品和新技术上是最开放的。这次仅向参与者展示了三种商标。第二轮焦点小组访谈向Visa管理者证实了调查结果是正确的。市场愿意接受新的Visa商标，解决设计问题的方向是正确的。更重要的是，没有迹象表明计划中的变化会影响客户对Visa的喜爱，显然这对管理者来说是一个非常重要的考虑因素。

在设计顾问和设计者完成了设计工作之后，在4个美国城市中的另16个焦点小组访谈中展示出三种设计方案。这次的结果再一次鼓舞人心。消费者最终做出两个选择，一个被认为非常接近当前的设计，一个做出了许多改变（见图B），两个都通过了筛选并用于定量的调研阶段。

描述性调研

通过定性调研明确了消费者能够接受改变长久存在的Visa商标，定性调研也为减少可能的商标设计提供了关键的反馈，此时，公司需要做一个关键的决策：我们该选择哪种商标？

为了解决这个问题，公司在16个国家组织了定量调研来比较当前的商标和两个候选商标。根据众多的形象和设计调查，管理者明白新商标在代表公司核心价值方面还没有达到当前商标的水平，这在很大程度上是因为新形象还未与品牌紧密相连，新商标仅是作为旧商标的继承者。于是Visa团队不再利用调研在竞争者间作美貌测试，而是通过量化工具来很好地理解每一种新设计相关的优点和风险。最终的决策将取决于由定量设计调研得到的结果。

目标是了解每一种商标相关的好处。调研相应的5个目标是：(1) 了解Visa商标的改变是否消极；(2) 新的设计是否更益于未来发展；(3) 评价新的设计和当前设计的市场混淆度；(4) 结合当前的设计和竞争评估新设计的说服力和吸引力；(5) 量化评估新设计是否符合消费者渴望的属性。

在样本有代表性的城市中组织了问卷调查，要么利用网络调查，要么采用计算机化的、面对面的个人访问。调研者采用单选的调研结构——每一位应答者选择一种商标（当前的或者是两种新商标中的一种）。总共有7 084位消费者完成了这份问卷。

作为调研创新的一个例子，为了评估在竞争品牌中的情况，三种Visa商标（当前的商标加上探索性调研中两种推荐的商标）放置在竞争的商标中在大屏幕上展示一秒钟，然后要求参与者列举出刚刚看到的商标。对两种新商标的反馈好于当前的商标和其他的商标。新设计传达了消费者渴望的属性——“时髦的”“跟得上时代的”，而且“有翅膀的V”字设计成为新商标的标志（见图B），市场混淆较少。以调研为基础，Visa管理者选择了新商标。

图B　两个最终选择

结果

该品牌调研项目共有58个焦点小组和7 000多个调查对象，这些都增强了Visa经理对提出的品牌振兴计划的信心。最重要的是，这项调研发现，自1997年来消费者所知道和接受的品牌的改变并没有带来重大的商业风险。在2005年3月，该公司的国际董事会同意了新商标的建议。

资料来源： “Visa Inc. Corporate Overview,” downloaded from the Visa web site, http://corporate.visa.com, June 22, 2012, and Karen Gullett, “Visa Brand Revitalization,” presented at the *Brand Architecture and Corporate Reputation* conference sponsored by the Marketing Science Institute, March 17, 2005.

道德困境3-1

一个小银行的行长正与你探讨一个计划，打算开展一个为女性提供财务咨询和支持的特别业务，他要求你去调查一下是否有足够的人对这项业务感兴趣并支持它的开展。该城市没有一家银行开设专门针对女性的业务，你认为职业女性可能会特别支持这项业务。行长相信这个计划一旦泄露出去，竞争者可能会在他之前采取行动，因此他要求你对调查对象保密，并且只能调查她们对现有的针对女性的财务服务项目的感兴趣程度。但是，在你看了银行行长给你的宣传单后，发现这家银行把目光投向城市中最不景气的地方，在那里女性备受骚扰，安全感不强。

● 调研人员对开设这个特定项目的合理性表示疑惑的代价是什么？你会说出疑惑吗？

● 假如你没有向调查对象表明委托人的目的，是否侵犯了被调查对象的权利？假如是的话，那么在这个案例中算是严重的吗？被调查对象的知情权与委托人保密权之间是否有冲突呢？

经理关注

经理们对营销调研的一个最普遍的评价是：结果不具可操作性。他们的意思是调研之后不清楚该采取什么样的针对性行动。这也许是对许多营销调研项目客观的评价，但造成这种结果与经理们有很大的关系，这一点经理们往往意识不到。经理们有很多种行为都可能阻碍问题的准确界定，因而限制了调研结果的运用。

例如，经理们经常认为营销调研问题完全可以在他们所说的征求建议书（request-for-proposal，RFP）中界定，然而，在一个项目签订合同之前，经理们理所当然要保守机密信息，因此他们很可能并没有清楚地揭示出问题，这样使得营销调研公司不能有针对性地界定问题，也不能提出可能的解决方法。调研公司的调研提案通过之后，经理们通常太过在意项目本身的完成过程，忽略了调研公司与本公司内部的营销调研人员或者基层营销人员的互动沟通，这些人往往对公司所面临的营销问题很了解。像这样一些行为会导致有问题的决策，这些决策通常不能反映真实营销情境的错综复杂性。

正如你在这一章或者下一章将看到的那样，在营销问题被完整或充分界定前，常常有必要完成一些初步（或者探索性）的调研。这意味着此时调研提供者已经被选定了，先要完成问题界定步骤。即使接受了调研协议，你也应当意识到，最后的调研方法需要根据探索性调研的结果和相关的决策问题反复权衡调整。因此，在问题被最终准确界定之前，营销经理需要持续地参与问题界定过程，这样做能够为完成项目提供必要的指导（例如，……将是可操作的）。

这里还有一些其他的事项。假如你的调研提供商愿意根据RFP中界定的营销调研问题继续做下去，你应当考虑另寻一家调研提供商了，调研提供商应该在问题界定阶段给你明确的引导。帮助你准确地界定问题是调研公司提供的最重要的服务，因为基于不合适的问题的调查可能带你走上错误的道路。

步骤四：列出可能的调研问题

管理决策问题描述了管理者对问题/机会的看法。**调研问题**（research problem）是从调研人员的角度用调研术语对决策问题进行重述。调研问题具体论述了调研该怎么做才能为决策问题提供答案。

再看看餐厅老板所面对的探索性决策问题："为什么营业收入这么低？"对大部分探索性问题来说，有很多调研途径可以为解决问题提供视角，包括：

- 调查当前顾客满意度。
- 评估目标市场对该餐厅和它的竞争者的看法。
- 确定目标市场意识。

每一个可能的调研问题都是以行动口号开头，描述可能有助于解决决策问题的未知信息。在这一阶段中，调研人员最主要的任务就是为给定的决策问题提出所有可能的调研问题。表 3－5 列举了决策问题和调研问题的联系。

表 3－5　决策问题和调研问题联系的示例

决策问题	相关调研问题
发现导向的决策问题（什么？为什么？）	
商店营业收入为什么这么低？	调查当前顾客满意度 确定目标市场对该店和竞争对手的评价 确定目标市场的认知度
当前顾客有哪些需要没有被满足？	调查生活方式 确定顾客对现有产品的不满之处 测量顾客的满意度
战略导向的决策问题（怎么做？）	
怎样增加业务量？	调查不同促销方式的效果 确定消费者对两种备选广告活动的反应 测量顾客对商店新布局的偏好
怎样引进新产品？	确定测试市场中消费者对不同尺寸包装的偏好 确定测试市场中是否至少有 80％的购买者对产品是满意的 确定产品试销能否带来 15％的最初购买率

战略导向的决策问题相关的调研问题通常较少，因为焦点已经移到从几个选择中做出抉择。至少这是我们希望看到的工作方式。当餐厅老板的决策问题转移到“怎样提高知晓度”时，就有若干可行的决策供选择，比如改变商标、加大促销力度、投入广告活动等。调研问题可能包括“决定户外商标的文字选用什么字体最易读”“调查设计不同的两种优惠券的效果”“评估消费者对两个备选广告方案的反应”。假定管理者的经验、可行的预算和/或探索性调研引导其决定广告是下一步调研的最重要的领域（不要忘记界定问题更多的是艺术而不科学），那么管理者的决策问题可能就变为“我应该选择哪种广告活动”这样一个问题。

调研人员如何考虑所有的相关调研问题？他们经常在辨别问题的过程中从委托人那得到建议。然而，有些时候新创意可以通过探索性调研或调研人员的经验得到。在任何情况下，界定问题这个阶段最重要的就是明确所有潜在的调研问题。

步骤五：选择想要解决的调研问题

发现导向的决策问题通常对应很多可能的调研问题，都会提供有用的信息。即使是战略导向的决策问题有时也对应许多可能的调研问题。关键就是在给定资源限制的情形下找出想要解决的调研问题。通常决策者的资金不能够支持完成所有相关的调研问题，因此，调研必须用权衡的方式——比较获得的信息和获取这些信息的成本，来仔细审查每个列出的调研问题。成本包括金钱、时间和精力。

例如，我们为餐厅老板的发现导向的决策问题“为什么营业收入这么低”列出了三个可能的调研问题。调查顾客满意度需要从当前顾客处收集信息。评估目标市场对该店和其竞争者的感知以及确定目标市场对该店的认知都需要从目标市场收集信息，目标市场里很多人都不是当前顾客，因此，三个问题都解决的成本较高。这种情况下，调研人员应该与老板紧密合作以确定最需要调研的领域，也就是最划算的领域（再次强调，更多的是艺术而不是科学）。如果调研人员在界定问题早期阶段做足了工作，那么选择调研问题就相对容易些。

这一阶段还有一点很重要，那就是宁可完全地解决一两个调研问题，也不要抓住很多问题却一个都没有解决。现在的状况就是：调研新手想在工作中表现出色，他们总是相信自己能做更多的事，但实际上这超过了他们的能力。调研人员经常因为预算限制而不能做他们想做的事，因此选择问题就变得很重要。

步骤六：准备调研委托协议书

一个有效地确保调研人员和委托人达成一致意见的做法是准备一份**调研委托协议**（research request agreement）。调研委托协议主要总结了界定问题过程，它应该包括（但不限于）以下事项：

1. 背景：引发管理者决策问题的事件。可能这些事件不会直接导致调研的开展，但它们能够帮助管理者更深刻地理解问题的本质。

2. 决策问题：管理者所面临的最本质的问题。它应该清晰地描述对问题来源（如计划内 vs. 计划外变化）的讨论过程。还要讨论该问题是发现导向的还是战略导向的，以及需要一次性的还是重复性的信息。

3. 调研问题：一系列的调研问题能为决策问题提供信息。应该包括对所有调研问题所需的成本和收益的总览。还必须明确最终选择的调研问题并证明选择它（们）的理由。

4. 用法：每则信息的使用方式。对发现导向的决策问题来说，应该指出需要获得的关键信息以及管理者该如何利用这些信息。对于战略导向的决策问题来说，应该指出如何使用信息帮助制定行动决策。为每个调研问题提供恰当的理由能够保证调研问题对解决决策问题是有意义的。

5. 总体和子群：应该收集信息来源的目标群体。明确该目标群体有助于调研人员为调研方案设计合适的抽样方案。

6. 后勤：对开展调研所需时间和费用做出合理预测。这两个因素将影响最终调研方法的选择。

调研委托协议应当呈交给决策制定者征求意见。如果可能，最好将批准意见直接签在协议书上。表3-6是调研小组和非营利组织关于家庭暴力话题的一次性的营销调研委托协议书。

表3-6　调研小组递交给家庭危机服务公司（FCS）的调研委托协议书

背景
家庭危机服务公司（Family Crisis Services, Inc., FCS）成立于1979年，它是一个非营利组织，资助来源包括：联合劝募会（United way）、全国检察总长办公室、联邦犯罪受害者办公室，还有一些提供私人捐助的团体和个人。该组织的目标是为经历过家庭暴力、性骚扰、绑架和儿童虐待的个人和家庭提供保密的全方位的服务。

续前表

FCS为社区提供各种各样的服务，包括对家庭暴力受害者的庇护、求救热线、咨询和商议、救护所、家庭教育、对家庭暴力进行社区教育、性骚扰回应团队。所有服务都不考虑个人偿付能力而提供给受害者。

尽管是大学生构成了FCS所在地人口的一半，FCS主任注意到学生很少使用该组织提供的服务。这是不幸的，因为国家统计表明大量大学生在校期间都在某种程度上受到了家庭暴力的影响。主任担心学生们不知道FCS的存在，更不知道当需要时他们可以获得FCS的服务，而且FCS依赖志愿者提供大量客户协助服务，如果大学生了解FCS和它的服务，可能更多的人愿意支援FCS的服务。FCS之前没有做过正式的营销调研。

决策问题："为什么没有更多的学生使用FCS的服务？"

主任渴望为包括大学生在内的所有居民提供服务。这是一个发现导向的决策问题，来源于营销环境中计划外的变化——大学生客户量出人意料的低。

调研问题

这里可能有几种不同的调研问题要处理，每一个都将提供对决策问题的总体认识。这部分讨论最有价值的几个调研问题，从中选择两个将继续关注，并给出选择它们的恰当理由。

（调研问题一）调查学生对FCS服务的认知 主任提到了大学生缺少对FCS的认知可能是较少的大学生使用FCS服务的原因。认识度是相当直接的测量，学生应答者也乐意接受调查，成本可能也较低。

（调研问题二）在当地的大学生中家庭暴力的发生率 另一种可能是家庭暴力在当地的学生中不普遍。一个难点可能是对"家庭暴力"概念的普遍了解，在评估发生率前调研者应当对家庭暴力概念提供一个相当清晰的解释。另一个难点是经历过家庭暴力的应答者或者是完全认为这个问题太"私人化"的应答者，会对问题敏感。

（调研问题之三）学生对FCS服务的满意度 如果有学生求助过FCS，但是对服务失望，他们可能不会回答并且可能将他们的经验与其他人分享。若按照主任的看法几乎没有学生寻求过帮助，而且由于保密性要求，查找之前的学生客户较困难，那么这个问题的成本就可能相当高。

（调研问题之四）学生对为家庭暴力受害者提供服务的组织的认识 当然有可能其他的组织也在为有家庭暴力问题的学生服务，这些组织可能是校园的组织、社区组织或者是学生家乡的组织。假如是这样，主任担心他们不知道该找哪个组织。这个问题可以与问题1或2结合起来，因为需要同样一批大学生，这样成本就相当低。

（调研问题之五）调查学生对FCS办公室位置的了解 即使学生知道FCS的服务，但是不知道办公室地点，他们也不会去寻求帮助。虽然这是个严重的问题，但是调研小组相信这是基本认识问题中次要的。假如调研者不能有效地描绘地点，就需要访问过办公室的学生画出大概的地点。根据主任之说，这样的学生不多。

（调研问题之六）大学生可能使用最多的媒体 假如学生中确实存在认识问题，FCS需要重新审视自己的促销策略。了解学生经常使用的媒体工具（报纸、广播、电视等）就能指导广告决策和促销形式。在给定媒体数量的情况下，向每一个学生收集这些信息会花费大量的时间，信息的精确性也是个问题。向个体收集其感知信息，譬如日常生活中他们对各种媒体的注意力是很难的，而且有可能认知根本不是个问题，这样这个调研问题就失去了价值。

筛选出的问题 重新审视了这些问题后，调研小组总结出调研问题之一和调研问题之四能够为决策问题提供最大价值的信息。每一个都牵涉到从同类人口中收集信息，两个问题都不应当使信息收集时间太长。

用法

获取的关键信息包括：（a）对FCS作为为家庭暴力受害者提供服务的机构的认知；（b）对任意一个提供相似服务组织的认知。主任计划使用结果来判断学生认知存在的问题并制定增强与学生沟通的决策。

总体和子群

调研总体将会在调研协议书中正式确定，调研者打算从位于当地的俄克拉何马州立大学收集信息。FCS的客户主要是女性，大部分应答者应该是女性，也应当有一小部分男性（据说是样本的20%）。Research Partners公司赞助它的服务，样本规模将限制在200～250人。

续前表

后勤 这个项目应当在差不多三个月内完成。作为一个非营利组织，FCS在营销调研的资金上投入有限。尽管FCS主任愿意自掏腰包，但是Research Partners公司已同意赞助这项服务。

资料来源：The contributions of student researchers Jeff Blood. Trey Curtis，Kelsey Gillen，Amie Kreger，David Pittman，and Matt Smith are gratefully acknowledged.

调研提案

在调研问题确定并且通过之后，调研人员就可以把注意力集中到开展调研所需要的方法上。在本节我们将简要介绍调研提案的内容，明确实施调研所使用的技术，无论是一次性项目还是开发决策支持系统，包括所需费用的评估。

需要注意的是，在调研委托协议书中，除了明确调研总体的规模外，我们对调研方法关注较少。这一切都随着给出**调研提案**（research proposal）而改变，调研提案列出了公司在调研时推荐采用的方法。它也给调研人员一个机会来证明将要进行的调研的确能够为解决决策制定者的问题提供信息。

有些调研提案冗长并且非常详细，长达20页甚至更多。不管多长，大多数提案都应该包含以下部分。调研人员必须密切关注客户公司所要求的提案的详细程度，浏览委托企业对客户提案要求文件就可以了解这一要求。

A. 问题的界定和背景

这部分简短概述了调研委托协议书中的信息，问题背景，管理者决策问题，该项目要处理的具体调研问题。最好能有明确调研中特定调研问题的字眼。

B. 调研设计和数据来源

这部分讨论调研设计的类型（探索性、描述性、因果性的）和那些数据源中要查找的数据类型。来源是指信息出处，是来自政府出版物、公司记录还是现场访问等。另外，还要讨论这些方法（定性的和定量的）的作用。问题的实质决定了应该采用的方法，比如网上调查、深度访谈或专题组座谈。

C. 抽样计划

抽样计划以描述调研总体的细节开始。调研人员明确总体，陈述他们希望的样本规模（包括获得样本规模所使用的基本原理和计算），讨论抽样的方法，确定样本框，讨论如何控制无应答和缺失的数据。必须清楚解释使用该抽样计划类型的原因。

D. 数据收集形式

这里讨论了数据收集所采用的形式。如果是调查，就涉及问卷或访谈计划。如果是其他调研，所使用的形式可能是存货表格、焦点小组的指导手册、观察清单等。调研者必须陈述这些工具已经或者即将被证实是有效的，并提供任何可能的证据证明它们的可靠性和有效性（见 H 部分）。

E. 分析

这里讨论了问卷编辑和校对、编码指导和数据分析的类型，包括具体的统计技术。最重要的是，调研者应当给出调研报告正文中出现的图表的清单。这些图表和数据附在附录里（见 H 部分）。

F. 时间进度安排

这是完成调研计划的详细进度表。调研应当分成几个可行的阶段。然后考虑每一个阶段涉及的人员，他们的资质和经历以及工作的大致时间等。有些工作可能会重叠。这个计划有助于估测需要的时间。

	时间段
1. 初始调查	1 月 10 日—1 月 22 日
2. 调查问卷的最终测试	1 月 24 日—1 月 29 日
3. 样本挑选	1 月 31 日—2 月 5 日
4. 邮寄调查问卷并进行实地跟踪	2 月 7 日—4 月 2 日
5. 分析并准备最终报告	4 月 4 日—5 月 2 日

G. 人员要求和成本估算

这里提供了调研所需的全部人员的名单、分工、时间期限和预期薪酬。应该为每个人员分配责任和权利。把个人要求与各阶段所需要时间结合起来估计全体人员费用，包括差旅、材料、生活用品、制图、电脑的费用以及打印和邮寄费用。如果需要核算总成本，应该把上面这些项目的费用都加总计算。

H. 附录

这部分包括：数据收集形式（包括电话访谈的手稿和书面形式的信件），任何可能扰乱了整个流程的技术信息或者统计信息，分析计划中的表格和数据。

一旦决策者阅读并批准了该提案，他应通过签署并且为该文件注明日期来正式接受该提案。

选择调研提供者

在第 1 章，我们提到了许多公司有正式的营销调研部门。但是有些没有，它们雇用营销调研公司来提供所需要的信息。即使有营销调研部门的公司有时候也需要外部公司的服务。

使用调研提供者有很多好处。假如每个时期调研任务不一定，公司就会发现雇用调研提供者随时开展具体项目比雇用员工从事调研工作会省钱得多，因为后者在项目间隙可能会很空闲，并且不同的项目所需要的技能不同。通过雇用外部的调研提供者，公司可以把项目交给那些经审核在该领域最有经验的专业人员。另一个好处是外部调研提供者提供的信息更具客观性。

虽然现在外包营销调研已经变得越来越普遍，但许多决策人员还是对怎样选择调研提供者拿不定主意。第一步就是确定何时需要调研。虽然没有什么简单的公式来评估这种需要，但大多数管理者还是会选择对自己的决定不确定和其他信息不够时求助于调研提供者。对管理人员来说，非常重要的是应该在找出自己不能肯定的核心问题之后，再与调研提供者联系。

管理者一旦确定了调研的核心问题，他就得准备寻找合适的提供者来做这项工作。假如公司意向中已有一个合适的调研提供者，可能因为先前的关系或者是别人引荐，与其进行讨论后达成调研需求协议并最终出具调研建议都是很正常的。如果公司没有一个合适的调研提供者或者政策要求必须有众多的调研提供者给出建议，那么公司就可以向对公司需要调研的问题感兴趣的多个调研提供者发出调研提案。

征求建议书（request-for-proposal，RFP）是一份详细描述调研问题的特性，要求提供者提供建议，包括成本估计以及他们如何实施这些工作的文档。RFP应当这样来构造以便能够从不同调研提供者那里获得调研提案。完成这个最好的方式是寻求调研过程每一个阶段的具体信息，尤其是要透彻地描述信息的形式和项目。

专家建议管理者应该寻求至少三个以上公司的调研提案。总的说来，调研公司最宝贵的资源就是那些资深专业调研人员能参加设计、每日监督和解释调研工作。在筛选调研提供者前花费时间与这些人交谈是值得的。

阅读完调研提案及会见关键人物后，管理者应该进行对比分析。管理者应该用这些调研提案来评估每个调研提供者对问题的理解、如何解决问题以及估计每个方案所需的时间和资金。

公司当前通常的与调研提供者合作的方式就是挑选少量几个调研公司并与之保持长期合作关系。在长期合作中，委托人把那些在调研公司能力范围内的项目交给它们，而不是每个项目都去选择调研提供者。有时候调研公司还会派员工长期进驻客户公司。

经理关注

理论调研者测试了各种各样影响管理者做决策时是否使用具体营销调研信息的因素。一个重要的因素是管理者相信调研提供者的程度。当经理缺少必要的专门技术来评价营销调研信息的质量时，对调研提供者的信任尤其重要。然而，有证据表明当调研提供者与客户长期合作时，他们有时对如何组织调研很自鸣得意，因为他们相信自己不可替代，于是就缺少动力保证项目被小心管理、分析并解释。结果，管理者相信目前的调研提供者而不去判断质量问题。最好是学习如何评估已经完成的项目，而不是完全依赖于（可能无保证地）可信赖的调研提供者。如前所述，帮助你培养这个能力是本书的目的。

小结

学习目标 1

明确界定问题的主要步骤

这六个步骤是：(1) 与委托人会面；(2) 辨别问题/机会；(3) 描述管理者的决策问题；(4) 列出可能的调研问题；(5) 选择想要解决的调研问题；(6) 准备调研委托协议书。

学习目标 2

讨论与客户初次会面的两个目标

这两个目标是：(1) 建立融洽和开放的交流模式；(2) 尽可能多地获取关于问题/机会的信息。

学习目标 3

讨论营销问题/机会的两个基本来源

引发调研的营销问题的两个来源是：(1) 不可预测的营销环境的变化；(2) 计划内的营销环境变化。调研计划内变化倾向于主动行为，调研预料之外或计划外的变化则倾向于反应行为。

学习目标 4

解释为什么调研人员必须参与界定问题

调研人员在界定问题中起关键作用，因为他们可以为问题/机会提供新的看法。管理者界定问题时经常陷入常规思维，调研人员可以帮助他们抓住问题的核心。

学习目标 5

辨别决策问题的两种类型

决策问题是管理者面临的最根本的问题/机会。发现导向的决策问题最主要是问“什么”或“为什么”，得到的信息有助于管理者制定重要的决策。战略导向的决策问题往往直接回答“怎样”使计划内的变化落实，它关注的是制定决策。

学习目标 6

辨别决策问题和调研问题

决策问题是管理者所看到的问题/机会。调研问题是从调研人员的视角，以调研的术语重申决策问题。

学习目标 7

描述调研委托协议书

调研委托协议书以书面形式总结了界定问题过程，然后递交给管理者并申请他的批准。它包括以下几个部分：背景、决策问题、调研问题、用法、总体和子群、后勤。

学习目标 8

列举调研提案的各种因素

大部分调研提案应该包括以下几个组成部分：问题的界定和背景、调研设计和数据来源、抽样计划、数据收集形式、分析、时间进度安排、人员要求和成本估算以及附录。

学习目标 9

描述征求建议书的目的

企业发布征求建议书（RFP）是为了从调研提供者那里征求调研建议。RFP 应当尽量具体以便在不同调研提供者间进行简单比较。

关键术语

决策问题（decision problem）

发现导向的决策问题（discovery-oriented

decision problem）

战略导向的决策问题（strategy-oriented decision problem）

调研问题（research problem）

调研委托协议书（research request agreement）

调研提案（research proposal）

征求建议书（request-for-proposal，RFP）

复习题

1. 我们说问题和机会是一枚硬币的两面，这是什么意思？
2. 营销问题或机会的背景是什么？不同的背景有不同的调研目标吗？解释你的看法。
3. 什么是常规思维？在界定问题/机会时，它为什么会成为障碍？
4. 决策问题的本质是什么？
5. 两种决策问题的基本特征是什么？
6. 什么是调研问题？为什么说列出所有相关的调研问题很重要？
7. 调研委托协议书应包含哪些内容？书面报告应包含哪些内容？
8. 调研提案与调研委托协议书有什么不同？
9. 选择调研提供者时要考虑哪些因素？
10. 使用征求建议书（RFP）的好处是什么？

讨论的问题与案例

1. 为以下每个决策问题确定一个相关的调研问题。说明这些决策问题是发现导向的还是战略导向的。

a. 为什么我的品牌商品的销售额下降了？

b. 我的广告有效吗？

c. 我应该为一个新产品制定什么样的价格策略？

d. 我应该增加印刷广告的费用吗？

e. 我如何增加店内现有产品的促销？

f. 我应该改变销售队伍的补贴方案吗？

2. 给定以下调研问题，相应地确定一些可以为这些问题提供有用信息的决策问题。

a. 设计一个市场测试来评估一个特定的打折活动对销售量的影响。

b. 估计不同仓库的储存水平。

c. 估计某一特定区域零售商店的销售和市场份额。

d. 为一个特定的生产线做销售预测。

e. 评估学生、教授和员工对一个新的软件设备所带来利益的认知水平。

f. 评估顾客对现有主题宾馆的态度和见解。

3. 简要说明决策问题和调研问题的不同。

4. 在下列每种情况下，确定营销问题或机会的背景、由营销问题或机会引起的决策问题以及相关的调研问题。

（a）Apex Chemical 是一家游泳池水质维持化学药品制造商。最近，一种抗藻类化合物的混合机器出了故障，生产出的一批产品不只促进了藻类的生长而且使池中的水泛着淡蓝色的光（没有不良作用）。

（b）State 大学 MBA 招生办公室主任最近向 20 个有希望的学生提出邀请，只有 5 个人接受。过去，平均录取率是90%。

(c) Montgomery Candy公司在它的小区域市场上取得了巨大的成功。Montgomery把它的成功归于公司独特的分销系统——确保一星期两次把新鲜的产品送到销售终端。公司的董事们打算把业务扩大到更广泛的市场中，但前提是不改变一星期送货两次的分销政策。

5. 你是一家中等规模制造公司的营销经理，你的公司要测量顾客满意度。准备一份简短的RFP向营销调研公司征求调研提案。

注释

1. Frederick Allen, *Secret Formula* (New York: Harper Collins Publishers, Inc., 1994), p. 401.
2. Alex Taylor III, "Survival on Dealer's Row," *Fortune*, March 31, 2008, p. 24.
3. Marie Moody, "How to Profit from Complaints," *Fortune Small Business* (December 24, 2009), accessed from http://money.cnn.com on July 15, 2010.
4. Charles Duhigg, *The Power of Habit: Why We Do What We Do in Life and Business* (New York: Random House, 2012), pp. 38–39.

第4章 探索性调研

学习目标

1. 描述探索性调研的基本作用
2. 阐明探索性调研的关键特征
3. 讨论探索性调研的各种类型并对其进行描述
4. 识别焦点小组的关键人物
5. 讨论焦点小组（或者探索性调研的任一种其他形式）要避免的两种缺陷

引　言

探索性调研（exploratory research）的一般目的是获得洞察力和见解，从而更加清晰地界定问题和机会。考虑下面品牌经理面临的决策问题："为什么品牌X的市场份额最近一个季度在下滑?"这个问题太宽泛了，无法在目前的形势下进行探究。在第3章中，我们注意到界定问题的关键部分是确定可能涉及的具体调研问题。对探索性调研来说，这是一个关键任务，用来确定调研可能最有用的领域。例如，假设对公司数据库的快速分析显示，同一时间打折销售情况下公司产品线中另一个品牌的销售额飙升，表明品牌X可能已被另一个品牌淘汰。或者可能一个针对该产品类别的品牌购买者的焦点小组表明最近竞争者引进了一个在重要特征上超越品牌X的新产品。再或者，一个快速的在线调查显示品牌X的当前用户对品牌最近的表现不太满意。那么这意味着产品质量下滑了吗？从这些探索性方法（或其他）中获得的见解将会为调研人员调研重要的问题提供方向性指引。

注意，这些探索性调研的例子都不能得出结论性答案。探索性调研对情境提供了更好的理解，但这种调研并不是为了得出最终的答案和决策。在探索阶段结束时，调研人员希望了解更多的情况，并弄清哪些潜在的调研途径（研究问题）可能会产生最有用的信息。从探索性调研中可以获得的最正式的结果是关于关键情境方面的一个或多个假设。**假设**（hypothesis）是对两个或多个变量相关性的有根据的猜测。

探索性调研还有其他用途。例如，探索性调研也用于增加调研者对问题的熟悉度，特别是调研者第一次接触该公司（或者问题）时。例如，一个第一次服务于一家公司的营销调研顾问很可能需要增长自己对行业、公司和特定问题领域的知识，探索性调研正适用于这些情况。

一项探索性调研也可能用于澄清概念。例如，管理层正在考虑改变服务政策以提高经销商满意度，探索性调研可用于：(1) 澄清经销商满意度的含义；(2) 开发经销商满意度的测量方法。

一项探索性调研能用于：

- 更好地阐明管理者的决策问题；
- 提高调研者对问题的熟悉程度；
- 澄清概念。

总而言之，探索性调研适用于不熟悉的任何问题。它是一项好的调研的基础，探索性调研是典型的小规模调研，而且相当灵活。

小规模　不管使用什么特殊的方法，探索性调研在规模上几乎总是相对较小。调研者不能将大量调研预算放在探索性调研上。这意味着什么呢？意味着问题的答案和决策来源于其他类型的调研而非探索性调研。尽管如此，我们还是强调应当给探索性调研分配足够的资源以确保问题被充分界定。有时可能探索阶段的调研超过预算，但是假如能弄清楚关键的问题或机会并且能描述出最合适的调研问题，钱花得值。

灵活性　因为在营销调研的初始阶段经常有很多未知的东西，在确定获得洞察力和制定假设的方法方面，探索性调研是相当灵活的，基本上什么方法都适用。探索性调研很少使用详细的调查问卷或者概率抽样。相反，调研者使用多种方法，当他们对问题知道较多时也可能改变方法。在探索性调研中，调查常常遵循直觉。探索性调研可能以多种方式组织，文献检索、深度访谈、焦点小组、案例分析和投影法都是常见的方式（见图 4－1）。

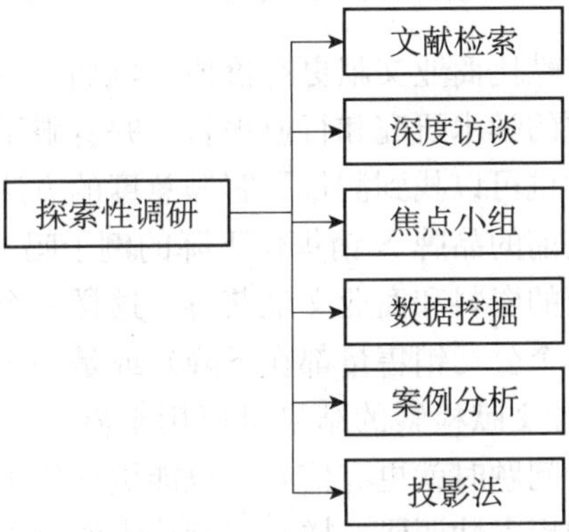

图 4－1　探索性调研类型

文献检索

探索性调研的一种最快捷、最经济的方法就是进行**文献检索**（literature search）。几乎所有的营销调研项目都从这里开始。正如第 7 章我们将看到的那样，通过图书馆、在线资源、商业数据库等途径，我们能够获得大量可利用的信息。文献检索包括概念文献、商业文献或调研公司和政府机构已出版的统计资料。

几年前，Miller商业系统公司之所以能够有效应对竞争者的威胁就因为它不断进行商业文献的检索。公司利用已出版的行业资料不断完善其竞争者的档案信息，这些信息被保存到公司数据库中。公司有规律地扫描数据库来监视竞争者的行为。以这些信息为基础，公司注意到竞争者在10天内雇用了9个设备销售人员，这是竞争者在办公设备市场上的一个可能的攻击信号。据此Miller商业系统公司安排销售员做额外销售并保持他们的销售数量纪录。[1] 另一个相关的案例是，银元城——一家位于密苏里州布兰森的主题公园——有规律地监控关于消费者、市场和竞争者情况的各种文献（见第1章调研之窗1-2）。

道德困境4-1

营销调研公司被要求按照一个消费品公司设计的调研程序执行数据收集和分析。在明确了调研目的和设计后，营销调研公司的顾问得出结论说调研构思不好。首先，他认为这个设计过于复杂，因为有些数据可以通过二手数据获得，这排除了收集许多原始资料的必要性。其次，计划的原始资料收集并不能得到公司寻找的多种信息。

尽管顾问给了建议，但是公司仍然坚持实施之前的设计。公司管理层不愿意改变，因为他们认为假如公司的品牌与不好的营销调研结果联系在一起，公司声誉就会遭到破坏。

- 假如你是这个顾问，你会做出什么选择？
- 一般地，一个调研者应当提出他对原设计的意见，还是应当保持沉默继续做事？
- 在这样的情况下保持沉默是道德的吗？

有时候概念文献比商业文献更有价值。例如，一个担心顾客满意度的公司开始查看关于这一主题的学术研究和行业报告，并着眼于尚未揭露的已表明可以驱动满意度的因素，同时也可以找到测量顾客满意度的方法。

还记得我们之前的品牌X销售额下降的例子吗？对这个问题的最初认识可以简单地通过分析出版的资料和商业文献获得。这样一个分析可能显示这个问题是一个行业性问题（每一个公司销售量都在下降）或是一个公司的问题（其他公司销售量保持稳定）。探索性文献检索的结果可以用于界定一个（可能两个）特定的调研问题，因此调研这些问题时就更有信心，也能更加集中。

与其他类型的探索性调研一样，文献检索的重点在于发现观点和对现象假定的解释而非下结论。寻找答案并得出结论的工作最好留给更正式的调研。

经理关注

如果你（或你公司中的其他人）尚未执行此操作，那么在组织内部实施环境扫描程序就非常重要。它不一定是正式的，但是你真的需要一些方法来扫描可获得的关于行业、客户等的公开信息。在进行任何新的营销调研之前，你都要尽全力从现有渠道获取营销情报。文献检索是收集市场信息的有效方式，这些信息都会被输入到组织营销信息系统中（见第5章）。甚至预算有限的小公司也应当有专门的人员定期监视可得的文献以获取相关的市场信息，然后将这些信息传达给决策制定者。

深度访谈

深度访谈（depth interviews）试图从具有主题相关知识和体验的人士处有所收获。例如，旧金山的房地产商对建筑师和设计师进行了深度访谈，尝试更好地了解拒绝买房的潜在购房者特征。答案有不讲礼貌，工人弄脏了地毯，破旧的工程卡车停在私人车道上。根据这些信息，公司买了辆新卡车，要求员工穿夹克系领带，确保工作人员非常有礼貌。不到两年，公司的年收入增长了 3 倍。

任何一个与所面临问题有关的人都是深度访谈的潜在候选人。包括现在的顾客、目标市场成员、公司主管和经理、销售代表、批发商、零售商等，也包括任何一个洞察情况的人。例如，一个儿童书籍出版商通过与图书管理员和小学老师谈话获得了当前销售量下滑的有价值信息。谈话表明随着越来越多的人在图书馆借阅图书，书籍销售量随之下滑。图书馆借阅的增长促进了联邦基金资助的增长，这促使图书馆为孩子们购买更多的书。同样，几年前福特汽车公司专为运输饮料设计的卡车就是从车队、技师和司机那里得到的反馈信息。

与其他类型的探索性调研一样，深度访谈是相当有弹性的。根据受访者提供有用信息的能力来挑选受访者。尽管没有必要尝试随机抽样，但是选择具有不同观点和意见的受访者是很重要的。

有时候询问受访者的问题是相同的，有时候不同。使用一个正式的调查问卷不是个好主意，除非问卷比较短而且是为了开始并引导谈话而设计的。问题应当是一般化的，并且允许受访者采用灵活的方式回答。作为一个一般的规则，尽管调研者需要将深度访谈保持在主题区域内，但是受访者在选择讨论的问题时应当自由。

深度访谈的要点就是鼓励受访者尽可能多地提供信息。有些深度访谈可以持续一个小时或更长时间。因为有太多的信息要收集，所以最好有两个访问者，一个问问题，一个做记录（或者有时参与进去）。你需要一个录音机或录像机去记录下采访内容。

乍一看，深度访谈类似于收集描述性调研资料的个人访谈方法（第 10 章讨论）。深度访谈用于收集探索性信息时不需要随机抽样，通常是非正式的。个人访谈用于收集描述性数据（我们将在第 9～15 章做详细介绍），通常对定义明确的总体采取随机抽样，所使用的问题和备选答案也非常正式。

焦点小组

焦点小组（focus group）访谈是一种很受欢迎的探索性调研的形式。焦点小组访谈的做法是这样的：一小拨儿人聚集在一起谈论调研赞助者感兴趣的话题。访谈应由**主持人**（moderator）引导，主持人尽力引导讨论，使参与者尽可能都参与进来。参与者倾听他人的想法，并用自己的想法做出回应。

焦点小组访谈区别于深度访谈之处主要是组员之间的交流，深度访谈每次只能访谈一名受访者。这也是焦点小组访谈相比于其他探索性调研技术的主要优势。事物总是有两面性的，由于焦点小组访谈的“相互交流”特质，观点有时候会突然偏离讨论主题，而且有时候焦点小组的观点容易由于“滚雪球效应”被提升到一定高度。“滚雪球效应”是指：某个人提出的观点或评价会触发其他受访者的连锁反应。有机会被倾听经常会鼓励平时胆小的参与者也去表达自己的观点和感受。结果，相较于惯性思维较强的深度访谈，受访者在焦点小组访谈中会更自然地流露出自己的观点。

经理关注

作为一个管理者，在你组织焦点小组访谈之前必须仔细考虑一些问题。尽管焦点小组访谈在良好的氛围下收效显著，但是你也有余地选择一种或几种更适合你的调研主题的其他探索性调研技术。我们认为焦点小组访谈被过度使用了。调研机构（或公司）经常推荐焦点小组访谈仅仅是因为它们擅长这个，而不是因为这个方法是最适合的。几乎没有哪家公司对所有的探索性调研技术都擅长。因此，当你需要调研一些信息时，你应该去咨询几家靠谱的调研公司有关它们运用各种调研技术满足你现在的信息需要的优劣势。最后确定一家公司，这家公司应该对你的问题回答得最可靠，并且能够举出一个令人印象深刻的案例来证明为什么它选择的特定技术最适合你所提出的问题。你绝对不会选择一家公司或者调研技术仅仅因为它（指公司或技术）被其他组织频繁地使用。

焦点小组访谈的特征 焦点小组的规模不固定，一般由8～12个成员组成。如果成员过少，则易被一两个强势人物误导；如果小组成员过多，成员由于要等很长时间才轮到自己发言和参与，容易产生挫败感和疲劳。典型的焦点小组访谈时间持续一个半到两个小时。

访谈者通常是经过挑选的，成员之间相对具有共性。焦点小组包括一定程度上相似的人的目的在于：当人们提出话题，相似的人容易产生共鸣，讨论会更热烈，此外，也有利于防止某个人（相似性弱，观点差异太大的人）被其他受访者压制而隐藏自己对讨论的贡献。可意识到的社会地位或其他经济因素差异可能会使某些人一言不发，同时某些人喋喋不休；调动每个受访者发言，制止独霸小组讨论的现象是主持人的关键职责。

大多数实施焦点小组的公司采用受访者筛查来决定由哪些人组成一个特定小组。通常客户对搜寻特定受访者有一些具体的标准。事实上，正常情况下标准越具体，结果越有效。该调研方式的一项关键任务就是招募符合公司标准的受访者。这一点不容易做到，因为筛选标准越具体，识别和招募参与者就越困难。增加对参与者的激励可以增加他们现身和参与的可能性，但这一点不能保证。增加激励也会吸引一些不符合标准的人，他们为了获得奖励而声称自己符合筛选标准，必须避免这些“专业”焦点小组参与者。

跟你预料的可能一样，各种不同类型的人都参与过焦点小组访谈。表4-1描述了几种不同类型的组织是怎样运用焦点小组访谈的，表中列举了各种受访者，从儿童到青少年到哈雷-戴维森摩托爱好者。当然，最重要的是招募那些能带给公司想要的探索性洞察力的人。

表4-1　焦点小组访谈的应用举例

1. 优诺酸奶公司（Yoplait）推出的产品Go-gurt将酸奶从杯装变成管装。在后续行动中，公司开发了碳酸酸奶Fizzix，试图迎合“吞世代”（tweens，8～14岁有消费能力的青少年）消费者的需要。根据焦点小组的结果，“吞世代”似乎很喜欢它。事实上，焦点小组的结果很令人信服，以至于公司总裁跳过了针对Fizzix的进一步营销调研，直接将产品推向了市场。不出意外，Fizzix失败了，现在市场上难觅踪迹。

2. 在21世纪初，玩具制造公司MGA的产品Bratz销量爆炸性增长，它的成功在一定程度上可以归因于公司组织的年轻小女孩焦点小组访谈。产品设计师的灵感就来自与小女孩们的交流。Bratz玩具几乎凭借一己之力迫使美泰重新设计芭比娃娃的形象。

3. 哈雷-戴维森的经理一度面临着关于扩张和是否针对不同的细分市场开发不同的营销组合的关键决策。为了更多地了解买家动机，公司分别对哈雷所有者、希望拥有哈雷的人以及其他品牌的消费者分别进行了焦点小组访谈。结合焦点小组结果和以此为基础开展的后续描述性调研让他们相信，动机主要来源于：权力、独立性和自由。公司向前推进扩张的计划，取得圆满成功。

资料来源：Matthew Boyle,“Carbonated Yogurt：Sizzle or Fizzle?” *Fortune online*，September 18，2007，downloaded from http：//money. cnn. com/，August 10，2008；Christ Opher Palmeri，“Hair-Pulling in the Dollhouse,” *BusinessWeek online*，May 2，2005，downloaded from http：//www. businessweek. com，August 10，2008；and Ian P. Murphy，“Aided by Research，Harley Goes Whole Hog,” *Marketing News*，December 2，1996，pp. 16－17.

假定一个焦点小组的成员具有合理的异质性，公司如何保证焦点小组能够代表广泛的观点呢？最好的方法是执行多组访谈。这样一来，不同的小组参与者特征各异。前一组的观点可以被引入下一组作为讨论话题。一个典型的焦点小组访谈一般不到5组，有时候可能多达12组，甚至更多。问题在于后面的组是否会产生更多新的观点。一旦小组不再产生新鲜的内容，焦点小组访谈就应当终止。Visa考虑和开发新品牌时，它在7个不同国家进行了58个焦点小组调研！这些组的构成考虑了地点、性别以及参与者是否主要使用Visa产品（有关更多信息，请参阅调研之窗3－1）。

焦点小组采取以下两种基本形式之一：一种是面对面的访谈形式的传统焦点小组，通常在专门为焦点小组设计的场所开展；另一种是基于Web技术在线会谈的在线焦点小组。马萨诸塞州的“妇女＆婴童计划（WIC）”与Market Street Research（MSR）公司合作，用英语和西班牙语对高加索人、波多黎各人、多米尼加人和非裔美国人的母亲们进行了24次传统焦点小组访谈，讨论超重儿童这一全国性问题。传统焦点小组是适用于这个项目的一个很好的调研方法，因为它允许WIC和MSR探讨母亲对这个敏感问题的感受，也能够从传统的被忽视（例如，面临独特挑战的西班牙语移民）的人群中听到意见。[2]传统焦点小组的典型配置包括一个会议室，配有漂亮的家具和灯具，可以轻松地保持参与度。通常会议室的一端放置一面单向镜，镜子后面设有空间以容纳用于记录焦点小组访谈的视听设备以及调研人员、客户和/或广告代理机构的人员。

通过在线焦点小组，参与者可以使用一种或多种技术进行在线交流，这些技术允许多人通过网络同时参与。这种方法提供了巨大的速度和成本优势，尤其访谈参与者来自已建立的固定样本组时。在线焦点小组还有其他优势，包括组建由远程位置的人组成的焦点小组或处理敏感话题的能力。在线焦点小组可以成为产生有用的探索性见解的有效工具。MSR同时拥有在线和传统焦点小组访谈的专家。调研之窗4-1详细介绍了调研一种医疗保健情况，在线焦点小组是最好的方法。

调研之窗4-1

"为了更好的口腔卫生"在线焦点小组

蛀牙是当今儿童最常见的慢性病，其实它是可预防的。最近在罗得岛卫生厅进行的口腔保健计划的调研发现，该州所有三年级学生中50%有龋齿，25%的蛀牙需要牙科保健，罗得岛年龄在1～5岁儿童中42%还没有看过牙医。

罗得岛口腔卫生委员会的任务是增强口腔卫生教育，促进口腔疾病的预防。为此，该委员会与马萨诸塞州北安普敦的Market Street Research（MSR）公司签约，与牙科服务提供者、医疗提供者和家庭支持组织（Family Support Organization，FSO）提供者成立在线焦点小组，确定对主要口腔健康问题、护理障碍和与父母和子女进行关键口腔健康知识沟通等问题的策略和看法。

在线焦点小组是一种相对较新的调研方法，是调研难以接近人群的理想方法。医生们的时间安排很严格，以至于传统上很难同时把他们集合到同一个焦点小组地点。然而，在线焦点小组可以不受空间和时间的限制进行调查研究。传统焦点小组需要在特定的日期和时间来到一个房间内进行，花费大约一个半小时。在线焦点小组在个体的虚拟空间中进行，持续三天或四天，在此期间每天都会发布一系列新问题。受访者不需要特意安排出一个晚上的时间，开车去焦点小组所在地。所有参与者需要做的就是登录网站和登录信息，他们可以在任何一个有网络的地方随时登录焦点小组账号。他们在吃早饭时、和患者预约时或者把孩子哄睡后都可以参加。

在线焦点小组使用一种熟悉的社交网络风格界面，即使从未参与在线调研的人也觉得十分直观。参与者对问题作出详细回答。和面对面讨论一样，在线焦点小组访谈中深度探究、改变观点也很容易发生。主持人能够直接回应参与者的邮件，询问后续问题并寻求解释。在线焦点小组不仅拥有当面访谈的大部分优势，还具有这种方法所独有的一些优势。例如，调研人员可以选择性地为任何主题添加封闭式备选项。就像当面访谈一样，在线焦点小组使用视频能够很好地为项目服务——视频可以展示给参与者用以作出回应，参与者甚至可以自己上传照片或视频来说明他们的体验或补充讨论。

在线焦点小组也有规模经济的优势。如果MSR使用传统焦点小组完成这个项目，将为每个参与群组成立一个单独的小组——牙科医生、医生和FSO提供者。这种方法用的时间、费用和复杂程度就会迅速增加。不过通过在线焦点小组，他们能够在一个虚拟房间中同时召集这些不同的组，使每个组只能查看分享本组参与者的响应——实际上将虚拟空间分为三个不同的"房间"。

通过这项调研，MSR从49个服务提供商处获得了意见，其中包括20个牙科医生，12个医疗提供者和17个FSO提供者。确定了许多改善儿童口腔健康的障碍，包括明确需要更好的针对儿童口腔卫生重要性的家庭教育。例如，许多父母不知道婴儿在第一次长牙齿之前需要保证婴儿的口腔清洁，或者建议所有的孩子都应该在一周岁时看一次牙科医生。

来自这些焦点小组的调查结果用于定性指导口腔卫生教育第二个阶段的发展，该阶段审查讲英语和西班牙语的父母的口腔健康状况（他们的孩子加入了罗得岛项目），为参加医疗援助的儿童提供牙科诊所。

调研发现需要开展活动来告诉父母关心婴儿牙齿的重要性，需要告知抚育婴儿的父母为了遵守口腔卫生手册应该采取的方法，也需要告知父母关于睡前饮料和母乳喂养对口腔健康造成的影响。

调研发现，父母和供应商对密封剂和氟化物涂膜具有很高的接受度——这两种治疗方法被认为是科学合理、具有成本效益的，并得到美国儿童牙科学会（American Academy of Pediatric Dentistry，AAPD）的支持。密封剂和氟化物涂膜“容易出售”，因为它们的使用不需要改变生活习惯或爱好。

调研还凸显了父母对他们所面临的困境的沮丧。例如，他们被告知孩子在一岁前需要看牙医，但是很少有牙医同意给三岁以下的孩子看牙。该地区需要更多的儿科牙医以及培训，增加现有牙医治疗幼儿所需的技能。

最后调研显示，在教育父母如何照顾孩子的牙龈和牙齿时，服务提供者已经取得了成功。例如，提供者相信，当他们以支持性、非判断性的方式，并提供明确的示范和引人注目的视觉效果来说明关键的牙齿健康概念时，父母往往更愿意遵守。提供者报告当他们教育父母们时使用幽默的方法、让父母分享他们和自己的孩子在一起的经历和体验时，会获得很大的成功，并且他们把刷牙和使用牙线作为一种可以在父母和孩子之间建立亲密关系的练习和努力。

和很多领域一样，焦点小组得益于技术上的优势。在这种情况下，罗得岛的孩子可能是最大的受益者，由于在线焦点小组的调研使孩子口腔健康状况得到改善。

资料来源：Ingrid Steblea. Vice President-Research，Market Street Research，Inc.

在线焦点小组是否像传统焦点小组一样有效？记住，与其他类型的探索性调研相比，焦点小组的关键优势是通过让多位参与者同时接受访问获得协同效应。当参加者聚在一起时，彼此体验对方的存在，并且互相提出意见，可以最大限度地发挥协同作用。虽然在线焦点小组非常有用，但即使是用最先进的技术，电子交互必然受到更多限制，难以有效地利用焦点小组调研的真正价值。然而，在线焦点小组可以提供有价值的探索性数据，成本效益非常好，许多公司现在都采用这种方法。克服了这些限制就会获得最大的价值。表4-2展示了一些对于在线焦点小组的指导性建议。

表4-2　执行在线焦点小组的技巧

- 因为沟通比较困难（与面对面相比），所以在任何特定的会谈中将参与人数保持在8个以下。
- 将会谈时长限制在90分钟以内。
- 使用组中参与者可用的最先进的技术。对于现有或潜在的客户群体，你可能会使用Skype等程序来记录文字或语音。
- 如果可能，使用网络摄像头技术，以获得非语言的感觉。
- 精通所选择的技术，或提供技术帮助解决（不可避免的?）故障。
- 确保与焦点小组观察员（例如客户/代理/其他调研人员）有一个单独、明确的沟通渠道，以便他们可以在会谈期间与主持人交流。
- 在会谈开始后努力交流，在参与者之间建立联系和关系。
- 为参与者提供早期的沟通的渠道和时间。例如，一个简单的初始任务，要求每个参与者在组中交流。
- 通过频繁地更改任务来维持参与者的参与度，特别是当整个组没有视频连接时。

经理关注

本章我们再三强调管理者切忌误用探索性调研的结论。即使对于很明智的管理者，焦点小组访谈的结论也很容易被误用。我们曾经发现一家广告和营销调研咨询公司的主席宣传他们公司正在策划一项新服务，该项新服务得到了焦点小组访谈的结论正面支持。如果焦点小组运用恰当，有利于吸收借鉴他人观点并形成新观念和新视角，但是在受访者单独接受访问或者不自主地服从他人观点时，这些都得不到。牢记：这些观点有助于形成新营销策略，但是探索性技术不应该用来做最终决策。你必须利用其他调研结论（比如描述性、因果性调研）来做最终决策，尤其是那些关系到公司未来成功与否的重要决策（Yoplait 公司的人很难了解到这一点，看表 4-1 的 Fizzix 的例子）。

总而言之，焦点小组访谈的成本要比个体深度访谈低廉，主要原因是焦点小组的多个组员是同时访谈的。然而，那也不代表焦点小组访谈很便宜。雇用一个有经验的焦点小组访谈主持人来实施访谈，撰写访谈报告，租用设备，付访谈对象酬劳，成本还是比较高的。这仅仅是一次焦点小组访谈的成本，如果是一系列的焦点小组访谈，成本还会大幅提升。

主持人的角色 焦点小组访谈中主持人扮演着非常重要，也是最难的一个角色。首先，主持人需要把调研目标细化并写进指导手册。**主持人指导手册**（moderator's guidebook）列举了访谈过程中要提出的大体的和具体的问题，这些问题按照提问的顺序排列。一般采用“漏斗法”（funnel approach）。“漏斗法”是指主持人首先介绍大体的话题或任务，然后谈话开始集中到要调研的关键问题上。

为了有效地写出指导手册并指导焦点小组访谈，主持人必须理解问题的背景及客户希望从调研中获取的最重要的信息是什么。主持人还必须知道焦点小组访谈的总体计划：要举行多少次焦点小组访谈？焦点小组面对面举行还是线上举行？每次需要多少访谈对象？招聘什么类型的人参加访谈？各访谈进程之间有什么联系？

主持人必须在访谈中加以引导以完成访谈目标和在访谈过程中鼓励组员交流。焦点小组访谈进程不能分解为一系列的个人深度访谈，变成每个人轮流回答事先准备好的问题。事实上主持人的角色非常微妙，需要非常明确调研的目的及具有良好的人际交流技巧。焦点小组访谈成功与否看组员之间交流多少而不是主持人主持得好不好。表 4-3 描述了一个主持人应该具备的几种关键能力。

表 4-3 优秀焦点小组访谈主持人的七种能力

善于倾听：善于倾听组员们的交谈是主持人必备的素质之一。主持人不能因为注意力不集中或者误解而错过组员的谈话内容。一名好的主持人懂得如何在适当的时候解释或是复述组员的原话。

出色的短期听忆能力：主持人必须能记住小组成员之前的意见，然后与小组其他组员或者他本人后面的评论关联起来。例如，某个组员说他很少注意自己的体重，后面又提到他总是喜欢喝软饮料。主持人应该记得先前他的话，然后当他后来提到喜欢喝软饮料时就能知道他肥胖的原因了。

良好的组织能力：最好的主持人能看清问题的抽象与具体的逻辑关系，并将相似的话题集中到一起讨论；优秀的主持人应该有逻辑地组织引导，最终的访谈报告也是如此。优秀的

续前表

主持人善于将追踪所有细节与管理焦点小组访谈过程结合起来，这样保证没有任何有效信息被遗漏，不会影响访谈的整体质量。

快速学习能力：主持人需要深度涉入多个不同的话题，每一个话题都只用很少的时间。高效的主持人能快速学习不同的主题并且良好地组织讨论，写出漂亮的访谈报告。一般而言，主持人只有有限的时间来学习讨论涉及的话题。因此，高效率的主持人能迅速抓住每个主题的关键并聚焦于此。因此，他们能辨别讨论中的发言是富含信息的还是一般的言论。

精力充沛：无论是对受访者还是对观察者而言，焦点小组访谈可能都是枯燥乏味的，如果小组讨论的话题变得非常无趣，则访谈的效果会显著降低，好的主持人能调动气氛，使得组员和观察者在讨论过程中始终充满热情。这种能力在傍晚的小组讨论中尤其重要，因为那个时点的观察者和参与者都因为时间太晚而非常疲惫，如果主持人没有有效地调动他们的兴趣和热情，受访者和观察者都会显得无精打采。只有主持人保持旺盛的精力才会使得高效的讨论一直持续到最后。

和善可亲：好的主持人应该有和善可亲的形象，这样受访者才会在讨论中积极参与以取悦主持人；那些不能给人亲近感的人主持的讨论可能会使得受访者不够开放，访谈效果也会大打折扣。

较高的才智：作为一名有效的主持人具备这一特征是至关重要的，因为没有人能计划好讨论中可能发生的所有随机事件。主持人必须独立思考：处理讨论产生的信息；判断应该提什么类型的问题才能最有效地获得更多与调研目标相关的信息。

资料来源：Thomas L. Greenbaum，*The Handbook for Focus Group Research*，2nd ed. (Thousand Oaks, Calif.：Sage Publications，1997)，pp. 77－78.

焦点小组访谈的缺点　尽管焦点小组访谈有好处，但必须谨慎地运用它。与其他形式的探索性调研一样，焦点小组访谈是用来产生想法和洞察力以帮助明确问题的，而不是为了提供最终答案；仅仅通过焦点小组产生的结果来制定决策是一种有风险的策略，除非产生的洞察力是清晰明确的。

在解释焦点小组获得的结论时，尽可能保持客观是非常重要的，但在实际中很难做到。当管理者对他们想要或希望看到的结果提出先入为主的想法时，在一个或多个支持他们的立场的小组讨论中发现支持这种想法的证据并不奇怪，因为管理者有能力通过单向镜观察讨论，追踪在线会议，或审查会议记录，焦点小组比大多数其他探索性技术更容易受到实施偏见的影响。这些偏见可能不是故意的，但它们仍然是有害的。很多管理者发现有意识地使用焦点小组的数据去支持他们的观点太容易了，因此不愿意使用焦点小组。正如一位观察者所说，“焦点小组的主要功能往往是验证卖家对自己产品的信心”。[3]考虑下面的案例，一家公司根据焦点小组调研开发针对十几岁的女孩的新产品：

> 在一系列焦点小组调研之后，该公司得出结论，十几岁的女孩想要的是技术性升级的指甲油。这是一个令人高兴的巧合，因为这种指甲油正是该公司生产的。[4]

另一个例子，几年前，一家位于美国西南部的餐饮连锁店的总裁介绍了该公司的营销工作，他讨论了焦点小组如何用于测试即将到来的广告活动的有效性。事实上，他已经观察一个以上的焦点小组访谈，并且可以回忆起某个特定焦点小组参与者的原话，这个焦点小组（毫不奇怪）恰好表达了他自己对该活动的感受。

名义小组　在我们进行其他形式的探索性调研之前，让我们考虑一下**名义小组**（nominal groups），这是由焦点小组访谈演化而来的，并且和焦点小组有很多相似的特征。主要的区别是名义小组在开放小组讨论之前需要参与者的书面答复。早先有人指出，较小的团体很容易被一两个成员主导，更大的群体可能导致沮丧或无聊，因为个人需要等待回应或参与的机会。名义小组希望能够避免这些问题，无论团体规模如何，都要求人们在发言之前思考并且记录下想法。下面介绍名义小组访谈是怎样工作的。

首先，主持人提出讨论的问题或主题。所有参与者完全了解这个问题后开始思考，然后将他们的想法记录在纸上。接着，主持人要求受访者展示他们对问题的看法。主持人通常将某个参与者的看法展示给所有的小组成员。这种方法鼓励个人记录下由别人的分享所激发的新想法。同时，在所有参与者表达自己的想法之前不鼓励小组成员进行讨论。小组成员和主持人会看到所有人的完整想法。讨论集中阐释现有想法并且排除重复想法。最后，要求小组成员对小组的想法按重要程度排序。被小组成员同意排在最前面的想法将会成为当前小组讨论的焦点。

名义小组限制了参与者最初想法的交流，最大限度地提高个人的投入。像焦点小组一样，这是创造新想法的一个很好的技巧。事实上，由于集中了个人的想法，名义小组可以比焦点小组产生更多也更多样化的想法，它也最大限度地减少了群体思维的潜在影响、少数人支配，或者一般较安静或害羞的受访者缺乏参与度等弊端。[5]

数据挖掘

我们在本章中讨论的大多数技术本质上属于定性调研，也就是说，它们产生主观的数据，因此必须谨慎地解释数据，同时考虑到它们产生的背景。数据本身通常涉及要解释的语言和主题而不是简单的数字。然而，并不是所有的探索性调研都是定性的，特别是当数据分析师开始筛选公司数据库中存储的大量数据，寻找变量的模式时，他们就是在进行越来越普遍和重要的探索性调研。关于数据库、决策支持系统和大数据更详细的介绍将在第5章和第6章中呈现，在此之前我们也要认识到定量数据分析在探索性调研中也是很重要的。

数据挖掘（data mining）是一种在数据集中搜索统计模式下的技术，它被定义为使用“强大的分析技术快速、彻底地探索数据集，分离出有价值、有用的信息”。[6]公司希望借助数据挖掘更好地了解客户和/或提高其提供的产品和服务的性能并提高销售额和利润。例如，NBA的教练使用数据挖掘来整理运动统计数据，以确定最有效的球员组合并且衡量个体球员的效率。类似地，电影《点球成金》（Moneyball）描绘了统计学家如何通过分析球员表现的统计数据改变球员的甄选过程，为一些职业棒球大联盟球队选择球员，通过这种方法能够提升球队的整体成绩。

你在母亲节给妈妈送过花吗？1-800-Flowers. com网站使用数据挖掘发现住在城郊的职场妈妈们是鲜花销售持续增长的关键人群：这些女性占公司业务的很大一部分，她们倾向于为自己的母亲或婆婆订购鲜花。[7]该公司利用这点设计了一个更成功的假日推广方案。这对于公司来说特别重要，因为母亲节和情人节的鲜花销量占据花卉行业销售额的很大比重。顺便说一句，这个例子代表了探索性数据挖掘的常见用途——挖掘公司数据库中所存在的变量之间的关联。

但是请注意，当使用数据挖掘时，即使结果显示立即可行，它仍然只是一个探索性工具，用来产生可在将来工作中用于验证的假设（例如设计一个促销方案吸引城郊的职业女性在母亲节花钱）。必须保证对所分析的数据有清晰的理解时才能使用数据挖掘。致力于好市多购买数据研究的一位分析师发现，购买肉类的人也有可能购买鸡蛋，他还发现购买软饮料的人也很有可能买鸡蛋，购买冷冻食品的人也是如此。这是一个令人困惑的结果：难道鸡蛋变得这么受欢迎以至于会出现在人们的每顿饭中？仔细看看发现所有的数据都来自3月的一周里。事实上，是因为许多人在复活节前购买了鸡蛋。[8]

案例分析

案例分析（case analysis）是指针对选定的反映所需洞察力的例子或个案进行调研。调研人员可以检查现有记录，观察发生的现象，开展非结构化面谈，或者运用任何一种其他的方法去分析既定情境下的事件。关注的焦点可能是实体（如个人、家庭或其他机构）或实体群（如销售代表或者既定地区的分销商）。

例如，当问及Aeropostale（一个美国青少年服饰品牌）的店铺选择售卖什么样的衣服时，CEO朱利安·盖格（Julian Geiger）说："我们并不关注竞争对手的店铺在卖什么，我们关注的是客户的需求。我们的设计团队跑遍全球各地，当然会去伦敦、巴黎和巴塞罗那，但是我们也会去游乐场、音乐会、温泉会所、火车站和机场看看小孩子们穿的什么。"[9]

实施案例分析有很多方式。我们曾经在Endodontist仔细观察了服务传递的全过程，观察探索性数据收集的手段，目的是探究影响牙科病人满意度的关键因素。我们坐在候诊区详细记录周边的环境，观察诊疗前后病人与员工的互动。我们注意到诊所的位置和外观，与Endodontist的老板和员工进行交谈以获得需要的信息。简而言之，我们聚焦于这个特定案例竭尽所能地学习这一过程，我们的方法包括观察、访谈以及检视发放给病人的印刷宣传材料。

在展开案例分析（或任何其他的探索性调研）时，有一点非常重要：必须记录下所有相关数据而不仅仅是支持调研人员或管理者事先假设的数据。案例分析成功与否取决于调研者对个案中收集的大量多样化的信息进行解释的能力。调研人员必须能把数据进行分类并且整体把握多个案例的共性而不是单个案例的细节。最后，与其他探索性调研一样，案例分析的目标也是获得洞察力而不是检验解释。

以一个为了提高某个公司销售人员业绩的调研为例，调研人员仔细调研了公司几个业绩最好的销售人员，并且与几个最差的销售人员作比较。尽管他们的背景和努力都很相似，但还是发现了最好的与最差的销售人员之间一个重大的差别。业绩好的销售人员会检查零售商的库存量，并指出他们短缺的商品；业绩差的销售人员却没有花时间做这个。将调研者置于销售人员的位置获得了这一尚未被揭示的问题。

如果被选中的案例能反映最近顾客行为的变化，那么案例分析看起来是个特别有效的找到问题的办法。例如，一家超市对于竞争对手的进入所做出的调整很大程度上能揭示行业的结构。类似地，一家公司从突然选择竞争对手的老客户那里得到的信息远比从公司忠诚客户那里得到的信息要多。

反映极端行为的案例也是很好的调研材料。上面提到的比较最佳与最差销售人员就是一个例子。为了找出公司销售范围内的区域销量的差别，调研者将销量最好的区域同销量最差的区域进行比较研究比调研所有区域的销量更有价值。

道德困境4-2

随着房主自己（而不是通过经纪人）出售房子的情况不断出现，当地一家房地产公司总裁要求你承担一项探索性调研的项目。项目是为了调查房地产经纪人在公众心目中的印象。你的当前客户并不知道你两年前曾承接过他的竞争对手的一个类似的调研项目。基于以前项目的结论，你事先就有个关于一些房主不愿将房子通过经纪人出售的具体原因的猜想。

1. 把为以前竞争者的调研所获得的信息提供给现有客户，这道德吗？关于先前的项目，哪些是你绝对不应该告诉现在客户的内容？

2. 不告诉你的客户你已事先知道调研结果，这道德吗？你能从2年前的调研知道现在的结果吗？

3. 你应该帮助公司找出问题所在吗？如果能，怎么做？

标杆分析法 案例分析经常使用的一种方法就是**标杆分析法**（benchmarking），即确定一家或多家比其他企业更优秀的标杆公司来探究它们成功的原因并作为公司提升的方向。有一个经典案例：L. L. Bean以订单完成质量而闻名，施乐公司的经理曾经访问过该公司，以确定为什么L. L. Bean比施乐公司履行客户订单的效率高出三倍。

答案很明显：零售商按类别和特定产品的销售频率来管理库存。因此，处理订单的过程大大缩短。施乐使用这些信息来改进自己的订单执行过程。[10]许多其他公司也将L. L. Bean作为商业标杆。

组织执行标杆分析法的活动包括：阅读相关报道，访问或设定标杆公司，购买标杆公司产品等。标杆分析的过程要根据你所要了解的信息和资源的可获得性来变化。

经理关注

“最佳实践”调研已经成为商务人士把成功公司作为标杆的流行做法。尽管这样做能获得有价值的结论，但对管理者而言，仅仅分析市场表现最佳的公司容易误解它们成功的内在原因。作为一个管理者，比较行业内公司的一系列市场表现更能查明公司成败的内在原因。

民族志法 **民族志法**（ethnography）是一种越来越流行的案例分析法。这种方法起源于人类学，涉及对消费者的情绪反应、认知和行为长期分散的观察。与人类学家跟研究对象相处长达数月或数年不同的是，民族志学者使用直接观察、面谈、录像、录音等直接观察法。调研之窗 4－2 为我们提供了更多使用有关民族志法的内容。

像其他的案例分析方法一样，民族志法是一种非常有用的探索性调研工具，因为它根据真实的行为而非话语来探索事情本质。例如，一个学术调研者实施了 16 个月的家庭消费品和厨房餐具的民族志法调研。他利用访谈和观察以及诸如组词成句和看图说话等投影法（见下一节）来获得对家庭消费品牌的感知和理解。

利用民族志法，一个被调研的家庭（40 多岁的夫妇和 14 岁的儿子）很清晰地表达了他们的观点。这个家庭的厨房看起来像一个老式的杂货铺，他们喜欢将食品杂货放在不显眼的位置。实际上，他们常常将东西从原来的地方移到更不显眼的容器里。他们也在那儿放置儿子购买的名牌产品。当问及购买食物时品牌的重要性，夫妇俩认为，“我们真的不注重品牌”“我们不是品牌忠实者”“我们对品牌没有任何偏好”。基于这些答案，组织传统调研的商家可能预料到这个家庭完全不受品牌名称和包装的影响。

通过对这个家庭的观察，有一点很明显，他们会不断地购买同样的品牌，尤其是这个家庭的食品有很多是 Dominick’s Store 这一品牌的。这对夫妇对这个品牌的描述是“不浮华”“朴素”“实在”。然而有意识避免所有与品牌相关的联系，使这对夫妇不知不觉地成为这个品牌的忠实客户，他们高度评价这个品牌与人保持和谐这一能力。这证明了消费者口头表述的信念并不总是他们真实的消费行为。

不想花费大量时间和金钱但又想获得民族志方法的优点的一些公司和调研者可以实施这个方法的简略版本，即他们只需花费几个小时或不到一天的时间面对受访者。福特汽车公司一直在研发一种油电混合动力的跑车。调研人员把消费者分成两组进行焦点小组访谈，一组是环境保护倡导者，另一组是技术倡导者。这些消费者都是此类交通工具的潜在消费人群。接下来，调研人员在征得他们同意的情况下，选择了一部分人在他们家里进行为期一天的民族志调研，结果调研人员惊讶地发现新型混合动力 SUV 的车迷占据相当主流的地位，但他们都不是忠实的环保主义者。[11]

尽管目前民族志法和案例分析法很流行，我们还是需要提供一些使用上的提醒。对于探索性调研方法，发挥其作用取决于分析的质量和客观性。使用这些技术解释大量的定性数据还是很难的，对结果保持客观性（不允许预设观点来影响解释）就更难。我们不能再次抵制这种观点了：探索性调研方法应当用于探究焦点问题的解决方法并且帮助提出假设，而不是用于找到最终答案并制定决策，尽管总有些调研者试图达到这个目的。

调研之窗 4－2

什么是民族志营销调研

民族志营销调研（Ethnographic market research，EMR）帮助企业了解消费者的文化趋势、生活方式因素、态度以及社会背景如何影响产品选择和使用。传统上，当公司想要确定消费者对产品或服务的感受时，他们会使用焦点小组访谈。这些小组成员在一个房间里相聚并讨论这个话题。相比之下，EMR 做的事情是走出房间，去除人为的设定，打开现实世界的大门。以人类学为基础，EMR利用各种技术和场所，呈现完整的消费者对产品和服务在日常生活中使用的画面。

现场

无论消费者在哪里使用产品或服务，现场民族志调研都可以开展，地点可以是餐厅、商店、办公室甚至汽车中。进行现场调研使调研人员可以采访和观察受访者的行为，如果有需要还可以开展后续提问。

入户

入户EMR与现场EMR类似，但地点仅限于家庭环境。调研对象可以包括一个或多个家庭成员，并且经常持续几个小时。调研人员融入家庭环境中，观察、提问和倾听，以了解消费趋势、反应和问题，消费者要解决与产品或服务相关的困境。家庭内部环节的调研让企业了解如何改进产品，需要什么新品类以及变化的需求是如何影响使用的。

虚拟

虚拟EMR环节在线进行，要求参与者完成各种任务，通常持续数天或数周。可能会要求消费者根据产品或服务相关主题撰写论文、选择图片甚至电影。这个浸入式过程旨在揭示消费者态度、情感和观念上的360度全方位形象。

伙伴会谈

伙伴会谈对应于传统焦点小组访谈，在焦点小组中多个消费者共同讨论产品或服务，回答问题并提供反馈。两种模式的不同之处在于：EMR伙伴会谈发生在居住地，参与者彼此认识，必须在轻松的氛围中获得反馈，否则这些反馈是很难出现的。调研主持人辅助引导讨论，或者在现场环境下倾听。

跨文化和组织分析

企业越来越多地跨越多个国家和不同的文化。跨文化和组织分析确定了母公司在国外可能遇到的障碍，并协助重新界定如何更改特定的企业文化或产品，以获得最大的成功和生产力。

资料来源：Jessica Shear，“What is Ethnographic Marketing Research?”（undated），downloaded from http：//smallbusiness. chron. com on September 13，2012.

投影法

有时候人们无法表达他们真实的感情、信仰和行为。消费者很多时候不会描述他们选择的动机和原因，因为诚实的描述会伤害他们的自尊，特别是感到有心理压力时，无论这种压力是真实的感觉，还是存于脑海中的想象，或者以某种方式行动时。其他原因是他们无法用语言描述或者是潜意识的动机。营销者需要理解促进消费者购买的因素和消费者对于环境的真实感觉，以达成与顾客满意的交易。直接的发问会产生没有价值或者误导性的回答。

调研者试图通过投影法克服调研对象不愿意讨论他们的真实情感或者提供确切的答案。**投影法**（projective methods）通过使用非直接任务使受试者转移个人焦点，鼓励他们揭露自己的感觉、想法和行为。投影法的基本假设是人们对意义不明确的刺激因素的反应影射出他们对现象的基本感知。例如，给一个高中生一张坐在教室里面的一个年轻人的照片，然后问他这个年轻人在做什么或者想什么，这就鼓励了学生影射他/她自己的需要、动机和价值观。使用投影法，受试者可以自由选择自己对意义不明确的刺激物的解释、描述和评价。

一般说来，投影法涉及使用模糊刺激物，让受试者对其加以描述、扩展或者围绕它建造一个结构。这里有很多方法可以使用，可以要求人们描述一个品牌应该是什么样的，也可以要求受试者画出或选择使用特定产品的人的样子。最常见的技术有词语联想法、句子完成法、故事讲述法和角色扮演法。

词语联想法 **词语联想法**（word association）要求受试者回答看到一系列词语以后首先映入脑海的第一个词。为了掩饰调研的目的，将测试词语与中性词语混合在一起。假设调研小组正在做一个关于人们对环境看法的调研。词语联想组合中使用的关键词有：交通、湖泊、烟囱和城市，这些词中会夹杂一些诸如人造奶油、蓝夹克和政府之类的词语。

受试者对每一个关键问题的回答都被逐字记录，然后加以分析。这些答案常通过三种方式来判断：回答每个测试词的频率，答案给出之前平均使用的时间，在合理的时间段后根本没有回答测试词的受试者的数量。为了确定受试者给出测试词答案之前所花费的时间，需要使用秒表，或者测试者在等到答案之前默数一下时间。对于犹豫的受试者，我们认为他对这个词有深刻的情感，因此他不立即作出回答，而是考虑再三后给出一个合适的答案。假如他根本没有回答，我们认为他的情感涉及太多因而拒绝回答。我们通过一个人的回答方式以及对每个问题回答的细节来评估这个人对主题的态度或者情感。

句子完成法 **句子完成法**（sentence completion）要求受试者凭第一反应将句子补充完整。回答被逐字记录以便随后进行分析。

对定性答案的分析是主观的，有时候结果足够清晰以至于可以作为好的建议。如下所示：

- 忧虑生态的人关心未来。
- 不在湖泊上娱乐的人关心生态系统。
- 当我考虑住在城市时，我情不自禁地想起洛杉矶城市上空的烟雾。

比较一下另外一个人的回答：

- 忧虑生态的人只不过是想增税的支持者。
- 不在湖泊上娱乐的人是一个不喜欢水上运动的人。
- 当我考虑住在城市时，我考虑在周六晚开车去逛商业区。

这两个答案很容易辨别出谁在忧虑生态。

句子完成法与词语联想法相比的优势是给予受试者一个更直接的刺激物。刺激必须能恰当唤起受试者对感兴趣的概念的联想。调研者应当注意不能泄露调研目的或者鼓励习惯性的回答。可见开发一个好的句子完成法和词语联想法还是需要技术的。

故事讲述法 **故事讲述法**（storytelling）常常依赖于形象化的材料，如卡通、照片或者绘画。基本上是要求受试者围绕图画讲故事。这些图画会在一定程度上使受试者对手头相关问题或者机会有深刻认识。故事讲述法会帮助调研者解释一个人的价值观、信仰、态度和个性。

以环境为例，刺激物可能是一幅城市地图，要求受试者回答住在那里的情况。对回答的分析会集中在污染的各种各样形式上。假如受试者没有提到交通堵塞、污染的空气、噪声等，这个人就被划分为极少关心污染及其治理的一类人。

角色扮演法 **角色扮演法**（role playing）在很多方面类似于故事讲述法。扮演角色时，调研者会介绍一个情节或者背景，然后要求受试者扮演情节中的一个人物。调研者会询问“你认识的人”“普通人”“像你这样的人”甚至受访者本人在给定情况下的反应。结合其他的投影法把受试者的注意力从他们自己身上转移到角色本身，目的是透视受试者的感觉、信念和反应等。

例如，假定环境调研者想探究城市居民对当地官员拟定的污染治理措施的反应。调研人员并不是询问他们是否同意关于拼车和除草的时间限制的规定，而是设定一个实施此规定的城市场景，然后询问该城市中的居民对这些规定是如何感觉和反应的。受试者通过描述城市里的居民对规定消极的心态如生气、困扰、不满等，或者积极的心态如愿意为环境贡献自己的力量等，可以在很大程度上揭示自己的真实情感。

在投影法中我们关心的是对数据的分析和解释，这在其他形式的探索性调研中一样是难点。同以前一样，调研者必须记住的一点是，没有任何一种探索性调研方法，包括投影法，是用来得到最终答案或者制定决策的。

小结

学习目标1

描述探索性调研的基本作用

探索性调研主要用于帮助管理者阐明决策问题，提高调研者对问题的熟悉程度以及澄清概念。一般而言，当我们对问题不熟悉时，展开探索性调研都是合适的。探索性调研的结果就是观点和意见而非问题的答案。

学习目标2

阐明探索性调研的关键特征

探索性调研规模小且相当灵活，适用于任何情况。

学习目标3

讨论探索性调研的各种类型并对其进行描述

探索性调研的一般类型包括文献检索、深度访谈、焦点小组、数据挖掘、案例分析和投影法。文献检索包括审阅概念和商业文献或者出版物统计资料。深度访谈试图发掘出与调研主题相关的知识和经验。焦点小组是一个小组之间的讨论，一般有8～12个人。数据挖掘涉及公司数据库的探索性统计分析，寻找有用的模式。案例分析中，调研者选择现象的个案用于探究，民族志调查就是一个常见的例子。最后，投影法使用间接任务揭露受试者的真实情感、思想和行为。

学习目标4

识别焦点小组的关键人物

焦点小组的主持人是焦点小组成功的关键。主持人不仅要引导讨论不致偏离主题，而且要能够促进小组成员间的互动。

学习目标5

讨论焦点小组（或者探索性调研的任一种其他形式）要避免的两种缺点

调研者和管理者必须在审阅探索性调研数据时保持客观。在定性数据中很容易看到你期望看到的东西。第二个应避免的缺点是没有使用焦点小组本身传递的观点、意见和假设而是试图支持预设的答案和决策。

关键术语

探索性调研（exploratory research）
假设（hypothesis）
文献检索（literature search）
深度访谈（depth interviews）
焦点小组（focus group）
主持人（moderator）
主持人指导手册（moderator's guidebook）
数据挖掘（data mining）
名义小组（nominal groups）
案例分析（case analysis）
标杆分析法（benchmarking）
民族志法（ethnography）
投影法（projective methods）
词语联想法（word association）
句子完成法（sentence completion）
故事讲述法（storytelling）
角色扮演法（role playing）

复习题

1. 探索性调研的基本用途是什么？
2. 探索性调研的关键特点是什么？
3. 什么是文献检索？应当检索什么类型的文献？
4. 深度访谈的特点是什么？应当访谈什么样的人？
5. 8～12 个人的焦点小组与 8～12 个人的深度访谈有何区别？焦点小组与名义小组有何区别？
6. 一个好的焦点小组主持人应有什么样的能力？为什么这些能力很重要？
7. 焦点小组会如何被滥用？
8. 数据挖掘用于什么类型的情境？
9. 通常使用案例分析的两个方法是什么？
10. 投影法的基本点是什么？比较受欢迎的几种方法是什么？

讨论的问题与案例

1. Feather-Tote 行李箱公司生产布艺行李箱，优势是重量轻。公司的分销渠道主要是百货商店、电商网站、服饰零售店和其他零售店如火车站商店、皮革商店等。公司做了大量广告，雇用大概 400 个销售代表来进行促销。销售代表的数量一直在变化，公司面临的一个问题是大量的人员流动。每年有 10%～20%的销售力量流动是很正常的。培训一个新人的成本估计在 5 000～10 000 美元，这不包括因人员转换丧失的销售额。销售经理哈维忧虑并且已经与每一个销售代表谈话。基于这些谈话，他总结的高辞职率的原因是销售代表普遍对公司政策、促销机会和待遇不满，但是高层经理并不支持哈维关于需要变化合作政策的请求，相反，他持反对意见，认为哈维的大部分建议都是基于自己的理解，缺乏客观的数据支持。在改变之前，高层经理想得到工作满意度低是高辞职率发生的原因的更多系统性证据。哈维召集营销调研部门协助他来解决这个问题。

a. 作为这个部门的成员，确定引导调研的一般性假设。

b. 可能有一个或多个探索性调研技术可以帮助你做出假设或提供其他想法或见解？

c. 你对哈维有何建议？

2. 辛西娅·加斯基尔（Cynthia Gaskill）是一家针对大学生的服饰店的老板。通过与顾客的正式交谈，她开始觉察到针对大学生的音像出租店在当地市场上会运营得较好。在她与大学生的谈话中，学生们总体表现出对现存的租用点的不满，但她还没发现关键问题所在。加斯基尔回想了在学校学习的营销调研课程，她认为焦点小组调研将是一个收集信息的合适的方法，这些信息会有助于决定是否在未来开一个音像租用店（一个正式的商业计划，商店决策）。

a. 在这种情形下，决策问题和显而易见的调研问题是什么？

b. 加斯基尔应当选择谁作为受访者？在征募受访者时，标准是什么？

c. 焦点小组会谈应在哪里进行？

d. 在焦点小组会谈前，主持人应知道什么？

e. 制定焦点小组会议主持人指导手册。

3. 焦点小组和深度访谈在很多方面很相像，根据调研项目的目的，各有不同的优势。它们的异同点是什么？

4. 一家主要卖运动鞋的大型零售连锁店注意到连锁店的销售额正在下滑，尤其是位于郊区的店，位于城区的店销售额有微弱的上升。管理者担心商店提供的鞋子的款式对目标群体而言不够时尚。因为厂家有自己的生产线，所以在鞋子上架前的10～12个月就得选择生产的款式。管理者过去常常以为人们选择并购买运动鞋主要是因为其功能属性，但现在开始认为象征性的属性比功能属性的作用更大。该连锁店与调研公司签订合同来对以下问题进行营销调研。

a. 假定你计划组织探索性调研，如何使用文献检索？

b. 进行商店销售历史的数据挖掘是否有价值？与城市商店销售额增长相比，郊区店销售额下降是否会影响你进行数据挖掘的决策？

c. 讨论组织案例分析的两种方法以提供有用信息。

5. 选择你的三个朋友，一一与他们进行深度访谈来确定他们购买运动鞋时的感受。

a. 第一次访谈时应提到什么因素？

b. 第二次访谈时应提到什么因素？

c. 第三次访谈时应提到什么因素？

d. 基于a，b，c问题的发现，你建议提出什么假设？

e. 简单讨论深度访谈的优势和劣势。

6. 设计并实施一个词语联想测试来确定学生外出就餐的感受。

a. 列举10个刺激物，记录下受试者的回答以及他们对每一个刺激物做出回答的时间。

刺激物	回答	时间
(1)		
(2)		
(3)		
(4)		
(5)		
(6)		
(7)		
(8)		
(9)		
(10)		

b. 根据这个小型调查，关于学生外出就餐你能推断出什么试探性假设？

c. 简单讨论这种技术的优劣势。

7. 设计并实施一个句子完成测试来确定学生喝咖啡的感受。

a. 在完成句子练习中列举至少 8 个句子。

（1）______________________________

（2）______________________________

（3）______________________________

（4）______________________________

（5）______________________________

（6）______________________________

（7）______________________________

（8）______________________________

b. 根据受试者的反应，你如何描述受试者对喝咖啡的态度？

c. 调研者如何分析答案？

8. 设计并实施一个故事完成法测试来确定学生不住寝室的原因。

a. 设计一个刺激物（言语的或者图画的）来完成故事（提示：使用言语刺激可能更简单）。

b. 以这个练习为基础，对于学生不住宿舍的原因你有什么发现？

注释

1. Steven P. Galante, "More Firms Quiz Customers for Clues About Competition," *The Wall Street Journal*, March 3, 1986, p. 17. See also Thomas L'egare, "Acting on Customer Feedback," *Marketing Research: A Magazine of Management & Applications* 8, Spring 1996, pp. 46–51.
2. Interview with Ingrid Steblea, Vice President-Research, Market Street Research, Inc.
3. Daniel Gross, "Lies, Damn Lies, and Focus Groups," *Slate*, posted October 10, 2003, downloaded from http://slate.msn.com, August 10, 2008.
4. Philip Hodgson, "Focus Groups: Is Consumer Research Losing Its Focus?" *Userfocus*, June 1, 2004, downloaded from http://www.userfocus.co.uk, August 10, 2008.
5. Ko de Ruyter, "Focus versus Nominal Group Interviews: A Comparative Analysis," *Marketing Intelligence and Planning*, Vol. 14, No. 6, January 1996, pp. 44–50; downloaded via http://www.proquest.com, August 1, 2008.
6. *Next Generation of Data-Mining Applications*, Mehmed M. Kant-ardzic and Jozef Zurada, eds. (Hoboken, N.J.: John Wiley & Sons, Inc., 2005), p. 1.
7. "1-800-flowers.com Customer Connection Blooms with SAS Business Analytics," downloaded from http://www.sas.com on September 22, 2012.
8. Gordon Linoff, "Experience? Software? Common Sense?" *JMPFOREWARD*, March 2012, pp. 9–10, downloaded from http://www.jmp.com on September 22, 2012.
9. "Online Extra: Targeting the Universal American Kid," *Business Week online*, June 7, 2004, downloaded from http://www.businessweek.com, August 10, 2008.
10. Traci Purdum, "Benchmarking Outside the Box," *IndustryWeek*, February 8, 2007, downloaded from http://www.industryweek.com on September 13, 2012.
11. Jennifer Chang Coupland, "Invisible Brands: An Ethnography of Households and the Brands in Their Kitchen Pantries," *Journal of Consumer Research*, June 2005, pp. 106–118, downloaded using the Business Source Elite database, August 10, 2008.

第 2 篇　使用现有信息解决问题

如果给你一个521行21列的电子表格要你分析，你会从哪里开始？这是一个10 941格的数据，它仅仅是一个季度的数据。不要感到绝望。首先，它不是一个特别重要的数据，只是全美排名前50位的大学足球球员聘用的评价。其次，有了Tableau Software的帮助，可视化的数据分析已经变得非常简单和高效了。

大数据的概念在最近几年获得持续关注。越来越多的公司从电商网站上、购买交易中和移动数据中获得数据，接下来的重要任务就是如何最好地理解这些数据。Tableau的运行基于两个前提：其一，数据库可以转化为图、表、交互地图；其二，并不需要特殊的编程技巧就能产生个性化报告和交互的可视化数据。

需要澄清的是，Tableau最适用于处理电子表格——经典的行和列。在电子表格中，鼠标的拖放使得所有操作都是可视化的。考虑前面提到的10 941格的表格，每一位球员的详细信息组成一行，使用姓名作为分类，每一列包括姓名、身高、体重、毕业高中学校等信息。Tableau输出结果包括三个部分：一个交互地图、每所大学的总结性饼图和每所大学聘用水平的总结性表格。例如，删掉其他49所大学，聚焦于科罗拉多大学（CU）的详细情况，从CU选择出Ralphie the Buffalo球队。从这里我们可以看出，CU招聘的球员大多来自加利福尼亚州。将鼠标放在交互式地图加利福尼亚这一点，效力于Buffalo球队的加利福尼亚球员的平均评价得分为2.5颗星。饼图总结出所有CU招募的球员的总体评价得分为2.7颗星，其中得3颗星的人数是得2颗星人数的2倍。不幸的是，它也同时表明没有得分4颗星或5颗星的球员。总结的表格给出了球员详情，例如所招募球员最高身高为6英尺① 6英寸②，最矮为5英尺9英寸；最重的球员有302磅③，最轻的球员为170磅。

Tableau Public是一个免费版本，能够处理包含不超过100 000行的数据，它的专业版则没有数据大小的限制，不仅如此，各种不同输出的示例涵盖了可视化数据的所有格式——线形图、列表等，行业从商业到不动产、健康和科学以及旅游和生活方式，这使得人们相信Tableau可以处理的数据类型是没有限制的。这真是太好了，因为手头有太多数据，新的数据每天还在源源不断地产生。和大学球队一样，很多其他领域也非常需要处理数据。只要全美冠军赛开赛，就需要再次追踪招募了，每一个潜在的招募都能够产生大量有用的数据。

资料来源：Scott Wasserman，"College Football Recruiting，" downloaded October 14，2012，from http：//www. tableausoftware. com/public/gallery/college-football-recruiting；Scott Denne，"Big-Data Success Stories；Tableau Software，"（November 23，2011），downloaded October 14，2012，from http：//biogs. wsj. com/venturecapital/2011/11/2013/big-data-success-stories-tableau-software/.

---

① 1英尺=0.304 8米。

② 1英寸=2.54厘米。

③ 1磅=0.453 6千克。

第5章 决策支持系统：导论

学习目标

1. 定义二手数据和原始数据之间的区别
2. 列举使用二手数据的优点和缺点
3. 定义营销信息系统（MIS）和决策支持系统（DSS）
4. 识别决策支持系统的组成部分
5. 讨论知识管理

引　言

营销调研的一个根本目标是帮助经理在履行各种职责时做出决策。营销经理需要信息来实施公司的营销活动。营销信息可以是顾客的购买模式、公司一种产品的需求评估、对设计方案的偏好、不同地理区域的销售收入或者是顾客对产品和服务的满意度，以上仅仅是营销信息的一部分。

我们之前提到了两种收集营销情报的方法：(1) 通过执行项目来处理特定问题（我们称之为项目途径）；(2) 通过运用系统提供不间断的数据（这就是系统途径）。本书主要是借助与个体顾客或公司雇员沟通来收集具体的信息，用来解决特定问题。在第6章中，我们会探讨大数据，它以惊人的速度不断拓展经理能够获得的数据的广度和深度。

在更进一步前，要介绍二手数据的概念，因为二手数据构成了营销调研中所使用的数据系统中的绝大部分的数据。

二手数据

有时营销者用来做出决策的数据已经存在于组织的内部或外部了。已经收集到的数据通常是为了一些其他目的或由其他组织收集得来的数据，称为**二手数据**（secondary data)。然而，有时经理需要的信息并不存在，必须从公司内部或外部的个体进行采集。这些全新的数据被收集来达成当前的目标，称为**原始数据**（primary data)。（要注意，如果是为特定目标收集的原始数据被用来达成其他目标，它就变成了二手数据。可以说，在过往的某个时刻，数据库中的所有信息都是原始数据。）

这里有一个简单的例子应该能帮助理解这两种类型数据的不同。如果惠而浦进行一次关于冰箱购买者个人背景特征的线上调查，用来判断谁购买了哪种型号的冰箱，这便是原始数据的由来。反之，如果公司使用现存的文档和从顾客返还的保修卡中收集数据（内部数据）或是使用已经公布的冰箱购买者行业统计数据（外部数据），这些数据会被认为是二手数据。

当一个问题或是条件已经被仔细界定，那么首先要思考的应该是，不管是公司的内部决策支持系统还是外部资源（回顾图 2-1 中关于营销调研步骤的描述），用来解决问题的所需信息是否已经存在。通常的规则是，只有从内部或外部都无法获得二手数据，才会收集原始数据。二手数据的数量是十分惊人的，包含内部的和外部的，我们会在接下来的章节中描述。举一个简单的例子，美国人口普查局收集了美国人口、家庭、企业以及其他一整套丰富信息，可以作为市场分析的二手数据，可以十分便利地得到。

成功的调研项目应该从详细搜寻现存二手数据着手。有些类型的营销调研几乎完全依靠二手数据。知晓从二手数据中能获得什么很重要，不仅是因为要避免重蹈覆辙，也是因为二手数据有一些盖过原始数据的显著优点，当然，它们也有缺点。

二手数据的优点和缺点

二手数据最大的优点在于它能节约时间和费用。如果搜索到的信息可以作为二手数据，调研人员就能直接从内部或外部资源检索信息，进一步对数据进行分析和/或解析。相比于收集与主题相关的原始数据，这只要花费很少的时间和成本。利用二手数据，收集数据的费用已经被初始的数据编辑者支付了。即使使用数据要付费（和政府或一些协会组织的数据不同，商业数据并不是免费的），通常成本也比公司自己收集数据要少得多。

然而，二手数据也存在着潜在的问题。通常会产生两个问题：（1）它们并不能完全匹配手头调研的问题；（2）它们并不完全准确。因为二手数据是先前为了其他目的收集的，所以它们可能并不匹配目前界定的问题。在一些情况下，匹配性极差以致数据完全不适用。通常匹配性差是由于以下一个或多个问题引起的：测量尺度不同、数据分类不同或数据过时。

例如，零售商店的大小可以表达为总销售收入、每平方英尺利润和每个雇员产生的利润。顾客收入可以表达为个体、核心家庭、大家庭等消费单元的收入。如果你需要个人的收入数据，但只有家庭收入的二手数据，那可能就有必要去收集原始数据以获得你想要的信息。即使测量尺度是一致的，你也会发现分类标准往往与所需的不符。例如，你要个人收入是以相当小的幅度被测量（0～4 999 美元，5 000～9 999美元，等等），如果二手数据提供的较大测量幅度的数据（0～19 999 美元，20 000～39 999美元，等等）就没什么用了。二手数据也有可能过时。从收集数据的时间到传播数据的时间往往很长。例如，虽然人口统计数据到现在为止有很大的价值，但随着时间的流逝这种价值将很快消失。切记，美国人口普查每十年才进行一次。

二手数据的另一个问题是有时难以（或者不可能）判断它的准确性。正如你将从本书中学到的，在收集、分析和报告市场信息时都有可能出现许多错误。当一名调研人员在收集原始数据时，直接经验可以帮助判断所收集数据的准确性。但是当使用二手数据时，调研者评估其准确性较为困难。考虑数据的原始来源、调研的赞助人以及数据收集方法和报告的整体质量会对评估其准确性有所帮助。

二手数据可以通过**原始来源**（primary source）或**二手来源**（secondary source）获取。原始来源是指产生数据的来源。二手来源是指从原始来源获取数据而形成的来源。可能的情况下，最好使用原始来源的二手数据。不幸的是，GrandKids 公司的所有者在筹划开店时违背了这条原则，他认为高消费阶层所在的郊区是公司开店的理想地方，适合祖父母为他们宠爱的孙子孙女购物。根据该地区学校和一家生产广告传单公司的二手数据，他估计该地区大约有 10 000 个家庭，足以支撑他的门店经营。但是该店开业三年后，因为缺少生意被迫关门。他过分高估了市场。人口统计数据显示该地区只有 12 000 名居民和少于 3 500 个家庭。此外，他的目标群体年龄是 50 岁及以上，这一人群不到该地区居民的 1/3。[1]

判断二手数据准确性的另一个方法是注意赞助该项调研的组织。考虑下面的例子：一项调研的结果显示，几乎 1/3 的应答者和医生提起过他们在广告中看到的治疗方法，以及大约 75%的应答者提到处方药广告展示了药物的副作用和益处。[2]此调研是在美国食品和药物管理局准备推出新的准则，要求广告直接展示处方药给顾客（不仅仅是将药物推销给医生）后进行的。该调研是由 *Prevention* 杂志赞助的，其部分收入来源于处方药公司的广告费用。商业利益的存在是否意味着该调研不能准确反映顾客的态度和行为呢？不能，但它意味着你需要密切观察数据收集的方法。这种调研的结果将持有特定的立场，往往被认为是**辩护调研**（advocacy research）。再说一次，不是所有由利益相关者赞助的调研都应该被当作辩护调研自动舍弃，但是要引起足够的重视。

评估二手数据准确性的第三种方法是寻找该调研被恰当执行的证据。例如，使用者需要理解数据是怎么被收集的。原始来源应该提供关于数据收集过程的详细描述，包括定义、数据收集方法、样本抽样方法等。如果不是这样，要小心！这些省略部分通常预示着草率的方法（最好的情况）或者辩护调研（最坏的情况）。当细节被提供时，仔细地检查它们。你需要对调研步骤和潜在错误根源熟悉，以此来评估二手数据的质量。本书的剩余部分为评价二手数据提供了许多必要的洞察力。

内部二手数据的类型

有许多类型的二手数据。在本章，我们会探讨一些标准类型的内部数据，它们在某些情况下已经被输入数据系统几十年。在第 6 章中，我们会定义一些更新的来源，随着网络的发展，它们在这几年间已经出现在网上。

对于大部分的公司，就许多调研问题而言，在正常会计核算中所编制的销售和成本资料是最有用的内部二手数据，例如，评价过去的营销战略和评估企业在同行业中所处的竞争地位。交易数据构成整个公司销售业绩的基石，经常按照顾客、产品、地理区域、销售员、渠道以及其他进行分类。在 B2B 的环境中，销售发票是蕴含信息的金矿，通常包括以下全部或部分信息：

- 顾客姓名与地址
- 所卖的产品或服务

- 交易的数量和金额总量
- 负责销售的人员（或机构）
- 销售产品的最终用途
- 产品的运输和/或使用的场所
- 顾客所处的行业、交易的分类和/或渠道
- 销售条款和适用的折扣
- 运费的支付和/或收取
- 订单的装运要点
- 装运运输工具

在零售层面，记录的交易收据通常不会包含太多这些信息，但正如我们会在其后的章节中学到的，越来越多的公司正在学习收集更多、更全面的个体顾客以及与它们进行交易的企业的信息。追踪网上交易是相对简单的，可以借助信用卡号或是顾客编号，当在零售商处使用购物卡来获得折扣时，许多顾客自愿将他们的信息与所购买的物品联结到一起。

还有很多其他有用的内部二手数据来源。顾客调查、投诉或者其他可以归档在公司数据库的信息，无论它们是通过电话、邮件、网上交流还是亲自取得的。许多公司定期追踪客户对于产品的满意度，其他文档提供不同类别的信息（见表5-1）。

表5-1　一些有用的内部二手数据来源

来源	提供的信息
收银机收据	通过部门销售员交易的数量和类型（现金或信用卡）
销售员拜访记录	拜访的客户和前景（公司和个人看见的，计划和未计划的拜访记录）
	讨论的产品
	获得的订单
	客户需要和使用的产品
	其余关于客户的重要信息
	销售人员在客户拜访、办公室之间的时间分配
	销售相关的活动：会议等
销售人员的费用账单	每天每个项目（旅馆、餐饮、出差）费用
单个客户（和潜在客户）记录	姓名、住址、顾客编号
	销售人员（代理商）拜访客户的数量
	公司的销售额（根据产品或服务，根据客户设备的位置，以美元或别的货币单位计算）
	客户所处的行业、交易的分类和/或渠道
	评估公司所提供的每种产品或服务的年度使用情况
	评估公司所购买每种产品或服务的年度情况
	地理（公司的销售区域）
财务记录	销售收入（产品、地区市场、客户、交易的分类、销售组织等）
	直接销售费用（同样分类）
	销售管理成本
	利润（同样分类）
贷方备忘录	销售返还和津贴
保证卡	间接测量经销商的销售额
	客户服务

经理关注

我们已经多次强调经理学习如何评估营销调研信息质量的重要性。当二手数据是可获取的并且和你的市场努力相关时，你应该好好利用。然而，若一开始没有仔细检查二手数据的质量的话，你就永远都不应该使用。有时，经理可能过于信任二手数据，认为其质量一定在输入决策支持系统或公布前就已经得到核查。你从这本书中掌握到的调研方法知识，会使你在一开始就判断二手数据的恰当性。当你具备做出这些评估的专业知识时，你会有更大的自信心来制定决策，这些决策是基于大量可获得的营销情报。

即使如产品登记卡一样简单的物件也可以为营销情报所用。多年前，当 Skil 公司发布无线电动螺丝刀时，管理人员惊讶地发现，根据产品登记卡收集来的信息，新螺丝刀的大比例购买者是年长人群。营销经理将产品定位于“自己动手”这一目标市场，使用的自在感使得该产品深深吸引了年长顾客，该公司因而开始在出版物上针对年长美国人做广告。[3]

随着我们对二手数据定义和介绍的结束，我们将注意力转移至营销调研的系统方法。这些系统利用大量的内部二手数据来帮助营销经理制定有依据的决策。

系统调研法

营销经理用来制定决策的很多信息是可预见的，可以被组织进入一家公司的数据库系统，并且持续不断地收集，随时可以提供给营销经理。这是系统调研法胜过项目调研法的优点：当经理需要常规运营信息时能够即时获得。系统调研法的缺点是什么呢？经理会被数据库中提供的信息局限住。

信息系统的演化和设计

最早致力于为营销经理提供源源不断信息的是**营销信息系统**（marketing information system，MIS）。MIS 是指一套用于定期、有计划地收集、分析和展示用于制定营销决策的信息的程序和方法。此定义中的关键词是定期，因为在 MIS 中，关键点是产生的信息要在一个稳定的基础上。一旦 MIS 被设计和执行，经理会收到定期发布和传递的报告。当然，诀窍在于提前识别经理所需要的数据，并且确保它们被录入系统。MIS 的表现取决于它的设计水平。

经理为了持续管理一个组织所需要的绝大多数数据都是明确的，特别是当市场环境表现稳定时。在正常情况下，MIS 的标准化报告便足够了。经理收到他们需要的信息，根据信息做出决策，以此推动组织进步。每日、每周或每月的报告预示着企业正常运营。但是，当市场环境变化频繁并且经理需要不定期的数据或当他们需要更深入挖掘可获得的数据时，会发生什么呢？

下一代信息系统为经理提供了更便捷的通道来获得公司数据库的信息。与 MIS 强调定期的标准化报告不同的是，**决策支持系统**（decision support system，DSS）是帮助经理充分利用可获得的信息来进行决策的管理软件。DSS 是一个结合数据的系统，引导决策的模型也是一个用户界面，允许用户与系统交互来产出定制的信息。这样，除了存储信息和生成标准化的报告之外，DSS还允许经理随时读取数据库资料并根据他们的需要生成相关信息。DSS包含了分析系统中数据的模型。例如，绘制重要数据的表格、图形以及市场销售发生变化时相关预测应怎样调整。

好的信息系统具备两个重要的输出结果：(1) 标准化的、日常运营中需要的最新报告；(2) 根据经理的需要可以容易得到自定义报告。此外，信息系统应该具有良好的交互性，即非技术人员也易于上手操作。这些特征应该包括在图形交互和菜单驱动程序中进行结果分析。例如，图5-1提供了一个**营销仪表盘**（marketing dashboard）的例子，这是将市场信息视觉化呈现给经理的一种方法。营销仪表盘外形近似于汽车的仪表盘，被设计用来提供一家公司交互式可视化的关键综合测量信息，从中可以发现经理获得的信息。同样重要的是，数据可以被重新整理、被各种变量分解，不然就是被需要更多信息的经理实时深挖。最后，这种与系统交互的能力可以创造自定义信息，是决策支持系统的真正价值。

理想情况下，信息系统能够为市场情报员制定决策提供有力的帮助。为了达到这一点，系统的设计者首先对可能要用到这个系统的决策者进行详细的分析。设计者试图对不同决策者的责任、能力和风格进行客观而准确的评估。在此基础上，他们确定了决策者日常决策的风格、做决策所需要信息的类型以及日常接收到的信息的类型和定期需要做的一些特殊的调研。同时系统的设计者还考虑了决策者希望对常用的信息系统的改进——不光考虑收集到的信息的类型，还要考虑到收集信息的形式。然后，程序人员对将要输入到系统的数据进行详细说明，比如，如何安全地存储这些数据，如何读取和合并这些数据，生成报告的形式会是怎样等。只有在这些分析和设计工作完成后设计者才能进行系统的构建。程序人员需要写程序的文档报告，编程时从计算速度和内存占用的角度考虑，应使得数据的检索尽量高效。程序调试完毕，这个系统就可以上线了。得到授权的经理就可以查看营销仪表盘或报告了。

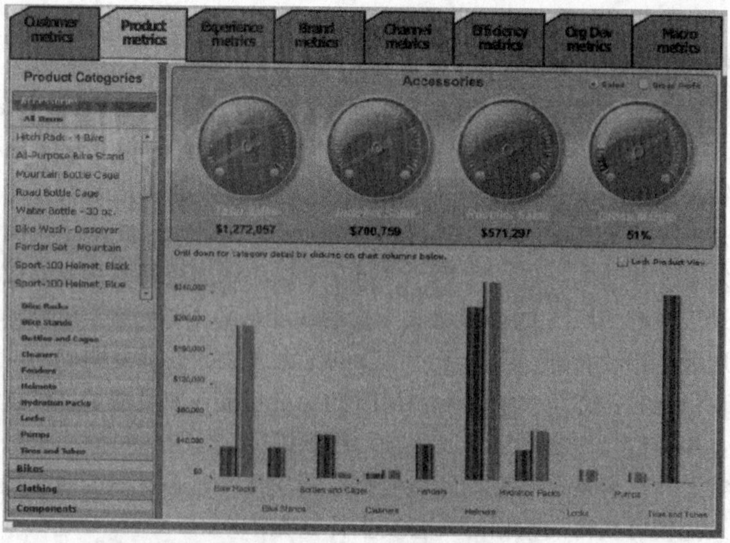

图5-1　一个营销仪表盘的例子

资料来源：Pat LaPointe "Keys to an Effective Marketing Dashboard," downloaded from Chiet Marketer web site, http: //chiefmarketer. com/com _ Ioop/roi/marketing _ dashboard/? cid=deshboard, September 18, 2012.

客户关系管理

在市场营销中 DSS 最重要的应用之一便是客户关系管理。**客户关系管理**（customer relationship management，CRM）是一个收集所有公司客户相关信息的系统，包括从人口统计数据到销售数据，再到服务记录等所有的一切。目标是更好地理解客户的需求和行为以及将这些信息交到与客户打交道的人手中。数不清的公司已经开发了复杂的软件包来处理 CRM 的技术问题，事实上，对于很多人软件已经成为 CRM 的聚焦点。不管怎样，对于 CRM 更好的理解是，它是设计用来帮助市场营销人员识别和解决客户需求的流程。特定的软件用来支持这一功能，软件也可成为更大的 DSS 的一部分。调研之窗 5－1 提供了更多关于 CRM 的信息。

调研之窗 5－1

CRM 的定义和方案

什么是 CRM

CRM 代表客户关系管理，它是一种战略管理工具，公司运用这一工具更好地了解客户的需求和行为以便与客户发展更加紧密的关系。在各种因素中，良好的客户关系是业务成功的关键。客户关系管理包括许多技术要素，但仅从技术角度看待 CRM 是错误的。将 CRM 看作一个战略过程会帮助你更好地了解客户的需求，同时增强你的营销基础。CRM 将许多碎片化的客户和市场趋势信息整合起来，因此你可以更有效地销售和推广你的产品和服务。

CRM 的目标是什么

CRM 的目标是帮助经理运用技术和人力资源来洞察客户行为和客户的价值。借助于一个有效的 CRM 战略，经理可以通过以下手段来增加收益：

- 提供你的客户真正所需的服务和产品
- 提供更好的客户服务
- 使交叉销售产品更有效率
- 帮助销售人员更快完成销售
- 维护好现有客户关系和发展新客户

听起来很美，CRM 是如何运作的

要使 CRM 达到上述目标并不是简单地购买一个软件并安装就能完成的，要使 CRM 真正有效，公司必须首先理解谁是公司的客户以及客户的整个生命周期价值。公司必须确定客户的需求以及如何最好地满足这些需求。例如，许多金融机构持续跟踪客户所处的年龄阶段信息，以便将恰当的金融产品销售给客户满足他们的需求，这些产品如抵押贷款或个人退休金账户（Individual Retirement Account，IRA）。

接下来，公司必须深入检查客户信息的来源和这些信息是何时、怎样被存储的以及最近的使用记录。举例来说，一个公司可能以不同方式与客户互动，包括邮件、网站、实体店、呼叫中心、销售人员、营销和广告活动等。CRM 系统将这些不同点连接在一起。这些被收集的数据在各运营系统（如销售和库存系统）之间流动，经过分析系统归类排序。接着，公司的分析人员整合这些数据得到每一个客户的整体描述，掌握需要改进服务的细微之处。例如，如果某人在同一银行需要一笔抵押贷款、一笔商业贷款、一个个人退休金账户和一个商业支票账户，银行有必要确保与该客户的每一次接触都能提供良好的服务。

何时需要建立 CRM 项目

当你对谁是自己的客户以及客户在生命周期中各个阶段的需求或期望没有准确的认识时，你便需要 CRM。如果你的客户正在流失到竞争对手那里，那便是你需要提升对自己客户了解程度的清晰迹象了。

将 CRM 布置到位要多久

视情况而定。如果你决定实施一家应用服务提供商的 CRM 方案，并且计划针对某一特定部门如销售部使用该软件，部署会相对比较快，大概要 30～90 天。如果你在企业范围内（包括销售、市场营销和运营等这些不同部门）部署的是托管应用或内部软件（包括购买前期的软件许可证），你应该预料到安装启用和试运行需要花费数个月，甚至几年。组建起一个构想很好的 CRM 项目所需要的时间取决于项目的复杂性和组成要素以及你对项目管理的水平。

建立 CRM 需要花费多少

这也要视情况而定。一个销售自动化应用程序需要为基础的销售自动化软件包花费每月 65～150 美元。如果你需要更复杂的功能和更高水平的支持，就要花费更多。一家企业的内部 CRM 软件包会花费几千到几百万美元不等，也是取决于你购买了多少功能以及多少电脑或“席位”要连接软件。比如，一家公司或一个部门也许要购买电子邮件营销管理应用或销售人员自动应用，一家更大的公司也许想要购买完整的软件包，数据库既包含市场营销，又有销售和客户服务及支持应用（借助电话中心和线上）。显而易见，完整的软件包要贵得多。

成功执行 CRM 的关键是什么

● 在考虑你需要哪种技术前首先制定你的客户聚焦战略。

● 通过设立试点计划和短期里程碑，将你的 CRM 分解为易于控制处理的块块。从一个试点项目开始，然后将所有必要的单元都涵盖进来，这些划分的单元足够小而且足够灵活，允许过程中修补完善。

● 确保你的 CRM 计划包含一个可扩展的体系结构。仔细思考什么是对你的企业最好的：一套捆绑在一起的解决方法，即由多家供应商提供的“最佳组合”软件，还是由一家供应商提供的完整软件包。

● 不要低估你可能需要收集的数据量（可能会有许多），并且确保你能够在需要时拓展系统。

● 深思熟虑需要收集和存储数据的内容。存储数据往往是没有原因的，抓住头脑中闪现的所有念头，尽可能存储每个数据，但存储无用数据既浪费时间又浪费金钱。

什么会导致 CRM 项目失败

原因有很多。从项目开始，客户关系链上人员间缺乏交流会导致不能全面地把握客户。缺乏有效的沟通，导致引进的技术没有被准确使用。例如，如果销售人员没有全面使用系统开展销售，他们也许就不会输入对项目成功至关重要的数据，例如人口统计数据。《财富》500 强之一的一家公司正在尝试启动它的第四次 CRM 项目实施，因为之前它的销售人员就没有接受系统，而且当软件可以使用时才培训其销售人员，这方面的准备工作没有做好。

资料来源：Excerpted from Thomas Wailgum, “CRM Definition and Solutions,” downloaded from www. cio. com on September 22, 2012.

决策支持系统的组成部分

正如上文提到的，MIS 和 DSS 已经逐渐发展成对市场营销决策制定者有帮助的工具。现在让我们再次仔细关注 DSS 的各个部分。DSS 有三个基本组成部分：(1) 数据系统；(2) 模型系统；(3) 对话系统。这三个组成部分都能在图 5 - 2 中看到，用这三个组成部分产生管理信息。在接下来的内容中会进一步对各个部分给予说明。

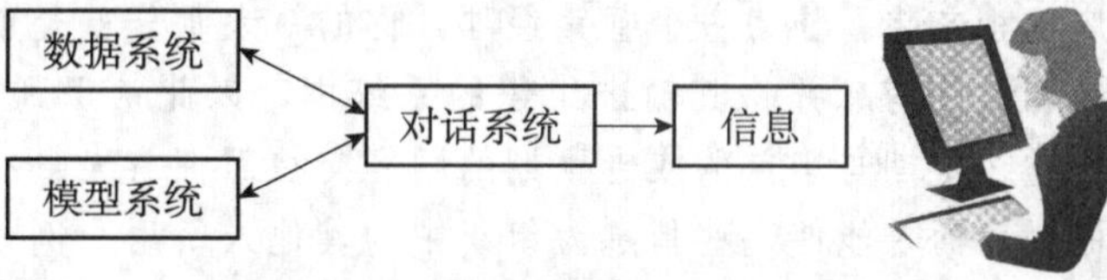

图 5 - 2 决策支持系统的组成部分

经理关注

一旦当前的信息需求已经满足，经理有时不能及时地将营销调研报告归档。这些经理没有意识到在面对新的商业形势下，这些报告可以成为有价值的内部二手数据的来源。有时候经理这样做是因为他们在处理各种市场营销问题时已经拥有了信息的“所有权”，并且不愿意和组织里的其他经理共享，因为其他经理也可能从中受益。这种趋势在那些刚刚开始从事营销调研的经理中表现得尤其明显，这些经理使用营销调研试图确认自己所想为真或者使用政治手段掩盖他们将要做出的和已经做出的决策。例如，在一项工程进行中，一位客户曾告诉我们：“我已经完成了我的决策。如果调研结果支持我所做的，我将在全公司传播它，如果结果并非如此，我将完全掩盖它，所有的人都不会知道。”

如果你是一名经理并承担了营销调研的任务，请采取以下几个必要的步骤，确保你的组织将从投资中获取最大的利润。你不应该把营销调研报告藏起来，而是要同信息技术员工一起工作，将发现的结果存入你的信息系统中，并让它们可以被组织中的所有人使用。

数据系统

DSS 的**数据系统**（data system）是一个包括用来收集和存储企业市场营销、财务和生产部门数据信息的程序集合，这些数据信息源自很多外部和内部途径。典型的数据系统模块包括客户信息、宏观经济和人口统计信息、竞争者信息以及囊括市场趋势的行业信息。

计算能力的提高和越来越多复杂数据处理能力的出现，推动了公司内部大型数据库的发展。过去的公司数据库仅包含当前的信息，现在许多新的数据库也会包含历史信息。在这种情况下，公司正在收集任何可以得到的数据，即使它们还不知道最终将如何使用这些数据。根据沃尔玛大数据实验室（WalmartLabs）的全球电子商务高级主管斯蒂芬·奥沙利文（Stephen O’Sullivan）的介绍，沃尔玛已经建立了一个数据仓库来存储超过1PB级别的线上数据（1PB略大于100万千兆字节）。因该公司对数据严格保密，不会披露自己数据仓库的规模，该数据仓库含有来自27个国家共10 390家门店的交易数据，但是奥沙利文确实提到相比于网上数据仓库，那里有“多得多的数据”。[4]沃尔玛使用这些数据来挑选需要补货的产品、分析季节性购买模式、预测消费者的购买趋势、选择降价方案、对商品的数量和流转作出反应等。

经理关注

市场导向是一个组织的文化，它产生和散布并恰当回应市场情报。成功的关键是在组织范围内推广这种文化。作为一个营销经理，你的一大责任就是创造文化，让组织中的人员不断收集相关的信息并将其输进组织的系统中，以此认识到且达成他们的职责。公司中许多人员通过定期与当前的或者预期的顾客交往而拥有大量有价值的信息，但是因为缺乏足够的激励而未能使这些信息为组织中的其他人所用。例如，我们曾经观察一个被委托做一个营销调研课题的大公司，他们要重新收集一些销售代表已经拥有的但没有散布到决策制定者那里去的信息。组织营销调研不仅花钱而且耗时，当一些需要的信息能够更快地从组织内部的现存资源中获得并且成本不高时，营销调研就大可不必。

随着商业数据库数量和企业信息系统的扩张，对隐私问题的关注也随之增长。关注点包括两个：首先，在生成和分享这些数据库时，个人隐私权被侵犯到什么程度了？当人们登录在线商户网站或是申请商店购物卡，往往同意接受公司收集关于他们自身的某些数据（即使他们没有阅读文件上的细则），公司通过识别你的电脑或IP地址来追踪你的消费行为，并通过你使用的信用卡将这些信息与你在它们实体店中的购物信息联系起来，如果你知道了这些会怎么想呢？你可能很惊讶公司是怎么知道你的这些信息和消费行为的。公司使用这些信息来向你传递越来越多、越来越好的产品和服务，以此来满足你的需求，这可能是一件好事，虽然同他人分享信息开始引起更多人的关注。

我们对公司持有客户数据资料的第二个关注点是，确保数据资料的安全免于被用于非法目的的能力。调研之窗5-2描述了通常罪犯可能接触和获取公司数据库中私人信息的途径，不能把所有这些途径都归罪于公司安保的缺失。在一些情况下，客户默许自己的私人信息缺乏安全性。即使知名如eBay和亚马逊这样的公司也会沦为安全漏洞的受害者，数据信息的安全对信息系统管理者来说是一个持续性的关键问题。[5]

调研之窗5-2

安全漏洞的九种类型

黑客：使用偷盗来的证件

是指攻击者使用真实但是偷盗来的证件进入被保护的系统和设备的情况。

恶意软件：后门、命令和控制

黑客：开发后门或是命令和控制通道

提供对被感染系统的远程链接和/或控制的工具。后门和命令/控制程序可以绕过正常的权限认证机制以及系统中其他可实行的安全控制，并且它们是被设计成秘密运行的。

物理上的：篡改

擅自改变或干扰设备的正常状态或运行。是指篡改的物理方式而不是如改动软件或系统设定。

键盘记录/形式攫取/间谍软件

经过特地设计的恶意软件，用来收集、监控以及记录系统使用者的行动

通常用来收集用户名和密码以作为更大攻击方案的一部分。也会用来捕获失密 POS 设备上的支付卡信息。这些软件大部分是秘密运行的以避免用户被警示他们的行为正在被监控。

冒名（社交工程）

是一种社交工程技术，攻击者创造一种情境来劝说、操纵或欺骗目标对象做出某一行为或泄露信息。这些攻击利用了“人类硬件的错误”，而且不幸的是对此并没有补丁。

暴力破解

是一种自动程序，通过反复尝试可能的用户名/密码组合直到成功为止。

SQL 注入（资料隐码攻击）

SQL 注入是一种攻击技术，用来利用 Web 页面与后端数据库进行通信。攻击者可以发布命令（以特意编制的 SQL 语句形式）到使用输入框的网页数据库。

通过默认证件进行未授权访问

是指攻击者通过标准设定（因此广为人知）的用户名和密码连接到受保护系统或设备的情况。

网络仿冒（以及层出不穷的网络仿冒变种）

是一种社交工程技术，攻击者使用电子欺骗通信方式（往往是电子邮件）来引诱收件人泄露信息。它们绝大部分看似来自合法实体并且包含看起来真实可信的内容。这种攻击通常结合具有引诱成分的欺骗网站进行。

资料来源：Excerpted from 2012 *Data Breach Investigations Report*，Verizon，2012，downloaded from www. verizonbusiness. com on September 25，2012，pp. 8－11.

假设数据库的隐私安全性能够得到保证，则衡量是否添加特定数据片段的重要标准就是它对决策制定是否有用。DSS 的基本任务是收集相关市场的合理且详细的信息，并将其制定成真正可被访问的形式。被构建进系统的数据库管理功能足以组织出某个经理需要的数据是至关重要的。

模型系统

DSS 中的**模型系统**（model system）包括所有允许使用者执行他想要的分析计算机程序。不管经理何时关注数据，他们对事物运行的方式、数据中有趣的地方和重点都有一些提前的预判。大部分经理想要通过数据分析来获得对市场营销问题更好的理解。数据分析的程序简单的如加总一系列数字，复杂的如使用非线性规划程序来执行复杂的统计分析以发现最优化的战略。最常见的程序是最简单的一类：计算落入到不同组的个案数量，接着求和、平均数，计算比率，绘制图表等。

BayCare医疗系统——一家佛罗里达州中西部非营利社区医院的联盟，开发了一套DSS系统，设计用来为经理（公司的和医疗机构的）提供关键信息，以制定关于其服务社区中具体医疗计划的决策。该系统追踪从社区社会经济指标到行为风险因素等大量指标，这些指标已经用于识别该程序覆盖社区中具体的问题区域。比如，程序发现几个社区的高死亡率是中风引起的。跟踪调查显示，在这些区域中老年人、未成年人以及低收入人群缺少交通运输设施，因此移动医疗单元就被建立起来，向受到影响的人群提供医疗服务和预防/教育服务。[6]

调研者经常为了相对特定的目的开发更为复杂的模型来分析数据。比如，DSS系统已经发展到能帮助品牌经理为他们的品牌制定更好的市场营销组合决策，当经理制定新产品开发决策时引导他们，在发布电影市场营销计划前对备选方案进行评估，以及将捐赠的肝脏匹配给最合适的移植患者。[7]模型数据帮助制定重要决策的新用法每天都在不断发展。

对话系统

使DSS系统显著区别于MIS系统的一大要素就是**对话系统**（dialog system），也叫语言系统。对话系统为非程序员的经理们提供了用户交互来探索数据库，并且通过使用分析工具制作出满足他们特定信息需求的报告。输出的报告可能包括表格或图片，也可能是每个经理自己需要的特定形式。对话系统有时是菜单驱动的，只需要点几下电脑鼠标或简单敲几下键盘。无论经理怎样与系统进行交互，关键点在于经理可以不依赖他人，自己就能准备需要的特定报告。这允许他们只关注需要的信息而不被不相关的信息淹没。他们可以问一个问题，然后依据此问题的答案提出一系列问题，如此循环往复。

随着在线数据库和复杂系统模型的不断增多和使用，人们对对话系统提出了更高的要求。对话系统将数据信息置于决策制定者的指尖。虽然这听起来相当简单，但实际上是一个艰巨的任务，因为存在大量的可得数据信息，它们对公司的冲击迅猛，并且数据信息的来源十分广泛。

知识管理

决策支持系统复杂的设计和需求打开了连接海量数据的通道，因此高水平的信息管理变得越来越重要。有专门负责信息的执行官可以确保系统支持战略思考。在很多组织，这一事务现在是首席信息官（CIO）的职责。

首席信息官（CIO）的主要职责是像做生意一样运行公司的信息和电脑系统。CIO充当公司最高管理者与公司信息系统部门之间的联系纽带。这一职位的任务包括：计划、协调和控制信息资源的运用。这一职位相对于部门日常工作的人员更加关注公司的前景。CIO通常比偏重于技术的信息部门经理对公司的业务了解得更多。在许多情况下，信息系统部门的经理直接向CIO汇报工作。调研之窗5-3讨论了达美乐比萨CIO的职责。

调研之窗5-3

达美乐比萨的执行副总裁和首席信息官的洞察

对于CIO，数据管理是其核心职责。就达美乐的CIO凯文·瓦斯科尼（Kevin Vasconi）而言这一认知完全正确。在汽车行业取得一段成功的职业经历后，凯文加入了达美乐，当时达美乐正在推广线上订购业务，其接近10 000家特许经营销售点系统（POS）中75%的销售点是通过一个全球入口运行。

一个单一公共的全球POS入口有许多好处。首先，它使得各个特许经营者不需要建立自己的系统，提高了效率。对于数量如此巨大和地理位置如此广阔的特许经营，这不是个小问题。其次，它使得一套系统的各个部分——从电子商务到供应链，都能互相联结。这种级别的整合帮助从下订单到库存管理各个环节提升效率。第三也是经常被忽视的，它允许进行实验和测试。

作为电子商务的前沿品牌，达美乐通过美国的网上订购产生了大约35%的零售交易，大概价值10亿美元，在欧洲北部尤其是英国以及澳大利亚、日本和韩国所有订单中，超过50%是通过网上接收的。这种在线订购系统的增长驱动力来源于移动设备，像苹果、安卓和亚马逊各自的电子商务目录上达美乐的App排名不是第一就是第二。随着这种增长，达美乐将通过称为A/B的测试来尝试与推广，以最大化它的分配渠道。

对于达美乐，A/B测试包括设定两个网页：一个是它的标准网页（A），另一个是它的特价促销网页（B）。当消费者访问网站时，有些看到了标准产品而有些会直接去点特价促销品。点击数据流和相关行为（包括购买行为）都被记录下来，并且会据此分析消费者在接收到特殊产品时是否会受到影响。

持续的测试对确保移动平台和线上平台正常运转十分重要。如果一家门店在星期五或星期天晚上接到了大量电话订单，电子商务平台能够处理分配过剩的订单，比单一的雇员接听电话接收订单要好很多。没有比超级碗周末更夸张的情况了，其间达美乐卖出了多达120万份比萨（等于1 700万片比萨）。在周末以及节假日之前，达美乐会测试如下内容：信用卡的交易过程顺畅吗？网站设定为接收订单无须关注吗？随着购买比萨需求旺盛日子的临近，IT部门会进行全方位调查。

CIO的职责相对于CEO、CFO或COO这些高管要新得多，达美乐是一个很好的例子来阐述为什么CIO在如此短的时间里变得这般重要。

资料来源："How Domino's runs a pizza 'IT war room,'" *The Financial Times*, downloaded October 28, 2012 from http://cio-interviews. ft. com/; Alan J. Liddle, "IT in 3: Domino's Pizza CIO discusses strategy," (October 11, 2012), downloaded October 28, 2012 from http://nrn. com/article/it-3-dominos-pizza-cio-discusses-it-strategy? page=0, 1.

越来越多的公司正在致力于发展信息管理系统去开发和管理员工头脑中的知识。一个公司最为宝贵的资产是员工在客户、产品和制造流程以及市场方面的知识，这些经常被称为组织知识，然而，很少有公司有办法将其充分利用起来。**知识管理**（knowledge management）是对这些知识加以系统开发并共享的一种努力。表5-2举例说明了知识管理如何在高尔夫球场发挥作用。

表5-2　　高尔夫球场上的知识管理

想想以高尔夫球童作为一个知识工作者的例子，好的球童能做的不仅仅是背球杆和追赶打出去的球。一个好的球童会建议球手，如“有风时第九洞要多打15码长”。准确的建议可以使球童在一天结束时挣到更多的小费，而且因为球童的建议获胜的高尔夫球员更可能再次来这个球场玩。如果一个球童愿意与其他球童分享他所知道的，那么他们最终都会获得更多的小费。知识管理（KM）是怎么让这一切发生的？球童主管可以为球童提供专卖店商品的积分作为奖励，因为他们分享了技巧。一旦收集到最好的建议，球场经理就会把信息传递给所有的球童，球童就会获得更多的小费和专卖店里的商品，高尔夫球手因为受益于拥有集体经验的球童而玩得更好，赢得更好的成绩，从而使球场有更多的业务，球场的拥有者从中受益。

资料来源：Excerpted from Meridith Levinson, "Knowledge Management Definition and Solutions," downloaded from http://www.lcio.com on September 25, 2012.

经理关注

拥有一个出色的信息系统对一个组织的成功非常有帮助。你所在组织未来能否开发并运用一套优秀的MIS或DSS取决于营销管理人员以及信息技术员工的共同努力。你和其他的营销经理特别需要注意的两点就是：(1) 战略上优先发展信息系统；(2) 授权必要的财务资源来支持一个真正行之有效的系统。

大部分公司相对较小，因此你可能成为一个拥有有限资金的小公司的经理。假如是这种情况，这章中讲述的原则对你有用吗？我们绝对相信答案是“是!”小公司经理常常认为构建一个比DSS简单得多的MIS是无法办到的。结果，他们只能根据有限的信息来进行许多决策，最终由于构思粗糙的营销战略导致许多较小公司失败。我们建议小公司经理也竭尽所能建立一套MIS，即使这套系统远不如大企业开发的系统那样复杂全面。至少也应该有一个人专门负责相关市场信息的收集，并将收集到的信息以一个有用的形式呈现到公司决策者的面前。

当荷兰皇家壳牌集团（Royal Dutch Shell）的前知识管理团队的领导阿尔然·范温内克（Arjan Van Unnik）想推动知识管理时，他找到了组织中采纳这个方法的人去说服其他人。他对员工推销知识管理，20%的人真的接受了他的观点。范温内克说：“这为我们将其拓展至整个组织积攒了沃土。”在知识管理项目实施的头7年中，员工加入的比例迅猛增长，公司的30 000名员工中有超过一半在公司的知识门户注册登记。[8]

知识管理系统是否有用取决于员工分享信息的愿望，促使大家分享信息的一种途径就是使管理过程尽量简化。在Halliburton公司，员工用笔和纸记下他们灵光一现的想法，反馈给知识管理部门，将其输入系统。依据Halliburton公司的信息部主管所说，“这种做法降低了准入门槛”。[9]

系统调研法的局限性

系统调研法最初是为了解决企业内部信息不畅问题而产生的，但现实并不尽如人意。有效的MIS或DSS系统通常都非常难以贯彻，原因有很多。首先，因为信息收集系统会带来很多变化，人们往往有抵制变化的倾向。其次，许多决策者不愿意对外公开决策的过程以及所需信息和决策要素，没有这些很难设计出能够提供给他们所需信息的系统。

即使管理者愿意公开他们的决策过程和所需要的信息，系统还面临着个性化需求的难题，每个管理者所需要的信息都是不同的。针对每个管理者设计不同的系统和程序是相当烦琐的，即使能设计出满足不同需要的系统，往往会由于管理者职位的变动以及决策环境的变化，系统刚设计完毕便面临过时。

设计系统所需时间和成本经常会被低估，这一低估来自变化的任务大小、系统结构、关键人员以及所需的电子信息处理系统。在系统开发完之后，相关经理常常更换了工作或者转到别的组织，或者与此系统对应的环境变化了，结果，在系统投入使用时便跟不上变化了。在有些情况下，所有设计过程必须推倒重来。

系统调研法还有最后一个问题也是一个大问题：系统里的数据对经理来说还是有很大的局限性。无论使用界面多么友好或者这个系统有多么好用，如果系统并没有收录到正确的信息，那么系统就不能引导决策者做出正确决策。从某种程度上讲，这种问题无法避免。经理们在不断学习新东西并学以致用。在我们知道各种各样信息的价值之前，我们不大可能将其输进数据库，但往往在实践中系统调研法受到了所获得信息不完备和不准确的限制，这就制约了该方法的运用。

未来企业组织的信息收集

数据库的发展和DSS系统的出现并不排斥传统营销调研法在收集市场信息方面的应用。一方面，本书前面讨论过的传统方法提供的许多数据都在DSS系统中发挥着巨大的作用。可以这么说，通过DSS获得的报告的质量是直接建立在基础数据质量的基础之上。另一方面，虽然DSS在广泛的战略决策、提供环境变化的早期预警等方面为管理者提供有价值的信息，但当管理者面临诸如新产品导入、分销渠道改变以及促销活动评估等特定营销问题时，传统方法往往又要充当主要的角色。

总之，不管是使用传统的方法，还是系统调研方法，收集信息都是非常重要的。在这个竞争不断加剧的年代，信息是关键，一家公司获取和分析信息的能力将在很大程度上决定公司的未来。在接下来的章节中，我们将继续探讨系统调研方法；在更后面的章节，我们将聚焦于通过调研方案收集原始数据。

小结

学习目标1

定义二手数据和原始数据之间的区别

二手数据是已经收集到的数据，通常是由于一些其他目的或其他组织收集得来的。原始数据是就为当前的调研目的收集的特定信息。

学习目标2

列举使用二手数据的优点和缺点

二手数据最大的优点是它能节约调研人员的时间和费用。使用二手数据通常会产生两个问题：（1）并不能完全匹配调研的问题；（2）并不完全精确。

学习目标3

定义营销信息系统（MIS）和决策支持系统（DSS）是什么

营销信息系统是一套程序和方法，用于定期、有计划地收集、分析和报告用于制定营销决策的信息。决策支持系统整合了数据、引导决策的模型和允许用户与系统交互的界面来产出定制的信息。

学习目标4

识别决策支持系统的组成部分

决策支持系统有三个主要组成部分：数据系统、模型系统和对话系统。数据系统收集和存储来自内部和外部的数据。它创造了数据库。模型系统由常规程序组成，允许经理按照他们所希望的分析数据。它是分析的组成部分。对话系统承担着与用户交互的功能，确保营销人员使用系统模型来制作基于他们特定标准的报告。它是输出的组成部分。

学习目标5

讨论知识管理

知识是一个公司最为宝贵的资产之一，包括员工在客户、产品和制造流程以及市场方面的知识。知识管理是对这些知识加以系统开发并共享的一种努力。

关键术语

二手数据（secondary data）

原始数据（primary data）

原始来源（primary source）

二手来源（secondary source）

辩护调研（advocacy research）

营销信息系统（marketing information system，MIS）

知识管理（knowledge management，KM）

决策支持系统（decision support system，DSS）

营销仪表盘（marketing dashboard）

客户关系管理（customer relationship management，CRM）

数据系统（data system）

模型系统（model system）

对话系统（dialog system）

复习题

1. 营销调研的项目法与系统法的区别是什么？

2. 二手数据的主要优点和缺点是什么？它们同样适用于内部和外部的二手数据吗？

3. 营销信息系统（MIS）与决策支持系统（DSS）的主要区别是什么？

4. 在决策支持系统中，什么是数据系统？什么是模型系统？什么是对话系统？在三个系统之中哪个系统最为重要？为什么？

5. 知识管理如何扩大信息系统的内涵？知识管理能提供何种类型的市场信息？

讨论的问题与案例

1. 在下列几种具体情形中，原始数据或二手数据是否更容易获取和适用？为什么？

a. 无糖的调味饮料 Kool Aid 的制造商收集美国不同地区销售走势的市场需求信息。

b. 无糖的调味饮料 Kool Aid 制造商收集一种新型的塑料包装盒的潜在市场需求量的信息。

c. Mercury-Marine 这家摩托零配件生产出口商想知道不同产品生产线的利润情况。

d. 有一家公司想知道消费者在免费客户服务热线上所花费的时间。

e. 有一家已经安装了客服系统的公司想知道，顾客在打了电话后满意度有什么变化。

2. 互联网改变了管理者用来做决策的信息的本质和可用性。与传统的 MIS 或 DSS 相比，考虑在线调研的机遇和挑战。

3. 如果你被要求为一家汽车配件制造商设计一个 DSS 系统。

a. 哪些数据应包括在系统之内（如：销售区域、运输工具类型）？

b. 数据来源是什么？

c. 你如何搭建系统的结构，包括在搭建子系统时运用什么元素？

4. 安排一个与当地管理者的会面来讨论 DSS。

a. 填写以下内容：

公司名称：____

会见管理者的名字与头衔：____________________________

b. 简要介绍公司目前运用的系统，重点介绍系统的功能（如：产品、销售管理等）。

c. 对管理者的熟悉程度做一个简要的评估，管理者是更关注技术问题（如：信息如何存储），还是更关注系统的整个概念和对公司决策能力的影响？

d. 简要描述一下公司对系统的运用情况，包括对数据接触者的授权方式和其操作系统的经验等。

5. 你的公司正准备开发第一套 DSS，所有的硬件和软件都将在两个星期之内到位。你的任务就是对系统的使用人员进行培训和指导。你担心人们最初会抵制使用该系统。为了使大家克服这种抵制情绪，在你的介绍之中将突出 DSS 的何种特殊能力？

注释

1. Phaedra Hise, "Grandma Got Run Over by Bad Research," *Inc.*, January 1998, downloaded September 13, 2008.
2. David Goetzl, "Second Magazine Study Touts Value of DTC Drug Ads," *Advertising Age*, June 28, 1999, p. 22.
3. Wally Wood, "Targeting: It's in the Cards," *Marketing & Media Decisions*, September 1988, pp. 121–122.
4. Stacey Higginbotham, "WalmartLabs is Building Big Data Tools – and Will Then Open Source Them," March 23, 2012, downloaded from http://gigaom.com on September 25, 2012; Walmart store demographic information downloaded from http://stock.walmart.com on September 25, 2012.
5. Nicole Perlroth, "Web Attacks May Rattle Consumers," *New York Times*, January 18, 2012, downloaded using ProQuest.com on September 25, 2012.
6. James Studnicki, Frank V. Murphy, Donna Malvey, Robert A. Costello, Stephen L. Luther, and Dennix C. Werner, "Toward a Population Health Delivery System: First Steps in Performance Measurement," *Health Care Management Review*, Winter 2002, pp. 76–95.
7. For more information, see Berend Wierenga and Gerrit H. Van Bruggen, "Developing a Customized Decision-Support System for Brand Managers," *Interfaces*, May–June 2001, pp. S128–S145; S. Kanungo, S. Sharma, and P. K. Jain, "Evaluation of a Decision Support System for Credit Management Decisions," *Decision Support Systems*, 30, 2001, pp. 419–436; R. Jeffrey Thieme, Michael Song, and Roger J. Calantone, "Artificial Neural Network Decision Support Systems for New Product Development Project Selection," *Journal of Marketing Research*, November 2000, pp. 499–507; Jehoshua Eliashberg, Jedid-Jah Jonker, Mohanbir S. Sawhney, and Berend Wierenga, "MOVIEMOD: An Implementable Decision-Support System for Prerelease Market Evaluation of Motion Pictures," *Marketing Science*, Summer 2000, pp. 226–243; and Manuel Cruz-Ramirez, Cesar Herras-Martinez, Juan Carlos Fernandez, Javier Briceno, and Manuel de la Mata, "Multi-objective Evolutionary Algorithm for Donor-Recipient Decision System in Liver Transplants," *European Journal of Operational Research*, October 16, 2012, downloaded via ProQuest.com on September 25, 2012.
8. Lauren Gibbons Paul, "Why Three Heads Are Better Than One (How to Create a Know-it-all Company)," *CIO Magazine*, December 1, 2003, downloaded from the CIO web site, http://www.cio.com, July 31, 2008.
9. Paul, "Why Three Heads Are Better Than One."

第6章 决策支持系统：使用大数据

学习目标

1. 确定大数据的 3V
2. 比较结构化数据和非结构化数据
3. 向营销人员描述大数据的三种来源
4. 比较描述性的、预测性的和指导性的分析方法
5. 列出并讨论大数据集成的关键挑战

引　言

很多人都应该听说过大海捞针。大海是广阔且无法驾驭的，针却是细小的且容易藏于海底。大数据正是如此。企业收集的数据之多令人难以置信。零售店的交易数据、移动设备的位置数据、在线网站的点击量数据，还有社交媒体平台数据，都在被世界各地的公司不断收集。全球范围内的企业都有成堆的数据。其中的挑战是：找到可以为数据收集者提供洞察力但竞争者又没有的那根针。[1]

3V：容量、速度和多样性

首先，我们先建立一个框架来理解大数据的关键元素。人们普遍认为大数据是三维的。[2] 第一个维度是**容量**（volume），即数据采集量。为了展示容量这一维度，让我们来考虑一下常见的存储大小。以家用电子产品为例，其存储容量以兆字节、千兆字节来标记，像便携式音乐播放器、笔记本电脑的硬盘、数码相机存储器的容量，甚至要用百万兆字节来标记。什么是拍字节、艾字节、泽字节？表 6－1 提供了一些简单的例子，从这些例子我们可以了解每个存储单元能够包含多少数据。一台计算机可能有一个 1 千兆字节的硬盘。联系现实情况，纽约证券交易所（NYSE）每天约收集 1 千兆字节的结构化交易数据。[3] 相比之下，据估计，美国国会图书馆整个印刷藏品相当于 10 千兆字节，因此，纽约证券交易所每两个工作周就产生相当于一个国会图书馆的数据量。沃尔玛每小时处理超过 100 万笔的交易，其数据库容

量超过 2.5 拍字节，相当于国会图书馆数据量的 167 倍。[4]

表 6-1　字节术语

单位	值	例子
兆字节（MB）	10^6 字节	3.5 英寸软盘的容量是 1.44 MB，相当于一本小书的容量
吉字节（GB）	10^9 字节	一部标清（SDTV）质量的电影大约是 1GB
太字节（TB）	10^{12}字节	1 TB 可以容纳 1 000 本百科全书
拍字节（PB）	10^{15}字节	据报道，《阿凡达》的 3D 渲染效果占据了超过 1PB 的存储空间
艾字节（EB）	10^{18}字节	5EB 相当于世界历史上所有人类的语言
泽字节（ZB）	10^{21}字节	1ZB 可以保存 2 500 亿张 DVD
尧字节（YB）	10^{24}字节	用高速宽带连接从互联网上下载 1YB 的文件大概需要 11 万亿年的时间

资料来源："Megabytes，Gigabytes，Terabytes… What Are They?" downloaded September 13，2012，from http：//www whatsabyte. com；Peter Lyman and Hal R. Varian（2000），"How Much Information?" November 11，downloaded July 25，2012. from http：//www. sims berkeley. edu/research/projects/how-much-info/how-much-into pdf；Richard Wray（2009）．"Internet Data Heads for 500bn Gigabytes，" May 18. *The Guardian*，downloaded September 13，2012. from http//www. guardian. co. uk/business /2009/may/18/digital-content-expansion；Zee Kane（2010），"Believe It or Not：Avatar Takes 1 Petabyte of Storage Space. Equivalent to a 32 Year Long MP3. " January 1. downloaded September 13，2012，from http：//thenextweb. com/2010/01/01/avatar-takes-1-petabyte-storage-space-equivalent-32-year-ong-mp3/；Charles Arthur（2011）． "What's a Zettabyte? By 2015，the Internet Will Know. Says Cisco，" June 29，*The Guardian*. downloaded November 19，2012，from http：//www guardian. co. uk/technology/blog/2011/jun/29/zettabyte-data-internet-cisco.

第二个维度是**速度**（velocity），指的是数据流动的速度，无论是流入还是流出公司的。在某些方面，速度会因行业而有所起伏。例如，由于业务的交易性质，银行和航空公司比其他行业的公司拥有更多的数据。[5] 对它们来说，很难跟上数据的流入，保持数据的质量，也很难有机会理解全部数据。值得一提的是，沃尔玛每小时有超过 100 万笔交易的数据流入，每周超过 1.68 亿，每月大约 7 亿！企业如何管理如此庞大的数据流？《经济学人》对商界领袖进行大数据调查时，问到及时访问组织的数据有多么困难，其中 55%的人说："很难。"总之，太多的好事可能压倒一切。

第三个维度是**多样性**（variety），它可能是最具挑战性的。市场调查人员曾经局限于调查问题的开放与否，开放式问题允许被调查者自由回答，封闭式问题要为受访者提供一套备选的答案，并要求他们从中挑选。开放式问题的回答可能很难解释，但至少有一个明确的过程。大数据的来源是高度可变的，数据的形式可以是调查响应、交易明细、社交媒体引用、位置数据或其他多种形式。分析员一般能知道由这些调查数据可以得出什么。可以建立系统对调查数据和交易数据进行编目和分类，但如何分析社交媒体数据、GPS 定位数据或其他正在涌入企业的新型数据则不那么清楚。目前，确定哪些数据组合是最有价值的、各种数据类型如何组合，是营销调研分析师和信息系统专业人员面临的主要挑战。

总之，以极高的速度和较高的多样性捕捉到大量的数据是大数据的本质。更具体地说，我们将**大数据**（big data）定义为：为了理解当前商业实践并寻求提升未来业绩的新机会，采集、处理和分析大量不同数据集的过程。大数据不仅是生成输入，也是输出结果的过程。迪士尼消费产品集团的乔·索利曼多（Joe Solimando）

这样说，“大数据的数据使用方面需要更多的创造力。你必须更加有创意地去寻找商业价值：如果我把这些数据结合起来，它们能告诉我什么？”[6]

第4V：价值

最近对18个国家数百位公司高管（如，首席执行官、首席运营官、首席信息官）、业务单位负责人及IT决策制定者进行的一项调研，提供了一些关于大数据的商业价值的有趣结果。[7]下面是其中的一些发现：

- 报告称，他们中有91%的人使用工具来管理和分析大数据。
- 报告称，未来12个月内，他们的公司中有75%的公司将增加投资来提高其分析数据的能力。
- 报告称，他们中有73%的人利用数据来增加收入。
- 其中57%的人使用数据来增加现有的收入流。
- 其中43%的人使用数据来创造新的收入来源。

这些发现表明，使用大数据的公司正在发现这样做的价值。在我们深入调研增加收入的机会之前，让我们先来看看成本。包括IBM和微软在内的主要软件公司已经花费150多亿美元购买专门从事数据管理和分析的软件公司。[8]然后它们把软件解决方案卖给其他公司，这些其他的公司正投资数千万美元来发现大数据所固有的价值。增加收入是一回事，投资回报则是另一回事。因此，公司正在寻找价值，就意味着通过现有的收入来源或创造新的收入来源以增加收入使投资获得回报。麦肯锡咨询公司预测，一个以最大潜力利用大数据的零售商可以将营业利润率提高60%。[9]让我们考虑一些例子，看看不同行业的公司如何实现价值。

提高客户保持率 安信龙（Assurant）是一家专业从事付款保障保险的金融服务公司，其呼叫中心的主要优先事项之一是留住打电话取消保险的客户。在一个客户保持率最多到16%的行业中，寻求留住更多客户尤其是最有利可图的客户的方式对安信龙来说是很重要的。呼叫中心专家建议，提高客户保持率的最好方法是减少等待时间。实际上，他们的目标是在20秒或更少的时间内应答80%的客户电话。他们说，等待时间的减少直接关系到客户满意度的提高。然而，数据显示出相反的结果。等待时间的微小增加将为呼叫路由选择留出余地，这样一来，客户和客户服务代表能够在默契和相互理解方面匹配得更好。安信龙实施了增加等待时间/调用匹配的方法，实现了高达40%的客户保持率。[10]

处理负面口碑 最佳西方国际（Best Western International，BWI）管理着世界各地超过4 000家酒店。像很多连锁酒店一样，BWI向入住酒店的客人征求反馈意见。客人填写完调查表，酒店管理人员就会得到反馈。如果一个客人通过社交媒体或旅游网站发布负面评论呢？客人给酒店的反馈是一回事，在网站上进行公开评论则是另一回事。为了解决这个问题，BWI与Medallia合作创建了一个系统，以便利用这种不请自来的、非结构化的数据。[11]如果客人通过Facebook，Twitter或旅游网站TripAdvisor留下负面评论，系统将收集这些评论，并将其与特定的酒店匹配，进而提醒酒店经理留意这些评论。经理阅读评论后可通过社交媒体或旅游网站做出回应。他们的目标是在出现任何长期损害之前迅速解决问题。[12]

加强医疗保健　大数据的管理和分析必须以避免老大哥式看法的方式来完成。凯撒医疗机构（Kaiser Permanente）理解这一点，它为一个综合性电子健康记录系统投资了大约60亿美元。据凯撒医疗机构医疗管理所的临床信息服务高级总监卡罗尔·凯恩（Carol Cain）介绍，问题的关键并不是健康记录而是可以捕获、存储、管理和分析的数据。这些数据能够带来识别和缩小医疗保健差距的信息。如果一个病人允许凯撒将他的超市会员卡与系统连接起来，一旦他的医疗处方中有少吃糖的建议，则该病人会收到购买糖果的警告信息，这将有助于他的治疗。该系统目前拥有900万病人的健康记录，其在群体水平上也很有效。分析部门最近发现，在美国加州奥克兰，缺少公园与肥胖率有关。作为回应，凯撒在一些社区投资建立公园，并与学校和基督教青年会合作，通过提供积极健康的生活方式来促进健康。[13]

创造个性化促销　几十年来，大型零售商已经意识到大数据的价值。西尔斯控股（Sears Holdings）也需要一个机会去挖掘大数据的价值。好消息是：它已经收集了大量客户、产品和促销的数据。坏消息是：数据是支离破碎的。西尔斯控股没有集中的数据，数据是按照品牌存储的，包括西尔斯数据、Craftsman数据、Lands' End数据等。西尔斯的第一步是整合各个品牌的数据，使数据分析和交叉品牌分析更容易进行。第二步是最大限度地利用这些分析结果，在客户层面创造个性化的促销活动。现在，西尔斯已经能够进行个性化促销，但每次都要花大约八个星期。数据整合完成之前，促销的效果还不清楚。在这种新的系统下，促销活动可以在一周内完成（而且进展得更快），能够更加精确地满足客户当前需求。[14]另一个主要零售商塔吉特（Target）使用个性化促销的例子，请参见调研之窗6-1。

调研之窗6-1

塔吉特，大数据和你

如果你常常在塔吉特购物，那么明尼阿波利斯的零售商很有可能比你想象的更了解你，它们可能知道的比你想让它们知道的多得多。

几年前，一群营销经理带着一个有趣的问题接触了公司分析小组的统计学家安德鲁·波尔（Andrew Pole）。他们问，是否有可能根据公司数据库中的客户数据来确定塔吉特客户中谁正在待产？对于拥有统计学和经济学研究生学位和对使用数据来了解人们及其行为有独特兴趣的波尔而言，这是一个有趣的挑战。

为什么塔吉特的营销经理如此关心女性顾客的生育状况？事实证明，生孩子是一件改变生活的大事，即使是长期的购买习惯也会改变。有新婴儿的家庭需要价值数千美元的婴儿食品、婴儿服装、婴儿家具、婴儿配方奶粉、婴儿尿布等，一个小宝宝的到来能改变许多购物习惯。悠闲地去多家商店选购食物、衣服和家居用品，被匆匆忙忙地去最近的商店购买足够多、足够好的商品取代。这就是塔吉特的切入点。

作为一般零售商，塔吉特提供的产品类别非常广泛。需要一罐婴儿配方奶粉和一块面包吗？没问题。现磨咖啡（对抗睡眠不足）和一瓶清洁婴儿衣物的洗涤剂怎么样？塔吉特同样可以处理这些问题。在女性生命中的这个特殊时期，对于塔吉特和其他零售商来说，吸引她们的注意力和改变购买习惯是很有诱惑力的。

越来越多的公司已经学会用大数据来获得优势，塔吉特是其中之一。多亏了波尔和他的同事们，他们恰好在其他大多数公司做好之前就做得很好。塔吉特分析师利用每天获得的数以百万计的海量客户数据，识别数据中的模式，以此来预测哪些客户将来需要特定种类的产品。塔吉特并没有开发一个“一刀切”的促销活动，相反，它想在个人或家庭层面上确定应该提供什么，大数据分析让它以高准确度和高成功率做到了这一点。都是什么样的数据？如何使用它们呢？

> 从十多年前开始，塔吉特就着手建立一个庞大的数据仓库，给每一位顾客分配一个识别码，称为客户编号，以标注每个人如何购物。当客户使用塔吉特发行的信用卡，在登记处登记常客标签，兑换邮寄到家里的优惠券，填写调查表，打电话给客户服务热线，访问Target.com，或在线购买任何商品时，公司的计算机都会记下来。每次的购物记录都与客户编号联系在一起，还有客户购买的物品的信息。
>
> 与客户编号联系在一起的还有人口统计信息，这些信息是塔吉特收集的，或从其他公司购买来的，包括消费者的年龄、是否婚育、住在城市的哪个区域、开车去商店要多久、大约的收入、最近是否搬家、访问哪些网站、钱包里的信用卡以及他们的家庭电话号码和移动电话号码（Duhigg，*The Power of Habit*，187－188）。

那么，塔吉特的消息有多灵通呢？目前估计，该公司可以将大约50%的店内采购和几乎所有网上采购与特定客户联结在一起。如图6－1所示，关键信息连接点是客户ID。来自内部记录和外部源的数据都连接到唯一的客户ID。

有数据是一回事，知道怎么用它们是另一回事。这就是为什么需要像波尔这样的分析师。为了开发一种算法，以便让塔吉特给出在其数据库中的女性的怀孕可能性评分，波尔和他的同事仔细检查了在塔吉特“迎婴派对”登记处登记的女性的购买情况（准妈妈有时会在塔吉特或其他零售商处登记，以便朋友和家人可以购买准妈妈确定的婴儿礼物。作为登记过程的一部分，准妈妈将提供她们的预产期）。通过分析这些购买情况，统计学家能够确认这些准妈妈在怀孕的不同阶段所购买的产品。例如，一位分析师发现，女性大约在孕中期开始购买无香味乳液。很快，波尔就能够根据25种产品将预测性分析拼凑在一起，用来预测女性是否怀孕、怀孕的阶段以及预产期。

有了这些信息，塔吉特对数据库中的所有女性进行分析，计算出每个人的怀孕可能性得分。很快，他们就有了一份数以万计的可能怀孕的女性名单。因为他们可以估计怀孕的阶段，所以公司能够在恰当的时间准确地提供合适的促销方案。请注意，她们已经是塔吉特的客户，公司的目标则是在形成新的购物习惯时让女性进入商店一次性购买更多产品。

这个项目有多成功？塔吉特不会与公众分享这些信息，但该公司在过去十年中似乎取得了实质性的成功。还有关于这个特定程序预测准确性的证据。一位父亲知道塔吉特向自己十几岁的女儿发送婴儿产品和孕妇服装的广告后非常愤怒。他和一位塔吉特商店的经理交谈，大声说他很好奇公司是否试图鼓励他的女儿怀孕。几天后这位父亲回到商店道歉，他不好意思地承认，他女儿真的怀孕了，他以前并不知道。然而，塔吉特却知道。

正如任何预测性分析一样，并非所有的预测都是准确的，有时错误的促销会终止与客户的关系。有一个塔吉特顾客错误地收到了小册子，这个小册子是塔吉特的结婚登记处在他实际上结婚之前发出的登记邀请。或者，求婚也许就在眼前。

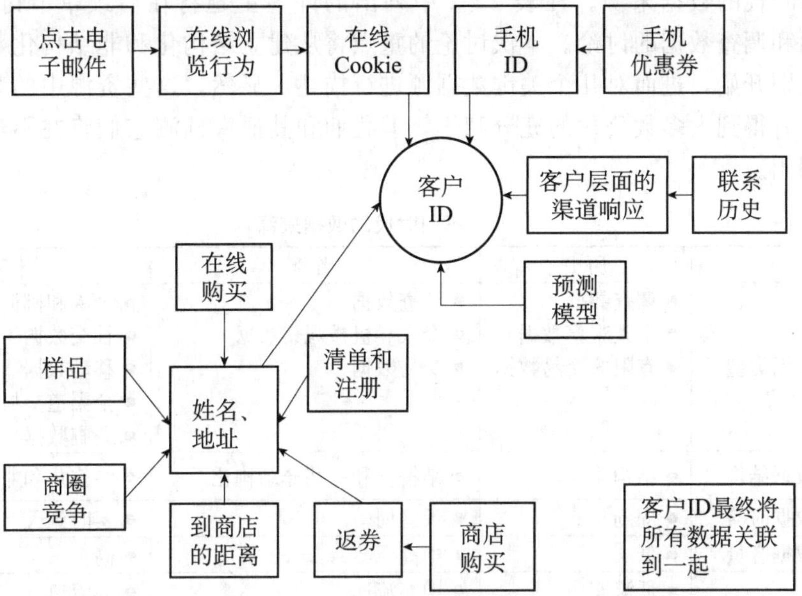

图 6-1　把所有数据联结起来：客户 ID

图示资料来源：Avinash Kaushik，downloaded from https：//plus. google. com/u/1/＋avinash/posts/f5K1ueN9Tk1＃＋avinash/posts/f5K1ueN9Tk1 on October 27，2012；see also Charles Duhigg. *The Power of Habit*，2012，p. 189.

资料来源：Charles Duhigg. *The Power of Habit*，2012（New York：Random House）；Sean Deale，"Target's Predictive Analytics Misfires Again，" April 17，2012，downloaded from http：//www. instoretrends. com/index. php/2012/04/17/target-marketing-wedding-misfire-blunder/on October 25，2012；and Charles Duhigg. "How Companies Learn Your Secrets，" *The New York Times*，February 16 2012，downloaded from http：//www. nytimes. com on February 20，2012.

大数据的市场来源

在这一部分，我们试图确定什么是大数据，并提供一些如何使用的例子。现在，让我们从纯粹的业务、营销和消费者视角来更具体地说明大数据的作用。首先，你应该认识到，高容量、高速度、高多样性和高价值数据的潜力并不局限于商业领域。在科学探索和政府工作的许多方面都会产生无穷的数据。天文学、生物学、环境科学、基因学、气象学和物理学等领域正在收集大量的数据。大数据研究与发展规划部在六个不同的联邦政府部门建立了 84 个不同的大数据项目，以探索美国政府面临的重要问题。[15]我们这里的重点是商业，更具体地说，是市场营销。为了看看大数据如何在组织内重振营销功能，我们转向唐·舒尔茨（Don Schultz），他是在大数据普遍应用的营销调研领域一位领先的观察者（有时也是评论家）（见调研之窗 6-2）。

投资于大而多样数据集的捕获、存储和分析的公司都是具有前瞻性和领先性的。虽然有些公司取得了进展，但大多数公司仍处于初始阶段。表6－2展示了不同时代的数据来源。在表6－2中列出的许多主题将在后续章节讨论，例如，观测和调查数据的讨论。本次讨论的重点将从建立结构化和非结构化数据源之间的区别开始，进而对几个关键数据源进行描述。显然，这些资源中的某些数据源并没有得到大多数公司的充分利用，但我们和其他人预测它们将在不远的未来得到利用。

表6－2　不同时代的数据来源

	历史	当今	未来
数据类型	• 调查数据 • 个人观察数据 • 有限的交易数据	• 调查数据 • 个人和机械观察数据 • 交易数据	• 个人和机械观察数据 • 社交数据 • 移动数据 • 全渠道交易数据 • 调查数据
数据结构	• 结构化	• 结构化和一些非结构化	• 结构化和非结构化
数据时滞	• 周到月	• 天到周	• 实时到天
数据容量	• 低	• 中高	• 高
数据速度	• 低流速 • 向内的	• 中高流速 • 从向内到向外	• 高流速 • 从向内到向外
数据多样性	• 低	• 中到高	• 高
数据分析方法	• 描述性的	• 描述性的和预测性的	• 描述性的和实时预测性的

调研之窗6－2

营销调研的衰退与复苏：访谈唐·舒尔茨

唐·舒尔茨（Don E. Schultz）是西北大学梅迪尔学院综合营销传播系的荣誉退休返聘教授。他曾获得许多教学奖，与无数个企业客户共事过，被《销售和营销管理》（*Sales and Marketing Management*）杂志评选为美国最有影响力的人物之一。

问题：你说调研导致了市场营销重要性的下降而经常被指责。那是真的吗？

是真的。我经常批评市场和营销调研，我认为如果你一直积极参与该领域，你只能这样做。我这样已经将近40年了。是的，我认为营销调研常常伤害超过帮助。

现代营销始于20世纪50年代，一开始学者和专业人士就卷入了4P，即认为营销系统为产品、价格、渠道（分销）和促销。如果你有这四个要素，客户会神奇地出现在你的公司门口。多年来，随着4P被广泛接受，具有更强的吸引力，由内到外的营销观念得以发展。营销调研带来了供应链，带来了从内到外的营销观念，这种营销观念通过鼓励人们相信营销人员控制了整个系统从而控制了客户。客户或者潜在客户只是盛大的“营销游戏”的工具。由于消费者在市场中的实际行为是很难获得的，调研人员建立了消费者行为模型，试图预测在不同的营销投入和活动中消费者如何反应。这些模型大多基于态度数据，也就是说，诸如意识、态度、信念等心理变量可以用来预测消费者将要或应该对各种营销活动作出什么反应。因为测量实际消费行为很难，所以替代方案如效应层次模型、定位、AIDA（注意、兴趣、需求和行动）、接触频率的影响等，被用来尝试预测消费者在各种市场营销或沟通情境下的可能反应。营销人员没有更好的方法，只能相信这些模型。这些模型往往很复杂，看起来很深奥，需要调研人员来开发和解释它们。有些人可能会说这是“调研的黄金时代”。

唯一的问题是，一旦能够获取消费者实际上在做什么的市场行为数据，显而易见，许多模型就没用了。它们看起来不错，但往往无法得到原本想要的结果。由于营销人员无法预测，更不用说测量市场结果，高级管理人员开始质疑整个过程。由于营销已经主要与第四个P促销联系在一起，如果广告和促销预测不合理或无法测量，那么系统的信誉就会遭到质疑。营销失去了在战略中的一席之地。由于营销调研主要是营销团队的一个供应商，它们的影响力也因此下降了。

这种现象目前在许多组织中仍然如此。预测没有结果，因此预测者没有可信度，他们开发的系统因而受到挑战。

问题：尽管如此，你说营销调研正在复苏。这是怎么发生的？

在过去的十年左右，实际的消费者行为变得越来越可获得。这是因为越来越多的实际消费者行为通过收银机、忠诚计划、电脑中的“cookies”，以及消费者越来越多的在互联网和其他电子系统中的互动得到。今天，产生了越来越多的实际消费者行为数据，营销人员也能够捕捉到这些行为数据。这使得一批营销组织不再进行由内而外的单向的对外的营销和沟通，而是转向由外而内的互动系统，对单个客户了解更多，即他们看到了什么，他们在哪里购物，他们如何购买，所有的数据在个体层面而不是总体层面上提供了对客户更好的认识。

实际消费者行为数据的增加使得营销调研人员从预测到解释，也就是我们现在所说的“客户洞察”。调研任务变为更多地解释为什么客户这么做而不是试图预测他们可能做什么。这些解释由新技术如人类学、神经科学和非常复杂的消费者分析算法等提供，所有这些都促成了组织内营销调研重新具有了重要性。事实上，今天的营销调研很可能领导着营销和营销活动而不是相反。在我看来，这只能说明营销和营销调研将在未来变得越来越重要而不是越来越次要。

问题：营销调研的未来似乎相当乐观。这是你现在的看法吗？

虽然营销调研变得越来越重要，但是调研人员必须在今天而不是明天处理一些主要问题。虽然调研人员有能力应对当前的市场，但我认为有三大变化将在未来影响他们。

第一，我们的调研工具都是用来开发消费者行为预测模型。在我们所依赖的态度数据中，营销组织可以控制与4P相关的所有变量。营销人员控制产品、定价、渠道，甚至促销。如果你控制了所有的变量，预测将变得更容易，但是当你不能控制它们时，正如我们在互动市场中越来越多看到的，预测几乎是不可能的，解释占据了主导地位。然而，营销调研人员没有开发出所需的解释工具，他们继续完善过去的预测工具。简而言之，营销调研人员需要一整套全新的调研方法，包括网络模型、海量数据库分析工具、更长期的解释模型，而不是今天简单的输入和返回方法。

第二，我们需要新的数据采集技术。从历史上看，个体调查的形式被选为调研方法。当个体决策驱动消费者行为时，这是可行的，但是在集体社会，如中国、印度、巴西、印度尼西亚等，群体比个人更加重要。另外，新兴市场的人不习惯被询问或调查，他们常常拒绝面对面访问，即使接受面对面访谈，他们的回答往往更多反映出取悦调查者的愿望，而不是给出真实答案。神经科学正逐渐挑战营销调研中整个问卷调查的方法。这意味着未来营销调研人员必须更加擅长倾听而不是诉说。数据就在我们周围。人们通过互联网和社交媒体不断地交流。调研人员必须通过抓取网页，建立志同道合的消费者社群，产生基于网络的“意见帖”等来提高他们的倾听技巧。非介入性的、客户自发产生的数据是未来的关键调研概念，但今天它们才刚刚起步。

第三，统计分析和定量调研的再思考。如今，几乎所有的调研工具都是基于试图让反应符合正态曲线，找出平均值、众数和中位数。“大型中间群体”被推测代表一个相关市场。这是因为今天营销调研的重点是将整体市场分解为各个“制造者”的群体，即妈妈、汽车购买者、肥胖的人、千禧一代……简而言之，营销者将整合出群体以更好地匹配有效的营销努力。然而，我们越来越认识到，市场是由个体构成的，所有的个体都是独特的、不同的，都有其独特的需求、欲望和要求。当我们考虑人而不是市场时，我们所有的统计工具即使没有过时，作用也都变得相当有限。正态曲线不再相关。将大家混合在一起不再是调研的主要目标。这就意味着我们需要新的分析形式和格式来处理人们的各种变化和脱离常规。人，而不是市场，将成为未来营销调研的关键要素。

问题：听起来营销调研似乎很有发展前途。你是否建议学生进入营销调研领域而不是管理领域，如产品或品牌管理、广告代理或媒体？

是的，当然。我相信，我们进入了另一个营销调研的“黄金时代”。如果你好奇、有创意、想创造未来，营销调研可能是营销的最佳场所。

结构化数据

银行、航空公司和零售商收集的交易数据都容易结构化。把**结构化数据**（structured data）当作填在电子表格数据行的数据。列上标有标题，例如名字、姓氏、地址、电话号码、购买金额、购买型号等。如果一个列标题可以被描述，那么一个行的条目可以写入。这并非新鲜事。例如，客户填完保修卡，他们所有的联系信息以及购买日期和购买产品的序列号都能进入数据库。当客户进行购买时，交易信息也可以写入数据库。当一个人为了加入社交媒体网站完成个人信息登记时，相关信息也可以写入数据库。如果数据能够以行和列被捕获，它就是结构化的。

非结构化数据

如果一位博主就最新上映的电影写了一篇电影评论，或者一位博主为自己的vlog（即视频博客）拍摄了一部电影评论，怎样才能捕获这些评论的内容呢？这个简单的例子可以用来区分结构化和**非结构化数据**（unstructured data）。非结构化数据的例子如社交媒体评论、博客帖子、其他基于文本的沟通、照片、视频、音频或其他不容易以结构化格式排列的数据。写电影评论时，博主肯定不会填在表格的空白处，因此，捕获他的评论的挑战在于内容无法与电子表格或数据库的行和列很好地匹配。这是营销人员必须面对和克服的挑战——非结构化数据以各种各样的形式出现。

社交数据（social data）　社交媒体和各种网络工具，如Facebook，Twitter，Google+，YouTube，LinkedIn，Instagram，Tumblr，Pinterest以及任何最新的媒体，正在受到越来越多的关注。当我们开始撰写这一章时，新的社交媒体已经出现在网络上了。社交媒体和网络工具的吸引力是惊人的，其中有两个领域脱颖而出：(1) 顾客之声（Voice of the Customer，VoC）的影响[16]；(2) 顾客社交网络的建立。VoC 数据主要是社交媒体网络中非结构化的帖子，这些帖子向经理传达顾客体验和期望、人口统计特征、心理统计特征、顾客喜欢的和不喜欢的，以及任何他们选择分享的。如果一位客户通过社交媒体发表了产品或服务有关的意见，那么这个口碑，无论是积极的、消极的或中性的，都比传统形式的口碑影响范围更大更长久。如果客户有一个广泛的社交网络，那么影响范围尤为明显。这些点对点（P2P）或消费者对消费者（C2C）的社会网络社区使人们看清了连接的本质，以及谁是领导者、谁是跟随者。

社交网络分析是调研社会关系的一种流行工具。作为一个中枢辐射型系统，领导者被确定为系统的中枢，多个追随者则是辐条上的节点。包含越多辐条的中枢，领导者在社交网络中的影响力就越大。据埃森哲（Accenture）称，“史无前例的社交网络正催生出一批有超级影响力的人，他们可以创造或破坏产品、服务或品牌。超过 2/3 的消费者在社交媒体网站上搜索和阅读有关品牌的信息”。[17]善于倾听顾客声音的公司拥有更多数据驱动的优势。

移动数据（mobile data） 目前，大约一半的美国成年人可以通过智能手机或平板电脑上网。[18]即使对于高科技设备来说，平板电脑仍然相当新，手机（85%的拥有率）和越来越多的智能手机（45%的拥有率）大大提高了市场渗透率。虽然这些手机主要用来发短信（与社交网络成员进行交流）和拍照（通过社交媒体分享），但在商店购物环境中手机的使用越来越多。在最近的假日中，46%的手机拥有者使用手机根据朋友的购物建议购买，27%的人在网上查找产品的价格，查询他们是否得到了最好的交易，28%的人在商店里查看产品评论。[19]在后两种情境下，网站可以捕捉到查询来自移动设备而不是台式电脑或笔记本电脑。这在网站设计（例如，通过更快的加载来优化移动应用）和对移动搜索者进行潜在重定向使其从主搜索站点到移动镜像站点中扮演着重要的角色。

移动数据的另一个重要组成部分是基于位置的服务。从呼叫记录中获得映射服务、位置共享和位置数据，使实时地进行基于位置的营销变得可行。2010 年，星巴克和欧莱雅是第一批测试基于位置发送促销短信的品牌，这些短信是根据消费者的位置信息分地区发送的。该项目为接受测试邀请的 100 多万英国消费者提供一个与品牌接触的机会，这 100 万英国消费者的地理位置覆盖了计算机创建的 800 多个地理围栏。进入特定区域的参与者，如果他们在报名时表达出对食品和饮料的兴趣，那么他们将收到星巴克的手机优惠券。数据显示，有 65%的客户参与了星巴克的购买，60%的人认为基于位置的消息“又酷又创新”。[20]

全渠道交易数据（omni-channel transactional data） 如果你想购买像 SD 存储卡这样用来快速存储的简单产品，你有很多选择。你可以在电商网站购买。你可以使用家用电脑在零售网站上搜索 SD 存储卡并在网上购买，然后决定你是想去商店取，还是邮寄到家。你可以按照零售商的电子邮件在手机上获取 SD 存储卡的折扣，然后在移动设备上购买。选择似乎是无穷无尽的。实体店、电子商务、移动终端、店内提货、送货上门——欢迎光临全渠道零售。[21]像苹果（Apple）和百思买（Best Buy）都意识到在每一个购买点都会获得交易数据。如果你在一家苹果商店使用 iTunes 账户关联一张信用卡，你在实体店的购买行为就与你在网络上的购买行为联系在一起了。如果你选择通过你的 Apple ID 接收新闻和其他 iTunes 信息，那么你的电子邮件地址和 iPhone 电话号码将与你的信用卡联系起来。换句话说，一个情境中的数据与另一个情境中的数据关联起来，又关联另一个，再关联另一个，直到苹果可以 360 度查看你的购买模式，这使得公司能够基于你在任何店面的购买历史来提供个性化的信息。

大数据分析

一个有关大数据的故事被反复提及，也许我们不应该重蹈覆辙……随他去吧。这个故事源于 20 世纪 90 年代中期的《伦敦金融时报》（*Financial Times of London*）。它的核心是一个简单的故事：一个大型的美国连锁超市通过分析大型交易数据集发现，当顾客购买尿布时，他们同时也购买了啤酒。为了利用这种关系，连锁店将啤酒放在尿布的旁边，以支持甚至促进这种购买模式。最传奇的故事，讲得越多就越离奇。客户从最初的一般男性变成年轻的父亲，从下午购买变成了下班后购买，从一周一天购买变成了一周两天购买，从周四日常购物变成了周末大采购。这种关系甚至还被赋予一个理由：因为年轻的父亲愿意买尿布、和他们的孩子一起过周末，所以他们应该得到奖励。

现在，牛奶和谷物早餐已经不是令人吃惊的购买关系，虽然这两件东西没有逻辑地联系在一起。传说也和唱反调的人一同成长。一些人说调查的起因是便利店职员的观察，另一些人则说，这是为了卖出数据分析的产品和服务，还有一些人说他们也可以找到这样的关系，但它们太弱了，不值得一提。为了终止这一问题，以下是事实（我们所理解的）：Teradata 的一群人分析了 25 家 Osco 药店的 120 万张单票交易，分析发现，消费者在下午 5：00—7：00 购买啤酒和尿布。Osco管理层意识到了这种关系，知道将啤酒移动到接近尿布的货架空间是一个选择，但他们选择不移动产品位置。因此，大数据分析发现了一种关系，但管理人员选择不去利用它。有时真相比传奇无趣。[22]

这只是一个例子，说明如何将分析技术应用于大数据集来描述消费者行为、预测消费者行为，或为公司及其管理人员制定行动方针。表 6－3 提供了另外一个例子。这张表包含了在 Facebook 为菲多利（Frito-Lay）“点赞”的人的心理档案。该分析是基于数以百万计的全球 Facebook 用户，他们允许 MicroStrategy 的 Wisdom 分析软件共享自己的数据。这些可以在几秒钟内为任何品牌或组织准备好的结果，提供了关于品牌或组织在各种生活方式群体内如何被评价的快照视图。根据针对他们的 Facebook 活动的分析，超过 7 000 人（数据被调出时大约整体数据集的 11％是菲多利粉丝）可以被描述为“交易猎人”（deal hunters）。“亲和力”反映了不同心理特征的人群对于菲多利的依恋程度。“交易猎人”对菲多利点赞的概率是总体的 10.9 倍。

下面我们对不同的分析方法进一步举例。虽然这些例子并非详尽无遗，但它们应该为现在所有领域的可行性提供参考。

表 6-3　Wisdom Professional 分析中非多利“粉丝”的心理档案

心理档案	粉丝	百分比	亲和力
交易猎人	7 246	11%	10.9
按预算购物者	9 641	15%	9.8
游戏爱好者	28 047	44%	8.4
宠物爱好者	8 272	13%	8.4
政治主张——共和党	8 531	13%	7.1
自己动手者	10 282	16%	6.6
孩子的父母	3 227	5%	6.3
社会活动家	28 159	44%	4.1
品牌意识	9 431	15%	4.0
健康和美容意识	20 515	32%	3.9
政治主张——民主党	9 217	15%	3.6
汽车爱好者	9 000	14%	3.6
电视迷	25 457	40%	3.3
食物爱好者	18 081	28%	3.2
旅游爱好者	17 656	28%	3.1
技术员	8 406	13%	3.1
宗教信仰者	6 168	10%	2.7
喜剧爱好者	6 266	10%	2.4
电影爱好者	17 320	27%	2.4
音乐爱好者	18 236	29%	2.0
户外运动爱好者	4 056	6%	1.9
准新娘	1 517	2%	1.8
运动爱好者	12 186	19%	1.6
读书爱好者	8 458	13%	1.5
艺术鉴赏家	7 098	11%	1.3
社交聚会常客	764	1%	1.0
驴友	1 010	2%	1.0
环保意识	157	0%	−1.1

资料来源：From report produced on October 18，2012，using Wisdom Professional，courtesy of MicroStrategy.

描述性分析　啤酒和尿布的例子属于一组称为数据挖掘的**描述性分析**（descriptive analysis）技术。数据挖掘是一套用于从大量数据中提取模式的技术。关联规则学习，即一种数据挖掘技术，用来对120万种单票交易进行市场购物篮分析。该技术旨在发现和描述Osco药店消费者的所有购物车（市场购物篮）中有趣的关系。如前所述，购物者把牛奶和早餐麦片放在篮子里是一种预期的联系，一个购物者同时放入啤酒和尿布则不是。

数据融合是另一种描述性分析技术。其目标是整合和分析来自不同来源的数据而不仅仅依靠单一来源。一个例子可能将实时销售数据与实时社交媒体提到的相关内容联合在一起，以便更好地理解客户对广告活动的看法。如果只使用销售数据，它可能提供洞察力，但纳入社交媒体数据则增加了潜在的理解深度。

这两个例子都是相对简单的关系集，如果关系不那么明显或者更难发现呢？神经网络分析是一种用于描述数据中非线性模式的描述性分析技术。当关系不是紧密联系时，它可以基于生物神经网络寻找模式。过去这种模式识别有效的例子包括识别可以离开竞争对手的高利润率客户，或者识别其他一致投保人提出的欺诈性保险索赔。从表面上看，这两个群体都是忠诚顾客，因此识别出可能导致离开竞争对手或欺诈行为的模式很难，但特别有价值。

最后，描述性分析发展较快的领域是可视化。第5章 Tableau 的例子确认了创建图表、曲线图、图像、示意图等可以更好地交流和理解数据的价值。数据可视化可以像网站中的文字云或来自 Alexa. com、Google Trends 这样的网站的网络流量直方图一样简单。总之，所有这些描述性分析技术都是为了理解企业的业务绩效而设计的。[23]

预测性分析 正如字面所暗示的，**预测性分析**（predictive analysis）不同于描述性分析，预测性分析侧重于研究未来导向的潜在行为，而不仅仅是对过去行为的分类。塔吉特识别和针对孕妇进行专门促销的能力是预测性分析的一个例子（见调研之窗 6－1）。预测性分析试图根据数据输入和业务输出之间的关系揭示业务绩效的解释性和预测性模型。以下是一组具有预测功能的方法。

回归分析是一种可以同时用于大数据和标准数据集的技术。通过回归分析可以看出当一个或多个关键变量改变时，结果可能会随之如何改变。回归分析主要用于预测，例如，确定顾客购买时是否应该交叉销售或追加销售。我们稍后将深入讨论回归分析。现在，认识到结果变量（例如交叉销售）的变化可能受到许多事情的影响，在这种情况下使用回归分析可以预测导致结果变量变化的最有可能的变量（正向影响交叉销售）。

时间序列分析是另一种可用于大数据和标准数据集的预测性分析技术。其目标是通过连续分析数据序列来发现基于数据的趋势，它不仅能识别数据模式，而且能预测数据未来将如何扩展。季节性或周期性数据是时间序列分析的主要对象。调研之窗 6－3 是谷歌如何应用时间序列分析来预测流感症状，医疗服务人员可以利用其在流感季节到来前做好充分的准备。

调研之窗 6－3

Google. org 和流感趋势

我们知道，谷歌是技术巨头，诞生于互联网热潮时期，谷歌是一家几乎无处不在的相对年轻的公司。对亚伯拉罕·林肯的身高感到好奇吗？谷歌一下。想要知道现代艺术博物馆的面积？谷歌一下。感觉像流感一样的症状出现了？很多人也喜欢谷歌一下。

根据皮尤研究中心（Pew Research Center）的数据，59％的美国成年人在网上寻找与健康相关的信息，这种趋势从 2002 年起已经相当稳定。由于谷歌是最受欢迎的搜索引擎，谷歌会收到大量的查询。谷歌的公益机构 Google. org，试图把历史上的流感数据与实时搜索数据结合起来，以预测世界各地的流感情况。

像 Google. org 提到的，"每个星期，全世界数以百万计的用户在线搜索健康信息。可能和你预期的一样，在流感季节有更多关于流感相关的搜索，在过敏季节有更多关于过敏相关的搜索，在夏天有更多与晒伤相关的搜索"。在流感这一案例中，Google. org 与来自疾病控制和预防中心（Centers for Disease Control and Prevention，CDC）的代表合作，预测每年导致全球几千万例呼吸系统疾病和季节性流行性感冒大爆发的可能性。

引用 2009 年发表在《自然》(*Nature*) 杂志上的一项研究，谷歌时间序列搜索和实时搜索数据被用来预测：(1) 2008 年 2 月初流感样疾病 (influenza-like illness，ILI) 的急剧上升；(2) 2008 年 3 月初 ILI 的高峰期；(3) 2008 年 3 月下旬的快速下降；(4) 2008 年 5 月中旬流感趋于稳定。CDC 的历史数据也强调并证实了谷歌预测的惊人准确性。

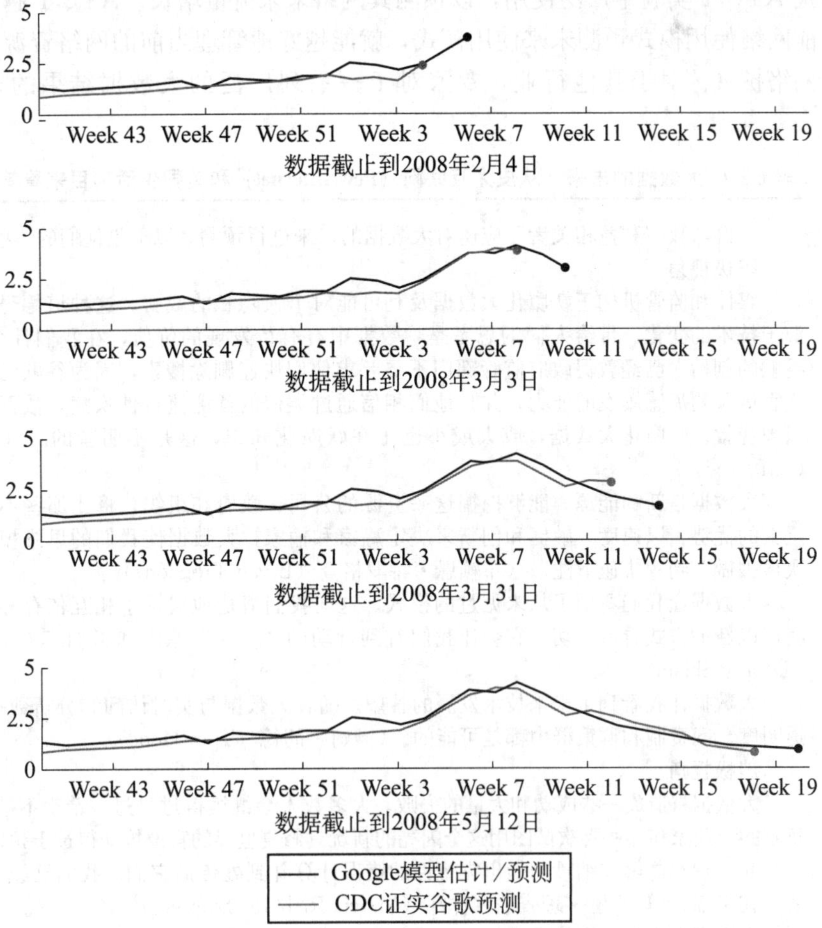

具有预测流感趋势的能力之后，Google. org 已着眼于预测登革热趋势，一种蚊子传播的病毒性疾病，症状包括突然发热、急性关节痛。其预测结果与巴西卫生部历史数据相匹配的报告再次说明其惊人的准确性。

搜索引擎是谷歌的优势之一，将搜索引擎与它在数据中找到模式的能力相结合，为医疗保健和其他多种行业的预测预报创造了机会，也展示了预测性分析给公共卫生带来的效益。

资料来源：Google Flu Trends，accessed November 19，2012，at http：//www. google. org/flutrends/；Google Dengue Trends，accessed November 19，2012，at http：//www. google. org/denguetrends/intl/en _ us/；Jeremy Ginsberg，Matthew H. Mohebbi，Rajan S. Patel，Lynnette Brammer，Mark S. Smolinski，and Larry Brilliant (2009)，"Detecting Influenza Epidemics Using Search Engine Query Data，*Nature*，Vol. 457 (February)，1012—1014，reprint accessed at http：//static. googleusercontent. com/external _ content/untrusted _ dlcp/research. google. com/en/us/archive/papers/detecting-influenza-epidemics. pdf on November 19，2012；Susannah Fox (2012)，"Pew Internet：Health，" November 13，accessed November 19，2012，from http：//pewinternet. org/Commentary/2011/November/Pew-Internet-Health. aspx.

最后一种我们想讨论的预测性分析是模拟。一次模拟将从现有的大数据集中抽

取多个随机样本，进行数千个假设分析，每次运行对市场情境和其他市场动态的假设都不相同。作为一种预测工具，这些模拟结果提供了每组假设可能会导致一组市场反应的可能性分布。其中非常值得注意的一种模拟工具——蒙特卡洛模拟，已经被 AT&T 实验室广泛使用，以预测其网络未来流量增长。AT&T 越能理解利用当前网络使用模式预测未来使用模式，就能越好地管理当前的网络资源，计划将来的网络扩展。对于其他行业，专家对于一系列广泛的大数据结果的未来展望，见表 6-4。[24]

表 6-4 大数据的未来：从皮尤互联网（Pew Internet）和美国生活项目来看其好坏

一群“数字利益相关者”应邀对大数据的未来进行预测。以下是他们的一些回答。

积极视角

媒体和监管机构正妖魔化大数据及其可能对个人隐私的威胁。这种道德恐慌的发生往往源于技术的变化。带给人们的思考是：数据中有有待发现的价值，在我们社会中新的价值。谷歌的创始人已经敦促政府监管部门不要要求他们快速删除搜索，因为谷歌已经具有先于卫生官员预测流感爆发的能力，并且他们相信通过类似的预测流行性疾病，数百万人的生命可以被挽救。妖魔化大数据，或大或小也正在妖魔化知识，这是不明智的。（杰夫·贾维斯（Jeff Jarvis））

大数据是新的能源。能够挖掘这一资源的公司、政府和组织，将比那些不这样做的拥有巨大的优势。以速度、敏捷和创新来决定赢家和输家，大数据使我们的思维模式从“测量两次再去做”到“快速下注”。（布赖恩·特罗格登（Bryan Trogdon））

大数据让我们看到了从未见过的模式。这向我们清楚地展示了相互依存和联系，也将使我们以新的方式看待一切。它会让我们看到行动的“实时”原因和影响。（蒂法尼·施莱恩（Tiffany Shlain））

大数据让我看到了未来技术发展的希望。随着大数据与实时访问和分析数据工具的结合，透明度、问责制和群策群力都是可能的。（汤姆·胡德（Tom Hood））

消极视角

大数据将造成一些成功和大量的失败，大多数人会继续得过且过，希望不被善意（或非善意）的企业家和那些喜欢试图用这个闪亮的新玩具修复世界的官僚抢劫得过于频繁。（匿名）

我们现在能够在纳秒内做出灾难性的错误计算并到处传播它们。我们已经失去了“时滞”的内在平衡。（马西娅·理查兹·休泽（Marcia Richards Suelzer））

大数据会产生错误信息，并被人或机构操纵以显示其想要的结果。一般民众不会理解潜在的冲突，会天真地相信结果。这种情况已经发生，而且随着大数据不断发展，情况只会变得更糟。（匿名）

更好的信息并不一定能有效地解决现实社会问题。这可能是解决许多商业问题的方法，但其中的好处不太可能对公众产生影响。大数据的崛起更可能让我们失去隐私和自由。（巴里·帕尔（Barry Parr））

资料来源：Janna Quitney Anderson and Lee Rainie, “Big Data: Experts Say New Forms of Information Analysis Will Help People Be More Nimble and Adaptive, but Worry Over Humans Capacity to Understand and Use These New Tools Well,” July 20, 2012, Downloaded from http://www.pewinternet.org on July 25, 2012.

指导性分析 一旦市场分析人员通过描述性分析了解了当前的情况，并且能够通过预测性分析对未来的结果有一定的信心，下一步就是在公司的各种选择中推荐最佳的行动方针，这就是**指导性分析**（prescriptive analysis）的作用。例如，一家公司可能使用预测技术来预测消费者行为，然后遵循指导性技术，高效地管理调度、生产、库存和供应链动态，以满足预测的需求。为了提高业务绩效，指导性分析被用来确定一组高价值的替代行动。[25]

指导性分析的关键词是优化。市场可能非常复杂，以至于经理可能无法充分考虑所有的选择、所有的替代方案、所有的权衡、所有潜在的问题、所有潜在的好处，等等。使用优化工具让管理人员能够发现潜在的行动方案，以及这些行动之间可能的相互作用以及限制这些行动的可能约束。当每一种组合都被考虑后，将会得到最优方案。

IBM调研（IBM Research）正积极调查三种形式的大数据分析。其“智慧星球”（Smarter Planet）方法正在让分析的复杂性更容易被那些想更多地了解分析的经理们接受。以运动为例，IBM这样讨论：描述性分析对想了解足球或网球成绩的教练或球员来说并不新鲜，不同的是可获得数据的规模大小以及范围。不再是研究最后一局，最后一场比赛，或上一个赛季，大数据可以研究多个赛季的数据。即便如此，个体也必须依靠自己的直觉或解释能力来获得任何真正的结论。预测性分析让教练或球员可以在不同的场景和条件下快速理解和评估结果。在网球大满贯赛上，IBM的Slamtracker对每位球员每一得分（有3 900万个数据点）进行了预测性分析。在每场比赛之前，IBM的比赛制胜因素系统分析两个对手历史上正面交锋的统计数据，包括对具有相似风格的球员的统计数据，以预测每场比赛获胜的前三个关键因素。[26]在优化方面，美国职业棒球大联盟利用指导性分析创建其每年的比赛日程。在球场、旅行和酒店、赞助关系以及所有其他因素和团队及联赛面临的权衡之间，创建162个比赛日程是不小的任务。指导性分析可以考虑所有备选方案的组合，进而给出以团队为基础的最佳调度方法。[27]

经理关注

借用虚构角色阿甘（Forrest Gump）的一句话，社交媒体和移动设备形影不离。有趣的是，这为营销经理提供了充分考虑的机会和关注点。

个体使用智能手机的相机功能是一种用数字图像捕捉瞬间的完美的方法。把它发布到一个流行的社交媒体网站，对个体来说，是分享该瞬间的完美方式。使用社交媒体网站状态更新的位置功能，让手机摄影师有机会记住确切的地点，并与其他人分享这个消息。

管理者可以收集手机摄影师的个人资料以及照片和位置。管理上的挑战可以用阿甘的另一句名言来概括：“生活就像一盒巧克力。你永远不会知道下一颗是什么味道。”

我们听说大数据前景广阔。我们听到个人层面上个性化的内容和为公司最大化细分而努力的潜力。我们听说公司收集了大量的数据，但也听说公司收集的数据不仅比所需的还多，而且比能够充分管理的还多。更糟糕的是，我们还听说公司收集了既不知道如何使用，也不愿意删除的数据。这么说来，只是因为数据是可以获得的，它就应该被得到吗？是档案信息有助于收集？附加照片，特别是作为一种非结构化数据，增添了价值吗？定位数据满足了某种需要或填补了空白？

作为一个考虑到大数据的诱惑的经理，我们被提醒到，传统收集数据的许多规则仍然适用，其中最重要的是，在收集数据之前准确地知道每一条数据将如何使用。充斥着“无用”的数据让人想起阿甘的另一句经典台词：“蠢人就做蠢事。”

大数据集成的关键挑战

到目前为止，我们相信你已经开始更好地理解大数据作为理解、预测和优化来源的作用和潜力，但仍然存在许多挑战。在第5章，我们讨论了个人隐私的问题。这当然是所有个体和企业必须考虑的一个重要挑战。如表6-5所示，如果你愿意虚心接受，挑战就会成为机遇。以下是不太关注顾客而更多关注公司的三个关键挑战。

表6-5　大数据和个体消费者

斯科特·亚拉（Scott Yara）是EMC Greenplum产品高级副总裁，也是大数据业务应用专家。这是他关于个人如何很快获益于大数据的设想：

“假设你是一位年轻的女性，在郊区的公寓居住，在市中心的办公室工作，”亚拉说，“当你上班时，你命令你的公寓什么时候洗盘子，什么时候开始洗衣服，视天气而定什么时候打开或关上窗户。”

然后你在办公室里，亚拉说，你的洗衣机给你发了一条短信，上面写着它没有洗涤剂了，无法完成你要求的任务。这条短信包括你经常购物的商店的洗涤剂优惠券（基于信用卡消费算法）。当你在商店附近时它会发出哔哔声（基于地理位置的数据和智能汽车传感器），因此你不会忘记购买洗涤剂。你的冰箱发来短信，说你的蔬菜很少，如果你今晚计划在晚餐时做沙拉（根据你在冰箱里的菜单），你应该在买洗涤剂时加上蔬菜。短信也许包含你最喜欢的沙拉酱的买一送一优惠券。

或者你正在计划旅行，或想知道你的银行余额或考虑电话服务。当你打电话给航空公司或你的银行或电话公司时，你不会因为他们没有你最新的购买历史或账户信息而生气。这些简单的事情开始变得更加普遍，而且随着时间的推移，服务本身会变得更个性化。

资料来源：Terry Brown，“The Sweet Sound of Big Data，” undated，downloaded from http：//www.emc.com on August 10，2012，p. 4.

访问和检索数据　访问和检索数据至少有两种形式：（1）利用结构化数据增强决策的能力；（2）合并非结构化和结构化数据的能力。考虑一下在每个注册处都有条形码扫描仪的小型本地杂货店。商店经理或老板存储了每一个结账的顾客的大量交易数据。为了使店内价格变化更方便或报告更简单，这些数据可能链接到一个更大的决策支持系统，但它是否通过市场购物篮分析就营业理念提供了必要的建议吗？利用店内忠诚计划进行个性化促销进展如何？如果一位顾客在Facebook上更新了状态，说肉类部门的一位员工提供了非常好的服务，那么这条信息可以和条形码数据结合吗？交易数据很棒，但对于能够访问数据或检索最大影响所需数据的决策者来说，可供选择的数据太多了，很多管理者都无法利用全部的数据。

分析技能　根据最近的一项分析，大数据以每年60%的增长速度变得越来越多，员工的分析能力却滞后：62%的员工缺乏把数据转换成信息的分析能力。[28]麦肯锡全球研究院（McKinsey Global Institute）预测，未来几年对分析师的需求将超过140 000～190 000名，对管理人员和分析师的需求将超过150万名。[29]一项针对高管的调查支持了这些观点，当问及其组织数据管理的最大挑战是什么时，45%的人说，“我们有太多的数据但是能够管理它们的资源太少”；30%的人回应，“在组织内我们没有合适的技能对数据进行有效的管理”；22%的人回答，“我们没有合适的分析技能来弄清楚如何有效地使用这些数据”。[30]对于那些愿意提高自身分析能力的人来说，机会比比皆是。

大数据的公司整合　随着组织应用大数据，它面临着另一个挑战，而且是更大的挑战。想想前几年，想象一下你的雇主，一个主要的医疗服务人员，正在沿着使病人数据数字化的道路前进，并将这些数据与其他内部或医疗系统成员的数据集集成起来。为了完成这一任务，公司的信息技术（IT）部门使用 Hadoop，一个开源的大数据解决方案，合并了数据源，一些是结构化的（例如，可测量的统计量包括身高、体重、血压、病人胆固醇等不同方面），一些是非结构化的（例如，病人对症状的描述、手术过程视频、患者对接受的护理在社交媒体上的评论）。你所要做的就是如何使用这个系统培训公司所有员工，那些由此产生的结果将影响公司。病人数据将成为增强的治疗信息，治疗信息会让医生做出更好的决策，医院或诊所的表现将超过预期。这听起来像童话般的结局，但它真的就是。

仅在美国，就有超过 5 000 万个病人数据库（我们只谈论一个行业）。这些数据库的集成不是一项小任务，集成技术方面的新解决方案正以更高的频率到来。[31]以我们的估计，更大的数据集成问题将在人员方面。分析师和管理人员必须找到隐藏在所有这些集成数据集中的新解决方法，将数据堆转换成有意义的信息。组织中所有的员工必须学会收集正确类型的数据，并学会处理大数据系统所产生的信息。不能理所当然地认为员工对新系统是接受的或供应商对新系统就一定是支持的。从企业资源计划（ERP）到客户关系管理（CRM），历史表明，5 个新系统中有 3 个会失败。[32]在大数据可以收获更多结果之前，公司集成的许多方面都是必须考虑的。

小结

学习目标 1

确定大数据的 3V

大数据是 3 维的。第一个 V 是容量，或者说是被收集的大量的数据；第二个 V 是速度，指内向和外向数据流的速度；第三个 V 是公司可以获得的各种数据类型的多样性。

学习目标 2

比较结构化数据和非结构化数据

结构化数据可以很容易地存储在电子表格或数据库的行和列。结构化数据如消费者资料。相反，非结构化数据不能填写表格，这使其很难管理。非结构化数据如照片、视频以及从网站捕捉到的音频。

学习目标 3

向营销人员描述大数据的三种来源

像第三个 V 介绍的那样，数据有各种各样的形式。历史数据源，像调查和观察数据。最广为认可和最新的数据来源是社交媒体、移动设备和多种购买渠道，也称作全渠道交易数据。

学习目标4

比较描述性的、预测性的和指导性的分析方法

描述性分析是为了增进对可用数据的理解以提高企业绩效。预测性分析旨在为公司的改善提供解释和预测能力。指导性分析是为了优化各种行动方案以提高企业绩效。

学习目标5

列出并讨论大数据集成的关键挑战

大数据集成的3个关键挑战包括访问和检索数据，缺乏足够的分析技能，大数据的公司整后。第一个和第三个挑战关注到3V的重要性，容量、速度和多样性，每一个都是挑战。第二个挑战需要培训员工共同应对整个行业的挑战。

关键术语

容量（volume）
速度（velocity）
多样性（variety）
大数据（big data）
结构化数据（structured data）
非结构化数据（unstructured data）
社交数据（social data）
移动数据（mobile data）
全渠道交易数据（omni-channel transactional data）
描述性分析（descriptive analysis）
预测性分析（predictive analysis）
指导性分析（prescriptive analysis）

复习题

1. 3V（容量、速度和多样性）中的哪一个是营销经理的最大挑战？
2. 营销经理从大数据获得的价值与传统数据来源获得的价值有何不同？
3. 比较结构化数据与非结构化数据。以Facebook为例，营销人员从Facebook获得的数据是结构化的、非结构化的，还是二者都有？
4. 说到大数据的来源，什么是社交数据？移动数据？全渠道交易数据？
5. 描述性、预测性和指导性的分析之间的主要区别是什么？
6. 当营销经理尝试在集成大数据时，他们面临的三个主要挑战是什么？

讨论的问题与案例

1. 如果没有互联网，我们会有大数据吗？
2. 价值应该毫无争议地被添加为大数据的第4V吗？为什么或为什么不？
3. 一家T恤设计商店，其分店遍布你所在的州，它想要获益于大数据。鉴于以下情境，这是有关容量、速度或者多样性的问题吗？为什么？

a. 设计商店的店主想将由社交媒体收集到的评论集成到公司的数据库。

b. 设计商店的店主想将销售数据与再订购过程匹配，以确保他总是能最好地满足消费者对他的T恤的需求。

c. 店主想让所有商店按照衬衫颜色、尺寸和设计类型分类的整体销售数据可以在公司总部获得。

4. 根据上述讨论的每一种情境，你能运用描述性、预测性或指导性的分析给出建议吗？例如，上述a情境，如果社交媒体评论被集成到公司数据库，描述性、预测性或指导性的分析

将提供最深入的分析。从相同的分析视角解决 b 和 c 问题。

5. 在 asmarterplanet. com 访问 IBM 的“智能星球”博客。在类别中，选择“业务分析”链接，确定其中的焦点是描述性、预测性还是指导性的分析（或者三者的组合）。

6. 从最近的新闻来源中搜索一个大数据故事。利用 Google News，Yahoo！News 或者你喜欢的搜索引擎的新闻部分，从业务或营销的视角找出话题是如何被讨论的。将故事的主要特征与这一章的关键内容联系起来。

7. 你的公司正在安装第一个大数据系统。讨论一下，你将如何确保大数据集成的挑战——访问和检索数据、内缺乏足够的分析技能以及大数据的公司整合问题，不会成为公司的挑战。请记住，缺乏足够的分析技能这一挑战是所有公司面临的问题，不只是特定公司和特定行业的。

注释

1. The "needle in a haystack" analogy originated in a white paper entitled, "Oracle Information Architecture: An Architect's Guide to Big Data," August 2012, downloaded from http://www.oracle.com/technetwork/topics/entarch/articles/oea-big-data-guide-1522052.pdf on November 19, 2012.
2. Doug Laney, "3D Data Management: Controlling Data Volume, Velocity, and Variety," February 6, 2001, Application Delivery Strategies, META Group, downloaded July 25, 2012, from http://blogs.gartner.com/doug-laney/files/2012/01/ad949-3D-Data-Management-Controlling-Data-Volume-Velocity-and-Variety.pdf.
3. Marcia Conner, "Data on Big Data," July 18, 2012, downloaded July 25, 2012, from http://marciaconner.com/blog/data-on-big-data/.
4. Peter Lyman and Hal R. Varian, "How Much Information?" November 11, 2000, downloaded July 25, 2012, from http://www2.sims.berkeley.edu/research/projects/how-much-info/how-much-info.pdf; "Data, Data Everywhere," February 25, 2010, *The Economist*, downloaded July 25, 2012, from http://www.economist.com/node/15557443.
5. "Big Data: Harnessing a Game-Changing Asset," September 2011, *The Economist*, downloaded August 7, 2012, from http://www.sas.com/resources/asset/SAS_BigData_final.pdf.
6. "Big Data: Big Opportunities to Create Business Value," Information Intelligence Group of EMC, undated, downloaded from http://www.emc.com on July 25, 2012.
7. "Global Survey: Is Big Data Producing Big Returns?" June 2012, Avanade, downloaded September 13, 2012, from http://www.avanade.com/Documents/Research%20and%20Insights/avanade-big-data-executive-summary-2012.pdf.
8. "Data, Data Everywhere," February 25, 2010, *The Economist*, downloaded July 25, 2012, from http://www.economist.com/node/15557443.
9. "Big Data: The Next Frontier for Innovation, Competition, and Productivity," June 2011, McKinsey Global Institute, McKinsey & Company, downloaded September 13, 2012, from http://www.mckinsey.com/~/media/McKinsey/dotcom/Insights%20and%20pubs/MGI/Research/Technology%20and%20Innovation/Big%20Data/MGI_big_data_full_report.ashx.
10. Keri Pearlson, "Analytics Versus Intuition," January 21, 2011, International Institute for Analytics, downloaded October 22, 2012, from http://iianalytics.com/2011/01/analytics-versus-intuition/.
11. "Best Western Uses Medallia to Drive Guest Loyalty," Medallia Resources, downloaded October 22, 2012, from http://www.medallia.com/resources/item/guest-loyalty-case-study/.
12. Bob Thompson, "From Big Data to Big Decisions: Three Ways Analytics Can Improve the Retail Experience," October 5, 2012, Customer Think, downloaded October 22, 2012, from http://www.customerthink.com/article/from_big_data_to_big_decisions_3_ways_analytics_can_improve_retail_experience.
13. Neil Versel, "Big Data Helps Kaiser Close Healthcare Gaps," March 7, 2013, downloaded May 27, 2013, from http://www.informationweek.com/healthcare/electronic-medical-records/big-data-helps-kaiser-close-healthcare-g/240150269.
14. Erik Brynjolfsson and Andrew McAfee, "Big Data's Management Revolution," September 11, 2012, *Harvard Business Review*, downloaded October 22, 2012, from http://blogs.hbr.org/cs/2012/09/big_datas_management_revolutio.html.
15. Tom Kalil, "Big Data is a Big Deal," Office of Science and Technology Policy, March 29, 2012, downloaded October 22, 2012, from http://www.whitehouse.gov/blog/2012/03/29/big-data-big-deal.
16. Dawn Campbell, "VoC and Social Media Make Great Partners," OpinionLab, downloaded September 13, 2012, from http://www.opinionlab.com/voc-and-social-media-make-great-partners/.
17. "Winning the Intensifying Battle for Customers," May 1, 2012, Accenture, downloaded September 13, 2012, from http://www.accenture.com/SiteCollectionDocuments/PDF/Accenture-Communications-Next-generation-Customer-Analytics-Big-Data.pdf.
18. "The Future of Mobile News," October 1, 2012, Pew Research Center, downloaded October 22, 2012, from http://pewresearch.org/pubs/2373/mobile-digital-technology-tablet-smartphone-news-computer-economist-devices-technology-multiple-audience-ads-click-digital-browser-apps-print.
19. Aaron Smith, "In-store Mobile

Commerce During the 2012 Holiday Shopping Season," January 31, 2013, Pew Research Center, downloaded May 27, 2013, from http://pewinternet.org/Reports/2013/in-store-mobile-commerce.aspx.
20. Dan Butcher, "Starbucks Breaks First Location-based Mobile Campaign with Major Carrier," October 15, 2010, Mobile Marketer, downloaded October 22, 2012, from http://www.mobilemarketer.com/cms/news/database-crm/7754.html.
21. David Dorf, "Analytics in an Omni-Channel World," October 26, 2012, Insight-Driven Retailing Blog, Oracle, downloaded November 12, 2012, from https://blogs.oracle.com/retail/entry/analytics_in_an_omni_channel.
22. Daniel J. Power, "Ask Dan," November 10, 2002, *DSS News*, Vol. 3, No. 23, downloaded November 17, 2012, from http://www.dssresources.com/newsletters/66.php; "All About Beer and Diapers," March 3, 2008, Oracle Tips by Burleson Consulting, downloaded November 17, 2012, from http://www.dba-oracle.com/oracle_tips_beer_diapers_data_warehouse.htm.
23. "Big Data: The Next Frontier for Innovation, Competition, and Productivity," June 2011, McKinsey Global Institute, McKinsey & Company, downloaded September 13, 2012, from http://www.mckinsey.com/~/media/McKinsey/dotcom/Insights%20and%20pubs/MGI/Research/Technology%20and%20Innovation/Big%20Data/MGI_big_data_full_report.ashx; Irv Lustig, Brenda Dietrich, Christer Johnson, and Christopher Dziekan, "Analytics Journey," *Analytics Magazine*, November/December 2010, downloaded October 22, 2012, from http://www.analytics-magazine.org/november-december-2010/54-the-analytics-journey.html.
24. "Big Data: The Next Frontier for Innovation, Competition, and Productivity," June 2011, McKinsey Global Institute, McKinsey & Company, downloaded September 13, 2012, from http://www.mckinsey.com/~/media/McKinsey/dotcom/Insights%20and%20pubs/MGI/Research/Technology%20and%20Innovation/Big%20Data/MGI_big_data_full_report.ashx; Mark D. Feuer, Sheryl L. Woodward, Inwoong Kim, Paparao Palacharla, Xi Wang, Daniel Bihon, Balagangadhar G. Bathula, Weiyi Zhang, Rakesh Sinha, Guangzhi Li, and Angela L. Chiu, "Simulations of a Service Velocity Network Employing Regenerator Site Concentration," AT&T Labs, downloaded November 17, 2012, at http://www.research.att.com/export/sites/att_labs/techdocs/TD_100677.pdf.
25. Irv Lustig, Brenda Dietrich, Christer Johnson, and Christopher Dziekan, "Analytics Journey," *Analytics Magazine*, November/December 2010, downloaded October 22, 2012, from http://www.analytics-magazine.org/november-december-2010/54-the-analytics-journey.html.
26. "IBM Slamtracker," The Championships, Wimbledon 2013, downloaded November 19, 2012, from http://www.wimbledon.com/en_GB/slamtracker/index.html.
27. Christer Johnson, "Advancing Analytics to Predict Specific Needs," August 8, 2012, Building a Smarter Planet, downloaded November 19, 2012, from http://asmarterplanet.com/blog/2012/08/advancing_analytics.html.
28. "Big Data Does Not Make Better Decisions. Analytical Skills Do.," Overcoming the Insight Deficit, downloaded November 19, 2012, from http://www.executiveboard.com/exbd/information-technology/insight-deficit/index.page.
29. "Big Data: The Next Frontier for Innovation, Competition, and Productivity," June 2011, McKinsey Global Institute, McKinsey & Company, downloaded September 13, 2012, from http://www.mckinsey.com/~/media/McKinsey/dotcom/Insights%20and%20pubs/MGI/Research/Technology%20and%20Innovation/Big%20Data/MGI_big_data_full_report.ashx.
30. "Big Data: Harnessing a Game-Changing Asset," September 2011, *The Economist*, downloaded August 7, 2012, from http://www.sas.com/resources/asset/SAS_BigData_final.pdf.
31. Christian Bizer, Peter Boncz, Michael L. Brodie, and Orri Erling, "The Meaningful Use of Big Data: Four Perspectives—Four Challenges," December 2011, *SIGMOD Record*, Vol. 40 (No. 4), downloaded November 19, 2012, from http://www.sigmod.org/publications/sigmod-record/1112/pdfs/10.report.bizer.pdf.
32. Phil Simon, *Why New Systems Fail: An Insider's Guide to Successful IT Projects*, February 2010, Course Technology PTR.

第7章 外部二手数据的使用

学习目标

1. 描述搜索公开出版的外部二手数据的过程
2. 列出使用标准化信息服务的三个常见方法
3. 定义地理人口统计特征
4. 描述使用日记固定样本组和扫描仪数据评估产品销售情况
5. 讨论收视记录仪的目的和运行
6. 定义单一来源数据

引　　言

组织已经拥有营销经理在做决策时所需要的大部分数据，这部分数据通常是在决策支持系统中——一个为了这种目的而专门设立的系统。这就是为什么图 2-1 中的第一个决策点是确定相关的内部二手数据是否存在的原因。不幸的是，许多决策需要的信息无法从内部获取。在这种情况下，管理人员应该查看外部来源来获取相关数据。通常情况下，好的数据可以通过公开来源获取。尽管在获取这些数据时需要成本，但是与收集原始数据相比，这种成本要低得多。在本章我们提供一个搜索已发布信息的过程。

有时候，公司需要一些无法从公开来源获取的非常专业的信息。许多标准化的营销信息服务就可用于向营销调研人员提供有关某些特定领域的信息。这些商业服务比使用出版信息贵，但仍然比收集原始数据便宜。这是因为这些数据的提供者向多个公司同时出售数据，分摊了收集、编辑、编码以及分析的成本。由于为了多个公司都能够使用这些数据，收集的数据以及如何收集数据必须标准化，也因此，这些数据对某个公司不可能是完全合适的，这是标准化营销信息的一个主要缺点。在这一章，我们会介绍标准化营销信息的主要类型和来源。

公开出版的外部二手数据

大多数人低估了现有信息的可得性，实际上营销人员面临的几乎任何问题都可能存在相关的外部二手数据。根本问题并不是是否有用，而是对二手数据的识别和使用。即使那些了解二手数据价值的调研人员也可能并不知道如何找到这些数据。图7-1提供了一些可用于搜索一个特定主题的二手数据的指导方针。[1]

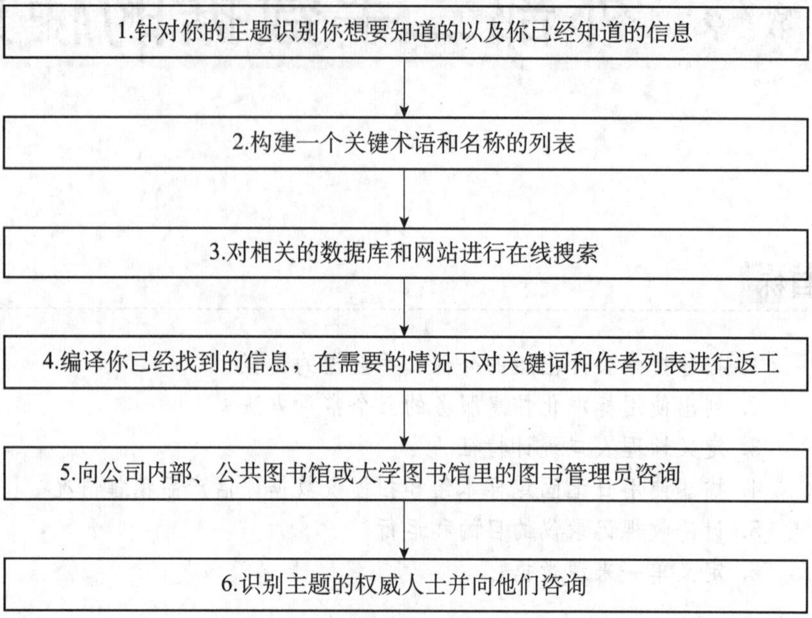

图7-1　如何搜索公开出版的二手数据

步骤1

第一步是识别关于主题你想知道的信息和你已经知道的信息。这可能包括相关事实，与该主题相关的调研人员或组织的名称，你已经熟悉的重要论文和其他出版物以及任何你可能拥有的其他信息。

步骤2

第二步是建立关键术语和名称的列表。这些术语和名称可以用于搜索二手数据。除非你有一个非常具体的感兴趣的主题，否则最好将这个初始列表列举得尽可能详细而且更具普遍性。

步骤3

第三步你可以开始准备真正的数据搜索了。许许多多在线的数据来源在这一阶段会派上用场。表7-1对其中比较好的一些在线数据库进行了介绍。例如，胡佛在线为超过18 500家美国公司提供有关公司及其产品的大量信息，其中一些信息是免费的。表7-2是有关电子安防系统行业的数据来源。如果你需要有关特定行业的信息，请访问该行业的行业协会网站。许多行业协会网站收集本行业运作的详细资料。如果你需要更多关于电子安防系统行业的信息，你可以先访问电子安防系统行业协会的网站 http：//www. esaweb. org/。

表 7-1 用于商业目的重要的在线二手数据来源

互联网信息的可用性呈指数级增长。找到适当的资源可能是一项艰巨的任务。该清单列出了公共的和学术的图书馆所提供的广泛的信息资源，包括免费和基于订阅得到的电子资源。

免费的网络资源

人口普查局（www. census. gov）——人口普查局提供全国的人口、经济和商业数据。

EDGAR（www. sec. gov/edgar. shtml）——电子数据收集、分析和检索（EDGAR）系统，几乎包含上市公司向美国证券交易委员会（SEC）提交的所有财务信息、所有权状况以及业务情况的文件。

雅虎财经（finance. yahoo. com）——提供新闻和信息，包括原始视频节目、股票报价、股票交易率、企业新闻稿和财务报告。

基于订阅的网络资源（这些资源可以通过大学图书馆和公共图书馆免费获得）

胡佛在线（Hoover's Inc.）——包括超过 18 500 家公共的和私人的美国本土和全球性公司的公司介绍、公司历史、产品和运营业务（公司的基本信息可从网站上免费获取）。

IBIS World——基于北美行业分类系统（NAICS）形成的超过 700 个当前美国行业的概况。

参考美国（Info USA，Inc.）——可以使用许多标准，包括地理位置、SIC、公司规模等搜索美国公司的目录信息。

NetAdvantage（标准普尔）——提供上市公司的财务数据、股票行情数据和行业调查数据（也可以提供印刷品）。

一般商业/公司信息：各种订阅数据库提供期刊和报纸的文章，文章上提供公司和行业的新闻与分析。例如：ABI / lnform（ProOuest）；商业来源（EBSCO）；Factiva（道琼斯公司）。

基于订阅的印刷资源（通常为印刷品，也可以在线订阅）

行业比率——用于标杆分析，行业比率通常为行业中的公司提供行业平均资产规模数据。不同的资源覆盖各行各业。例如：《商业和工业财务比率年鉴》（*Almanac of Business and Industrial Financial Ratios*，CCH Inc）；《行业规范和关键业务比率》（*Industry Norms and Key Business Ratios*，Dun&Bradstreet Corp）；《RMA 年度报表研究》（*RMA Annual Statement Studies*，RMA）。

价值线投资调查——每周股票分析通讯，包含公司财务数据和价格预测数据，分为三个部分：评级和报告，摘要/指数，选择和意见。在线网站（www. valueline. com）提供一些免费资料。

资料来源：Information aggregated by Professors Steven Locy and Victor Baeza of the Edmon Low Library at Oklahoma State University，October 2012.

表 7-2 电子安防系统行业的数据来源

电子安防系统

参见：工业安全计划

目录

《汽车防盗和机械设备目录》。美国保险商实验室公司。每年 10.00 美元。列出制造商授权使用 UL 标签。

《国家防盗报警协会会员服务指南》。国防防火报警器协会。约 4 000 个警报安全公司的成员名称和地址。原《国家防盗报警协会会员名录》。

《安全分销和市场营销安全产品和服务定位器》。Cahners 商业信息。每年 50.00 美元。原先的《SDM：安全分发和市场营销安全产品和服务目录》。

《安全：产品服务供应商指南》。Cahners 商业信息。每年 50.00 美元。包括电脑和信息保护产品。原先的《安全世界产品目录》。

手册和指南

《防盗报警销售和安装》。企业家媒体公司。每年 59.50 美元。启动防盗报警服务的实用指南。涵盖利润潜力、启动成本、市场规模评估、所需时间、定价、会计、广告、促销等（启动业务指南 No. E 1091）。

续前表

《有效的物理安全：设计、设备和操作》（第2版）。劳伦斯·芬内利（Lawrence J. Fennelly），编辑。Butterworth-Heinemann，1996。36.95美元。包含美国各种安全设备专家撰写的文章。涵盖建筑、锁、保险箱、报警、入侵检测系统、闭路电视、识别系统等。
周刊和通讯
《9-1-1杂志：公共安全通信和响应》。官方出版物·双月刊。每年31.95美元。涵盖公共安全通信人员的技术信息和应用。
《安全分销与市场营销》。Cahners Business Information。一年13期，每年82美元。涵盖应用、销售、新技术和管理。
《安全管理》。美国工业社会安全。月刊。会员免费；非会员，每年48美元。文章涉及保护公司资产，包括人员财产和信息安全。
《安全系统管理》。Cygnus Business Media。月刊。每年10美元。
《安全：安全产品、系统和服务买家杂志》。Cahners Business Information。月刊。每年82.90美元。
贸易/专业协会
ASIS国际（美国工业安全协会）。1625 Prince St.，Alexandria，VA 22314-2818. Phone：(703) 519-6200 Fax (703) 519-6299。网址：http：// www.asisonline.org.
火灾自动报警协会。P.O. Box 951807，Lake Mary，FL 32795-1807。电话：(407) 322-6288 传真：(407) 322-7488。网址：http：//www.afaa.org。
中心火车站报警协会。440 Maple Ave.，Suite 201，Vienna，VA 22180-4723. 电话 (703) 242-4670 传真：(703) 242-4675 电子邮件：communications@csaaul.org。
全国防盗防火警报协会。8300 Colesville Rd.，Ste. 750，Silver Spring，MD 20910. 电话：(301) 907-3202 传真：(301) 907-7897 电子邮件：staff@alarm.org。网址：http：//www.alarm.org。

资料来源：Linda D. Hall，ed.，*Encyclopedia of Business Information Sources*，20th Edition (Detroit：Thomson Gale，2005)，pp. 305-307.

步骤4

现在是编译你所发现的信息的时候了。它们是否与你的需求相关？在这一点上，你可能发现相关信息有很多，或者你也可能发现相关信息很少。如果你需要更多信息，请重新编辑关键词和名称列表，并扩展搜索范围，以包含更多的年份和其他来源。再次评估你的发现。在第4步结束之前，你应该清楚地知道你所拥有的信息的性质以及足够的背景以使用更专门的来源。

步骤5

一个非常有用的专业来源是图书管理员。图书管理员是经过专门培训的，了解图书馆和网络中许多关键信息来源的内容以及如何最有效地搜索这些来源的专家。图书管理员通常可以发现与你当前问题相关的信息。如果你想获得图书管理员的帮助，你首先需要向他提供精心构建的关键词或名称列表。你需要记住，如果你不能提供有关你想知道的具体细节，图书管理员是无法提供更多帮助的。

步骤6

如果你不满意所发现的，或者遇到其他问题并且图书管理员无法识别来源的，你应该寻求权威专家的帮助。识别可能会了解有关该主题内容的某些个人或组织，如商业咨询师、金融分析师、行业协会工作人员、大学教职员工、政府官员和企业高管，往往都是有用的信息来源。

标准化营销信息——分析客户

公开出版的外部二手数据在可获得时是非常有用的，但是大部分情况下，调研人员需要比出版数据更具体的信息。在这种情况下，调研人员往往需要寻求标准化营销信息提供者的帮助。正如我们前面提到的，这些公司收集关键信息，出售给需要它的公司。在以下部分中，从有助于公司描述其客户和前景的调研开始，我们描述了几种不同类型的**标准化营销信息**（standardized marketing information）。

市场细分在寻求改善营销工作的企业中是常见的，有效的细分要求企业将客户分组到相对同质的群体，这使得它们能够为个别团体量身定制营销计划，从而使计划更有效。销售工业产品的公司的共同细分基础考虑了行业名称或客户的名称，最典型的是北美行业分类系统（NAICS）代码。NAICS 代码是美国人口普查局开发的一个系统，用于组织业务信息的报告，例如就业、制造业增加值、资本支出和总销售等。在 NAICS 中，主要的行业被赋予两位数的代码，业务类型被赋予额外的数字。表 7-3 显示了公用事业行业如何使用 NAICS 进行编码。

表 7-3　公用事业行业的 NAICS 代码

22	公用事业
221	公用事业
2211	发电、传输和分配
22111	发电
221111	水力发电
221112	化石燃料发电
221113	核能发电
221114	太阳能发电
221115	风力发电
221116	地热发电
221117	生物质发电
221118	其他发电
22112	电力传输、控制和分配
221121	电力大功率传输与控制
221122	电力分配
2212	天然气分布
22121	天然气分布
221210	天然气分布

续前表

2213	水、污水等系统
22131	供水和灌溉系统
221310	供水和灌溉系统
22132	污水处理设施
221320	污水处理设施
22133	蒸汽和空调供应
221330	蒸汽和空调供应

资料来源："2 - 6 digit 2012 Code Files" downloaded from http：//www.census.gov/cgi-bin/sssd/naics/naicsrch? chart=2012 on October 5，2012.

在制造业和服务业中，使用最普遍的分析客户的标准化营销信息的一个主要来源是邓白氏（Dun & Bradstreet）全球商业数据库。该信息服务提供了全球超过1.31亿个正在运营的公司的信息。这些通过NAICS代码分析的数据可以帮助销售管理者预测销售前景，定义销售地区和衡量领先潜力，并选出具有特定特征的潜在新客户。它们还可以帮助广告管理者根据规模和区域选择潜在客户，分析和选择宣传的媒体，建立、维护和构建当前的销售邮件列表，根据规模、位置和质量引导生产，检验新开发的市场。最后，它们可以帮助营销调研专业人员评估区域内的市场潜力，从前景和客户数量的角度衡量市场渗透率，并对区域和销售领域以及个别行业的整体绩效进行比较分析。

向顾客销售产品的公司传统上是针对客户群体而不是个人客户展开营销。正如它们经常所说的**地理人口统计特征**（geodemographers）数据，整合了它们自己的普查数据或其他来源的数据，例如，机动车辆登记和信用卡交易等数据，以便向它们的客户提供定制化的产品。通常使用地图软件（通常称为地理信息系统或GIS）将不同类型的数据与地理人口统计特征数据相结合，该软件允许用户绘制显示该区域的平均数据的地图，也可以放大以便更详细地查看特定城镇的情况。一个典型的例子是，大通银行通过使用地理人口统计特征数据与地图分析确定了以下信息：只有2/3的分行顾客居住在贸易地区，另外一部分顾客在这里工作但居住在别处。进一步分析表明，许多居住在这个地区外的顾客都在医疗中心的附近工作，而且作为一个群体，这些偏居一隅的顾客可能拥有超过5亿美元的潜在储蓄金额。他们也发现：实际上有竞争力的银行都处于比较好的位置，因为这样才能吸引潜在的客户。基于GIS分析，大通银行可以对已存在的分支机构进行重新选址。[2]

道德困境7-1

一家电力设备制造商雇用独立的营销调研公司调研明尼阿波利斯市场，该制造商的生产领域包括割草机、除雪机和链锯。制造商想确定：（1）是否有足够的市场潜力来发展新的经销商；（2）如果是，在大都会区域里经销商应该设置在哪里。营销调研公司通过筛选明尼阿波利斯市场的二手数据，特别是人口普查局发布的统计普查数据，完成了这项任务。在不到两个月的时间里，营销调研公司就能够对电力设备制造商应该做些什么提出明确的建议。

在完成本调研约六个月后，另一家电动工具制造商接触了营销调研公司，就配送中心的位置进行了类似的调研，通过该调研可以更有效地为该地区的五金店提供服务。

● 营销调研公司使用第一项调研中收集的信息来降低对客户的成本报价是否符合道德规范?

● 如果生产电动工具的公司也生产电动割草机和电锯，调研结论会有所不同吗?

● 假设一些数据是通过第一个客户的个人访谈收集的，这种方式收集的数据会影响实际情况吗?

地理人口统计特征数据分析所做的另一件事是通过统计推断来定期更新人口普查数据，因此，在普查之间的这几年的数据更加具有可信度。人口普查数据分析的另一个增值功能与行业的成功有很大关系。提供地理人口统计特征数据的公司对普查数据进行了聚类分析，以生成描述美国人口的平均群体。图 7－2 显示了部分数据的结果。

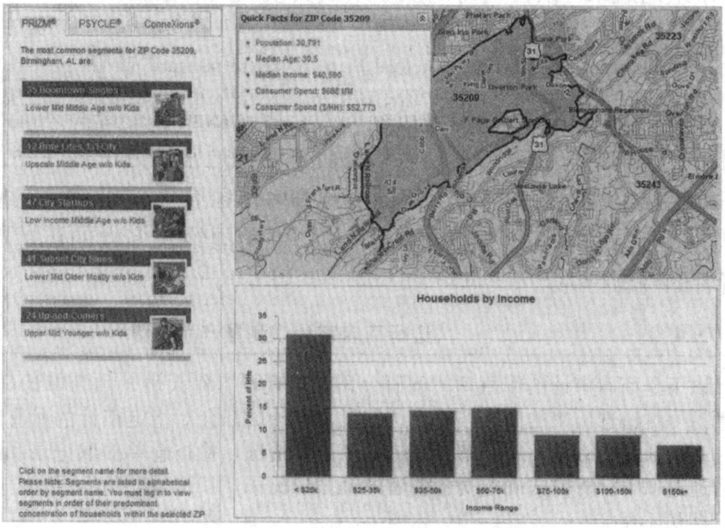

图 7－2　亚拉巴马州伯明翰的地理人口统计地图样例

例如，尼尔森（Nielsen）的 PRIZM（Zip Markets 的潜在评级）系统使用了很多人口统计因素来对住宅区住户进行分类。该系统根据消费者行为和生活方式将美国的街区分为 66 种街区，每种类型都有一个名称，理论上描述了居住在那里的住户的类型。

标准化营销信息——测量产品销售收入和市场份额

如果想在一个竞争越来越激烈的环境里取得成功，企业需要一个准确的评估。完成这个任务的一个方法是查看内部记录，然后确定企业在分销渠道（指批发商、分销商、零售商之类）中已经出售了多少产品。然而，了解有多少产品发送给批发商和零售商并不能及时了解关于产品对消费者产生的效益。另外，简单的总销售发票根本无法提供自己的产品与其他公司产品的相关程度。从历史的观点说，有许多方法能衡量从最终消费者那里得到的销售收入，包括家庭的日记固定样本组的运用和商店扫描仪数据的使用。

（在线）日记固定样本组

日记固定样本组是家庭购买产品的重要信息来源。日记固定样本组的主要特征是，无论是记录在纸上还是在线报告，在给定时期内，有代表性的个人或家庭群体被跟踪所购买情况或所消费产品。以这种方式可以推断出更广泛的人口样本。

举一个例子，NPD 集团跟踪美国的一些采购和消费趋势。例如，自 1980 年以来，全国食物倾向（National Eating Trends，NET）开始进行家庭日记固定样本组调查，参与者每天记录所有家庭成员消费的所有的食物和饮料，无论是家里已有的还是在家外购买的。通过这种方式，公司可以追踪到食品和饮料行业感兴趣的各种特征，包括市场份额。NPD 集团还提供了涵盖广泛产品的近 200 万名成员的在线消费样本组的成果。该公司每周从小组成员获取采购数据。

扫描仪

评估产品销售收入和市场份额的另一种方法是与零售商（而不是消费者固定样本组）合作来获取数据。在与零售商合作时，通常的方法是在销售点使用记录采购产品的扫描仪。虽然在一些美国商店和许多国家企业的店铺仍在使用老式的商店审计方法（有关商店审计工作见表 7－4），但美国绝大多数的店铺都通过扫描仪跟踪消费者的购物行为。

表 7－4　进行商店审计以测量产品销售

以下是商店审计工作原理。调研公司派遣现场工作人员，称为审计员，以固定的时间间隔到访一批遴选出来的商店。每次访问时，审计员都会对指定审计的所有产品进行全面盘点。审计人员通过检查批发单了解商品进入商店的情况，检查仓单提取记录和制造商的出货情况。然后通过以下计算方式确定对消费者的销售情况：

期初库存
＋净购买（来自批发商和制造商）
－最终库存
＝销售量

商店审计由尼尔森公司率先推出，多年来已经成为尼尔森零售指数的重要组成成分。该方法还用于测量不可用扫描仪数据的终端市场的销售。

商店中销售的大多数产品都有独特的条形码，这些条形码与公司相联系，也与产品自身的信息相联系。1974 年在美国首次使用的条形码是印在产品上或产品附带的附属物或标签上。随着条形码被固定的或手持式**扫描仪**（scanner）读取，扫描仪识别出号码，查看连接电脑中的价格，并立即打印出产品的名称和价格，同时，计算机可以跟踪它扫描的每个产品。在有扫描仪的地方，销售数据（以什么价格出售多少单位）可以从零售商的系统收集。调研服务提供商拿到这些数据并将代码与产品类型相匹配，使信息更有用。扫描仪现在非常普及，如今大多数零售销售数据都来源于扫描仪数据。

此外，其他数据源可以与扫描仪数据相结合。例如，假设你或你的调研服务提供商在收集有关产品是应该在促销展示中出现还是应该在广告中出现的信息，你可以收集有关产品历史价格的信息，并将其与当前价格进行比较。在所有这些情况下，你将尝试采用“因果”数据，看它是否与产品销售的变化相关，从而评估各种营销行为的有效性，如短期促销、定价变化、新产品介绍以及意外事件，如产品召回或短缺。扫描仪对标准化营销调研的影响是非常深刻的。

标准化营销信息——测量广告展示和效果

营销者另一个可以获得大量有用的商业信息的领域是广告展示和效果的评估。许多工业产品供应商在商业出版物上大量刊登广告，为了更有效地招揽广告，各种类型的商业出版物都专门资助读者调研，以便吸引潜在的广告客户。消费者产品和服务的供应商也经常阅读媒体资助的读者调研。此外，许多服务商都开展了测量各种媒体宣传效果的行动。

电视和收音机

尼尔森公司创建的尼尔森电视节目评价调查可能是大众媒体调研中最常用的形式。几乎每个人都听说过尼尔森电视节目评价调查以及它调查得出的结论（虽然电视正在被网络取代但仍拥有很大影响力）。该调查用来评估收看电视节目观众的人数和特征。

尼尔森采用许多不同的方式来获取尼尔森电视节目评价需要的数据。**收视记录仪**（people meters）不仅可以测量收看的频道，而且知道家庭中的哪个人正在观看。家庭中的每一位成员都有自己的观看号码，无论谁打开电视、坐下收看、调换频道都要求把自己的观看号码输入收视记录仪。从约 20 000 户尼尔森收视记录仪得到的信息会传输到一个中央计算机进行处理。不仅如此，在一年中的某些时候尼尔森还会在美国各地补充大约 200 万个观众收视日记数据。

通过这些基本记录提供的数据，尼尔森可以估计观看一个既定电视节目的人数以及占所有电视家庭中的百分比。尼尔森按照大量社会经济和人文特征进行等级分类，包括地理、户主的教育程度、家庭收入、户主的职业。这些分类有助于电视网络在特定的节目中插播广告，也可以帮助广告客户将广告送达与期望特征相符的家庭。

购买广告时间的广告客户也对广告送达听众的人口特征和规模感兴趣。广播视听统计有代表性的方法是通过日记固定家庭样本组收集信息。例如，广播节目收听状况设备产生随机的电话号码，以确保可以打到在电话簿中没有列出号码的家庭，同时将同意参与的家庭加入固定日记样本组。一些较大的广播市场一年评估四次，大部分的广播市场一年评估一次或两次。广播收视率经常按照年龄和性别进行分类，与电视收视率相比，它更聚焦于个人行为而不是家庭行为。

在许多市场上测量电视节目观看状况的设备还有便携式收视记录仪（PPM），它是更准确地跟踪受众收视状况的一种工具。PPM 只有手机大小，要求消费者一整天携带。不被察觉的设备传感器代码被嵌入到广播、电视节目中（包括有线电视台），可以为媒体提供准确的展示度记录。PPM 还配备了一个运动传感器来验证该装置是否正在移动（以此大概推测是否被申请人携带），这也是正确使用的基本要求。每天晚上参与者在基站中给该设备充电，同时自动地将白天收集到的数据传送回中央计算机处理。自2012年开始，大约有70 000个PPM被使用。[3]

印刷媒体

有几种服务可以测量印刷媒体的展示度及读者群。GfK集团的斯塔奇广告读者群计划（Starch Ad Readership）是其中最古老的一个，它测量杂志广告的有效性。2010年，该公司从美国发行的180多份全国性杂志中的3 150期中测量了144 000个广告。对于每一期杂志，受访者被要求描述他们看到的每一个广告（记得看到的广告，看到广告客户的名字，阅读到的广告中的任何内容，阅读所有的广告），并回答与广告相关的一系列内容，包括：

- 品牌意向；
- 广告对品牌意向的影响；
- 购买行为/购买意图；
- 读者采取的行动；
- 口碑；
- 注意和阅读大部分；
- 出版物参与。

斯塔奇广告读者群报告提供了对广告读者群的调研结果，该调研也尝试去测量读者兴趣以及对杂志中内容和广告的反应。该报告的一个重要特征是它将特定广告的读者得分与相同主题的其他广告以及大小、颜色、产品类别相似的广告的读者得分进行比较。该报告的这些特征有助于有效地评估主题、版面设计、颜色使用等。[4]

互联网

广告客户也需要了解在线顾客的活动信息，并且这种需求在持续增长。在2013年3月，约有2.1亿美国人（约每三个人中就有两个人）会花时间上网。计算点击网站或旗帜广告的次数是容易的，这些点击次数通常与在线交易的收入保持一致。和别的媒体形式相比，互联网在识别登录网站的网民的人口统计特征时有点复杂——因此，为达到良好的广告目的而选择在哪个网站上做广告的决策是很重要的。

在美国和全球部分地区，尼尔森公司提供数字语音，这是一种常见的辛迪加服务，用来评估互联网的使用情况。固定样本组成员提供一些关于他们自己和家庭成员的基本信息（例如出生日期、性别、职业、受教育程度和年收入），然后在他们的计算机上安装一个专门的应用程序用来跟踪他们的互联网使用情况，并向尼尔森报告这些信息。此外，他们也经常在访问特定网站时接受调查。作为交换，固定样本组成员登记信息参与抽奖活动，有机会获得每月颁发的现金奖励。来自该服务的定期报告详细描述了网站的受众规模和组成、在网站上花费的时间等。按照最近一个月访问各个网站的用户数量，表7-5列出了排名前10的网站。例如，在3月超过1.7亿人访问了谷歌这个顶级的网站。用户在整个月花费将近七小时在排名第二位的 Facebook 上。对于市场营销人员更重要的是，尼尔森可以根据人口统计数据和访问不同网站的在线活动来确定消费者的类型。[5]

表 7-5　　2013 年 3 月个人用户访问最频繁的 10 大网站（美国的总数）

排名	品牌	个人用户数	每人花费的时间（小时：分钟：秒）
1	谷歌（Google）	170 867 000	2：08：37
2	Facebook	142 147 000	6：44：00
3	雅虎（Yahoo!）	136 366 000	2：33：53
4	YouTube	128 708 000	2：01：30
5	MSN/WindowsLive/Bing	125 747 000	1：16：15
6	微软（Microsoft）	88 261 000	0：45：34
7	AOL Media Network	85 195 000	2：07：58
8	亚马逊（Amazon）	83 900 000	0：35：23
9	维基百科（Wikipedia）	77 697 000	0：23：31
10	Ask Search Network	69 433 000	0：11：48

注：在 2013 年 3 月，有 1.709 亿位美国人访问了谷歌网站。

资料来源："March 2013：Top Education & Career Sites and U. S. Web Brands，" downloaded from http://www. nielsen com/us/en/newswire/2013/march - 2013-top-education—career-sites-and-u-s-web-brands. html on May 27，2013.

道德困境7-2

一家狗粮生产商的销售经理在拜访公司附近的印刷商时，偶然发现了一个重要的竞争情报。该经理和处理他的公司账目的销售人员谈话时，注意到其竞争对手的一种产品的广告，该广告中强调了一些新的低价促销信息。当他向印刷商询问时，他被告知这是一个新广告活动的一部分。他回到总部后，召集了本公司的管理层会议，该公司发起了先发制人的减价活动，有效地削弱了竞争对手的策略。

销售经理回到自己公司汇报信息是否有道德行为错误？

如果广告在一个文件夹里，销售经理站在那儿时漫不经心地、并不是故意地打开了文件夹，你的判断是否会不同？在注意到文件夹属于他的竞争对手时，他这样做的目的又是什么呢？

这样的信息是否应该进入公司的决策支持系统？

另一个互联网导向的测量领域是移动设备上的媒体消费，包括智能手机和平板电脑。一些公司提供关于移动媒体的使用和受众构成的辛迪加调研报告。例如，comScore Mobile Metrix 2.0 的服务包括面向一大波移动设备用户，他们的使用情况被 comScore 追踪，并与人口普查数据相结合，提供一个综合考虑移动媒体消费的视角。Flurry 目前提供一项免费的分析服务，允许公司跟踪它的应用程序在移动设备上的使用情况和各种额外的指标。

正如了解哪些客户通过电脑或手机在线浏览你的网站很重要一样，公司也认识到了解社交媒体活动很重要。几个大的调研机构包括 comScore、WebTrends 和尼尔森都提供工具，通过推特、脸谱网、YouTube 和其他社交媒体网站来评估品牌的影响力和对消费者的影响。就像我们在第 6 章中所了解到的，分析大量数据的能力，包括社交媒体中的消费者评论数据，正在迅速改变消费者调研的本质。

跨平台服务

分析单个媒体（如电视、广播、杂志、报纸、网站、移动、社交网络）的广告展示和效果，对于衡量特定媒体传播工具的有效性是非常重要的。然而，一些广告调研者认识到，一个单一的广告活动常常会同时出现在各种各样的媒体上，因此他们试图全面评估跨媒体平台的营销活动的有效性。

西蒙斯全国消费者研究（Simmons National Consumer Study，由 Experian 提供）采用了全美国约 25 000 个消费者样本，这是一个全面的数据源，它允许产品使用和媒体宣传的交叉引用。该公司的调研对象包括西班牙裔家庭和非西班牙裔家庭。通过分层抽样，该研究机构向参与者发送一本调查手册，收集参与者的家庭使用产品的信息，调查的产品列表覆盖了 8 000 个品牌的产品和服务。此外，每个家庭成员都会收到一份个人调查小册子，广泛收集囊括大约 1 000 个媒体平台的媒体使用情况，以及关于人口统计特征和生活方式、购物行为等方面的个人信息。西蒙斯全国消费者研究是全年进行的，以便客户公司可以观察到自己的品牌随着时间的推移，消费者对品牌的反应的变化。通过考虑媒体习惯和产品使用情况两项因素，这些数据使公司能够更好地细分、瞄准最有前途的群体并与之有效地沟通。[6]

GfK MRI 提供有关不同媒体在家庭的使用情况以及各种产品和服务的家庭消费情况的辛迪加数据。它对美国近 26 000 名成年受访者的年度调查分两个阶段进行。第一阶段涉及入户的个人访谈，要求受访者详细介绍媒体使用情况、人口统计特征和生活方式特点。由于调研人员面对面地与被访问者交谈，他们能够得到在访谈前几天被采访者使用的并能记忆的媒体的详细信息。在第二阶段，面试者留下一本小册子，上面记载着大约 550 个产品和服务类别及 6 000 个品牌，要求受访者对上面列出的产品和服务品牌做出评价。这本小册子通常会直接还给面试官，送回公司。GfK MRI 调研的关键收益（和西蒙斯调研一样）是其结果可以纳入国家人口方面的相关计划。这两项调研的主要缺点是调研结果严重依赖于消费者自我报告的媒体行为，而不是对这种行为的客观衡量。

不过，有几家公司至少能部分地克服媒体使用的自我报告问题。回想一下，媒体展示通常是通过不引人注意的机械过程来衡量的，这一过程准确度非常高。例如，comScore 自动追踪固定样本组成员的移动网络使用情况，该公司还追踪一系列的各种其他类型的媒体使用情况，包括电视机（公司检索数以百万计的有线电视机顶盒的数据）和网络。通过浏览媒体，该公司可以向固定样本组成员报告广告的展示度（以及其他许多事情）。WebTrends 提供了一个基于移动设备、网络和社交媒体分析的相似产品。尼尔森公司整合了从收视记录仪获得的电视收视率数据和从数字语音专题组得到的在线活动数据。在每一个跨平台的辛迪加产品中，行为数据比基于调查工具获得的自我报告数据要精确得多。调查的方法是基于有代表性的样本，并且考虑了更广泛的媒体。

毫无疑问，跨平台调研将发挥越来越重要的作用，因为调研人员开始利用各种可获得的不同的数据来源（内部的和外部的）。数据分析公司的跨界合作将极大地扩展媒体的类型，逐渐成为跨平台分析。例如，阿比创（Arbitron）和 comScore 日前宣布与 ESPN 进行创新合作，共同提供电视、广播、网络、移动设备和平板电脑的跨平台数据。ESPN 希望从数据中了解各种各样的东西，包括观众在观看其体育节目时习惯使用什么移动设备。[7]

道德困境7-3

Maps 公司是一个大型信用卡公司的营销调研分公司。这家分公司专门制作人口统计特征地图。为了制作这些地图，它将来自消费者信用卡的交易信息和消费者申请信用卡时提交的人口统计特征数据结合起来。根据谁购买什么的资料，同小型地理区域的人口统计特征数据结合起来，Maps 公司就可以开发出这些地图，利用地图去展示不同邮政区号地区的各种产品和服务的潜在市场。接下来，按照客户指定的地理范围制作定制化的地图，再将信息卖给制造商、批发商和零售商。

- 采取这种方式使用信用卡交易信息是道德的吗？
- 信用卡用户是否对这样的调研有知情权？
- 对于 Maps 公司来说，将个人购买交易数据存入数据库之前，从个人信用卡拥有者那里得到授权使用是必须的吗？授权使用信息的要求，对数据的质量可能会产生什么样的影响？

经理关注

尽管标准化营销信息服务的费用比定制营销调研要低，它仍然是组织一笔不菲的投入。在购买之前，认真评估标准化营销信息可能的无效性十分重要。定义营销问题的步骤就像设计原始营销调研那样同标准化营销信息服务相关。一个关键的区别是，标准化营销信息服务的提供者将不会明确告诉你解决问题的过程。本书将教身为经理的你学习解决问题的过程。

一些标准化营销信息服务在定制的基础上是可以利用的，因此，你也许发现你的组织已经定制了某个类型的标准化营销信息。在这样的情况下，最好能定期审查组织真正使用所接受信息的程度。这样也许会显示你的组织为什么没有利用自身的资源来更好地利用所拥有的信息。审计工作也会引导你思考：标准化营销信息服务是不是必不可少的？如果你定义好所面对的营销问题，你将能从一个很好的角度考虑，决定标准化营销信息服务的投入是该继续还是终止。

努力走向涅槃：单一来源数据

从外部二手数据和标准化营销信息的问题中暂时退一步，想一想营销人员在销售产品和服务时想要获得的信息。在一个完美的世界里，他们能够了解顾客的所有个人特征（例如，他们的需求、态度、人口特征、产品知识、购买意图）以及他们对营销经理所能控制的各种营销活动做出的行为反馈。图 7－3 阐述了这个想法。

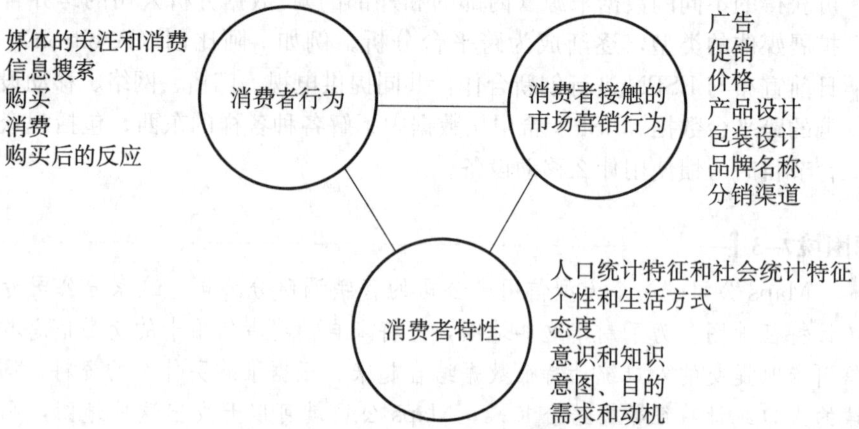

图 7-3　完美世界中的单一来源数据

不可能有关于每个消费者的完整信息，消费者深受营销活动的影响，并作出相应的行为反应，营销调研人员已经花费数十年的时间来创建将尽可能多的信息整合在一起的系统。将个人或家庭层面的所有相关数据整合起来，就产生了我们所知的**单一来源数据**（single-source data）。

许多行业的单一来源数据都受到零售商的严格控制。正如我们将在第 10 章中更详细地讨论的那样，乐购（Tesco），一家大型零售商，可以通过购物卡和购物点的扫描仪数据将其商店中绝大多数的商品与特定的家庭捆绑到一起。为了获得购物卡，申请人提供了一些可以与实际购买行为相联系的人口统计信息。公司控制营销组合的基本要素，包括价格、发给客户的优惠券等。乐购可以使用单一来源数据做出许多重要的营销决策。许多零售商拥有或可能拥有类似的系统。

许多公司想获得单一来源数据的优势，却无法获得像乐购产生的那种专有数据。例如，假设丰田想了解其广告活动如何影响消费者对新凯美瑞在特定细分市场的购买行为，购物卡和扫描仪根本不起作用。然而，大数据分析和单一来源数据的新方法可能会起作用。

考虑 TiVo 调研和分析公司提供的 TRAnalytics 服务，TRAnalytics 是 TiVo 公司的全资子公司。利用 TiVo 和有限电视机顶盒采集的家庭层面的媒体数据，并与从零售商和其他经销商处获得的家庭购买数据整合，这项服务能够为客户提供精确的产品信息，这些产品正是由观看特定电视节目或对特定广告做出回应的消费者购买的。例如，Scripps 网络交互公司最近发现其多个电视网络（比如，食品网、HGTV、旅游频道、DIY）受到了真正购买新汽车的家庭的高度评价，决定成为 TiVo 的客户之一。TRAnalytics 服务能够整合来自北美汽车数据库的汽车购买数据，以及大约 100 万个不同家庭每分钟的电视收视行为数据，使特定品牌和型号汽车的购买者与特定网络和节目相匹配。当 Scripps 为其节目寻找汽车销售行业的广告主时，这种细致的信息给该公司提供了巨大的优势。类似的单一来源数据也可在其他类别中获得。[8]

快速浏览图 7-3 就能明了，单一来源数据系统如乐购的专有系统和 TRAnalytics 的整合系统是不完整的，在这个意义上，没有系统能捕获营销人员需要的与所有特定消费者或家庭相匹配的全部数据（这就是为什么我们这节的标题为“努力走向涅槃”，我们还未到达那个层级）。一个完整的系统需要增加像媒体宣传的二手数据和消费者知识、态度、动机、信息搜索、购买后反应以及其他购买行为的原始数据。即使可以获得相关数据，收集数据的费用也会令人望而却步。

还有一件事情，在大多数情况下，经理们更关注特定的市场营销行为如何激发购买行为，而不是寻求为什么这些行动会引起特定顾客群体的购买行为的解释，这是可以理解的。学者构建了关于事物为什么以一定方式运行的理论，实践者更关心的是哪些行为导致了哪些结果，哪些条件下的哪种行动带来了哪些顾客。因此，新兴的单一来源数据处理方法有很大的前景。正如我们所指出的那样，对于了解数据潜在价值的管理者和调研人员的需求还在增长，因为可获得的数据在持续增长，这些不同来源的数据需要整合到一起为营销管理提供有效的洞察力。

道德困境7-4

Toys-4-Kids是一家玩具制造商，通过建立和保持有12岁及以下孩子的家庭的固定样本组，监控销售、市场份额、家庭渗透的变化。每个家庭记录他们购买的玩具和参加的游戏。营销调研主管琼·布卢（Jean Blue）在招募家庭样本时认为隐瞒主办者的名字是最好的。因为如果固定样本组成员知道调研的主办方是Toys-4-Kids，他们的报告行为可能存在偏见。

- 如果固定样本组成员是志愿者，他们有权知道固定样本组的主办方吗？
- 如果对他们的参与给予补偿，他们有权知道固定样本组的主办方吗？
- 当家庭知道Toys-4-Kids是调研的主办方，你认为家庭报告行为会存在偏见吗？

经理关注

由于标准化营销信息服务的提供者认为他们是特定领域的专家，能号召其他组织购买他们的服务，对于身为经理的你来讲，得出他们所提供的信息质量很高的结论也许非常容易。这并不是必然的，因为决定数据的质量和适用性的标准根据营销环境的变化而变化。

记住，标准化营销信息服务的提供者并非为你的组织专门收集数据。这些信息提供者对于你特定的营销问题和所需的相关营销信息的理解是有限的。因此，在购买之前评估标准化营销信息的重任就落在你肩上。标准化营销信息服务只不过是二手数据的商业来源之一。调研者应该能不受限制地提出大量重要的问题，以帮助评估标准化营销信息（二手数据）的质量。这些问题会帮助你评价信息符合你专门需要的程度以及准确的程度。

评估二手数据的准确性包括一项称为“质量的总体证据”的评估内容。这要求仔细了解二手营销信息服务的收集数据能力以及所用方法的合适性。不要害怕提出问题，合法的、明智的营销信息提供者不需要隐藏什么。注意“超级秘密”方法和不能共享的来源。在数据收集的过程中真的没有太多的秘密，仅仅是适合的方法和努力的工作。

小结

学习目标1

描述搜索公开出版的外部二手数据的过程

在搜索已出版的二手数据时涉及许多步骤。这些步骤包括：识别信息需求；创建一张关键术语和名称的列表；进行信息的在线搜索；编译得到的信息，如果有必要的话，精练列表中的关键术语和名称；咨询图书管理员；识别与主题相关的权威人士并向他们咨询。

学习目标2

列出使用标准化信息服务的三个常见方法

（1）分析客户；（2）测量产品销售收入和市场份额；（3）测量广告展示和效果。

学习目标3

定义地理人口统计特征

地理人口统计特征是指任意的通常是比较小的地理区域中的人口统计特征、消费者行为和生活方式的数据。

学习目标4

描述使用日记固定样本组和扫描仪数据评估产品销售情况

日记固定样本组的主要特征是，在给定的时期内，不管是记录在纸上还是在线报告，都是有代表性的个人或家庭群体被跟踪购买情况或者消费产品。扫描仪数据是通过电子设备产生的，它会自动读取印在产品上的条形码。当产品在销售点被扫描时，销售数据就被记录下来。这些数据通常提供给生产商，作为衡量零售产品销售情况的一种手段。

学习目标5

讨论收视记录仪的目的和运作

收视记录仪企图测量哪些家庭成员在哪个时段收看哪个电视频道。每一位家庭成员都有自己的观看号码。无论谁打开电视，坐下欣赏或改变频道都要把自己的观看号码输入到收视记录仪中，收视记录仪是一个存储和传输信息到中央计算机处理系统的自动装置。

学习目标6

定义单一来源数据

单一来源数据是指有能力监控产品购买数据、家庭层面的广告展示数据并将这些数据与家庭的人口统计特征连接起来。

关键术语

标准化营销信息（standardized marketing information）

地理人口统计特征（geodemographers）

扫描仪（scanner）

收视记录仪（people meters）

单一来源数据（single-source data）

复习题

1. 调研人员在寻找标准化营销信息之前，为什么应该先寻找已出版的二手数据来源？
2. 标准化营销信息的“标准”是什么？
3. “分析”顾客或“前景”是什么意思？为什么公司需要这些信息？

4. 地理人口统计特征分析的目的是什么?
5. 既然公司知道自己的收入,为什么还需要关于产品销售和市场份额的标准化信息?
6. 日记固定样本组是如何工作的?
7. 为什么在标准化营销信息中扫描仪的效果能被描述为“意义深刻的”?
8. 如何使用收视记录仪来评估电视收视率?
9. 一家公司如何评估其在线广告是否成功?
10. 什么是跨平台服务?为什么它可能是重要的?
11. 什么是单一来源数据?

讨论的问题与案例

1. 下面列出了几种情况。在每个例子中,都需要标准化营销信息。推荐一种或多种可以提供所需信息的服务,并说明你的选择。

a. 作为广告销售收入战略的一部分,KZZD 公司想要确认其广告对于 19～25 岁的年轻人是否有吸引力。广告销售人员需要支持这种说法的数据。

b. Pulizer 花生公司为其 36 盎司的花生容器开展了一种独特的促销活动和电视广告活动。他们需要了解以下信息去评估这项活动:

(1) 当观看了电视广告之后,人们更乐于使用优惠券吗?

(2) 使用优惠券家庭的一般规模是多大?

(3) 在使用优惠券的用户中,新购买者和老购买者的比例是多少?

c. EMM 广告机构确信有这样一个客户,尽管他在一个国内杂志上做一个半页的广告要花费 20 万美元,这个广告在每个读者身上花费却不到 2 分钱。EMM 将为这个顾客准备一份报告,需要数据去支持结论。

d. Eco-Soft 公司引进了一个软件包,这个软件包用于对生产聚酯光纤工厂中的污染物水平做出长期预测。他们需要按照工厂当前销售收入排列的顾客目录列出需要新软件包的优先次序。

e. 广告代理商为一家一次性男用刮胡刀的领先品牌作广告宣传,最好选择哪种网络电视来播放广告?

f. 一家中型在线零售商最近开始在各种网站上使用横幅广告来提升自己的网站流量,它想评估其活动的有效性。

g. 一家领先的电视网站想向一家在网站上发布广告的公司展示那些观看它们广告的人实际上会购买更多该公司的产品。

2. 采访你的当地媒体渠道的代表,判断他们利用标准化营销信息的程度。采访时你可以使用下面的问题:

a. 他们使用哪种来源?

b. 他们从这种来源中获得了哪种类型的信息?

c. 他们如何使用信息?

d. 在做生意时这些信息有多重要?

e. 他们如何评估信息的准确性?

f. 他们使用当地收集的原始数据来补充标准化信息吗?

3. 利用已发布的二手数据,在你所选择的行业中构建一家公司的概要文件(如果你需要帮助,别忘了咨询图书管理员)。

4. 上一个问题中所选行业的 NAICS 代码是什么？
5. 在顶级网站寻找最近的信息，并将其与表 7 - 5 中的信息进行比较。

注释

1. The figure and surrounding discussion are adapted from David W. Stewart and Michael A. Kamins, *Secondary Research: Information Sources and Methods*, 2nd ed. (Thousand Oaks, Calif.: Sage Publications, 1993).
2. "Customer Profile: Chase Manhattan Bank," downloaded from http://www.cbe.wwu.edu on October 5, 2012.
3. Tanzina Vega, "ESPN, Aided by Arbitron and comScore, to Follow the Audience Wherever It Goes," *New York Times*, September 13, 2012, downloaded from http://mediadecoder.blogs.nytimes.com/2012/09/13/espn-aided-by-arbitron-and-comscore-to-follow-the-audience-wherever-it-goes/?nl=technology&emc=edit_tu_20120913 on October 9, 2012.
4. "Starch Syndicated," downloaded from http://www.gfkmri.com/Products/Starch/StarchSyndicated.aspx on October 9, 2012.
5. " March 2013: Top Education & Career Sites and U.S. Web Brands," downloaded from http://www.nielsen.com/us/en/newswire/2013/march-2013–top-education—career-sites-and-u-s-web-brands.html on May 27, 2013. See also the Digital Voice web site at http://digitalvoice.nielsen.com/content/digitalvoice/us/en/home.html, downloaded on October 10, 2012.
6. Information downloaded from http://www.experian.com/simmons-research/consumer-study-details.html on October 10, 2012.
7. Vega, *New York Times*.
8. "TiVo Research and Analytics (TRA) Signs Scripps Networks Interactive to a Research and Analytics Deal," downloaded from http://pr.tivo.com/press-releases on October 9, 2012. See also the company's web site at http://www.traglobal.com.

第 3 篇　收集一手数据解决问题

你准备在哪个城市开始你的职业生涯？虽然有“最佳宜居城市”排名，但你可能还是想先查询一下“盖普洛健康生活幸福指数”（Gallup-Healthways Well-Being Index）。早在2008年，该指数就评估全美国各个小型、中型和大型城市的居住者的幸福感。如何精确测量诸如“幸福”这类主观变量呢？

该指数每天会调查1 000多人，按照以下维度对个人的健康和幸福进行评价（括号中给出的是这类测量的例子）：

- 生活评价（例如，对生活质量的总体评价）
- 情绪健康（例如，日常的体验，如微笑、焦虑、压力）
- 身体健康（例如，锻炼的频率，吃得健康）
- 工作环境（例如，工作满意度，上级的待遇）
- 基本的生存（例如，清洁的水，医疗，有充足的钱购买食物）

收集数据时，调研者采取双重抽样框，通过电话联系固定样本组的成员。即固定样本组中的一定比例成员是从电话黄页上的固定电话列表抽样得到的，另一部分通过对手机号码的随机自动拨号获得。如果应答者在第一次没有同意参与调查，则会第二次电话联系他/她。经过一年的时间，有成千上万的人参与了这项调研。

那么，美国哪一个大城市的幸福指数表现最佳呢？以下是2012年幸福指数排名前十的城市列表（为了便于比较，给出全美国所有城市的平均指数是66.7）。

排名	城市	幸福指数
1	内布拉斯加州林肯（Lincoln，NE）	72.8
2	科罗拉多州博尔德（Boulder，CO）	72.7
3	佛蒙特州伯灵顿-南伯灵顿（Burlington-South Burlington，VT）	72.4
4	犹他州普罗沃-奥勒姆（Provo-Orem，UT）	71.7
5	科罗拉多州柯林斯堡-拉夫兰（Fort Collins-Loveland，CO）	71.6
6	夏威夷州火奴鲁鲁（Honolulu，HI）	71.5
7	马萨诸塞州巴恩斯特布尔（Barnstable Town，MA）	71.5
8	密歇根州安阿伯（Ann Arbor，MI）	71.4
9	华盛顿-阿灵顿-亚历山德里亚（哥伦比亚特区-弗吉尼亚州-马里兰州-西弗吉尼亚州）（Washington-Arlington-Alexandria，DC-VA-MD-WV）	71.3
10	加利福尼亚州圣路易斯-奥比斯波-帕索罗夫莱斯（San Luis Obispo-Paso Robles，CA）	71.2

资料来源：Dan Witters，“Lincoln，Neb.，Bests All Cities in Wellbeing in 2012，” March 26，2013，downloaded May 27，2013，from http：//www.gallup.com/poll/161483/lincoln-neb-bests-cities-wellbeing-2012.aspx. Information also downloaded from http：//www.gallup.com/poll/145913/City-Wellbeing-Tracking.aspx？ref＝interactive on November 15，2012. See also “Gallup Daily Tracking，” downloaded from http：//www.gallup.com/poll/141122/Gallup-Daily-Tracking.aspx on November 15，2012.

幸福指数是标准化营销信息的一个例子，它为我们在接下来的几章中将要介绍的很多概念提供了范例。有时候直接从个体处收集数据是很有必要的——如果不询问人群的话，你如何获得幸福指数需要的信息呢？正如你所见到的，有很多决策需要制定，包括如何询问问题，如何调查，还有很多其他的问题，这就是经典的营销调研。

第8章 实施因果性调研

学习目标

1. 探讨一手数据调研的三个基本类型
2. 澄清实验室实验和现场实验的区别
3. 解释哪种实验有较高的内部效度，哪种实验有较高的外部效度
4. 罗列市场测试需要考虑的三个主要问题
5. 区别标准的市场测试和受控的测试市场
6. 探讨模拟的市场测试的优势和劣势

引　言

你仔细界定了决策问题，也尽己所能收集了制定决策所需要的所有内部数据。你搜寻了公开的二手数据，并竭尽全力地寻找辛迪加调研数据……但是你仍然没有得到做出决策所需的信息。

现在怎么办?

这样的情形并不少见。许多调研问题所需要的数据目前并不存在。在第5章我们引入了一手数据。一手数据是基于当前目标而收集的新数据。事实上除非调研者面对一个简单的、再现的问题（如追踪品牌态度或者消费者满意度的调研）并且数据已经通过公司决策支持系统收集完了，或者通过外部资源（如完全基于二手数据的市场分析）获得了数据，否则需要一手数据来解决营销问题的可能性非常高。本章及后面各章将有助于你获得高效收集一手数据的能力。即使你从来没有真正收集过一手数据，我们也希望你至少要了解这一流程并且能够准确评价其他人使用这一方法。

让我们回顾图2-1，我们将决策模型放置在了第三行，使用原始数据调研的三种基本类型（探索性调研、描述性调研或者因果性调研）中的一个或者多个，任务是从个体收集相关信息。我们在接下来的部分将简要讨论这三种调研，并详细介绍因果性调研。

一手数据调研的三种基本类型

调研有三种基本类型：探索性调研、描述性调研和因果性调研。在第4章我们

讨论了探索性调研的各种类型。回顾探索性调研的目标，即在界定决策问题中发现观点和洞察。一家软饮料生产商面对未预料到的销售量下降可能会组织一次探索性调研来找到可能的解释，这些解释会在后面的深入调研中被证实或否定。

既然探索性调研的主要目的是为界定决策问题提供有效的洞察，现在我们讨论收集一手数据时为什么还要提到它呢？原因有以下几点。首先，探索性调研符合我们对一手数据的定义。它们本质上是全新的，为了某个特定目的专门收集的。其次，有些公司和调研者收集一手数据的唯一方法就是探索性调研。他们在探索性数据中获得他们寻求的答案，并以此为基础制定决策以及更进一步解决其他问题。这可能会让你吃惊，但是大多数情况下，将经理人的商业直觉和探索性调研的结论结合起来往往能够带来合理的决策。然而，这样做得到一个坏的决策的风险也是我们不能控制的。

经理关注

在前面几个经理关注里，我们强调了学习如何评估调研方法的合适程度的重要性。这一章和下一章的内容将是你培养这个能力的第一步。特别重要的是，在给定目前所了解的营销状况的条件下，你能够决定探索性调研、描述性调研或者因果性调研哪一个是最适合的。

假如你停下来分析自己的个人经历，那么你学到的大多数都来自问自己问题并找到答案。你问的问题取决于所处的环境和你对它的理解。例如，当发生一些你没有预料到的事情时，意味着你没有很好地了解你的环境，你可能会问自己："这是什么原因？为什么会发生在我身上？"在你有满意的答案之前你应当分析下这个问题。在你能很好地解释某个事件时，你或许会问，"我面临的这个新状况有多重要呢？"回答这个问题会帮助你决定应对这个状况的方式以及是否有兴趣来应对。之后你会决定用几种方式来应对，对于每一种方式你会问，"假如以这种方式应对，会收到什么效果？"答案会帮助你决定如何实施。

在这一章你将会看到，给定你的营销状况，在这种情况下你应当询问哪种类型的问题，决定最合适的调研类型真是小菜一碟。当你对目前的境况了解不够时，可以采用探索性调研。你会探索性地找到"这是哪种类型的问题"的答案。与此对照，描述性调研用于回答问题有"多大"。最后，因果性调研用于回答这样的问题，"假如我们这样做，我们可能给市场带来怎样的影响？"

你怎样知道该问哪种类型的问题呢？答案真的很简单。假如你用前面章节建议的过程仔细完成了问题界定，那么现在你该问哪类问题就已经确定好了。关键是确定与问题相配的调研类型。

描述性调研（descriptive research） 特别关注按照不同的特征（如，品牌态度、偏好、人口统计变量）描述一个群体或者两个特征之间的关系（如，男人与女人在品牌态度上是否存在差异）。与软饮料消费趋势相关的消费者特征的调查，如年龄、性别、地理位置，就是一个描述性调研。描述性调研非常普遍，一般通过调查的方式来实施（也可以通过观察法进行），通常需要从一个大的总体中选取样本。人们一听到"营销调研"可能最先想到的就是描述性调研。

因果性调研（causal research） 涉及判断原因和结果间的关系。典型的因果性调研是采用实验法来完成，因为实验是确定原因和结果的最好方法。例如，软饮料生产商或许想确定几种不同的广告诉求使用哪种广告最有效。一个方式就是在不同的地理区域使用不同的广告，然后调查哪一则广告产生了最高的销售量。假如实验设计得当，公司将证明哪一个广告导致了更高的销售量。

那么，面对特定的情形哪一种调研才是最佳的？大部分（并不是所有）情况下，项目包含了在探索性调研过程中界定问题、针对已经发生的事件（营销环境中非计划的变化）或即将发生的事件（市场环境中计划内的变化）提出看法以及假设。除非调研者通过探索性调研已经获得了低风险的决策问题，或者已经收集到了足够多的相关二手数据来支撑决策制定，大多数调研还是需要进入到收集描述性数据的阶段。然而，只有调研者充分了解主要议题是什么，也清楚必须要回答的问题是什么，才能转而开始进行描述性调研。当公司需要关于计划中的各种营销行为对重要的结果产生的影响的精确答案时，管理者必须使用因果性调研。

三种基本的调研设计可以被看成一个持续过程的几个阶段。图8-1表明了它们之间的关系。探索性调研常常被看作初始阶段。例如，我们考虑如下的问题："为什么X牌软饮料的市场份额在下跌？"这个陈述太宽泛，不能为描述性调研或者因果性调研提供指导。探索性调研应当用于简化并提炼这个问题，目标就是寻找销售下滑的可能解释。这个试探性的解释或者假设将引导描述性调研或者因果性调研。

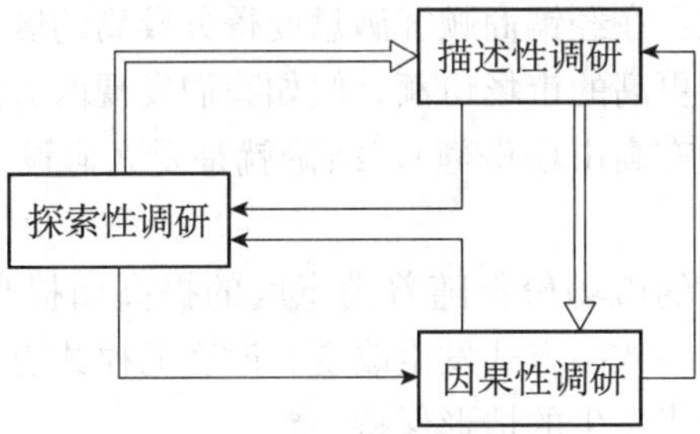

图8-1 一手数据调研间的关系

假设从探索性调研中得到的试探性的解释是"特定品牌软饮料在市场中被看做过时的或者不再令人激动的"。在一个描述性调研项目中，调研者可以从消费软饮料的人群中随机抽取一个样本，让他们对不同的软饮料品牌在主要维度上的表现作出评价，以准确判断X品牌与同品类的其他品牌相比较的整体表现。使用描述性调研，调研者也可以判断软饮料的哪个属性与X品牌的消费者态度和自我报告的购买行为的关系最紧密。简而言之，通过描述性调研，我们可以从整体上更多地了解在市场中X品牌是被如何看待的，以及在重要的产品属性上与其他品牌相比表现如何。

假如描述性调研结果表明消费者对这种品牌的关键属性评分不再高，管理者可能需要制定增强品牌的新的广告策略。花费巨额的广告费来重振微弱的品牌是一个非常冒险的商业行为。有没有一种方法能够提前确定新的广告策略对改变品牌观念产生积极影响？调研者可能会通过市场测试来检验被提议的广告策略的有效性。

我们陈述了不同的调研设计，好像它们必须按顺序执行，其实并不一定。有时候管理者从描述性调研或者因果性调研项目中得到结果，这些项目会导致更多的问题从而需要探索性调研。图8-1中较小的箭头表明调研设计间互相关联的不同方式。本章展示了因果性调研的基础，包括营销调研者如何将实验的概念应用于现实的例子。

因果性调研

每个人都知道因果关系的一般定义，就是一个事物导致另一个事物的出现，但是科学的因果关系的定义很复杂，本书没有必要详细地来讨论它。在这里我们要清楚的是，我们不可能完全证明一个事物导致了另一个事物的出现。

建立因果关系

得出一个事件导致另一个事件之前必须要满足3个条件：（1）因果间有一致的变化；（2）因果的时间顺序必须是正确的；（3）必须消除其他的解释。

一致的变化（consistent variation）　假设一个汽车生产商想了解不同区域顾客对经销商的满意度与公司市场份额之间的关系。假设满意度高导致高的市场份额，我们会发现：在经销商顾客满意度得分较高的区域，应该比经销商顾客满意度得分低的区域有更高的市场份额。假如我们发现两者间没有关系（例如，高顾客满意度的经销商没有高市场份额），结论就是要么假设错误，要么就牵涉一些额外的因素。

假如经销商的市场份额随着满意度的提高而提高，我们会找到一致变化的证据。因果变量以一致的方式发生改变。改变的模式也与我们的预期或者我们的理论保持一致，与应当发生的情形保持一致。

变量的固定形式或者两变量间的关系不足以总结出一个事件导致另一个事件。我们的结论是这个联系增强了假设的可能性，但是并没有证明它。我们一直在推断而非证明因果关系存在。同样，两变量间缺乏联系也不足以总结出一个事件不能导致另一个事件，因为有时其他变量与因果变量间的关系掩盖了真实的因果关系。

时间顺序（time order）　这个简单，原因不会在结果之后发生。假定汽车生产商一直在调研经销商顾客满意度和市场份额间的关系并且发现了如下的固定形式：市场份额稳定增长的24个月内，顾客满意度的评价分数也在增长。和以前一样，预期的原因和结果的确发生了一致的变化。然而我们推测的原因变量（经销商满意度）在结果变量（市场份额）之后，这与我们的假设相矛盾。于是我们准备提出新的假设——增长的市场份额可能会带来很大的资源从而可以提高顾客对经销商的满意度。这个状况确实有一些复杂（例如，从技术上讲，因果同时发生变化是可能的，或者两个变量的其中一个引发另一个），但主要的观点是相同的，即原因不可能在结果之后。

道德困境8-1

一家大型连锁男装的地区销售经理想知道增加销售人员的佣金是否会带来更好的销售行为。他尤其想要知道在某些服装线上增加佣金是否可以促进这些服装的销售而对其他服装的销售产生消极影响，以及增加所有服装线上销售人员的佣金是否可以带来所有服装的更高销售量。假设你认为解决这个问题的最好方法是通过现场实验，即只增加有些销售人员的某一个服装线的销售佣金，其他销售人员的所有服装的销售佣金都增加，还有一些销售人员作为对照组其佣金保持不变。

- 这样的设计是否存在道德问题?
- 对照组被剥夺了利益吗?

消除其他解释（elimination of other explanations）　因果关系成立的最后一个条件也是最难满足的。为了证明因果关系的存在，调研者必须要排除可能导致结果的其他变量。这就意味着在实验中需要持续控制其他因素（后面会更多地讲到这一点），或意味着调整结果以排除其他可能的原因因素。这也会有一些意外：即使我们掌握能想到的所有可能的因素，我们也不能确定没有另外一个潜在的我们不知道的原因因素。

现在重新考虑一下试图确定经销商满意度是否影响市场份额的例子。证实了经销商满意度和市场份额间的关系，以及市场份额变化随经销商满意度变化后，将会成功获得决定因果关系的头两个条件。有必要说明价格策略、新款车、竞争举动、不同区域的总体经济环境等不导致市场份额的变化。即使我们有一些固定的变量（例如，测试阶段市场上无价格变动动机）并且通过统计测量和解决来控制它们（比如竞争者的价格策略），我们仍然不能证明没有一个或者更多的变量导致市场份额变化。

是不是这就意味着调研者不应该试图建立因果关系？答案并不是！尽管我们不能确定一个变量变化导致了另一个变量的变化，但是我们可以实施调研排除其他我们知道的可能因素来帮助我们缩小两个变量间可能的因果关系范围。在描述性调研中，我们可以通过测量其他变量以及通过统计分析技术来控制它们对结果变量的影响来实现这一点。在因果性调研中，我们可以使用实验的方法来检验可能存在的因果关系。

因果性调研的实验

因为可以控制被调查对象，所以**实验**（experiment）可以比探索性调研和描述性调研提供更多可信的因果关系证据。在一项实验中，调研者操纵或设定一个或多个原因变量（自变量），以测量其对一个或多个结果变量（因变量）的影响，同时试图解释其他几个可能的原因变量的影响，通常是让它们保持不变。由于调研者可以控制自变量的水平，他们可以更加自信地称所发现的关系为真关系。

有两种基本类型的实验——实验室实验和现场实验，各有优缺点，调研者必须对两者都很熟悉。

实验室实验　实验室实验（laboratory experiments）是指调查者创造一种合适的环境，操纵一个变量的变化而控制其他变量的变化。控制其他变量的变化而操纵自变量的变化，调研者可以观察和测量被操纵变量对因变量的影响，其他变量的影响已经被剔除了。

举一个实验的例子。调研者通过实验来更好地理解“旅游链”，在一次购物出行中驾车去往多个零售商店（与每次只去一个零售商店的旅游路线对比）。调研者认为消费者更加倾向于选择不同零售商店之间最短距离的路线（零售商店是“聚集”的）而不是选择零售商店之间距离较长的路线（“零散”的商店）——即使从商店到家的总距离是相等的，上述观点仍成立。为了检验这一假设，调研者制定了详细的地图和驾车去往所有集中的和不集中的商店的路线，并向所有同意参加这个实验的大学生进行了展示。为了控制先前的地理区域知识对实验的影响，调研者更改了街道名称，有一些街道被移出了地图。学生们同时看到了受到操控的聚集的和不聚集的出行链，然后选择他们比较倾向的路线。结果印证了调研者的假设，74%的人选择了聚集的路线。[1]

该调研中，展示给被试的任务与现实生活中消费者面对的真实情形在一定程度上相似。例如，当我们购买不同的东西时，我们一定会选择某一个路线。尽管调研与现实不同，即地图上展示的地理区域并不是消费者真实生活的地区。

因为我们能制造某种程度上“不受干扰”（sterile）的环境，在此环境中外部变量保持不变，实验室实验有相当高的内部效度。**内部效度**（internal validity）是指我们把观察到的结果变量的变化归因于实验变量而非其他因素。这一点非常重要，营销管理者需要知道实验中变量的变化（聚集的程度）是否确实带来了输出变量的变化（消费者的偏好），以便他们依此制定营销策略。

现场实验 **现场实验**（field experiment）发生在一个真实的或自然的环境里，当然如果环境允许，也要在小心控制条件的前提下操纵一个或多个变量。现场实验与实验室实验不同的地方在于环境。调研之窗8-1讨论了菲多利（Frito-Lay）如何使用现场实验测量广告效果。

调研之窗8-1

菲多利如何使用实验测量广告效果

数年前，菲多利作为快餐业的龙头企业，进行了一系列实验设计来帮助它制定电视广告管理的规则以及确定最佳的广告策略。这家公司关注电视广告是因为它收到了一笔巨额的广告预算。

调研计划是检验一系列假设，即广告可以增加销售量。通过家庭行为扫描数据库（BehaviorScan households）（在“市场测试的类型”部分中有定义），调研者将家庭随机分派到广告组和无广告组两种情境。菲多利测试的广告已经在公司每年的媒体计划中得到了批准。那些被分派到广告组的家庭会接收到来自媒体计划的广告。那些被分派到无广告组中的家庭将接收公共服务声明来替代菲多利的电视广告。

调研持续了四年，在菲多利的这项实验中，每个品牌广告至少会在两个以上的市场投放1个月。在四年后的结束之际，公司了解到57%的广告促使销售量增加，并且在广告组的家庭和无广告组的家庭之间呈现显著差异。这很重要，因为通过这个实验，菲多利知道哪些部分在起作用。

在本案例中88%的广告内容介绍了一些新的东西，例如新的品牌或新的产品特点，广告显著使销售量增加。除了一个情形下广告对销售量的影响在实验的前三个月并没有显现，其他所有情形下，销售量不仅快速增长，而且一直保持增长。在接下来的调研中发现广告不仅产生了短暂的收益也有长期的效果，约是短期销售效果的两倍。有效的广告的短期平均影响是增加了15%的销售量（15%的销售量增加对于菲多利这样的拥有数百万美元资产的大企业来说十分可观）。

调研也关注了广告的权重——数量和频率。数据显示菲多利61%的广告对于权重改变是不敏感的（广告权重的改变不能解释销售量的变化）。营销者可以将这一结论应用于特定的广告，用于检验广告权重的减少是否会导致销量减少。如果不是这样的，营销者可以通过降低广告频率来缩减开支。

资料来源：This research is described in Leonard Lodish, "When Do Commercials Boost Sales?" *Financial Times*, August 7, 2002. For more research on the use of experiments to test advertising effectiveness, see Ye Hu, Leonard M. Lodish, Abba M. Krieger, and Babak Hayati, "An Update of Real-World TV Advertising Tests," *Journal of Advertising Research*, June 2009, pp. 201-206, downloaded using ProQuest on October 11, 2012.

调研者调研了消费者对聚集出行链（对比不聚集）的现场实验，其中调研中的居民是真实居住在实验调研中地图所在的区域。在现场实验中，调研者使用了电话调查，并让调研基于被试的家庭地址和实际的零售商店位置（被试对这些零售商店非常熟悉）来开展。让被试设想去这两类商店的路线，然后提供给他们两种可选择的路线（一种是聚集的，一种是不聚集的）。随着实验展开，了解过出行路线的被试均倾向于选择聚集的出行路线。

请注意这两项调研的差别。在现场实验中，没有有意设定专门的环境。被控制的实验变量——出行路线聚集程度——在一个自然的环境中发生影响。在实验室实验中，一切都是人为设定的，被试考虑的并不是他们可能选择的真实购物路线，购物路线设计去往的商店也不是在他们实际的居住环境中的真实商店。

现场实验的外部效度常常比实验室实验高。**外部效度**（external validity）是指实验结果能够被推广或者延伸到其他情形的程度。实验室实验因为更真实的实验环境，因此拥有更高的外部效度。在我们的例子中，真实的消费者在真实的市场上用真实的钱买真实的商品。然而，请注意外部效度与内部效度是相互矛盾的：有较高的外部效度意味着放弃一定的内部效度，反之亦然。例如，为得到较高的内部效度，我们必须控制更多的要素，这样做会使实验更不真实，因而会降低外部效度。同样，假如我们想要得到更高的外部效度，需要更真实的环境就会降低内部效度。

那么究竟哪一种效度更重要呢？答案是两种效度都很重要。内部效度和外部效度只是程度上的问题而并不是全有或全无的命题。一项内部效度很差的调研是没有价值的；一项外部效度很差的调研也不能很好地帮助营销经理。一个可能的策略是同时进行这两种实验。实验室实验用来设定自变量和因变量之间基本的因果关系；现场实验用来在一个更自然的环境中证明这种因果关系，这样就保证了一定的外部效度。

线上现场实验的崛起 在线零售商可以非常成功地使用实验法。Crayola LLC想要调研吸引潜在顾客访问Crayola.com网站的方法。通过发送包含不同信息的电子邮件给潜在顾客的实验，他们发现了其中一条信息能够吸引三倍于其他信息的顾客来浏览网页。亚马逊是另一家在线实验的先行者，它的一个早期实验证明了在结账时提供购物推荐与不做推荐的控制组相比，能够显著增加公司的收入。随后的实验证实了一个制定购物推荐的程序新算法带来了3%的收入增加（也许3%的增量并不是什么大数字，但这里的3%的基数是好几亿美元!）最后，微软Bing的调研者报告称在线实验对每年收入的影响有时候达千万美元。在以上所有的案例中——当然主要是在线实验——这些实验可以被归为现场实验，因为公司是在真实的网络环境中与真实的顾客打交道。[2]

道德困境8-2

软饮料公司的地区经理请你做一个实验来帮他决定应该用限制级影片（影片评级为R级）还是成人影片（影片评级为NC-17）来展示广告。他解释说他已经读过一些文章，知道如果商业广告紧随能够让人产生兴奋感的电影片段后呈现，观看者就认为该品牌是乐观的、更受欢迎的，并且他认为如果广告利用暴力或者色情的视频，他的软饮料广告可以带来更多的销量。

- 如果你为这个客户开展实验室实验，你会用哪种方式？在实验调研中应该考虑什么道德问题？
- 这个现场实验是否可行？如果这个实验使用实验室实验道德问题会发生改变吗？
- 如果你发现提高观看者的兴奋水平确实能够让他们对广告产品产生更高的喜爱倾向，那么最终影响广告的道德暗示是什么呢？

市场中的因果性调研：市场测试

营销中的实验调研作为市场营销企业的工具正在变得越来越重要。通常所说的**市场测试**（market testing），或者测试市场，是一种控制性实验，在有限的但是经过仔细选择的部分市场进行，不论市场是实体的还是线上的。有时候市场测试类似于设计情境的实验室实验，实验被试可能在也可能不在某个特定产品或服务的市场中（如虚拟的测试市场）。大多数情况下，市场测试属于现场实验，伴随着自然设定，提供给被试的也是真实的消费品。市场测试能够用来检测大量市场行为对一些关键结果变量的影响，这些关键结果变量包括从简单的认知或品牌态度到产品的销售量和利润结果等。

营销者经常使用市场测试来决定某个产品或者服务是不是有需求。例如，麦当劳就是一个广为人知的市场测试的使用者。几年前，为了应对市场上花式咖啡饮品的热销，麦当劳自己出品的高端咖啡饮品在开始大规模商业推广之前，麦当劳使用市场测试来判断市场的真实需求。测试持续了数年之久，麦当劳咖啡饮品最近才出现在北美部分地区，就时间长度来说该产品可能还处于市场测试阶段。在其他一些案例中，公司测试了营销活动的其他方面的效果。现在麦当劳正在使用市场测试来确定MChannel——麦当劳店内为了娱乐顾客而播放的特有的电视节目的效果。MChannel在洛杉矶、圣迭戈和拉斯维加斯的店铺进行了首测，目前已经推广到加利福尼亚州中部和南部的 800 个店铺。[3]

市场测试并不仅限于测试新产品的潜在销量以及沟通的效果，它可以用来测试营销组合的所有因素的有效性。例如，通用汽车公司使用凯迪拉克来测试所有产品线的分销渠道策略的改变。

市场测试也被用来测试新陈列的效果、货架改变对销售的影响、零售价格变化对市场份额的影响、产品的价格需求弹性、不同贸易类型对产品销售的影响、不同价格和广告对需求的影响。

市场测试中的关键问题

市场测试中的三个关键问题是：成本、时间和控制。

成本（cost）　成本总是市场测试要考虑的主要问题，成本包括用来设置虚拟市场测试的软件和硬件的花费，在现场进行真实实验的成本（如，产品分配、商场内货架维修以及与现场实验相关的其他费用的总和）。虚拟市场测试的初始启动资金约为 10 000～20 000 美元，大部分是硬件花费（是一次性投入，硬件可以在其他不同实验中使用）。现场实验更加昂贵。例如，通用磨坊公司花费 280 万美元进行测试和重新定义它的 Olive 花园连锁酒店。[4]如果是新产品引进的测试，还有产品的生产成本。小规模生产商品的效率是非常低的，然而，如果产品立即进行大规模生产而失败的话，浪费将是巨大的。最后，典型的线上实验与在现实中进行的实验相比，成本是很低的。

时间（time）　市场测试还需要充足的时间。20 世纪 60 年代宝洁公司在美国推出一次性纸尿裤之前花费了 8 年的时间进行市场测试。奥驰亚公司（Altria）测试了一款叫做 Marlboro Ultra Smooth 的香烟，是比普通香烟更加安全的香烟，在亚特兰大、坦帕和盐湖城进行了三年之久的市场测试，最终决定停止生产该产品，因为消费者似乎不太关心这个产品。福来鸡公司（Chick-fil-A）在向市场推广一款香辣鸡肉三明治之前在巴尔的摩和马里兰州进行了为期 2 年半的市场测试。[5]

当然，并不是所有的调研都会花费很长时间。微软的调研者进行了一项针对 MSN 网站使用者的实验，用以决定是否要在网站上投入更多的不动产广告，当然广告主是愿意支付网页空间费用的。在对 5%的用户实施实验后的 12 天，调研者给出了答案：使用点击率作为用户对网站期待的程度的测量标准，可以很清楚地看到广告的增加会对网站的利润率带来负面的影响。[6]

控制（control）　存在好几个与控制相关的问题。首先，实验本身涉及控制问题。应该使用哪种特定的市场测试？应该如何组织分销产品到哪些市场？公司能够得到批发商或者零售商的合作吗？测试市场和控制城市相配到可以刻画出不同销售结果的市场特征吗？

当进行控制时，连锁零售商比较有优势，因为它们能在那些特定的地理区域里确认个别的商店来做测试站点，并且在店内控制营销组合元素——包括提供的产品和服务。例如，为了与大型零售商如沃尔玛、塔吉特展开竞争，总部设在辛辛那提的杂货连锁店克罗格（Kroger）开始在其中一家商店进行服装和鞋子的市场测试。

Rite Aid Pharmacies 在位于宾夕法尼亚州北部的两家商店对一种新概念商店进行了测试，最后决定采取吸引西班牙裔消费者的策略，包括雇用双语员工，重新进行商品选择以及重新设计店内信息等。蔻驰在产品完全商业化的前六个月，在北美的几家商店里定期测试新手包和饰品。[7]

经理关注

在第 4 章我们提醒你避免使用焦点小组访谈，除非你确信那样做是收集探索性数据最合适的方法。你应当了解像焦点小组那样的样本调查以太多相同的方式被过度使用。多数时间调研者很快推荐，管理者欣然接受，但都不仔细考虑是否有最合适的方式来收集必要的信息。作为一个管理者，你应当与其他管理者商讨是描述性调研还是因果性调研更合适。管理者愿意基于样本调查来做决策（因为这样的结果容易获得），而且很少坚持进行因果性调研。从下面的例子中我们能够看到这个普通方法的风险。

一个朋友是某公司的 CEO，公司的产品是通过杂货店销售的。在为产品设计新包装时，这个 CEO 雇用了营销调研顾问。顾问完成了一系列焦点小组访谈，访谈中问了消费者最想要的包装的特点。基于这些信息，公司设计了几个原型包装。在私人访谈（样本调查）里，消费者评估了可选择的包装设计，最后目标消费群体选择了一个最受欢迎的包装。当新包装的产品上市后，公司惊慌地发现消费者并不购买。于是这个 CEO 来到商店观察消费者的购买过程。他一次又一次地看到消费者拿起新包装产品，看了又看，然后又放回到原处，最终买了竞争者的商品。当他问消费者为什么只看而不买他的商品时，大部分消费者都告诉他新包装确实吸引人的眼球，但是他们看不到里面的东西。这个 CEO 尴尬地意识到他和他的调研顾问在采用新包装之前从来都没有考虑过测试真正的市场反应。

管理者必须得承认，在试图测量目标市场如何回应营销策略的变化时，描述性调研数据一般都是市场测试的较差替代品。消费者在调查中对问题的回应与他们在市场上的实际行为并不总是一致的。

市场测试的主要考虑之一是将新产品推向市场之前，市场测试可能会提供给竞争者看到新产品的机会。许多市场测试几乎没有秘密。当菲多利协助品牌管理者飞向艾奥瓦州的一个市场测试城市跟踪测试站销售公司的新产品 Baked Lays 烤饼时，小机场的门卫例行公事地告诉他有哪些其他的快餐公司也安排了代表在该城市考察新产品的销售情况，而且竞争者会降低产品价格来破坏营销实验，他们大量购买测试商家的产品或者使用其他狡猾的方法给测试商家创造兴奋和错误的信心。

营销测试被称作所有营销中最危险的游戏，因为它要承担无效的巨大可能性，如表 8-1 中给出的例子一样。这些不奏效的例子中有一些是公司测试新产品时犯的错误（包括有些情况下测试产品的失败），有一些说明竞争者在行动，其他的反映了市场测试的真实价值：在问题变得代价更高和更复杂之前辨认问题的能力。有些情况下就太晚了。考虑市场测试的营销管理者必须权衡这个测试的成本和它可能带来的收益。当市场测试可能作为评估消费者是否接受产品的最终尺度时，有些情况下它可能没有仔细控制的实验室实验有效而且更昂贵。

表8-1　　市场测试的失败案例

■ 几年前，宝洁公司开发了一款液体漂白剂 Vibrant，与 Clorox 品牌漂白剂竞争。在将该新产品推到缅因州波特兰开展一项标准市场测试的数日之后，在测试市场中的所有家庭都收到了一加仑免费的 Clorox 漂白剂，因此市场测试结果完全失真了。

■ 当被问及时，消费者常常表明在快餐店有选择健康食品的愿望。作为回应，麦当劳没有做市场测试，就在所有美国的麦当劳店里推出了一款豪华瘦身汉堡包 McLean Deluxe。这个产品从来就没有在市场上流行过并且在几年之后就消失了。

■ 几年前，Snell（Booz Allen 的设计和发展部）发现了一种非流体的一次性染发方法，就是将一块固体的染料插进一个特别的梳子里。一个管理者回忆"它走进了市场但是失败了"。在热天里，当人们出汗时，头发染料会掉到他们的脖子和前额上，他说，"出汗的地方简直惨不忍睹。"

■ 菲多利在科罗拉多州的大章克申、威斯康星州的欧克莱尔和艾奥瓦州的锡达拉皮兹等地测试它的大包装土豆、玉米、玉米圆饼片等含油脂替代物的产品。这些地方的电视工作人员试尝了这些东西后发生了腹泻，于是他们在电视上播报了有关事件，使得公众对这些东西印象非常差。

■ 在焦点小组访谈中，消费者对 Oven Lovin' 的反应积极，这是 Pillsbury 开发的一种曲奇，它是用一个小桶装的，里面装满了好时巧克力棒、Reese 片或者 Brach 的糖果。以这些积极的反应为基础，靠大量电视广告以及 20 亿商家的优待券做支撑，公司跳过市场测试立即生产大量产品。此时销量就像火箭一样飙升，一个月内销售收入从 0 增加到几乎 600 万美元。然而三个月后，销量开始急剧下滑以至于两年后几乎为零。尽管消费者仍然承认他们喜欢这个产品和可重复密封的包装。"许多购物者会立刻吃掉整个包装里的食品——他们没有分次吃而是狼吞虎咽地吃掉整个小桶里的食品，这消除了对可重复密封包装的需要。"总之，包装给了消费者不需要的好处，尤其是它只装有 18 盎司的食品，价格却与一桶含 20 盎司的 Pillsbury Best 的价格相当。

■ McRib 三明治是限时供应的产品，麦当劳测试了这款产品。因为限时供应会影响产品的短期需求，所以这个测试的结果不能精确预测长期的销售。

■ 当金宝汤（Campbell Soup）第一次对 Prego 意大利式细面条调味料进行市场测试时，金宝汤的营销者注意到新的 Ragu 广告进行了一轮轰炸并且让受众感觉买 Ragu 会有象征性优惠，这样就引诱购物者买 Ragu，忽视掉 Prego。当推出 Ragu Homestyle 意大利式细面条调味料时，他们也声明 Ragu 是拷贝 Prego 的，这个调味料比较稠，是红色的，而且 Ragu 先于 Prego 在国内开始销售。

■宝洁看到竞争者产品在市场上测试成功后，他们声明竞争者偷了他们的 Duncan Hines 巧克力曲奇的专利。

■ 当宝洁在明尼苏达州为引入 Always 牌卫生巾做市场测试时，金佰利公司（Kimberly－Clark）和强生在测试市场上采用免费产品、大量优惠券和大幅度折扣，这造成 Always 牌卫生巾没有取得预期的效果。

■ 金宝汤公司花了 18 个月研发一种名为 Juiceworks 的混合果汁。在产品投放市场时，三个竞争品牌已经稳占货架了。金宝汤就停售了这种产品。

■ 受 Fruit "N" Juice Bars 惊人成功的激励，都乐（Dole）力图根据相同类型的诉求开发一种新的果味冰淇淋产品。都乐的新产品在佛罗里达州的奥兰多进行了市场测试，市场测试的结果非常好。公司缩短测试时间到 6 个月。然而，当公司正式销售该产品时发现有 4 个新进入者，因为激烈的市场竞争，都乐的新冰淇淋销售前景渺茫。

■ 在加快产品上市的过程中，宝洁决定将市场测试主要保留在新产品上，新产品要求投资新工厂和新设备。结果，公司测试 Pampers Rash Guard 失败，只能眼睁睁看着产品远离销售目标。

■ 至少有 33 个成年人和 45 个孩子将 Minute Maid 洗碗液误认为是柠檬汁，喝过后就生病了。

续前表

■ 一个大型包装商品公司针对孩子推出一种吸式软饮料，它派出专门小组观察使用者的反应。孩子们将产品巧妙地喷射到杯子里，然而有一次孩子将产品喷到地板和墙壁上，在父母们一股脑的抱怨后，产品发展前景黯淡。

资料来源：“War-Gaming with P&G's A. G. Lafley,” *Fortune*, April 8, 2013; Bret Thorn, “Lesson Learned: Menu Miscues,” *Nation's Restaurant News*, May 20, 2002, downloaded via ProQuest, June 23, 2005; Ann Lynn and Michael Lynn, “Experiments and Quasi-Experiments: Methods for Evaluating Marketing Options,” *Cornell Hotel and Restaurant Administration Quarterly*, April 2003, downloaded via ProQuest on June 16, 2005; Annetta Miller and Karen Springen, “Will Fake Fat Play in Peoria?” *Newsweek*, June 3, 1996, p. 50; Kathleen Deveny, “Failure of Its Oven Lovin' Cookie Dough Shows Pillsbury Pitfalls of New Products,” *The Wall Street Journal*, June 17, 1993, pp. B1 and B8; Jack Neff, “Is Testing the Answer?” *Advertising Age*, July 9, 2001, p. 13; Annetta Miller and Dody Tsiantor, “A Test for Market Research,” *Newsweek* 110, December 28, 1987, pp. 32-33; Leslie Brennan, “Test Marketing Put to the Test,” *Sales and Marketing Management* 138, March 1987, pp. 65-68; Kevin Wiggins, “Simulated Test Marketing Winning Acceptance,” *Marketing News* 19, March 1, 1985, pp. 15 and 19; Eleanor Johnson Tracy, “Testing Time for Test Marketing,” *Fortune* 110, October 29, 1984, pp. 75-76; Damon Darden, “Faced with More Competition, P&G Sees New Products as Crucial to Earnings Growth,” *The Wall Street Journal*, September 13, 1983, pp. 37 and 53; Lynn G. Reiling, “Consumer Misuse Mars Sampling for Sunlight Dishwashing Liquid,” *Marketing News* 16, September 3, 1982, pp. 1 and 12; Betty Morris, “New Campbell Entry Sets Off a Big Spaghetti Sauce Battie.” *The Wall Street Journal*, December 2, 1982, p. 31; and Roger Recklefs, “Success Comes Hard in the Tricky Business of Creating Products,” *The Wall Street Journal*, August 23, 1978, pp. 1 and 27.

市场测试的类型

大体有三种市场测试：标准的、受控的、模拟的。在**标准的市场测试**（standard test market）中，正如我们前面举的那些例子，公司研发一种产品，然后试图通过常规渠道（传统渠道）的测试站点进行测试。可以测量产品的潜在成功可能性，产品营销组合的不同元素可以根据实验改变进而发展成最佳营销组合。标准的市场测试的一个显著特征是生产者必须将产品卖给分销商、批发商或者零售商，就像生产者卖任意一件产品一样。考虑到复杂性和成本，我们将主要关注在特定地区通过传统分销渠道的市场测试。

从事标准的市场测试时首要也是最重要的一个问题是市场测试城市的选择。是什么因素使得某些城市比其他城市更加适合做市场测试？主要有几个原因，其中最重要的可能是市场测试城市需要在人口统计特征上能够代表产品最终销售的大型市场。在美国，多数受欢迎的市场测试城市可以代表整个国家市场，如罗切斯特（纽约州）、纳什维尔（田纳西州）以及威奇塔（堪萨斯州）从人口统计特征上来说是整个美国市场的镜子。如果产品更适合面向一类特殊群体，市场测试应该选择能够代表该特殊群体的地区。例如，对于西班牙裔的消费者，市场测试应该选择西班牙裔居民集中居住的地区。哥伦布（俄亥俄州）被认为是Wendy's这家快餐连锁店市场测试最受欢迎的地方，因为这个城市拥有一群充满活力的青年消费者群体，这个群体正是公司的关键目标消费人群。[8]

受欢迎的标准的市场测试也有一些调研者重视的其他特征。测试市场应当大到有多个自己的媒体途径（例如报纸、广播台和电视台），这可以用来检测广告和促销效果。它也必须大到有充足的恰当的零售渠道。例如，当塔可钟公司为它的Grilled Stuft Burrito（一种烤玉米饼食物）寻找测试市场时，要找到一个公司自营餐馆数量和特许经营餐馆数量比例恰当的市场。按照这个考虑选择了加利福尼亚州的弗雷斯诺作为测试市场。[9] 还有一点也非常重要，测试市场应当与其他城市在地理位置上相对隔绝以避免溢出效应。溢出效应是指测试市场对非测试市场的影响。这个溢出效应可能包含广告、促销或者测试市场中大量消费者转移到其他市场的商店。

经理关注

作为一个管理者，你必须完全了解标准的市场测试的内在风险。显然，这个测试的目标是获得相对于竞争者的优势。在样本市场上实施你的营销策略会使得你的公司易受到竞争对手的攻击。因此，决定是否实施标准的市场测试的一个重要标准就是你对公司可能受到的攻击的保护程度如何。这些保护来自法律（比如商标、版权、专利）或者是进入障碍（比如资金的大量需求，产品战略发展方向）或者是可支配的品牌资产，这些都将帮助公司战胜任何来自竞争者仿制产品的威胁。如果没有这些保护，那么保护你的公司利益的一个可行方法是进行模拟测试。由于存在风险，即便是大的处于支配地位的公司，例如宝洁公司，也要用一些风险小的测试方法来减少标准的市场测试的使用。

大部分情况下，如果这种测试在经济上是可行的，在执行一项新的或修正的营销策略之前，你应该进行市场测试。因为管理一个市场测试是一项复杂的任务，所以雇用一个在市场测试领域非常专业的公司来帮你完成市场测试是一个明智的决定。

与标准的市场测试相对的是**受控的市场测试**（controlled test market），有时也叫做压力分配测试。在受控的市场测试中，整个测试程序都由外部服务商完成。服务商付给零售商货架的租金，因此能保证产品在那些商店上架。好多家营销调研服务的提供者的受控的市场测试走得更远一些，它们通过招募被测区域的家庭固定样本组来进行测试，以确保人口统计特征具有代表性。这些家庭的购买行为通过家庭的手持扫描仪，或通过特定零售商处使用的身份卡片被专门记录下来。有些情况下，调研小组能监控每个固定样本组家庭的收视行为——有些甚至能操纵向不同的家庭传达不同的商业测试信息，这样不仅能够测试消费者对产品的接受度，而且能测试营销计划不同部分（如广告）的有效性。给这些家庭小组提供工作证，以便他们外出调研时证明自己的身份，他们从零售商那里购买的任何产品都自动记录在他们的名下。有些情况下，调研小组能监控每个家庭的行为，有些甚至能传达不同的商业测试信息。这些家庭被允许检测消费者对产品的接受度和其他各种各样的营销信息。例如 Del Monte 利用受控的市场测试来进行媒体权重、价格和促销测试，并且开展新产品评价。另一个例子，当八种不同的费列罗巧克力出现在德国南部阿尔迪折扣商店时，GfK 营销调研集团通过阿尔迪折扣商店测试不同产品对销售量的影响，获得真实的销售结果以及该地区消费者固定样本组的反馈。[10]

SymphonyIRI 的行为观察（BehaviorScan）服务是发布单一来源数据（详见第7章）行业中的领头羊。公司声称受测试市场能够预测新产品第一年的国内销量（误差在10%范围内）。在多个人口统计特征具有代表性的城市中，几千个固定样本组家庭去零售商店购买各类产品时就会扫描他们随身携带的卡片。当营销者计划发布新产品时，行为扫描仪会为他们提供许多重要的市场和环境变量。公司在每个城市有自己的仓库和分销系统，员工每周定期到商店中观察以确保渠道、货架位置、销货点广告是按照计划执行。公司也会控制直接面向顾客的促销和面向固定样本组家庭的广告。[11]

另外一种类型的市场测试是**模拟的市场测试**（simulated test market，STM）。模拟的市场测试不同于标准的和受控的市场测试之处是消费者不用从零售商店购买产品和服务。实际上，许多情况下，产品还没有投入生产。调研者会在购物商场或者通过网络招募消费者参与模拟调研。给消费者出示产品或者产品概念后让他们陈述产品特点。或许给他们出示广告和竞争者的产品。通常在模拟购物环境里，参与者有机会购买商品甚至可能获得一定折扣。假如产品是实实在在的（常常寄给那些通过网络招募的消费者），调研者会在预先确定的使用期后跟踪参与者对产品的反应，是否有重复购买倾向。多年来，大多数模拟的市场测试被用来测试非耐用产品。在过去几年里，越来越多的调研开始关注金融服务、卫生保健、消费者耐用品、制药和其他行业。[12]

越来越多的模拟的市场测试使用虚拟测试市场的形式，即允许被试与产品通过电子形式而不是物理形式发生交互，他们可以看到零售商店的货架，有时可以看到整个商店。宝洁公司声称在其主动测试行为中80%使用了虚拟工具。[13]表8-2展示了由In-Store Marketing Institute提供的模拟的市场测试需要重点考虑的一些方面。

表8-2　　模拟的市场测试检查表

展示技术

当考虑一个潜在供应商时，展示方法的兼容性是十分重要的。在能够真实呈现库存单位（stock keeping unit，SKU）的方法中，有一些方法比其他方法更加受限。如果解决问题的项目要求展示大量的库存单位，大屏幕显示器甚至真实环境是最佳的。另一个考虑是模拟购物环境与真实世界中的相似程度（例如，包装测试不需要真实环境体验）。

用户界面

相似地，对于用户界面的选择很大程度上取决于它模拟购物体验的重要性。在某些情况下，基本的电脑配件或者功能就足够了，一个模拟的购物车是需要提供的。

模拟层级

大多数的零售概念可以细分为不同的层级：类别、货架、特殊的展示/主题中心、部门或者商店。一旦项目的范围确定，所需模拟环境的要求也随之确定。另一个重要因素是所提供功能的水平。在模拟环境中被试的移动是不是自由的？他们是否走一条固定的路径？更多先进的系统可以提供更加接近真实购物的体验，基于被试的高度调整可视范围，允许被试“跪下”来看到更低的货架等。

可以通过各种各样的媒介形式来制造环境，包括真实的有嵌入式绘图设备店内录像，2D计算机透视图，3D动画模拟预先确定的购物路径以及能够让测试对象选择路径的3D交互式仿真。

测量能力

产品交互：提供各种数据的能力，即产品被“观看”的数据、固定样本组观看产品的数据、交互深度（被观看的vs. 从货架上取下来的）的数据以及观看时间的数据。

产品选择：虚拟产品被放置在虚拟购物篮中位置的选择。

商店搜索：获取关于虚拟消费者如何搜索的数据。

类别驻留时间：获取消费者观看某一特定产品的时间。

眼动追踪：供应商是否具备眼动追踪能力（兼容性）来准确获取哪些虚拟因素能够获得消费者的关注？

数据收集/抽样方法

使用实际测试定位有助于虚拟环境更加真实化（更大的屏幕、更高的图像分辨率），这对于有些测试对象是十分重要的（如标志或者二手展示效果）。线上样本更具规模效应并且更加容易招募有代表性的样本，尤其是有特定要求的样本（如年长的人）。

续前表

实验设计能力

一元设计：对不同组的被试测试两个或者两个以上的选项（如包装设计或者价格）之间的差异。

重复测量：在相同被试中连续测试两个或者两个以上的选项。

适应性选择：同时测试价格、包装或者库存单位捆绑选项的联合调研。

选项前测和购后行为

广告展示：在虚拟商店测试之前实施，广告展示能够捕捉到广告对购物模式的影响；在测试期间，广告展示能够捕捉到顾客融入和/或者对销售的影响。

产品样本：在实际位置实施虚拟测试的构成要素。

调查：所有虚拟测试都包含定量调研要素，但并不一定包含定性要素。能够通过网络或者实际位置实现调查的能力，线上调查目前能够提供多种定量输出的选择，包括文本或者视频。

调研应用

产品包装：测试可供选择的包装设计的影响。

新产品测试：测试引进新的库存单位到货架对购物和产品选择的影响。

价格：测试一个领域中一系列竞争产品的不同价格。

货架管理：测试一个产品品类中库存单位的放置。

搭配计划/库存单位的合理性：近似于新产品测试，但是包含了库存单位淘汰。

商业化：测试陈列、标记和产品其他方面的影响。

部门组织：货架排放的顺序和产品种类的顺序。

商店布局：测试商店的一般管理。

报告

标杆/规范数据：提供商是否有与测试结果相对比的数据？如果零售概念对消费者行为有显著影响，特别是理解如驻留时间或者产品数量这些测量“软一些”的方面，标杆是十分重要的。

结果展示：调研结论能否使用虚拟模式展示？

真实性参数

市场份额：虚拟购物环境中的产品选择能否准确反映真实购物环境中的市场份额数据？对比必须建立在一一对应的基础上。（如虚拟购物者能否购买多组合的单位？）

量的预测：虚拟测试可以准确预测新产品的销量吗？归结到底，虚拟购物测试需要解释广告、宣传支持和零售渠道（所有商品量）的影响。

价格弹性：当真实购物环境中改变产品价格，或者对产品实施促销，预测的销量变化会不会实现？

购物流程：当考虑同样数量的产品时，虚拟购物者行为与在真实购物情境中一致吗？例如真实世界的对比产品通过货架观察调研来进行。

时间

进行虚拟商店测试需要花多长时间？与传统调研方法相比，虚拟调研有额外的设置要求。客户需要提供照片来满足供应商在测试中对每个库存单位、标志等的要求（一些供应商比另外一些更擅长调整既有图像满足客户的需求）。

费用

模拟购物调研的准备成本是十分高的，但是一些供应商通过一系列项目让客户分摊费用，这些项目能够大大地利用同样的基本环境来为客户提供长期服务。

对于大多数调研的应用，供应商会提供必要的设备来作为其提供的整合服务的一部分，但是提供内部虚拟现实实验室或学习中心的花费将会高达数百万美元。

资料来源：Peter Breen，“Shaping Retail：The Use of Virtual Store Simulations in Marketing Research and Beyond，” undated，the In-Store Marketing Institute，pp. 11，14.

模拟的市场测试是如何运行的呢？图 8－2 中显示了当被试点击虚拟商店货架上的一瓶亨氏番茄酱时会出现什么。这个过程意味着模拟从货架上拿下来一瓶番茄酱，并且将它添加到虚拟购物车中。因为模拟的市场测试的购物是完全被调研者控制的，营销组合中的任意一个要素都可以被操纵，其对结果的影响也可以被估算。在大多数时候，模拟的市场测试是实验室实验，并且在内部效度高的情况下比其他形式的市场测试的结果更好。

模拟的市场测试同样具有实验室调研的劣势，如购物者在虚拟商店中查看产品、价格和广告宣传，因果性调研的结果转换到真实市场中就会变得不太确定（内部效度较低）。在某个特定形式的模拟的市场测试中，所有参与者提供的信息都会被录入到计算机模型中，用来计算重复购买和市场份额。模拟的市场测试成功的关键在于计算机模型构建的公式的准确性。

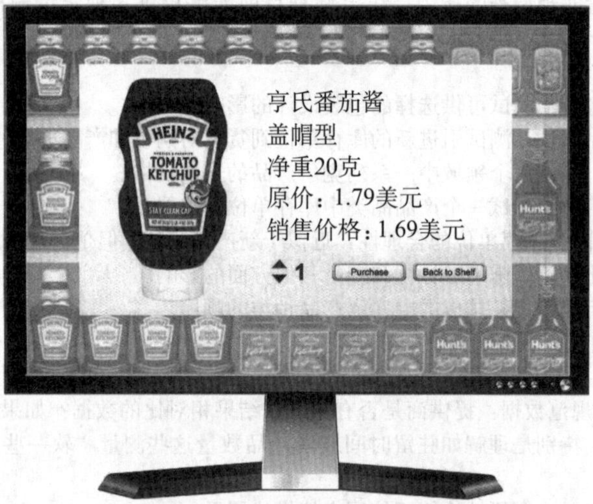

图8-2 在虚拟商店购买番茄酱

资料来源：Peter Breen，“Shaping Retail：The Use of Virtual Store Simulations in Marketing Research and Beyond，” undated，the In-Store Marketing Institute，p. 5（photo credited to Decision Insight）.

三种市场测试的比较 需要测试新产品或者需要调整营销规划要素的营销者必须选择一种测试类型。每一种方法都有其优劣势。

模拟的市场测试的优势是保护产品不被竞争者知道，也易于评估实验和重复购买行为。模拟的市场测试比大规模测试快捷便宜，而且便于识别出弱势产品。这样就能让公司避免在市场上大规模测试这类产品。模拟的市场测试的主要缺点就是它没有提供公司能为产品提供商业支持的信息或者是竞争者做出反应的信息。因此，这种方法更适用于评估产品延伸而不适用于测试全新产品。

受控的市场测试比模拟的市场测试昂贵但比标准的市场测试便宜。比标准的市场测试便宜的一个原因是调研提供者提供推销。生产商不必使用自己的销售力量来说服行业采购这个产品。生产商不用做任何事情就能够保证新产品会被商店接受，会被放置在商店中合适的货架位置上，会达到可接受的浏览量，价格标示正确，不会有缺货问题而且会有促销展示。

受控的市场测试也有弱点。在真实世界里新产品能不能被接受对任何一个新产品的成功都相当关键。受控的市场测试在测试期间能保证被接受，但不能保证在真实的产品市场上也被接受。当新产品刚好契合公司的发展战略时，有相应的促销，受控的市场测试就是一个相当好的指示器。当新产品是生产商较为激进想法的代表时，能否得到支持就成疑了，在这种情况下，受控的市场测试也无效。

传统的或者标准的市场测试相对而言提供了一个更自然的环境，提供了最大的外部有效性和预示精确度。这些优势必须拿来平衡一些劣势。标准的市场测试最昂贵，最耗时而且最可能泄露给竞争者。即使这样，标准的市场测试在以下情况下仍是合理的选择：（1）对公司而言，测试销售和产品分销的能力很重要；（2）投资很重要，而且公司需要延长测试来准确评估生产产品的资金需求和技术能力；（3）公司正在扩大版图并积累经验以真正投入生产，公司想知道在有限范围内如何做。三种基本的市场测试的优劣势见表8-3。

表8-3　不同类型市场测试相对优劣势

	模拟的市场测试	受控的市场测试	标准的市场测试
速度	1	2	3
成本	1	2	3
安全性	1	2	3
有效性			
·内部	1	2	3
·外部	3	2	1
预测准确度	3	2	1

说明：1=最好；3=最差。

小结

学习目标1

探讨一手数据调研的三种基本类型

一手数据调研的三种基本类型是探索性调研、描述性调研和因果性调研。探索性调研是对观点和洞察力的深度挖掘。描述性调研关注群体特征或者变量之间的相关性。因果性调研主要用于判断因果关系。

学习目标2

澄清实验室实验和现场实验的区别

实验室实验和现场实验的根本区别是环境不同。对于实验室实验，调研者会设定一个背景；现场实验安排在自然环境中。两种实验都牵涉到对一个或更多假定的原因变量的控制。

学习目标3

解释哪种实验有较高的内部效度，哪种实验有较高的外部效度

一般来说，实验室实验有较高的内部效度，因为它对变量进行了更强的控制。现场实验一般来说有较高的外部效度，这意味着结果可以推广到其他情况。

学习目标4

罗列市场测试需要考虑的三个主要问题

市场测试要考虑的三个主要问题是成本、时间和控制。

学习目标5

区别标准的市场测试和受控的市场测试

标准的市场测试中，公司通过正常的分销渠道销售产品，结果由分销商进行控制。在受控

的市场测试中，所有的流程均交给外面的服务公司负责。服务提供商付给零售商占据货架的租金，从而保证营销者预先确定的产品能够上架。

学习目标6

探讨模拟的市场测试的优势和劣势

模拟的市场测试有如下优势：(1) 保护不被竞争者知道；(2) 模拟的市场测试比大规模测试快捷便宜；(3) 容易辨认出弱势产品。模拟的市场测试也存在缺点，即它没有提供公司对产品的商业支持能力的信息或者是竞争者做出反应的信息。

关键术语

描述性调研（descriptive research）
因果性调研（causal research）
实验（experiment）
实验室实验（laboratory experiment）
内部效度（internal validity）
现场实验（field experiment）
外部效度（external validity）
市场测试（market testing）
标准的市场测试（standard test market）
受控的市场测试（controlled test market）
模拟的市场测试（simulated test market，STM）

复习题

1. 调研中用于一手数据调研的三种基本类型是什么？每个类型最基本的目的是什么？
2. 为什么探索性调研被看做一手数据调研的一个基本类型？
3. 三种调研基本类型使用的基本顺序是什么？
4. 一个事物影响另一个事物的关系是否可以证明？为什么能或者为什么不能？
5. 什么是实验？
6. 实验室实验和现场实验的区别是什么？
7. 内部效度和外部效度的区别是什么？哪种效度更加重要？
8. 什么是市场测试？市场测试的三种基本类型是什么？
9. 在哪些条件下，相对于受控的市场测试和模拟的市场测试，标准的市场测试是一个更好的选择？

讨论的问题与案例

1. 情境描述如下，每个情境最适合哪种一手数据调研类型？为什么？

a. Frank's Flies 是一家鱼饵制造商。它的管理层决定进入公司没有经验的高盈利的鲑鱼市场。发展部门决定在设计产品线之前考虑更多的关于鲑鱼市场的信息。

b. Aardvark Audio 管理团队强烈怀疑目前公司的广告策略没有达到在特定市场中将消费者了解公司名称的比例提高到75%的既定目标。团队已经决定投资实施一个调研项目来检测目前广告策略中不同因素的效果。

c. Ace Fertilizer 公司想要决定哪里适合投放其花园肥料广告。管理者想要开展一项调研来判断家庭园丁经常阅读哪些出版物。

d. 高速复制公司正在推出一个新款桌面模型，通信部副总裁为这个产品选择了两个广告策略。他更倾向于A广告策略，因为他认为A广告策略比B广告策略能够带来更多的销售量。

e. 一家当地邮件订购公司想要提高服务水平。具体而言，管理者想要估算顾客是否对目前的服务感到满意。如果不满意，不满意的原因是什么。

f. Write-It公司制造钢笔、圆珠笔、软笔头和机械笔。通常来讲，这些产品通过大大小小的连锁店、药店和食品杂货店销售。公司最近想要将业务拓展到生产经营一次性打火机。计划通过药店和食品杂货店分销这类产品，因为管理者认为目标受众中低收入的消费者会使用一次性打火机。管理者决定进行实验来确定是否可行。

2. 考虑如下情况：销售增长源于新的销售人员，过去几年里我们都从职业学校招聘。在老的销售人员的销售量没有增长时，新销售人员的销售量在增长。

(1) 确定上述情况中的原因变量（X）和结果变量（Y）。

(2) 讨论确定上述情况中的原因变量（X）和结果变量（Y）间因果关系的证据。

3. 问题2中公司的调研部门调查了公司每个销售人员销售量的变化。利用管理部门提供的标准，调研部门将所有区域的销售变化分成"充分增长的""少量增长的""无增长"。下表是260位新老销售人员的销售量。

区域销售量变化

销售人员分类	充分增长的	少量增长的	无增长	总计
新	75	30	5	110
老	50	40	60	150

(1) 这个表格提供了一致变量的证据吗？证明你的答案。

(2) 以表格为基础，对 X 和 Y 间的关系可以做一个怎样的总结？

4. Busby燃料产品改进小组一直从事Busby木炭燃料产品线的改进工作。最有希望的改进是一种将烤肉弄出特定烟味的燃料。管理部门基于一个在家测试了产品的新雇员的反馈，感觉这个新燃料有潜力成为一个卖点。

营销副总裁建议在新燃料引入市场之前做一个市场测试。他指出市场测试是评估广告公司提出的两个备选广告和促销活动的一个好方法。他认为应当根据实验和重复购买行为评估有效性。他也想测量新产品的接受度。

然而，Busby的CEO对市场测试不感兴趣。他有几个忧虑：首先，竞争者会复制这个新燃料；其次，开发新燃料，公司财政预算将接近极限；最后，燃料销售的季节性使得管理层到4月初就必须决定做还是不做。

营销调研总监认为市场测试应当既满足营销副总裁又满足CEO的要求。他被要求提交一份初步的意见。

(1) 为了满足营销副总裁的要求，应从市场测试中得到什么信息？

(2) 为了满足CEO的要求，市场测试应当在什么限制下执行？

(3) 有了(1)和(2)的答案，营销调研总监会推荐哪种市场测试方法？为什么？

5. 安排一场与消费者产品公司营销经理的访谈。在访谈中讨论公司对市场测试的使用，试图找到下面问题的答案：在公司的产品发展进程中，市场测试有多重要？通过对特定产品进行市场测试，公司通常会进步吗？或者一般只使用一种类型？对不同市场测试方法的优劣势，你有何看法？成功的市场测试使公司成功推出新产品了吗？对市场测试的未来发展你有何想法？

写一篇采访报道，突出在本章中没有讨论或与本章所讨论内容相得益彰的信息。

注释

1. Charles M. Brooks, Patrick J. Kaufmann, and Donald R. Lichtenstein, "Trip Chaining Behavior in Multi-Destination Shopping Trips: A Field Experiment and Laboratory Replication," *Journal of Retailing* 84, No.1, 2008, pp. 29–38.
2. "Test and Learn," *Marketing Management*, May/June 2002, p. 22; Ron Kohavi, Roger Longbotham, Dan Sommerfield, and Randal M. Henne, "Controlled Experiments on the Web: Survey and Practical Guide," *Data Mining and Knowledge Discovery*, 2009, Vol. 18, pp.140–181, downloaded from http://www.exp-platform.com on August 1, 2012; Ron Kohavi, Alex Deng, Brian Frasca, Roger Longbotham, Toby Walker, and Ya Xu, "Trustworthy Online Controlled Experiments: Five Puzzling Outcomes Explained," 2012, downloaded from http://www.exp-platform.com on August 1, 2012.
3. Greg Braxton and Joe Flint, "Would You Like TV with that Big Mac?" *Los Angeles Times*, October 17, 2011, downloaded from http://articles.latimes.com on October 11, 2012. See also http://mcdonaldschannel.com; Hollie Shaw, "McDonald's, Hortons Engage in Battle Over Specialty Brews," *Winnipeg Free Press*, November 19, 2011, p. B7, downloaded via http://web.ebscohost.com on October 11, 2012; "McDonalds Rolls out Coffee Bar Buildout Concept at Select Restaurants in Southwest," *Financial Wire*, July 9, 2008, downloaded via ProQuest (www.proquest.com), July 11, 2008.
4. Peter Breen, "Shaping Retail: The Use of Virtual Store Simulations in Marketing Research and Beyond," undated, the In-Store Marketing Institute, p. 7.
5. Annetta Miller and Karen Springen, "Egg Rolls for Peoria," *Newsweek*, October 12, 1992, pp. 59–60; Vanessa O'Connell, "Altria Drops New Filter Cigarettes in Strategic Setback," *The Wall Street Journal*, June 23, 2008, downloaded via ProQuest (http://www.proquest.com), July 11, 2008; Hanah Cho, "Baltimore a Valuable Test Market for Chick-fil-A," *The Baltimore Sun*, July 25, 2010, downloaded from http://articles.baltimoresun.com on July 26, 2010.
6. Ron Kohavi, et al., *Data Mining and Knowledge Discovery*.
7. Mark Fisher, "Kroger to Test-Market Clothing Sales, May Add Other Apparel to Other 'Marketplace' Stores," *Dayton Daily News*, September 20, 2012, downloaded from http://web.ebscohost.com on October 11, 2012; "Rite Aid Caters to Spanish-Language Customers," *DSN Retailing Today*, March 28, 2005, downloaded via ProQuest, June 23, 2005; Ellen Florian, "100 Fastest-Growing Companies," *Fortune*, September 6, 2004, downloaded from http://www.fortune.com, June 23, 2005.
8. Mark Brandau, "Why Chains Pick Columbus, Ohio, as Test-Market Target," *Nation's Restaurant News*, August 26, 2011, downloaded from http://web.ebscohost.com on October 11, 2012.
9. Don A. Wright, "The Perfect Place for a Test Market," *The Business Journal*, May 21, 2001, p. 12.
10. "GfK Group: Annual Report 2006," downloaded from http://www.gfk.com/imperia/md/content/gb_2006/gfk_ar_2006_complete.pdf, July 2, 2008.
11. "BehaviorScan New Product Testing," downloaded from https://www.symphonyiri.com on October 13, 2012; Peter S. Fader, Bruce G. S. Hardie, Robert Stevens, and Jim Findley, "Forecasting New Product Sales in a Controlled Test Market Environment," downloaded from the Wharton College of Business's Marketing web site, http://www.marketing.wharton.upenn.edu, June 23, 2005. See also the 10-K SEC filing by Information Resources, Inc., March 27, 2003, downloaded from http://sec.edgar-online.com, July 2, 2008.
12. Julie S. Wherry "Simulated Test Marketing: Its Evolution and Current State in the Industry," June 2006, MBA Thesis, MIT Sloan School of Management, downloaded from http://dspace.mit.edu/bitstream/1721.1/37225/1/85813336.pdf, July 23, 2008; Jim Miller and Sheila Lundy, "Test Marketing Plugs into the Internet," *Consumer Insight*, Spring 2002, pp. 20–23.
13. Breen, "Shaping Retail: The Use of Virtual Store Simulations in Marketing Research and Beyond," p. 18.

第9章 收集描述性一手数据

学习目标

1. 列举描述性调研的三个主要目标
2. 列举描述性调研要弄清的项目
3. 讨论横截面调研和纵向调研的区别
4. 解释营销调研中固定样本组的含义，并区别连续固定样本组和非连续固定样本组
5. 描述抽样调查的重点
6. 列举营销者感兴趣的人口统计特征和社会经济特征
7. 列举用于测量意识的三种主要方法
8. 给出营销者对人们动机感兴趣的重要原因

引　言

在第8章中，我们讨论了如何利用因果性调研来收集一手数据。在大多数情况下，经理们并不需要去证明一个变量导致另一个变量的发生，相反，他们更希望寻找变量之间的关系（例如，女人比男人对我们的品牌更加满意吗），或者只是想知道某个特定群体拥有某种特征的程度如何（例如，目标市场中知晓我们的服务的比例是多少）。描述性调研正是为了回答上述问题。

我们的首要任务是更加细致地解释描述性调研以及它所表现出来的各种不同的形式。然后，我们将要讨论各种不同类型的一手数据。本章和后面几章一起，将会陈述如何使用描述性方法收集一手数据。

描述性调研设计

描述性调研在商业和生活中都很普遍。事实上，学生们在上营销课前听到的或者参与的大部分营销调研都可以归为描述性调研。我们常常试图使用设计好的描述性调研去描述一些人群或者其他主体。描述性调研主要有以下用途。

1. 描述某群体的特征。例如，一个调研小组最近从美国中西部某城市的一家烤烧连锁店的用餐人群中收集了信息，用于帮助管理者获得用户的详细信息，包括收入、性别、年龄、受教育水平等。管理者很惊奇地发现大约一半的顾客都是女性，最初调研人员还错误地以为大部分顾客是男性。

2. 估计某种特定行为方式的人口比例。例如，我们需要估计在购物中心特定地理半径范围内的购物人口比例。大多数资料（见第10章）都通过描述性调研来收集。例如，大多数零售店都会使用扫描仪来记录顾客的购物行为。

3. 做出精确的预测。我们可能希望预测某个品牌接下来5年中每年的销售水平，以便我们制定销售代表的雇佣和培训计划。

描述性调研可以用来完成一系列的调研任务。为了保证描述性调研的有效性，在正式开始描述性调研之前，需要先开展一个或者多个探索性调研，对一些具体的调研问题进行认真思考，阐明调研问题并作出调研假设。描述性调研和探索性调研设计是不同的。一般来说，探索性调研的特点是灵活多变，描述性调研是刚性的，需要对调研的对象、地点、时间、原因和方法进行准确界定。

假设一个电子产品连锁商店计划开一家新店，希望你来调查一下消费者是如何选择商店购物的。在利用描述性调研收集数据之前，有一些问题需要你来回答：

- 哪些人应该被看做这家商店的顾客？是每一个进入商店的人吗？是产生了购买行为的人吗？我们应该以个体为单位还是以家庭为单位来界定顾客？
- 应该测量这些顾客的哪些特征？我们对他们的年龄和性别感兴趣吗？或者他们住哪儿？他们是如何知道这家商店的？
- 我们何时开始调查这些顾客的特征？是他们正在购物时还是购物以后？顾客调查是应该在新店开张一周后进行，还是6个月之后再进行？
- 我们应该在哪里对顾客进行调查？在商店里，还是在他们刚刚离开商店时，还是在他们家里？
- 为什么我们首先需要调查顾客？我们将用这些调查结果来制定促销策略吗？或者作为新店选址的参考依据吗？
- 我们应该如何调查顾客？是使用问卷还是观察他们的购物行为？如果我们使用问卷，问卷的格式应该是怎样的？应该如何进行访问呢？

有些问题的答案在指导描述性调研的假设里已经非常明确了，其他的可能还不十分清楚。通过思考或者简单的探索性调研就可以弄清楚这些问题。无论如何，只有假设建立起来了，并弄清楚对象、目标、时间、原因、地点、事件、原因、方法和获取途径，调研者才能开始收集数据。

描述性调研的两种类型

图9-1总结了不同类型的描述性调研。最基本的区别在常见的**横截面调研**（cross-sectional study）和纵向调研之间。横截面调研是指对感兴趣的总体中抽取的样本元素进行调研，样本元素或者说是样本成员的特征只被测量一次。

纵向调研（longitudinal study）涉及一个固定样本组的调研，这种方法之下的样本元素是固定的。样本元素可能是商店、经销商、个人或其他实体。这个固定样

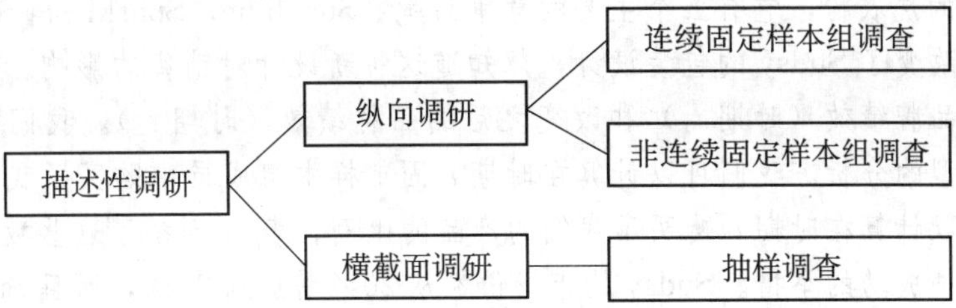

图 9-1　描述性调研的分类

本组或样本在时间上保持相对稳定，尽管中间可能会为了替代不符合条件的个体或者为了保持样本的代表性增补样本。与横截面调研的一次测量相比，固定样本组中的样本成员会被重复测量多次。当然，横截面调研和纵向调研各有优缺点。

纵向分析：顾客固定样本组（longitudinal analysis：consumer panels）调查有两种类型的固定样本组：连续固定样本组（有时称为真固定样本组）和非连续固定样本组（有时称为混合固定样本组）。**连续固定样本组**（continuous panels）调查是指对相同的被试重复测量相同的变量。例如，NPD 公司连续在线调查了 200 万个注册用户，这些人每周都会参与一系列产品和服务的调查。这也是第 7 章中我们讨论的标准化营销信息的一个例子。最重要的一点是对每一个固定样本组成员的相同特征进行重复测量。

在**非连续固定样本组**（discontinuous panel）调查中，从固定样本组成员处收集多种多样的信息。一段时期内可能是对新产品的态度；另一段时期内，可能要求固定样本组成员评价备选广告方案。样本可能来自一个大些的群体，这个群体是对人口总体的抽样。二次抽样可能是随机的。更有可能的是，符合特定特征的参与者是来自一个更大的固定样本组。例如，假定一个汽车生产商将 5 000 名汽车迷组成一个固定样本组，他们会从中筛选成员帮助评估新的汽车概念。假如他们研发一种新型的运动型汽车，调研者可能只会筛选固定样本组中热爱运动型汽车的成员。在非连续固定样本组调查中，筛选的信息因项目不同而不同。有几个大的营销调研公司采用非连续固定样本组调查。例如，益普索（Ipsos）自 1986 年成立以来，一直提供全球综合间断样本调查（global omnibus discontinuous panel）。这家公司在全世界 68 个国家中开展了固定样本组调查，并且通过电话访问或者个人访谈（那些不能电话访问的）收集数据。在许多国家，间断调查每周进行一个实地调研；在大多数国家，样本规模为 1 000 人。[1]

与非连续固定样本组调查或者横截面调研相比，连续固定样本组调查的一个主要优势是它可以进行时间序列分析，这是一种很重要的数据分析方法。技术讲解 9-1提供了一个在品牌转换分析中连续固定样本组调查如何使用数据的例子，这是时间序列分析的一种特定类型。

技术讲解 9-1

品牌转换分析

品牌转换分析由来已久，它显示了真固定样本组数据的一个最重要的优势：借助自己进行分析。假定我们能从 1 000 个家庭的固定样本组中获取消费者购买数据，我们生产一种叫做 Sudsy 的洗衣粉，它有三个主要的竞争品牌：Sunshine，Sparkle 和 Silky。

最近我们改变了 Sudsy 的包装设计，想知道这种新设计对销售的影响。我们会考虑包装改变之前的品牌绩效（时期 t_1）和改变之后的品牌绩效（时期 t_2）。我们可以对这些数据进行几种类型的分析。我们可以计算在时期 t_1 固定样本组成员中购买了我们的产品的比例。我们也可以计算在时期 t_2 购买了我们的产品的比例。表 A 列举了这些数据，结果显示包装改变是一种成功的举措。Sudsy 的市场份额从 20%增加到 25%，而且 Sudsy 好像通过战胜 Sunshine 和 Sparkle 获得了盈利，因为 Sunshine 和 Sparkle 的市场份额下降了。注意：假如我们仅仅依赖于销售数据的话，以上就是我们了解的全部信息了。

这并非全部事实。我们可以确定参与调查的样本组成员，而且我们已经重复测量了这些顾客，因此我们可以计算出在两个时期都购买了 Sudsy 洗衣粉的家庭数和在两个时期都购买别的品牌洗衣粉的家庭数，以及在两个时期发生转换的家庭数。假定表 B 显示的是这些结果，这个表叫做转换表或品牌转换矩阵，它包含表 A 中相同的基本信息。也就是说，200 个或 20%的家庭在时期 t_1 购买了 Sudsy 洗衣粉，250 个或 25%的家庭在时期 t_2 购买了 Sudsy 洗衣粉。表 B 还显示 Sudsy 并没有夺走 Sunshine 和 Sparkle 的市场份额，如果我们只有销售数据就会这么认为。相反，表 B 告诉我们，Sudsy 抢夺了 Silky 的部分市场份额：75 个家庭在时期 t_1 购买品牌 Silky 而到了时期 t_2 转换到购买品牌 Sudsy。与此同时，Sudsy 在时期 t_2 丢失了部分家庭（他们购买了 Sunshine）：25 个家庭时期 t_1 购买 Sudsy 而到了时期 t_2 却转为购买 Sunshine 了。

表 A　固定样本组成员中购买每一个品牌的家庭数量

购买的品牌	时期 t_1	时期 t_2
Sudsy	200	250
Sunshine	300	270
Sparkle	350	330
Silky	150	150
总计	1 000	1 000

表 B　品牌转换矩阵

		时期 t_2				
		购买 Sudsy	购买 Sunshine	购买 Sparkle	购买 Silky	总计
时期 t_1	购买 Sudsy	175	25	0	0	200
	购买 Sunshine	0	225	50	25	300
	购买 Sparkle	0	0	280	70	350
	购买 Silky	75	20	0	55	150
	总计	250	270	330	150	1 000

表 B 还可以计算品牌忠诚度。例如，对于 Sudsy，200 个家庭中有 175 个，即 88%的家庭在时期 t_1 购买了 Sudsy 后，在时期 t_2 仍然购买了 Sudsy。通过计算这些数值，表 C 显示了在三个品牌中，Sudsy 具有最高的品牌忠诚度，Silky 的品牌忠诚度最低。知道这一点很重要，因为它表明了试用产品的家庭是否喜欢该产品。

表 C　　品牌忠诚度和品牌转换可能性

		时期 t_2				
		购买 Sudsy	购买 Sunshine	购买 Sparkle	购买 Silky	总计
时期 t_1	购买 Sudsy	0.875	0.125	0	0	1
	购买 Sunshine	0	0.750	0.167	0.083	1
	购买 Sparkle	0	0	0.800	0.200	1
	购买 Silky	0.500	0.133	0	0.367	1

只有对同样对象进行重复测量才能进行品牌转换的分析，这是连续固定样本组调查的目标。非连续性调查测量的变量是变化的，因此是不可能做到这一点的；横截面调研即使做得再成功，也不可能做到这一点。

以上两种固定样本组调研相比于横截面调研的优缺点都是相同的。例如，固定样本组调查可能是收集人口统计信息如被访者的收入、年龄、受教育程度和职业等的最好形式。横截面调研在这方面就受到了限制，因为被访者只被调查一次，所以被访者很少愿意接受耗时很长的访问。固定样本组调查的对象会因为接受访问而收到补偿，因此他们愿意接受长时间深入的访问，也愿意接受多次访问。委托企业愿意花更多时间和努力来获取精确分类的信息，因为这些信息可以用于多项调研。

固定样本组调查比横截面调研更准确，尤其是在测量消费者购买行为和媒体收视效果方面。横截面调研设计中，要求被访者回忆并报告他们过去的行为，在这一过程中人们会不可避免地产生回忆误差。相反，在固定样本组调查中，行为一旦发生就会被记录，可以不依赖于记忆。当用日记记录购买行为时，这样的问题可以消除，要求被访者购买物品回家后就立刻记录下来。其他一些行为，比如观看电视节目也是值得调研的。真实的观看行为可以通过电子设备来记录，这样做可以降低由于遗忘或歪曲事实而带来误差的可能性。

固定样本组调查的缺点是它不具有代表性，或者说不具有随机性。参与者必须承诺将代表所设计的样本成员，但是很多人都不愿意做这种承诺。他们不愿意被产品测试、广告效果评估和填写消费日记困扰。这些工作都需要花费一定的时间，而且如果是双职工家庭就没有夫妇一人工作而另一人持家具有代表性。即使做调查的公司试图将固定样本组成员与目标人口的特征相匹配，结果仍然不行，因为参与者并不是从总体中随机抽取得到的（请看第 14 章）。

经理关注

作为一个营销经理，纵向调研（始终监控消费全过程）对你的好处是显而易见的。利用营销调研公司的调查服务是获取这些好处的唯一方法。很多公司如约翰·迪尔、凯洛格和 ESPN 已经建立了自己专门的在线固定样本组，这样它们能持续地监控过程中具体的变化（连续固定样本组调查）或者基于特定需要测量各种不同的变量（非连续固定样本组调查）。它们定期获取调查资料，有了这些调查资料，就能提升它们的调查速度并降低成本。其实这种方法对那些拥有必要的经济和技术资源的大公司更切实可行一些。当你的产品和服务对消费者或商业客户具有吸引力，他们也愿意接受这种调查服务时，这个方法将让公司受益匪浅。

假如你思维开阔，你可能了解到各种各样的其他组织获取纵向资料的方式。例如，许多超市为其注册会员提供价格激励计划，这使得它们能够跟踪顾客的购买行为。同样，在线的大小商家都会使用各种各样的技术监控在线行为并测量变量，如网址访问率、购买转化率、重复购买率等。还有更重要的是，收集的信息应当输入公司的MIS或者决策支持系统中达到效用最大化。在你的整个职业生涯中，你将总是创造性地思考如何最大化使用现有的技术以获得相关的信息，如果有可能的话这些数据当然也包括纵向数据。

大多数消费者固定样本组调查的合作率在50%或更低——这还是指固定样本组中同意参加调查的家庭。大多数的消费者第一次就拒绝参与调查。可以预料到，如果消费者发现调查的是他们感兴趣的问题，或者调查只需花很少的时间就可以完成，例如使用尼尔森收视记录仪而不是使用扫描仪来记录家庭食品储存室的食品购买情况，他们的合作率将提高。

更好一些的连续固定样本组调查会非常系统地选择那些有合作意愿的参与者。调研者希望能够得到和维持一个对感兴趣总体来说具有代表性的固定样本组（尽管他们仍然是非随机的）。通常为了得到有代表性的固定样本组，调研者会选择配额抽样，即样本集合中具有各个特征的样本数的比例与总体中具有各个特征的样本数的比例相同。举个很简单的例子，设想一家组织希望调研跑车车主，如果调研者已经知道总人口中男性占52%，女性占48%，那么在抽样时就应该按照这样的性别比例抽样。

横截面分析：抽样调查（cross-sectional analysis：sample survey） 尽管纵向分析优点很多，但是在实际工作中，横截面设计可能是更重要的一种描述性设计。横截面调研具有两个区别于纵向调研的关键特征。第一，横截面调研提供给我们的是变量在某一时间点的影像。与此相比，纵向调研提供给我们的是关于被调研变量的一系列影像，这些影像连起来会形成一个实际情形和变化的图像。第二，在横截面调研中，样本元素通常很典型，能够很好地代表全貌或总体。因此，工作的重点放在样本成员的选择上，通常会为此制定可行的抽样计划。这也是该技术称为“抽样调查”的原因之一。

经理关注

抽样调查的一个局限在于：人们通常在使用它时进行得过快，完全没有做好充分的事前准备以理解所要调研的主题（也就是探索性调研做得不够）。做出糟糕调查的人通常都没有接受过问卷设计的艺术和科学方面的训练。经理们有时候（经常?）认为他们自己就可以开发出问卷，因为“任何人都会问问题”，但事情往往没有这么简单。任何做得很好的事情（芭蕾、戏剧、运动……甚至发型设计）都是外行看起来简单，但执行者才理解要简单地完成这些工作需要经过大量的训练、努力和经验。我们强烈推荐经理们抵制这种想法的诱惑，招募专业的营销调研服务提供商来完成任务。最好是找到一家经常使用探索性调研的公司，雇用那些在文献收集和深度访谈方面特别擅长的公司来开发问卷。

横截面抽样调查相对于固定样本组调查具有两个显著优势。第一，它能够定位于明确的总体，将这些总体中的成员征募来参加调查。消费者固定样本组也有可能使用定向招募，但仅仅使用关于参与的个体或者家庭的信息。例如，一个位于美国东北部城市中心的零售店决定在其消费者中组织一场满意度调查，除非零售店已经拥有了自己的固定样本组，否则一个已经存在的固定样本组是不太可能像抽样调查那样简单高效的，毕竟抽样调查只需从顾客数据库中进行抽样后就可以开展抽样调查。

第二，随机抽样计划允许调研结果推广到整个总体。我们马上将讨论到这一点，这是一个非常重要的问题，因为管理者更希望调研结论可以适用于每一个人而不是只适用于那些提供信息的人。

虽然抽样调查应用十分广泛，它还是有一些缺点。抽样费时又费钱。根据调研的深度和复杂性以及抽样计划，假设得到验证之前可能需要好几个月时间。尽管一些探索性调研会花费很少甚至不会产生花费，但开展描述性调研通常涉及一个昂贵的计划。

调查调研还需要具备一系列良好的技术能力。你不仅需要具备调查过程中每个阶段的技术能力，还需要技术顾问的帮助。只有很少的人能够同时开发态度量表和设计复杂的概率抽样方案。

一手数据的类型

让我们回顾一下描述性调研的详细介绍。不论你选择使用固定样本组还是抽样调查来收集数据（或者实施因果性调研），市场营销调研者收集到的有意义的信息可以归为以下分类中的一种：（1）人口统计特征/社会经济特征；（2）个性/生活方式特征；（3）态度；（4）意识/知识；（5）意图；（6）动机；（7）行为。

人口统计特征/社会经济特征

对营销调研者来说，最感兴趣的一种一手数据是访问者的人口统计特征和社会经济特征。比如年龄、教育、职业、婚姻状况、性别、收入和社会阶层等。这些变量常用于对收集的数据进行分类，有助于解释消费者的反应。假定我们想了解人们对自然环境的态度，我们可能会发现对于绿色营销的态度与访问者受教育程度有关，并且存在性别差异。类似的，营销调研者经常会问：某产品的消费（例如，SUV、纸尿裤、度假、高尔夫装备）是否与人们的年龄、教育、收入等相关。

人口统计变量作为市场细分的一个基础而被广泛应用。性别已经被广泛地应用于很多产品类别的市场细分中，例如香烟（万宝路与维珍妮牌女士香烟（Virginia Slims））、剃须刀（吉列男士款与吉列女士款）、运动鞋（Foot Locker与Lady Foot Locker）等行业中。其他人口统计变量和社会经济变量也广泛运用于产品的市场细分。

个性/生活方式特征

另一种对营销调研者有意义的一手数据是以个性特征、活动、兴趣、价值观表现出来的被访问者的心理特征和生活方式特征。**个性**（personality）是指个体表现出来的基本倾向——区别于他人的属性、特质和习性。我们通常根据个性特征对人进行分类——侵略型的、统治型的、友好型的、社会型的。

营销者之所以对个性感兴趣是因为个性似乎可以影响消费者和他人在市场营销中的行为方式，例如，许多营销者认为个性可能影响消费者对商店和商品的选择，也会影响个人对广告和卖场展示的反应，他们认为成功的销售人员比不成功的销售人员更可能是外向型的性格，更能理解他人的感受。尽管通过个性预测消费者行为和销售人员能否成功的经验证据很少，但对营销调研者来说，个性仍是一个应用广泛的变量。

生活方式分析（有时称作心理分析）依赖于这样的前提条件：如果一个公司可以对消费者是怎样生活的、他们对什么感兴趣以及他们喜欢什么等**生活方式**（lifestyles）有更多的了解，就可以制定更有效的策略接触这个目标市场。例如，菲多利曾针对零食消费者开展调查，识别出两个数量众多的零食消费者群体：适度者和放纵者。适度者多数为女性，她们更多地进行锻炼、阅读健康杂志、对营养比较关心、阅读产品标签等。菲多利用一种低脂薯片来吸引这群人。菲多利传统的油炸薯片是针对另一个生活方式群体——放纵者，放纵者大多数是男性，在他们将近20岁和稍大于20岁这个阶段，他们消费大量零食，他们对吃的不关心，并不心甘情愿为了减肥而放弃口福。[2] 表9-1列举了一系列评估生活方式可能用到的特征清单。

表9-1　生活方式维度

活动	兴趣	观点
职业	家庭	自我
习惯	住宅	社会问题
社会事件	工作	政治
度假	社区	商业
娱乐	休闲	经济
俱乐部成员	时尚	教育
社区	食物	产品
购物	媒体	未来
运动	成就	文化

资料来源：Adapted from Joseph T. Plummer, "The Concept and Application of Life Style Segmentation," *Journal of Marketing* 38, January 1974, p. 34. Published by the American Marketing Association. See also Ronald D. Michman, *Lifestyle Market Segmentation* (New York: Praeger Publishers, 1991).

经理关注

制定有效的营销决策需要准确预测消费者或组织购买者对不同的营销活动的行为反应。组织购买者对于提价将如何反应？如果改变了广告的定位诉求，目标顾客将会做出什么样的反应？当为产品线增加了新款产品，现有的和将来的组织购买者将如何反应？如果提高了产品的质量，并通过更多的独家零售商销售，目标消费者将如何反应？做出这些预测涉及目标消费者或组织购买者行为模型的制定。一个假设证明了两个或两个以上的变量是如何联系的。当读到这里时，你也许想知道“可测量的变量具体是什么”，我们在本章将利用一些描述性营销调研工作中常用的变量（测量过程将在下面的章节中专门讲述）。作为一名经理，你需要决定哪个变量与你的营销环境最相关，以及确定关于一个变量如何联系到另外的变量的假设。不要忘记探索性调研可以帮助你在这些领域获得有用的观点，它可以帮助你辨别哪种特征、态度、知识主题、动机等与其他变量相关，并最终影响购买者的行为。这些假设的关系表现在你所处的营销环境中购买者行为模式。

如果你对消费者行为理论有深刻的理解，变量之间的关系对你来说就很好辨别。这就是你要学习消费者行为学课程的原因。事实上，学习消费者行为理论是探索性调研的一种形式，它是一个拓展性的文献搜索，在这一搜索过程中你要调研与消费者有关的变量是如何与营销环境中的其他变量建立联系的。通过这个过程你将学习作为一位经理必须掌握的各种购买者行为的归纳性模型，这些模型代表了特定的营销环境中各种变量之间可能存在的关系。

理解了购买者行为理论之后你将成为一个更有效的营销调研服务的使用者。作为一名经理，你将之前的管理经验、你对消费者行为理论的理解以及你自己完成的各种探索性调研，都应用于形成有关你所在组织的营销问题的充分的假设（一个购买者行为模型）。一旦你决定了假设的模型，你就要雇用营销专家去选择调研服务提供商并与之合作，从而完成描述性调研或因果性调研来检验你的假设。然而，目标并不是肯定或否定你的假设，而是通过完全理解驱动目标消费者行为的原因来获得营销成功。

态度

态度（attitude）指的是个体对某个特定事物或者观点的整体评价。在市场营销中态度是很重要的，因为通常我们认为态度会导致行为。一般来说，如果个体对产品或者品牌有积极的态度，个体会更倾向于购买这个产品或选择这个品牌。因为态度能够影响行为，所以营销者希望让目标受众产生积极的态度。因此，营销者希望了解人们对于产品种类、品牌、产品、服务、网站、零售商等的态度。

这里有一个测量品牌态度的小案例。YouGov公司提供品牌指数（BrandIndex）服务来跟踪日常品牌态度和其他变量的变化。通过使用连续固定样本组，其伦敦分公司跟踪了英国、美国以及全球其他地区的数千个品牌。固定样本组成员会被问如“普遍印象”的测量问题以评估对品牌的整体态度：“总的来说，你对以下哪个品牌有积极的或消极的感觉?”一个公司的日常得分由对公司有积极整体印象的人群比例减去对公司有消极整体印象的人群比例得出。图9－2展示了菲多利品牌的近期结果。在图的底部可以看到，同一时期，美国快餐业中乐事的整体态度是第二高的（仅次于乐芝（Ritz））。图中还显示了在此之前七天内该品牌的态度有明显的下降。

营销者还需要经常测量一些与态度同样重要的其他变量。例如，公司很关注顾客感知的产品和服务的质量，也例行测量了消费者满意度作为重要的购后反应。这些变量与态度有一个重要的共同之处：它们都是基于个体如何评价特定事物或想法的。

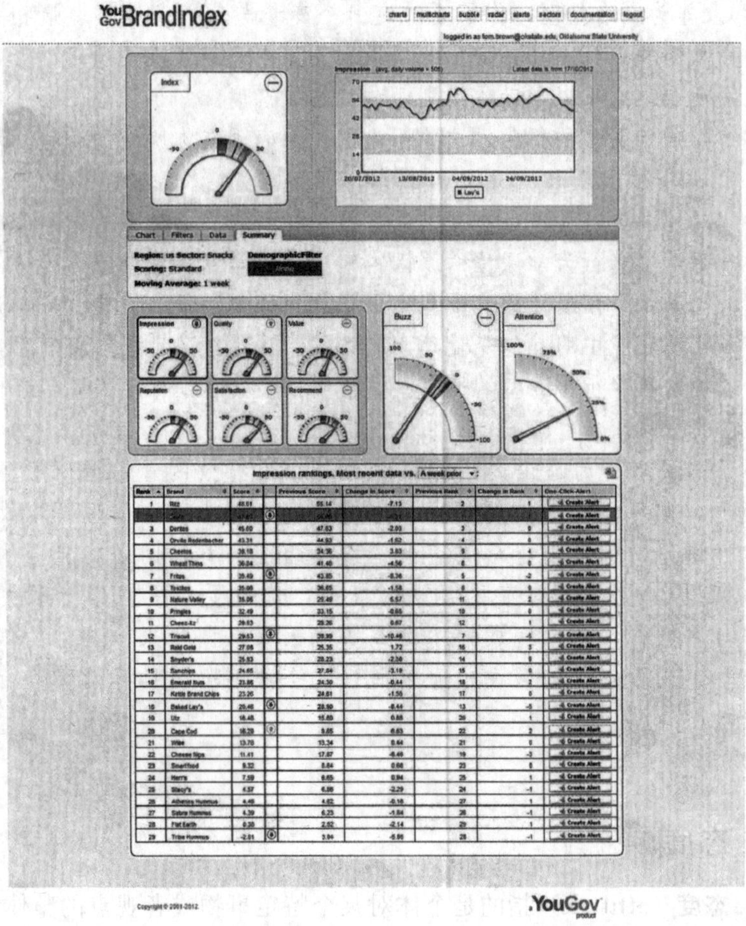

图 9－2　来源于 YouGov 品牌指数（BrandIndex）的消费者对非多利的态度

资料来源：From report produced on October 18，2012，using BrandIndex，courtesy YouGov.

意识/知识

在营销调研中所使用的**意识/知识**（awareness/ knowledge）是指访问者对一些产品、品牌、公司、广告等是否了解或相信。例如，调研人员对判断电视、广播、杂志、公告栏、网页上的广告的效果非常感兴趣，他们可以通过表 9－2 所描述的三种方法进行测量。

表 9－2　　测量意识的方法

非辅助回忆：不给任何提示，让消费者回忆最近看过哪些广告。我们假定在完全没有提示的情况下回忆出的广告或品牌一定给消费者留下了深刻的印象，因此非辅助回忆代表了意识的最高水平。 举例：你记得看过哪些产品或者品牌广告？	非辅助回忆

续前表

辅助回忆：对消费者进行提示，一般是产品类别的提示。换言之，消费者被要求回忆最近看过的一个特定产品类别的广告/品牌。辅助回忆代表了相对高的意识水平，但提示的出现使得回忆任务比非辅助回忆更容易一些。 举例：你是否记得最近看过的个人计算机的广告？	个人计算机 辅助回忆
再认度：向消费者展示或者描述真实的广告、品牌名称或 logo，并且询问他们能否记起。因为只是测试他们是否看过广告，这种再认度检测对于被试来说比较简单，代表了较低的意识水平。 举例：你是否记得看过戴尔的广告？	DELL 再认度

这三种测试记忆的方法（非辅助回忆、辅助回忆、再认度）的目的在于确定访问者对广告的意识和知识。我们假定这些方法测量的结果反映了消费者对于广告、品牌名称、特征属性等方面的认知差异程度（深入的或肤浅的）。与给予提示的辅助回忆测试相比，如果消费者在非辅助回忆中可以描述品牌，表明他们记住了广告中更多的知识。以上两种测试方法都比简单的再认度反映更多的知识和记忆。

一个普遍用来衡量短期广告效果和影响的指标是“次日回忆”（day-after recall，DAR），即在新广告发布的次日进行电话调查（例如，在超级碗广告发布的第二天）。广告代理商将某广告的次日回忆分数与数据库里存储的其他广告得分进行比较，就可以推测出所宣传的产品的销量。

越来越多的心理学家和广告调研者正在接受这样一个观点：消费者也许在不需要深入记忆广告内容的情况下，其购物行为也会受到广告的影响。例如，在阿迪达斯（Adidas）广告发布以后，调研者可能选择使用含蓄的或非直接的方式测试记忆，不是直接问消费者：“您是否记得最近的一个运动鞋广告或阿迪达斯的广告?”而是通过让消费者列出运动鞋的品牌或运动鞋代言人等来评估阿迪达斯品牌出现的次数。调研者曾经问过这样的问题：“请列出所有以 A 开头的任何产品的品牌”来测试 Adidas 出现的频率，这些品牌名称还有 Audi、Apple 和 Acer。这些测试的假设是：如果阿迪达斯出现的次数超过了它应该出现的次数（以市场份额为基础），那么意味着广告成功做到了使阿迪达斯品牌名称深入人心。

除了广告测试以外，记忆测试还用于评估品牌、产品、企业和其他类似对象的意识与知识。营销者通常很想理解不同观众对产品和企业的理解或信念的具体内容。这是品牌形象和企业形象研究的基础。此外，这样的信息有时与态度（以记忆中的知识或信念为基础的有关品牌或公司的评价）一起成为以感知地图为基础的定位调研的关键输入信息，我们将在第 14 章中简单介绍这个话题。一般来说，意识问题有助于营销者评估消费者对消费者体验——广告、产品、零售店，等等——的各个部分的知识。

经理关注

态度代表了一类范围非常广泛的变量。尽管你可能没意识到，但你在市场营销中已经学到了不少这样的概念，例如价值、满意度、品牌形象和质量等概念都和态度类似，因为它们都是消费者做出评价的一种类型。价值观感知是将市场供给中的利益与得到和使用的成本进行比较后的评价。满意度则相反，是将市场供给中真实获得的利益与购买使用之前的期望利益进行比较后的评价。品牌形象是对各种特征和文化象征与品牌相联系的程度以及这些联系受欢迎/被期望的程度进行评价。最后，质量感知评价的是产品或服务的特征和水平。

除了预测购买者行为，营销经理经常使用态度变量去监控营销绩效。服务行业的总经销商通常测量各个分销商的客户满意度。一些公司要求经销商的客户满意度维持在一定水平之上。既然态度测量在市场营销中如此普遍，理解这类范围广泛的变量具体包含什么变量，以及如何测量每种变量，对于你来说是必不可少的。接下来的章节中你将学到，当测量态度和其他变量时，要避免落入很多常见的陷阱。

意图

一个人的**意图**（intentions）是指个人期望或计划的未来行为。营销者感兴趣的是人们购买行为方面的意图。意图能够通过一系列方法测量，这些方法是向被试询问未来一定时间内购买某产品或者服务的可能性。下面是在调查中可能出现的被试反应类别的举例：

□ 肯定会购买
□ 可能会购买
□ 不确定
□ 可能不会购买
□ 肯定不会购买

想象一下你被询问未来一周在麦当劳就餐的意愿。如果你对麦当劳很熟悉并且之前在那里用过餐，对于未来七天内是否想要在那里用餐，你可能会有一个比较明确的想法，因此你的估计很可能是相当精准的。

现在想象你被询问是否愿意购买一部新的能够接收卫星广播的太阳能 iPod。你会如何回应呢？即使我们很认真地向你描述这个产品的特性和产品价格，我们仍然怀疑你对产品的购买倾向的估计很可能与你未来的实际购买行为是不同的。这就是测量意图的问题，即当面对新产品或新服务时，尤其是那些还没有生产出来的产品或服务，消费者通常不会准确地知道未来他们将会怎么做。这种情况下，询问购买意愿就不是让人们来回答这个问题了，而是了解这些产品或服务对他们意味着什么。正是因为存在这种困难，营销中意图有时候不如其他类型的一手数据受到的关注多——通常人们对于他们将要做的描述和他们的实际行为之间存在很大的差距。

估计对产品或者服务的需求是十分困难的。举例来说，在一项调研中，消费者被告知一个他们已经购买的服务将会重新定价，然后询问他们想要再次购买的意愿。这一定价执行的前三个星期内，之前表示“肯定会购买”的人中只有不到一半的人真的购买了该服务，有一些之前表示将不会购买的人实际上购买了这一服务。[3] 实施营销调研的调研者们根据过去类似情形下的经验判断，在多数情况下必须对被试表达的购买意愿打个折扣。

除了上述困难，有时尝试获得对某件产品需求意图的估计还是很有必要的。

iPod的例子显示了准确估计一件新产品或新服务的未来需求的主要困难。在产品或服务被消费者研究和试用之前，是很难知道消费者对该产品或服务的反应和行为的。艺术家的作品、撰写产品概念介绍以及计算机简单计算并不能替代产品测试和使用。标准的市场测试因为能够检验产品和促成产品试用，所以比以消费者意图为基础的模拟的市场测试更加准确。

购买意图最常用于调研高价值产品的购买，比如家用汽车、商业装置和设备。总体假设是，有越多的美元支出，就越有必要进行预先计划，期望行为与实际行为之间就有越多的关联。

动机

动机（motive）是一种需求，一种愿望，一种驱动，一种刺激，一种希望，一种渴望，一种冲动或任何一种指导或者引导我们达成目标的内心状态。也许你已经听说市场营销观念，它是公司在盈利的情况下通过识别和满足消费者需求实现长期经营成功的理念。对于相信市场营销观念的组织来说，最重要的任务之一是发现已知的——有时候是未知的——消费者需求。一旦发现这些需求，营销者通常在沟通时努力迎合这些动机。例如，一项人身保险广告的动机也许是当父母发生意外时确保家庭有足够资金的渴望。

一个典型的想要了解动机的营销调研者对消费者行为背后的原因比较感兴趣。了解个体行为的驱动因素有助于理解行为本身。对身份的渴望可能促使一个汽车购买者购买梅赛德斯-奔驰，对一个注重安全问题的消费者来说，他可能更加关注当地的沃尔沃汽车的展销。如果营销者理解了消费者行为的影响因素，他们就能以一个更好的视角去设计和提供产品及服务，从而满足驱使行为的动机。

行为

行为（behavior）涉及主体已经做了什么和正在做什么。在市场营销中通常是指购买和使用行为。行为是发生在特定环境和特定时间的一种身体活动或行动，并有一个或多个行动者和参与者。一个调查行为的营销调研者通常想要了解行动本身和行动所包含的不同组成部分。获取行为数据的关键之一是确定获取什么样的行为。你必须决定调研聚焦于哪种行为或者忽略哪些行为。行为的调研涉及描述过去及现在的购买和使用行为的部分或者整体特征，包括：是什么样的行为，这种行为发生的频率如何，这种行为是如何发生的，发生的地点、时间和参与者。

行为数据可以通过观察获得，或要求消费者回忆并报告他们自己的行为，然而，正如我们在其他地方提到的，这种方法通常会导致各种各样的偏差，因为它依赖于应答者准确回忆并报告先前行为的能力。即使这样，询问在特定时间段的相关行为也能得到可靠的信息。

随着技术进步，现在获取行为的数据变得越来越容易（例如，扫描仪和网络），数据对于营销者满足顾客需求和与顾客建立关系来说越来越重要。扫描仪数据可能是行为数据的常见形式。随着新技术时代的到来，管理者已经开始大量使用创新和高效的方法来跟踪消费者行为。公司将跟踪受众的市场行为放到了越来越重要的位置。由于有了网络分析技术，即通过网络跟踪行为信息，一场关于获取行为数据的革命正在悄然发生（可见第6章大数据的讨论）。擅长分析行为数据的营销者将会获得重要的洞察力。

现在你已经了解了有关描述性一手数据的全部内容了。个体层面的一手数据可以归纳为以上7种类型。毫无疑问肯定还有一些我们没有提到的概念和例子，但几乎所有其他的内容都可以归为这7种类型中的一类。这些都是营销者想要——实际上也是需要——了解的，因为只有了解了这些信息才能准确地提供产品或服务以恰当地满足消费者的需求。其中的某些内容比其他的内容更容易测量，例如，调查基本的人口统计信息就比评估真实的购买意图要容易多了。

如果你仔细阅读了以上内容，你会注意到我们用了几个企业收集二手数据的例子来阐述初始的描述性数据是如何测量的。我们谈到了扫描仪和网络作为收集行为数据的手段。我们也阐述了用品牌指数（BrandIndex）的二手数据来测量态度。每一种数据类型都可以由单个企业以一手数据的形式来收集——实际上，成千上万家企业都在收集自己的此类一手数据或更多的其他一手数据。

使用这些例子让我们可以证明几个比较重要的观点。首先，在一定程度上，数据就是数据，不管它们来自哪里。不论是一手数据还是二手数据，作为营销者，你的任务是收集你所需的数据。第二点与第一点相关，当相关的二手数据在内部或者外部是可以获取时，通过处理二手数据来获取你想要的信息总是比收集本公司自己的一手数据更加有效率。这就是为什么要展示图2-1的原因：在收集一手数据之前，寻找内部和外部的二手数据是非常重要的。当然，有时你没有任何选择，你的任务就是获取所需的一手数据。接下来两章会讲述这一内容。

小结

学习目标1

列举描述性调研的三个主要目的

当出于如下目的时使用描述性调研：（1）描述某群体的特征；（2）估计某种特定行为方式的人口比例；（3）做出精确的预测。

学习目标2

列举描述性调研要弄清的项目

描述性调研需要清晰地界定调研的对象、事件、时间、地点、目标、原因、方法和获取途径。

学习目标3

讨论横截面调研和纵向调研的区别

横截面调研涉及从感兴趣的总体抽取样本元素。样本元素只被测量一次。纵向调研涉及一个固定样本组，会在一段时间内重复多次测量应答者的反应。

学习目标4

解释营销调研中固定样本组的含义，并区别连续固定样本组和非连续固定样本组

固定样本组是一个元素固定的样本。在一个连续固定样本组中，会就相同的问题对样本对象进行重复多次测量。在非连续固定样本组中，也会选择和维持一个固定的样本，但每次从样本组成员处获取的信息会随项目的变化而改变。

学习目标5

描述抽样调查的重点

抽样调查涉及在同一段时间内对一定数量的个案进行调研。调查要尽量能够代表已知

总体。

学习目标6

列举营销者感兴趣的人口统计特征和社会经济特征

营销者对以下人口统计特征和社会经济特征感兴趣：年龄、教育、职业、婚姻状况、性别、收入和社会阶层。

学习目标7

列举用于测量意识的三种主要方法

测量意识的三种主要方法包括：(1) 非辅助回忆，这种方法不给消费者任何提示；(2) 辅助回忆，这种方法会给消费者一些提示；(3) 再认度，这种方法会向消费者展示一个真实的刺激，并询问是否看过。

学习目标8

给出营销者对人们的动机感兴趣的重要原因

如果营销者想要推出一个产品或服务来满足消费者的需求，就需要理解消费者的需求和购买动机。

关键术语

横截面调研（cross-sectional study）
纵向调研（longitudinal study）
连续固定样本组（continuous panel）
非连续固定样本组（discontinuous panel）
抽样调查（sample survey）
个性（personality）
生活方式（lifestyle）
态度（attitude）
意识/知识（awareness/knowledge）
意图（intention）
动机（motive）
行为（behavior）

复习题

1. 使用描述性调研的基础是什么？
2. 描述性调研要弄清楚什么内容？
3. 描述性调研主要有哪些类型？它们之间的区别是什么？
4. 固定样本组最基本的两种形式是什么？它们之间的区别是什么？
5. 什么是抽样调查？它的优点和缺点分别是什么？
6. 营销调研者对哪种类型的一手数据最感兴趣？不同类型的数据有什么区别？
7. 什么是态度？为什么市场营销者关注态度？
8. 测量意识的三种方法是什么？回忆测量方法和再认度测量方法之间最基本的区别是什么？
9. 测量消费者未来行为的意图的方法最基本的问题是什么？

讨论的问题与案例

1. 一家线上鞋类零售商确信自己的市场细分包含25～35岁的群体，公司主要竞争对手的市场细分似乎对年龄段的划分更加宽泛，这主要是因为该公司涉及不同类型的鞋子及其装饰品的业务。管理者决定进行一项调研来了解自己的目标市场的社会经济特征。管理者组建了一个固定样本组，该样本组包含800个对在线浏览和购买鞋子有强烈兴趣的志愿者。线上调研的邮件链接会发送给所有样本被试。一个月之后，公司会再次对所有样本被试进行线上测试。在这个情境下，调研设计是否适合？如果是，为什么？如果不是，为什么？

2. Nutri公司是一家生产和销售营养保健食品的中型企业。产品定位为低脂高营养食品。公司考虑将其作为快餐食品进行营销，但是考虑到现有顾客对产品印象改变的反应，公司决定使用一个已经建立的固定样本组进行调研来获取消费者的反应。在此情境中你会推荐哪种类型的固定样本组？为什么？

3. 下面是几个营销者需要完成的任务。对每一个目标，请详细说明将要用到的一手数据的类型以及可能会用到的数据收集方法。

（1）评估一个购物中心的客流模式。

（2）测量一个新广告的有效性。

（3）细分一个市场。

（4）定义光顾某个市场的消费者类型。

（5）测量一个销售人员成功的潜力。

（6）发掘人们对新包装设计的感受。

4. 生活方式特征收集的数据关注被试生活方式的维度（见表9-1）。比较这些维度之间的差异。表9-1涵盖了所有内容吗？或者你能提出其他有用的调研内容吗？

5. 假设你已经被某家大型消费品公司雇用来收集购买该公司产品的消费者信息。针对下列一手数据类型，给出你收集此类数据的例子：（1）人口统计特征/社会经济特征；（2）个性/生活方式特性；（3）态度；（4）意识/知识；（5）意图；（6）动机；（7）行为。

注释

1. "Ipsos Global Omnibus," downloaded from http://www.ipsos-na.com/dl/pdf/products-tools/public-affairs/Ipsos_GlobalOmnibus.pdf on October 17, 2012.
2. "Frito-Lay Profiles Salty Snack Consumers," *Supermarket News*, March 18, 1996, p. 39.
3. Albert C. Bemmaor, "Predicting Behavior from Intention-to-Buy Measures: The Parametric Case," *Journal of Marketing Research* 32, May 1995, pp. 176–191; William J. Infosino, "Forecasting New Product Sales from Likelihood of Purchase Ratings," *Marketing Science* 5, Fall 1986, p. 375.

第10章 通过观察法收集信息

学习目标

1. 描述获取一手数据的两种基本方法
2. 说明每种数据收集方法的优点
3. 列出使用观察法收集数据时重要的考虑因素
4. 解释结构化和非结构化观察之间的差异
5. 列举在观察调研中调研人员隐瞒的主要原因
6. 解释在实验室环境中进行观察实验的优缺点
7. 列举几种机械观察方法

引　言

一旦你决定收集一手数据，可以选择使用几种方法（见图 10－1）。主要的选择是使用交流法还是观察法。**交流法**（communication）是指询问受访者问题来获取你需要的信息。提问可以是口头的，也可以是书面的，回答也可以采取这两种形式。**观察法**（observation）不涉及询问问题，你将仔细观察个人在特定情况下的行为，记录相关行为和细节。观察结果可由人工或机械设备进行记录。例如，超市扫描仪可用于记录给定时间段内某特定品牌谷物在特定地区的销售量。一些调研同时使用交流法和观察法来收集一手数据，例如调研之窗 10－1 所示。

选择了收集数据的主要方法（交流法与观察法）之后，你还需要做更多的决策。例如，问卷应通过邮件、网络、电话或人工发放？应该隐瞒调研的目的还是告知应答者？答案应该设计成开放式的，还是应该让受访者选择有限的备选项？虽然图 10－1 让人觉得这些决定似乎是分别做出的，但实际上并非如此。例如，关于管理方法的决定对可以使用的结构化程度有很大的影响。在下面几章中我们会再讨论这些问题。

交流法和观察法各有优缺点。交流法具有灵活性、速度快、成本低等优势。通过观察法收集的数据特别客观和准确。

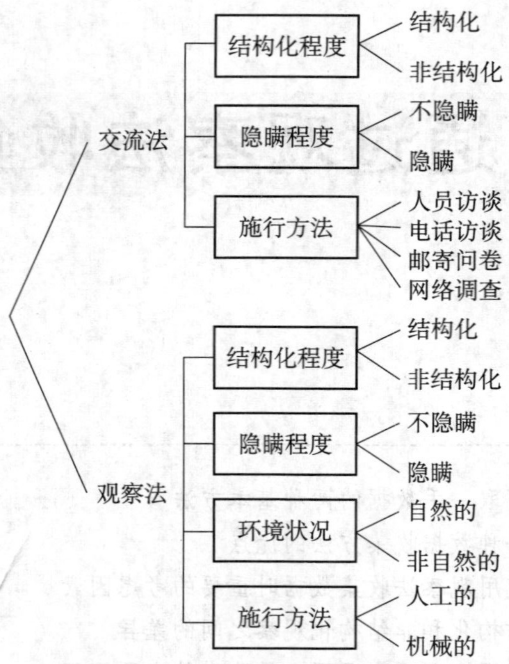

图 10-1　一手数据收集方法的基本选择

灵活性

灵活性是指一种收集各种类型的一手数据的技术能力。交流法能用于收集来自个人的一手数据。我们所要做的是询问并且让人们回答我们的问题，尽管回答未必是真实的。

观察法就不是这样。观察技术能提供给我们有关行为和一定人口统计特征/社会经济特征的信息（例如，在大部分情况中，性别和年龄是应用非常广泛的信息），但也仅限于此了。我们只能观察一个人现在的行为，我们不能观察他过去的行为，也不能观察他未来行为的意图。如果我们对他过去的行为或意图感兴趣，我们必须询问。也就是说，其他基本类型的一手数据无法通过观察法得到有效测量。我们不能观察态度或想法、一个人的意识、知识或者动机。清晰的提问能够让我们收集更多类型的一手数据。

调研之窗 10-1

关于淋浴喷头的赤裸真相

几年前，Moen 公司雇用了一个营销调研公司去观察个人使用淋浴喷头的情况。也许听起来很奇怪，但这次观察是精心策划的调研项目的一部分。

Moen 销售卫生洁具，是北美排名第一的龙头品牌。在过去，Moen 通过管道供应商出售水龙头和洗涤槽。为了建立销售网络，公司决定通过五金商店和家庭购物中心向消费者销售淋浴喷头。现有数据显示尽管沐浴喷头的平均价格低于 20 美元，仍有超过一半的销售额来自更高价格的产品。Moen 公司决定通过开发高端产品进军高端市场，为此，公司需要了解消费者在淋浴时的需要是什么。

Moen的营销调研总监邀请了一家调研公司，帮助Moen解决一些基本问题：淋浴时消费者都干些什么？他们认为淋浴有什么好处？他们怎么去买一个新的淋浴喷头？淋浴喷头如何给予消费者认为最有价值的品质？

当调研人员讨论这些问题时，显而易见他们需要结合多种形式的调研。他们可以通过访问消费者获得关于行为和态度的信息，从而获得基本数据。消费者可以记录他们在淋浴间的时间和他们对淋浴和淋浴喷头的看法。人们一般很难将有关日常活动比如淋浴时的想法用语言表达出来。他们可能太习惯于早晨和晚上淋浴时的快乐和烦恼，以至于没有意识到去注意细节。Mone的营销调研总监后来向报社记者解释说，“最明显的事始终没有浮出水面”。为了发现没有浮出水面的问题，调研者需要观察消费者在现实中做了什么。

在这里使用观察法存在一些有趣的问题。为了解消费者的购买行为，调研者可以当消费者在商店的水龙头区购物时进行观察。他们如何在不冒犯消费者的情况下对其购买行为进行观察？解决这个问题一方面需要谨慎地挑选使用的观察技术，另一方面需要精心地招募恰当的参与者，去发掘那些不太有自觉而又有适当动机的人。此外，Moen也希望调查对象是各种各样的美国消费者。Moen还希望这个主题成为美国消费者多样化的一部分。

调研公司招募了一些参与者记录他们自己的淋浴习惯，然后参观了为深度访谈者和真正的沐浴准备的淋浴试用设备。在Lowe的家用中心，调研者使用隐蔽摄像头去观察选购淋浴喷头的消费者，然后在他们离开时进行调查。

最大的挑战还是找到淋浴间的被观察对象。通过头脑风暴，调研小组确定了一个合理的群体来源：社会裸体主义者，其理念是裸体是自然的，无须害羞。招聘来源之一是通过互联网公告栏，在大约20个项目中裸体小组成员占了相当大的比例。志愿者被仔细甄选以保证他们的动机是适当的，并非完全为了250美元的参与报酬。同样，调研者选择了多种不同年龄、身体类型以及种族的人。

为了测试，淋浴器被连接到计算机以测量水温和流量。淋浴喷头旁安装防潮防水摄像机。从这些测量中，调研人员确定了重要的行为方式。例如，他们认为调整淋浴喷头是很麻烦的事，因为人们经常闭上眼睛并且拿着香皂和毛巾这些东西。调查告诉Moen消费者要调节淋浴喷头以满足不同家庭成员的需求或获得不同的益处（比如减缓压力和早起清醒）。因此，一个简便的可调节的淋浴喷头会满足需求。

对购物行为的调研也提供了见解。Moen了解到大多数购物者在淋浴喷头区逗留5分钟，然后独自走开，并不与服务员交谈。这意味着淋浴喷头的包装必须快速吸引顾客的注意，顾客才会购买这种产品。购物者还对不同喷头的重量进行测试，说明他们认为重量代表了坚固的结构和很好的质量。

Moen的工程师使用这类信息去开发一种新的淋浴喷头，它看上去和感觉起来都很坚固，他们在淋浴喷头上安装了转盘，消费者可以方便地用一只手调整淋浴的力度、频率以及覆盖面。为了吸引消费者注意，包装设计者在楔形盒子的外包装上设计了喷头的全图，结果这种产品在商店的货柜上迅速被抢购一空。

资料来源：Fortune Brands Home and Security web site，http：//www.fbhs.com/faucets-accessories，downloaded on October 19，2012；Dina EIBoghdady，“Naked Truth Meets Market Research：Perfecting a New Shower Head? Try Watching People Shower，” *Washington Post*，February 24，2002，downloaded from the Dow Jones Interactive Publications Library；Moen，“Extensive Research by Moen Provides What Consumers Want in a Great Shower Experience，” news release，July 17，2001，downloaded from the Moen web site，http：//www.moen.com；and Fortune Brands，“Home Products，” downloaded from Fortune Brands' web site，http：//www，fortunebrands.com，February 11，2003.

速度和成本

交流法在速度和成本上的优势是相互联系的。交流法通常是一种比观察法更快捷的方法，因为你不必等待行为发生。在某些情况下，不能预测行为发生的准确时间因而不能完成观察。有一些行为发生的间隔时间可能太长了。如果你已经获得一个家庭样本，若想要了解数种家电中哪一种的购买频率更高，就必须等待相当长的时间才能开展足够有用的观察。

在某些情况下，用观察法比用交流法更快速和经济，一个简单的例子是消费者对非耐用品的购买，例如，和询问消费者到底购买了什么相比，利用扫描仪可以记录更多的购买过程，却只需花费更少的成本。

道德困境10-1

一个拥有相对复杂形象的国内连锁店计划在一个职业者居住的地区开一个商店。公司的营销调研总监想要详细了解居民的特征和生活方式，以便对新商店进行布置，以适合这个有吸引力的新市场。他建议你，一个普通职员，用一个月时间观察居民如何处理日常事务，如去餐厅就餐、参加教会活动、在商店购物、与其他人社交等。接下来你要准备一个报告：什么样的消费支持着他们的生活方式？

- 在公共场合观察人们涉及道德问题吗？当你带着调查目的去与他们进行交流时问题会不会更明显？
- 谁为你的行为负有道德责任？营销调研经理，你，还是两者兼有？

客观和准确性

尽管观察法受到范围、时间和成本的诸多限制，但在客观性和准确性方面它确实具有巨大的优势。你几乎可以随时通过观察来更准确地收集行为数据，因为观察技术通常不依赖于被访者提供所需信息的意愿和能力。我们的意思是，例如，当调查对象的回答有可能把他们置于不利的境遇时，他们通常不愿意合作。他们有时会掩饰自己的答案，甚至会自然地忘记尴尬的事情。在其他情况下，他们可能会忘记那些自认为不是很重要的事情。

观察结果的客观性依赖于观察者的选择、训练、控制，它不受调查对象认知的影响。

因为观察允许记录下顾客行为，所以它不依赖于调查对象在叙述所发生的事情时的记忆和心情。观察法比交流法更加客观。有时人们甚至没有意识到自己在被观察，因此他们不会试图告诉访问者他们认为访问者希望听到的内容，或者是社会普遍认可但不真实的回答。由于观察法能提高调研的客观性和准确性，我们通常建议尽可能地使用观察法。在余下的章节我们将详细介绍观察法。

道德困境10-2

糖果生产商聘请了一个营销调研公司收集顾客在什么时候会考虑选择独立包装块状糖的数据。汤姆·萨缪尔森（Tom Samuelson）负责这次调研，他认为收集准确数据的最好方式是利用观察法在大城市的主要超市、药店和折扣商店收集数据。由于公司有其他任务导致人手不足，在这种情况下很难通过观察法完成客户所交代的任务。随即，萨缪尔森决定应该向客户建议利用调研公司的家庭固定样本组进行邮件调研。这样不仅需要的调研人员会减少，而且相对于人员观察调研而言，可以为客户节省25%的成本。

- 萨缪尔森是否有责任向客户说明为什么他推荐邮件调研？
- 由于内部条件限制，调研公司使用另一种方法来收集数据，这样做是否道德？如果替代的方法能减少顾客的成本呢？
- 谁应该在选择调研方法上做决定？客户还是调研公司？

观察调研

观察是一种日常行为，我们把观察其他人与事作为一种获取周边信息的手段。当调研者使用这种方法时，要系统地进行观察并仔细记录，他们经常会获得使用其他方式得不到的洞察力。例如，调研人员观察消费者购买宠物狗食品，他们发现成年人购买普通袋装狗粮，老年人和儿童则更多地购买宠物零食，但是这些宠物零食常常被放置于货架的顶部。观测机记录了这样一组图像，一位老年人用一个铝盒击倒他想购买的一种品牌的狗食饼干。当零售商将这些宠物零食放在老人和小孩容易拿到的货架位置时，销售量就上升了。[1] 通过观察法可以很快看到老人很不容易才能拿到他喜欢的品牌的狗食，如果采用交流法也许要用更长的时间才能了解到这一情况——如果他们完全不透露任何事情。

在分辨真实行为和虚构行为尤其是被期许的行为时，观察法更有用。例如，很多人不想让别人知道他们在宠物猫食品上的花费比在婴儿食品上更多，但是观察法可以了解到这一点。另外一个例子，父母被询问是否在意玩具的颜色，几乎所有的父母都说不在意，在调研的最后，调研者允许父母带一件玩具回家给他们的孩子，以作为对参与调研的奖励，所有的父母都叫嚷着要紫色和蓝色的玩具。

观察调研的例子 观察调研涉及观察相关情况并记录相关事实和行为。有时候调研者直接观察，即观察真实的行为。例如，惠普的医疗产品部门派遣调研者去观察外科手术，他们注意到显示手术刀运动的电子视频监视器常常被在医生和监视器之间走动的人员阻挡，于是惠普发明了一种外科头盔，在外科医生的眼前投影。在有些情况下，调研者间接观察，观察行为的结果而非行为本身。例如，一位调研员——一个“垃圾专家”——查看 Tucson 垃圾桶里的空牙膏管和使用过的牙线，将这些从垃圾堆里得到的发现与当地的牙科记录相联系，来查看哪些牙科卫生习惯被遵守了，哪些没有。[2]

观察法调研没必要设计得很复杂来追求效果。考虑以下的例子。

- 一个零售折扣店曾经向在店内购物的消费者提供即食花生，然后，该公司可以通过追踪花生壳了解购物者进入商店里的哪些地方，商店的哪些区域最受欢迎。[3]

■ 一个芝加哥的汽车经销商检查了每辆接受售后服务的汽车的收音机波段，并使用这些信息决定向哪个电台投放广告。

■ 零售商对邮寄的每个不同邮政区域使用不同颜色的宣传单。当客户进入商店时，他可以确定该商店是在为哪个商业区域提供服务。

■ 非营利组织通过特殊代码对捐赠回复表格进行编码，以帮助确定哪些邮寄名单更有效地募集捐款。

■ 利用不同指纹的数量来分析杂志中不同广告的读者群，汽车的使用时间和状况被用来衡量光顾某个商店的顾客的富裕程度。

■ 博物馆地板砖的磨损痕迹用于测量一项展览的受欢迎度。

经理关注

营销调研过程一般被认为是组织的“耳朵”，因为它能听取目标消费者的声音。这无疑是一个恰当的描述。营销调研也可以称做组织的眼睛。毫无疑问，有规律地听取市场的声音是坚持市场导向的一个重要方面。一些数据不能通过其他方式简单地获得。然而，我们认为使用观察法更合适时，调研者总是急于使用交流法（使用各种类型的访谈和问卷）。经理们需要重新考虑他们的想法，当需要获取信息来预测市场反应时，他们就不会急于执行调查。

正如我们之前强调的，消费者可以轻易地告诉你他们将来要做什么，这仅仅是他们嘴上说要做什么，同他们真正做了什么一般是不同的。结果是，当你仅仅基于消费者告知的未来购买行为来做出重要的决策时，如履薄冰。消费者的先前行为基本上是他们将来行为最好的预测指标。

当你有规律地执行调研，去观察目标消费者的购买和消费行为时，你做出的决策的效率将大大提高。本章讨论的方法对你将来的成功十分重要，即使它们在传统上并不如交流法使用得频繁。创造型组织不断地发现聪明的方法，使用各项技术去收集观察到的数据。你可能不会总是拥有这里将要谈到的更复杂的观察形式的必需资源，但是你要尽可能地观察，从而理解消费者会对你和你的竞争者提供的服务作出什么反应。

有时候一些观察调研更复杂。当消费者试图组装计算机而使用计算机浏览网络时，会被用单面镜观察。许多购物商场通过雇用人到停车场记录汽车牌照号码来确定顾客来自的行政区域。这些数据被存入计算机中的颜色编码地图来表示不同地区的消费者密度。有时候复杂程度甚至让詹姆士·邦德感到吃惊。一个位于美国东部的大型体育竞技场曾经在围墙里安装了感应器，用来确定停车场中的车辆的收音机在播放哪个广播台的节目。这些信息为体育场决定为即将举办的赛事选择哪个广播台做广告是非常有用的。

调研者还会拍摄冰箱、药柜、鞋柜和垃圾箱里的东西。一个药柜的照片不仅会显示里面储存的药品，还包括它们的排放顺序，放在前面和中间的药品很可能是使用最频繁的。*Gourmet* 杂志的调研者已经顺利进入读者家中，去调查他们的柜子，阅读他们的购物单，或剪掉的衣服标签。*Gourmet* 杂志特别想理解年轻读者——这个人群富有且对食品有丰富的知识，熟知热门餐馆和擅长品尝好酒。他们给每个读者样本一部照相机，请他们拍摄自己珍爱的家庭装饰品。获知消费者珍爱什么可以产生大量交叉销售的机会，甚至有助于在广告中加入迎合目标群体价值观的小细节。[4]

当涉及评估消费者行为时，越来越多的营销经理、顾问和调研者建议采用观察法而非交流法。我们认为应该先测量消费者的行为，回头再来决定是什么导致了这样的行为，比起先测量他们的态度和意图，再想象他们与之匹配的行为更好一些。这样做无疑成本会更高，因为行为必须先被记录，再与潜在因素相联系，这意味着需要一种方法将每个人的态度、意识、动机等与真实行为联系起来，但是所获得的信息将更加有用。英国连锁超市乐购是世界上最好的理解消费者并追踪其行为的公司之一。调研之窗 10-2 描述了乐购如何大规模使用俱乐部会员项目取得了英国零售超市的统治地位。

如图 10-1 所示，你需要对观察调研的设计做出几个重要的决定。我们在以下部分中考虑这些决定。

调研之窗 10-2

累积积分：乐购如何赢得消费者的忠诚

走进英国的一家乐购商店，你会看到大量的顾客在买东西时，将他们钱包中的塑料卡拿出来，这是乐购的会员卡，这种会员卡根据顾客购买金额奖励积分。会员卡的拥有者会定期地收到代金券，可以在乐购商店当成现金使用，也可以在 Tesco. com 上使用。除了代金券，每个会员还会收到精心设计的优惠券，其中既包括他们经常购买的商品，又包括他们当前未购买但与他们特征相似的其他会员偏好的产品。这种做法强调了会员卡的真实价值：乐购相比世界上其他任何公司，更懂得消费者以及他们的购买习惯和购买偏好。

背景

乐购于 1956 年成立于英国，本着“进货多，价格低”的精神运作，这个公司最终成为英国第二大超市连锁集团。然而，到 20 世纪 90 年代初期，公司挑战市场领导者塞恩斯伯里（Sainsbury's）的脚步似乎停滞不前了。有必要作出改变使公司更上一层楼。从这个时候开始，公司实施与其他企业不同的忠诚项目的想法开始成型。

实行会员卡

有三个因素对开发会员卡的决策至关重要。首先，上面的竞争压力（市场领导者塞恩斯伯里）以及下面的竞争压力（其他超市连锁店，包括折扣供应商）迫使公司必须留住当前消费者。这些使得乐购的董事会更加接受会员卡的观点。其次，此时乐购的一些竞争者，包括塞恩斯伯里，正调查并测试忠诚项目。最后，技术的进步使处理大量的交易数据变成可能。

对会员卡的测试最初于 1993 年在三个商店进行。实施这个系统需要更新测试商店中的卡片读取技术并改进数据收集和信息管理系统，而且员工要参加培训，还需要监控顾客服务——这就要求设计有吸引力的会员卡项目并与乐购的消费者有效地进行交流。

那些从事会员卡开发的工作人员最初意识到重要的一点：消费者要把会员卡看作他们当前购买的奖励而非进行更多购买的激励。尽管公司试图通过会员卡与消费者建立关系并用于刺激未来产品的购买，可是一开始项目的重点是放在提供奖励的形式上。消费者会员卡章程加强了乐购与各个消费者建立的关系。

它是如何起作用的

消费者只需一个简单的申请就可以在任何乐购商店获得会员卡。当消费者在乐购购买物品时，会员卡被扫描后会有效地记录拥有者的购买情况。在Tesco.com上购买也会被记录。通过每次购买，消费者得到积分。会员卡持有者会定期收到一封邮件，里面有积分和相当于购买总价1%的代金券。代金券在所有乐购商店都可以当现金使用。

对于公司来讲，从会员卡获得的最大好处是消费者提供的数据。在使用会员卡之前，经理们可以追踪乐购商店的每一项销售情况（哪个商店，哪个产品，什么价格，购买时间），但是他们缺乏一条重要的信息：到底谁购买了这一产品？有了会员卡后，他们就可以回答这个问题了。当消费者在测试商店中申请会员卡时，他们被要求提供如下信息：姓名、住址、家庭规模和年龄。他们收到一张塑料卡，一杯免费的茶或一张咖啡券，以及商店经理的一封信。一项数据革命正在乐购进行。

在不到一年的测试时间里，这些商店60%的销售收入来自会员卡持有者，而且这一比例还在持续增长。根据来源于测试商店的数据的初始分析，公司于1994年9月发出了第一封直接邮件。最初的划分非常简单（高消费者与低消费者收到不同的奖励），结果是惊人的，在有些情况下，70%的优惠券被使用。

基于初始测试结果，乐购决定在所有的地区推行会员卡。这一决定处于保密状态，因为竞争者有流言说它们正在研发自己的商店卡片系统，乐购为1995年2月的全国推广作精心的准备。

结果

全国推广两周后，700万会员卡发送给商店，用于分发给乐购的消费者。几天里，乐购70%的销售收入与特定消费者有关。总的来说，除去项目启动时得到的将近4%的销售增长外，最终销售增长稳定在2%以上。公司可以减少大量广告预算，当他们可以直接面对目标顾客时，广告就显得无关紧要且效率低下。1995年的圣诞节被认为是乐购的一个成功的例子，它没做任何电视广告——这在以前从未有过。

截止到第一次季度邮件发送时（全国发行的三个月之后），500万会员使用会员卡去赚取积分。1 400万美元的代金券被发送给会员（如今，每季度超过5 000万美元）。包括优惠券的季度邮件定向发送给乐购的个人会员卡持有者。最初，确定目标的能力是有限的，仅仅有12种不同的信息/特征被组合用于细分不同的市场。然而，相比不到5%的普通促销销售额，优惠券的使用率在20%～40%之间。18个月之后，基于生活方式、人口统计特征、购买行为划分的组合有1 800种。到2002年底，乐购已经有效完成了一对一营销：每个会员收到基于本人特征和购买历史的定制化优惠券的邮件。这非常重要，整个项目的目标是在消费者和乐购之间建立牢固的互利关系。向素食主义者发送牛肉产品的折扣券对建立关系并没有用处。

通过认真地确定目标及其带来的收入增长，会员卡项目的投资从1995年第一次季度邮寄起就已经收回，事实上，它总是在获利。塞恩斯伯里花了一年半时间才对会员卡项目作出反应。在那时，消费者在乐购的消费已经增长了28%——在塞恩斯伯里的消费下降了16%。到1996年底，850万消费者使用会员卡，乐购超越塞恩斯伯里成为英国第一大零售商，这个地位一直保持到今天。

从乐购的角度来看，会员卡项目的真正好处是公司从每天数百万次交易中收集的数据中挖掘出了竞争优势。公司建立了它的消费者观察单位，这个调研者群体的工作是分析会员卡数据并寻找新的值得深入调查的样本。最初的消费者观察单位的成员是从公司的营销调研部门临时抽调的。这些调研者曾经使用地理人口统计数据库来选择新乐购商店的店址。地理人口统计数据库与会员卡数据库有一个关键的区别，地理人口统计数据是建立在二手数据基础之上并且回答“你住的地方”。会员卡数据库是建立在真实的消费者行为的基础上并回答“你购买了什么”。基于随机地理界线的资料没有基于每年每月真实购买行为的资料准确。

乐购使用丰富的消费者信息，通过季度邮件和《会员卡杂志》（不同的版本发送给不同类别的消费者）与消费者进行交流。数据也用于价格敏感度分析，并根据光顾商店的消费者的特殊购物习惯调整特定商店的产品选择，并调整商店内的促销活动。或许最重要的是，利用消费者数据开发乐购消费者更丰富的资料，基于这点公司相信可以理解消费者行为背后的动机。

基于会员卡调研项目以及其他尝试而产生的分析结果，乐购继续扩大它在英国市场中的统治力，甚至扩展到全球。截止到2012年，乐购在14个国家经营着6 234家门店，雇用了52万名员工，一年销售收入达720亿英镑。

资料来源：“Annual Report anc Financial Statements 2012,” downloaded from www. tescoplc. com on October 20, 2012; “Tesco Profit Tops $3. 8 Billion,” CNN. com, April 12, 2005, downloaded from http: //www. cnn. com, November 17. 2008; David Derbyshire, “Tesco Takes £1 in Every Three We Spend at Supermarkets,” *Telegraph*, April 12, 2005, downloaded from http: //telegraph. co. uk, November 17, 2008; Clive Humby, Terry Hunt, and Tim Phillips, *Scoring Points* (London: Kogan Page, 2003); Becky Barrow, “£2. 5bn Profit for Tesco as Supermarket Vows to Get Bigger,” *Mail Online*, April 18, 2007, downloaded from http: //www. dailymail. co. uk, November 17, 2008; John Penman, “Tesco to Take on High-Street Banks,” *Times Online*, November 16, 2008, downloaded from http: //business. timesonline. co. uk, November 17, 2008.

结构化与非结构化观察

第一个决策涉及数据收集工具的**结构化**（structure）或标准化的程度。通过**结构化观察**（structured observation），可以精确地定义要观察的现象（通常是行为）以及现象的类别。通过**非结构化观察**（unstructured observation），调研者观察和记录的内容有很大的灵活性。非结构化观察更多地用在探索性调研中而非描述性调研或因果性调研中。

想象一个调查消费者在食品店购买罐头汤时作出决策的情形。一方面，按照要求观察者应该站在超市通道的一端，记录下每个样本消费者的思考和搜寻的行为。这也许会产生如下记录：

> 购物者首先停留在金宝汤产品前。他看了看货架上标出的价格，拿起一罐金宝汤罐头，看了看上面的图片以及产品成分的说明，又放了回去。然后他又看了Progresso的标签和价格，又放了回去。停顿了一下，他拿起与最初看到的不同的一罐金宝汤罐头放在购物车里，然后离开了通道。

另一方面，我们也可以告知观察者记录一些特定的行为——第一个看的汤罐头、消费者拿起的罐头总数、选择的罐头汤的品牌、消费者在每种汤的货架前停留的时间——并在观察表中相应的选项栏记录这些观察结果。这种情况比第一种情况结构化更明显。

记录：＃83
☐男性 ☑女性
看的第一个罐头是：
☑金宝汤 ☐Progresso ☐利顿 ☐Knorr ☐其他：____
一共观察了 3 个罐头
选择的品牌是：
☑金宝汤 ☐Progresso ☐利顿 ☐Knorr ☐其他：____
停留时间（在摆放汤的货架前）：12秒

为了使用结构化更强的方法，调研者必须准确地决定观察哪些行为和使用何种具体的分类和单位记录观察结果。调研者在头脑中必须形成具体的假设以作出这样的决定。因此，结构化方法对描述性调研和因果性调研比对探索性调研更合适。

使用更高结构化的观察法具有一些优点和缺点。一个优点是，结构化的观察减少了潜在的偏见，增加了观察的可信度。另一个优点是，当有很多被观察的行为被明确定义或观察人口统计变量时，数据的编码和分析要简单得多（并且成本较低）。但这些优势是要付出代价的。使用结构化观察时，调研者必须放弃其他可能的编码所包含的信息，包括可用来区分不同人的信息，其中有一些对于理解购买行为可能非常重要。以购买罐头汤为例，结构化观察不会记录消费者花费在货架上挑选（但是不拿起它们）汤的精力，也不会关心丈夫同妻子就该买哪个品牌的讨论。

经理关注

想象一下，在没有任何事先构想哪些行为是重要的或相关的观点时（就是以非结构化的形式），观察消费者会如何帮助你产生新的、有创造性的营销观点。

观察到未预期的行为也许会揭示产品新的用法，从而促进向潜在的新用户推广产品，或者揭示可以重新设计以提高产品的功能或便利性的特征。观察到的行为甚至会说明如何将两种看似不相关的产品放在一起使用，从而增加它们为消费者带来的总效用。

最终的目标是揭示新产品或服务的重大突破的机会，满足消费者未被满足的重要需求。例如，通过自由观察消费者的行动并发挥创造力，你将辨识出消费者没有意识到的问题的解决办法，因为他们从来没有设想过用新的或不同的方法做事。在这些情况下，探索性交流技术，如焦点小组访谈、深入访谈或问卷中的非结构化问题将无法产生这些观点，因为消费者口头陈述时永远不会想到它们。

隐瞒与非隐瞒观察法

隐瞒（disguise）是指人们对他们参与的调研的了解程度。在**非隐瞒观察**（undisguised observation）中，人们意识到他们处于被观察之中；在**隐瞒观察**（disguised observation）中，他们不会意识到。在上述购买汤罐头的调研的描述中，观察者可以站在汤罐头的货架旁，清楚地看见消费者，手中拿着铅笔和笔记本，告诉每个消费者他们的目的。然后他们会发现消费者将比平常更认真地阅读营养成分的标签，确定最好的价值，并做出聪明的顾客会做的其他事情，因为他们知道他们被观察了。调研者也可以选择顾客不太可能注意到的位置，或者使用隐形摄像机观察购买行为。这种情形下消费者的购买行为应该是自然的，但是因为使用了隐瞒观察法，每个消费者都没有被告知正在被观察，这一点侵犯了消费者知情权。也可以在消费者进入商店时告知他们，有人会为了调研目的而观察他们的行为，并请他们像平常那样购物。大多数消费者在几分钟内就会忘记他们正在被观察，除非看见穿着白色实验服、带着笔记本的人在他们周围走动。

有时候隐瞒是通过让观察者成为购物环境的一部分而实现的。当服务人员或组织而非消费者被观察时，经常就是这种情况。例如，一些公司雇用观察者，让他们装扮成顾客去评估购物过程中的重要方面。调研之窗 10－3 从内部视角展示了一个神秘购物的全过程。

Krispy Kreme 公司雇用了秘密顾客去逛商店。秘密顾客使用小型摄像机记录如甜甜圈果冻的均匀度和厕所清洁这些事情。联邦贸易委员会聘请了神秘顾客，以确保儿童和青少年不能购买 M 级视频游戏和 R 级 DVD。神秘顾客通常是独立顾问，有时候甚至不知道哪位客户聘请了他们。在美国东部和西部海岸的手表商店，雇用这样一个神秘购物者与卖家就豪华手表进行讨价还价，可获得的平均折扣达18%（不幸的是，当要结账时，他总是莫名其妙地把信用卡落在了家里）。他拜访了 26 间店面，因此获得了约 4 000 美元报酬。[5]

使用隐瞒观察有一个重要的实际问题。如果你不表明自己的调研者身份，你如何获取其他相关的信息，比如人口统计信息和态度信息。总体而言，它彰显了观察调研中的一个主要难题：许多类型的数据是不能通过观察获得的。使用隐瞒方法更难将通过交流得到的数据与观察得来的数据联系起来。

隐瞒的道德 认为在某种情况下隐瞒可以发现真相，这一点似乎有点奇怪，不是吗？隐瞒会使一些人和调研人员感到不舒服。无论如何，隐瞒相当于有意地欺骗被观察者或至少对他们隐瞒了真相。根据营销道德权利，使用隐瞒必然意味着侵犯了被观察者的知情权，即被观察者不知道他正在被观察，不知道这些观察结果将被如何使用，谁将使用这些观察结果。然而，调研人员几乎普遍同意，真实可用信息的好处超出了对受访者的欺骗成本（请注意使用效用分析方法的营销伦理），前提是受访者在任务结束之后获得适当的信息，这个过程称为**任务报告**(debriefing)。

在任务报告过程中应该分享多少信息？调研人员很少披露所有的信息。事实上，大多数时候，很可能没有必要公开一个项目的具体委托方或调研的具体目的。被观察者通常不在乎这些，委托方通常也更愿意保持匿名。这一建议适用于已经隐瞒信息的情况。当隐瞒涉及对消费者的欺骗时，有必要告诉消费者他们被误导了，解释为什么需要“欺骗”，并需要向他们简要介绍项目的目的。一个组织的员工应该预料到他们的工作行为将被观察。因此，与观察和记录消费者行为相比，神秘购物的道德问题较少。在大多数情况下，是否使用隐瞒及任务报告需要调研人员做出判断。

调研之窗 10-3

酒店神秘顾客的自白书

神秘顾客来到一家酒店，住宿并品尝菜肴。要求他们揭露邋遢的套房里的污垢、门童不雅观的举止，或者是客厅中枯萎的花。这些是作为普通游客的你做不到的。

据神秘购物商会（Mystery Shopping Providers Association，MSPA）报道，美国有约3万家豪华品牌酒店聘请神秘顾客匿名入住酒店，对酒店服务毫无顾忌地评判。像中情局的代理人或是那些能保守秘密的发型师一样，八卦不是神秘顾客的宵夜话题。即使他们匿名，他们对于发现的一切都是严格保密的。

在这个行业中每一个成员都以谨慎著称，不论是预订代理人还是服务人员。不谨慎的言辞能坏事，一个太招摇的神秘顾客肯定会让几个酒店倒闭。值得庆幸的是，我们找到了位于纽约的Coyle Hospitality公司（其客户包括喜达屋酒店度假村和文华东方酒店集团）的销售和市场营销副总裁斯蒂法妮（Stephanie Perrone Goldstein），一位具有9年神秘顾客服务经验的资深专家，愿意回答我们几个问题。

我们将通过电话与一位神秘顾客交流，副总裁斯蒂法妮在一旁监听。这位神秘顾客身份保密，比皮特和朱莉度假还要保密。

这位女性神秘顾客从电话另一端展现了她充分的自信。她在四大洲的豪华酒店完成了500多次参观，她的声音坚毅地穿过电线，俨然一位久居高层管理者位置的发号施令者。她以独立承包人身份工作（报酬数额依据工作量而定）。在每个酒店，她检查的事项各不相同，对有些品牌的酒店，她抵达后需要检查十多种事项，有的店甚至需要检查80多种事项。

“我随身携带了一个卷尺，因为有几家酒店希望我能够一丝不苟，”她说，“灯具发出光的半径是否正确？墙壁上的油漆是不是特定的颜色？”

偶尔她会以最令酒店头疼的酒店客人身份——不耐烦的吹毛求疵者——出现。

她说，“我会打电话给前台，说房间闻起来像有烟味，即使没有，只是看看他们会如何回应。”她还会时不时地戏弄酒店员工，她把电视遥控器里的电池扔掉，抱怨电视机出了故障，或者将洗手间的门弄坏，观察工作人员需要多长时间解决。这是一种苛求的艺术。她退房后，她的报告由副总裁进行事实检查，并在几周内交给客户。

“老实说，我们的目标是让酒店提供最高水平的服务。”她说。我会私下返回这些客户酒店——如果它们很好，我肯定会再次惠顾的，当他们都做得很好时我感到很满足。

在网络点评（如Yelp和TripAdvisor）流行的当下，旅客可以很轻易地通过网络向大众传播任何事情，因此值得信赖的描述对酒店经营者更为重要。Coyle Hospitality公司和很多同行一起为高端奢侈品牌酒店提供无偏见评估，虽然酒店方总是抗拒这一点。

LRA Worldwide公司是一家位于宾夕法尼亚州的神秘购物企业，其销售和营销高级副总裁扎卡里·科恩（Zachary Conen）表示，他们有一个包含120名全职顾问的服务团队，他们每年出行42周。他们都是守口如瓶，但又很高兴告诉你他们的标准，这些标准会因客户的不同而进行调整。在前台有合适的时令水果吗？入住后30分钟内你是否接到了从服务中心打来的问候电话？洗漱用品是Gilchrist & Soames品牌（英国皇室百年御用美体保养品牌）吗？它们是否被美观地摆放？

这个行业职位的竞争非常激烈：你需要拥有在酒店业三年以上的管理经验，良好的书面沟通和人际关系技巧，以及最高可达7 500美元的信用额度——用于预订你的旅行，该信用卡应该满足解除预订后全额退款条件。

一旦你被雇用，还有其他的障碍（LRA的几周培训，学习每个奢侈品牌的复杂性）。当然，课程内容是绝对保密的，但它很可能是地球上最轻松的教育经历之一。人们可以看到这些人充满热情地穿着酒店的长袍懒洋洋地散步，奉承酒店床品面料支数和得体的大堂礼节。

神秘购物始于20世纪30年代，三名男子暗访了Woolworth's and Kresge's（现在的凯马特）百货公司。在民权时代该行业得到了大力发展，当时政府聘请“黑白顾客”调查餐饮业和街角小店对废除种族隔离法律的遵守情况。今天，这是一个年产值15亿美元的公司，其中大部分来自旅游业。

公司业主和Bare International总裁，也是MSPA的创始人之一的迈克·贝尔（Mike Bare）说，“在20世纪80年代后期，希尔顿是第一家使用该服务的豪华酒店品牌。”30年后，这已成为世界各地品牌酒店的常见做法（LRA最近在新加坡开了一个办公室）。很快，它的沉默的性质将有可能结束。

Coyle和LRA的前执行官，现任酒店营销机构Dana Communications的品牌战略副总裁杰夫·格特曼（Jeff Gurtman）说，“你会看到神秘购物神秘的方面正在发生变化，它正在成为过去的痕迹。”在线评论的繁荣再次验证了这样一个观点：消费者的反馈不只重要，而且对成功至关重要。喜达屋最近宣布，它允许客人在自己的网站上评论，无论好坏，越来越多的客人直接在Facebook反馈意见。

格特曼说，“酒店经理仔细地阅读了在线评论。他们是否注意到一个趋势，他们酒店有神秘顾客进入并用外科手术般精确的方法在检查他们的酒店。”

实质上，它们正在雇用专人来投诉。在高端酒店中，这可能是顾虑周全的行为。

资料来源：Kathryn O'Shea-Evans, “Confessions of a Hotel Mystery Shopper,” CNN. com, July 23, 2012, downloaded from CNN. com on October 22, 2012.

自然观察与实验观察

观察可在**自然环境**（natural settings）或**实验室环境**（contrived settings）中进行。有时我们可以为了实验目的改变自然背景。在前面所述的消费者购买汤罐头的例子中，调研者可能保持环境的完全自然性，只是调研正常环境中购买汤罐头的正常活动。有时候调研者想要调研购物场所商品陈列的有效性，可以将这些商品放在实验室里以供观察。一个有效的测量可能是顾客花在阅读陈列商品标签的时间或花在寻找促销品牌上的时间。

在设定好的实验室环境中，调研者会带一群人进入控制非常严密的环境中，如多产品陈列的实验室，要求他们参与模拟购物。例如，这种受控的环境可以用来展示汤罐头的销售陈列，帮助调研者调研被试在做出购买决定时的资料收集和思考过程。不仅如此，我们之前也提到过，有时公司也会运行模拟的市场测试来观察消费者的行为。这些方法使得营销调研者只需在实验室环境中展示新产品或新产品陈列，不用花费大量金钱在真正的试销上。

实验室环境的主要优点在于调研者能控制影响观察行为的外在影响力。例如，一个在自然环境中的购物者可能停下来，同一个正在决定买哪种汤罐头的朋友聊天。如果调研者测试的是购物者花费在考虑上的时间，这种中断可能降低了衡量的精确度。实验室环境的另一个优点是调研者不需要等待事件的发生但可以指导参与者需要进行的行为。这意味着在很短的时间内可进行大量的观察，有时两天或一周内就能完成整个调研，这样可以节约大量的成本。

正如你可以猜测到的，自然观察最大的好处是记录行为自发地产生，无须调研者的催促。在实验室观察中，调研者的催促可能是直接的（假设你在一个杂货店里，让我们了解你是如何选购汤罐头的），或者创造人工环境。无论何种方式，实验室环境会导致行为的差异并带来调查结果普适性的问题。这样的问题更少出现在自然观察中。

人员与机械观察

在**人员观察**（human observation）中，需要一个或更多的经过培训的调研者系统地观察消费者或其他正被调研的对象并记录发生的事件。调研者常常记录他们在现场的印象，随后回到办公室里补写总结性思考。很多现场调研仍然依靠人员观察，**电子或机械观察**（electrical or mechanical observation）在营销调研中越来越重要。用电子/机械观察，重要行为被机械化或电子化地记录下来供调研者分析（为了简化说明，我们使用传统术语“机械观察”指代用于记录数据的任意种类的技术）。

道德困境10-3

一家生产早餐谷物类食品的领先公司很想了解消费者决定购买某一品牌谷物类食品的过程。为了收集这方面的信息，这家公司在几个大城市的主要食品连锁店进行了观察调研。考虑到购物者如果意识到自己处在被观察之中就会改变自己的行为，观察人员被安排在远离购物者视线范围之外。

- 在对方毫不知情的情况下系统观察他的行为符合道德吗？在自然环境中隐蔽性更强的观察呢？若将这些行为用摄像机拍摄记录呢？
- 使用这种方法收集数据是否侵犯了个人隐私权？
- 即使对个人毫无害处，对社会是否也没有害处呢？
- 你能提出收集同类信息的其他替代方法吗？

有些技术（比如录音机和摄像机）已经使用了很长时间，新的、费用低的技术的开发扩大了机械观察的使用范围。越来越多的观察调研者依靠技术去协助他们，特别是大量的工具——如音频和视频记录机——体积越来越小，这意味着它们重量更轻，被干扰度更低。调研之窗 10-4 描述了高尔夫球杆制造商 PING 的调研人员如何使用便携式视频技术来了解购物者购买高尔夫球杆的全过程。

经理关注

营销调研信息的用处是极大地增加经理和调研者创造性地使用技术的机会。创造性的表现形式之一就是同时使用多种方法。一个例子是富有经验的焦点小组主持人要求参与者完成一项任务——根据参与者认知的食物所代表的民族或国家的烹饪风格，将不同食物进行分类。这种活动被认为起到破冰者的作用，它也代表了实验室环境中的一种观察形式。在这个过程中参与者之间进行讨论，但是他们不回答主持人提出的问题，他们的行为和谈话被观察。有时候他们对其他参与者或任务本身的行为比任何口述内容都能更好地揭示事实的本质。

你正在学习的调研方法未必会单独使用或每次以相同的方式使用。如果你与一个有能力评估新方法有效性的调研者合作，适当修改这些方法从而满足你的需要是最好不过了。整合各种调研方法并不是调研者的专利。作为一名经理，你要与调研提供商分享你的观点，从而创造新方法，并获得解决营销问题的信息。

调研之窗 10-4

PING对于高尔夫球手的洞察

高尔夫球手是如何选择适合他们的高尔夫球杆的？这个问题的准确答案对于高尔夫球设备制造者很重要。最近，来自高尔夫运动装备生产商PING的唐·海因（Don Hein）和来自体育休闲调研组织的乔恩·拉斯特（Jon Last）合作，调研当高尔夫球手在制定一号木杆购买决策时的关键影响因素。一号木杆能击出很远的球。高尔夫球手通常会使用木杆开球。因为木杆是经常使用的，还因为它通常是高尔夫球手的高尔夫球包中最昂贵的物品，所以木杆受到高尔夫球手和制造公司的高度重视。此外，木杆设计的众多创新，从杆面尺寸到可调节的重量，杆面形状和深度，都是高尔夫球手购买时需要考虑的因素。调研团队采用先进的观察技术来捕获高尔夫球手在购买时作出决定的关键时刻。

自1959年成立以来，PING一直以创新著称。该公司在PGA巡回赛中有很多知名的代言人，包括职业高尔夫手亨特·马汉（Hunter Mahan）、李·韦斯特伍德（Lee Westwood）和巴巴·沃森（Bubba Waston）。到2010年为止，PING的一号木杆在同类产品市场的份额可以与其他著名品牌如Taylor Made和Callaway比肩，居于市场前列。海因和拉斯特认为，更好地了解高尔夫球手购买一号木杆的决策过程将会带来有用的洞察力，可以推动该产品品类未来的发展。

PING、体育休闲调研组织和其他机构先前的调研表明，高尔夫球手的购买决策过程与大多数商品的购买决策过程略有不同。特别是，购买者在收集各种一号木杆信息的过程中会不断缩小考虑集，但随后一旦到达零售店，购买者又会放宽考虑的范围。海因和拉斯特知道，在这种环境下——新产品快速扩张，大幅的折扣和强制淘汰——他们对高尔夫球手购物行为了解甚少。对于PING来说捕捉有用的信息可能代表发现机会金矿。

调研

根据多年在调研行业的经验，调研人员迅速认识到，收集数据的传统方法不能有效地收集到所需的丰富数据。因此，调研人员没有采用标准的交流法进行描述性调研（例如调查、个人访谈），而是选择了“零售店民族志方法”（retail ethnography），这是一种定性观察方法。唐·海因说，“我们想观察人，尽我们所能地观察关键时刻”。虽然这种方法比其他方法更难实现，但他们认为这是获得所需信息的最直接的手段。

毫不奇怪，完成这些他们所提出的复杂调研需要获得公司决策者的同意。在凤凰城总部，海因使得PING的高管们尽早地参与到这个调研过程中，帮助他们识别出他们理解的内容以及他们不明白的内容——一号木杆的零售点购买过程。这些对话成为调研的基础，用于激发在整个调研过程中的反馈。执行团队的支持也很重要，因为调研团队在商店录制视频需要参与调研的消费者和商店员工的书面同意。经过相当大的争执，获得公司法定代表人的同意后，海因和拉斯特终于准备好进行调研。

以下是他们所做的调研的工作原理。

零售店民族志方法涉及仔细观察顾客购买商品、在商店内搜寻信息、触摸和检验商店内的商品等。调研团队选择了两个不同区域的市场，每个市场分别选择了四个销售高尔夫球设备的零售商店，然后仔细观察50名购物者在商店内的移动轨迹、尝试不同的一号木杆、与商店销售人员进行交谈，有些情况下，他们会做出最后的选择和购买。与传统民族志方法不同，该团队增加使用了新的移动视频技术，以便不间断地记录尽可能多的购物详情。后来，他们使用了这个长达25小时的店内视频素材来开发和编辑与购物体验相关的主题。在提交给PING高管的调研报告中，他们还能在这些视频中找到具体的例子来阐述各种不同的主题。

然而，这种技术不是简单地在商店内拍摄客户的视频。例如，打开相机拍摄出现的前50个客户并不明智。相反，海因和拉斯特竭尽全力确保他们在八家商店中观察到的消费者都符合非常具体的标准。特别是，被观察者必须来自以新的优惠价销售木杆的市场，这个市场应该包含指定的领先竞争品牌集合。他们通过传统的商店拦截来获得一半的参与者，在他们进入商店时，他们确定潜在的木杆购买者，然后确认他们符合筛选标准。另一半的参与者是“种子”：调研人员确定了一些高尔夫球手，提前联系他们，以确定他们是否符合筛选标准，然后鼓励他们参与调研。

观察调研必须躲避竞争对手的特别促销活动——更不用说还要躲避好奇的有能力的销售人员，这增加了调研的复杂性。除此之外，最重要的是，确保参与者不知道PING赞助调研的事实。拉斯特说，“至关重要的是，我们要从每个受访者那里得出一个不偏不倚的观点。因此，我们非常小心地掩饰谁赞助了调研，这样确保消费者是在自然地购物。”“只要被调查者没有提出PING品牌，我们就坚持这个观点，并且总是至少添加一个尚未提到的品牌以保持公正。”

由于单靠观察不能得到买家的动机和他们看重的利益和特征，调研团队还使用在收集数据之前编写的详细的购物讨论指南，之后与参与者交流。目标是尽可能完全了解消费者在考察和试用不同的一号木杆时所考虑的内容。最后，大约1/4的参与者收到了一个摄像机，用于记录在购物过程中被引导的记录内容，以及购物活动结束后的想法和感觉。例如，调研人员非常想要了解购买者购后的自责以及其他购后反应。

运用到生活中——综合

掌握了数据后，海因和拉斯特转而去发现在视频、访谈和日记中所包含的意义。两位调研人员在一起精心审查了他们收集的材料。最后，这些数据使他们识别出了六种不同类型的购物者，这些购物者在购物过程中的融入程度以及看重的产品的优点和功能存在差异。例如，一些购物者对价格特别敏感，这会影响他们的考虑集。

现在既然数据以有用信息的形式呈现出来了，调研人员就将注意力转移到将调研结果传达给PING中最喜欢使用信息的人：执行团队和营销团队。

除了书面报告之外，调研人员还可以提供清晰的口头报告。展示给两个团队的核心内容是相同的，包括：嵌入视频的电子演示（这些视频是从几个小时的原始视频中撷取出来的），阐述PING公司面临的且由唐和乔恩在公司总部交付的主要问题。对于PING高管，展示侧重于全球战略意义。对于营销团队，展示强调更具战术性的方法。

大家对零售店民族志项目的反应非常积极。PING的高管和营销人员认为，他们发现了一些问题，使他们能够更好地满足一号木杆的购买者的需求。通常情况下，调研发现了更多的问题，也就导致更多的调研。

机械观察的一个最重要的方法是简易条码扫描仪。每天被扫描的条码多达数亿个，每个扫描的条码就是调研者分析的潜在数据点。乐购项目取得成功就是依赖于数据扫描仪。嘉吉（Cargill）的肉类加工部门能够通过扫描仪数据来制定产品组合、定价和产品尺寸，从而将零售商店的牛肉销售量提高10%～12%。[6]

机械观察另一个众所周知的用法是尼尔森使用收视记录仪追踪哪些家庭成员正在观看哪些电视节目以及何时观看。收视记录仪在测量收视行为方面比调查访谈更加可靠，甚至比让被试亲自详细记录的方法也更为可靠。

机械观察也用于测量被调查对象感觉的强度或他们在线或电话回答问题时的不确定程度。**反应时滞**（response latency）是被调查对象回答问题之前所花的时间。反应时间与回答的不确定性直接相关，可用来测量个人对不同事物的喜好程度。反应时滞的测量可被编程到计算机调查中。

调研者也使用其他的机械观察方法。例如，**电流测量仪**（galvanometer）用来测量被试看到或听到一则广告的情感唤起。当一个人动了感情，皮肤的电阻会有细微的变化，这些变化个体是不能控制的。电流测量仪记录电阻的变化。被试身体上安装好小电极以监测皮肤电阻，调研者向被试展示不同的广告文案。广告文案诱发的皮肤电阻大小将用于推断被试对文案的兴趣或态度。

音调分析（voice-pitch analysis）与电流测量仪的假设前提是一样的："当情感上受外部或内部刺激物刺激时，被试经历一系列非自主的心理反应，如血压、出汗或心率的变化。音调分析检测伴随情感反应的人类声音的相对振动频率的变化。特定的音频调试计算机设备可以测量由神经系统变化引起的不正常的声音频率。调查对象的声音频率与正常的频率差异越大，他的情感强烈程度越大。

目光照相机（eye camera）用来调研被试阅读广告文案或执行任何其他与营销有关的活动时眼球的运动。在以下这些事情中，一个目光照相机记录了被试的眼球运动：这个人首先看往何处？他的目光在某个地方逗留了多久？阅读了全部广告还是一部分？店铺的哪一部分最常吸引消费者的注意？跟踪眼球路径也被用来分析包装设计、宣传海报及超市过道上的陈列。调研之窗10-5展示了在零售环境中便携式眼球追踪技术的使用。

观察调研是一个非常有用的工具。正如我们一再提到的，我们认为观察人们的行为往往比收集他们对问题的答案更为有用，尤其是当调研目标是预测未来的行为时。然而，调研人员需要知道的许多事情不能被观察调研揭露。下一章我们将注意力转向基于交流的调研。

道德困境10-4

你正为一家软饮料公司的促销部经理进行实验室调研。这位经理阅读了一本杂志上的文章，上面说如果广告带有非常激动人心的电影片段，观众会更喜欢这种广告。他对验证本公司的广告是否符合这种观点充满了兴趣。为了检验高唤起水平的电影片段比低唤起水平的电影片段更能使观众对随后播出的商品积极评价，你事先检验电影片段的唤起水平。为了做到这个，你测量并记录正在观看电影片段的被试的血压水平。测量设备放在被试的指头上，它连接着记录设备，干扰性较弱。你相信这个过程不会危及被试的人身安全。除此之外，你让被试熟悉设备，使他们放松、舒服、全神贯注地观看电影片段。正准备进入最后一个程序时，一位被试把脸转向你问道："我的血压正常吗？"

- 让被试以为是测试健康状况，这符合道德吗？
- 如果你向被试隐瞒设备的功能，结果会如何？

调研之窗 10-5

使用便携式眼球追踪技术提高零售效率

Objective Digital 公司的首席体验官詹姆斯·布里兹（James Breeze）提供了最近为澳大利亚一家办公用品零售商完成的眼球追踪调研的总结。

任务：Objective Digital 公司使用 Tobii 便携式眼球追踪眼镜来调研零售连锁店的现实生活场景。我们的目标是展示眼球追踪技术如何用于调研购物行为。

方法：我们创建了一个任务（在 Officeworks 处搜寻和购买办公用品）。然后，我们让调研参与者佩戴眼球追踪眼镜，并出发到 Officeworks。我们在参与者进入商店时开始记录，并在其支付和离开后停止记录。我们捕获了整个购物体验的音频、视频和眼球追踪数据。

结果——观察和发现的问题：

(1) 通道分类标志高度不应与眼睛齐平。这个通道分类标志是帮助购物者浏览整个商店，但由于它们处于眼睛水平高度，一个标志通常会遮挡后面的标志，使得购物者难以看清楚整个商店。有些通道分类标志只有购物者后退才能看到。

(2) 柜台上方讯息引起了广泛的关注。在等待付款时，柜台后方的讯息引起了购物者的注意。这个地方应该更有效地被用于宣传产品或服务。

(3) 眼镜是非侵入性的。我们在进行购物时佩戴眼镜并不会受到干扰或分心。

资料来源：James Breeze, "Objective Eye Tracking—Shopper Case Studies," October 2012.

小结

学习目标 1

描述获取一手数据的两种基本方法

获取一手数据的两种基本方法是交流法和观察法。交流法是指使用问卷来询问受访者获取所需信息。观察法涉及观察感兴趣的情况，记录有关事实、行动或行为。

学习目标2

说明每种数据收集方法的优点

一般来说，数据收集的交流法具有灵活性、速度快和成本低的优点，观察法所得数据通常更客观、准确。

学习目标3

列出使用观察法收集数据时重要的考虑因素

观察法可以用隐瞒或非隐瞒的形式，通过结构化或非结构化方法收集。观察法可以在实验室环境中或自然环境中进行，可以采用人员观察或机械观察。

学习目标4

解释结构性和非结构性观察之间的差异

通过结构性观察，可以精确地定义要观察的现象（通常是行为）和用于记录现象的类别。对于非结构化观察，调研者在观察和记录方面有很大的灵活性。

学习目标5

列举在观察调研中调研人员隐瞒的主要原因

大多数情况下隐瞒观察者的存在以防止人们在知道自己处于观察时表现不同的倾向。

学习目标6

解释在实验室环境中进行观察实验的优缺点

实验室环境的优点在于调研者更有能力控制外部的影响因素，它可能影响对所发生事情的理解，实验室环境的缺点在于实验室环境本身会引起行为上的差异，它可能影响结果的外部有效性。然而，实验室环境通常加速了收集数据的过程，降低了成本，允许使用更客观的测量方法。

学习目标7

列举几种机械观察方法

机械观察的方法，简单的如摄像机、录像机和条形码扫描仪等；更为复杂的方法包括反应时滞测量、电流测量仪、音调分析和目光照相机等。

关键术语

交流法（communication）
观察法（observation）
结构化（structure）
结构化观察（structured observation）
非结构化观察（unstructured observation）
隐瞒（disguise）
非隐瞒观察（undisguised observation）
隐瞒观察（disguised observation）
任务报告（debriefing）
自然环境（natural settings）
实验室观察（contrived settings）
人员观察（human observation）
电子或机械观察（electrical or mechanical observation）
反应时滞（response latency）
电流测量仪（galvanometer）
音调分析（voice-pitch analysis）
目光照相机（eye camera）

复习题

1. 通过交流法获取数据的一般优点和缺点是什么？通过观察法呢？
2. 在观察调研中，高度的结构化是什么样的？

3. 什么是神秘顾客？他们的目的是什么？

4. 观察调研中使用隐瞒的关键道德问题是什么？这个问题在隐瞒营销调研项目中通常如何解决？

5. 在实验室环境和自然环境调研各有什么优缺点？

6. 机械观察的一些可用类型是什么？

讨论的问题与案例

1. 奇迹有限公司金属制品部设计了一个特殊的金属容器，用于存放塑料垃圾袋。塑料袋造成了很多问题，因为它发出难闻的气味，看起来无序，并为昆虫提供了繁殖地。容器克服了这些问题，因为它具有一个袋子支撑装置，该支撑装置保持袋子打开。此外，至少可放下四个完整的包装袋，有足够的储存区域。该产品定价53.81美元，通过五金店出售。该公司做了很少的广告，依靠店内推广和展示。分部经理想知道这样展示是否有效。他请你进行一个必要的调研。

交流法或观察法能用于这种情况吗？证明你的选择。

2. 友谊公司是一家贺卡制造商和经销商。该公司最近开始使用低档纸张制作并销售低价卡。高价卡和低价卡之间的质量差异对消费者来说似乎并不明显。该公司遵循在每张卡背面打印其名称和价格的政策。消费者对低价卡的接受使得生产副总裁希拉·霍威尔（Sheila Howell）相信公司应该使用这种低档纸张，将利润率从12%提高到15%。销售经理强烈反对这一做法。他说："希拉，消费者关心的是贺卡的质量，价格差5美分并不重要。"副总裁要求你进行调研。

交流法或观察法能用于这种情况吗？证明你的选择。

注意：问题3和4可以分配给学生，一个学生回答问题3，另一个学生回答问题4。然后，学生可以比较他们的结果，并讨论结构在观察调研中的优势和劣势。

3. 成为一名神秘顾客并评估你周围两个杂货店在收银台提供给消费者的服务。记录以下结构化观察表中的每一项内容：

商店____________________ 日期____________________

地点____________________ 时间____________________

太少的收银台	是	否
排队的人多	是	否
收银员：速度快、效率高	是	否
收银员：价格记录良好	是	否
收银员：友好愉悦	是	否
包装快	是	否
包装慢	是	否
装袋上车	是	否
袋子不结实	是	否
袋子有吸引力	是	否

其他____________________

4. 成为一名神秘顾客并评估你周围两个杂货店在收银台提供给消费者的服务。记录任何你觉得与提供给消费者服务相关的内容。

5. 如果你是牙膏领先品牌的产品经理，员工如何帮助你完成工作？

a. 在一个零售商店做观察调研

b. 在一个顾客家里做观察调研

6. 在过去的六个月里商业改善局（Better Business Bureau，BBB）收到了一些顾客对当地某些汽车经销商的种族歧视行为的投诉。提出的歧视行为包括：过分严厉的信用条款，没有销售人员的帮助，拒绝提供长期维修服务。BBB 询问调查了这些公司的员工，没有发现歧视行为的证据，但还是不断地收到投诉信。BBB 决定招募专业的调研人员，并与你的营销调研公司正式签订合同收集数据以调查这些传言。

（1）简要列出你将使用观察法为 BBB 收集信息的提纲。确保在你的回答中包括结构、隐瞒、环境和机械观察或人员观察。你认为观察调研和调查相比，所收集的信息是一样好、更好，还是差一些？

（2）营销调研公司进行这类调研项目符合道德吗？

7. 讨论使用电子/机械观察和人员观察方法收集数据各自的优缺点。在决定为某个项目选择哪种方法时调研人员应该考虑的标准是什么。

注释

1. Paco Underhill, *Why We Buy: The Science of Shopping* (New York: Touchstone, 2000), p. 18.
2. Bob Becker, "Take Direct Route When Data-Gathering," *Marketing News* 33, September 27, 1999, pp. 29 and 31; and Jeffrey Kluger, "Oh, Rubbish—A Study of Garbage in Tucson, Arizona Is Used to Collect Dental Hygiene Statistics," *Discover*, August 1994, downloaded from BNET web site at http://findarticles.com, December 20, 2008.
3. Example downloaded from http://www.bizoffice.com/library/files/mktres.txt on October 20, 2012.
4. Tony Case, "Getting Personal," *Brandweek* 41, March 6, 2000, pp. M52–M54.
5. Krispy Kreme example (dated December 2002), downloaded from the Williams Inference Center web site, http://www.williamsinference.com, July 21, 2005; "Undercover Shoppers Find It Increasingly Difficult for Children to Buy M-Rated Games," May 8, 2008, downloaded from http://www.ftc.gov/opa/2008/05/secretshop.shtm, August 20, 2008; Jane Boon, "A Dance to the Music of Time," *Bloomberg Businessweek*, December 13–19, 2010, pp. 96–97.
6. Nicholas Varchaver, "Scanning the Globe," *Fortune*, May 31, 2004, pp. 144–156.

第11章 通过交流法收集信息

学习目标

1. 解释与问卷相关的结构的概念
2. 列出使用高度结构化的缺点
3. 说明问卷中隐瞒的含义
4. 讨论可以使用隐瞒的两种情况
5. 区别收集问卷的主要方法
6. 从三个重要方面来比较四种不同的收集问卷方法

引　言

通过观察法来调研个体行为通常会得到更加精确和客观的数据，交流法可以用来收集其他类型的数据。本章我们将进一步学习交流法。我们将讨论调研者使用交流法时必须做的三种关键决策：结构的使用程度、是否隐瞒问卷以及使用何种方法。最后我们用比较三种不同控制水平的主要交流技术来结束本章。

结构化与非结构化交流法

在使用问卷时首先要考虑的是使用多高程度的结构。在前面的章节中，我们将结构定义为信息收集工具标准化的程度。在高度结构化的问卷中，提供给应答者的问题和供应答者选择的答案是完全标准化的。换言之，每个人收到的问题是相同的并在一套相同的备选项中选择答案。这些称为**固定备选答案问题**（fixed-alternative questions）或封闭式问题，它们被广泛地运用于收集原始数据。考虑下面对某个公司态度的问题。

在考虑所有的因素以后，你对微软公司的总体评价是什么？

☐非常不喜欢

☐不喜欢

☐无所谓

□喜欢

□非常喜欢

注意问题本身以及备选的答案都是标准化的。每个回答问题的人将得到相同的问题并在 5 个选项中做出选择。这些问题就像考试中的选择题一样。

现在考虑另一种提问题的形式，这种形式涉及的结构化程度较低。

你对微软公司的总体感觉是什么？请把答案写在下面的横线上。

____

____

____

这是一个**开放式问题**（open-ended question）的例子，开放式问题是应答者可以用自己的语言自由回答，不局限于一些固定的备选答案。大多数为描述性调研收集原始数据的开放式问题都会向应答者提出同样的问题，但是每个人可以用任意方式回答。这种问题类似于考试中的作文题。作为一种探索性调研技术，深度访谈中所使用的问卷通常结构化程度较低，因为向被访谈者提出的问题和提问方式取决于之前的问题的答案。

经理关注

一张问卷上的题目的结构化程度可能会很不相同，作为一名经理，你必须帮助调研者决定问卷各个部分的结构化程度。你的营销环境知识水平决定了总体调研设计的类型（探索性、描述性或因果性调研）。你决定结构化水平时必须同调研者合作，说明你对在问卷中列出的每一个问题的理解，以及其中有多少是个人的陈述。

当之前的调研和经验已经让你获得了有关特定主题的足够多的洞察力，且这些洞察力是从消费者或商业买家视角出发的，在这种情境下你应该使用相对结构化的问题，这代表最纯粹的描述性调研。相反，当你确信需要进一步了解一个主题的性质和参数时，应该使用相对没有结构（开放式）的问题。因为你的知识有限，你希望应答者用自己的语言回答问题，这样你就能从他们的视角更多地获知该主题的意义。就真正意义来说，无论何时只要你提出了开放式问题，你就是在进行探索性调研——甚至当大多数问题都是高度结构化的且调研的总体目标本质上是描述性的。

举一个这种混合类型的结构化的典型例子：应答者第一次被要求使用标准化或结构化量表去评估某些事物（如某一品牌），然后他们会被问道为什么这样评估。第一个问题本质上是描述性的，第二个问题本质上更接近探索性。尽管问题的侧重点有所不同，开放式问题的回答最终被分类和记录，并用描述性的形式表现出来。关键点是：你作为经理有责任向调研者强调需要有某些相关的话题范围，需要通过相对非结构化的问题来获得更多洞察力。

高度结构化的优点和缺点

高度结构化问卷如上面提到的第一个问题，它相对比较容易管理。无论管理方法如何，一旦问卷题目开发出来并且问卷完成之后，那么数据的收集和分析就会相对比较容易，因为不需要去跟进问题和受访者，所以即使是人员访谈也没有必要对访谈人员进行广泛的培训。应答者回答的是什么，结果就是什么。

高度结构化大大简化了数据的编码和分析。开放式问题和提供有限可选答案的问卷相比更难编码，因为编码需要将答案转化为数字代码。

高度结构化的答案意味着更高的可靠性或一致性。如果你向应答者再次提出相同的固定可选答案的问题，他们会再次给出相同的答案（假设没有导致答案改变的事情发生）。高度结构化的问题也有助于改进对不同调查者的依赖性，因为标准化问题和回答给应答者提供了相同的参考模式。相反，考虑一下这个问题：你多久看一次电视？如果没有可供选择的答案，一个应答者也许会说："每天都看。"另一个也许会说："经常看。"还有的人也许会回答每天看电视的时间。从这个开放式问题得到的回答和一个限制了如"每天都看""至少每周三次""至少每周一次""每周不到一次"这样的固定可选答案的问题比起来，将更难解释。

然而，高度结构化同样存在很多缺点。尽管固定可选答案问题更能提供可靠的回答，它们也会导致令人误解的答案。例如，固定选项会为回答者对没有见解的问题强加一个答案。猜想一个从没听说过微软的人，第一次碰到上述问题，他一定不会从选项中选择答案吗？有些人可能跳过这个问题，有些人也许会提供一个答案，以显示他们并不无知。我们应该添加一个"没有看法"或"不知道"的选项，但是如果我们这样做了，一些人很可能选择这样的答案，因为他们并不认真思考而是想尽快做完问卷。

如果不给出所有问题的可能性答案，那么受访者就有可能选择一个最接近他们真实感受的答案，在这种情况下，使用高度结构化问卷意味着将错失对个体来说最正确的答案，这是以交流为基础的调研中高度结构化和低度结构化之间最大的不同之处：低度结构化允许受访者精确地描述他们的观点而不是非得在既定的答案中选取答案。

当可选答案本身会引起偏差时，相应的回答也会造成问题。当探索性调研执行不当或不够充分时，调研者就不能掌握被调研的总体对问题的全部可能回答选项，在这种情况下，问题尤其严重。

在备选答案十分明确，数量有限且表述清晰时，高度结构化就特别有用，它在获得事实性的信息（如年龄、教育、房屋所有权、租金数量等）以及了解人们的评价态度时非常好用。它并不适用于获取有关动机的原始数据，但是肯定可以用于收集有关态度、意图、意识、人口统计特征/社会经济特征以及行为方面的数据。

隐瞒性与非隐瞒性交流

使用交流法收集原始数据需要考虑的第二个问题是是否隐瞒。在之前章节对观察法的讨论中，隐瞒是指调研的参与者了解调研的程度。一个隐瞒性问卷试图隐藏调研的目的或资助方。一个非隐瞒性问卷使得调研的目的显而易见，调研目的可能出现在提供的介绍中或者给定的指导语中，还可能出现在提出的问题中。

例如，如果福特汽车公司要确定它的顾客对轿车和卡车的满意度，它会将调查问卷印在带有福特 logo 的信纸上，密封进福特专用信封里后发送给问卷应答者。然而，这样做将意味着应答者的回答很有可能带有偏见，因为调查的目的和赞助者都很明确。如果福特想获得更客观的数据，它就应该去掉专用信封，或者通过一个外部的营销调研机构执行调研，或者询问司机关于福特汽车、通用汽车和本田汽车的看法。在这些情境中，调研目标就不太明确，消费者就能提供更真实的答案。

在两种情况下使用隐瞒是必不可少的。福特的例子是其中之一：明确赞助者可能引起回答者改变答案。还有另外一个例子，想象问一个人"说出你能想到的三个最好的汽车品牌"或"说出你在所有汽车品牌中的前两个选择"。如果应答者已经知道调查是由福特发起的，这样的调研结果是没有价值的。很多调查者甚至不知道这样会改变应答者的回答。

这就是回答偏见的一个例子（也就是说错误从调研的一开始就产生了）。尽管有很多类型的回答偏见，但这一类型的回答偏见是最主要的，对于很多人而言，他们都有一种根深蒂固的倾向，即愿意去提供积极的答案或者告诉别人想要的答案，有时候这也叫做"Yeah-saying"原则，这种偏差会使受访者远离正确的答案。调研的目的在于揭示事实，因此我们有必要去掩藏调研的真正目的，以便从受访者那里得到真实的数据。

隐瞒也有助于创造一个更自然的环境来向个人收集数据。虽然这种方法可以应用于问卷，但它更多地运用于实验性调研。例如，设想福特公司的调研者想要比较两个推广一种新型福特吊车的电视广告。调研者决定开展一个实验性调研，分别向两个群体的消费者展示两个电视广告中的一个，而且广告插入了长达 30 分钟的电视节目中，该电视节目还播放许多其他的广告，就好像消费者在家中观看广告一样。看完广告之后，要求参与者尽可能回想在视频中出现的广告品牌。

如果赞助者和调研的目的完全泄露，将会出现什么情况？观众将在视频和广告中寻找和福特产品有关的任何东西，因此，测试的广告回忆度将会比未泄露时高。简而言之，结果将毫无用处。一个可供选择的策略是告诉参与者这个节目是由电视制片厂发起的，目的是得到对节目的反馈。在这种情况下，福特商品不会获得额外的关注——事实上，关注度与人们通常在家观看节目时一样：关注度只与节目本身有关。调研者至少部分地重新创造了一个更自然的环境，这样会让调研结果更接近真实情况。

值得注意的是，使用隐瞒违反了个体知情权，如果选择使用隐瞒，就有必要在受访者参与的最后向他们汇报此次的调研任务。对于大多数项目而言，这仅仅意味着汇报的环节将包括在调查研究的最后。事实上，大多数的受访者在完成调查时便会理解调查研究的目的，或者他们并不在意。我们给那些使用交流法的调查研究者的建议是，当你使用隐瞒时你需要关注汇报环节，也就意味着你需要告知受访者调研的目的。如果你仅仅在调研的赞助方面有隐瞒，那么就没有必要汇报相关信息。

经理关注

有时经理或调研者并不隐瞒调研的目的，他们希望用这种方式来影响应答者的回答，以使得他们或他们的公司看起来更好一些。这里有一个例子：几年前，有人需要买一辆新车，在完成所要求的文书工作的过程中，购买者被告知他不久将收到一封满意度调查的邮件，并请他在邮件中告诉销售员影响满意度评价的关键因素。邮件甚至要求他说清楚在下一次调查中他将给予的最高满意度评价是什么。

一方面，我们可以推断出这不过是保证我们的需求得到满足的一种做法，这个调查将保证他们的确成功地满足了我们的需求。另一方面，让我们看看它的本质是什么：明目张胆地试图通过让公司经理和消费者越来越重视满意度测量的方式来影响经销商的满意度得分。

辨别隐瞒的不同程度非常重要。当测量消费者对特定产品、服务或公司的满意度时，隐瞒调研目的是不可能的。揭示调研目的的必要方面是维持公司与应答者合作关系的一个好办法。如果应答者有可能改变他的回答，你就不能揭示作为一个经理的真实目的以及调研中其他的潜在目的。类似地，在收集调研数据时你必须抵抗促销产品或服务的诱惑，因为这样做肯定会影响当前或预期消费者对问题的回答。如果你在调研中加入了促销的信息，你可能会改变应答者对问题的回答，或者让应答者怀疑调研的真实性。此外，问卷是一个非常糟糕的促销平台——它仅仅触及有限的一部分人，因此，为什么要牺牲信息的真实性呢？调研是调研，促销是促销，这两种功能永远不能结合在一起。

收集问卷的方法

使用交流法收集原始数据时调研者必须考虑的第三个问题是使用哪种方法收集问卷。主要方法包括人员访问、电话访问、邮寄调查以及网络调查。尽管还有其他的方法，但大多数方法都可归为这四类。随着时间的推移，每种方法被采用的程度都发生了变化。表11－1展示了最新的调研行业收入与每种问卷执行方法的关系（总比例并没有达到100%，因为调研公司也会从其他的方面创造收入）。收入数字本身并不能反映各种方法被使用的真实程度，因为在线调查研究比其他形式的调研（我们将在后面的章节讨论）要便宜。简而言之，近年来大部分用交流法收集数据很大程度上都转移到网上进行了。

表11－1　2010年几种主要的交流法的营销调研收入百分比

人员访问	9%
电话访问	24%
邮寄调查	3%
网络调查	23%

资料来源：Marketing Research Association，2010.

在以下部分中，我们将分别讨论每一种方法，并且在一些重要的属性上进行比较。对于每种方法，我们考虑三个关键方面。样本控制是指一种特定方法，识别目标总体的样本应答者并获得回答的能力。获得总体成员列表和适当的回复率是样本控制中的关键。信息控制主要是关于使用的问题的数量和类型，以及调研者和被调查对象可能在回答或解释中出现错误的程度。最后，执行控制指资源方面的问题，如不同方法的时间成本和资金成本。

人员访问

人员访问（personal interview）是指访问员和应答者之间直接的面对面交谈。一般来说，访问员在访谈的过程中提出问题并记录调查对象的回答。有时候，访问员会给应答者问卷的一部分或全部，用于回答问题。在其他情况中，调研者会在确保被调查对象同意完成整个调查时留下问卷，过一段时间再取回（或让调查对象通过邮件发送回来）。在住宅区的问卷调查有时会用这种方法。即使问卷在调研者不在场的情况下完成，我们仍然认为这也是一种人员访问，因为它最初是需要面对面接触的。

人员访问可以在任何地方进行，在调查对象的家中或办公室里、商场或者调研者的办公室里，我们甚至在快速行驶的列车上做过问卷调查。位置是由调研的需要和调查对象的便利决定的。例如，如果访问伴随对家庭食品储藏室的食物品牌进行调查，或需要调研个体在家是如何做出差评的，这时访问就需要在消费者的住处进行。

商场拦截（mall intercepts）是针对消费者的人员访问中用得很普遍的一种方法。这种技术正如它的名称所表明的：访问员在购物中心拦截消费者，请求他们参与到调研中来。如果你去过很多次购物中心，你可能已经参与过商城拦截访问了。那些同意参加访问的被调查者将会被带到购物中心的调研办公室，在那里完成调研活动。调研参与者通常会得到奖励，如优惠券或小礼品，以感谢他们的合作和弥补时间损失。

商场拦截非常普遍，因为它将调研者置于消费者自然聚集的地方——这么说吧，商场就是消费者天然的栖息地。简单地说，这种方法对寻找消费者回答我们的问题很方便。然而，便利性需要成本。对于多数调研来讲，这种方法不太可能得到一个消费者的随机样本，因为并不是所有的消费者都来商场购物。只有那些在特定时间段逛了特定商场的人才有机会参与这个调研。此外，进行调研的人只选择同意参加的消费者。正如我们随后看到的，这些因素限制了我们将项目结论推广到总体。然而，对于探索性调研和可以使用非随机抽样的情况，商场拦截是特别有用的。

抽样控制　有时候使用人员访问来收集数据可以采用某些形式的随机抽样，但是看上去这要比其他的方法稍微难一点。对有些总体（例如：医生、建筑师、商人），总体成员（通常也称为总体元素）列表可以从商业协会的目录中获得，甚至可以从电话黄页中得到。当调研者想提取一个消费者或家庭的随机样本时，他们通常采取区域抽样，随机选取某个地理区域（街区，邻居）和/或家庭单位（公寓建筑），在这个地区内的人将接受人员访问。重点是，当通过人员访问进行数据收集时，有可能抽取一类随机样本。然而，为人员访问开发一个总体成员列表会比大多数其他方法要困难一些。

计划在调研中和谁接触是一回事，让这个人同意参与调研是另外一回事。在这方面，人员访问比其他方法能提供更多的抽样控制。理由有如下几个。首先，访问员可以验证被调查对象的身份，可以排除不符合条件者。人员访问的回复率比其他收集数据方法更高，可能是与将问卷塞进垃圾筒相比，访问人员的请求使被调查者更难回答“不”。有时候问题在于潜在的调查对象不在家，这种情况下选取另外适当的时间返回来调查就可以了。

信息控制 人员访问可以采用任何结构化程度的问卷，从完全开放式问题到完全固定可选答案问题，或以上两者的结合。人员访问的一个巨大的优势在于访问员可以解释或换一种方式重述问题，并让调查对象解释他们的答案。此外，面谈时访问员可以向被访问对象出示图画、广告文案、词语清单、量表等。没有其他方法比人员访问更能获得被调查对象的信任了。

通过人员访问可以收集大量的信息，通常情况下，比任何其他方法都要多。在面对面访问中调研者通常可以让被调查对象愿意花费更多的时间。人员访谈也可以根据被调查对象的反应比较容易地改变问题顺序。例如，如果被调查对象对房屋产权问题的答案是“不”，调研者就可以在被调查对象不知情的情况下，跳过拥有产权的时间、对目前房东的满意度、最近房屋改造等问题，跳到调查表中的其他问题。

人员访问也存在一些缺陷。这种方式容易带来几种类型的错误，这些错误会在某种情况下使调研结果偏离事实。例如，我们之前提到开放式问题的回答会受到调研者偏见的影响。在人员访问的典型模式中，调研者提出问题并记录调查对象的答案。在此过程中存在很多调研者发生偏见的可能（例如，误听答案、错误的记录、为了跟上受访者的回答速度而缩短受访时间、曲解所记录的话语）。如果调研者改变了问题中所用的词语，甚至是说话的语气，就更可能出现错误。再加上调查对象普遍存在的反应偏差——特别是有意或无意渴望表现出知识渊博，被社会接受，对调研者有帮助等。显然人员访问必须谨慎执行，要包括大量针对访问员的培训。

道德困境11-1

Pharmaceutical Supply 公司的主要收入来自处方药。大多数时候该公司在市场上保持统治地位。然而，一个新的竞争者进入市场并很快赢得了市场份额。

为了应对竞争压力，Pharmaceutical Supply 公司的管理部门决定进行一次关于内科药品选择的广泛调研。营销调研总监珍妮丝·罗兰（Janice Rowland）认为最好的信息收集方法是个人或电话访谈。

罗兰指示访谈者把自己说成是一个虚拟营销调研机构的雇员，因为她相信如果让医生们知道了 Pharmaceutical Supply 公司正在进行调研就会导致反应上的偏差。另外，让访谈者告诉医生们进行的只是泛泛的调研，不是为了一个特定的商业客户。

- 罗兰决定隐瞒调研的公司和目的吗？
- 医生有权知道谁在进行调研吗？
- 有争论说使用这种欺骗的手段妨碍了被调查对象就是否参加调研作出合理的选择。请对此作出评论。

- 医生若知道了真正的调研方，将会有怎样的后果？
- 使用这种欺骗方式会给调研行业带来什么样的后果？

执行控制　在大多数情况下，人员访问的执行比其他交流方法成本更高。原因很简单：一次只能进行一个专题采访；采访需要更长的时间，调研者在本次采访之后必须到达另一个地点进行下一次采访（除非所有采访都在一个地点进行，这将导致建造大型办公室的巨额花费）；访问员必须经过严格训练；涉及更多的编码和分析工作，特别是使用开放式问题时。

正如你所猜测的那样，人员访问一般要花很多时间。访问员在前次访问结束后需要花时间从一个地点到另一个地点，以便进行下一次访问，这中间所花费的时间是没有任何效率的。如果我们要加快在某个区域的调查进程，就必须增大访问人员的规模。然而，当访问员数量增加时，访问员偏见与培训成本问题就出现了。

电话访问

电话访问（telephone interview）在某些方面与人员访问相似，不同的是，调研者和调查对象之间的交流是通过电话进行的（例如网络工具 Skype 属于这一类）。最重要的是，这种方法仍然是人与人之间进行交互的过程。电话访问是一种以交流为基础的收集描述性数据的传统方法。当然正如我们将讨论的那样，这种方法正在经历日新月异的改变。

抽样控制　对于一些项目活动而言，调研者通常处于一个有利的位置，因为他有定义明确的总体并拥有这一总体内成员的充分信息。例如，假设你需要对公司的客户进行一个电话调研，有一些公司，尤其是处在 B2B 市场中的公司，能够清楚地知道他们的客户是谁并且拥有存储这些客户信息的强大数据库。在这种情况下获得精确的电话调查对象的样本就不是一个难题了，但是如果没有这些完整的信息和清晰的调查对象，你应该怎么做呢？

许多公司创建并出售消费者和企业的电话号码的随机抽样列表。这些表可以按照特定地理位置或人口统计特征来生成，甚至可以按照消费者兴趣、事业、生活方式、兴趣爱好等特征来生成。电话黄页也可以用来成为企业或者组织的样本，然而，这并不是抽取家庭样本的一个好方法，因为有一部分家庭的电话号码并没有列入黄页，而且仅适用于有电话的家庭。

随机数字拨号（random-digit dialing，RDD）在电话号码不能用的情况下，能够提供一种潜在的变通工作方法。随机数字拨号使用计算机随机产生呼叫的号码。系统通常自动拨打电话。获得的随机号码并不一定存在于电话号码簿中。随机数字拨号的一个优势在于系统可以自动拨打给受访者，无论受访者使用的是传统的住宅电话还是手机。

通过商业列表、电话黄页或随机数字拨号得到一个电话号码只是电话访问中确保从样本获得反馈的第一步。当电话铃响时，调查对象必须在电话附近接听电话，同意参与，电话访问才能真正开始。多年来电话访问都保持着较高的回复率，但是近年来开始下降。图 11－1 列出了皮尤调研中心（Pew Research Center）提供的三年一次的随机数字拨号电话调查的回复率数据。它包括联系率（联系受访者比率）、合作率（受访者答应接受访问比率）和总体的回复率。只需简单浏览一下该图你就能完全理解为什么电话调查不再受到调研者的支持和喜爱。在过去的 15 年里，电话访问的回复率由 36%下降到 9%，基本上是因为联系率和合作率的下降。

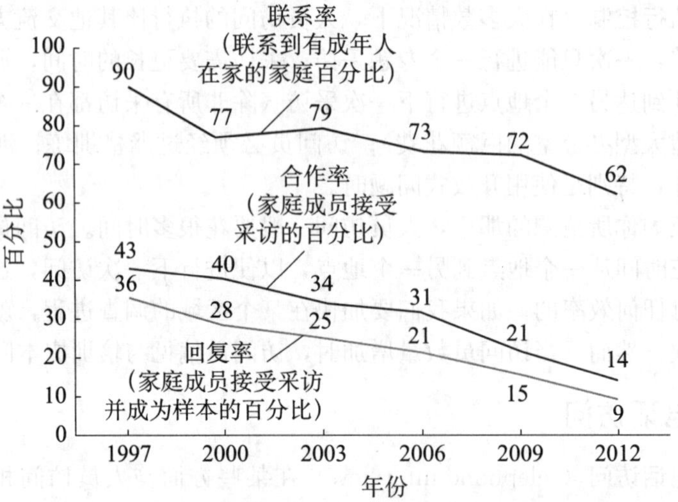

图 11-1　电话调查的联系率、合作率、回复率的变化趋势

资料来源："Assessing the Representativeness of Public Opinion Surveys," The Pew Research Center for the People & the Press, May 15, 2012, downloaded from www.People-press.org on October 23, 2012.

图 11-1 展示的调研结果是使用电话调查的标准化方法（例如随机数字拨号样本，在五天内拨打遭遇多达 7 个未应答的电话号码）获得的。还有一种是"高投入"的电话调查，这种电话调查通过向被访问者提供 10～20 美元的金钱来激励其参与，使用高级访问员，在两个半月内拨打遭遇了多达 25 个未应答的电话号码。最后的结果呢？总体的回复率是 22%。这种为了获得更高的回复率的"高投入"的办法的努力和花费是巨大的，很多企业都不能承受。进一步深入分析发现标准化的和"高投入"的抽样之间的回复率差异并不显著。[1]

为什么电话访问的回复率会大幅下降？可能是好几个因素共同导致的。一方面，由于来电显示、个人语音信箱的使用，联系率下降。人们自己都没有意识到他们不再仅仅依靠打电话联系。另一个影响电话调查回复率的因素是"全美禁止呼入号码登记"（National Do Not Call Register，DNC）协议，它禁止电话营销者呼叫注册的 DNC 家庭住户。无论从哪个角度衡量 DNC 协议都是非常成功的。最新的报道揭示大约有 2.09 亿成员注册了 DNC 协议。[2]尽管营销调研和公众观点电话访问并未被 DNC 限制，但一些调研者担心它可能对这种交流方法产生负面影响，尤其是如果 DNC 住户成员坚定不要接任何非私人电话，毫无疑问拒绝率将快速上升。

到目前为止，我们假设可以获得一张总体成员列表，或者只要你的电话访问的目的比较普通，那么只需一个电话本或随机数字拨号就可以实现抽样。然而，当你要访问的群体规模太小，并不能通过电话列表查询时，将会发生什么事情呢？这时运用传统的抽样方法来获取样本就像大海捞针一样困难。在这种情形下，许多调研者转向**吸引式调查**（in-bound surveys）。吸引式调查最初是调研者使用计算机电话访问（现在更多使用在线管理了）来联系参与者（参与者回答是“被吸引的”）。你有可能会在餐馆或者其他的地方接收到邀请你去参与吸引式电话调查或者网上调查，这些是吸引式电话调查最常用的地点，而且可能需要注册收费。这种吸引式调查在任何时间都能进行，白天或晚上，任何方便的时间。在访问结束后，被调查对象会收到一个密码，通过它可以从调查赞助者那里得到折扣券或一些免费礼品。

吸引式调查对迎合特殊的顾客或想要测量服务质量和满意度的人来讲是很有用的。假设一个餐馆要决定一类消费者的满意等级，即他们只到餐馆打包，在别处就餐。没人提供这类消费者的列表，以本地区居民作为总样本调研效率很低——在不排除95%不在特定时间特定餐馆打包就餐的消费者的情况下，通过电话簿找到合适的消费者实在太难了。在这种情况下，可以在消费者购买时送给消费者优惠券，上面印有请求拨打咨询电话，并承诺给予一定奖励，这是一种获得需要数据的具有成本效益的方法。

信息控制 和人员访问一样，电话访问中也可以同时使用开放式问题和固定可选答案问题。然而，大多数情况下调研者更多地使用固定可选答案问题，以方便访问员解释，被调查对象能够轻松地作答。电话访问能够根据先前问题的回答为后续问题进行排序，特别是使用了**计算机辅助访问**（computer-assisted interviewing）软件后更容易实现这一功能。

计算机辅助访问最初应用于20世纪70年代。访问员阅读计算机屏幕上的问题，并把答案存入文件，发给主机。早期的系统节省了大量的时间和金钱，是数据收集的革命。电话访问已经成为交流法收集信息的最流行的技术，正是因为利用计算机管理问卷的优势。计算机辅助访问最大的优势之一是允许信息控制。计算机准确地播放每个即将回答的问题，只有先前的问题有了可接受的答案之后才进入下一个问题。问题排序组合得天衣无缝：依据当前问题的答案，下一个合适的问题会自动显示在屏幕上，访问员向被调查对象提问。这样做节约了大量时间，避免了收集问卷时的混乱，提供了一个更自然的访问流程。在很多方面，计算机辅助访问被认为是当今在线调研的先驱。

必要时电话访问允许追问和追踪调查对象的答案。问题和指导说明可以重复，答案也能被验证。由于存在人际接触，电话访问可以与被调查对象建立一定的信任关系，特别是在时间较长的调查中这种信任建立起来更加自然。电话访问一般只提出封闭式问题，答案很容易解释和编码。访问员和被调查对象之间的交流会减少偏差。然而，人际交互也会形成社会接触，因此不能认为经过电话访问收集的数据没有这类偏见。

电话访问最大的缺点是回复率在持续地下降。另一个缺点是电话访问从任何既定个体收集的信息是有限的。除非调查对象对主题很感兴趣（否则他们不愿参与，这经常发生），大多数人并不愿意花费很多时间在电话交流上。从失去耐性的被调查对象那里得到的答案的质量也是一个问题。

当设计电话访问的问卷时，使用人们熟悉的常见评价量表和分类问题是明智的选择。记住调查对象是在听而不能看见调查的内容。使用类似的量表能够缩短对于问卷回答的指导时间。

在电话访问中使用可视材料十分困难。也许可以发送图片、图表、标志，更进一步地，甚至鼓励被调查对象在采访中打开网页。除非他们特别想回答，否则这些选择根本就不现实。如果调查对象需要视觉刺激，使用其他方法会更好一些。

执行控制 尽管和邮寄或网络调查相比，电话访问收集数据的成本更高一些，但这种方法的高回复率将平均每次接触花费的成本保持得很合理。随着电话访问回复率的下降，这一优势正在逐渐消失。电话访问的总成本中最大的一部分仍旧是访问人员的劳动力成本。访问员必须经过招募和培训，这就和人员访问一样，每个访问员每次只拜访一个被调查对象。然而，与人员访问不同的是，公司很少为给定项目的电话访问而专门招募一支访问队伍。电话访问的培训并不像人员访问那样复杂，质量控制可以通过监控员定期听取采访进程来确认。因此，电话访问收集数据只需几天而不是几周或几个月。

邮寄调查

邮寄调查（mail survey）这种经典的形式是指将带有一封信和一个回复信封的调查问卷发送给指定被调查对象。被调查对象在空闲时间完成问卷，并把回复寄回调研组织。邮寄调查的关键特征是：(1) 问卷是邮寄给受访者；(2) 完成问卷的时间和地点完全由受访者自己决定；(3) 不涉及任何与调研者的人际交流；(4) 回答通常以邮件的形式发回给调研者。邮寄调查有很多变化，但这些都是基本的元素。

邮寄调查曾经非常流行，因为相较于人员访问和电话访问，邮寄调查非常便宜，尽管回复率较其他几类调查方法较低，但是完成单份调查问卷的低成本让它成为一个理想的选择。就像在商业和生活的许多方面一样，互联网（网上调查）变成了一个游戏规则的改变者。表11-1提供了相应的证据。尽管邮寄调查的普及度下降了，但是很多组织仍然使用邮寄调查。在这一节中，我们将会描述邮寄调查的一些特点。

抽样控制 有效邮寄调查的一个关键是准确获得调研总体人群的一个以上的邮件地址列表。拥有持续更新的顾客记录的数据库的企业做邮寄调查比较容易。此外，一些公司建立了固定样本组，可以用于邮寄调查，在许多重要方面能够代表总体。如若不然，公司就需要购买特定的总体的邮件地址列表。B2B的营销调研在这点上认识得更早——客户的邮件地址列表以及电话传真列表比个体消费者更稳定，而且客户的数量更少。

从一个邮件地址列表公司那里购买了邮件地址列表后通常只用一次。一个邮件地址列表上的姓名和住址可以用很多形式传递，比如一个电子数据库文件夹，可以存储在顾客公司的计算机系统中。列表提供者如何知道它已经被使用了一次呢？很简单，提供者一般有至少一个“虚拟”地址，这些邮件地址当收到邮件时就向“虚拟”地址发送回一封邮件。当一个公司尝试使用这个列表超过一次时，列表的所有者很快就会知道。

购买的列表一般是比较准确的。邮件地址列表的准确性表现为两种形式。第一是地址的准确性。列表提供者通常确保至少有95%的住址是现在的，调研者可以根据发送失败被返回的邮件数量来检验这一点。第二是列表是否包含符合特定要求的元素（例如，户主是非洲移民，平均收入超过5万美元），这一点更难确定。在调查问题中设计此类问题来检验（如道德背景、住户收入）几乎是证明列表对象被准确选择的唯一方法。

正如我们注意到的，有时列表来自内部。随着大数据时代的到来（第 6 章），想象一下针对特定家庭或客户的邮件调查的可能性。如果乐购和塔吉特想要一些户外运动爱好者的信息，想象一下，他们有多容易就能得到那些购买户外工具和能量棒的消费者的样本。大数据不光能够得到直接的顾客样本，而且内部的数据库允许开发选择性的样本从而便于收集更多的信息。邮件地址列表的质量决定了邮件调查中的抽样控制。如果有一个准确、适合并能立即使用的总体列表，邮寄调查就能得到一个具有广泛代表性的样本，因为它不用再花费很多资金在全国范围内邮寄问卷，只需在城镇内邮寄就可以了。在忽略成本的情况下，有时这是接触相关总体的唯一办法。比如繁忙的总经理们，他们不会参加安排好的个人或电话访问，但是会回复邮寄调查或网络调查。关键在于将问卷寄给特定的回答者。

邮寄调查几乎不能确保得到的回复是真正来自试图调查的对象。你可能已经将调查问卷按正确的邮件地址发送给了正确的被调查对象，但是你无法确定收回来的问卷到底是由谁完成的。这在消费者调查中可能并不是什么大问题，但对那些由调查对象的助手完成的企业管理的调查就有很大影响了。调研者和调查对象之间没有直接接触，同意调研者的请求并完成问卷的社会压力就小一些。尽管在有些情况下回复率很高，但通常邮寄调查的回复率并不会太高。实际上邮寄调查的回复率比人员访问或电话访问的回复率都要低。在其他因素都相同的情况下，最近很多电话访问的惨淡回复率也和邮寄调查一样不理想。通常只有调查对象对调查话题很感兴趣才会回复邮件，而且有一些人不能回复，因为他们不识字，至少看不懂问卷。

信息控制　在信息控制方面邮寄调查具有很多优点。首先，邮寄调查使用的是文字问卷，访问员不可能因为提问的语言或方式而产生调查偏差。在打印的问卷中，可以使用图表、图片或其他美术作品为被调查对象提供视觉刺激，促进其有效回答。与电话访问相比，邮寄调查可能会收集更多的信息，但是也不要指望调查对象会在纸质的问卷上花费很多时间。和其他方法一样，它取决于被调查对象对话题感兴趣的程度，因此，通常比较明智的做法是保持邮寄调查问卷的长度不要超过 4 页。如果可能的话，最好是把页数控制在两页（也就是说，一张纸，正反两面都有）。

邮寄调查最大的一个优点是可以匿名调查。人们在相信利用回复不能直接追踪到他们的情况下会更容易坦诚回答。如果是敏感问题（比如性行为、参加非法的社会活动），一般推荐使用邮寄调查。

除了这些优点，邮寄调查在信息控制方面存在一些缺点。最重要的是，邮寄调查不能向被调查对象解释问题和备选答案的分类，调研者也不能提出追踪问题或要求被调查对象澄清答案。如果你设计了开放式问题，就需要被调查对象将回答写在问卷上，这比口头回答开放式问题更困难。其他都是一样的，调查对象要花更多力气阅读问卷，问卷的反馈率较低。

还有一个缺点：如果被调查对象愿意，他们可以在回答问题之前浏览整个问卷。当调研者要评估特定品牌并想在问卷中提出有关该品牌的其他问题，这就是个大问题。如果调查对象在调查中看到“塔吉特”的字眼，千万不要惊讶“塔吉特”是“列出三个想到的百货公司名称”这个问题最常见的答案之一。此外，问题排序指导说明（如果上个问题的答案是“不”，请到问题 7）将会变得非常复杂，在进行邮寄调查时要尽量避免。

执行控制 与雇用并培训访问员相比，印刷调查问卷、购买邮件地址列表并付邮费（内地的和外地的）的成本并不高。因此，当提到成本时，邮寄调查优于人员访问或者电话调查，但是相对于网络调查的效率（见下文），邮寄调查的优势就没有那么显著了。质量控制对邮寄调查来说也是一个优势，只需在发送邮件的过程中履行监控责任就可以了，包括问卷发出去和收回来，这也有助于降低成本。

邮寄调查唯一的执行缺点是：和电话访问相比，它需要更多的时间去执行——但是比人员访问要快。需要更多时间的原因是邮寄调查在寄去和收回的过程中必须经过邮政系统，只有被调查对象愿意才会回答问题。结果是你在使用这种方法时必须在项目计划时间表上多加两周。如果邮件中包括追踪邮件，这是很常见的做法，那么你将花费更多的时间。

网络调查

近年来，我们见证了**网络调查**（online surveys）的兴起。其他调查方式的成本以及较低的回复率等都使得网络调查越来越有吸引力，事实上，越来越多的主流调研公司都使用网络平台进行网络调查来接触潜在的受访者，并且这种情况会一直持续。

网络调查的特征是在互联网上完成调查。可以通过很多渠道来招募被调查对象（但通常通过电子邮件），引导他们到指定网页完成问卷。很多公司包括 Qualtrics 和 SurveyMonkey 等都提供网络调查服务，这类公司不仅提供网上数据收集服务，还提供调查设计和基本数据收集分析服务。

抽样控制 与所有技术一样，获得准确的人群接触信息表是样本控制的关键因素。对于大多数网络调查而言，这意味着获得电子邮件地址。对于大多数人来说，上网并不是什么太大的问题，网络已经成为日常生活的一部分。2013 年 3 月，大约有 2.1 亿美国人活跃在网络上，在每个网页上平均花费 29 个小时。[3]但是在几年前，上网困难是网络调查的主要担忧之处。尽管你现在仍然要担心相关的受访者能否看到你的网络调查，但是相比几年之前，这并不是一个多大的问题。

你可以从很多途径获得电子邮件地址的列表。和邮寄地址列表类似，这些电子邮件地址列表可以根据被调查对象的人口统计特征、兴趣等被选择。例如，在线调查公司 SurveyMonkey 声称每个月有超过 3 亿的受访者完成了 SurveyMonkey 的在线调查。[4]表 11-2 显示了 SurveyMonkey 样本选择变量。另外，像 Survey Sampling International 这样的公司能够为网络样本提供高质量的固定样本组管理服务。

表 11-2　SurveyMonkey 的样本选择变量

人口统计变量	工作职能
性别	会计/审计
年龄	行政管理
收入	广告/市场
地点	分析
教育	艺术/创造/设计
道德状况	商业发展
所在行业	咨询

续前表

人口统计变量	工作职能
工作职能	客户服务
婚姻状况	物流
父母状况	医生
子女年龄	教育者（老师、文学家、专家教授）
职员和学生状况	工程师
房屋所有权	财务
车辆所有权	一般业务
智能手机所有权	健康医疗提供者（不是医生护士）
电子设备所有权	人力资源
锻炼习惯	信息技术
行业	法务
广告和市场	管理
农业	制造业
航天航空（包括国防）	护士
汽车	生产
商业支持和物流	生产管理
建筑工程和房屋	项目管理
教育	公共关系
娱乐和休闲	采购
金融和金融服务	质量保障
食品和饮料	研究
政府	销售
健康医疗和制药	科学家
保险	策略/计划
制造业	供应链
非营利组织	培训
零售和耐用品销售	协作
房地产	
通信交流、技术、互联网和电子设备	
公共事业和能源开发	

资料来源：Downloaded from www. surveymonkey. com on October 24，2012.

必须注意，许多电子邮件样本是利用礼品或其他激励物使人们参加固定样本小组而获得的。这种做法鼓励“职业的”样本组成员通过完成网络调查获得最大化的回报，会增大结果的错误率。最糟糕的结果是什么呢？SurveyMonkey 根据专门分析（如“Truesample”）拒绝了接近 3/10 的网上样本小组成员。表 11－3 提供了样本小组成员被拒绝的原因分析。令人惊奇的是，大约25%的样本小组成员被判定为骗子。网上小组调查的真实性是一个很大的问题。不过提供这种调查方法的公司也意识到了这个问题，并采取了非常严格的样本组管理措施，它们很希望从固定样本组中获得有意义的数据。

表 11-3　　网络调查的样本的真实性

Truesample 如何解决和控制数据质量问题。

Truesample 自 2008 年推出至今，已经有超过 100 家的调研团队和固定样本组公司使用，目的是确保各种样本来源和调查平台的数据质量。它通过整合实时技术做到：

- 减少假冒。真实样本使用第三方数据库，确保所有的固定样本组和受访者的身份真实可靠。
- 防止重复。复杂的数字指纹减少了固定样本组和调查的受访者回复的重复率，确保没有成员可以重复回答。
- 确保真实的参与度。调查参与技术可以实时地减少加速回答和简单回答倾向，SurveyScore 通过提供感知和参与行为的基准来确保小组成员的经验是合格的（详情见 www.truesample.com）。

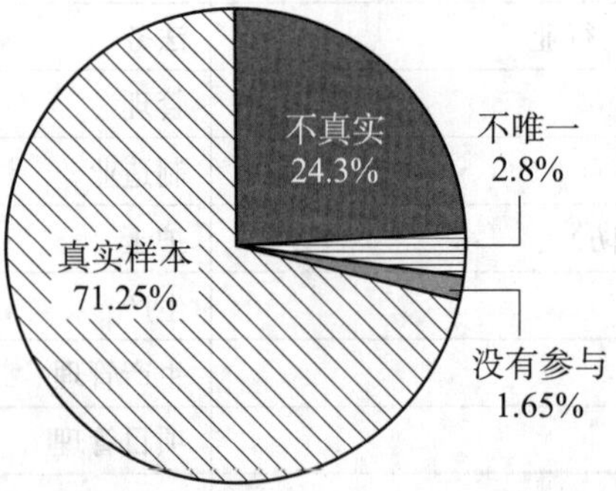

资料来源："Online Research Quality: The Next Frontier,"（undated）downloaded from www.truesample.com on October 25, 2012.

随着技术的发展，调研者都要面对如何让人们对网络调查作出回复的问题。有时候网络调查能够提供十分理想的回复率，但这通常发生在受访者回答的问题正是他们所感兴趣的话题的情况下。购买电子邮件列表和在网络固定样本组的调研的回复率通常较低（相比其他的交流方式而言）。网络固定样本组能否代表大的总体也是一个值得关心的问题。比如，事实上网络固定样本组并不能很好地代表18～24岁的西班牙裔这一消费人群。除此之外，越来越多的其他的社交工具正逐渐取代电子邮件，导致电子邮件的使用率不断下降，这也给在网上寻找目标样本的网络调查带来了挑战。[5]

我们想提及几个需要注意的要点。第一，那些提供网络固定样本组服务的公司经常吹嘘自己的调查完成率（也就是受访者从开始填写问卷到完成问卷的百分比），尽管调查完成率是重要的，但是它不能代表总体的回复率（受访者愿意填答问卷并完成问卷的百分比），回复率是反映调研质量的一个有用的指标，也将决定你对回答者群体与非回答者群体的差异的关注程度。因此，当你的调研总体有上百万人，最后重要决策是根据上千个受访者的回答作出时（回复率其实非常低），你一定要保持高度谨慎。我们觉得对调查作出回复的人群和没有作出回复的人群的差异是相当高的，但我们并没有太好的办法去了解这一点。

第二，不管你使用什么调研方法，购买固定样本组和邮件列表时需要当心。

尽管这些样本被精心设计用于反映总体，但是它们并不能完全满足项目的必须要求，因为它们并非采用概率抽样得来，不能保证每一个人都有机会被包括在样本里（我们将会在第 14 章进行详细介绍）。虽然从技术上来说从这些样本得到的结论并不能推广到总体，但我们感觉很多公司都对通过这样的方式得到的结果感到满意。

信息控制　网络调查能有效地利用问卷中的图片和图表。与邮寄调查一样的是，信息收集的数量比电话访问更多，提问题的方式不存在访问员的偏见，任何类型的问题都可以使用。这种方法也与邮寄调查有相同的缺点：无法探索，说明问题，或要求调查对象解释他们的回答。

利用网络调查，问题排序在调查程序中已安排好，保证了调查者在屏幕上看到合适的下一个问题。尽管网络调查并不是完全意义上的匿名（可以通过 IP 地址来追踪受访者），但相对于人员访问它还是能给受访者带来更多的安全性。另一个潜在的好处是对于开放性问题的反应，当网络普及后，人们更习惯于输入文字而不是手写文字，因此更愿意通过输入的形式来完成开放性问题的回答。

执行控制　在执行控制问题上，网络调查有两个巨大的优势。第一，与其他方法相比，它相对比较便宜并且调查速度快。在成本方面，出于执行自主网络调查的需要，大多数公司都已经建立起自己的网络服务器，这需要花费成本配置安装必要的硬件。相对而言，使用网络调查服务提供商的服务会便宜得多。更好的是，因为回复通常被自动记录在数据文件夹中（只有有效回复才被接受），程序会实时有效地将被调查对象的回答进行编码，这就减少了一个步骤，即数据编码，这个步骤经常会导致数据库错误并产生大量的潜在成本。

一旦你开发了问卷（无论是使用哪种执行方法，都需要一定的时间），没有哪种方法对于原始数据的描述能够快于网络调查，尤其是对那些已经存在的网络固定样本组而言，它们有数百万的成员，在数小时内可以有很高的回复率——但是请不要忽略我们上面讨论的样本问题。

比较主要的交流法

每种交流法都有优点和缺点，这些都列举在表 11－4 中。优点和缺点不适用于不同文化背景的国家和地区，我们只是提供一个总体概述。

表 11－4　　比较主要的交流法：优点（＋）和缺点（－）

	人员访问	电话访问	邮寄调查	网络调查
抽样控制				
保护成员列表的能力		＋	＋	－
保护正确调查对象的能力	＋	＋	－	－
回复率	＋			
信息控制	＋＋	＋	－	－
探索细节问题的能力	＋	－－	－	＋
掌握复杂信息的能力	＋＋	＋	－	－
澄清问题的能力	＋	－		

续前表

	人员访问	电话访问	邮寄调查	网络调查
信息获取量	＋	＋	＋	＋
问题排序的灵活性	－－	－	＋	＋
避免访问员偏见	－	－	＋	
表现视觉展示的能力	＋	－	＋	＋
提供匿名的能力	－	－	＋	
执行控制				
时间要求	－－	＋	－	＋＋
成本要求	－		＋	＋＋
质量控制/监视要求	－－	－	＋	＋
计算机支持		＋	－	＋＋

资料来源：＋＋代表最大的优点；－－代表最大的缺点。

一个项目所包含的特殊环境通常已经表明需要使用的恰当方法。例如，无论多想使用人员访问，当预算不能支持这样的选择时，调研者必须尽量调配预算，即使最终的方法是次佳的。类似地，调研者需要容忍邮寄调查的缺点，如果这是接近目标总体人群的唯一方法。

经理关注

抽样控制、信息控制和执行控制是调研者最为关注的。毕竟调研者的主要责任是选择一种方法去执行数据收集工具。

永远记住你作为经理的一个重要责任是评价调研计划，以便收集需要的信息做出决策。因此，在评价一个调研提供者的计划时，认真考虑以上所述的控制要素就很关键。你必须问自己：计划的问卷执行方法是否经过对这些控制要素的讨论而证明是可行的，还是因为对调研者来讲，由于成本低和方便执行而被选择。调研提供者更偏爱某种执行方法并用于大多数调研中并不常见，并且与组织的特殊需要可能相关，也可能不相关。如果你不清楚为什么要选用某种方法，你应该调查调研提供者的动机，可通过询问一系列有关多种控制考虑的问题来实现。

整合管理方法 在所有的情况下，当我们描述的收集数据的交流方法中没有哪个是特别好的时候，调研问题本身会暗示一种方法而非其他方法。结合多种方法同样会富有成效。例如，一名公司经理可以接收信件、电子邮件或电话呼叫，请求他帮助完成一项调研。在通知以后，调查问卷就会寄到他的办公地点。网络调查可以由以下两种方式发起：一种是发送电子邮件给潜在调查对象，要求他们去访问指定的网址并完成调查表；另一种是与其他网站合作，在网页上设置链接，调查对象就可以点击进入调查。问卷可以随着产品样本递送到调查对象那里，电话访问可以用于追踪。

小结

学习目标1

解释与问卷相关的结构的概念

问卷中的结构相关度是将问卷标准化的程度。在一份高度结构化的问卷中被问的问题和允许的回答完全是事先决定的。在一份低度结构化的问卷中并未提供答案，甚至有时候一些问题可以改变。

学习目标2

列出使用高度结构化的缺点

固定可选答案问题可以强迫调查对象回答一个他没有任何观点的问题。如果没有一个回答选项能准确表达调查对象的观点，它们就证明是不准确的。如果一个可能的回答由于疏漏或不充分的预先调研而忽略，回答选项本身就会引起偏见。

学习目标3

说明问卷中隐瞒的含义

在问卷中调研目的隐瞒的程度是指对被调查对象隐藏的信息量。一份非隐瞒问卷通过所提的问题使调研目的明确，隐瞒性问卷试图隐藏调研的目的。

学习目标4

讨论可以使用隐瞒的两种情况

当调研目的或调研的赞助者将引起调查对象改变答案时，隐瞒就是有用的。隐瞒也可用来重新创造一个更合适的环境让人们参与调研，特别是实验性调研。

学习目标5

区别收集问卷的主要方法

人员访问是指访问员和调查对象之间直接的面对面交谈。访问员提出问题并记录调查对象的答案，无论是在采访过程中还是结束以后。邮寄调查将问卷装在一个密封的信封里发送给指定调查对象。调查对象有空就完成问卷并寄回调研组织。网络调查有两种方式：一种是发送电子邮件给调查对象，调查对象在回复邮件中回答问题；一种是调查对象通过网页完成调查。

学习目标6

从三个重要方面来比较四种不同的收集问卷方法

抽样控制是指辨别、接触并从被调查对象那里接收答案的能力。信息控制涉及可从被调查对象那里获取的信息数量、类型和质量。执行控制是指质量控制可能的程度以及时间和成本需要的程度。

关键术语

固定备选答案问题（fix-alternative questions）

吸引式调查（in-bound surveys）

开放式问题（open-ended question）

计算机辅助访问（computer-assisted interviewing，CAI）

人员访问（personal interview）

商场拦截（mall intercepts）

邮寄调查（mail survey）

网络调查（online surveys）

电话访问（telephone interview）

随机数字拨号（random-digit dialing，RDD）

复习题

1. 高度结构化的优点是什么？通过使用低度结构化，调研者获得了什么？
2. 什么是隐瞒问卷？隐瞒中涉及的道德问题是什么？
3. 在哪两种情境下使用隐瞒问卷是可取的？
4. 吸引式调查是怎么操作的？在什么时候会特别有用？
5. 为什么在收集数据时网络调查越来越普及？
6. 人员访问、电话访问、邮寄调查和网络调查在以下几个方面有什么不同？
a. 抽样控制
b. 信息控制
c. 执行控制
7. 调研者在同一项目中如何将不同的交流法整合起来？举例说明。

讨论的问题与案例

1. 假设要求你设计一种合适的交流方法获得学生对校园里的各种食品的感觉和意见。
a. 什么程度的结构化合适？证明你的选择。
b. 什么样的隐瞒度合适？证明你的选择。
c. 什么执行方法合适？证明你的选择。

2. 安·艾弗里是泰勒餐馆的总经理，泰勒餐馆是位于美国西南城市的一个牛排馆，开张已经一年了。目前来说餐馆的经营是成功的，但是艾弗里还没有准确地掌握他的顾客是谁。午餐的顾客似乎与晚上光临餐馆的顾客有所不同。他需要你的帮助，开发一个调研项目来更好地了解客户。
a. 什么样的结构化程度是适合的，证明你的选择。
b. 什么程度的隐瞒是适合的，证明你的选择。
c. 什么样的收集问卷的方法是适合的，证明你的选择。
d. 如果关键问题是确定泰勒餐馆附近居民的总体认知度，这将改变你对以上问题的答案吗？

3. 在下面的情况下，你将采用哪种调查方法（邮寄调查、电话调查或人员访问）？
a. 执行一份问卷以确定在2002年12月31日播放的节目——2002年前100名民谣歌曲的收听人数。
b. 执行一份问卷以确定家庭成员中有患精神病或有精神病史的人的家庭数目。
c. 执行一份关于微波炉制造商的问卷以测试人们对新型号微波炉的态度。
d. 执行一份关于当地干洗店的问卷以测试顾客对当前促销折扣的满意度。
e. 执行一份关于当地的小型旅馆的问卷以评估顾客对其服务的意见。

4. 你被要求对所在学校的即将毕业的高年级学生进行调查，了解他们毕业后的计划。你的调研预算非常有限，调研委托方要求你使用网络调查方法。准备并讨论在这种情形下使用网络调查方法的主要优点和缺点。根据你的分析，你会如何设计你的调研？如果你不打算使用网络调查方法，在预算限制下你会选用哪种可替代方法？

5. 安排一个对你所在学校市场营销系的一位积极从事学术研究的老师的采访（不是你这门课的导师）。讨论对学术研究人员的调研目标和收集原始数据的方法，以及所采用的数据收集方法的优点和缺点。在收集数据时需要权衡的情况下（如成本与速度的冲突，结构与隐瞒的冲突）试着做出决定。如果需要，权衡的原因是什么？确保你的报告中有结构化、隐瞒、抽样控制、信息控制和执行性控制等广泛议题。

注释

1. "Assessing the Representativeness of Public Opinion Surveys," The Pew Research Center for the People & the Press, May 15, 2012, downloaded from www.People-press.org on October 23, 2012.
2. "National Do Not Call Registry Data Book FY 2011," U.S. Federal Trade Commission, November 2011, downloaded from www.ftc.gov on October 23, 2012.
3. "March 2013: Top Education & Career Sites and U.S. Web Brands," downloaded from http://www.nielsen.com/us/en/newswire/2013/march-2013–top-education—career-sites-and-u-s-web-brands.html on May 27, 2013.
4. "Who is the SurveyMonkey Audience?" downloaded from www.surveymonkey.com on October 24, 2012.
5. "Online Research Quality: The Next Frontier," (undated) downloaded from www.truesample.com on October 25, 2012.

第12章 提出好问题

学习目标

1. 定义在营销调研中所使用的术语——测量
2. 列举用于测量的4种量表（水平）形式
3. 列举一些在营销调研中广泛使用的态度测量技术
4. 列举一些在设计量表时需要考虑的其他关键因素
5. 解释与测量工具相关的“效度”概念

引　言

无论我们是问问题还是观察行为，营销调研者总是试图对事物进行测量。生活中的方方面面都有可能要用到测量，多数人每天都要从事各种形式的测量。无论是用钟表去测量时间还是用盥洗室的体重计去测量我们的体重，用分数去测量我们运动后的结果，用股票价格去测量投资的价值等。

我们测量的多数事情是非常具体的：体重秤上的数字、咖啡的勺数、油箱中的汽油量。不过我们如何测量一个人对于公司的态度？或一个年轻人观看一场新电影的可能性有多大？对于一个新买的笔记本电脑的满意程度？营销人员对测量许多属性感兴趣，这些属性多数人很少以数字形式思考。一个问卷中的所有问题都是试图测量营销经理感兴趣的一些属性。在本章中，我们将讨论营销调研人员如何去测量属性和行为。值得注意的是，本章有点长，但是所提及的内容对于收集高质量的描述性数据特别重要。

测量的量表

测量（measurement）由“给事物分配数字以代表属性的数量”的规则组成。[1]注意该定义的两个方面。首先，它表明我们测量的是事物的属性而不是事物本身。例如，我们不会测量一个人，但会测量一个人的收入、社会阶层、受教育程度、身高、体重或态度。其次，此定义是一个广义的定义，它并没有明确数字是如何进行分配的。这是因为不同的属性可能会对应不同的数字分配规则（例如，性别属性不能用 1～5 级量表测量，这样做没有意义，也不支持这样的测量方式）。

测量属性的第一步是要确定属性的性质。只有这样才能为属性分配数字以准确反映属性。数字系统只是一个工具，我们必须正确使用它，以免误导自己和那些依靠我们所收集数据的客户。

测量事物属性的量表有 4 种类型：定类量表、定序量表、定距量表和定比量表。表 12－1 总结了这些量表的重要特征并且提供了具体的例子。它们经常称为测量的 4 种水平，因为更高一级的测量（如定比量表）比低一级的测量（如定类量表）拥有更多的性质并且可以进行更多类型的分析。正是这一原因，在开发一些属性测量的工具时，应该尽可能使用高级的测量。不过应该记住，属性本身决定了可能使用的测量水平。理解测量水平是非常重要的，我们稍后会介绍，测量水平决定了可以采用的数据分析技术。

表 12－1　　测量的量表

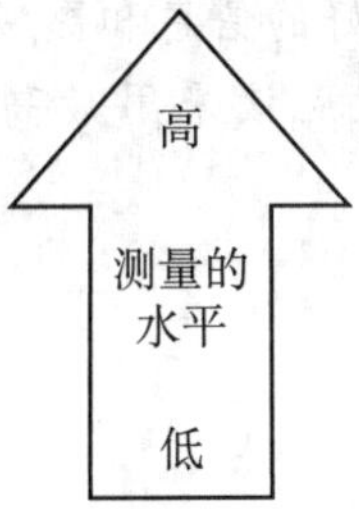

量表	基础比较	举例	平均
定比	绝对规模的比较	出售单位 收入	几何平均数 调和平均值
定距	间距比较	客户满意度 品牌态度	平均数
定序	顺序	品牌偏好 收入（分类）	中位数
定类	身份	性别 品牌购买（是/否）	众数

经理关注

设计和执行营销调研在许多方面与造房子相似。如果没有蓝图，你不会开始建设房子，适当的计划在使用如问卷这样的测量工具之前是有必要的。对建造房屋来说，制作好一张设计图需要理解建筑工程科学，辨别计划结构与周围环境之间的必要关系，并能预见未来入住该房屋的主人在功能上的需要和美学上的偏好。同样地，设计一份好的问卷要理解测量理论科学，具备辨别测量工具和被测量目标之间关系的能力，并能预见在未来访问被调查对象时什么是有用的以及什么是合适的。

我们当中大多数人不具备制作一套房屋蓝图的能力，也不具备按蓝图建造房屋的技巧。建房需要大量的投资，我们希望任务能被很好地完成，需要聘请专业的建筑师和建筑公司。尽管实施调查需要大量投资，据此实施的营销行动需要更多的投资，但是在设计和开发问卷时，经理们一般没有类似的谨慎。有些经理假设“任何人都会问问题”并编制他们自己的问卷，或让他们的助手去做。一般来说，结果是问卷的测量很不恰当。

本章专注于一些测量理论的基本原则（或者更一般的，心理测量的科学领域）。在阅读本章之后你仍然不能获得设计好的测量工具的必备专长（在有关议题上你还需要精通更大范围的工作），但是你应该对好的测量的性质以及测量过程的复杂性有充分的理解，从而了解为什么聘请专业的营销调研者与你合作是值得的。你将充分理解下面的工作也同样重要——向有远见的营销调研者提出有意义的问题，以帮助你判断调研者是否真正理解测量的过程，或者他们倾向于简单地提出客户想要问的问题。你永远不能雇用后一种调研者。

经理关注

有人认为测量的不同水平只有内行才懂，这一点只有调研者才真正关心。但实际情况并非如此。理解不同水平的测量对营销经理来讲特别重要和有实际意义。缺乏这种理解，你很可能会对调研中产生的数字进行不恰当的解释，或立刻接受为你做调研的人做出的错误解释。只有对测量进行充分理解，你才能恰当地解释调研结果的意义，并对调研者提出的用于收集数据的测量工具的分析技术的恰当性进行准确评估。

此外，通过理解不同水平的测量，你对特定问题和量表提供的一定数量的信息将具有很深的理解。经理们尤其具有一种满足于“是/否”答案的倾向，或类似的产生定类数据的答案——这是最低水平的测量。一般来说，相同的问题可以很容易地同时使用定序的、定距的或定比的量表测量。既然更高水平的测量能提供更好的信息和更多的分析选择，在基本变量的概念允许和被调查对象同意的情况下，就应该采用最高水平的测量。

定类量表

数字的一个最基本的用法是识别特定的事物或给它们分类。一个人的社会保险号码就是一个**定类量表**（nominal scale），还有足球服、柜橱等上的号码。这些数字只是简单识别每个人或为物体分配号码。在这些例子中，号码只用于辨别个体。定类量表也可以让我们根据属性对事物进行归类。例如，给男性应答者分配数字1而给女性应答者分配数字2，就使用了定类量表，这使我们可以识别一个特定应答者的性别并确定在样本中男性与女性的相对比例。

对于定类量表，分配的数字除了用来识别之外没有其他含义。一个穿着15号球衣的篮球运动员不一定比穿着14号球衣的运动员更快或更强壮。女性被定为1和男性被定为2，在测量系统里除了识别以外并不表示其他任何关于男性相对于女性在属性上的含义。我们所分配的代表组的数字除了识别之外并没有其他的任何含义，我们可以使用任何想用的数字，因为数字大小本身并没有关系。

对于定类量表，唯一可以进行的操作是计算落入不同类别的人口数量。众数（在分类中出现频率最多的数字）是中心趋势或均值中唯一合法的测量。对于一个包含60个男人和40个女人的样本，假设女性编码为1而男性编码为2，我们说平均性别是1.5是没有任何意义的，尽管我们让计算机进行计算的话它还是会给出平均值。这是极为重要的一点：数字已经由调研人员进行了分配，调研人员必须注意对于不同的测量量表形式可以开展的分析种类。在此例子中，我们只能说样本中男性数目比女性多，或样本的60%为男性。如果我们想说得更多些，需要作进一步测量。

让我们看表12-2的第一个例子。我们一直使用这样的举例方法来展示不同的量表类型。我们有可能会填 1 来表示选中列表中的饮料，填 0 表示没有选中。如果受访者在激浪（Mountain Dew）的旁边放了一个选中的标记（填 1），我们能知道什么呢？仅仅知道他承认喜欢这个品牌。那么对于所有的受访者来说，我们可以区分出喜欢（和不喜欢）激浪的比例。对于总的回复率，我们只能报告众数。假定68%的人表明喜欢激浪，根据被标记的次数，该品牌的大众回答将会是“喜欢激浪”（因为大多数人表示他们喜欢这个品牌）。

表 12-2　用定类、定序、定距和定比量表评估消费者对软饮料的偏好

定类量表

下列软饮料品牌中你喜欢哪一个？请标出。

____可口可乐
____Dr Pepper
____激浪
____百事可乐
____七喜
____雪碧

定序量表

请对下列软饮料品牌进行排序，最喜欢的排 1，最不喜欢的排 6。

____可口可乐
____ Dr Pepper
____激浪
____百事可乐
____七喜
____雪碧

定距量表

请圈出最能代表你对下列软饮料品牌的喜欢程度的数字。

	非常不喜欢						非常喜欢
可口可乐	1	2	3	4	5	6	7
Dr Pepper	1	2	3	4	5	6	7
激浪	1	2	3	4	5	6	7
百事可乐	1	2	3	4	5	6	7
七喜	1	2	3	4	5	6	7
雪碧	1	2	3	4	5	6	7

定比量表

在过去的 7 天中，你大约消费了以下软饮料品牌的 12 盎司装的数量是？

____可口可乐
____ Dr Pepper
____激浪
____百事可乐
____七喜
____雪碧

定序量表

对于定类量表而言，分配给个体或类别的数字是任意的。只要我们清楚数字代表的种类或者意义，那么它们就可以随意变化，也可以随意反转，这是因为数字并不代表你想去测量的东西的属性。

营销调研者想测量很多对象的属性，受访者可以按照某种顺序去排列并且用数字去反映这些顺序吗？看一下表 12-2 中对于饮料偏好的例子。你可以将这些饮料按照从最不喜欢到最喜欢的顺序来排列吗？拥有偏好意味着你可以将这些对象进行排序。结果就是，对于**定序量表**（ordinal scale），我们可以说数字 2 要大于数字 1，数字 3 要大于数字 1，2，数字 4 要大于 1，2，3 中的任何一个。数字 1，2，3，4 是按顺序排列的，也就意味着数字越大属性就越大。你也可以建立自己的定序量表，用较小的数字来反映更好的属性，需要注意的是，必须保证你编辑的数字有一致性（所有的数字都是任意的，但不能改变顺序）。如果你用数字 6 来代表最低的品牌偏好，5 代表较低的品牌偏好，以此类推，直到 1 代表最高的品牌偏好，那么数字将会反映特定个体对属性的排序。对于定序量表而言，数字能够呈现相对排名情况，但是它无法反映得更多，我们知道一个选项相对于其他选项可能会有更强的偏好，但是我们并不知道这个差距具体有多大。

想象你是激浪的品牌经理，已经使用表 12-2 中的排序任务，该任务要求1 000 名学生对表中所展示的几类饮料进行排名，你希望通过这个排序来了解你的产品与竞争对手之间的差距。下面是排名结果：172 名学生认为是第 6 名（最后一名），163 名学生认为是第 5 名，301 名学生认为是第 4 名，259 名学生认为是第 3 名，65 名和 40 名学生分别认为它是第 2 名和第 1 名。因此，对于激浪的众数排名是第 4 名。这个结论是有趣的，我们可以认为：对于受访者而言，他们有一个顺序（如第一选择要优于第二选择），我们也可以通过计算集中趋势中位数来进行测量。

我们能否使用定序量表给事物分配数字取决于事物的属性。属性本身必须拥有次序性质才能使定序量表的测量有意义。不可能说某人喜欢某一东西比其他东西多多少，我们只能说相对某一东西来说某人更喜欢另一个东西。在饮料的例子中，某个应答者可能确实喜欢所有的饮料品牌，将其排序为：第一——Dr. Pepper、第二——可口可乐、第三——百事可乐、第四——雪碧、第五——激浪、第六——七喜。另一个应答者可能真的不喜欢所有 6 种饮料，但仍然按照相同次序进行排序。在以上两种情况中，排序是相同的，但是对饮料的相关感受却大不相同，反映这些感受需要更高一级的测量。

定距量表

有些量表拥有下述有用的性质：数字之间的差距告诉我们事物在相关属性上的差距有多大，也就是说差异是可以进行比较的。1 和 2 之间的差距同 2 和 3 之间的差距相等。

在营销调研中测量消费者态度的评价量表被广泛应用，其中**定距量表**（interval scale）就是很好的例子。再考虑一下表 12-2 中定距量表的例子。我们要求应答者使用 1～7 的量表评价他对品牌的态度，这里，1＝非常不喜欢，7＝非常喜欢。这种定距量表容许我们找出应答者对每种饮料的感受相对强度。一个确实喜欢所有 6 种饮料的应答者可以给每个品牌都分配高分，例如 6 或 7。类似的，某个讨厌所有饮料的人可以给所有品牌打低分。应答者可以表示对每个饮料品牌可能的态度范围（从非常不喜欢到非常喜欢），这比只知道偏好的次序进了一大步。

使用定距量表就可以根据量表上的得分说某个品牌比其他品牌更受欢迎，更好的是，可以说这个品牌总体上是否受欢迎或被讨厌。此外，如果我们已经测量了至少三个品牌，我们就可以比较它们之间的差距。也就是说，我们可以说一个品牌得 6 分和一个品牌得 4 分之间态度的差距同一个品牌得 3 分和一个品牌得 1 分之间的差距是一样的，或者我们可以说 2 和 6 之间的差距是 3 和 5 之间的差距的两倍。

假设一个应答者把百事可乐在 1～7 喜爱程度量表中评级为 6，第二个应答者将百事可乐评级为 3。我们能否说第一个应答者的喜爱程度是第二个应答者的两倍？回答是否。当测量是以一个定距量表做出的，我们不能比较数字的绝对大小。原因在于在一个定距量表中，零点是随意确定的。有没有对某一事物态度为零这种事呢？态度可以是肯定或否定的（或对不知道的事物没有态度），但是没有一个明显的点代表态度等于零。即使我们给量表的一个位置赋予零，这一分配也是完全随意的，因为对于用定距量表测量的态度或其他概念来说并不存在自然发生的零点。

对于定距量表，除了可以计算众数和中位数之外，我们还可以计算算术平均值。平均值对定距量表来说是有意义的，因为量表位置之间的间距是相等的。因此，如果使用 1～7 量表，激浪的平均得分是 3.4，相比之下可口可乐和百事可乐的平均得分分别为 6.2 和 5.9，同只使用一个定序量表相比我们拥有关于饮料之间相对喜爱程度的更多信息。

定比量表

定比量表（ratio scale）不同于定距量表，因为它有一个自然或绝对的零点，用来反映被评估的属性的完全缺失。高度和重量是明显的例子。因为有绝对零点，比较数字的绝对大小是合理的。如果一个人完成了表 12 - 2 中的最后一个题项，表示自己消费了 20 瓶激浪和 5 瓶雪碧，那么他的激浪的消费量是雪碧的 4 倍，表明他的确对激浪有很强的偏好。

我们已经看到更强的量表包含弱一些的量表的所有性质。也就是说，对于定比量表来说，我们可以比较间距、对事物分级，或用数字识别对象（所有定类、定序、定距量表可以做的事）。除算术平均数、中位数、众数之外，在使用定比量表时计算几何平均数（分数相乘，然后取 N 次方根）也有意义。

有很多属性可以使用定比量表进行测量，包括年龄、收入、购买或消费的单位、购物行为的频率，等等。调研人员只要可能应该尽量使用定比量表测量这些类型的属性，除非有原因不能如此（例如，当你要求受访者填写年龄类别——定序量表——而不是询问他们的具体年龄时，有些人可能更愿意给出精确的年龄数字）。在本章后面讨论数据分析时看到，使用定比量表允许计算样本中应答者的平均年龄，计算年龄和其他变量如产品评价、满意度等之间的相关系数，还可使用其他统计技术。

道德困境12-1

乔斯·卡登纳斯是 Quality Survey 公司的一个调研分析师，正在完成一项中心城区汽车经销商的形象评价调研。调查问卷的问题包括：经销商维修服务的质量和及时性；销售人员的礼貌、知识和对顾客的帮助程度；经销商的配件和价格的竞争性；等等。总共有 35 个顾客可能评估汽车经销商的不同属性的项目。应答者被要求对最熟悉的经销商的每一个属性进行评估，选择下述4项中的一项：差（1）、一般（2）、好（3）、优秀（4）。这样，得分的范围为35～140。在客户（一个福特的经销商）展示调研结果时，卡登纳斯这样陈述，平均来说，城镇居民对福特汽车经销商的喜爱程度是最接近的雪佛兰汽车经销商的两倍。这一判断的依据是福特汽车经销商的平均得分为120，雪佛兰汽车经销商的平均得分为60。

- 卡登纳斯能否做出上述论断？如果不能，他应该怎么说？
- 在帮助客户理解量表方面卡登纳斯应该做些什么？
- 卡登纳斯的上级在此有何责任？

测量态度和一些其他的不可观察的概念

营销调研中我们对于一些事物的测量是非常直接的。例如，我们很容易测量一个测试市场中某一特定商店中一个公司销售的一种新产品的数量。一个特定消费者的年龄、性别、族裔、邮政编码和购买行为也是实实在在的属性，尽管我们经常需要依赖于消费者自己提供准确的信息来完成测量。

许多时候我们要测量的属性不能被看到和触摸到。你见过一个人的态度、动机和购买意图吗？你有可能会看到这些属性的外在表达，听到过声音，观察到相关的行为，但是你无法看到它们本身的特点。调研面临的一个很大的困难就是如何测量态度和其他一些不可观测的概念。在本章中，我们会介绍测量态度的常用方法，这些方法也适用于其他不可观测概念的测量。

到目前为止，测量态度的常用方法是消费者的**自我报告**（self-report），意思是个体被直接询问有关某事的看法。在 customerservicescoreboard.com 这个网站中，消费者可以通过自我报告的方式评价他们对于 Zappos.com 和其他网站的使用体验。

不足为奇的是，调研中开发出了很多不同的自我报告方式去测量态度。最常用的是项目评价量表（一种固定备选答案的反应量表），我们也会介绍其他方法。

道德困境12-2

苏珊·布莱克的工作是测量她的雇主山谷银行的服务质量。出于好几个原因她很喜欢这项工作，其中之一是她在最近一期的一份银行商业杂志上看到了一个测量银行形象的量表。她计划原封不动地使用这个量表。这将省去考虑设计量表问题，只用考虑抽样问题（如，抽取谁、抽取多少、怎样抽样等），这样就简化了工作。

- 在使用这类量表之前，布莱克有没有义务检验该量表的信度和效度？
- 她能否因为量表公开发表过就认定该量表是好的？出版商在此有何责任？
- 如果布莱克没有经过正式的量表方面的训练会怎么样？她应该做什么？

项目评价量表

项目评价量表（itemized-ratings scales）为受访者提供了数量有限的选项，这些选项反映了被测量属性的特征（例如态度、满意度）的等级，通常由小到大排列。如果你想要测量一个品牌的态度，你可以去开发一个像表 12－2 这样的反映不同饮料品牌态度的评价量表：从 1～7 级的定距量表，1 代表非常不喜欢，7 代表非常喜欢。一般而言，项目量表等级在 5～9 之间比较合适，可以进行比较好的区分，也便于应答者理解。

调研人员开发了很多不同种类的项目评价量表，其中两种最常见的项目评价量表是李克特量表和语义差异量表，接下来我们会加以介绍。

经理关注

我们认识到管理者以及其他相对不熟悉测量过程的人倾向于以定类（最低）的水平来提问。例如，他们可能会问客户"你对我们的服务满意吗?""你是否喜欢在我们商店的体验?"思考一下问题并试着明确：(1) 无法产生管理实践上有用的信息；(2) 你如何改变他们以提供更多有用的信息。

你应该意识到一些消费者对你的营销活动有可能只有轻微的积极或消极的评价，另一些消费者对你的营销活动可能会有一些强烈的积极的或者消极的评价。是/否或者喜欢/不喜欢是一个表明支持或不支持的态度的简单指标，它们不能揭示受访者态度的相对强度。本章中讨论的自我报告态度量表提供了一种将定类量表（例如，是/否或喜欢/不喜欢）转化为定距量表的方法。你可能会问"使用所提供的五分制量表来表明你对我们服务的满意程度"来替代"你对我们的服务满意吗"。换句话说，只要受访者愿意提供且能够提供给我们想要的信息，自我报告量表有助于你遵循我们的建议，始终采用调查对象所允许的最高级别的测量。

李克特量表　**累加评价量表**（summated-ratings scale）又叫李克特量表（Likert scale），是营销调研中使用最广泛的态度测量工具。[2]有了李克特量表，调研人员编写大量与调研或目标问题相关的陈述，然后受访者可以表达他们对于每一个项目的同意和不同意情况。表 12－3 是一个用于比较银行和它的竞争对手形象的量表。应答类别代表了同意的不同程度，并被分配了量表数值。我们假设数值 1，2，3，4 和 5 分别分配给表 12－3 中显示的这些回答的类别。每个应答者的得分就能通过所有项目得分的和（因此命名求和量表）或平均数得到。

表 12－3　　**李克特量表举例**

	非常不同意	不同意	无所谓	同意	非常同意
1. 银行能够提供有礼貌的服务	____	____	____	____	____
2. 银行位置很方便	____	____	____	____	____
3. 银行的营业时间很方便	____	____	____	____	____
4. 银行提供低息贷款	____	____	____	____	____

假设银行的一位客户对题目 1 和 4 选择了"同意"的答案，对题目 2 和 3 选择了"非常同意"的答案。如果我们将分数相加，那么这个客户对银行态度的总分将是 18。如果计算平均分则是 4.5。

表 12-3 的量表是李克特量表的一个经典版本，调研人员经常使用这种量表的变化形式。例如，这个版本展示了每个项目的等级（例如，“非常同意”“同意”，等等）。一些调研人员仅仅指定量表的起点。另一个变化在于让受访者写出相应的数字。另外一些调研者提供更多的选项等级而不是传统的五级。无论量表是怎么设计的，李克特量表的关键特征仍然是一样的：设定一系列的陈述，让受访者去选择他们的同意程度。

语义差异量表　语义差异量表（semantic-differntial scale）是营销调研中测量态度所使用的最普遍的技术之一。它在公司品牌和产品形象调研中特别有用。这种量表适用于测量态度。[3]

语义差异量表包括用于描述态度的两个极端的单词或短语。让我们再看一下测量银行态度这个例子。使用语义差异量表，调研人员首先做出一个两极形容词或短语的列表。表 12-4 和表 12-5 在描述银行态度上是一样的，但表 12-4 是以语义差异量表形式进行测量。应答者被要求阅读每一组词语，选择最能代表他们观点的位置。认为营业时间很不方便的应答者也许会选择接近“银行的营业时间不方便”的位置，一些对这个论点保持中立的人将选择量表的中间位置。

表 12-4　　语义差别量表举例

银行服务很不礼貌	:——:——:——:——:——:——:——:	银行服务很礼貌
银行位置很不方便	:——:——:——:——:——:——:——:	银行位置很方便
银行的营业时间不方便	:——:——:——:——:——:——:——:	银行的营业时间很方便
银行提供高息贷款	:——:——:——:——:——:——:——:	银行提供低息贷款

语义差异量表广泛用于营销调研有很多原因。对于调研人员和受访者来说，使用语义差异量表比较灵活和简单（尽管它并没有电话调查好用）。当展示调研结果时，语义差异量表也很方便。例如，假设应答者被要求使用这种量表评价两个或两个以上的银行。当许多银行按照同样的方式进行评价之后，不同银行之间就可以进行比较。表 12-5（有时因为它的形状而被称作**蛇形图**（snake diagram））表明银行 A 在服务上做得比较好，有更便利的位置，且贷款利息更低，但是相比之下银行 B 的营业时间则更为便利。表上的分值代表了所有应答者在每个项目上的平均分数。

表 12-5　　展示银行 A 和银行 B 比较的蛇形图

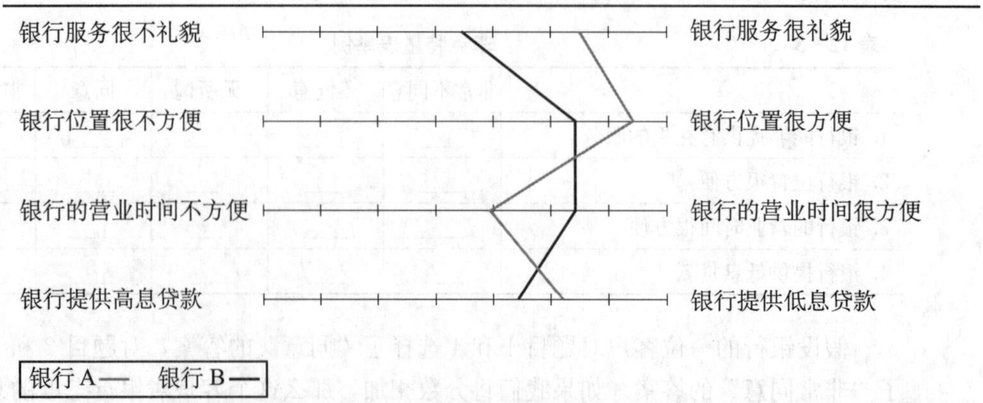

如果不用图形的方式，你也可以把语义差异量表中的分数相加，从而比较对不同目标的态度。最终的分数通过将所有单个量表的分数相加或平均计算出来。正如李克特量表那样，量表设计中的变化也很平常。有时数字会代替空格，量表也可以采用不同的数值。

其他项目量表 现实中还存在许多其他类型的项目评价量表。这一类型的量表数量总是有限的，而且都是用于收集定距的数据。除此之外，也取决于调研者的创造力和特定的情境。例如，一组皱眉或微笑的面部表情被用来测量一个人的满意或偏好（应称作表情量表）会被认为是一种项目评价量表。在执行针对小孩子的营销调研时，面部表情也是很有用的。

图形评价量表

图形评价量表（graphic-ratings scales）在很多方面与项目评价量表相似，不过有一点不同：它使用大量的可能性的回答代替有限的回答。例如，图形评价量表一种常见的形式是要求回答者在一条代表某一属性的从一个极端到另一个极端的线条上，在符合自己态度的适当位置做出一个标记（见表12-6），那么被评估的属性是通过测量从起点到标记位置的直线长度来得到的。

表12-6　　图形评价量表

请评价每个属性，思考它们对你的重要程度，请在你认为能够反映你感觉的合适位置打上“√”

属性	不重要	非常重要
有礼貌的服务	______________________	
便利的位置	______________________	
方便的营业时间	______________________	
低贷款利率	______________________	

图形评价量表给应答者最高程度的自由去提供答案，理论上，在连续的量表上有无数可能的回答位置。然而，这些回答之间的区别有多大用处值得怀疑，并且对回答结果的物理测量需要调研人员花费时间和精力，因此，调研人员使用项目评价量表更多一些。

比较评价量表

在图形评价量表和项目评价量表中，回答者在回答各个项目时是分别予以考虑的。比如，回答者要说明在他们选择银行时是否看重位置便利这一因素，但对于诸如位置便利是否比营业时间合理更重要等则不太关心。在**比较评价量表**（comparative-ratings scales）中，回答者对每一个项目作答时，都必须考虑对其他项目的评判，这是一个很重要的差别。

常量和量表 常量和量表是比较评价量表一个常见的例子。在**常量和方法**（constant-sum method）中，每个回答者被要求将一个固定的总分值（通常是100分）在两个或两个以上的属性之间按照重要性或者偏好程度进行分配（注意：限制评估属性的数量很重要，不能要求应答者去计算具体的分值）。以表12-7为例，如果回答者对礼貌周到的服务赋予50分，对位置便利也赋予50分，则意味着这两个要素同等重要；如果礼貌周到的服务得分为80分而位置便利为20分，则服务的重要程度是位置便利的4倍。请注意这种方法强调的差异。使用本量表时，对每一个项目的判断都要与其他项目比较得到。

表12-7 常量和比较量表

请按照属性对你的相对重要程度，将100分在以下两个属性之间进行分配。 礼貌的服务 ________ 位置便利 ________

比较评价量表（例如常量和量表）可以消除量表中经常出现的晕轮效应。当一种判断向另一种判断转移时，晕轮效应就会产生。例如，假定我们正在对百货商店的两个关键要素进行调查研究：顾客对提供服务的满意程度，以及顾客对店面位置的满意程度。如果这两个问题在问卷中连续出现，那么与正常提供回答时相比，对提供服务满意的顾客很有可能会对店面的位置给予更加积极的评价。比较评价量表通过要求回答者同时考虑两个或多个属性，有助于解决这类问题。

在使用图形评价量表或项目评价量表时，调研人员可能碰到的一个问题是，回答者倾向于认为几乎所有的属性都很重要。使用比较评价量表，即使没有测量出绝对的重要指数，至少也提供了属性重要程度的相对排序。

道德困境12-3

一位独立的调研人员受雇于一家全国连锁的百货公司，工作任务是设计出一个用于测量各分店形象的量表。该调研人员认为最好的方法是使用一个语义差异量表，但是由于他想要树立在店面形象调研方面的专家地位，他决定同时设计出一个李克特量表，并要求回答者回答这两份量表。他知道这意味着回答者的疲劳度会增加，并降低答卷的质量，但他愿意一试，因为他明白，委托人不会同意他就第二份量表寻找独立的样本进行作答，并为此付费。

- 这位调研人员以可能降低给委托人的数据质量为代价来换取他自己事业和调研目标的成功是否道德呢？
- 如果事实证明，通过两份量表得到的数据比通过单一的语义差异量表得到的数据更能充分地测量店面的形象，又该如何看待这其中的道德问题呢？
- 如果有理由相信，在测量零售商形象时，李克特量表比语义差异量表更有效，那么此时的道德问题与之前的有差别吗？

设计量表时需要考虑的其他因素

在设计测量如态度这样的量表时，还需要考虑诸多其他因素，本节将讨论这方面的问题。

量表中的题项数量

一个需要考虑的问题是，要测量某种概念，量表中需要多少个问题？比如，测量人们对一个公司的态度到底需要多少个问题？1 个就够了？还是 3 个？10 个？甚至 35 个？答案取决于测量的目的。如果需要了解一个消费者对一个公司的总体印象，那么一个单项目的**总体测量**（global measure）——“非常不喜欢——非常喜欢”——就足够了。总体测量的目的正是提供一个对属性的简洁评价。考虑下面的对于公司声誉的总体测量。

你对亚马逊网的整体感觉如何？（请选一个数字）

非常不喜欢		既不喜欢也不讨厌		非常喜欢
1	2	3	4	5

有些时候，我们需要设计一个针对某概念的更加全面的测量体系，以便我们更加了解应答者是如何从不同角度看待被调研的问题。这种测量通常叫做**组合测量**（composite measures），因为它能提供各方面属性的信息，明确主体的优势和劣势，尤其是将主体的这些属性的表现与其他组织的属性表现一一对比时更是如此，更具诊断价值。假定一位大型折扣连锁店的营销经理正在考虑做消费者满意度调查，总体测量可以就消费者整体的满意度进行测量，组合测量可以对包括位置、产品选择、价格、员工等各个方面的情况进行测量，它可以帮助经理更容易地诊断出问题所在。

在组合测量中应该使用多少个问题？答案是：要能完全涵盖被测量概念的内涵。你必须尽己所能去判断所测量概念的重要方面是否涵盖在测量里，但是你也不希望问卷过长而导致没有人想要去完成它。同样的道理，你也不希望问卷过长使受访者过于疲惫，导致问卷无效。

量表等级的数量

你在设计问卷时还需要决定量表等级的数量。在大多数情况下，至少应该有 5 个等级。量表等级的最大数量是多少呢？对于项目量表而言，没有必要超过 9～10 个等级。通常情况下，5～9 个等级是最常见的，效果也是最好的。

同时，你必须在采用奇数还是偶数个等级数上做出选择。等级数为奇数，则存在一个中心点，它常常代表了一种中立的态度。有时，对于答题者来说，他们更愿意草草选定一个中立位置而不愿仔细推敲真实的态度，因此，有些调研人员使用偶数个等级数，以保证回答者不会选一个中间点草率了事。然而，在许多情况下，对许多问题的最好回答就是中立，因此，也有许多调研人员在量表中使用奇数个等级数。在实践中，奇数和偶数个等级数都被广泛使用。

包含“不知道”或“不适用”答案的选项

有时调研人员对某些问题设置一个“不知道”或者“没有观点”的选项。类似的还有“不适用”选项。如果有较多的回答者从没遇到过或者从未考虑过该项问题，这可能是一个好办法，否则，所提供的答案可能就没有多大的意义，只会使调研产生误差。可使用探索性调研和初步调研对此进行深入分析。

如果你认为大多数回答者都有明显的观点，我们建议不要使用“不知道”选项。如果你的量表中包括了“不知道”这个选项，你要明白一定会有一些人选择它——包括一些想以最简易的方式完成问卷的人。事实上，调研本身表明无观点的选项会被某些人更频繁地选择：（1）受教育程度低的人；（2）匿名回答的人；（3）想看看后面问题的人；（4）有迹象表明投入了较少精力完成调查任务的人。[4] 在这种情况下，包括一个“不知道”的选项可能会带来坏处而非好处。

建立测量的效度和信度

在营销调研的测量中几乎不可能没有错误。我们提到过，观察也许能产生最准确的测量，特别是在被观察的行为被清晰定义，并且观察者受过良好训练的情况下。营销调研中大多数我们要测量的事物是不能轻易观察到的。那么对于态度、意图、动机等这一类不能观察的对象，我们是如何在测量中获得信心的呢？

尝试这样做：假设你在一份问卷中看到下列问题请回答它。

考虑你对通用电气公司所知的一切信息，你对这个公司的支持程度是怎样的？在下面的选项中选择一个数字。

1	2	3	4	5
非常不支持	不支持	无所谓	支持	非常支持

你的答案是你对这个问题的真实立场的反映，其中包含了影响你的态度的任意种类的误差，我们将其称做反应误差。这些误差可以分为两类，系统性误差和随机性误差。图 12－1 解释了这些概念。当然，我们的目标是将误差最小化。当系统性误差和随机性误差减少时，测量的有效性就会增加。

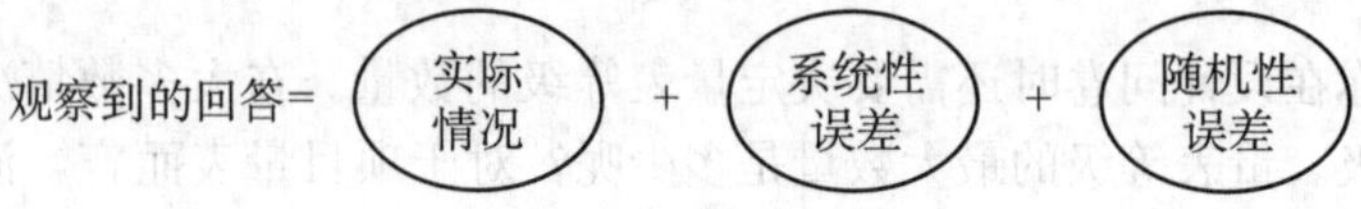

图 12－1　观察到的回答的组成部分

系统性误差（systematic error）也叫做常数误差，它以一种不变的方式影响测量。这些有可能会影响到你对于通用电气的那些问题的回答。有时候个性特征或个体的其他稳定特征在测量过程中增加了系统性误差。例如，你更愿意去表达消极的感觉，一些人则不是，一些人似乎在他们所有的应答中都表现出系统性的消极。你也许试图更积极地回答，但是这样的回答可能在积极的一面引起系统性误差。又例如，消费者有时很难准确报告他们的行为的频率。行为频繁的人倾向于少报行为的频率，行为不那么频繁的人则倾向于多报行为的频率。

执行调查的方式的差别同样会引起项目中的系统性误差。密苏里州布兰森的一个主题公园“银元城”的调研者发现，对于相同的满意问题，电话采访得到的满意度总是比电子邮件的要高。其他问题的回答没有区别。调研者得出结论：电话调查的应答者有可能提高满意度的分数，因为他们直接同人谈话。当用电子手段调查时，显然有更少的社会压力去描述一些好的事情。

另一种普遍的误差是**随机性误差**（random error），是因个体或测量情境暂时的原因产生的，并且以不规则的方式影响测量结果。当我们重复测量个体或一群个体并且无法得到与第一次测量相同的结果时，随机性误差就出现了，尽管被测量的属性没有变化。

你的情绪、健康状况、疲劳程度等这些都能影响你对于通用电气公司的问题的回答，虽然这些因素是暂时的。如果你经历了艰苦的一天，你的回答（如果你选择回答）会更消极。它还以另一种方式起作用。也许你接受调查时恰巧在你得知在一次测试中取得了很好的成绩，每个事物和每个人看起来比以前更顺眼了，那么你的回答就可能更积极。

测量的周边环境也能以随机的方式影响分数。当你回答问题时也许室内温度很不舒适，太热或者太冷。有可能你手上正有很多的事情需要完成，因此不想把这件事情想得太复杂，从而陷入一种**回答定式偏差**（response set bias）。回答定式偏差是指回答者以一种相似的方法回答问题而并没有去看问题题项本身。人们可能会对不同的问题有不同的理解，尤其是对那些模棱两可的问题，最终，人们对一份问卷或一个题目的回答有所不同，是因为对一个模棱两可的或复杂的问题有不同的理解，而不是我们试图测量的任何特征的最根本的区别。你的主要任务是制作使所有应答者产生相同理解的题目或问题。如果我们做不到这点，随机性误差就会增加。

所有这些因素都可能产生系统性误差和随机性误差，或称为测量的低效度或低正确度。任何量表或其他测量工具如果准确测量了想要测量的对象，我们就说它具有**效度**（validity）。当系统性误差和随机性误差一起降低测量的效度时，在某些方面系统性误差比随机性误差更容易解决。如果我们知道系统性误差的来源，那么我们就可以做出判断。例如，调研者知道消费者一般会高估自己未来的购买行为，他们就可以将这个作为调查分析的结果。随机性误差不能有效地被掌握或以统计数据说明，我们只能希望随机性误差在应答者内部被抵消。

信度

信度（reliability）是指在不同的时间、经不同的评测人，对同一变量或概念的测量能够取得稳定分数的能力。一致性是信度的主要标志，因此，提高信度需要降低随机性误差。信度的测量受导致随机性误差产生的暂时因素的影响不会很大。不过由于系统性误差的存在，一个测量可能是可信的但不一定是有效的。一个可信的测量不过是一致的——它也许不能测量正确的事情，但它会反馈一致的分数。

假设一个运动员比较 3 把不同的步枪——一把旧的和两把新的。进一步假设他用每把步枪都开了几枪，而且每次都完美地瞄准了靶心。图 12－2 显示了 3 把枪射

图 12－2　随机性误差和系统性误差的区别举例

击的结果。旧步枪不可靠，尽管瞄准了靶心，但子弹随机飞向四处。第一把新步枪相对可靠——它基本上每次击中靶子的同一区域，但它的瞄准没有校正到中心。这个误差是系统性误差而不是随机性的，不过这把步枪仍然无法射中靶心。右手的图显示了一把瞄准校正很好的新步枪。只有在右手图中的步枪使用者能够期望有规律地射中靶心，这代表了可信并有效的测量。

这就是有关如何提出好问题的全部内容，我们需要去测量问题的信度和效度，实施测量是为了获得一个有意义的结果。这一章的附录讨论了建立规范对于理解评价量表的意义的重要性。

经理关注

测量任何事情都会涉及测量误差。在营销中我们通常对量化不可视的心理学变量如态度、动机、满意或品牌形象的感知非常感兴趣，因为我们相信这样做有助于我们理解并预测市场行为。然而，当我们凭感觉测量无法直接经历的事情时，总会出现更大的测量误差。换句话说，当重要的变量不可视时，我们总是不敢确定我们已经真实地测量了要测量的事物，效度更难建立。

因此，我们在第9章中指出客观性和准确性对观察法调研（测量对市场刺激的行为或心理反应）来讲，比交流法调研（人们被请求回答关于不可观察的心理学变量的问题）更重要。作为一名经理，你必须明确，如果你采用了观察法调研，你利用的市场信息的真实性要更可靠，无论何时，重要变量必须直接观察到。

小结

学习目标1

定义在营销调研中所使用的术语——测量

测量由“给事物分配数字以代表属性的数量”的规则组成。

学习目标2

列举用于测量的4种量表形式

有4种用来测量事物属性的量表类型：定类量表、定序量表、定距量表和定比量表。

学习目标3

列举一些在营销调研中广泛使用的态度测量技术

李克特量表或累加评价量表、语义差异量表是营销调研中最常用的量表测量技术。图形评价量表和比较评价量表也是调研者常用的量表。

学习目标4

列举一些在设计量表时需要考虑的其他关键因素

量表中的题项数量，量表等级的数量（以及使用奇数等级或者偶数等级），包含“不知道”或“不适用”答案的选项。

学习目标5

解释与测量工具相关的“效度”概念

量表或其他测量工具如果准确测量了想要测量的对象，就称为有效度。当系统性、随机性误差增加时，测量的效度就降低。

关键术语

测量（measurement）
图形评价量表（graphic-ratings scales）
定类量表（nominal scale）
比较评价量表（comparative-ratings scales）
定序量表（ordinal scale）
常量和方法（constant-sum method）
定距量表（interval scale）
总体测量（global measure）
定比量表（ratio scale）
组合测量（composite measures）
自我报告（self-report）
系统性误差（systematic error）
项目评价量表（itemized-ratings scales）
随机性误差（random error）
累加评价量表（summated-ratings scale）
回答定式偏差（response set bias）
语义差异量表（sematic-differential scale）
效度（validity）
蛇形图（snake diagram）
信度（reliability）

复习题

1. 什么是量表？每种类型量表的结果可以做何种比较？
2. 测量态度的主要方法是什么，它们有什么区别？
3. 产生系统性误差的几个因素是什么？哪些因素可能产生随机性误差？
4. 什么是信度？它对确定一个测量是否准确可以提供什么信息？
5. 什么是效度？

讨论的问题与案例

1. 识别下述问题中所使用的量表类型（定类量表、定序量表、定距量表、定比量表），并说明理由。

a. 你出生在哪个季节？

□冬　　□春　　□夏　　□秋

b. 你家庭的总收入是多少？______________________________

c. 你最喜欢的口香糖的 3 种口味是什么？按照喜爱程度从 1～3 评分，1 代表最喜爱。

____薄荷味
____冬青味
____肉桂味
____胡椒薄荷味
____水果味
____青苹果味

d. 你每天到学校要花多少时间？

□5 分钟以下
□5～10 分钟
□11～15 分钟
□16～20 分钟
□30 分钟以上

e. 你对《财富》杂志的满意度如何？

□十分满意
□满意
□不满意
□十分不满意

□既不满意也没有不满意

f. 你每天平均喝多少罐12盎司的饮料？

□超过6罐 □4～6罐

□1～3罐 □0罐

g. 你选修了下列哪些课程？

□营销调研 □销售管理

□ 广告管理 □消费者行为

h. 家长的最高受教育程度？

□高中肄业 □高中毕业

□大学肄业 □大学毕业和/或研究生

2. 下面列出了上面每个问题的分析。这些分析对所使用的量表是否适用？

a. 大约50%的样本出生在秋季，25%的样本出生在春季，还有25%的出生在冬季。可以推断秋季的受欢迎程度是春季和冬季的两倍。

b. 平均收入是50 000美元。收入低于19 999美元的人数比收入大于等于80 000美元的人数多两倍。

c. 薄荷味是最受欢迎的口香糖口味，平均的喜爱程度为1.52。

d. 到学校花费时间的中位数是8.5分钟。花费时间少于5分钟的应答者是花费时间在16～20分钟的应答者的3倍。

e. 平均满意度是4.5，这表明人们对《财富》杂志有较高的满意度。

f. 10%的应答者每天喝饮料的数量超过6罐，3倍的应答者每天喝饮料的数量为1～3罐。

g. 选修最多的课程是销售管理，因为中位数是3.2。

h. 回答表明40%的样本高中肄业，25%的样本高中毕业，20%大学肄业，10%大学毕业。平均受教育程度是2.6。

3. a. 列举出学生评价书店最常用的8大属性。

b. 用这些属性形成8个李克特量表和8个语义差异量表来评估大学书店和网上书店。

c. 将这些量表分发给10个学生去填写。

d. 当使用李克特量表时两家书店的平均样本分数是多少？学生对于两种书店的态度如何？

e. 画出两种书店李克特量表测量的蛇形图。

f. 根据语义差异量表，学生对于两种书店的态度如何？

4. 设计出五个属性用于评估学生对“课外考试”的态度。请分别使用：（1）图形评价量表；（2）项目评价量表；（3）比较评价量表。测量每一个维度在学生对“课外考试”态度中的重要性。每个量表要分别给5位同学作答。

a. 你从图形评价量表中发现了什么？哪个属性最重要？

b. 你从项目评价量表中发现了什么？哪个属性最重要？

c. 你从比较评价量表中发现了什么？哪个属性最重要？

5. 假设你是一位调研人员，现受雇于一家拥有三个全国性品牌清洁剂的生产商。由于越来越多有竞争力的产品进入市场，公司经理决定从消费者那里有规律地寻求品牌满意度的反馈是个好主意。

a. 你对满意度如何测量的建议是什么？你会建议使用总体测量还是组合测量？为什么？

b. 假设你想使用组合测量，评估品牌满意度的关键属性有哪些？至少列出5种属性。

c. 根据已经列出b部分中的每种属性，建立三种不同的满意度量表：一个图形评价量表和两种项目评价量表。

6. 你开发了一份问卷，用于测量人们对一则快餐广告的态度。应答者以组为单位从电视收看广告并完成问卷。由于无法控制的原因，你必须将样本分成 3 组并在 3 天收集数据。你可以采取何种措施以减少因 3 次分别的操作可能导致的分数差异？

7. 讨论这一观点，某一特定测量可能有信度但没有效度。在讨论中区分信度和效度。

8.（这个问题适用于附录 12A 中的材料。）

a. 假设一个奶酪生产商想要测量顾客对于其品牌的态度。一个 500 人组成的固定消费者样本组接受了这份测量问卷并填答了问卷。该问卷主要包括两种类型的态度量表（以传统的形式），由此产生以下的结果：

i. 关于 25 项李克特量表的平均分数为 105。

ii. 关于 20 项语义差异量表的平均分数为 106。

副总裁要你去测量这些顾客对于其品牌的偏好态度，你将会怎样告诉他，请具体说明。

b. 根据你的原始报告，副总裁提供了一些要点：公司从 8 年前就一直使用同样的态度测量量表，以前的测量结果如下：

年份	李克特量表	语义差异量表
1	86	95
2	93	95
3	97	98
4	104	101
5	110	122
6	106	112
7	104	106
8	105	106

我们意识到关于态度和行为之间有很多联系，销售额在第五年达到了高峰，从那以后就逐渐下降。根据这些信息，你会得出什么结论？关于顾客态度还有其他需要描述的吗？

注释

1. Peter D. Bennett, ed., *Dictionary of Marketing Terms*, 2nd ed. (Chicago: American Marketing Association,1995), p. 173.
2. The scale was first proposed by Rensis Likert, "A Technique for the Measurement of Attitudes," *Archives of Psychology* 140, 1932.
3. Charles E. Osgood, George J. Suci, and Percy H. Tannenbaum, *The Measurement of Meaning* (Champaign: University of Illinois Press, 1957).
4. Jon A. Krosnick, et al., "The Impact of 'No Opinion' Response Options on Data Quality: Nonattitude Reduction or an Invitation to Satisfice?" *Public Opinion Quarterly* 66, Fall 2002, pp. 371–403, downloaded via Pro-Quest, July 15, 2004.

附录12A 解读等级量表：原始得分与规范

使用等级量表的最大困难之一是如何解读通过量表获得的数据的真实含义。我们曾根据牙科医生（他们提供一些专业水平很高的牙医服务）的要求，设计出一个测量病人感知服务满意度的量表。我们设计了一份包含23个项目的复合量表，主要涵盖以下两个维度：(1) 医生所提供的服务流程和服务本身；(2) 其他助理人员所提供的服务。每个项目针对服务的某一方面，并询问病人与他们的期望相比实际服务质量如何。测量采用7等级量表，从“远没有达到我的预期”到“大大超出我的预期”（中间点是“正如我预期的一样”）。对每一个维度，都将所含的具体项目得分进行平均，以获得总评价，再对两个维度的评分进行平均，从而得到全面的服务质量评分。共有95名医生和7 479名病人参与了此项调查。

某位医生获得了5.13总的质量评分，你该如何评判他的工作绩效呢？是良好、一般，还是较差？该分数比1～7的平均等级分要高，因此大多数人可能会根据原始分认为该医生的绩效高于平均水平。然而，在没有比较的情况下得此结论是错误的。如果其余94位医生的最低得分是5.40分呢？或者其他94位医生的最高得分是4.88分呢？在本案例中，5.13分属于十分优秀的业绩了。要点在于：仅凭分数和获得该分数的量表来对等级量表的分数进行解读是非常困难的。

在上述调研中，当将一位医生与其他医生的分数进行比较时，我们发现75%的医生的分数比他们实际的情况要高。根据这一点，我们可以很有把握地说，即使表面上他的得分比较高，实际的绩效可能还是比较低。在心理学测量中，调研人员需要设计出标准化尺度或标准用于解读原始分数。在本案例中，标准分也可用作诊断不良绩效原因的工具。如果总得分是5.13分，其中第一个维度（牙科医生的服务和流程）的得分是5.26，第二个维度（牙科助理的服务）的得分是5.00分，是否意味着该牙科医生应该将注意力集中在提高助理人员的服务质量上呢？很不幸的是，在与其他医生的比较中，原始分和标准分再次出现了分歧。助理人员的得分实际上比较高，处在42%的百分位处（该助理小组的业绩超过了另外41%的小组）。该医生服务质量的得分虽然看起来比较高，但在与其他医生的同一维度比较中，却处在17%的百分位处。[1]

有两种主要的标准尺度：基于总体的标准和基于时间的标准。基于总体的标准，正如前面的例子所谈到的，是通过与其他对等实体获得的分数相比较来分析该得分的意义。例如，一家百货连锁公司可以将其某一连锁店的顾客满意度得分与其他连锁店比较。同样，如果要调研顾客对某制造商、服务提供商、产品或品牌的感知状况，也可以通过将原始分数与顾客对相应竞争对手感知状况的原始分数进行比较得到。

基于时间的标准则用于对同一实体进行跨时间的比较。例如，假定在上面的例子中，牙科医生决定提高他的服务质量，为了监控这种改进的效果，他决定分年份收集来自病人的服务质量信息。早期的服务质量得分可以作为解读以后服务质量得分的标准。虽然基于时间的标准提供的信息比基于总体的标准要少（因为无法得知在每一个给定的时间点上得分与其他对等实体的比较情况），但仍然常常用于跟踪进展和识别问题区域，这也肯定比单纯地依赖原始分数解读答案更好。

经理关注

营销调研源自对市场信息的需求。测量量表有助于经理回答像“有多少”这样的问题。你的消费者满意度如何？消费者对你的产品、市场信息、价格等的反应强烈程度如何？不同产品的特征或好处的吸引力如何？所有这类的问题以及其他问题可以在使用态度量表的描述性调研中得到答案。

如果所有的营销变量都用定比量表测量，经理们能看到数字，并得到相对清楚和不模糊的结论。这是因为定比量表显示测量变量的直接等级。不过定比量表测量的营销变量是可观察的行为（例如，在一定时间段里的购买数量）和一些地理人口统计变量。正如第13章强调的，大多数营销变量并不能直接观察，这意味着它们不能用代表绝对等级的量表来测量。态度量表典型地用间隔等级，并且就传达的意义而言，它没有定比量表明确。因此，当解释定距量表的含义时，要更加小心。

标准可以帮助解释定距量表，在确认定距量表的管理意义时尤其重要。根据定义，定距量表代表相对的价值或区别。如果某事物是相对的，它的意义仅仅通过一些类型的比较就可以确定。一个解决办法是明确调研中必要的标准。这样做的主要方法是获得你的竞争者的评价，作用是评价你的品牌或公司的标准。一个餐馆或旅馆可能在接受了服务的消费者中测量满意度。为了辨别这些评价的真正含义，经理们需要追踪调研。用追踪调研，评价的管理意义可以通过检查一定时间内的变化或区别来确定。底线是你不能冒险去尝试直接解释量表价值的含义，你需要建立和使用合适的标准。

注释

1. See Tom J. Brown, “Using Norms to Improve the Interpretation of Service Quality Measures,” *Journal of Services Marketing* 11, 1, 1997, pp. 66–80.

第13章 设计数据收集表格

学习目标

1. 定义远距误差和回忆损失，解释它们是如何影响回答者准确回答问题的能力的
2. 列举一些调研人员用来保证被调查人员能够回答敏感问题的技巧
3. 列举一些调研人员在发展无偏问题时应牢记的基本规则
4. 解释什么是问题排序的漏斗法
5. 解释什么是分支问题并讨论何时可以用到它
6. 解释目标信息和分类信息的区别，并阐述在问卷中应当首先询问哪类信息
7. 解释在问卷开发过程中预调查的作用

引　言

很多调研新手不了解设计一份有效问卷的难度有多大。你可能自言自语："写几个问题有什么难的呢?"如果问题本身达不到最佳标准并导致数据集的错误，数据收集得再完美也没有什么用处。我们希望你阅读本章后能够对设计数据收集表格有深刻的理解。

图 13-1 提供了一种设计一份有效问卷的方法。[1]鉴于很多人认为设计一份问卷不过是花费一点点时间写几个问题，当你看到一个包含了 10 个步骤的设计过程时也许会觉得非常意外。不过通过后面的展开介绍，你会理解每一步的重要性。

第一步：明确将要收集的信息

描述性调研和因果性调研都要求调研人员对问题拥有充分的知识以设立一些特定的假设来指导调研。假设也指导问卷。假设明确了需要调查的关系，假设决定将要收集信息的具体内容和信息收集的对象。

有时候你会想要在调查中同时调查其他你想了解的事情。在这里要非常小心：如果信息对于你所要调研的问题真的特别重要，那就去做吧，将那些必要的问题包含进去。如果是"知道了很好"的事情，但不是调研的中心，就忘记它。将一些其他的问题设计到问卷里会使问卷过长，可能导致回复率降低。

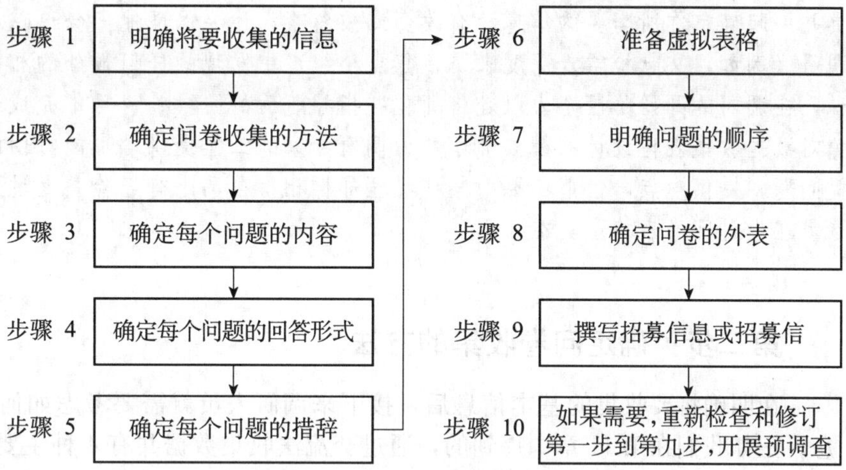

图 13-1　问卷设计的步骤

到目前为止，我们所有的阐述都是针对描述性的项目。对于探索性调研同样如此。探索性调研的问卷通常结构松散，只是涉及一些粗略的信息。

道德困境13-1

某金融机构开发了一种新的储蓄债券。该金融机构的营销经理聘请一家当地的营销调研公司设计一份问卷，用来确定对新债券感兴趣的目标客户的数量。营销经理担心竞争对手可能会通过这一调查得知这一新产品，他要求问卷设计时要隐藏调研的真实目的。

为了隐藏调研的真实目的，问卷一开始询问应答者一些关于度假计划和预算的问题。问卷中应答者被问完休假相关的多选题后才会被问及关于财务的问题，借此希望应答者会认为信息是为一个旅游公司收集的。此外，这个金融机构的营销经理要求调查人员明确告知应答者信息是为一个旅游公司收集的。

- 讨论在一份问卷调查中用此方法欺骗应答者的行为是否合适。
- 如果调查人员没有被要求明确地告诉应答者此信息是为一家旅游公司收集的，欺骗是否可以接受呢？
- 是否有一种不需要欺骗的方法可以保证既能收集到这类信息，又能保护这个机构的新产品创意呢？
- 讨论一下在应答者知道调查的真实目的的情况下完成问卷的有效性问题。

经理关注

尽管设计一份数据收集表格的第一步是“明确将要收集的信息”，但你应该尽早与你的调研服务商在项目初期就一起合作去完成这一步骤的大部分工作。正如我们一直指出的，对调研过程的下一步有深刻的理解将帮助你在最初的阶段与调研人员更有效地合作。我们极力主张你投入更多的时间帮助调研者明确决策和调研问题，并形成调研假设。如果你在早期的设计数据收集表格阶段就遵循我们的建议，你必须要做的是拜访调研人员并一起确定你所需要的信息没有改变或被忽略，还要保证他们会追踪在完成的探索性调研（例如，文献检索、深度采访、焦点小组）中发现的任何额外的相关论题。换句话说，在调研的开始阶段全力以赴将简化并指导随后的阶段。一旦你完成这些，就应该避免对数据收集表格设计的精细管理并为调研专家的工作提供尽可能自由的空间。你可以提问题，提供观点，但请不要像某些经理那样相信自己比有经验并受过专业训练的调研专家在设计问卷表格上更在行。

第二步：确定问卷收集的方法

在明确将要收集的基本信息后，接下来调研人员就需要考虑如何收集这些信息。正如我们在第11章中提到的，通过交流法收集数据共有4种主要的方法：人员访问、电话访问、邮寄调查和网络调查。你需要在考虑各种方法的优势和劣势的基础上，结合调研项目的具体情况，从总体上确定最佳的数据收集方法。正如我们之前讨论的一样，技巧在于你选择的方法要与你的信息需求、时间需求和预算及喜好程度相结合。尽早决定你所使用的方法，因为你所选择的方法将会决定问卷类型和数量，问卷的措辞和反应的类别，问卷的顺序等。

当然要收集的数据的类型也会对数据的收集方法具有重要影响。例如，几年前一家调研公司的一位客户想知道使用下载和播放多媒体文件的各类多媒体插件的互联网用户的比例。调研公司从经验得知1/3以上的用户不会准确知道他们拥有哪种插件，尤其是问到细节诸如插件的版本时。打电话或写信给电脑用户并提出这样的问题纯属浪费时间。因而调研人员设立了一个巧妙的网络调查，只需询问应答者是否见过一个下载图形，如果他们回答“是”，调研人员就可以根据图形准确地知道他们正在使用的插件。[2]

第三步：确定每个问题的内容

现在可以考虑实际问卷中每一个问题了。我们稍后将会讨论问项句子的措辞和回答种类的设置问题。现在我们需要去考虑要解决的一般性问题和在问卷之中到底需要多少个问题。我们还需要考虑受访者是否有可能拥有这些信息，以及他们是否愿意分享这些信息。

大多数情况下，我们尽可能使用较少的问题来获取一些必要的信息。如果你想知道一个家庭中是否有年幼的孩子，那么最好的办法就是去问家里最小的孩子的年龄而不是去问家里所有成员的年龄。当然如果你这样做了可能会得到一些其他的信息，却不是所需的，因此，尽量不要这样去问。许多调研者试图使用一个问题得到尽可能多的信息，这也会导致许多结果中的不必要的错误和困惑。因此，有时候你又需要多问几个问题而不是单一的问题。

例如，考虑这样一个问题：“你为何使用佳洁士?”一个应答者可能会回答，“减少蛀牙。”另一个可能会回答，“因为我们的牙医推荐。”很明显，回答这一问题使用了两个不同的参照框架。第一个应答者回答的是他为何现在使用佳洁士，第二个回答的是他是如何开始使用的。最好是将这一问题拆成两个不同的问题。例如：

最初你是如何用上佳洁士的？

你使用佳洁士的主要原因是什么？

如果你想要一个或者更多的参考框架，你可以将它们都涵盖到选项里去，它们可以代表一些你所希望的回答视角。很多时候这类小问题不会被轻易发现，直到你对被调研总体中的真实成员进行预调查时才会发现。这是预调查如此重要的一个原因——确定一个问题不会被不同的人以不同的方式理解。

有时候受访者不知道我们所提问题的答案，不幸的是，尽管这样也不能阻止他们回答。大多数的问题都会得到回答，但我们所需要的是真正有意义的回答。为了达到这个目的，所提的问题必须要对被调查者有意义。这意味着：(1) 受访者需要理解这个问题真正的含义；(2) 受访者必须记住这些信息。

我们怎样去提高受访者知道我们这些问题的概率呢？很多时候一个**过滤问题**(filter question)（很多情况下又叫做“筛选或者资格问题”）可以帮助我们确定个体是否有可能知道这个信息。如果我们想要知道关于杂货店的购买行为和态度，过滤问题可以这样问：“你会为家庭来杂货店购物吗？”过滤问题一般用在采访或问卷开始时，确定应答者是不是调研总体中的成员，尤其当名字是从一般的列表中提取时。

从应答者处获取有用的信息还需要应答者记得我们所问的信息。很多次我们问消费者关于他们的购买或者使用的产品或者服务时，没有人能够记起这些事情，尽管我们需要依靠受访者提供这些信息（值得注意的是，观察数据使用的是扫描数据，因此不大可能会出现这些情况）。你有可能会怀疑，由于不同的原因，个体对于不同事物的记忆不可能总是清晰的。回到我们关于牙膏的例子，很多人无法回忆出所用的第一个品牌的名字，他们何时更换到现在所用的品牌，或他们为何更换。

一般来讲，有两个关键因素影响一个应答者提供有关一个特定时间段内行为问题的准确回答：远距误差和回忆损失。**远距误差**（telescoping error）指的是我们对某一事件发生的时间的记忆比其实际发生的时间要近的倾向，假设你需要统计在过去一周内样本消费者购买的健怡可乐的数量，受访者回忆他们之前购买的数量并提供给你一个估计数字，这个数字总是比他们在过去七天实际购买的数量要多。不管你相不相信，类似这样的远距误差在应答者考虑的时间段变短时会更严重。

回忆损失（recall loss）指的是完全忘记之前活动的倾向。随着时间的流逝，我们很容易忘记事情。结果是，随着应答者被要求考虑的时间变短，回忆损失的问题也随之减少了。回忆损失和远距误差的作用方向是相反的，理论上对于一个特定问题，存在一个最佳时间框架可使用。对于很多行为和事件，最佳时间段似乎在两周到一个月之间。[3]

即使应答者记得我们所需要的信息，也还存在一个他们是否愿意与人分享的问题。不愿意回答一个问题（或者整个问卷的问题）有可能与回答该问题需要投入的精力有关，也与问题的敏感程度有关。即使一个购买者也许能确定公司去年为一个特定供应商的品牌所花费的资金数，但他为什么要花时间去看并回答问卷呢？你会吗？如果你想回答的问题需要花费很多的精力，你有可能会给出一个近似的答案，忽略问题，或拒绝完成调查。

当某一话题比较尴尬或使应答者感觉受到威胁时，他们也经常拒绝合作。关于提出敏感问题的规则是：尽量避免，除非对你的项目来说必不可少。如果你一定要提出一个或更多的敏感性问题，必须谨慎行事。你必须保持所收集信息的安全，承诺采用匿名形式或保密措施，以尊重应答者的隐私权。表 13-1 提供了许多用于更有效地处理敏感话题的技术。技术讲解 13-1 提供了有关其中一种技术的更多细节，即**随机应答模式**（randomized-response model）。

表 13-1　　处理敏感性问题

这里有许多用于获得应答者的敏感信息的提示和技术。我们已经给了你最重要的提示：不要包括敏感性问题，除非你绝对需要。这里还有一些其他的观点。

提示：向应答者保证他们的回答完全是匿名的——但你要履行诺言。匿名对任何数据收集方法都是可能的，但邮件问卷就不同了，应答者必须依靠你从数据记录中删除他的名字。如果你不保证匿名，至少承诺应答者回答将会被秘密处理，并且有关他们的特定信息不会交给其他人。

提示：把任何敏感问题放在靠近问卷结尾的位置。这会使调研人员和应答者有时间发展信任和和睦，特别是在个人采访和电话采访里。这样做还有其他优点：如果应答者此时决定停止回答问题，至少已经完成了问卷的大部分。

提示：使用非歧视的陈述，暗示问题中的态度和行为并非不同寻常。例如，一个有关家庭财务困难的调查也许会以下面的陈述展开："最近调查表明 1/4 的家庭面临着月度金融债务的难题。"这样做更容易让应答者认可潜在的尴尬信息。

提示：用其他人的角度陈述问题，要求描述其他人的感觉或行动。例如，"你如何看待大多数人在个人税收方面的欺骗现象？为什么？"相比直接询问应答者本人的态度和行为，应答者更有可能在被提问时表现出自身在敏感方面的态度和行为。

提示：当搜寻敏感信息时要求大体上的回答而非明确的答案。一个经常使用的方法是让应答者在几个备选答案中选择合适的回答而不是精确的答案。例如，如果你想知道一个应答者的年龄，不要询问他的实际年龄，应让他在下面的选项中选择。

- 不到 20 岁
- 20～29 岁
- 30～39 岁
- 40～49 岁
- 50～59 岁
- 60～69 岁
- 70 岁以上

尽管你不能计算应答者样本的平均年龄，实际上完全没有必要这样做。

提示：使用随机应答模式。通过这种方法，通常向应答者提出两个问题，每一个都能以"是"或"否"来回答。一个是简单的非敏感性问题，另一个涉及要调研的敏感性问题。使用一些随机方法，如掷硬币，应答者被要求回答一个或另一个问题，但是调研人员永远不知道他们事实上回答了哪个问题。这种方法是这样操作的：应答者感觉自由地、真实地回答了问题，因为他们知道调研者永远不知道他们回答的是敏感性还是非敏感性的问题。余下的就简单了，我们可以回过头去计算样本中对敏感性问题回答"是"的比例。只有一个缺点：因为我们永远不能明确地知道哪个应答者回答了敏感性问题，所以我们没办法观察应答者的行为和其他变量（如地理人文统计特征）之间的联系。

技术讲解 13-1

随机应答模式的操作

假设你被要求去调查在过去某个特定的时间段内在商店偷窃的人数占总人数的百分比。如果你只是简单地询问人们这个行为，得到的数据很可能低于实际的商店偷窃的数据，因为人们并不愿意去承认这个违法的行为。一种方法就是使用随机应答模式操作，这种办法没法将回答者与回答直接联系起来。它是这样操作的：

向应答者提出两个问题：

A. 你曾经在商店偷窃过吗？

□是　　　　　　□否

B. 你的生日在 1 月份吗？

□是　　　　　　□否

我们可以使用人口普查数据去确定一个人的生日在 1 月份的比例。假设可能性为 5%。

接下来，我们递给应答者一个硬币并给出如下说明："请投掷硬币，但别让我（采访者）看见。如果出现的是'头'，回答问题 A，如果出现的是'字'，回答问题 B。当你回答了'是'或'否'时，我并不知道你回答的是哪个问题。"

假设我们邀请 100 个应答者完成这个过程，有 20 个人回答了"是"。我们如何知道在商店偷窃的人的比例呢？下面展示了计算过程。

令

Y＝回答"是"的比例，在这项调查里是 0.20

p_s＝所问敏感性问题的比例，在这项调查里是 0.5（硬币面是 50/50）

$1-p_s$＝所问非敏感性问题的比例，在这项调查里是 0.5

P_B＝回答其他问题"是"的比例，在这项调查里是 0.05

P_A＝回答敏感性问题"是"的比例

因此，

$Y=(p_s \times P_A)+[(1-p_s) \times P_B]$

$0.20=(0.50 \times P_A)+(0.50 \times 0.05)$

$P_A=0.35$，或者 35%

因此，35%的应答者曾经行窃过。

第四步：确定每个问题的回答形式

每个问题的内容确定以后，调研人员必须确定是否使用固定可选答案问题或允许自由回答的开放式问题。我们在第 10 章讨论结构化程度时介绍了这两种问题。让我们了解有关它们的更多细节。

开放式问题　应答者可以使用自己的语言自由回答开放式问题而不必限制于在一套备选答案中做选择。举例如下：

1. 你多大了？________岁

2. 你认为机动车乘客必须系安全带的法律是否必要？

____

____

3. 你能够列举出3个《周一足球之夜》的赞助商的名字吗？

____

____

____

4. 你是否打算今年购买一辆汽车？______________________

5. 你为什么购买一台Vizio品牌的高清电视机？

____

____

____

6. 在过去一个月里，你购买过几次壳牌汽油？

__________次

正如这些问题说明的，任何类型的信息都能通过开放式问题进行收集。这些列出的问题收集范围从地理人口统计特征到态度和意图、动机和行为，开放式问题都适合。

开放式问题常用于问卷的开始部分。一个如“当你想到平板电视机时，会想到哪些品牌？”的开放式问题可以给应答者一些回答的参照提示，也便于应答者聚焦于目前的调研主题。当然，这些特定问题也能够收集受访者回忆各种类型的平板电视的信息。

你也许注意到我们列出的一些开放式问题似乎很直接，有一些开放式问题，在性质上很主观。这里有两种类型的开放式问题。一种寻求应答者的真实信息，例如，前面的问题1，3，4，6。这些问题从应答者那里直接寻求答案。每个问题都有一个正确答案而且调研人员假设应答者可以给出这些答案（问题1，4，6）或者检测并发现应答者是否有能力给出答案（问题3）。

另一种更具探索性（问题2和5)。问题被设计来揭示动机和详细地描述感觉和态度（你可以认为它们是敏感性问题），这类问题用于探索性调研是非常好的。你也可以将它们用于描述性调研，但通常它们极难被编码。

封闭式问题　封闭式问题使用固定可选答案量表，允许应答者从预先设定的回答选项中选择答案。很多时候他们使用等级量表进行回答。在本部分中，我们将说明使用封闭式问题的一些关键点。表13-2显示了一些固定可选答案问题的例子。应答者将会被引导选中一个或几个适合的答案。

表13-2　**封闭式问题**

年龄	高清电视购买
你多大了？	你为什么购买Vizio品牌的高清电视机？（选出所有适合的选项）
□ 小于20岁	□ 价格比其他的便宜

□ 20～29 岁	□ 感觉它代表最高的质量
□ 30～39 岁	□ 拥有本地服务
□ 40～49 岁	□ 有服务合同
□ 50～59 岁	□ 图像更清晰
□ 60 岁或以上	□ 担保条件好
	□ 其他
摩托车头盔的法规	汽油购买频率
你认为要求摩托车乘客必须戴头盔的法规是否必要?	在过去的一个月里你从壳牌便利店购买了多少次汽油?
□绝对必要	□0
□可能必要	□1～2 次
□可能不必要	□多于 3 次
□绝对不必要	
□没有看法	

表 13－2 中的例子反映了在使用封闭式问题时遇到的一些困难。在戴摩托车头盔的法规问题上，没有一个固定的选项能够准确表达受访者在这个问题上的真实观点。也许他认为在高速公路或者街道上戴头盔是必须的，但是在私人领域或小道上就没有必要了。固定可选答案问题不容许个人阐述其真实观点。

头盔法规问题同样说明了前面章节我们所讨论的问题：应该给应答者提供一个“不知道”或“没意见”的选项吗？基本规则是，如果有相当大比例的应答者真的不知道答案或在一个论题上没有看法，应该允许他们这样回答。我们如何定义“相当大比例”？如果探索性调研或问卷预调查显示超过 20％～25％的应答者要么不知道，要么没有看法，为此专门设立恰当的回答选项也许是最好的办法。另一个选择是使用过滤问题（如过去六个月中你是否骑过摩托车）并避免问一些受访者的确不知道或没有形成观点的问题。

购买高清电视机的例子说明了固定可选答案的另一个问题。问卷中设置的购买 Vizio 高清电视机的原因也许并不包括应答者认为的原因。也许一个应答者因为听了一个拥有当地电子商店的朋友的建议而购买了一台 Vizio 高清电视机，或者有其他的原因不在列表当中。备选答案的选项种类必须是详尽的，也就是说，所有合理的可能回答必须包括在内。“其他”选项设置就是为了解决这一问题。如果有许多应答者选择了“其他”这一项，就会使调研毫无用处。你如何知道已经涵盖了所有的答案呢？当然是通过探索性调研和问卷预调查。

确定每个问题的回答形式时还要考虑另外一件事。如果要求应答者选择一个选项，那么必须仅有一个选项包含了他的答案。除了要详尽，备选答案必须是互斥的。考虑上述的年龄问题。如果回答选项是“小于 20 岁”，“20～30 岁”，“30～40 岁”等，并且应答者是 30 岁时，选择哪一项呢？除非允许应答者“选择所有适合的答案”，否则调研人员必须非常小心地保证一个应答者的答案有且仅有一个对应选项。注意电视购买的问题包括了“选出所有适合的选项”，因为对购买 Vizio 高清电视机有很多合理的解释。如果指导语中讲了“选择最重要的原因”，那么选项就是互斥的，因为每个选项代表了一个不同的原因。

回答选项也容易产生**回答顺序偏差**（response order bias）。当回答被所列答案选项的排列顺序影响时，就产生回答顺序偏差。调研之窗 13-1 说明了在一项邮寄调查中一个问题的回答是如何随着答案选项在问卷中排列的顺序的变化而发生改变的。这种差异对你来说可能并没有多大的影响，但是对于为公司设计下一年沟通策略的媒体策划者来说会有很大的影响，因为公司很可能会依据这个结果决定投入电视广告的预算资金。

调研之窗 13-1

回答顺序偏差的例子

（与一年前相比）我家观看电视的时间是……

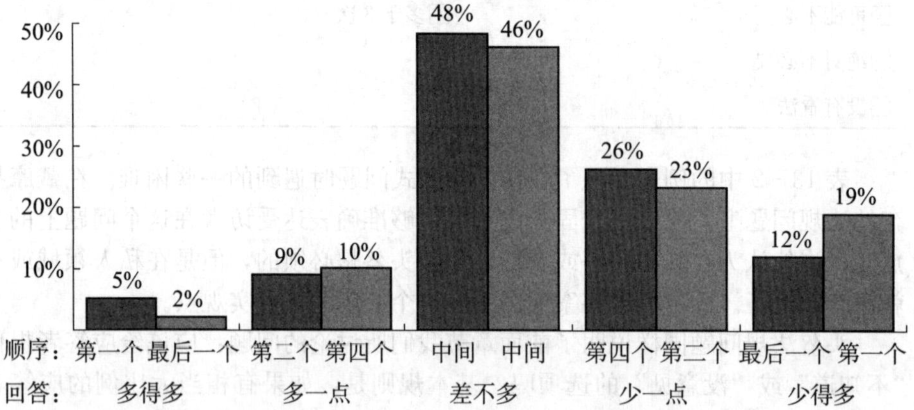

资料来源："An Examination of Order Bias," *Research on Research* No. 1 (Chicago: Market Facts, Inc., undated).

推荐处理回答顺序偏差的方法称为**平均抽签法**（split-ballot technique）。这种方法要求制作多种排序的问卷版本并分发。每种版本改变了回答选项的顺序，因此每个选项平等地出现在样本的每个位置（例如：第一，中间位置和最后位置）。基本设想是任何顺序偏差将通过所有应答者被平均化。这种方式很容易通过网上调研实现，因为网上调研中任何问题的答案选项都是随机提供的。

第五步：确定每个问题的措辞

问卷设计的第五步是确定每个问题的措辞。这是一项关键的任务，因为糟糕的措辞会使应答者拒绝回答问题，这称为题项无应答，会在分析数据时产生大量的问题。更糟糕的是，表达很差的问题在人们回答时会引起错误，因为人们误解问题或有不同的理解。问题措辞得当并不容易。你可以遵循以下基本原则去避免一些明显的问题，然而，没有什么能替代认真的思考——用大量的准备工作去保证你的应答者理解并准确地回答你的问题。

使用简单的词句 多数调研人员比普通的问卷应答者受过更多的教育，因此他们习惯使用自己熟悉的词语，但是许多应答者无法理解。例如，尽管大多数调研人员可以理解"Caucasian"（白种人）这个词，但大部分美国人都不理解这个词的意思。你的任务是准确地使用词语，获得所需的答案，前提是问题必须被每个应答者理解。运用技术语言是很好的，技术导向的主题和对象非常愿意接受精确的技术语言。然而，当从公众那里寻求答案时，必须记住美国人的平均受教育程度是高中而不是大学。

我们希望你在设计问卷时尽量使用简单的措辞，但是请记住措辞一定要准确，避免引起误解。一些措辞问题可能会像调研之窗 13－2 所展示的那样给问卷带来困扰。

调研之窗 13－2

一些措辞问题和可能的解决方法

单词	潜在的问题	可能的解决方法
所有	很可能不准确，对于很多受访者而言，"所有"意味着"差不多所有"	（1）避免使用；（2）小心地斟酌问卷的措辞，确保意思清楚；（3）使用清晰明确的选项（可以帮助澄清问卷中的问题）
总是	很可能不准确，对于很多受访者而言，"总是"意味着"差不多总是"或者是他们想要获得的目标"我总是做这个"	（1）避免使用，尤其是想要按照社会所期望的理解去描述一个行为；（2）小心地斟酌问卷的措辞，确保意思清楚；（3）使用清晰明确的选项（可以帮助澄清问卷中的问题）；（4）为受访者提供开放性的选项
和	可能是一个双重性的问题	（1）仔细检查每个问题中是否包含多重意义；（2）如果是这样的话，将问题分成多个题项
正餐	模糊的概念，对于有些人来说，指中餐，对另一些人来说，指晚餐	避免使用并且指明一天中正餐的时间（如中午、晚上）
感觉	模糊的概念，可能指心情、情感或者态度	（1）避免使用，或者使用更准确的术语（如情感体验、评价）；（2）使用清晰明确的选项（可以帮助澄清问卷中的问题）
政府	对于很多人来说是个含义丰富的词语；模糊的概念——具体指的是区域性的政府还是特定的分支或当地政府、州政府甚至是联邦政府	避免使用，若使用请明确特定实体
如果	可能是一个分叉式的问题，确保受访者很容易理解	（1）如果可以的话，尽量避免分叉式问题；（2）如果可以的话，请仔细设计问卷确保问卷是清晰的；（3）如果可以的话，请放在问卷的结尾部分，以确保受访者能够完成问卷，否则的话，受访者可能会跳到另一个问题上
从不	很可能不准确，对于很多受访者而言，"从不"意味着"差不多从不"或者是他们想要获得的目标"我从来不做这个"	（1）避免使用，特别是试图按照社会所期望的理解去描述一个行为；（2）小心地斟酌问卷的措辞确保意思清楚；（3）使用清晰明确的选项（可以帮助澄清问卷中的问题）；（4）为受访者提供开放性的选项
偶尔	不准确	（1）避免使用；（2）为受访者提供开放性的选项

续前表

单词	潜在的问题	可能的解决方法
经常	不准确	(1) 避免使用；(2) 为受访者提供开放性的选项
或	可能是一个双重性的问题	(1) 仔细检查单一的问题中是否包含多重的意思；(2) 如果是这样的话，将问题分成多个选项
很少	不准确	(1) 避免使用；(2) 为受访者提供开放性的选项
定期的	不准确	(1) 避免使用；(2) 为受访者提供开放性的选项
有时	不准确	(1) 避免使用；(2) 为受访者提供开放性的选项
经常	不准确	(1) 避免使用；(2) 为受访者提供开放性的选项
哪里	很可能不准确，"你毕业后打算去哪里工作"可能指的是地理位置或者公司、行业等	(1) 避免使用；(2) 小心地斟酌问卷的措辞确保意思清楚；(3) 使用清晰明确的选项（可以帮助澄清问卷中的问题）
你	很可能不准确，指的是特定的人还是家庭	(1) 避免使用；(2) 小心地斟酌问卷的措辞确保意思清楚

资料来源：For additional information, see Norman Bradburn, Seymour Sudman, and Brian Wansink, *Asking Questions* (San Francisco, Calif.: Jossey-Bass, 2004), pp. 324 - 325, and Stanley L. Payne, *The Art of Asking Questions* (Princeton, N.J.: Princeton University Press, 1979), pp. 158 - 176.

避免使用模糊的词句和问题 词句和问题不仅要简洁，而且应该避免模棱两可。看下面的例子：

你使用 Netflix 观看在线电影的频率是：

________从不

________很少

________偶尔

________有时

________经常

________定期的

________频繁的

________总是

从实用角度来说，对此问题的回答毫无价值。很少、偶尔、有时、经常、定期的、频繁的这些用词都是语义模糊的。例如，对某一应答者来说，"经常"可能意味着"几乎每天"，对另一个人来说，它可能意味着"是的，当我特别需要时会用。每个星期会用一次"。词语"偶尔"和"有时""定期的"也可能被不同的人理解为不同的意思。即使如"从不""总是"这样的词语，它们比其他的词更具体，也会产生问题。对一个人来说，"从不"意味着"绝对的，我从没有用 Netflix 看过在线电影"，对另一个人来说，它可能意味着"我曾经用 Netflix 看过电影，但那是很久以前的事了，后来我再也没看过"。

使用固定选择量表来回答关于行为的频率是一个很好的方法，看下面的例子：

过去两个星期内，你使用 Netflix 看过多少次电影？

□1

□2

□3

□4

□5

□5 次以上

一个更好的办法也许是让应答者提供真实的数字。

过去两个星期内，你使用 Netflix 看过多少次电影？

把答案写在下面的横线上________________________

经理关注

设计问卷的过程应该通过测量理论科学和提问有效问题的艺术来引导。当然你的调研服务商应该经过严格的训练并拥有丰富的经验。确定问题的措辞是特别重要的一步，但它也可能是灾难性的。如果你能向调研人员提供目标总体中人们使用的术语，这对调研来说是很有价值的。通过你与消费者的互动或展望、先前发现的成果，以及其他资源，你可以了解目标总体交流的特征。然而，管理人员总是倾向于设计市场相关的行话。这与目标总体的交流存在一定的差异，如果在问卷中使用管理人员习惯的行话将会是灾难性的。

例如，我们中有人曾经在一个调研项目中有过尴尬的经历，当提及竞争者品牌时客户经理经常使用缩写词。这是我们公司第一次在这个行业工作，因此我们认为消费者谈到品牌时也会用同样的缩写词。在问卷的很多地方我们都使用了缩写词代替全称，我们的客户在检查了我们提交的问卷后也同意这种词语表达。不仅如此，当我们预备测试问卷时，没有一个应答者表示他们不熟悉这种缩写词。我们开始发送问卷，经过一整天的数据收集后，我们发现没有应答者对这种缩写词提出质疑，大多数人给出了评价等级，这个等级更像是对一个不熟悉的品牌的评价，而不是对一个具有较大市场份额的品牌的评价。当我们对客户表达了这个疑问时，他们明白了是因为消费者从没听说过这个缩写词。我们不得不修改问卷并重新收集数据。毫无疑问，错误在我们，但客户应该帮助我们理解他们的交流方法和目标消费者的交流方法之间的差异，避免这种尴尬的结果。

避免诱导性问题 有时候问题以这样的方式书写，调研者基本上告诉应答者应该提供的答案。一个**诱导性问题**（leading question）也许是一个不仔细的调研人员造成的，更有可能是调研人员或经理有目的地操纵调研结果。操纵结果是不道德的。在任何情况下都不能有目的地使用诱导性问题。考虑在问卷调查中出现的这样一个问题，我们中的一个人，一个终身的共和党人，最近从共和党全国委员会收到了如下问题：

你愿意承诺帮助确保终结奥巴马时代的激进自由主义、不计后果的支出和令人尴尬的外交政策吗？

□是

□否

这是出现在“2012 年总统平台调查”问卷中的三个问题中的一个。很明显，调查的发起者没有兴趣去调查事实，并不关心选举人是如何看待这个国家的未来发展方向的，也不打算了解他们在即将到来的选举中的投票倾向。

像这样的诱导性问题是家常便饭了。你在一个问题中使用的词语可以大大影响结果，这里列举一些很容易引起偏见性结果的词语（请尽量避免使用它们）：

> 指控，暗示，任意，责备，控告，需求，错误，失败，故障，忽视，不明智的，消息不灵通的，无法胜任的，拙劣的，坚持的，只是，维持，误导，必须，忽略，单方面的，仅仅，反应过度，专横的，有目的的，有问题的，拒绝的，刚性的，所谓的，不幸的，单方面的，不合理的。[4]

最后有一个提示：当你看见调查的结果以及公布在新闻媒体上的民意测验结果时，如果公布的调查结果没有附带以下内容，你无论如何都不要关注：(1) 提出的真实问题；(2) 调研如何执行的描述；(3) 调研的是哪个群体。有信誉的媒体将会提供这些信息。

避免隐含选项 没有在选择项目中表示出来的备选答案称为**隐含选项**（unstated alternative）。几年前的一个经典调研结果表明了当向应答者明确隐含选项时会发生什么事情。调研人员想知道全职家庭主妇对于拥有一份家庭之外工作的态度。他们对家庭主妇的两个随机样本提出了如下两个问题[5]：

如果可能的话，你希望有一份工作吗？______________________

你更喜欢哪一个，有一份工作还是只做家务活？______________________

尽管这两个问题看起来十分相似，却产生了极为不同的回答。对于第一个问题，19%的主妇说她们不愿意工作。对第2个问题，68%的主妇说她们不愿意工作——是第一个问题的3.6倍。两个问题的不同之处在于第2个问题明确表达出了一个重要选项：做家务活本身也是一份工作。作为一般规则，你必须避免使用隐含选项。在本例中，第2个问题比第1个好。对于很多方法，与我们之前关于回答选项必须是详尽的建议是一致的。完全的探索性调研和问卷预调查将帮助确认隐含选项。

避免假设结果 问题应该有回答参考框架，这样所有的应答者在回答问题时将会考虑所有的相关信息。不幸的是，在提问时很容易就会漏掉一些可能发生的结果。这些问题留下了**假设结果**（assumed consequences）。考虑下面来自皮尤调研中心的例子。

> 来自皮尤调研中心2003年1月的一份调查，说明了不同的措辞会导致反馈的结果有很大的差异。当人们被问“赞成还是反对针对伊拉克采取军事行动以结束萨达姆·侯赛因的统治”时，做出的选择是：68%的人表明支持军事行动，25%人反对军事行动。然而，当换个方式提问：“赞成还是反对针对伊拉克采取军事行动以结束萨达姆·侯赛因的统治，即使这意味着美国的武装力量可能会遭受千万计的人员伤亡？”反馈结果有很大的不同，只有43%的人支持军事行动，48%的人持反对态度。介绍美国人员伤亡改变了问卷调查的情境，也影响了人们对于伊拉克军事行动的支持和反对态度。[6]

图13-2说明如果结论是假设的而不是明确给出的话，那么受访者可以假设一系列可能性的结果，这些结果的支持和反对性质也会发生很大的变化。有些人可能

认为修复桥梁是国家增税的理由，但如果结果是州议员加薪，那么其他人可能不会有积极的感觉。关键的一点在于提的问题要准确，不要让受访者去作出假设。

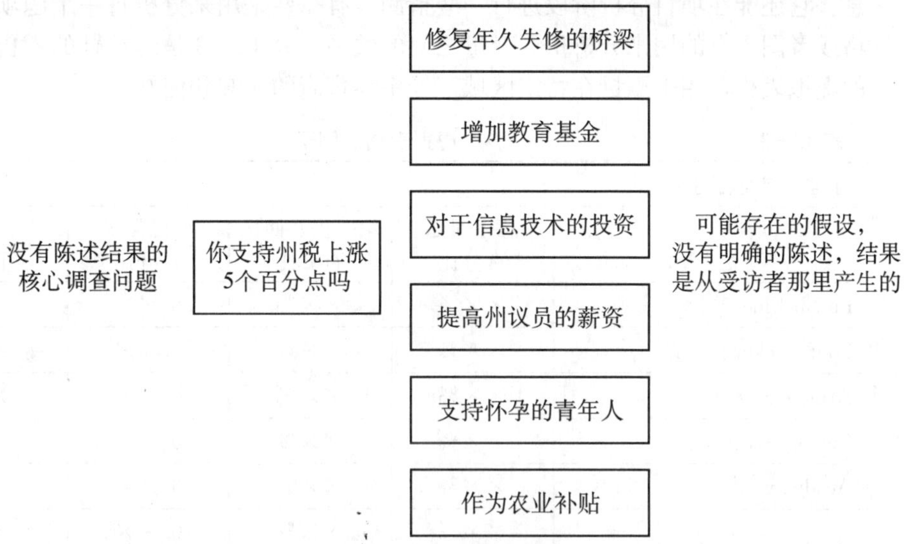

图 13-2　假设结果的说明

避免归纳和估计　应当总是询问特定而非需要归纳总结的问题，想象一下你问采购代理："你去年见过多少个销售人员？"要回答此问题，代理商可能会估计在典型的一周内接到多少销售人员的电话，然后把此估计乘以 52。不要给你的受访者带来这么大的负担。实际上，如果问短时间内的问题将不会强迫受访者预估，对于这样的问题，最好的问法是："最近两周内，你一个人看了多少份报告？"如果你需要预估一年的，你可以将结果乘以 26。关键在于选取合适的时间范围，不同的时间范围取决于你想要调查的内容。

避免双重问题　试着回答以下问题：

回想你上一次在快餐店的用餐。你对价格和服务质量满意吗？

□非常不满意

□不满意

□一般

□满意

□非常满意

回答这个问题难吗？也许不难，如果价格和服务质量都令人满意或不满意。如果服务很好但价格太高呢？现在你怎么回答这个问题？**双重问题**（double-barreled questions）将两个问题并入了一个问题，给应答者带来了困扰。

我们经常看见双重问题，只要认真看看你的问卷，圈上 and 和 or 这些词。找到这些词并不意味着你写出了一个两难问题，但常常如此。一般来说，一个双重问题（或一个三重问题）可以分割成两个或更多独立的问题来解决。

第六步：准备虚拟表格

一旦你设计好了问卷中所有的题项和备选答案后，在开始正式收集数据之前你还需要准备一系列的虚拟表格。**虚拟表格**（dummy table）是一个用来呈现分析结果的简单的表（或图）。它们是“虚拟的”表格，因为实际上表格里并没有数据（它们还没有被收集）。准备一个完整的表格可以强迫你去思考将要收集的每一个信息。它还能在项目分析阶段进行一些猜测。有一些是用来分析每一个题项的简单表格或者图，有的用来分析重要变量之间的关系。表13-3是运动鞋的零售商准备用的虚拟表格，用来测量在特定区域市场中零售店的认知和偏好。

表13-3　虚拟表格的例子

对运动鞋商店的认知				
	总体回忆百分比	第一提及回忆百分比	回忆强度百分比	总体认知百分比
Finish Line	××%	××%	0.××	××%
Foot Locker	××%	××%	0.××	××%
Athlete's Foot	××%	××%	0.××	××%
Champ Sports	××%	××%	0.××	××%
Academy	××%	××%	0.××	××%
________	××%	××%	0.××	××%
________	××%	××%	0.××	××%
________	××%	××%	0.××	××%
年龄与对于运动鞋店的偏好				
	商店偏好			
年龄	Finish Line	Foot Locker	The Athlete's Foot	总体
小于18岁	××%	××%	××%	100%
18～29岁	××%	××%	××%	100%
30～39岁	××%	××%	××%	100%
40岁及以上	××%	××%	××%	100%

注意虚拟表格的一些问题，在认知数据被收集之前，我们并不知道受访者可能会回忆的商店有哪些，这就是为什么调研者在认知表格中留出了空白栏。顺便说一句，虚拟表格对报告认知特别有意义。各列分别展示了总体回忆百分比（受访者回忆每个商店的百分比）、第一提及回忆百分比（受访者第一时间回忆的商店的百分比）、回忆强度百分比（第一提及回忆百分比除以总体回忆百分比，这一指标用于评估某一特定商店所占的主导地位）以及总体认知百分比（在认知回忆任务中，个体对商店的名字和标识的认知百分比）。

还有一件需要注意的事，在偏好虚拟表格中列出了公司经理想要比较的年龄细分。在开始收集数据之前，必须确定要调研的具体变量和类别以及必要的统计测试。一旦数据收集完成，分析也在进行中，你就很难停止了。虚拟表格提供了一个检查，用于将需要收集的信息与准备好要收集的数据联系起来。如果你准备好了虚拟表格，但是并没有用到你在问卷中设置的某些问题，那么你就需要去考虑你是否真的需要这些问题了。

第七步：确定问题的顺序

一旦你确定了问题和回答题项，你就要开始将它们组合成一个问卷。问题的排列顺序对调研的成功至关重要。并没有什么金科玉律能够指导调研人员完成这一步，我们只能依靠经验法则。

使用简单和有趣的开放式问题　所问的第一个问题很重要。如果应答者不能容易地回答或发现它不太有趣甚至感到受到威胁，他们很可能拒绝完成问卷。因此，基本的要求是开始的几个问题应当简单、有趣并不会在任何方面威胁应答者。询问应答者关于一些事情的观点常常是好的开头，这样做有助于应答者更好地参与进来。

使用漏斗法　有一种问题排序的方法叫做**漏斗法**（funnel approach），这种方法因其形状得名，即开始时使用较宽泛的问题，然后逐渐缩小范围。例如，如果你想要测量顾客的满意度，那么最好的办法是先测量总体的满意度，再去测量产品或提供服务的各个属性的满意度。如果开始的问题就是针对特定属性的满意度，那么后面总体的满意度水平将会受到前面的特定属性满意度的影响。这就是**问题顺序偏差**（question order bias）的例子，指前面的问题影响应答者对后面问题的回答。一般来讲，漏斗法有助于防止问题顺序偏差的问题。

当测量认知时，问题的顺序非常重要。如果想要回忆的问题有意义，回忆问题（请列出三个你最先想到的位于马丁斯维尔的运动鞋商店）一定要放在认知问题之前（请告诉我下列每个运动鞋商店是否位于马丁斯维尔）（这些问题可以用于收集数据去完成表13-2中的第一个虚拟表格）。

问题也应该有逻辑顺序。这意味着应该避免话题的突然变化，不要突然从一个话题跳到另一个话题。当需要改变话题时，调研人员应该插入简短的说明来引入新话题。

小心地设计分支问题　依靠前一个问题的回答来确定下一个问题称为**分支问题**（branching question）。例如，初始问题可能是“在过去6个月中你是否买了一辆小汽车?”如果应答者回答“是”，他就会被引导回答问卷中另一个问题，如询问关于购买的细节。回答“否”的人会被引导跳过关于购买细节的问题。分支问题的优点在于它减少了单个问题中备选答案的数量，同时保证了那些能提供所需信息的应答者有机会提供信息，那些与问题不相干的人会被引导不用回答。

计算机技术的使用使电话访问、人员访问和网络访问中的分支问题和引导比在邮寄调查中更简单。在邮寄调查中，问卷的分支问题的数量要尽可能少，因为过多的分支问题会让应答者困惑，甚至因为太难而拒绝合作。如果有可能，最好将分支问题放在问卷的后半部分，这样需要的人就可以接着完成，不需要的人可以直接跳过。

最后询问分类信息　典型的问卷包含两种信息：目标信息和分类信息。**目标信息**（target information）是指调研的关键议题，如应答者对某个新产品或服务的意愿和态度。**分类信息**（classification information）是指我们用来将应答者进行分类的其他信息，尤其是人口统计特征信息。例如，我们想知道应答者对于新产品或服务的态度是否受个人收入的影响。这里收入就是一个分类变量。我们经常使用应答者的人口统计特征/社会经济特征这样的分类变量来理解调研结果。

在大多数情况下，我们都应该首先获取目标信息，然后是分类信息。这是有逻辑原因的。目标信息最为重要，没有它调研就不成立。因此，调研人员应当避免冒险在涉及调研主题之前询问一些私人问题从而让应答者产生抗拒心理，私人问题通常会让应答者产生警惕。愿意回答对电视节目意见的应答者很可能在回答收入问题时感到犹豫。

将困难和敏感的问题放在问卷较后的位置 目标信息本身也应该以一定的顺序排列。一些问题可能比较敏感。问卷开头的问题应当避免这一点，原因和上面的一样。如果应答者感觉受到了威胁，他们可能会拒绝参与调研项目。因此，敏感的问题应该放在问卷的后半部分。一旦应答者投入到调研中，当敏感问题出现时，他们不大会有消极的反应或拒绝回答。

第八步：确定问卷的外表

对于邮寄调查和网络调查，问卷的外表会影响受访者的合作。即使调研中一直强调调查是如何重要，如果问卷看起来草率，受访者可能会感觉这个调研不重要或者并不专业。如果调研是重要的（如果它不重要你为什么要去完成它呢），那么就要让问卷显示出它的重要性。表13-4提供了一些优化问卷的外表以提高问卷的可接受度的具体建议。这些建议适用于邮寄调查，也适用于其他的调查方法。

表13-4 优化问卷的外表

● 使用高质量的纸张和复印机。如果你要发送很多的问卷并且不想浪费成本，那么打印问卷而不是复印问卷。

● 问卷看起来不能凌乱。不要怕在表格上留出空格和空白的地方，因为这将使问卷看起来对应答者有更少的威胁。

● 尽可能将问卷长度控制在一页之内，可以正反面打印。几乎每一项调查都表明短的调查表比长的调查表会收到更高的回复率，调查表的页数与长度相关。即使你为了保持调查表只有一页而需要使用更小的字体，我们也建议你这样做。但这只是一般情况。如果应答者年纪大并且近距离阅读比较吃力，不要为控制调查内容在一页纸上而尝试使用更小的字体。必要时3～5页的调查表也能产生不错的调查效果。当需要多于一页纸时，将问卷订成手册，不要用订书钉或书夹将纸张连起来，这是为了让应答者看着更舒服和更专业。

● 如果你必须使用分支问题，要保证指导说明是清楚的。有时候可能需要使用箭头从某个分支问题答案指向下一个应答者应该阅读的问题。一些调研人员有效地使用了色彩编码将一个分支问题的答案和下一个问题连接起来。

● 使用文字处理软件中的图表来美化调查表的外观。巧妙使用表格、线条、阴影和色度。

● 如果问卷问题超过8个或10个，尝试将所有问题分为几个部分排列并分别编号。如果你的问卷含有30个问题，不要从1排列到30，将问题分成部分然后在每个部分编排数字，因此，最开始的四个问题的号码将是1-1，1-2，1-3，1-4，接下来三个问题的号码是2-1，2-2，2-3，等等。

● 在第一页注明赞助商以及项目的名称，这将增加调研的信誉。然而，由于知道赞助公司将误导应答者的答案，许多调研公司使用虚构的赞助商名字。

第九步：撰写招募信息或招募信

调研的介绍语也会影响问卷的接受度。在人员访问和电话访问中，开放式的招募信息可能是用于召集潜在应答者参与调查的唯一机会，因此需要斟酌措辞。事实上，你应该认真撰写脚本并开展预调查，以保证招募信息能有效地吸引人们参与。

接下来你必须确定调查脚本。注意招募方需要反复演练这一脚本，确保它尽可能自然。没有人喜欢听千篇一律的话。

邮寄调查或网络调查的介绍语是以书面方式呈现的，通常是一封信的形式，也有可能是一封电子邮件。你和潜在的受访者之间并没有直接的联系，因此介绍调研任务以及获得合作就较为困难。

好的招募信息都是经过字斟句酌的。就像问卷本身，它们一般需要一系列用心的修改才能达到好的表达效果。要传达的最重要的事情是：(1) 你是谁；(2) 你为什么联系他们；(3) 你请求他们帮助提供信息；(4) 要进行多长时间；(5) 他们的回答将是匿名的或保密的（如果是真实的信息）；(6) 他们将获得参与的奖励。不论问卷以何种方法执行，招募信息都必须让应答者确信调研的重要性和参与的重要性。

经理关注

预调查不允许问卷中没有问题。一般的预调查将帮助调研者发现最主要的问题。预调查揭示了我们认为非常清楚的却很容易被应答者误解的问题。如果这些问题不准确，在调研结果中将会产生大量不必要的测量误差。

经理们通常不了解预调查的重要性，一些调研者也是如此。由于调研的截止时间很紧迫，不进行预调查就开始真正的数据收集过程来节省时间是有诱惑性的，但是忽略预调查将导致获取信息质量下降。预调查不能揭示问卷设计中的问题，这样的情况比较少见。预调查是非常关键的，并且必须无条件地让调研者进行预调查和修改问题。事实上，如果调研提供者没有建议预调查或反对预调查，你也许要换一个调研提供者了。

第十步：如果需要，重新检查和修订第一步到第九步，开展预调查

调研人员不要指望第一稿就可以产生一个可用的问卷。实际上，问卷的设计是一个反复的过程，即便对于专业调研者也是如此。每个问题都应当反复检查以保证易于回答并不会产生混乱、歧义或有可能冒犯应答者。问卷也不应该对受访者的回答产生诱导或者导致回答偏差。到底该如何做呢？一个极端认真的态度和好的常识会有所帮助。调研人员应当检查每个问题的每一个词语。当发现潜在的问题时，就应该进行修改。检查过每个问题和每个问题的每一语句，包括其潜在的含义和暗示后，通过使用实际调研过程中的执行方法让调研小组中的不同成员去回答这份问卷。这种角色扮演会揭示问卷中一些最严重的缺点，调研人员可做相应修改。

问卷的真实测试是在实际的数据收集环境下进行的。为了对问卷进行评估，问卷的**预调查**（pretest）至关重要。问卷的预调查在问卷设计中扮演的角色同市场测试在新产品研发中扮演的角色一样。尽管产品概念、广告诉求、备选包装等可能都已经在此前进行了测试，但将所有东西结合在一起时，市场测试是第一次。预调查也为问卷和执行方式提供了真实的测试。

在没有对问卷进行充分的预调查之前不要进行数据收集。最好开展两轮预调

查。无论你计划采取何种方式实施调查，第一轮预调查最好以人员访问形式进行。预调查的访谈员可以观察人们是否记得所要求的数据，或者是否会因某种原因给应答者带来困扰，使其产生抵触情绪或迟疑。预调查应当在类似实际调研的应答者中进行并由公司中最有经验的访谈者执行。然后进行一些必要的改变，再进行第二次测试，可以用项目已经选定的方法来进行。

并没有严格规定预调查要调查多少受访者，我们推荐最少5个人，最好是5～10个人及以上的预调查。如果需要修改问卷——通常总是需要，那么就必须进行修改，然后使用新问卷在新的受访者中进行预调查。

如果你对问卷不开展预调查，就会遇到麻烦。预调查是调研人员可以用来保证问卷和调研项目成功的最便宜的方法。本章给出了一个预调查的详细指南，它会让你的问卷制作过程更加成功，我们将其总结在表13-5中。

表13-5　问卷准备检查表

第一步：明确将要收集的信息
□要确保你清楚地理解要解决的事项和你想要知道的信息。列出你的调研问题框架，但不要写出真实的问题。
□在卡片上列出你要解决的调研问题，并放在你面前。在设计问卷时经常审视它。
□寻找调研事项中已存在的问题，修改它以满足你的目的。
第二步：确定问卷执行的方法
□根据将要收集的数据的类型来决定问卷的类型。
□根据结构化和隐藏的程度来决定问卷执行的方法。
□根据你的情况将不同方法的优缺点进行比较。
第三步：确定每个问题的内容
□对于每一个问题都要问自己："我为什么要知道这些?"确定它的确是你的调研所需要的。"知道这些会很有趣"不是可接受的回答。
□确保每一个问题都是特定的并只涉及一个重要事项。
□询问自己问题是否适用于每一个填答问卷的应答者；如果不是，要么重新界定调研总体，要么过滤问题或分支问题。
□将能够依据不同的参照框架进行回答的问题拆分成多个问题，每个问题对应一种参照框架。如果你不需要所有的参考框架，小心地重新表述问题，让它只以你需要的视角呈现。
□询问自己被访问者是否知道或记得问题涉及的议题。
□确保问题的时间跨度与议题的重要性相关。
□避免需要过度努力或涉及敏感性（尴尬的或有威胁性的）问题。
□如果必须询问敏感性的问题，则
(a) 确保被调查者匿名或者保密。
(b) 使用不带偏见的陈述。
(c) 以第三人视角描述问题并询问受访者如何感受或行动。
(d) 将敏感性的问题放到最后。
(e) 使用分类或范围而不是精确的数字。
(f) 使用随机应答模式。
第四步：确定每一个问题的回答形式
□确定问题的类型——开放式或封闭式，使其能够提供适合项目所需信息的数据。
□尽可能使用结构化问题。
□考虑使用需要简短回答的开放式问题作为问卷的开始。
□努力将开放式问题转变为封闭式问题以减少应答的工作量以及为描述性调研和因果性调研进行编码的工作量。
□如果需要开放式问题，要对问题给出足够的指示以便应答者在作答时有参照框架。

□提供“不知道”“没有意见”的回答选项，如果这些文件很可能用于大量人群。
□使用固定回答选项问题时，确保回答选项是分类穷尽的和互斥的。
□如果使用多选题，在说明中添加“选择所有合适的选项”这一项。
□注意使用封闭式问题时可能出现的回答顺序偏差，考虑使用平均抽样法以减少顺序偏差。
□每个问题要尽可能使用最高等级的测量，除非有充分的理由去选择其他做法。
第五步：确定每一个问题的措辞
□使用简单的词句。
□避免使用模糊的词句和问题。
□避免诱导性问题。
□避免隐含选项。
□避免假设结果。
□避免归纳和估计。
□避免双重问题。
□确保每个问题尽量具体。
第六步：使用虚拟表格
□从经理的角度思考，通过必要的分析展现结果。
□考虑哪些变量是需要单个分析的，哪些变量是需要和其他变量结合在一起分析的。
□确保每一个变量都是有意义的并且都能够被运用到分析中。
第七步：确定问题的顺序
□使用简单有趣的问题作为开头。
□使用漏斗法，先问宽泛的问题，然后不断缩小范围。
□小心设计分支问题。
□先询问目标信息，最后询问分类信息。
□最后询问分类信息，即使应答者拒绝回答，其他数据仍然可以使用。
□小心问题顺序偏差，必要时使用平均抽签法。
第八步：确定问卷的外观
□确保问卷看起来专业并且相对容易回答。
□使用好纸并打印，不要复印问卷。
□尽量使问卷短小，避免看上去很拥挤。
□如果多页纸是必要的，使用手册形式以方便分析和防止缺页。
□在第一页或第一屏上列出执行调查的组织的名称。如果担心有误导性，也可以使用虚拟的名字。
□将问题编号以方便数据处理，如果有多于 8～10 个问题，对问题进行分组后分别编号。
□使用简明清楚的答题指导语，特别是分支问题。
□使用合适的图表来改进问卷的外观。
第九步：制作补充问题或手稿
□尽可能保持信息的简洁，特别是在个人采访和电话采访的手稿中，但至少要包括如下信息：
(a) 你是谁
(b) 你为什么接触他们
(c) 你要求他们帮助提供信息
(d) 要进行多长时间
(e) 他们的回答将是匿名的或保密的（如果是真实的信息）
(f) 他们将受到参与的奖励
□练习脚本，直到它听起来很自然，而不是“罐装”或“记忆”。
第十步：如果需要，重新检查和修订第一步到第九步，进行预调查和重新修订
□检查每个问题的每个语句以确保问题不会使人糊涂、引起歧义、有冒犯言语或诱导。
□使用问卷执行的方法让调研小组成员完成问卷。
□在与真实调研的应答者相似的人群中以人员访问的形式进行问卷预调查。
□从受访者和反馈者那里获得一些问题的反馈，如有必要，重新修订问卷。
□使用调研中选定的方法进行预调查。

道德困境13-2

一家糖果制造商希望提高其美味巧克力的价格，需要你设定一个购买者能够接受的最高价格。他建议你在没有告知应答者调研的资助人和目的的情况下访问一些光顾糖果店的顾客，向他们介绍糖果，从最高价格开始询问他们能够接受的价格。

- 当问题的回答可能损害其自身利益时，向人们询问这样的问题是否道德？
- 隐瞒调研的资助者和目的是否道德？如果你揭示了调研的资助者和目的，调查的应答者是否会和没有揭示时做出一样的回答？

观察表

一般来说，构建观察表比构建问卷遇到的问题要少，因为调研人员不再需要关心问题及其询问方式对应答的影响。通过对观察者进行适当的培训，调研人员可以培养出所需的专门人才，这样可以前后一致地处理数据收集的工具。或者，调研人员可以使用一个机械装置来测量感兴趣的行为并保证测量中完全一致。这并不说明观察表的制定就非常容易。调研者必须明确需要观察什么和记录这类行为的类别和单位。表13-6是一个观察表的例子，它是银行雇用神秘顾客评估顾客和员工接触期间员工所提供的服务。

表13-6　银行神秘顾客使用的表格

银行＿＿＿＿＿＿

日期＿＿＿＿＿＿　时间＿＿＿＿＿＿　顾客姓名＿＿＿＿＿＿

交易的类型：　□个人　□电话

细节＿＿＿＿＿＿＿＿＿＿＿＿＿＿＿＿＿＿＿＿＿＿＿＿

A. 个人交易

银行雇员的姓名＿＿＿＿＿＿＿＿＿＿＿＿

姓名是如何获得的？

□雇员的胸牌
□在柜台或桌子上有姓名牌
□雇员说出的
□顾客必须询问姓名
□由其他雇员提供的姓名
□其他＿＿＿＿＿＿

B. 电话交易

银行雇员的姓名＿＿＿＿＿＿＿＿＿＿＿＿

姓名是如何获得的？

□雇员在接到电话应答时说出姓名
□由其他雇员提供的姓名
□顾客必须询问姓名
□雇员在交谈时给出姓名
□其他＿＿＿＿＿＿

C. 顾客关系技巧	是	否	不适用
1. 雇员是否立即注意并欢迎你?	□	□	□
2. 雇员是否愉快地交谈和微笑?	□	□	□
3. 雇员是否立刻接听电话?	□	□	□
4. 雇员是否知道你的姓名?	□	□	□
5. 交易中雇员是否使用你的姓名?	□	□	□
6. 雇员是否请你坐下?	□	□	□
7. 雇员是否乐于提供帮助?	□	□	□
8. 雇员的桌子或工作区域是否干净整洁?	□	□	□
9. 你作为顾客,雇员是否显示出真诚的兴趣?	□	□	□
10. 雇员是否感谢你的光顾?	□	□	□
11. 雇员是否热情地介绍银行及其服务?	□	□	□
12. 雇员是否有效地处理一些中断(电话等)?	□	□	□

对你在交易中发现的任何正面或负面的细节进行评论。________________________

____

____

D. 销售技巧	是	否	不适用
1. 雇员是否确定了你在银行的账户拥有情况?	□	□	□
2. 雇员是否使用开放式问题向你获取信息?	□	□	□
3. 雇员是否聆听你说话?	□	□	□
4. 雇员是否向你介绍了适合你的银行业务?	□	□	□
5. 雇员是否让你开设你所询问的服务?	□	□	□
6. 雇员是否要你只使用本银行的业务?	□	□	□
7. 雇员是否让你在拜访此银行时同他联系?	□	□	□
8. 在交易结束时雇员是否询问你还有没有问题或理解了服务?	□	□	□
9. 雇员是否递送给你关于其他服务的手册?	□	□	□
10. 雇员是否给了你他的名片?	□	□	□
11. 雇员是否告诉你以后可以使用电话、联系卡或信件方式进行联系?	□	□	□
12. 雇员是否向你推荐其他服务?如果提到的话请选择。	□	□	□

□储蓄账户
□支票账户
□自动账户
□万事达信用卡
□万事达支票
□保险箱
□贷款服务
□信托服务
□自动交费存款账户
□邮寄银行
□贷款自动偿还
□服务时间
□其他________________

评论雇员销售技巧的整体效率________________________

____

____

资料来源:Courtesy Neil M. Ford.

几乎任何事件都可以用不同的方法描述。当观察某人购买软饮料时，我们可能报告如下事情：(1) 此人买了一箱12罐装的软饮料；(2) 这个女人买了一箱12罐装的软饮料；(3) 这个女人买了一箱12罐装的可口可乐；(4) 在比较了百事可乐之后，这个女人买了一箱12罐装的可口可乐；(5) 询问并发现这个商店没有Dr. Pepper并在比较了百事可乐之后，这个女人买了一箱12罐装的可口可乐；等等。

还可能有很多其他变化的形式，例如，添加此行为所发生的商店的类型、名称或地点。为了让观察更有效率，我们必须首先确定此行为的哪个方面与调研相关。在此案例中，要确定观察的内容需要调研人员明确以下方面：

- 要观察谁？每个进入商店的人？每个购物的人？每个买软饮料的人？
- 购买行为的哪个方面需要记录下来？他们买的是何种牌子？他们先询问哪种牌子？买的是12罐装、6罐装、2升瓶装，还是罐装或瓶装？购买者情况如何？性别需不需要记录？是否要估计每个人的年龄？购买者是单独或结伴是否有区别？
- 观察何时进行？在一周的哪一天？在一天的哪一时刻？日期和时刻是否需要报告？观察是只在购买发生后才记录，还是当顾客走近售货员时就记录，即使他什么都没买？
- 观察在何处进行？在何种商店进行？如何选择商店？在观察表上以何种形式记录——类型、地点、名称？自动售货机是否需要记录？

你也许会注意到这些问题包括谁、什么、何时、何地、为什么和如何做的决策，与从探索性调研转化为描述性调研或因果性调研时需要作出的决策是一样的。调研的问题应当指导为何进行观察，如何观察涉及选择将要使用的观察设备和形式。对于以交流为基础的数据收集形式，关注细节，认真地开发表格和充分的预调查能够确保所做观察的质量。

道德困境13-3

当你监控客户的邮寄调查时，你注意到在回复信封的内部印有一些数字。你向客户指出联络信件上向应答者承诺调查匿名，回复信封上编码与这一承诺不符。他回答说需要辨别没有回答的应答者以便发送一封追问信。他同时表示这些信息可能会有利于在将来识别那些对电话销售反映良好的人。

- 承诺匿名而实际不遵守匿名原则是否道德？
- 如果合法的调研变成与随后的销售策略相联系，这是否会损害营销调研行业的职业形象？

小结

学习目标1

定义远距误差和回忆损失，解释它们如何影响回答者准确回答问题的能力

远距误差是指我们对某一事件发生时间的记忆比其实际发生时间要近的倾向。回忆损失指的是完全忘记发生过的事件。两种错误源是相反的方向，这意味着找到最理想的时间框架来回

顾之前的行为是很重要的。

学习目标2

列举一些调研人员用来保证被调查人员能够回答敏感问题的技巧

在询问敏感问题时，调研人员会发现下述技巧有所帮助：(a) 确保受访对象匿名或保密；(b) 将敏感问题隐藏在其他一些无关痛痒的问题中；(c) 在问题中使用第三人称进行表达并询问应答者可能的感受和行为；(d) 将敏感问题放在最后；(e) 使用种类或者范围而不是特定的数字；(f) 使用随机应答模式。

学习目标3

列举一些调研人员在开发无偏问题时应牢记的基本规则

调研人员应当牢记用来开发无偏问题的一些经验规则是：(1) 使用简单的词汇；(2) 避免模糊的词汇和问题；(3) 避免诱导性问题；(4) 避免隐含的选项；(5) 避免隐含的假设；(6) 避免归纳和估计；(7) 避免双重问题。

学习目标4

解释什么是问题排序的漏斗法

问题排序的漏斗法因其形状得名，即开始时使用较宽泛的问题，随后逐渐缩小范围。它对于问题顺序的选择是重要的，因为在问卷开始的那些信息会影响后面的问卷信息，这称为"问题顺序偏差"的错误来源。

学习目标5

解释什么是分支问题并讨论何时可以用到它

依靠前一问题的回答来决定下一步回答问卷中的哪一个问题称为分支问题。分支问题用于减少单个问题中备选答案的数量，同时保证了那些有能力提供所需信息的应答者仍然有机会提供信息。

学习目标6

解释目标信息和分类信息的区别，并阐述在问卷中应当首先询问哪类信息

目标信息指的是调研的主题。分类信息指的是我们收集用来将应答者进行分类的其他信息，以便获取关于感兴趣的现象的更多信息。恰当的问卷顺序是将搜寻目标信息的问题放在前面而将分类信息放在最后。

学习目标7

解释在问卷开发过程中预调查的作用

问卷的预调查是问卷开发过程的最后一步。这是调研者在数据正式收集之前确认数据收集形式的最后机会，绝对不要忽略预调查。

关键术语

过滤问题（filter question）
双重问题（double-barreled questions）
远距误差（telescoping error）
虚拟表格（dummy table）
回忆损失（recall loss）
漏斗法（funnel approach）
随机应答模式（randomized-response model）
问题顺序偏误（question order bias）
回答顺序偏差（response order bias）
分支问题（branching question）
平均抽签法（split-ballot technique）
目标信息（target information）
诱导性问题（leading question）
分类信息（classification information）
隐含选项（unstated alternative）
预调查（pretest）

假设结果（assumed consequences）

复习题

1. 假设你想要确定在一个地理区域内男性使用发胶的比例。此信息如何通过开放式问题或封闭式问题来获得？哪一种较好？

2. 调研人员用什么标准来确定一个具体问题是否应当包括在问卷之中？

3. 什么是远距误差？在应答者回忆过去的经历时，它会怎样影响回忆时间段的选择？

4. 询问敏感问题时可用的方法有哪些？

5. 什么是平均抽签法？为何要使用此方法？

6. 什么是歧义问题、诱导性问题、有隐含选项的问题、有隐含假设的问题、双重问题？

7. 在询问目标信息和分类信息时的正确顺序是什么？为什么？

8. 什么是问题排序的漏斗法？

9. 什么是分支问题？这类问题如何使用？

10. 什么是介绍信？在介绍信中应该包含哪些关键的信息？

11. 在开发一个数据收集的观察表时调研人员需要作何决定？

讨论的问题与案例

1. 评述下列问题。

a. 你经常阅读下列哪种杂志？

□《时代周刊》

□《财富》

□《彭博商业周刊》

b. 你是否经常购买 Great Value 的冷冻蔬菜？

□是 □否

c. 你是否赞成政府实施进口管制？

□强烈赞成

□赞成

□既不赞成也不反对

□反对

□强烈反对

d. 你多长时间购买一次洗涤剂？

□每周一次

□两周一次

□三周一次

□一个月一次

e. 对下列选项按照喜爱程度进行排序：

□Cap'n Crunch

□Froot Loops

□Post Bran Flakes

□Kellogg's All Bran

□Instant Quaker Oatmeal

□Honey Nut Cheerios

f. 你通常在哪里购买学习用品?

g. 你在观看电视节目时是否也观看大多数广告节目?

h. 下述哪种品牌的茶叶你最熟悉?

□利顿

□Twinings

□Celestial Seasonings

□Salada

i. 你认为当前减税并减少政府开支的政策应该继续吗?

□是 □否

j. 在一周七天中，你吃早餐的频率如何?

□每天

□一周5～6次

□一周2～4次

□一周1次

□从不吃

2. 对上述问题作适当的修改。

3. 评价下列问题。如果你认为更适合，请重新改述这些问题。

a. 在选择立体声设备时，下述哪个因素你认为最重要?

□价格

□店内服务

□品牌

□保真程度

□担保/保证

b. 请指出你受教育的程度。

□高中以下

□高中肄业

□高中毕业

□技术或职业学校

□大学肄业

□大学毕业

□研究生或职业学位

c. 下述哪种反映了你对生态学家提出的问题的看法?

□已经受到关注

□没有受到关注

□应当受到更多关注

□应当受到更少关注

d. 下列哪种陈述你最为赞成?

□达美航空比西南航空的服务好

□西南航空比联合航空的服务好

□联合航空比达美航空的服务好

□联合航空比西南航空的服务好

□西南航空比达美航空的服务好

□达美航空比联合航空的服务好

4. 评价下列开放式问题。如果你认为更适合，请重新改述这些问题。

a. 你是否经常看电影？

b. 你每周在食品上大约花费多少钱？

c. 在上周你购买了何种牌子的奶酪？

5. 假设你在进行探索性调研，调查人们对电视广告的看法。你决定设计一个结构化和非隐藏的问卷并使用个人访谈的方式。

a. 明确要搜寻的必要信息。

b. 在另一张纸上列出每个问题。

c. 明确每个问题的形式（开放式、多选一、二选一、量表）。说明选择特定应答形式的理由。

d. 明确问题的顺序。重新检查并修订问题。

e. 装订最终版本的问卷。

f. 选取5个最方便的学生样本预调查你的问卷，报告预调查的结果。

6. 假设本项调研的目的是确定品牌名称对母亲为孩子购买服装是否重要。你决定使用一个结构化和非隐藏的问卷并使用电话访谈的方式。

a. 明确要搜寻的必要信息。

b. 在另一张纸上列出每个问题。

c. 明确每个问题的形式（开放式、多选一、二选一、量表）。说明选择特定应答形式的理由。

d. 明确问题的顺序。重新检查并修订问题。

e. 装订最终版本的问卷。

f. 使用电话簿作为抽样框，在5个样本中预调查你的问卷，报告你的预调查结果。

7. 一个经纪公司正为其顾客不断减少担心并决定执行一个描述性调研。主要目的是找出选择特定的经纪公司的原因并找出顾客服务的重要性。下面的问卷将使用电话访问进行。

我们正在执行一项关于顾客对代理商态度的调查。你能否回答下述问题？谢谢。

（1）你是否在股票市场进行了投资？

□是　　　　　　　　　　　□ 否

（如果应答者回答“是”则继续，否则结束访谈）

（2）你是自己管理投资，还是找一个代理商？

□自己管理投资　　　　　　　　□找一个代理商

（如果应答者回答“找一个代理商”则继续，否则结束访谈）

（3）你对你的代理商的满意程度如何？

□十分满意　□满意　□没有满意也没有不满意　□不满意　□十分不满意

（4）私人服务对你的重要程度如何？

□十分重要　□重要　□不是十分重要　□完全不重要

（5）你选择代理商最重要的原因是下述哪一个：

□公司收取的佣金

□私人服务

□投资的回报

□投资建议

（6）你通过你现在的代理商进行了大约多长时间的投资？

□约 3 个月　　□约 9 个月

□约 6 个月　　□一年以上

（7）你已经投资了多少资金？

□500～750 美元　　□1 000～1 500 美元

□750～1 000 美元　　□1 500 美元以上

再见，谢谢你的合作。

8. 假设一个中型糖果制造商请你执行一项观察调研，以确定孩子在糖果购买过程中对成人的影响。

a. 列举用于判定该影响的相关变量。

b. 列举可能反映这些变量的观察项目。

c. 开发一个收集必要信息的观察表。

d. 在商店或超市做 3 次购买观察。

e. 报告你的结果。

9. 此观察可以在靠近咖啡馆、图书馆或商学院的自动售货机附近进行，目的是观察在不同机器旁考虑的时间和影响考虑时间的因素。

a. 列举用于判定此影响的相关变量。

b. 列举可能反映这些变量的观察项目。

c. 开发一个收集所需信息的观察表。

d. 作 5 个这样的观察并报告你的结果。

10. 你的雇主，一个商业营销调研公司，签订了一个合同将执行一项调研，其目的是调查在美国东南部移民农业工人中间对预制婴儿食品的使用模式和品牌偏好。你被指派开发合适的问卷和实施问卷调查以收集所需信息。由于问题涉及人口方面的独特性质，在设计和执行时可能会遇到哪些潜在问题？列出这些问题并提供解决方案。你会推荐何种问卷执行方法？

11. Super Savers 是位于美国东北部大城市的连锁百货商店，经理决定开展一项描述性调研，从现有的顾客那里收集产品的偏好信息。事实上，公司准备向顾客询问如下问题：

在需求上升和价格合理的情况下，请从下面的品牌产品中选出你愿意购买的品牌产品（勾选所有适用的选项）：

________ Levi's

________ Wrangler

________ Lee

________ Guess

________ Diesel

________ Calvin Klein

性别：____男　____女

年龄段：____低于 20 岁　____ 20～29 岁　____ 30 岁及以上

建立恰当的虚拟表格，以展示下面变量的联合分析结果：（a）品牌与性别；（b）品牌与年龄。

注释

1. This procedure is adapted from one suggested by Arthur Kornhauser and Paul B. Sheatsley, "Questionnaire Construction and Interview Procedure," in Claire Selltiz, Lawrence S. Wrightsman, and Stuart W. *Research Methods in Social Relations*, 3rd ed. (New York: Holt, Rinehart and Winston, 1976), pp. 541–573.
2. Chris Grecco and Hal King, "Of Browsers and Plug-Ins: Researching Web Surfers' Technological Capabilities," *Quirk's Marketing Research Review*, July 1999, pp. 58–62.
3. Norman Bradburn, Seymour Sudman, and Brian Wansink, *Asking Questions*, rev. ed. (San Francisco: Jossey-Bass, 2004), p. 66.
4. "Guide to Writing Survey Questions," *Management Analysis and Development*, downloaded from http://www.mad.state.mn.us/ on October 25, 2012.
5. E. Noelle-Neumann, "Wanted: Rules for Wording Structural Questionnaires," *Public Opinion Quarterly* 34, Summer 1970, p. 200; Philip Gendall and Janet Hoek, "A Question of Wording," *Marketing Bulletin* 1, May 1990, pp. 25–36.
6. "Question Wording," Pew Research Center for the People and the Press, downloaded from http://www.people-press.org/methodology/questionnaire-design/question-wording/ on October 25, 2012.

第14章 设计抽样方案

学习目标

1. 解释参数和统计量之间的区别
2. 解释概率抽样和非概率抽样之间的区别
3. 列举非概率抽样的主要类型
4. 列举概率抽样的主要类型
5. 讨论抽样元素总数的概念
6. 列举影响样本容量的三个因素
7. 解释总体容量和样本容量之间的关系

引　言

一旦你明确了问题，设计出一套恰当的调研方案，并认真准备数据收集工具，接下来就要考虑你想要收集数据的总体（或其他单位）。如果你想要收集总体中每个成员的信息，那就是在进行**普查**（census）。当总体大小一定时，即使你不能获得每个人的信息，选择采用普查依然是个不错的方法。

不过大多数时候，我们都会设计一个抽样方案，作为选择将要进行调查、访问和观察的人群或对象（比如公司、产品等）的一个程序。通过抽样方案，我们从较大群体中的一个**样本**（sample）、一个子集或元素中收集信息，并据此推断总体特征。正如我们将看到的，基于从一些总体元素中收集的信息而做出对总体推断的能力取决于我们如何选择样本。图 14－1 列出了随机抽取一个样本并收集数据的过程，共包括六个步骤。

定义目标总体

图 14－1 中列出的抽样程序的第一步是：定义目标总体。**总体**（population）是指所有符合指定要求的个体的集合。我们经常将这个定义为总体元素。你必须清晰而准确地确定总体。例如，总体是否包括个体、家庭、商业公司、其他机构、信

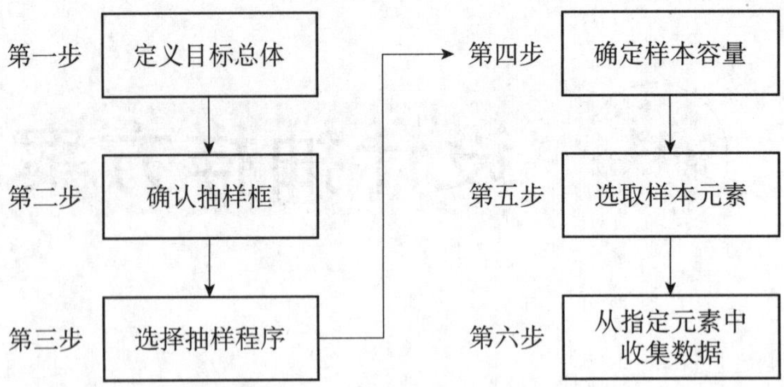

图 14-1 抽样的六个步骤

用卡交易或其他东西？当总体中的元素是一些个体时，例如，目标总体也许被确定为所有超过18岁的个人，或者只是女性，或者只是受过高等教育的人，或者是在过去一个月内去过一次餐馆的人。关键是你必须尽可能明确谁或者谁有资格成为总体的一个元素。

一般来讲，目标总体的定义越简单，也就越容易（或成本更低地）确定样本；反之，当目标总体的标准越多时，就要花费越多的时间和努力去寻找它们。如果你要获得那些住在南加州、年龄在65～75岁之间的左撇子女性，你就必须找到方法去找到她们。

一般而言，总体数量越多，越容易被定位。表14-1展示了在2011年美国参与2次及以上不同体育活动的人的数量。你会发现集中调研仅有300万人参与的冰球运动比调研有9 710万人参与的步行运动更困难，要花费更多资金。

表 14-1 美国体育活动参与者的数量

年龄在七岁及以上至少参加过一项下列体育运动的人数（以百万为单位）			
步行锻炼	97.1	乒乓球	10.9
器械锻炼	55.5	垒球	10.4
游泳	46.0	排球	10.1
野营（度假/过夜）	42.8	钓鱼（海水）	9.7
有氧锻炼	42.0	飞镖	9.3
骑行	39.1	美式足球	9.0
徒步旅行	39.1	皮划艇	7.1
跑步/慢跑	38.7	滑雪	6.9
保龄球	34.9	滑板	6.6
俱乐部锻炼	34.5	射箭	6.3
举重	29.1	旱冰	6.1
钓鱼（淡水）	28.0	越野山地自行车	6.0
篮球	26.1	彩球游戏	5.3
瑜伽	21.6	射靶气枪	5.3
高尔夫	20.9	弓箭狩猎	5.1
台球	20.0	滑雪板	5.1
射击	19.6	体操	5.1

划船（摩托艇/手动）	16.7	滑水	4.3
枪支狩猎	16.4	摔跤	3.2
英式足球	13.9	猎枪	3.1
网球	13.1	冰球	3.0
棒球	12.3	长曲棍球	2.7
背包旅行	11.6	越野滑雪	2.3

资料来源："2011 Sports Participation," National Sporting Goods Association, downloaded from http://www.nsga.org/i4a/pages/index.cfm?pageid=3482 on October 30, 2012.

参数与统计量

在我们继续之前，回顾一下为什么首先要抽取样本。我们抽取样本的目的是根据仅从总体的某个子集中获得的数据来判断总体的真实情况。我们通常只进行抽样而不开展普查，因为抽样比普查更简便、成本更低。

每一个总体都有一定特征，每个特征称为一个**参数**（parameters），我们假设在收集到的数据没有任何偏差的前提下，可以测量这些总体元素的特征，利用这些参数就可以知道总体的真实情况。例如，假设调研总体是所有住在美国亚利桑那州菲尼克斯的成年人。我们可以用一组参数来描述这个总体，包括平均年龄、收入水平、对一种新式服务的态度、对一个刚开张的零售店的认知，等等。注意到在总体中每个参数都有一个真实的数量或取值，即使我们不能确定真正取值到底是多少（因为在实际操作中测量不可能没有误差）。

当我们使用从一个总体中抽取的样本进行工作时，试图基于抽样数据描述总体参数。这是指计算样本的平均年龄、收入水平或者是认知水平，把它们作为一种用于获得有关总体洞察的手段。总的来说，我们使用**统计量**（statistics）这个样本的特征或度量来获取关于更大总体的参数的推论（如图 14－2 所示）。当用抽样替代普查时，结果很可能与从总体的每个成员收集的信息有所不同，这种差异称作**抽样误差**（sampling error）。

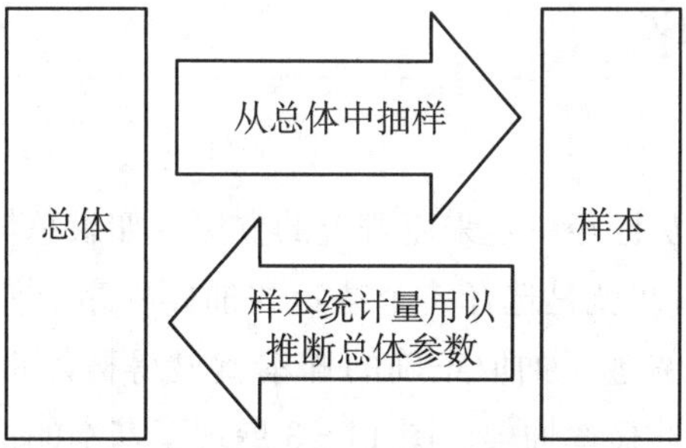

图 14－2　总体和样本之间的关系

抽样误差的问题有多大呢？它当然是调研人员必须考虑的事情。只要处理的样本不是极微小，一般而言抽样误差都是调研者必须面对的一个问题。幸运的是，抽样误差可以相对轻松地估计得到——只要你采取了正确的抽样方法，我们很快将阐述这一点。

确定抽样框

总体确定之后，下一步就要找出一个适当的**抽样框**（sampling frame），它是总体元素的列表，最终的样本将从这里抽取。假设一项电话调查的目标总体是居住在达拉斯的所有住户。你的第一想法可能是将达拉斯的电话号码本作为抽样框。然而，通过进一步检查，你会意识到采用这个方法存在一些问题：会漏掉一些没有列出的号码，只用手机或者最近刚搬来的家庭也没有包括在内；也可能有些家庭会有多个电话；还有可能电话本中的人已经搬走了。解决这个问题的一个办法是采用随机数字拨号，这在之前的章节中已经介绍过了。

除了特殊情况，完美的抽样框并不存在。这使得开发一个可接受的抽样框成为调研人员最重要、最有挑战性的任务。比如，你尝试调查在过去60天内去过特定商场的人是非常具有挑战性的。这一群体没有任何名单存在。因此，抽样框就好比渔夫使用的大渔网，不是每一条鱼都会被抓到，不过投放一个大渔网是保证找到符合条件的个体所必需的。

很多时候调研人员使用的抽样框是由擅长编写数据库的公司开发并出售的，包括姓名、地址、电话号码或电子邮件地址。例如，InfoUSA，一家位于内布拉斯加州奥马哈的数据库开发公司，雇用了超过500个数据编辑人员，在全世界范围内收集信息。这家公司和数据库中的每个企业保持电话联系来确保信息的准确性（每年超过2 000万通电话）。因此，调研人员可以根据该公司数据库中的变量代码，很容易地获得一个相对明确的商业总体的抽样框。国际抽样调查（Survey Sampling International，SSI）也是一家开发精确抽样框的富有经验的公司。

选择抽样程序

除非调研人员已经决定采用普查的方法（如果总体非常小，普查是个很好的方法），抽样的下一步就是选择一个特定的抽样程序。你的客户是对整个总体而不是样本中的事实感兴趣，抽取正确的样本就显得格外重要。抽样技术主要可分为两类：概率抽样和非概率抽样。图14-3展现了基本的抽样类型。

非概率抽样

非概率抽样（nonprobability sample）在选择过程的某些方面涉及个人判断。并非所有的总体元素都有机会被选中，因此我们也不能估计某些特定元素被选入样

抽样技术

非概率抽样
便利抽样
判断抽样
• 滚雪球抽样
配额抽样

概率抽样
简单随机抽样
系统抽样
分层抽样
整群抽样
• 区域抽样

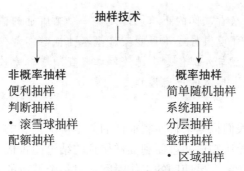

图 14－3　抽样技术的分类

本的可能性，结果就是不可能评估抽样误差的大小。这就意味着我们完全不知道关于总体哪些是正确的，我们仅知道样本统计量，却不知道是否应该将它们应用于总体推断。经理可能仍旧选择使用非概率抽样的结果，但当他们这么做时会面临一些风险。这些风险中最大的是试图将调查结果应用于总体推断。当我们只能讨论样本而不是总体时，显然这是不明智的。

非概率抽样的三种基本类型是便利抽样、判断抽样和配额抽样。

便利抽样　**便利抽样**（convenience sample）的名字就告诉了我们一切：选择样本元素是出于方便的考虑。人或物之所以被选入样本，只是因为其刚好在恰当的时间出现在恰当的地点。便利抽样很简单——外出并找到一个地点，这里有很多人愿意成为总体成员并愿意接受采访和调查。很多公司把调查问卷放在网站上让人们参与调查——但是对于不访问网站的人呢？当然，有些时候便利抽样也是恰当的。例如，便利抽样经常被应用于探索性调研，即应用于一些目的是产生想法或假设的调查。

经理关注

本章中讨论的每种抽样方法在特定的环境中都是有用的。你需要理解的是每种方法适合的情况。你已经认识到对于每种非概率抽样，我们无法知道或估计特定总体成员被选入或不选入样本的可能性，因此，你无法估计抽样误差。这并不意味着非概率抽样不具有代表性，让其具有高度代表性是很可能的，但是可能性比较低，并且没有简便的方法去估计这种可能性。

当没必要假设回答来自代表性样本时，非概率抽样是最有用的。这种情况仅仅发生在我们实施探索性调研时，探索性调研的主要目标是获得有关“在市场环境中将发生什么，哪些比较重要”的尝试性洞察。当目标是描述或归纳一个总体或识别原因时，非概率抽样就不应该使用。为了对总体的描述或者关于营销变量导致特定结果的论断充满信心，我们需要确定总体成员被包括在样本中的概率。这意味着概率抽样在实施描述性调研或因果性调研时更加有用。

在描述性调研或因果性调研中使用非概率抽样尤其是便利抽样通常是为了节省时间和金钱。如果存在一个抽样框可用于概率抽样，那么为了省时间和金钱而牺牲掉样本的代表性是很不明智的。基于一个非概率抽样而做出关于总体的推断是很危险的。你应该明白：实施一个非概率抽样节省的一些钱会被因为不精确的数据估计导致的不合适的营销行为抵消。从长远来看，你的组织最好投资一个有质量的概率抽样，从而有效地制定决策。如果你面对的环境很难或不可能实施概率抽样，你至少应该投入必要的时间和金钱将非概率抽样的特征与外部信息来源（例如普查）进行比较，从而确定在关键的人口统计特征或其他特征上样本的代表性程度。

然而，当人们根据来自便利抽样的数据得出重要的结论时，问题就产生了。主要问题是我们无法知道通过便利抽样得到的结论能否代表更大的目标总体。举一个简单的例子，在一个星期四的工作时间，对一个城市的某个交叉路口的过路人进行调查，那么没有在这个时间段里出现在这里的人就没有机会参与调查，许多重要的信息很有可能没有收集到。

判断抽样 **判断抽样**（judgment sample）中的元素都是由调研人员精心挑选的，因为它们对调研目的很有帮助。宝洁公司曾经在辛辛那提总部周围的地区招募13～17岁的实习生时使用这种方法。公司选择这群青少年作为一个消费者样本。公司让他们一星期工作十小时，付给他们每人1 000美元和一张演唱会的门票，他们反复观看电视广告，和宝洁的经理们一起参观、研究零售展览，测试新产品，并讨论购买行为。通过一个聘用的过程而非随机过程选择样本组成员，公司可以集中观测对调研有帮助的特征，例如，青少年清楚描述他们观点的能力，不过这群青少年也不一定能够代表他们所在年龄群体的总体特征。[1]

滚雪球抽样（snowball sample）是判断抽样的一种，它有时用于对特殊总体进行抽样，尤其是那些难以发现和确定的总体。这种判断抽样依赖于调研人员寻找一些拥有期望特征的参与者的能力。这些个体作为信息提供者可以帮助寻找更多的参与者。当符合条件的人群的总体数量非常小并且不存在这些人的有效列表时，滚雪球抽样可能是最有效的抽取样本的方法。

只要调研人员还处在搜寻观点或洞察的初级阶段——并且调研人员意识到了这种方法的局限性，判断抽样是非常合适的。在某些情况下，这也许是抽取一个满足特定标准的群体的样本的唯一办法，通常这些目标群体不经常出现，或不容易找到。然而，当判断抽样用于描述性调研或因果性调研时，它就会变得不适用，而且它的缺点也会被忽视。

配额抽样 调研人员有时使用**配额抽样**（quota sample）来构建一个能在一个或更多的重要方面反映总体的样本。例如，假设有人让你抽取一个1 000名本科生的样本，如果你使用配额抽样，就可以保证所抽取的样本中包括合适的新生、大二、大三和大四学生的比例。当然你也要保证样本中包含了合适的男性和女性的比例，或者是各个大学或专业的学生比例。我们的目标是建立一个与学生总体更接近的样本。一旦你确定了所需要的不同类型的学生，就说明你已经确定了不同类型被调查人员的配额。

如今使用的许多在线固定样本组实质上是大型的配额抽样。构建较好的固定样本组需要邀请潜在的样本组成员选择加入，并将他们的特征与美国人口普查数据进行比较。这些固定样本组被广泛地运用于消费者和企业的调研，经常包含数以百万的固定样本组成员。

然而，调查者需要注意和谨慎对待配额抽样中特定样本元素的使用，这也是配额抽样被归入非概率抽样的原因。即使得出结果的那个样本看起来与总体在关键方面很相近，但它依然不能准确地反映总体的其他方面。

概率抽样

在**概率抽样**（probability sample）中，目标总体中的每个成员都有一个可知的非零的概率被选入样本。目标总体中每个成员包括在样本中的可能性也许不相等，但是每个个体都有可能被抽中。此外，在确定总体样本时还有一些随机的成分来保证抽样是客观的，不受调查者和现场工作者的影响。正因为这种客观性，我们可以基于样本的结果来推断更大的总体并估计抽样误差。

概率抽样取决于特定统计量的样本分布，这一特定统计量应该可以推断更大的总体。也就是说，我们能够确定一个范围，在这个范围内总体统计量很可能落在由样本统计量推断出来的总体中（这个范围就是一般所说的置信区间，本书稍后会讨论如何计算置信区间）。我们将会在附录 14A 中具体地讨论样本分布的基础知识。在这部分中，我们将介绍许多不同类型的概率抽样。

简单随机抽样 大多数人在统计学课程或阅读报纸和杂志中这种抽样的结果时，已经获得了对**简单随机抽样**（simple random sample）的认识。在简单随机抽样中，样本中的每个元素都有一个可知的、相等的机会被选入调研中，并且总体元素的每种组合都是一个概率样本。例如，如果我们想要一所特定学校招收的所有学生的随机样本，我们也许会用计算机从那所学校的学生列表中随机选取一个样本。

一个好的简单随机抽样取决于一个好的抽样框。对于某些总体来说这不成问题——这个名单马上就能使用。然而对许多目标总体来说，总体元素的列表显然不存在，调研人员通常求助于其他抽样方法。如果总体规模要适当扩大，你一般会用电脑在抽样框中随机选择样本，因此拥有电子版的抽样框非常重要。

道德困境14-1

假如你正设计一项实验来比较不同商业广告的效果。为此需要招募一大群不同年龄的对象在一个星期内的每个晚上观看一小时电视，会给予他们一定的回报。

- 什么时候激励可能是强迫的？
- 强迫人们参与调研是道德的吗？
- 数据的质量会因为参与者是被迫参加而受到影响吗？

系统抽样 假设你被要求在一个特定的学校内对 250 名大学生进行一项电话访问，这所大学印了一本电话号码簿，里面包括所有 5 000 名在校学生的姓名和电话号码。如果你的电脑文档中有这个信息，采用简单随机抽样就是一件相对简单的事；如果没有，抽取样本就不那么简单了，随机选择每个样本成员将是困难的。

系统抽样（systematic sample）为这样的情况提供了一个简单有效的办法。有了它，调研人员就能随机选择样本中的第一个总体元素，然后顺着这个元素在抽样框架中每间隔 k，选择下一个元素。在这个例子中，让我们假设可以访问所有的 250 名被选入样本的大学生。我们在校园里每 20 人中选择一人进行访问（5 000/

250=20)。因此，你在电话号码簿列出的前20个姓名中随机选择一个，然后顺着这个姓名，从1开始数，选择第20个，如此进行下去，直到完成所有抽样（听起来似乎不容易，但这比选择简单随机抽样的每个元素要容易得多）。

是什么使它成为一个概率抽样方案呢？因为第一个元素被随机选择，而且其他被选择的元素是第一个元素的函数，事实上是第一个元素使这些元素被随机选择。

从某种程度上说，计算**抽样间隔**（sampling interval）（例如 k，是指当选择样本元素时计算的姓名个数）很简单。总的来说，我们用需要抽取的样本数量除以抽样框中总体元素的数量。在上述的例子中，$k=5\,000/250$，抽样间隔为20。当然这里有一个小问题，你还记得我们假设能够对入选样本的250名大学生全都进行电话访问，由于多方面的原因，实际上这一点几乎不可能实现。

如果只选择250名学生作为样本，几乎可以肯定我们将得到少于250人的反馈信息——也许会少很多。为什么？当你打电话时也许有人不在家，即使我们试图重拨联系他们。也许有些人在电话号码簿出版之后就改变了号码。也有一些人拒绝回答问题，因为他们要么忙着做其他事，要么就不想参与。所以说，在大多数情况下，我们需要抽取更多的元素形成样本，从而最终得到期望的样本容量。我们把选择并包括在最初的样本池中的元素总数称为**抽样元素总数**（total sampling elements，TSE）。

TSE的概念广泛应用于任何类型的样本，不仅限于系统抽样。无论何时，选择一个较大的初始样本从而达到需要的样本容量的做法都是必要的，因而TSE的计算就显得很重要。TSE的计算需要在下列情况中预测样本元素的比例：(1) 错误的联系方式（电话、电子邮件、邮寄地址）；(2) 样本中不符合调查要求的；(3) 人们拒绝参与；(4) 在尝试几次后仍无法联系上。

TSE的计算公式如下：

$$TSE=\frac{\text{样本容量}}{(1-BCI)(1-I)(1-R)(1-NC)}$$

式中，BCI——错误联系方式的比例（如错误的电话号码、电子邮件、邮寄地址）；

I——抽样框中不合格的元素比例（指不符合成为总体元素，但包括在抽样框中的人或物）；

R——估计的拒绝率；

NC——在重复多次接触后仍无法联系到的元素的比例。

回到当前的问题，我们需要从包含5 000人的电话号码簿中抽出250名参与者组成样本。如果电话号码簿每年更新一次，我们应该这样假设：一些电话号码是无效的，因为有些人可能离校，还有些人更换了号码。让我们假设有15%的无效号码，因此，$BCI=0.15$。因为一些人离校（他们不能被包含在总体中），但是仍然有可接通的号码，我们也需要得到这些无效号码的比例。不过，这些号码所占的比例会比较低，我们设为2%（$I=0.02$）。拒绝率因调研而异，在此我们假设本调研的拒绝率为20%（$R=0.20$）。最后，也是所有电话调查最重要的问题——我们假设有30%的被选入样本的人无法联系到，因此 $NC=0.30$。把这些数据结合起来，我们就能计算出需要从总体中抽取536名学生，才能保证获得容量为250人的样本。

$$TSE = \frac{250}{(1-0.15)(1-0.02)(1-0.20)(1-0.30)} = 536$$

一旦我们知道需要从总体中抽取多少元素，计算抽样间隔就是一件简单的事情：

$$\text{抽样间隔} = \frac{\text{抽样框中的元素个数}}{TSE} = \frac{5\,000}{536} = 9.3$$

为了取得这个样本，你要在电话号码簿的前九个姓名中随机选择一个，也许要使用电脑上的随机数字生成器，甚至采用更简单的方法，比如抽签法。一旦第一个姓名被选出，我们就顺着第一个被选择的姓名每隔 9 个选择一个。这样每隔 9 个选择一个姓名的做法将产生一个你需要的 536 人的名单，你也可以往下数，每隔 9 个选择一个为第一样本元素，再隔 9 个选择为第二样本元素，再隔 10 个选择第三样本元素。没有关系，只要你用相同的方法应用于整个抽样框（意思是每隔 9，9，10，9，9，10，继续下去），除去第一个元素，所有元素仍然是被随机选择的第一个样本元素的位置的函数。

分层抽样 我们从一个总体中进行概率抽样的目标是根据样本计算出的统计数据来描述总体的特征或参数。分层抽样有时让调研人员的工作更有效率。**分层抽样**（stratified sample）是概率抽样的一种，在分层抽样中，（1）总体被划分为互不重叠且穷尽的子群体（总体的每个元素只能分入其中一个子集）；（2）样本从每个子群体中选取。

分层抽样的优势在于：如果在被抽样的群体中特征的变异很小，那么在其他条件相同的情况下，用来估计总体统计量的样本量会更小（如果每个人对于某些问题的想法几乎一样，只需询问一个人就能够推断总体）。如果能够找到一个集合，其中的总体元素在需要调研的特征上几乎相似，我们就只需从子集中抽取一个较小的样本，这样效率更高。我们可以在两个方面运用这个有效性：一方面是增加属性具有较大差异的子集中的样本规模来获得更高的准确度和置信度（我们将在之后讨论这些名词）；另一方面是通过选取相对于总体来说较小规模的样本来节约费用。

你需要将在统计量上相似的样本元素归集在同一子集中，以此来完成分层抽样。也就是说，子集内部的元素必须具有同质性。一旦子集确定了，我们将会从每一个子集中抽取样本来确保在最后的样本中每个子集都会被代表。

还有一个使用分层抽样的关键原因，它更多地与效果而非效率有关。有时候必须使用分层抽样来确保被调研对象的特定类别能包括在最终样本里。例如，假设一个钻戒制造商要开展一项产品分社会阶层的销售调研。除非事先做好预备工作，否则很有可能富有阶层——仅占总体人口的 3%——将完全不能被代表或很少被代表，但是这对戒指制造商是个极其重要的部分。分层抽样就是一种确保能够充分反映所有感兴趣子集的方法。

整群抽样 **整群抽样**（cluster sample）是调研人员常用的另一项概率抽样技术。当总体被划分为互斥的和不能细分的子群体时，整群抽样与分层抽样相似，但相似点仅此而已。在整群抽样时，你将随机地选择一个或多个子集，然后选择这些子集内所有的元素作为样本（一阶整群抽样），或者采取随机原则从这些子集中抽取概率样本（二阶整群抽样）。

我们需要注意两者之间的区别。分层抽样的样本的所有元素是从每一个子集中选取的，整群抽样的样本元素只是从随机抽取的子群中选取。因此，在整群抽样中，每个子群必须反映整个总体的离散性。整群抽样的目标是获得在关键议题上差异尽可能大的子群。用这种方法，无论随机选择哪个子群做样本，都能很好地代表整个区间（请回忆在分层抽样中我们希望每个子集内部尽可能具有同质性）。

区域抽样（area sample）是整群抽样的一种特殊形式，它使用地理区域（城市街区、居住区、住宅小区等）来分群。当使用区域抽样时，你需要随机选取一个或多个区域子群，然后从这些子群中抽取总体元素构成样本。这种方法在没有合适的抽样框时尤其有用。例如，假设你需要抽取伊利诺伊州芝加哥的样本，一种办法就是确定全城的所有居住区域，然后随机确认一个或多个区域。下一步是联系概率样本（二阶整群抽样）或选定区域所有的居住对象（一阶整群抽样），这可能需要上门拜访，收集邮寄调查所需的地址或使用其他方法。尼尔森媒体调研公司使用二阶整群抽样来收集电视收视数据，请看调研之窗14－1获得更多详情。

区域抽样的困难在于：住在同一区域的家庭彼此之间往往有相近的属性。因此，区域抽样不能充分反映我们想要了解的重要统计量的差异。当然，除非一些地区的同质性非常高，我们仍旧可以通过增加子群的数量来减少（并非消除）这一问题。

调研之窗 14－1

尼尔森公司如何为电视节目评级抽样

精确测量电视观众对节目看法的调研方法需要相对比较复杂的抽样程序。不可能针对全美观众开展收视率的调查，因此尼尔森公司就采用了全国概率抽样。他们认为这种方法有如下优势：不仅更高效，而且能够使调研者从样本群体中收集更多的细节信息，然后使用这些信息推断更大总体的情况。

那么，这个抽样方案包括什么呢？尼尔森媒体调研公司首先查阅了美国普查局的数据来获得当前全国范围内的住户单元信息。使用这些数据，尼尔森媒体调研公司采用区域抽样，随机抽取了超过6 000个地理区域，然后在每个地区派出调查人员统计住户单元的个数。这个工作完成了，他们就随机从这些小地理区域中选择住户单元。

在最大的56个电视市场上，尼尔森采用了电子测量方法，他们使用机顶盒来记录电视播放的所有节目，或使用电视收视行为记录器来记录家庭内是谁在收看电视节目，以及正在收看的电视节目是什么。在另一些市场上，公司采用观众纸质日记的方式来收集观看信息。在调研“扫荡”期间（2月、3月、6月和11月），尼尔森共收集了200万份收视日记的数据。

资料来源：“Measuring through Representative Samples,” Nielsen Media Research, downloaded from http://www.nielsenmedia.com/ethnicmeasure/sampling.html on October 30, 2012, and “Nielsen ‘Sweeps’ Months,” downloaded from www.nielsen.com/content/dam/corporate/us/en/docs/solutions/measurement/television/Nielsen-Sweeps-Periods-2012－2013.pdf on September 4, 2013.

确定样本容量

抽样程序的下一个步骤是确定调研所需的抽样规模。你可能倾向于假设样本规模应该尽可能和客户要求的一样大，但事实并非如此。在许多情况下，大样本的优势（例如降低了抽样误差）敌不过收集数据的成本。

电脑程序经常被用来计算在给定情况下所需的样本规模，如果你真的很想了解计算公式的话，我们在附录14B中对此进行了介绍。不管怎样，理解影响你所需样本规模的因素是非常重要的。附录14B中的公式能帮助你明白这些因素是如何影响样本规模的。

确定样本容量时的基本考虑

当处理一个概率样本时，影响样本容量的基本因素有三个。首先，总体中参数的变异程度是不受调研者控制的。我们之前提起过，当元素的某些特征量的变异很小时，就不需要一个很大的样本来估计特征值。当差异增加时，就需要容量更大的样本。

第二个考虑是估计的**精度**（precision）必须达到多少，它取决于精度问题的重要性。例如，假设要求你开发一个记载某个餐馆内就餐者数量的文件。客户可能想知道的一件事是那家餐馆就餐者的平均收入。样本估计量与总体真实值的差距应该控制在100美元以内吗？也许你可以让估计量的精确度更低一些——与真实值相差500美元以内或1 000美元以内？当其他条件一定的情况下，需要的估计接近总体情况的程度越高（需要的精度越高），需要的样本量就越大。

影响样本容量的另一个因素是调研者需要的估计量的**置信度**（confidence）。置信度的意思是：待估参数的真实值落入我们设计好的精度区间的确定程度。例如，假设你决定在描述餐馆内平均每个就餐者的收入时，人均收入的一个可接受的精度区间为[－500，＋500]美元，样本中的人均收入为45 300美元。这是否意味着总体的人均收入落入[44 800，45 800]美元之间？不是。因为我们得到的是样本均值的抽样分布，但是我们可以有一定的置信度——总体参数能够落入设计好的精确区间内的概率。置信度为多少？对于一个给定的精度区间，置信度与样本容量直接相关，样本容量越大，我们就越能肯定总体的真实值落入精确区间，这个精度区间是基于样本估计而计算出来的。

在样本容量固定的情况下，是不能同时追求置信度与精度的，必须在二者之间做出权衡。对餐馆内就餐者人均收入的最准确的测量方法是均值的点估计法，它是一个没有确定的误差范围的单独值。在我们的调研中，样本均值收入为45 300美元。这个点估计是对总体均值的一个最好的猜测，但是它与真实值相比肯定存在偏差，这个估计尽管精度很高但不能相信它。我们也许对于总体均值收入落在[0，100亿]美元的范围内有完全的置信度——但是这个估计太不精确，没有实用价值。必须平衡对精度和置信度的期望。例如，也许这种情况是比较合理的，总体均值在［44 800，45 800］之间的置信度为95%。

总的来说，为了确定样本的必要容量，我们需要考虑以下三种基本信息：（1）总体在待估参数的同质性或相似性如何；（2）估计量需要的精度；（3）你对于真实值落入你设计好的准确数值范围内有多大把握。追求精度、置信度或总体属性的变异程度都会增加需要的样本规模。在这种信息的帮助下，运用计算机程序计算一个精确的样本规模相对来说比较简单。

道德困境14-2

某地区的一家食品制造商的研发人员最近开发了一种新的甜点浇头。这种甜点浇头比目前市场的同类产品更好，它比市面上的产品有更多样的口味。尽管制造商相信这种产品很有希望，管理层仍然认为有必要向经销商（批发商和零售商）证明它的销售潜力，以方便市场合作，因此制造商决定在一些销量大的地区试销该产品。它选择了很多与公司有长期合作关系的商店销售这些产品。在计划的两个月的试销中，这种产品无法与市场上的同类产品的销售量相比。这样的市场表现将让分销变得十分困难，制造商决定做两件事：（1）延长试销期；（2）增加销售这些测试品的商店的数量。四个月后情况明显好转，管理层对试销结果非常满意。

- 在销量很高或声望很高的地区试销产品的做法道德吗？
- 不把这个事实在行业内公开，从而使同行曲解该产品的市场反应的做法道德吗？
- 不断增大样本容量直至获得一个期望的结果的做法道德吗？如果对于增大样本容量的观点是：产品过于新奇，以至于两个月的试销期不能保证消费者足够熟悉它。这种解释能不能站住脚呢？
- 如果起初就计划实施更长的试销期以及更大容量的样本，而不是基于试销一段时间后的结果做出调整，这种做法是否更道德一些？为什么？

一个独立项目中的多重估计

你可能已经注意到了，我们之前都是基于单一统计量来讨论精度、置信度、变异性对样本规模的影响。然而在许多项目中，我们会对许多非单一的参数充满疑问。自然就产生了这样一个问题，“如果在调查中我询问了一个以上的问题，那么该如何计算样本容量呢？”

因为样本规模是基于单个项目来计算的，所以当你在调研中测量多重属性时，会根据不同项目的需求来确定样本规模。有时候你会为调研项目确定一个整体样本规模。最好的方法是集中关注最重要的变量，选择能够满足精度和置信度要求的足够大的样本。

经理关注

假设你的公司在两年前发起了一项年度全国追踪调研。你的客户中对服务感到“不满意”和“非常不满意”（五点量表中得分最低的两项）的比例第一年是0.23，第二年是0.28。你现在已经做出一些服务的改变，目标是在今年将这个比例降至0.15。

第一年和第二年的追踪调研的样本规模是400人，这仅仅是根据你的预算上限来确定的。今年你的预算增加了，你想用统计方法来为今年的追踪调研确定一个合适的样本规模。你和负责去年调研的公司的经理进行讨论，他说要联系规划样本中的受访者存在一些难度，并且每个电话访问员平均每小时只能完成2.13个完整的调查。假设今年的答复率相同，经理预测每个完成的调查需要花费32美元。

你决定用附录14B中的公式来帮助确定适合的样本规模。在思考后，你决定今年的置信度为95%，适合的精度水平是±0.04，采用0.15（今年想要减少不满意度的水平）作为总体比例估计值，在此基础上你计算得到的样本规模为306。这意味着数据收集费用是9 792美元（严格来说比去年下降了3 008美元）。

这个计算结果比你想象的要低，因此你决定将精度水平提升到±0.02。其他方面保持不变，你计算得到的样本规模是1 225。这样收集数据的费用就变成了39 200美元。你被这个样本规模和收集数据的费用数字吓到了，你又将精度调整到±0.03，其他方面保持不变，你计算得到新的样本规模是544，这样收集数据的费用就变成了17 408美元。

你惊讶于精度上的小小改变会在样本规模和收集数据费用上产生这么大的差别。选择哪种样本规模让你的调研员去收集信息呢？经理人总是喜欢样本规模越大越好。不过，你应该问问自己，是否值得付更多的成本来提升收集数据的精度呢？如果精度的提升不能够改变你对市场信息的反应，那么为更大的样本规模付钱，将会是一名不称职的财务经理的行为。

总体容量与样本容量

也许你过去没注意到总体容量，不过在讨论如何确定必要样本规模时，我们到现在都还没讨论过总体容量，这看起来可能有点奇怪，不过总体容量并不直接影响样本容量（除了我们将要简单讨论的一个例外）。

正如我们之前提到的，如果所有的总体元素的值与特征量完全一样，则其中一个样本足以反映总体，即使样本中有1 000个或10 000个元素时也是如此。因此，是预期精度、置信度和总体属性变异性而非总体自身的大小在影响样本规模。这个结论不是那么直观，许多经理感觉接受这个观点有点困难。

这个观点也有例外，那就是在计算得出的样本规模大于总体的5%～10%时。这种情况下，计算的样本容量可以通过有限的总体修正系数得到适当的减少。例如，如果总体包括100个元素，并且你需要一个20人的样本，事实上，如果使用有限总体修正系数，观察次数应低于20次。好消息是计算机程序也可以帮助解决这个实际计算问题。

确定样本容量的其他方法

到目前为止，我们采用了一种数据统计法计算样本容量。调研者和公司通常使用其他方法来确定样本容量。在这个部分中我们将讨论一些这样的方法。

营销调研是一个昂贵的过程。大部分情况下，数据收集是很有弹性的，样本规模越大，所需费用越高。这是因为无论一个100位应答者参与的项目，还是一个

10 000位应答者参加的项目，数据收集方案的设计费差不多是一样的，当调查预算有限时，样本容量是总预算减去其他调研成本之后剩余金钱的函数。不幸的是，一个普遍的确定样本规模的方法是基于剩余预算来决定的，并且由期望的平均每次接触成本来分摊。

另一个考虑因素是将要在数据上实施的分析类型。一个普遍的分析方法（交叉表分析）需要最小数量的应答者（可能是10～20个）落入每个基于分析变量的不同类别中（如果你阅读过分析章节就会理解了）。因此，样本规模必须足够大以确保满足特定分析类型对数量上的最小要求。

调研者和公司确定样本容量的最后一个办法是使用其他人曾经用于相似调研的样本容量。尽管这可能与已知问题中的理想容量有所差别，在相似调研中经过深思熟虑确定的容量使人在心理上满足，特别是对于毫无经验的调研者。当问及他在一个特定项目上选择的样本容量时，这个客户以即将发送的一定数量的调查邮件回答了问题。当问及他如何获得这个数字时，他说："因为我们一直发送那么多。"许多公司以相似的模式运作。

以历史为指导不失为一种明智的策略，在某种程度上，有些人认为发送一些邮件调查将为客户公司需要的不同类型的评估提供足够的置信度和精度。除非调研情境发生改变（需要更高的置信度和精度、反应率急剧下降，或者总体中一个变化更广的参数有待估计），否则，改变发生之前，必要的样本容量将不会有很大变化。

小结

学习目标 1

解释参数和统计量之间的区别

参数代表了总体的特征，如果能准确无误地测量所有总体元素，我们就可以获得参数的真正取值。统计量是样本的特征或度量，统计量一般用于估计总体参数。

学习目标 2

解释概率抽样和非概率抽样之间的区别

在概率抽样中，目标总体的每个元素有一个已知、非零的概率被选入样本中。每个总体元素入选样本的概率不一定相等，但每个元素都有已知的概率入选样本。对于非概率抽样则相反，我们没有办法估计每个总体元素入选样本的概率，因此，我们没法保证样本能够代表目标总体。所有非概率抽样依赖于样本选择过程中某些方面的个人判断。

学习目标 3

列举非概率抽样的主要类型

非概率抽样的主要类型有：便利抽样、判断抽样（包括滚雪球抽样）和配额抽样。

学习目标 4

列举概率抽样的主要类型

概率抽样的主要类型有：简单随机抽样、系统抽样、分层抽样和整群抽样（包括区域抽样）。

学习目标 5

讨论抽样元素总数的概念

由于并非所有被选中参与调研的人都会参加调研，我们往往需要从抽样框中抽取一个比调研必需样本更大的样本元素集合。从抽样框中选取的更大的这个集合称为抽样元素总数。

学习目标 6

列举影响样本容量的三个因素

当确定样本容量时，调研者必须考虑：(1) 精度；(2) 置信度；(3) 总体中参数的变异程度。

学习目标 7

解释总体容量和样本容量之间的关系

在大多数例子中，总体容量不直接影响样本容量，但通过总体特征量的可变性间接影响样本容量。

关键术语

普查 (census)
样本 (sample)
总体 (population)
参数 (parameters)
统计量 (statistics)
抽样误差 (sampling error)
抽样框 (sampling frame)
非概率抽样 (nonprobability sample)
便利抽样 (convenience sample)
判断抽样 (judgment sample)
滚雪球抽样 (snowball sample)
配额抽样 (quota sample)
概率抽样 (probability sample)
简单随机抽样 (simple random sample)
系统抽样 (systematic sample)
抽样间隔 (sampling interval)
抽样元素总数 (total sampling elements，TSE)
分层抽样 (stratified sample)
整群抽样 (cluster sample)
区域抽样 (area sample)
精度 (precision)
置信度 (confidence)

复习题

1. 什么是普查？什么是抽样？
2. 为什么准确定义总体很重要？
3. 参数和统计量之间的差别是什么？它们之间相关吗？
4. 怎么区分概率抽样和非概率抽样？
5. 非概率抽样的主要类型有什么？它们有什么区别？
6. 概率抽样的主要类型有什么？它们有什么区别？
7. 怎么区分分层抽样和整群抽样？
8. 抽样元素总数 (TSE) 的定义是什么？为什么要计算抽样元素总数？
9. 在确定样本容量时，需要考虑哪三个基本影响因素？
10. 降低用于估计总体均值或总体比例的精度将对样本容量产生什么样的影响？将置信度从 95%降到 90%会怎样？
11. 总体容量和样本容量之间的关系是什么？
12. 确定样本容量的其他方法有哪些？

讨论的问题与案例

1. 根据下列情况，确定合适的目标总体和抽样框。

a. 美国肺脏协会的一个当地分会要检测一个《不吸烟的 12 个理由》的小册子在明尼苏达

州的圣保罗发行的效果。

b. 一家中型的猫粮制造商要在加利福尼亚州的萨克拉门托实施一项新型猫粮的家庭用法测试。

c. 一家在纽约市经营家用电器的大型经销商要评估一种新的折扣策略的商业反应。

d. 一家百货商店要评估提供给计费账户消费者的一项新的信用卡政策的满意度。

e. 一家国内制造商要评估总经销商是否掌握了足够的存货清单，以防止零售商缺货。

f. 一家主要销往中西部的蛋糕食品制造商要对一种新品牌的蛋糕食品进行市场测试。

2. 一家经营中国大众旅游线路的公司的管理部门注意到，在过去的三年里旅游者数量和停留的时间在渐渐减少。管理部门决定实施一项调研来确定人们对大众旅游景点提供的特定活动的态度。这个旅游景点有两家大的旅馆，每个旅馆房间内都放置了一张调查表，上面说明了调研的性质并激励消费者参与。消费者被请求在旅馆大堂内一个单独的办公桌上填写问卷。这项需要20分钟的调查将在这张办公桌上完成。

a. 应该使用哪个类型的抽样方法？

b. 详细地评价所使用的方法。

3. Juno公司是一家大号服装的制造商，公司高层正在评估产品和广告策略。最初的工作包括对一些目标群体进行焦点小组访谈。调研部门根据既定的身体特征标准，采用街头拦截的方法，通过观察选择10～12个身材高大的具有不同人口统计特征的男女组成目标群体。

a. 他们使用了哪种抽样方法？

b. 详细地评价这种方法。

4. Hi-Style公司位于加利福尼亚州的圣迭戈，是当地一家美容休闲连锁店。在过去五年中，公司不断增开店面，销售收入和净利润都呈持续增长态势。老板计划提供免费的发型分析及咨询服务，其他竞争对手都为这项服务收取大量费用。为了补偿不断增长的运营支出，店主计划将其他服务的利润率提高5%。在引进新服务以及调整利润率之前，店主希望做一项调查，以美容店的消费者为样本并使用配额抽样法。调研设计需要你的协助。

a. 你觉得应根据什么变量进行配额抽样？为什么？列出这些变量及其各自的水平。

b. 店主对这五年来顾客的人口统计特征保持密切的追踪，认为这些数据对确认所需的样本元素是最重要的。按照以下三个配额变量，说明容量为200的样本特征。

变量	水平	顾客百分比（%）
年龄	0～15岁	5
	16～30岁	30
	31～45岁	30
	46～60岁	15
	61～75岁	15
	76岁及以上	5
性别	男	24
	女	76
年收入	0～9 999美元	10
	10 000～19 999美元	20
	20 000～29 999美元	30
	30 000～39 999美元	20
	40 000美元及以上	20

c. 讨论这种抽样方法可能的偏差来源。

5. 明尼苏达国家银行是明尼苏达州明尼阿波利斯市的行业领头羊，它在明尼苏达州约有 400 000 名信用卡用户。信用卡申请表要求用户填写姓名、住址、电话号码、收入、受教育程度等信息，这是此类申请书中典型的一种。现在经理们想知道信用卡的使用方式与使用者的社会经济特征之间是否存在联系，例如，用信用卡主要购买贵重物品（如家电）的人与主要购买小商品的人，他们的性格特征有区别吗？

a. 确定明尼苏达国家银行使用的总体与抽样框。

b. 说明你如何从该抽样框中进行简单随机抽样。

c. 说明你如何从该抽样框中进行分层抽样。

d. 说明你如何从该抽样框中进行整群抽样。

e. 哪种方法最好？为什么？

f. 假设你将要进行电话访问，所有联络信息都是现成的，所有应答者都符合资格，20%联络上的人会拒绝参加，65%的人将会联系不到。请计算抽样元素总数（TSE），即如果你计划采用简单随机抽样，需要从样本范围中选取的元素数量。

6. Store-More 是位于爱尔兰沃特福德的一家大型连锁百货店。在许多店铺中都出现了库存积压的问题，为此经理非常烦恼。大概有 3 000 种商品，从多功能扳手到割草机，每个月都有过剩的库存。经理无法确定库存积压是否主要归咎于促销不力或商店布置及购物架设计不合理。经理还意识到，详细检查所有积压商品的订单、发票、商品目录卡是一件困难的事。他决定从商品中选择样本，但不知道如何进行。

a. 确定总体元素以及抽样框。

b. 你推荐哪种抽样方法？为什么，请具体说明。

c. 基于这种抽样方法，你如何抽取样本？

7. 一位家电零售商计划向当地市场推出一种新品牌的洗碗机，要估计这种产品的市场需求。他决定使用二阶区域抽样并保证有一张最新的当地地图，但是他不知道如何实施抽样，需要你的帮助。请列出你将推荐实施的调研方案的详细步骤。

请根据附录 14B 的信息回答问题 8～11。

8. 一家主营业务为生产乳制品的公司的管理层要确定蒙大拿州居民的平均牛奶消费量。过去的形势表明，牛奶消费量的方差为 4 盎司。调查需要有 95%的置信度，误差不超过±0.5 盎司。

a. 你推荐多大容量的样本？给出计算过程。

b. 管理层决定将精度等级增至原来的两倍，并将置信度提高到 99%。你将推荐多大容量的样本？计算并评价你的结论。

9. 一家面包店的经理要确定每个家庭在面包产品上的平均支出，过去的调研表明标准差为 10 美元。

a. 基于不同的置信度和精度，计算样本容量。

	期望的精度（+/−）	期望的置信度	估计的样本容量
1	0.50	0.95	
2	1.00	0.99	
3	0.50	0.90	
4	0.25	0.90	
5	0.50	0.99	

续前表

	期望的精度（+/-）	期望的置信度	估计的样本容量
6	0.25	0.95	
7	1.00	0.90	
8	1.00	0.95	
9	0.25	0.99	

b. 以上哪个选择给出了样本容量的最大估计？为什么？

10. 一个液体肥皂制造商想估计使用液体肥皂的人在肥皂使用总人数中所占的比例。下表为过去的比例估计。

a. 根据不同的置信度和精度等级，计算样本容量。

	期望精度的百分比（+/-%）	期望的置信度	估计的比例（%）	估计的样本容量
1	6	0.99	20	
2	2	0.90	10	
3	6	0.99	10	
4	4	0.95	30	
5	2	0.90	20	
6	2	0.99	30	
7	6	0.90	30	
8	4	0.95	10	
9	4	0.95	20	

b. 哪个选择给出了样本容量的最大估计？为什么？

11. 你是ABC网络电视公司的政治调研总监助理。两名候选人，玛吉·辛普森（Marge Simpson），伊桑·马丁（Ethan Martin），正在竞选美国总统。你需要设计一个调研来预测民众选择马丁的比例，假设选举在今天进行，结果将在明晚的新闻中播放。你要求结果有95%的置信度并期望总的精度为6%。

a. 假设你没有关于总体偏好马丁的百分比的可靠信息，你需要在调查中使用多大的样本容量？

b. 假设30天前，一个简单的民意调查显示，40%的应答者选择马丁，参考这条消息，你将在调查中使用多大容量的样本？

c. 在刚计算的两个样本容量中，你选择哪个用于调查？为什么？

注释

1. Jack Neff, "P&G Enlists 13-Year-Olds in Summer Intern Jobs," *Advertising Age*, June 28, 1999, p. 20.

附录 14A　抽样分布的基础

本附录将介绍一些统计学原理，这些原理使我们能够从样本结果来推断总体特征。我们将给出一些非常重要的概念细节，比起正文里的内容，你更需要注意和了解。

思考一下如表 14A-1 所示的，假设一个总体由 20 个个体组成。现在，大多数营销调研者需要处理的总体比这个大很多，不过小总体能够使我们更好地计算真实总体参数（在这个例子中指的是月净收入），并且将此与我们通过从总体中抽样得出的估计结果进行比较。

表 14A-1　**总体**

总体元素	月收入（美元）
1 A	5 600
2 B	6 000
3 C	6 400
4 D	6 800
5 E	7 200
6 F	7 600
7 G	8 000
8 H	8 400
9 I	8 800
10 J	9 200
11 K	9 600
12 L	10 000
13 M	10 400
14 N	10 800
15 O	11 200
16 P	11 600
17 Q	12 000
18 R	12 400
19 S	12 800
20 T	13 200

对表 14A-1 所展现的总体而言，总体均值（μ）是这样计算的：

$$\text{总体均值}(\mu)=\frac{\text{总体元素总和}}{\text{总体元素数量}}$$

$$=\frac{5\ 600+6\ 000+\cdots+13\ 200}{20}=9\ 400(\text{美元})$$

接下来让我们来看一看是如何根据从总体中抽取的样本来估计这一数值的。

衍生总体

衍生总体（derived population）包括在给定抽样方案下可能从总体中被选中的所有样本。正如我们在正文中讨论过的，统计量是一个样本的特征或度量，我们运用样本统计量来估计总体参数。当抽样方案确定时，用于估计指定参数取值的统计量取决于从总体中选出的特定样本。不同的样本产生不同的统计量，并且在估计同一个总体参数上产生差异。

考虑一下，当使用简单随机抽样并规定样本规模 $n=2$ 时，由所有可能从总体中抽取的样本构成衍生总体。假设每一个总体元素的信息——在本案中为人名和月净收入——都被写在一张磁盘上，被放进罐子里并充分摇晃。随后，调研员伸进罐子里随意拿出一个存有信息的磁盘，把它放在一边。同样方法，调研员又拿出第二个磁盘。接着，他把两个磁盘重新放回罐子里，并重复这个过程。表 14A-2 向我们展示了由这个过程产生的许多可能的结果——共 190 个组合。此外，表 14A-2 还包括每一个样本组合的平均收入。至此，对第一个样本组合来说，它包括总体元素 A 和 B，由此计算出的平均值（$\bar{x}$）如下：

$$样本平均值(\bar{x})=\frac{样本元素总和}{样本元素数量}=\frac{5\ 600+6\ 000}{2}=5\ 800(美元)$$

图 14A-1 展现了样本 25，62，108，147 和 189 的样本平均月收入，它也表明如果运用每个抽样来估计总体参数时可能出现的误差值。

表 14A-2　简单随机抽样下样本规模为 2 时，所有可能的样本组合的衍生总体

样本	元素	均值	样本	元素	均值	样本	元素	均值	样本	元素	均值
1	AB	5 800	31	BN	8 400	61	DK	8 200	91	FL	8 800
2	AC	6 000	32	BO	8 600	62	DL	8 400	92	FM	9 000
3	AD	6 200	33	BP	8 800	63	DM	8 600	93	FN	9 200
4	AE	6 400	34	BQ	9 000	64	DN	8 800	94	FO	9 400
5	AF	6 600	35	BR	9 200	65	DO	9 000	95	FP	9 600
6	AG	6 800	36	BS	9 400	66	DP	9 200	96	FQ	9 800
7	AH	7 000	37	BT	9 600	67	DQ	9 400	97	FR	10 000
8	AI	7 200	38	CD	6 600	68	DR	9 600	98	FS	10 200
9	AJ	7 400	39	CE	6 800	69	DS	9 800	99	FT	10 400
10	AK	7 600	40	CF	7 000	70	DT	10 000	100	GH	8 200
11	AL	7 800	41	CG	7 200	71	EF	7 400	101	GI	8 400
12	AM	8 000	42	CH	7 400	72	EG	7 600	102	GJ	8 600
13	AN	8 200	43	CI	7 600	73	EH	7 800	103	GK	8 800
14	AO	8 400	44	CJ	7 800	74	EI	8 000	104	GL	9 000
15	AP	8 600	45	CK	8 000	75	EJ	8 200	105	GM	9 200
16	AQ	8 800	46	CL	8 200	76	EK	8 400	106	GN	9 400
17	AR	9 000	47	CM	8 400	77	EL	8 600	107	GO	9 600
18	AS	9 200	48	CN	8 600	78	EM	8 800	108	GP	9 800
19	AT	9 400	49	CO	8 800	79	EN	9 000	109	GQ	10 000
20	BC	6 200	50	CP	9 000	80	EO	9 200	110	GR	10 200
21	BD	6 400	51	CQ	9 200	81	EP	9 400	111	GS	10 400
22	BE	6 600	52	CR	9 400	82	EQ	9 600	112	GT	10 600
23	BF	6 800	53	CS	9 600	83	ER	9 800	113	HI	8 600
24	BG	7 000	54	CT	9 800	84	ES	10 000	114	HJ	8 800
25	BH	7 200	55	DE	7 000	85	ET	10 200	115	HK	9 000
26	BI	7 400	56	DF	7 200	86	FG	7 800	116	HL	9 200
27	BJ	7 600	57	DG	7 400	87	FH	8 000	117	HM	9 400
28	BK	7 800	58	DH	7 600	88	FI	8 200	118	HN	9 600
29	BL	8 000	59	DI	7 800	89	FJ	8 400	119	HO	9 800
30	BM	8 200	60	DJ	8 000	90	FK	8 600	120	HP	10 000

续前表

样本	元素	均值	样本	元素	均值	样本	元素	均值	样本	元素	均值
121	HQ	10 200	139	JN	10 000	157	LO	10 600	175	NT	12 000
122	HR	10 400	140	JO	10 200	158	LP	10 800	176	OP	11 400
123	HS	10 600	141	JP	10 400	159	LQ	11 000	177	OQ	11 600
124	HT	10 800	142	JQ	10 600	160	LR	11 200	178	OR	11 800
125	IJ	9 000	143	JR	10 800	161	LS	11 400	179	OS	12 000
126	IK	9 200	144	JS	11 000	162	LT	11 600	180	OT	12 200
127	IL	9 400	145	JT	11 200	163	MN	10 600	181	PQ	11 800
128	IM	9 600	146	KL	9 800	164	MO	10 800	182	PR	12 000
129	IN	9 800	147	KM	10 000	165	MP	11 000	183	PS	12 200
130	IO	10 000	148	KN	10 200	166	MQ	11 200	184	PT	12 400
131	IP	10 200	149	KO	10 400	167	MR	11 400	185	QR	12 200
132	IQ	10 400	150	KP	10 600	168	MS	11 600	186	QS	12 400
133	IR	10 600	151	KQ	10 800	169	MT	11 800	187	QT	12 600
134	IS	10 800	152	KR	11 000	170	NO	11 000	188	RS	12 600
135	IT	11 000	153	KS	11 200	171	NP	11 200	189	RT	12 800
136	JK	9 400	154	KT	11 400	172	NQ	11 400	190	ST	13 000
137	JL	9 600	155	LM	10 200	173	NR	11 600			
138	JM	9 800	156	LN	10 400	174	NS	11 800			

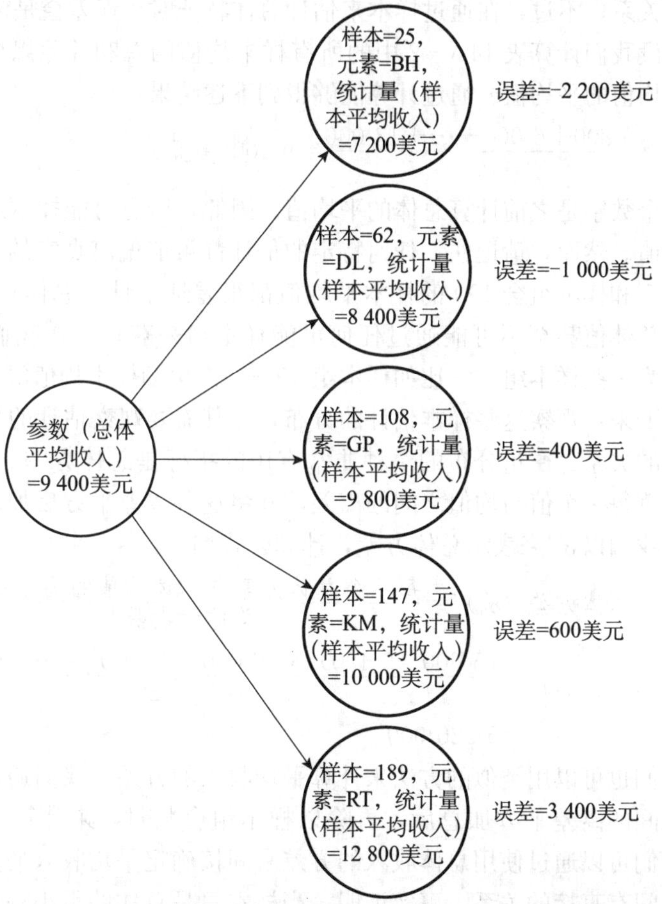

图14A-1 几种可能的样本组合以及在估计总体平均值时预期存在的误差

关于衍生总体我们需要记住两点。第一点，即使我们通过表14A-2向你展示了在给定抽样方案下所有可能被选中的抽样样本来解释衍生总体这个概念，但在实践中并不需要这么做。取而代之的是，依赖于衍生总体的概念来抽取单一的样本，并且结合抽样原理来根据样本推断总体。从总体中选择一个样本规模为2的程序，等同于从衍生样本的190种可能组合中选择一个样本组合。在做出统计推断时这是最基本的事实。

第二点，我们是在给定的抽样方案下将所有可以区分的、所有可能被抽中的样本组合的集合定义为衍生总体。改变抽样方案中的任何一部分，衍生总体都会改变。例如，将样本规模从2个改为3个，一个可能的样本组合是ABC，也会有其他额外的组合可能——相对于样本规模为2时的190个组合，这样会产生1 140个组合。通过运用其他一些抽样方法代替简单随机抽样来改变选取元素的方法，衍生总体也会随之发生改变。

样本均值与总体均值

如果想要通过简单随机抽样来估计收入，我们能够假设样本均值等于总体均值吗？这是不行的，任何特定样本能够得到等同于总体均值的样本均值是不太可能的。如果我们使用概率抽样，某种统计学原理允许我们假定样本均值和总体均值之间存在关系。不过，在通过样本来估计总体特征时，误差会是多少呢？

假设我们计算表14A-2中的所有样本均值的总和并除以样本组合数量，那就是做平均值的平均值。通过计算能够得到下述结果：

$$\frac{5\ 800+6\ 000+\cdots+13\ 000}{190}=9\ 400(\text{美元})$$

这个数字是之前计算总体的平均值。因此，所有可能样本组合均值的均值等于总体均值。然而，请记住，任何特定的估计都可能偏离真实的总体数值。例如，样本组合1和样本组合190的样本平均值都很差地估计了总体均值。在一些情况下，真实的总体值甚至不可能通过任何可能样本组来获得。在我们这个案例中并非如此，因为一些样本组——比如样本组19——产生的样本均值等于总体均值。

接下来，观察这些样本估计的分布，尤其需要观察估计的分布和总体收入的分布之间的关系。衡量分布的一种非常有用的指标是总体方差。为了计算总体方差，我们计算每一个值与均值之间的离差，并将这些离差平方后加总，再除以值的总和数量。我们以σ^2来表示总体方差，计算公式如下：

$$\text{总体方差}\ (\sigma^2)=\frac{\text{每一个总体元素与总体均值的离差平方和}}{\text{总体元素数量}}$$

$$=\frac{(5\ 600-9\ 400)^2+(6\ 000-9\ 400)^2+\cdots+(13\ 200-9\ 400)^2}{20}$$

$$=5\ 320\ 000$$

我们也可以用类似的方法来计算平均收入的方差。我们通过将每个均值和总体均值之间的离差平方加总后，再除以样本组合数量，来计算平均收入的方差。或者，我们可以通过使用总体收入的方差来间接确定平均收入的方差，因为在这两个数量之间有直接的关系。事实证明，当样本只是总体的很小一部分时，样本平均收入的方差等于总体方差除以样本容量，即

$$\sigma_{\bar{x}}^2 = \frac{\sigma^2}{n}$$

式中，$\sigma_{\bar{x}}^2$ 为样本平均收入的方差；σ^2 为总体收入的方差；n 为样本容量。因此，样本平均值的方差与总体方差有关。

最后，对比一下衍生总体的估计分布和总体的平均月收入的均值分布。图 14A－2 中，如图（a）描述的总体分布是平坦的，20 个值每个只出现 1 次，并且对称分布在总体平均值 9 400 附近。图（b）描述了衍生总体的估值分布，是将表 14A－2 中的所有样本均值分成各组（6 000 美元以下，6 100～6 600 美元，等等）后构成的，并且计算包括在每组中的个数。图（b）是一个简单的条形图，即直方图，展现了每个分组中包含的样本平均值数量，这就是统计量的样本分布。值得注意的是，样本分布是土丘状的，即使总体分布是平缓的。

样本分布是统计学中最重要的概念，它是统计推断过程的基石。如果知道问题中的统计样本分布，就能够做出相应总体参数的推断。如果只知道特定样本的估计会随着重复抽样的改变而改变，但是不知道它将如何改变，这时候就不可能估计抽样误差，因为估计的样本分布描述了一个估计值是如何随着重复抽样的变化而改变的，它提供了确定样本估计可靠性的基础。这就是为什么概率抽样方案对于统计量推断来说非常重要。当知道总体中任意元素被选入样本中的概率时，就可以获得方差统计量的样本分布。调研者随后就能够根据样本分布来从单个样本推断总体特征值。

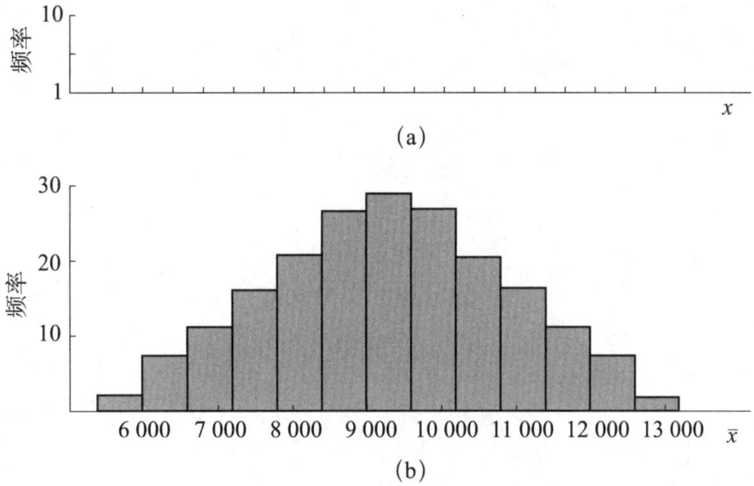

图 14A－2 总体分布和样本分布

中心极限定理

山丘状的样本分布向我们提供了中心极限定理存在的最初证据。中心极限定理描述的是，如果使用简单随机抽样从总体中选择给定样本容量 n，其均值等于 μ，其方差等于 σ^2，那么当样本规模 n 足够大时，样本均值的抽样分布近似服从正态分布，其均值等于总体均值，方差等于总体方差除以样本规模，即 $\sigma_{\bar{x}}^2=\frac{\sigma^2}{n}$。当样本容量 n 越大时，这个近似分布就会越明显。这就意味着，无论总体情况如何，当样本足够大时，样本均值的抽样分布都会呈现正态分布。多大是足够大呢？如果总体方差的分布是正态的，那么当样本容量 $n=1$ 时的样本均值分布也会是正态的。如果方差的分布是对称的，但不是正态的，那么非常小容量的样本的均值呈正态分布。如果总体方差的分布是极度偏斜的，那么就需要一个大样本容量。

我们讨论的一切是有前提的：能够假定样本均值的抽样分布是正态分布，是基于处理一个充分适当的样本容量。在运用正态曲线做推断时，无须假设总体的方差是正态分布的。取而代之的是，依赖于中心极限定理，并根据总体分布来调整样本容量，直到能够使假设取得正态曲线。幸运的是，统计量的正态分布常常伴随着相对较小容量的样本出现——正态标准是样本容量为30，有时甚至更少（你可能会需要超过这个数量的样本容量来满足合理的精度和置信度的要求，不过当样本容量在30左右时，抽样分布就会呈现近似正态分布的样子）。

资料来源：© Cengage Learning.

附录14B 计算样本容量

假设一下，如果你所在州的旅游局想要统计一下本州猎人的两件事情：(1) 在狩猎旅行中，猎人每年在食物和住宿上的平均花费是多少？(2) 州外猎人的比例是多少？你的任务就是根据往年申请狩猎许可证的名单，运用简单随机抽样来估计每年猎人的平均支出和他们的住处所在地。

在估计花费金额时，旅游局主任希望估计值与总体均值的误差在±25美元之内，置信度为95%，即有95%的可能性总体均值落在你构建的精度区间内。你已经掌握了三个必要信息的其中之二。剩下的这个信息——猎人支出费用的方差估计，比较难获取。我们可能会查阅过去这个主题调研的信息来确定估计值，利用二手资料是个好方法。另一个选择是，进行一个预调查。在正式实施调查之前进行一个实验测试（来检查衡量方法、数据收集形式等）是一个好主意，这是一个有吸引力的选择。当所有办法都失败时，有时候调研者会进行主观猜测。在这个案例中，过去的调研显示猎人的年度支出的方差大约是125美元。

用来计算样本容量的公式往往取决于用于估计总体参数的测量水平。如果采用的是定类量表或者定序量表，结果的形式就是落入指定组别的样本的比例。如果采用的是等距量表或者等比量表，结果就近似于计算平均数值。在这个案例中我们会运用下述公式来计算样本容量（支出金额采用比例来衡量）：

$$n = \frac{z^2}{H^2} \times (\text{est } \sigma^2)$$

式中，n——需要的样本容量；

z——与预期置信度相关的 z 值；

H——精度的一半（或者说是估计值能够在正负两个区域中的最大值，表现出的是整个精度区域的一半）；

σ^2——总体支出的方差。

你可能会回想起基础统计学中95%的置信度对应的 z 值=1.96，99%的置信度对应的 z 值=2.58（花一点时间看一下样本容量公式，并且注意一下当你将置信度从95%提升到99%时，必要的样本容量 n 会发生什么变化？如果你想要更大的置信度来确保真实数值能够落在精度区间内，那么你就需要增加你的样本容量）。

值得一提的是，旅游局主任希望你的估计值的误差在±25美元之内。因此，整个精度区间范围是50美元，它的一半（H）是25美元。（再一次，让我们看一下计算公式，并且思考一下，如果你想提升答案的精度，将会发生什么？因为提升精度意味着精度区间的缩小，公式中 H 变小，那么必要的样本容量就增加了。）把这些都放在一起，估计支出的样本容量计算如下：

$$n = \frac{z^2}{H^2} \times (\text{est } \sigma^2) = \frac{(1.96)^2}{(25)^2} \times (125)^2 = 96$$

你需要一个包括96名应答者的样本。下一步就是确定抽样元素总数（TSE），从抽样框里随机选择。目标是最终获得至少96名的样本容量来达到预期的精度和置信度。

另一个需要估计的总体参数是来自其他州的猎人比例，这需要你使用一个略有不同的公式，不过仍基于相同的原理。旅游局希望你的估计值误差在±2%，置信度在95%，即有95%的可能性总体均值落在你构建的精度区间内。这次你该如何估计总体参数的方差呢？让我们用下面这个思路来想一想：以定类或定序量表测量的一个完全同质化的总体的特征看起来是如何的？每个人（100%）都具有某个特征或者没有人（0%）具有某个特征。无论哪一种情况，每个人在这个问题的参数上都极其相似。当总体变得越来越具有异质性，具有（或不具有）某种特征的比例从极端值开始趋近于50%，50%是总体特征异质化程度的最大水平。因此，你对来自州外的猎人比例的（提前）估计会作为总体在这一特征上的方差估计。一个两年前进行的相似调研显示，25%的猎人来自国外，这将会成为你现在调研的方差估计。

计算估计比例的样本容量公式如下：

$$n=\frac{z^2}{H^2}\times\pi(1-\pi)$$

式中，n——需要的样本容量；

z——与预期置信度相关的 z 值；

H——精度的一半（或者说是估计值能够在正负两个区域中的最大值）；

π——总体比例。

用具体数字替换公式中的字母，得到以下结果：

$$n=\frac{z^2}{H^2}\times\pi(1-\pi)=\frac{(1.96)^2}{(0.02)^2}\times 0.25(1-0.25)=1\ 800$$

像之前一样，接下来你将要确定抽样元素总数，这些抽样元素是以往年申请狩猎许可证的人员作为抽样框随机抽取的。目标是选取足够多的样本来确保你最终能够得到1 800个有效样本。

你可能注意到在第一个例子中，你最后需要的样本容量是96，在第二个例子中则是1 800。为什么两者有这么大的差异？样本容量的大小是由调研情况中对特定参数的需求来计算的。在当前情况下，相对于总体而言，估计的置信度、精度或者参量方差都一定会有差异（在这个案例中，差异最可能是在估计总体外来猎人比例时预期精度过大导致的）。

第15章 收集数据：提高应答率并降低误差

学习目标

1. 描述调研中可能出现的五种类型的误差
2. 给出应答率的一般定义
3. 讨论一些提高应答率的方法

引　言

一旦你设计好了用于数据收集的调查问卷和抽样方案，就应着手收集数据。本章将集中讨论在收集数据时可能会出现的几种误差。我们会向你展示如何计算一项调查的应答率，应答率是评价数据收集结果的总体质量的一个非常重要的指标。最后，我们会给出一些提高应答率的建议。

误差类型

图 15－1 向我们展现了调查项目中出现的不同类型的误差，并解释这些误差是如何使调查结果偏离总体真实情况的。你可能会注意到这张图与之前出现过的一张图非常相似，在那张图里说明了个人对调查项目的反应是事实真相、系统误差和随机误差的组合。然而图 15－1 说明的是，基于抽样的调查结果是事实真相、抽样误差、无覆盖误差、无应答误差、应答误差和办公误差的组合。

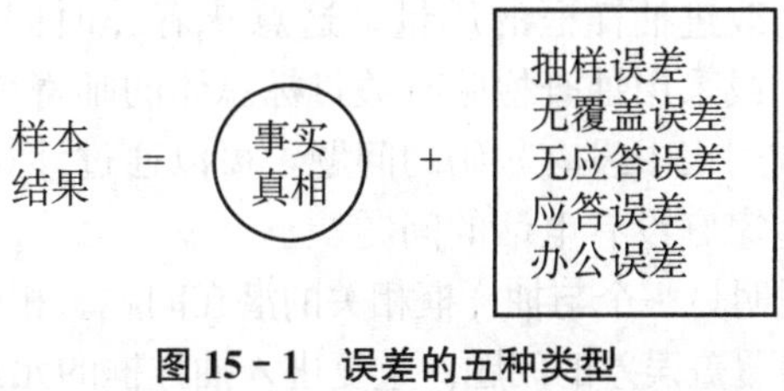

图 15－1　误差的五种类型

抽样误差

我们之前已经提及了一种误差——抽样误差，它是基于从总体中抽出的样本的结果来影响项目。回想一下，抽样误差的定义是从样本中获得的结果和由我们从总体中收集的信息产生的结果之间的差异。抽样误差相对于其他类型的误差更容易处理。我们不仅可以很容易减少抽样误差（通过增加样本规模），而且可以明确地从统计的角度描述抽样误差（计算抽样误差范围）。如果你没有使用概率抽样技术，也就不可能估计到抽样误差的程度。

有一个比较抽样误差影响与其他类型的误差影响的例子，它考虑了某个随机样本中的消费者如何回答下面这个调查中的问题："你平均每周刷几次牙？"假设回答的均值为每周21次，并且结果有95%的置信度，如果我们与总体中的每个消费者对话，所得的结果也会在每周19～23次之间。在这个分析中，我们完全解释了可能的抽样误差。然而这可能并不是事实的全部真相，因为我们的受访者中有些人可能为了得到社会认可而夸大刷牙行为的事实。估计抽样误差并不能够校正由于问题本身、提问方式和众多其他因素所引起的误差。

如果抽样误差并不是最大的麻烦，那么应该关注哪些其他类型的误差呢？我们将要在接下来的部分讨论这个问题。不过其他类型的误差并不像抽样误差那样容易处理，它们未必会随着样本容量的增加而减少，甚至可能随之增加，并且在很多情况下，很难估计这些误差的规模和影响。

无覆盖误差

无覆盖误差（noncoverage error）的产生是由于抽样框没有将目标总体的某些符合要求的元素包括在内。这句话的意思是，一个以上的消费者、住户等这些符合总体元素条件的对象没有被包括在总体元素的列表中，因此，它们就丧失了被包括在样本中的机会。无覆盖误差的产生本质上是抽样框的问题。

执行一个项目时调研者手头没有包含所有总体要素的列表是很普遍的情况。这些情况下，你的主要任务之一就是设计一个合理的抽样框来确保项目可以进行……并且在大多数情况下几乎不可能完全正确地得到结果。即使知道总体包括哪些要素，也往往是过时而不准确的信息（例如将某个区域中家庭的电话号码簿作为抽样框），因此，调研项目中就出现了无覆盖误差。

无覆盖误差并不会在每项调查中都出现。对于某些调查，人们获得了清楚、简便、完整的抽样框。例如，一家家具店如果有准确的交易记录，那么在它想要对店里有过消费记录的消费者进行调查时应该会很少遇到无覆盖误差。但是准确的抽样框仍然少有所闻。

我们已经知道无覆盖误差很有可能发生，调研者怎么做才能有效地控制它呢？最简单的方法是改进抽样框的质量。这意味着花时间让可用的城市地图保持最新（以地区为例），或采用抽查检验有关目标总体的邮寄地址表的质量和代表性。电话调查中经常出现列表中没有号码的问题，可以通过计算机化拨打方法解决，尽管这并不能解决有些家庭没有电话的问题。

我们还要说明另一个与抽样框相关的潜在问题。相同姓名和家庭在抽样框内的重复出现将产生超覆盖误差的问题。重复进入抽样框的元素有更高的可能性被包括在样本中。然而，对于大多数调查，无覆盖误差比超覆盖误差更普遍，也更难处理。

无应答误差

当你无法从被选入样本的总体元素中获得信息时，**无应答误差**（nonresponse error）就产生了。假设五年前至今，一所大学在每年毕业班的学生中进行一项调查，根据目前的薪酬水平来确定"学校的毕业生到底有多优秀"。谁最有可能完成并交还问卷呢？也许是那些对自己薪水很满意的人。谁最不可能呢？那些对自己薪水不满意的人。结果，在一个重要的尺度上，交还问卷的人与未交还问卷的人之间可能存在系统性差异，并且有关薪水问题的结论会增大偏差，这种增大的偏差反映了无应答误差。

无应答误差在很多项目中是一个潜在的问题，它导致数据不能从所有被选入样本的应答者中获取。无应答误差是一个潜在问题，主要是因为只有当回复的人与不回复的人对某些重要问题的观点不同时才会产生。无应答误差的程度很难估计，因为我们显然不能从那些没有回复的人当中获取答案。表 15－1 列举了一些可能的方法，确定无应答误差是否在一项特定的调研中产生问题。

无应答误差的来源分为两类：一是拒绝，它会在所有的数据收集方法中出现；二是家中无人，它主要发生在电话调查或一些人员访问中。在几乎所有的调查中，都有一些应答者会拒绝参与。**拒绝**（refusals）率取决于许多因素。不同方法一般会产生不同的答复率。当其他条件相同时，人员访问是产生较高答复率的最有效的方式，其他方法都不如它。相对其他调查方法，人员访问最明显的优势是其接触的社会属性：删除电子邮件或者把调查信件丢到垃圾箱中的做法并不会使应答者承担伤害某些人情感的风险。

表 15－1　诊断无应答误差的三种方法

方法 1　接触无应答者样本

如果调研者能分辨出没有回复调查的人（也许数次接触都没有回音），就有可能收集一个无应答者样本并再次和他们接触，并使用不同的方法进行沟通。然而，这一次接触的目标不是让应答者完成整份调查，而是让他们聚焦于项目中一两个关键问题。从这个无应答者样本中获得的有关问题的答案将与初始的样本进行比较。如果两个样本在关键问题上的回答没有差异，无应答误差也许不会成为阻碍项目的问题。这是一个诊断无应答误差较好的方法，也是一般情况下最难的方法。

方法 2　比较应答者的人口统计数据和已知总体的人口统计数据

有时候，调研者在总体中进行抽样调查，该总体的信息可以从其他渠道中获取。例如，假设你正在对美国一个州的居民进行一项电话调查，当你完成数据收集过程时，已经计算得到样本中不同的人口统计特征（如，性别、年龄、受教育程度）。这些样本统计量可以同其他渠道获得的数据进行对比（比如人口普查数据），从而确定群体的某个人口统计特征比例是超过样本比例，还是低于样本比例，这两种情况都暗示了无应答误差的存在。然而，请注意，抽样框不完整也是无应答误差的一个表现。即使这些样本的人口统计特征与已知总体参数完全匹配，我们也不能消除无应答误差出现的可能性，因为要调研的关键议题可能与我们考虑的人口统计变量完全不相关。在这种情况下，回答问题的人系统性地有别于不回答问题的人，但是他们拥有相同的人口统计特征。尽管存在缺陷，这种方法比简单地假设回答问题的人和不回答问题的人没多大区别要好得多。

方法 3　进行对迟缓应答者与快速应答者的一个对比分析

采用让应答者在方便时回答问题的数据收集方法（例如，信件、网络）就有可能将快速回复与延期回复的应答者做个比较。因为相比快速应答者，推迟回复的应答者与完全不回复的应答者更相似。如果迟缓应答者与快速应答者没有区别，无应答误差出现的可能性就比较小。

一般来讲，受教育程度不高的人、收入不高的人和年纪较大的人比其他人更有可能拒绝参与一项调查。[1]文化因素也会产生差异，比如在沙特阿拉伯很难采访到女性。一些其他的拒绝参与调查的因素可能包括：没时间，在不合适的时间与应答者接触，应答者对调研主题缺乏兴趣。采访人员自身对拒绝人数有重要的影响，他们的方法、礼节，甚至他们本身的人口统计特征都会影响应答者参与的意愿。

家中无人（not-at-homes）是另一类问题。有时候我们并不能在收集数据期间联系到指定抽样元素。对于低收入家庭、农村家庭和有小孩的家庭，在家中找到人的可能性更高。家中无人的可能性呈季节性变化，特别是节假日家中无人的可能性较大，同样的，一周内工作日和双休日的差别也很大。技术的进步使家中无人的问题变得更加严重，尤其是对电话访问来说。自动应答机普遍地用于各家各户，很多人用它来屏蔽不必要的呼叫。有相当一部分住户（更别提有手机的人）使用一种叫做呼叫者身份认证的技术来识别呼叫号码，许多人都会忽略无法辨别来源的呼叫。随着从固定电话到手机的转变，这种挑战更加严峻。由于家中无人问题的严峻形势，你一定想要使用回访方法，这种方法通过在不同日期、不同时间多次拨打电话来尝试与抽样选中的对象进行联系。虽然一封没有回复的招募邮件在技术上被认为是拒绝的，但多次发送邮件试图让受访者回复是非常重要的。

家中无人和拒绝问题引起的无应答问题对于大多数调查的准确性是非常重要的。多年来专家们一直建议并认为相对于对大样本不进行回访而言，对小样本进行多次回访更有效，除非初次应答率大大高于普通水平。[2]

我们重复强调一个重要的普遍结论：相比于从大样本池中收集信息且得到大样本但不对无应答者进行回访，努力从小样本池中收集回复更有效。同时也要注意数据收集工具，有时可能向上百万人投递调查问卷后只能获得几千份答复。这种情况下，除非99%的无回复者在关键问题上与1%的回复者相似，否则无应答误差将会高得惊人。

一些人在处理家中无人问题时，尝试用下一户邻居家庭来代替，或在电话调查中拨打列表中的下一个人的号码进行采访。表面上看似乎可行，但事实上这是你做的最坏打算。这么做是为了将在家的人（也许在一些重要的特征上，他们与不在家的人有所不同）替换不在家的人，样本中在家的人的比例增加了，但是问题不但没有解决，反而更糟糕。例如，假设你受托于一家知名的体育用品公司，对“人们对户外活动的偏好”这个问题进行一项电话调查。如果你习惯性地把不在家的人（当中包括参加户外活动的人）替换为在家的人，无应答误差就会产生，从而导致对“人们对户外活动的偏好”做出的估计比实际情况要低。

道德困境15-1

一个知名的汽车经销商需要决定是否要引进一家国外名气不大的汽车产品线，作为对本国产品线的补充。为了更准确地制定决策，经销商与一家调研公司签约，让后者进行一项调查来确定这个国外产品线潜在消费者偏好和需求。结果表明，有大量的关注和偏好存在于消费者当中，因此经销商决定试销新的产品线。

为了宣传新的产品线，经销商为感兴趣的群体成员安排了一场预演，包括本地报纸读者和收音机听众、汽车相关行业的总经理、汽车维修站店主，以及一些男性或女性俱乐部的领袖等。经销商的董事长也邀请对新车感兴趣的调查参与者来参加，并要求调研公司提供应答者的姓名。调研公司拒绝了请求，声称这样做违背了对应答者做出的隐私保密承诺。

- 调研公司应该遵从经销商的请求吗？
- 经销商是否有权在支付调研费用之后获取参与者的姓名？
- 如果这个调查没有确定的潜在销售量，结果是否会有所不同？
- 如果经销商知道了部分应答者的姓名，会造成哪些后果？
- 如果这个问题在调研开始之前就提出，调查方式的设计能否避免让调研公司和经销商陷入窘境？

应答误差

当一个人对调查做出了回应但由于某些原因回应并不正确时，**应答误差**（response error）就产生了。有很多因素会造成应答误差，从糟糕的书写和应答者错误地理解问题，到潜意识地影响自身答案的应答者的性格特点，到各种各样别的问题。应答误差的产生可以归咎于调研者、应答者或两者兼有。

下面的一系列问题有助于考虑造成应答误差的因素。[3]这些因素同样可以用于预计最初设计问卷题目时可能出现的问题。

应答者理解问题了吗　正如第 13 章所提及的，问卷题目必须用简洁的语言书写，特别是调查大量观众时。如果应答者不理解问题，就有可能发生下面两个问题中的一个：他们会跳过问题，导致潜在的无应答误差，或者他们基于自己的理解回答问题，答案也许不能与你期望的理解相匹配。一般来讲，在相关总体成员中对问卷进行预测试可以消除这类误差来源。

几年以前，我们在医院病人当中进行了一项对医疗中心的工作人员服务满意度的调查。问卷从各个方面提出了一些评估病人的期望和对服务质量认知的问题。应答者被要求在给定的评级量表中回答每个问题。一名应答者看上去读了说明，并按评价量表回答了第一个问题，然后她对其他的问题进行开放式回答。她是一个 92 岁的女人，非常努力地回答问题。显然，她理解了大多数问题，但她不明白我们要她做的是在评级量表中做选择。这是她的错吗？不完全是，让问卷说明非常清晰是我们的工作职责。

应答者知道问题的答案吗　一名应答者正确地理解问题并不意味着他知道问题的答案。这种情况在固定可选答案问题的回答中非常普遍，应答者只需在选项中选择合适的答案。即便“不知道”是一个选择，但这种策略将在数据分析中制造更多的困难。人们有时会选择“不知道”选项，作为没有思考过某个特定问题的一种回答方式，特别是当他们不知道答案时。一个较好的策略是，进行充分的探索性调研和问卷的预测试，从而了解总体成员可能知道的和不知道的。

应答者愿意给出问题真实的回答吗　理解问题并知道答案的应答者未必总是提供真实的答案。这有多方面的原因。应答者会下意识地说谎，因为当他们真不知道答案时，会试图让自己看起来很棒，或避免表现出“无知”的一面。有时候应答者很生气或心情很坏，他们故意提供不准确的答案。一些应答者即使能理解问题并给出正确的答案，他们似乎也不关心他们的回答。另一些应答者似乎不愿意对某种产品、商店或服务做出消极的评价。

为了调查那些购买并使用飞机的人，高新全能航空运输实验室（Advanced General Aviation Transport Experiment，AGATE）进行了一项网络调查。AGATE问卷的开发者注意到：当询问人们对某些项目支出多少钱时，应答者一般给出接近真实情况的可接受区间下限的答案。尽管问一个回答是/否的问题如“你愿意支付200美元吗”能产生更准确的答案，但也只适用于特定的价格。为此，AGATE的调研者设计了一种问卷格式，将计算机随机选择的价格展示给应答者，如此一来，调查者就能够得到人们愿意花多少钱的精准预测，同时没有人会对评估每个价格产生心理负担。[4]

另一种应答误差的类型是应答者当时的态度和心情会影响他们的答复。我们曾经进行过一项牙科病人的调查，调查的一个问题是检验患者心情与牙医所提供的治疗之间的关系。一位年长的应答者对我们的问卷不怎么感兴趣，他在表格上写道“从没见过这么奇怪的问卷”。他对问卷的态度影响了回答题目的整体情绪，他选择选项中最接近“好”的答案（选项的语意变化由“差”到“好”），并添加这句话“我在接受了去看牙医的建议后总是感觉很幸福，整个路上，我一直用最大的肺活量高唱快乐之歌”。

如何处理这些类型的应答误差呢？关键在于进行充分的探索性调研以及问卷的预测试。问卷甚至有可能让应答者产生小小的抵触情绪——特别是敏感的问题，必须小心设计和测试。当数据收集表设计好后，要特别注意问题的措辞（以及问题的排列顺序），从而抓住应答者的注意力。

问题的措辞或提问的环境可能对回复造成偏差吗 注意，问题的措辞以及回答选项对个体的回复有强烈的影响。诱导性问题显然要避免，而且调研者要注意，如果想要揭露一个问题的事实，就不要使用有暗示意义的语句。需要注意未说明的选项、假设条件、有歧义的问题，也不能要求应答者做出估计（见第13章）。

人员访问和电话访问中访问人员也可能会影响或误导调查结果。访问人员必须经过严格培训，不能让他们在演讲中的语调或感染力随着采访对象的不同而变化。你可能猜测自由回答问题中访问人员引起的偏差会更多，因为访问人员需要同时提出问题和记录答案，其中可能有许多产生误差的机会。然而，固定可选答案问题也不能从这个问题中幸免，因为访问人员有时会用强调语气来宣读选项。语气或语调的细微变化可能会改变整个问题的含义。因此，访问人员的培训和明确的指令是非常重要的。

访问员可能引起的误差还有另外两个来源。访问人员的一个主要任务是保持应答者的兴趣和激情，同时，访问人员必须翔实记录应答者回答的每个开放式问题的答案，或者在固定可选项中找到合适的答案。这是一项艰巨的任务，有时候访问人员可能会犯错误。记录误差可以原谅，访问人员的欺骗就是另一回事。欺骗的范围小到为完成回答而捏造一两个问题的答案，大到整个访问过程。因为访问人员的欺骗，许多商业调研公司只能从完成的访问中抽出一小部分的应答者，通过电话回访或寄明信片的方法来检验他们是否被真正地接触到了。

办公误差

不幸的是，在数据收集阶段结束之后还是会有误差进入到调查中。**办公误差**（office error）会在数据的编辑、编码以及分析过程中产生。在许多情况下，办公误差是最令人泄气的误差。假设一个调查问题经过精心设计，应答者能够理解并提供真实答案，但就因为某些人的输入错误，一个真实答案荡然无存。至少对于问题和应答者来说，之前所有的努力都白费了。大多数情况下，如果无法消除，我们可以在数据处理过程中采用适当的控制来减少这些误差。我们将在下一章中讨论这些问题。

总误差是关键

虽然每一种潜在可能的误差都是重要的，但你更需要明白的是，控制总误差比控制任何单一的误差更加重要，这是调查的关键。我们知道，调研人员应该紧密地关注误差的潜在来源，但是实际上他们当中的很多人把精力过多地放在减少抽样误差上。经理、学生（特别是学过统计课程的）以及一些调研者赞同使用“尽可能最大容量的样本”，并得出这样的结论：大容量样本比小容量样本更有可能产生“有效”的结果。事实上，增大样本容量的确能够减少抽样误差，但是增大样本容量很有可能导致非抽样误差的增加。如果你想成为有效率的调研者，就应该试图去管理总误差而不仅仅是某种特定的误差。

经理关注

抽样误差当然是一个需要考虑的问题，但你应该意识到它不过是多种误差来源的其中之一，而且每种误差都阻碍你准确地理解市场状况。例如，在选举期间，我们一般会听说，投票结果总有正负几个百分点的误差。但是，许多政治选票结果对于“在选举市场究竟发生了什么事”不能做出准确的预测。为什么？正如本章所讨论的，除抽样误差之外，调查结果受到多种其他误差的影响，这些类型的误差比抽样误差更危险，也更难估计。更糟糕的是，很多赞助商没有意识到或者不了解它们。

营销调研中也是如此。相比其他误差，经理们更加关注抽样误差。他们没有意识到，自己本身的行为将导致总误差的大量增长。例如，他们要求调研者制造巨大的样本容量，相信这么做可以将误差最小化，但同时又强调调研必须在很短的时间内完成。更大容量的样本会减少抽样误差（假设我们使用一个合适的概率抽样计划），但是完成一项更大规模的调查可能会导致其他误差猛增。例如，访问人员会很快地阅读问题，记住被访问者的回答，以较低的准确度记录回答，当应答者没有反应时呼叫新号码而不回访。类似地，专业编辑会快速略过已完成的调查而不是认真检查，找出错误。

关键在于经理们需要为制造样本提供充分的时间，并为我们本章后面所介绍的减少误差的各种方法提供充足的资源。我们极力主张你与你的调研提供者进行一次真诚的讨论，讨论调研中可能出现的所有误差类型，并提供合理的帮助减少每种类型的误差。

表 15－2 尝试着概括误差的来源以及如何降低和控制它们的产生。你可以用这个一览表来评估调研的质量，并最终基于调研结果来制定重要的决策。

表 15-2　　误差的类型以及处理方法

类型	定义	处理方法
抽样误差	样本结果和总体结果之间的差异	增加样本容量
无覆盖误差	确定的目标总体中某些合格元素没有被包括在抽样框中	1. 使用其他资源改进抽样框 2. 通过适当加权抽样的结果调整最终结果（假设加权方案已知）
无应答误差	没有获得包括在样本内的一些总体元素的信息	1. 访问人员提前预约 2. 换个时间回访，最好是一天中的不同时刻
	家中无人：当访问人员拜访时，指定的应答者不在家	尝试用其他方法与应答者接触
	拒绝：应答者拒绝在调查中合作	1. 尝试让应答者相信调研的价值和参与的重要性 2. 介绍好调查，增加应答者的兴趣 3. 让调查尽可能简短 4. 同意保密或匿名参与 5. 培训访问人员，使他们的性格与目标集相匹配 6. 在可能的情况下，使招募信息和文字更个性化 7. 运用激励 8. 使用跟进调查
应答误差	尽管个体参与了调查，但可能有意或无意地向调查组提供了不正确的答案	1. 让访问人员和应答者的背景特征尽可能匹配 2. 确保访问人员说明清晰、明确 3. 对访问员进行一系列的实践培训 4. 检查访问人员对调查目的和程序的理解 5. 让访问人员完成问卷，检查他们的回复，观察应答者的答案与访问人员的答案之间有什么联系 6. 从访问人员的采访结果中抽取样本进行检验 7. 避免使用含糊的词汇和问题 8. 避免使用引导性的问题 9. 避免使用未说明的选项，要包括所有合理的回答选项 10. 避免假设条件，题目要清晰明了 11. 避免要求应答者概括或估计 12. 避免使用有歧义的问题
办公误差	编码、制表、数据分析时引起的误差	1. 在第一次全方位的编辑中，检查数据中最明显的疏漏和错误 2. 进行第二次编辑，确定如何处理这样的数据收集工具——它包含不完全的答案、明显错误的答案、缺乏兴趣的答案 3. 使用固定可选问题简化编码，当使用开放式问题时，你必须在收集数据之前明确适当的编码 4. 当自由问题被编码，并且多个编码员同时编码时，要通过问题来分工而不是数据收集表 5. 让每个编码员对收集的数据进行编译，从而确立编码标准 6. 遵从已有传统，例如，当你为电脑分析将数据编码时，使用数字编码而不用字母编码 7. 准备一个编码簿，记录每个变量的编码以及编码的类别 8. 用适当的方法分析数据

计算应答率

一旦数据收集完毕，调研者必须为调研项目计算**应答率**（response rate）。应答率是指接受并完成访问的应答者人数与整个样本中符合条件的应答者人数的比值。它有两个重要作用：第一，它评估了无应答误差对调查结果的可能影响。尽管这种评价是数字性的（即使你可以从样本元素中获得 90%的回复，其余的 10%可能在这个问题上有不同的观点），更高的应答率一般暗示着无应答误差只产生了少量的问题。第二，应答率暗示数据收集的总体质量。应答率很低暗示低劣的问卷设计，应答者兴趣欠缺，没有引起目标应答者的注意等。除非客户希望收集更多的数据，否则再去做任何补救工作已经太迟了。为了避免收集数据时发生这种情况，我们再一次强烈地建议调研者使用认真思考过的探索性调研和预测试过的问卷。

下面这个公式可以计算一项调查的应答率：

$$应答率=\frac{接受并完成访问的应答者人数}{样本中合格的应答者人数}$$

根据我们使用的数据收集方法，如何运用这个公式计算呢？“接受并完成访问”包括用不与应答者面对面访问的方法完成的调查表。在下面的部分，我们将展现如何把这个公式运用于最为常见的几种调查执行办法。

网络调查和邮寄调查（无资格限制）

当没有资格要求时，即任何收到问卷的人都有资格作答，那么通过以下方法来计算应答率通常比较简单。第一步，确定可用的完成的问卷数量。并不是所有完成的问卷都能使用，我们需要排除一些不能使用的问卷。排除一份问卷的原因一般包括以下几个：应答者没有认真回答问题，或大部分问题应答者都没有回答。

一旦知道可用的问卷数量，合格的回复数量就确定了。通过网络发送的电子邮件和网络在线方法进行的数据收集，我们一般假定它们的抽样框中所有的元素或个体都符合总体和样本成员的标准，这样一来计算合格的回复单元的数量就成为一个非常简单的问题了。调研者只需将尝试接触的回复单元的数量减去无效的地址即可。通过邮寄调查，邮局通常会退回因为地址错误而无法递送的信件。类似地，你将很快就会知道哪些地址是有效的，因为调查问卷会通过邮件反馈给你或你的电子邮件系统。通过这些数据收集方法，应答率（RR）的计算公式如下

$$RR=\frac{回收可用的问卷数量}{尝试接触的数量-错误地址的数量}$$

假设一个网络零售商决定在老顾客中进行一项调查。1 个包含 1 000 名随机挑选的消费者的样本中的每一位成员都收到一封电子邮件调查。总共有 202 名消费者

回复了该调查，58 个电子邮件地址已经失效。此调查的应答率应该这样计算：

$$RR=\frac{202}{1\,000-58}=21\%$$

电话调查（无资格限制）

电话调查时事情开始变得有些复杂——不过问题不大。在无资格限制（意思是，所有的回复单位都符合选进样本的标准）情况下，我们将尝试联系对象分为三类：成功的访问，拒绝，家中无人（包括无人接电话，或者有人接电话但联系不到目标应答者）。应答率计算公式如下：

$$RR=\frac{\text{成功的访问数量}}{\text{成功的访问数量}+\text{拒绝人数}+\text{不在家的人数}}$$

注意，无用的号码和接不通的号码被自动排除在公式之外，因此它们不会降低应答率。然而，调研者应该记录错误电话号码的数量，因为它反映了抽样框的质量。

考虑下面这个方案：一名调研者设计了一个项目，并用电话调查作为数据收集的方法。调查对象是一家健身俱乐部的会员。以会员名单为抽样框，调研者随机选择了 200 人。在数据收集工作的总结阶段，发现共完成了 112 次成功的访问，27 人拒绝参与调查，有 57 人在访问人员呼叫三次之后仍无法联系上，4 人的电话无法拨通。本次调查的应答率应该这样计算：

$$RR=\frac{112}{112+27+57}=57\%$$

此外，抽样框的质量看上去很好，只有 4 个无用的号码，即$\frac{4}{200}=2\%$，有 2% 的无用号码。

这里有一个重要的问题需要说明，并且这个问题对于其他调查管理来说也适用。如何统计“完成”的采访？应答者在回答完所有的问题之前就终止调查的情况并非不寻常（或者他们在邮寄调查或网络调查中只回答部分问题）。在这种情况下，调研者必须有敏锐的判断。当然，基本完成的回复应该包括在数据表中，并计为一次成功的访问。相反，应答者只回答一两个问题的情况就不能包括进去。麻烦的例子就是处在这两个极端中间的部分。我们通常的建议是，任何完成大多数调查题目的访问和问卷都应计为一次成功的调查。

邮寄调查、网络调查和电话调查（有资格限制）

有时候调研者被迫使用这样的抽样框：有些不属于总体成员的应答者也被囊括进了抽样框。例如，Smart's 百货商店想知道顾客对一个新店面的布局的看法，但是它并没有消费者的购物记录（并非所有的购物者真的发生了购买并被记录到数据库中），经理相信在试销城市至少一半的住户中，至少有这样一个成年人，他在开张的半年内去过这家新店。调研者与调研公司合作，进行一项电话调查，并通过随机数字拨号来联系当地的住户。他们也可能购买当地住户注册并聚集的网络固定样本组。无论他们采取什么方式联系被访问者，都存在一个麻烦，那就是在相关的时间范围内，有些家庭没有人光顾过商店，这些家庭中的成员就无法完成调查。为了确认这些家庭，一个筛选问题将包含在调查中（在前三个月内，家庭中有没有人去过 Smart's 百货商店)，如果回答为“没去过”，那么访问就终止了。

有些住户是不符合条件的，你应该如何计算应答率呢？第一步，统计成功访问、拒绝和家中无人的总数以及不合格的回复样本的数量。现在，你也许想知道，为什么记录不合格样本的数量是必要的呢？那是因为我们需要这些信息去调整拒绝访问和家中无人这两类人群不符合调查资格的可能性（顺便提一下，通过电子邮件招募人们参加网络调查时，任何没有回复邮件的住户都被认为是拒绝）。我们需要为此调整应答率，否则应答率将会比实际情况更低。计算合格百分比（eligibility percentage，E%）的公式如下：

$$E\%=\frac{\text{成功访问的数量}}{\text{成功访问的数量}+\text{不合格者的数量}}$$

合格百分比用来修正拒绝和家中无人的数量，从而反映这样一个事实：即使我们成功接触并说服这些人，其中也有很多人没资格参与调查。应答率计算如下：

$$RR=\frac{\text{成功访问的数量}}{\text{成功访问的数量}+E\%\times(\text{拒绝人数}+\text{不在家的人数})}$$

假设与这家百货商店合作的调研者从当地的电话号码簿中选择了 1 000 个电话号码，并尝试与这些人联系。下面列举了呼叫的结果以及正确的应答率计算：

成功访问人数	338	
拒绝人数	89	
不在家人数	169	
不合格人数	292	
无用的号码	+ 112	
	1 000	电话号码总数

$$E\%=\frac{338}{338+292}=54\%$$

$$RR=\frac{338}{338+0.54\times(89+169)}=71\%$$

如果不对不合格元素进行修正，计算出的应答率仅为 57%。因此，记录不符合调查要求的回复数是很重要的。这个方法在有资格限制的网络调查中也适用，但是要去除家中无人这个计算项目（假定每个人都收到了请求，即使他们没有阅读这个邮件）。那么，拒绝的次数＝尝试联系的次数－无效电子邮件地址的数量－成功调查的次数－不合格者的人数。

除此之外，当你使用上面这个公式时，应该使用合格采访率来调整拒绝访问的次数。

其他的数据收集方法

到目前为止，我们讨论了如何应用几种主要的数据收集方法来计算应答率。那么其他的数据收集方法，如区域抽样中常用的人员访问或居民入户调查呢？不管用什么样的数据收集方法，我们都可以使用相同的逻辑：应答率等于应答者完成的成功访问的数量除以样本中合格元素的数量。除了这些情况，调研者可以凭常识和我们讨论的基本公式得到适当的应答率。

提高应答率

我们曾提起过，应答率越低，无应答误差就越有可能影响调研结果。因为这个潜在问题，调研者在过去的几年里提出了大量提高应答率的技术。在这个部分，我们简单地介绍一些最有希望提高应答率的技术。在某种背景下，经验的支持对大多数方法是适用的，但不是所有方法。技巧就是找出在一项特定的调查中可能影响力最大的因素。随着网络调查的普及，我们在表 15－3 中着重注意一些能够提升网络调查应答率的方法。

表 15－3　　提高网络调查应答率的技巧

电子邮件邀请

□ 在寄件人处标明可识别的或私人名字
□ 保持邮件标题栏简单明了
□ 避免在邮件标题栏使用“垃圾邮件”语言（比如全部大写、感叹号、金钱符号、“免费”字样、“重要信息”字样等
□ 使用收件人名字来使邮件更私人化
□ 使用简短有效的信息来获取关注，包括：（1）你是谁；（2）调查目的；（3）请求收件人帮助；（4）调查的长度或时间；（5）保密；（6）奖励
□ 提供有意义的奖励（若有）
□ 考虑电子邮件的时效——了解你的受众
□ 发送提醒邮件，但不要超过两封
□ 进行电子邮件邀请函预测试

网络调查

□ 设计得尽量简短
□ 缩减说明
□ 以能够吸引应答者兴趣的问题开始调查
□ 问题设计得尽量简单
□ 适当使用图片和表格，但不要使问卷过于复杂和难懂
□ 提醒应答者领取奖励，并告知他们该如何领取
□ 对于长问卷来说，让应答者了解他们的答题进程和剩余题目数
□ 进行网络调查预测试

资料来源：“Write Survey Invitations to Increase Response Rates” and “10 Tips to Improve Your Surveys,” downloaded from www.zoomerang.com，November 5，2008；Jennifer M. Jensen，“Ten Easy Ways to Increase Response Rates for Your Online Survey,” downloaded from www.questionpro.com，November 5，2008；“Response Rates & Surveying Techniques,” downloaded from http：//s3.amazonaws.com/SurveyMonkeyFiles/Response_Rates.pdf，November 5，2008；and “Customer Surveys—Improving Online Survey Response Rates,” downloaded from http：//www.vendorseek.com/improving-online-survey-rates.asp，November 5，2008.

经理关注

当其他条件都相同时，如果你使用一个概率抽样计划，并从目标总体成员中获得可能的最高应答率，总误差就会减少。换句话说，如果你的调研服务商抽取了目标总体成员的一小部分并尽可能使应答率最高，你就大有可能获得一个对市场环境准确的描述。

相反，当你的调研服务商以低应答率开展对大部分目标应答者的联系和调查，你对市场环境的评估就可能不够准确。后面这种情况应该尽量避免，因为应答者不能代表非应答者的风险实在太高了。

我们应该注意一个因素，它也许比其他任何因素都更影响应答率，那就是样本库中的群体对调研话题有多大的兴趣。不幸的是，它不在调研者控制范围之内。对特定的应答者来讲，一些话题比其他话题本就更有趣味性。尽管我们不能改变调研的目的，但我们可以考虑用不同的方法介绍并设计调查的主题。使用探索性调研可以有效地测量应答者对话题的兴趣，并对撰写不同的介绍性文稿提供尝试性的建议。

调查时间长度

尽管存在例外，应答者一般不喜欢长时间的调查，或者说对此反应不好。随着调查时间的增加，应答者开始感到厌倦、失去关注、变得不积极，并开始加速答题，只为完成调查。这些都不是什么好事，尤其在某种程度上影响了回答的质量。国际调查抽样组织（Survey Sampling International，SSI）在2004年和2009年执行了同样的调查，比较了20分钟长的调查和短一点的调查。SSI的全球知识总监皮特·凯普（Pete Cape）总结道，“2004年和2009年的调查都显示，长调查证明它本身的确太长了”。长调查面临的挑战主要包括应答者的疲劳和满意度，短调查的优点在于更具有激励性和保持应答者的责任心。[5]因此，在其他条件相同时，短时间的调查比长时间的调查更容易完成。这就是调研者只选择少数几个真正重要的问题放入问卷并将之用于分析的一个原因。

确保隐私或匿名

调研者向应答者承诺对他们的答案保密，这是一个基本原则。当调查主题或某些特定问题对应答者来讲有些敏感时，这个工作显得尤其重要。在邮寄调查中，为了要给予应答者更多的安全感，你必须保证回答是匿名的。另外，如果你承诺匿名或保护隐私，你就要对信守诺言负有道义责任。有时候经理们需要应答者的姓名、住址或电话号码——特别是对建议的产品或服务表现出一定兴趣的应答者。即使你没做任何承诺，也不能将信息与经理们分享，因为这将会模糊调研和销售之间的界限。

访问员的特征以及培训

当访问员与应答者背景相似时，双方会有更好的合作并分享更多的信息。特别是对诸如民族、年龄、性别等特征尤其如此。充分的培训很重要，因为这能使访问员更快地向应答者传递调研的价值以及参与的重要性。你自然想要仔细地写一份有效的文稿，并且培训你的访问员与应答者更好地沟通文稿叙述的内容。在可能的范围内，文稿中必须描述调查的内容及目的，这样才能使应答者更好地参与调查并对话题产生兴趣。

个人化

调研者在数据收集过程中所做的任何的个人化设置工作都将有助于提高应答率。例如，研究已经证明，用手写信封和亲笔签名的信件将提高应答率。以邮寄调查为例，用手写信封、亲笔签名的信件以及使用邮票将会增加应答者打开邮件的兴趣（他们在应答调查前必须打开邮件）。同样的，个人化的电子邮件（以“你好，Amjad!”）总是比通用问候（“你好!”）更好。一封从个人邮箱或公司邮箱发出的调查招募邮件总是优于从网络调查者提供的“请勿回复”类型邮箱地址发出的邮件。

道德困境15-2

“这些电脑发声电话调查太棒了!”你的朋友在整个午餐中激动不已。“因为我们不用为电话访问员付钱，我们重复拨打目标号码直到有人接听。当然，公众发现电脑的声音不那么使人愉快，并且整个采访的过程由机器操作而不是人。不过，我们能通过重复呼叫使他们屈服并参与到填答问卷的工作中来。”

- 重复地联系应答者，直到他们同意参与调研的做法道德吗？联系次数不超过多少次才是合法的？
- 如果一个行业不能限制其成员按照职业道德行事，政府是否要介入并实施管制？
- 如果公众一致抵制这种电话调查，对于使用传统的、更得体的电话调查的调研者会产生什么可能的结果呢？

应答奖励

大量的研究表明，为应答者提供奖励的做法将提高一项调查的应答率。回复奖励可以有多种方式，包括金钱、奖券、慈善捐赠。金钱刺激通常是提高应答率最有效的手段。支付一定金额的钱款作为表示感激的方式通常是个不错的主意，但是显然会增加数据收集的成本。

许多调研者通过使用抽奖有效地增加了回复。这种形式的激励承诺应答者通过参与调查可以获得抽奖的机会。这种激励形式如果存在问题的话，就在于应答者在多大程度上相信调研者的许诺。在应答者看来，可能有也可能没有免费的奖券，他们可能获得也可能不会获得奖券，而且如果姓名、地址、电话号码的设置是为了保持联系（为了通知胜利者），那么他们的回答将不再是匿名的或保密的。特别需要注意的是，提醒应答者他们的信息将会被妥善保管，并且不要做任何可能破坏彼此信任的事情。

跟进调查

在某些情况下，接触的环境会导致应答者拒绝调查，因为这些环境是暂时的、可变的，有时候跟进调查能有效地产生回复。在网络调查中，收到应答者对第二次、第三次招募邮件的回复的情况并不少见。即使花费更多，但同样的道理也适用于邮寄调查。当然，跟进调查可能需要识别那些之前没有回复的应答者，这会破坏匿名原则。有一个可供选择的方法，那就是向样本库中的所有人发送招募消息或调查问卷（包括问卷网址）。不过这可能会使那些已经回复过的应答者产生反感，对邮寄调查来说是非常昂贵的成本。

经理关注

营销调研经常耗资巨大，可以理解经理们竭力寻求降低成本的方式。你认为提供回复奖励会增加调研成本，你准备放弃提供回复奖励之前，应该首先计算这些数字。在之前的章节中我们也强调了，预先测试你的数据收集方法是多么重要。完成这一重要步骤时，我们推荐你测试可供选择的奖励方式（包括不奖励），并计算相应的应答率的差异。如果这么做，你将发现支付奖品通常会降低整个调研的成本，因为访问时间以及邮费减少了，在没有奖励的情况下，这些成本是完成调研所必需的。

小结

学习目标1

描述调研中可能出现的五种类型的误差

误差有五种基本类型：抽样误差、无覆盖误差、无应答误差、应答误差以及办公误差。抽样误差是由于我们从总体中抽样来代替总体所引起的。无覆盖误差是由于一部分重要总体没有包括在抽样框中。当一些指定包括在样本中的元素没有回复，而且它们与应答者在关键特征上有系统性的差异时，无应答误差就会产生。应答误差的产生是因为从样本元素中获得了不准确的信息。办公误差是指当进行数据处理或报告调研结果时产生的误差。

学习目标2

给出应答率的一般定义

应答率可以这样定义：接受并完成访问的应答者人数除以样本中合格的应答者人数。

学习目标3

讨论一些提高应答率的方法

有很多方法能提高应答率，包括尽可能简化调查方法和过程并使之更具有趣味性；承诺匿名/保护隐私；认真培训访问人员并在可能的情况下按照个人特征与样本库中的应答者匹配；尽可能让数据收集个人化；提供奖励；跟进调查。

关键术语

无覆盖误差（noncoverage error）
无应答误差（nonresponse error）
拒绝（refusals）
家中无人（not-at-homes）
应答误差（response error）
办公误差（office error）
应答率（response rate）

复习题

1. 调查项目中会出现的五种基本类型的误差是什么？它们之间有什么区别？
2. 为什么抽样误差比别的类型的误差稍微容易处理一些？

3. 为什么无覆盖误差被认为是抽样框引起的误差？

4. 为什么无应答误差是一个潜在的误差来源？

5. 无应答误差的两种基本类型是什么？请描述每一种误差是如何引起无应答误差的。

6. 为什么认为完成理想应答率的小规模的总体抽样比完成一个应答率低的大规模的总体抽样更好？

7. 引起应答误差的基本因素有哪些？

8. 为什么办公误差被认为是最令人泄气的误差？

9. 什么是应答率？

10. 不同数据收集方法下的应答率如何计算？

11. 提高应答率的技术有哪些？

讨论的问题与案例

1. J. 霍夫曼（J. Hoffman）是一家位于亚利桑那州菲尼克斯的中型超市的老板，他正在考虑改变商店的布置，想将冷冻食品区放在新鲜蔬菜和水果区的旁边。这些变化是为了更好地适应消费者的购物模式以增加顾客光顾。在做出变化之前，他决定设计一份简短的问卷，对超市消费者进行随机抽样调查。超市的三个收银台设置在购物走廊的尽头，在两周的时间内，在每五个消费者中选择最后一个进行个人访谈。霍夫曼下达了明确的规定，绝不骚扰或侵犯消费者。确认无覆盖误差和无应答误差的来源并详细说明。

2. Tough-Grip轮胎公司是位于路易斯安那州新奥尔良的一家大型子午线轮胎制造商。为了保持销售额和竞争地位，大量的制造商为批发商提供额外的赊购和折扣机会。Tough-Grip的管理层非常关注批发商对本公司正在考虑的一项新折扣政策的反应。公司进行的首次调查结果为：批发商对这项政策并不满意。管理层认为调查采取了一种罕见的方式进行，其中包括大量非抽样误差。Tough-Grip的管理层决定实施另一项调查，其中做了如下改动：

- 抽样框定义为Tough-Grip轮胎的1 000个最大的批发商的名单表，样本元素将从列表中随机选择。
- 将样本容量增至原来的两倍，由200名应答者增至400名。
- 不合格或拒绝合作的样本元素由名单表中的下一个元素替代。
- 给每个应答者1美元的奖励。

认真评估每个步骤中用于减少无应答误差的手段，你认为它们合适吗？请详细说明。

3. 一所大学的人事部聘请你协助一项调查，确定即将毕业的大四学生的工资起薪和范围。人事部收集了一些历史信息，包括历年的毕业生所供职的企业以及起薪。人事部感觉数据有所偏差，因此希望更系统地实施这项任务。这就是聘请你的原因，你要发挥自己的专长，确定与去年的毕业生相比，今年的就业形势究竟怎么样？

（1）描述你如何选择应答者作为样本来回答起薪的问题。你为什么要用这种样本？

（2）采用你的方法，估计会遇到什么类型的非抽样误差，你如何控制它们？

4. 某高管招聘公司实施了一项合法的邮寄调查，收集关于中级经理工作流动性方面的信息。一个含有500名合格中级经理的样本被选用并采用一个简单随机抽样程序。公司发送了三次邮件。16份问卷因为无效邮箱地址被退回，其余回收的问卷中只有两份不能使用。在第三次邮寄之后，每次邮寄中无回复的样本元素通过电话再次进行接触，采访人员只要求他们回答四个问题，这些问题涉及本公司认为非常重要的变量。下表中列出了这些变量的均值。

次	回复人数	年龄（岁）	收入（美元）	在岗时间（年）	总共有几年管理经验
1	125	30	22 000	1.2	5.1
2	100	37	27 000	4.0	9.4
3	75	42	32 500	5.1	15.1
NR	200	50	31 250	10.2	24.2

（a）完成问卷的应答率是多少？

（b）如果存在，哪个变量最有可能被潜在的应答误差影响？这个现象是否告诉你样本选择过程中的一些事情？

5. 一家大型家庭花园连锁商店想要更好地了解客户的需求和感知。总经理对网络调查方法（通过电子邮件招募应答对象）感兴趣，因为这种调查不会花费太多的成本。他准备了一份包括 57 道问题的问卷，随后让员工在周五下班之后将下列电子邮件信息发送给 100 位在商店客户数据库中留下邮件地址的客户。

> 收件人：john. customer@provider. net
> 主题：客户调查！
> 您好！感谢您最近在家庭驿站（Home Stop）的消费。请点击下面的网址完成我们的调查问卷：www. oursurvey01. surveysmaster. net。
> 谢谢！

在接下来的半个星期中，总经理非常失望地发现只收到三份完成的调查问卷。请你评价一下他的数据收集方法，为他提供一些建议，使得他在继续选择网络调查来收集数据时能够提升应答率。

6. 一个位于美国西南部的大型家具店对确定本店在该城市住户心目中的形象感兴趣。商店经理聘请了当地一家营销调研公司收集数据。调研者从当地的电话号码簿中抽取了一个包含 2 500 个姓名的样本，准备进行一次电话调查。在调查的数据收集结果中，调研者记录如下：1 223 次成功采访，598 次家中无人，427 人拒绝，252 个号码失效。计算调查的应答率。

7. 假设上个问题中的经理决定在数据收集之前把总体界定为计划在未来 6 个月内购买家具的住户，这样就产生了一个确认住户接受调查资格的筛选问题。从样本中抽取的 2 500 个姓名统计结果如下：473 次成功采访，612 人不在家，431 人拒绝，222 个无效号码，762 人不合格。

a. 这次调查的应答率是多少？

b. 不包括无资格住户，应答率应该是多少？

8. 位于一个小型社区的某改建承包商开发了一种经济型储藏室，想要在开始建造和销售之前，确定当地私人业主对这种储藏室的需求。私人业主这个总体很难通过电话号码簿联系，而且由于这是一个大学城，租房者的比例很高，导致筛选法效率也不高，因此该承包商并不使用电话调查。尽管他购买了在相关邮政编码区域的私人业主的地址表，但由于邮寄调查的成本太高也放弃了。由于这些限制，该承包商决定，通过地区抽样对当地居民开展逐户调查收集数据。这意味着对于随机选择的地区，为该承包商工作的本地大学生将接触这个地区的每个住户，确定该住户是否为私人业主，然后请他填写一份调查问卷，大学生访问员会在当天傍晚取回。如果敲门后无人应答，工作人员将把调查表（以及说明）留在门前，过一段时间再取回。

根据调查的总结，有 438 名业主被调查，得到如下结果：完成调查 212 份，31 人拒绝，78 人为租房者，117 人不在家。调查的应答率是多少？

注释

1. Leslie Kish, *Survey Sampling* (New York: John Wiley, 1995). Chapter 13, "Biases and Nonsampling Errors," is particularly recommended for discussion of the biases arising from nonobservation.
2. W. Edwards Deming, "On a Probability Mechanism to Attain an Economic Balance between the Resultant Error of Response and the Bias of Nonresponse," *Journal of the American Statistical Association* 48, December 1953, pp. 766–767. See also Benjamin Lipstein, "In Defense of Small Samples," *Journal of Advertising Research* 15, February 1975, pp. 33–40; William C. Dunkelburg and George S. Day, "Nonresponse Bias and Callbacks in Sample Surveys," *Journal of Marketing Research* 10, May 1973, pp. 160–168; Lorna Opatow, "Some Thoughts about How Interview Attempts Affect Survey Results," *Journal of Advertising Research* 31, February/March 1991, pp. RC6–RC9.
3. Ronald M. Weiers, *Marketing Research*, 2nd ed. (Englewood Cliffs, NJ: Prentice Hall, 1988), pp. 213–217.
4. Beth Clarkson, "Research and the Internet: A Winning Combination," *Quirk's Marketing Research Review*, July 1999, pp. 46, 48–51.
5. Brian Tarran, "Respondent Engagement and Survey Length: The Long and the Short of It," *Research*, April 7, 2010, downloaded from www.research-live.com/news/news-headlines/respondent-engagement-and-survey-length-the-long-and-the-short-of-it/4002430.article on December 23, 2010.

第 4 篇　分析数据

Trader Joe's的秘密

分析一家公司是否成功的最快、最简便的方法是评估它的销售量和盈利能力。对于有多个营业点的零售企业，我们通常测量单店销售额或者每平方英尺的收益水平。最近，一份《零售连锁商店生产力指南》的行业分析报告展示了一些有趣的分析结果，其中就包括以上两种测量。好市多以 137 170 000 美元的单店平均销售额居零售连锁行业之首，远远领先于排名第二的山姆会员店（Sam' Club）78 551 000 美元的单店平均销售额。若以每平方英尺的收益水平来衡量，苹果商店（Apple Stores）是毋庸置疑的冠军，为每平方英尺 6 050 美元，蒂芙尼（Tiffany & Co.）紧随其后，为每平方英尺 3 017 美元。

传统思维告诉我们，在以上两个方面同时追求成功是非常困难的，因为大型商店产品品种繁多能使单店销售额最大化，小型奢侈品零售店花色多样能使每平方英尺的销售额最大化。换言之，好市多和山姆会员店都不可能排进每平方英尺销量的前 10 名，蒂芙尼也不可能进入单店销量的前 10 位，不过苹果商店是个例外，以单店 51 148 000 美元的销售额挤进了单店销量排行榜的第 9 名。要是有一家零售商能够在以上两个指标都做得很好会怎么样呢？Trader Joe's 就是这样一家零售商。

Trader Joe's 最初以南加利福尼亚州的便利店起家，现在它已经成为一家全国性的百货零售连锁店，隶属于德国超市巨头阿尔迪北方集团（Aldi Nord）。作为一家非上市企业，它的财务状况很难评估，但可以估计出它的年销售额超过 80 亿美元，单店销售额超过 2 300 万美元，从这两项指标来看 Trader Joe's 刚刚掉出了零售商前 10 名。非常保守地估计它的每平方英尺的销售额在 1 500～1 750 美元之间，可以排到第 5 名。更重要的是，这一业绩是整个食品行业的每平方英尺销售额平均值的两倍，也远高于超市的每平方英尺平均销售额 100 美元。

Trader Joe's 是如何做到的呢？首先，它的规模始终保持小而精。一家典型的日用百货商店通常的单品项目（stock-keeping units，SKU）是 50 000 个左右，但 Trader Joe's 的单品项目只有 4 000 个。其次，Trader Joe's 偏好自有品牌。Trader Joe's 持有的单品项目中 80%是自有品牌。再次，它提供的独特的商品有助于吸引忠诚的、狂热的粉丝（就像苹果公司能同时最大化单店和每平方英尺收益）。在过去的 3 年里 Trader Joe's 只开了 23 家店铺，但每一家新店开张，顾客都会在新店门前排起长队，只为争当新店的第一个体验者。显然，独特并不足以建立顾客忠诚。Trader Joe's 的员工待遇非常好，员工都经过针对商店所有服务和产品的培训，如此造就了一批知识丰富的员工，随时可以为受过良好教育且挑剔的顾客服务。

像所有的公司一样，Trader Joe's 现在面临重大选择：它是应该努力增加店铺数量、涉足更多的国家和地区，还是保持一个相对较小的规模呢？这是它想要了解的，也是需要你去探寻答案的问题。

资料来源：Beth Kowitt，"Inside the Secret World of Trader Joe's—Full Version，" *Fortune*，August 23，2010，downloaded on November 24，2012 from http：//money. cnn. com/2010/08/20/news/companies/inside _ trader _ joes _ full _ version. fortune/index. htm；Walter Loeb，"Aldi's Trader Joe's Is a Winner，" *Forbes*，May 17，2012，downloaded on November 24，2012 from http：//www. forbes. com/sites/walterloeb/2012/05/17/aldis-trader-joes-is-a-winner/；"RetailSails 2012 Chain Store Productivity Guide，" undated，downloaded on November 24，2012 from http：//www. retailsails. com/index. php/site/rankings.

第16章 分析前的数据准备

学习目标

1. 解释编辑过程的目的
2. 定义什么是编码
3. 描述编码字典上所包含的各种信息
4. 描述清理数据的常见方法
5. 讨论分析中处理缺失值的方法

引　言

如果你曾经烧烤过一块牛肉，你就知道过程绝不仅仅是走进一家商店，购买牛肉，返回家中将牛肉放到烤盘上。准备一块美味腌制肉块的过程是相当复杂的。这里有准备烤肉的过程——木炭必须在恰当的温度，用于增加烟熏味道的木屑必须浸泡在水里，并被放置到恰当的位置。只有这些预备步骤完成了才能正式开始烧烤。

在营销调研过程中数据分析阶段也是如此。即使你已经获得用于分析的原始数据（例如，一手数据或者二手数据、计算机硬盘和分析软件的数据），只有这些预备步骤完成了才能开始正式分析。

这些预备步骤大多数适用于原始数据的分析（如编辑、编码、清理数据）。不过其中许多步骤也适用于二手数据的分析。例如，所有定量调研项目需要一个定义好的编码字典来准确解释数据文件中数字代表的实际含义。带着这些想法，让我们将注意力转向编辑过程。

编辑

编辑的基本目的是确认原始数据满足最低的质量标准。**编辑**（editing）包括检查和更正（如果需要的话）样本（或普查）的每一个案的数据。

这里有一个在编辑过程中你能观察到的例子：假定你使用开放式问题调查了

顾客在某商店的购买持续了多少年。如果有人写了“8 个月”怎么办？你必须将这个答案转换成能用于分析的形式（在此例中，可能是“1 年”），因为单位必须一致。

在编辑过程中，你还要决定如何处理调查中含有缺失回答的个案、明显错误的回答（尤其是不真实的或者不明确的回答）和表现为缺乏兴趣的回答。应答者漏下一个或几个题项不回答是常见的。在这些情形下，你必须决定如何处理这些缺失数据。

除非你使用网络调查强迫应答者在进入下一题前必须完成每一个题项（我们并不推荐这个策略），很有可能许多应答者不会完成调查中所有的题项。有些调查会删掉含有缺失值的部分。在强迫回答的情境中，应答者可能会在中途停止答题。这不是一个正式的规则，但是如果一份问卷中有一半或者更多的题项都没有回答，我们通常建议删掉此问卷。仅有孤立题项未回答的问卷可以保留。

有时候人们提供的回答是不正确的。例如，某消费者固定样本调查公司的一位调研者发现，调研对象中 45%的家庭购买了宠物狗食品，但是只有 40%的家庭报告他们养狗。[1]尽管我们不能肯定，但一定有些问卷包含了不正确的回答。类似的例子还有，通过对照问卷中其他问题的回答也许可以推断出这两个数据（45%的家庭购买了宠物狗食品 vs. 40%的家庭养狗）哪一个是正确的。

你还必须警惕那些看起来“完整”的问卷，但并不一定就是完全真实的回答。例如，在一份 5 点量表的态度问卷中，有的问项是积极态度的语句，有些是消极态度的语句，但 20 个题项的所有回答都是 5，这种回答定式偏差（response set bias）是非常常见的，在纸质问卷中很容易被发现，但在网络调查中不易察觉。不论何种沟通情境都应该非常小心。我们还发现在收回的问卷中应答者使用了自己的回答套路，例如，采用连续数字 1，2，3，4，5，6，7，6，5，4，3，2，1……用于回答连续的题项。当明显发现应答者没有认真回答问题时，他的回答就不应该被记录，至少存在问题的那个部分不应该被记录。

任何需要被放置在数据收集表格中的额外编码都应该在编辑阶段添加进来。例如，除非已经存在，所有数据文件都应该添加一个某种类型的唯一识别码。这个数字将会和应答者的回答一起被编码进入数据文件，用于查找数据记录或者原始问卷。表 16－1 提供了编辑阶段的主要任务列表。

表 16－1　　编辑过程中的主要任务

1. 将所有答案转换为统一的单位。例如，如果收入以千美元为单位，将答案“46350”转换成“46”。
2. 评估数据缺失的程度。若数据缺失不多，则保留数据；若缺失很多，则放弃问卷。
3. 可能的话，核实回答的一致性。例如，应答者在问卷的一部分回答“从来没有接受过保健服务”，在另外一部分却回答对某个提供保健服务的公司“十分满意”。这种情况下编辑人员需要更正其中的一个答案或者将这两个答案都剔除。
4. 找出被访问者不认真的回答。这类答卷往往对一系列问题都进行相同的回答，这样的数据需要剔除。
5. 确认应答者正确跟随了引导跳跃问题的指引。有时候，部分问题是根据之前问题的选择答案来决定是否需要回答。例如，调查引导语可能会说：“如果是，继续回答问题 3；如果不是，跳到问题 12。”一定要确认应答者恰当地跟随了引导问题。在这个例子中，应答者回答

"是"应该接下来回答问题 3～11，如果回答"不是"则不用回答问题 3～11。如果有些回答了"不"的被试也回答了问题 3～11，这些数据应该剔除。

6. 添加任何需要的编码。例如，为每一份问卷添加识别码。

编码

编码（coding）是将原始数据转换成符号的过程。这里的符号大多指数字，因为数字更容易用电脑进行处理。编码的任务是将应答者的回答（或其他需要编码的信息）转化为数字。有时候编码是自动完成的（例如，当应答者在定比量表上圈选答案时），有时候编码过程需要付出相当多的努力来考虑转换的方法（如一些开放式问题的回答）。

对封闭式问题编码

在描述性调研的问卷中大部分都是封闭式问题。封闭式问题是指只提供有限的几个答案让应答者选择其中最合适的一个或所有适用选项。这些情况都很容易进行编码。如果问题只有一个答案（如男性或者女性），调研人员只需为每一个答案对应某一特定的数字（如 1＝男性，2＝女性），然后将相应的数字记录即可。使用数字评价量表可以使编码过程变得更简单，但这样做其实不是必需的。如果是让应答者在方框内打钩或提供其他形式的回答，则更容易为每个答案分配数字。例如下面这个用来测量对某服务提供者态度的语义差异量表可以很容易地用数字 1～7 来进行编码，其中 1 代表"不喜欢"，7 代表"喜欢"。

不喜欢　□　□　□　□　□　□　□　喜欢

为了便于分析，可以为这一问题设置一个单独的变量，并用 1～7 的编码来代表递增的喜欢程度。

对于可以多选的封闭式问题的编码则复杂一些。例如下面的问题：

你是从哪些途径了解 Brown 家具公司的？（请选出所有合适的选项）

□ 报纸广告

□ 电台广告

□ 广告牌广告

□ 其他人推荐

□ 在商场见到

□ 其他

在这种情况下，如果只使用一个单独的变量并将各个选项编码为 1～6 是不可取的，你怎么为同时选择了"报纸广告"和"广告牌广告"的人的答案进行编码呢？一种比较简单的解决方法是将每一个选项用一个变量表示，再看这个变量是否被选择了。例如，某选项编码"1"代表其被选择了，编码"0"表示没被选择。如上题，如果一个人选择了"报纸广告"和"广告牌广告"，我们只需对表示这两个选项的变量分别编码"1"，将表示其他选项的变量编码"0"即可。

对开放式问题编码

开放式问题是指没有为应答者提供回答选项的问题，应答者都是自己组织语言来回答。开放式问题的编码一般要比封闭式问题的编码困难得多。

对事实性开放式问题编码 一般有两种类型的开放式问题。一种是询问已经存在的一些信息。例如下面这两个问题：

你是哪一年出生的？______

过去一个月中你去 Streeter's Grill 用餐几次？______

上述问题都是询问一些事实，每个问题都有一个准确的答案，并且调研人员假定所有应答者都能提供答案。这类开放式问题的编码十分简单，只要将实际的答案进行编码即可（或者，如果实际答案不是数字的，就将其转换成数字）。数字型的数据应该按它们在数据收集表中报告的形式直接记录，而不是再细分成较少的几个类别。例如，如果人们提供实际的年龄，最好不要将每个年龄编码为1＝20岁以下，2＝20～29岁，3＝30～39岁等，相反，应该记录下实际的年龄，这样信息就不会丢失。如果你需要将这些信息进行分类，这样也很容易进行分类转化。（记住我们在第12章提供的建议：你应该使用尽可能最高级别的测量尺度。在这个例子中对实际年龄进行重新编码将得出定比尺度的结果，将年龄重新编码为不同的类别则产生定序尺度的结果。）

对探索性开放式问题编码 另一种开放式问题本质上更多的是探索性的，这类问题的编码十分复杂和费事。开放式问题有很多合理的答案，有些回答甚至是调研人员不曾预料到的。设想你想知道导致大学毕业生从一个州迁移到另一个州的原因。在问卷中可能会有这样的问题："用你自己的话，给出两到三个你想要离开这个州的原因。"应答者可能会有如下答案："我家住在其他州""想要尝试不一样的生活""想去其他州继续深造"。有些人只提供一个理由，有些人则提供很多理由。对这类问题的回答的编码涉及以下步骤。

第1步是浏览每一份问卷并标记出每一个人的答案。一些应答者可以用很少的字描述多个问题的答案，但是有一些人对一个问题要用一整段话来说明。在这一阶段一定要注意。一般来说，需要两个编码者对所有问卷分别进行编码，然后进行比较以确保包含了所有的答案。

第2步是确定各个答案应该归属的类别和等级。目标是减少不同答案的数量，使之成为少数的几个一般类别，这样才能从结果中得到有效的信息。这些类别必须是互斥的和详尽的，使得每一个开放式问题的答案都落入且只能落入其中一个类别之中。通常调研者可以预期一些或者大部分答案的类别——但是不能被"锁定"在这些类别之中。应答者真实答案往往可以揭示出原来被忽视或预期之外的类别，当然这些类别只有很少的答案。例如，"人才流失"问题的调研者可能想到了大学生会因为工作和家庭原因离开一个州，却忽视了一些人只是因为想尝试新鲜事物而离开。为了使类别更全面，建立一个"其他"类别来存放那些不适合任何给定类别的答案很有必要，但是如果在"其他"类别中的答案超过总数目的5%～10%，调研者就应该考虑是否应该设置更多的类别了。

经理关注

对开放式问题进行编码是一个相当费时的过程，并且涉及大量对应答者回答的主观理解。描述性调研的开放式问题经常不够精确有几种原因。应答者并不总是能准确地表达他们的想法，访谈者并不总是能进行适当的追问从而弄明白应答者的真实意思，答案也不总是能被准确地记录下来。不同的应答者可能用完全不同的语言表达出相同的意思。

所有这些都意味着编码者在设置一系列不同的类别以捕捉应答者想法或想要表达的意思方面确实在做一项艰难的工作。尽管在以获得见解和可以进一步测试新观点为目的的探索性调研中开放式问题是非常有用的，但一般来说在描述性调研中还是要避免使用。

第 3 步是在确定了合适的类别之后，将答案编码进每一个类别。在第 1 步中确定的每一个不同的答案必须被编码到一个（且仅有一个）类别中去。除非问题（或答案）很明确直接（在开放式问题中很少见），否则就需要两个接受过训练的编码者对答案进行独立编码。多个编码者可以降低对不同答案解释的误差。每一个编码者独立决定答案的类别并给予合适的编码。

第 4 步是当每一位编码者对所有答案都完成编码后，编码者在一起比较编码结果并对有分歧的地方深入讨论，最后为每一个答案都指定一个恰当的编码。编码者必须对原始的有分歧的编码进行仔细记录，以便计算全部编码的一致比率（或者其他可靠性指标）。一致比率越低，就说明分类越不合理，或者其中一个编码者没有做好工作。

建立数据文件

为了使用计算机对数据进行分析，一定要将每个问卷的编码输入一个可以被计算机读取的数据文件中。在线数据收集工具使得这个过程变成自动的，数据通常被存储在电子数据表中，可以被下载用于进一步深入分析。其他计算机辅助的数据收集方法也是如此（例如电话访问或在线个人访谈）。在有些情况下，你可能需要手动输入数据。有很多数据输入方法，例如在文字处理软件中利用建立文本的数据文件、使用电子数据表、直接输入数据到统计软件如 SPSS 中，或者使用扫描。不管使用什么方法录入数据，用列代表不同的变量（取决于问卷中的问项），用行代表不同的回答来录入多栏记录，有助于数据录入的可视化。

编码字典 浏览一下在表 16-2 中列示的问卷。我们将在整个数据分析环节参考这个表格。我们使用这份问卷中随机选择的健身中心的成员来了解成员的人口统计特征和使用特征信息。收到调查反馈以后，调研者将这些数据与每个应答者过去 12 个月贡献的收益进行匹配。这项调查是通过电子邮件开展的，也可以使用其他的方法。

表 16-2　　Avery 健身中心调查问卷

Avery 健身中心调查

感谢您百忙之中抽时间来回答 Avery 健身中心（AFC）的调查。请回答以下问题。您真诚的回答将有助于我们在未来更好地提供服务。AFC 的任何人都不会看到您的回答，因此，请据实回答。

（1）在过去的 30 天里你至少使用了以下哪种 AFC 的服务（请选出所有合适的选项）。

□负重训练　□健身环道　□理疗池
□健身课　□健身房

（2）在过去的 30 天内，你到 AFC 锻炼了多少次？

过去的 30 天内共锻炼________次

（3）你通常在一天的哪个时段来 AFC？（限单选）

□上午　□下午　□晚上

（4）你是如何获知 AFC 的？（请选出所有合适的选项）。

□医生推荐　□朋友或熟人推荐　□广告（包括电话黄页）
□AFC 教练的推荐　□位置便利　□报纸上的文章
□其他

（5）下列关于你去 AFC 锻炼的原因当中您认为它们有多重要？（在每个选项上划圈）

	完全不重要				非常重要
一般的健康与健身	1	2	3	4	5
社会因素	1	2	3	4	5
身体享受	1	2	3	4	5
特定的医疗目的	1	2	3	4	5

（6）你将 AFC 推荐给朋友或同学的可能性有多大？

绝对不可能					可能					极有可能
0	1	2	3	4	5	6	7	8	9	10

（7）你最初使用 AFC 服务的原因是什么？

____

（8）目前的年龄______

（9）性别　□男性　□女性

（10）最高学历：

□高中以下　□高中毕业　□技术或职业学校
□大学肄业　□大学毕业　□研究生及以上

（11）您家庭所有来源的税前年收入大概有多少？（请选择最接近的收入和就业状况类别）

□＄0～15 000　□＄15 001～30 000　□＄30 001～45 000
□＄45 001～60 000　□＄60 001～75 000　□＄75 001～90 000
□＄90 001～105 000　□＄105 001～120 000　□＄120 000 以上

谢谢！

□在职
□退休

在编辑和编码过程中，调研者为每一个应答者添加一个身份代码，对开放式问题的答案进行了编码，如前所述，应答者过去几年贡献的收益也被录入（以内部记录为基础）。表 16-3 中的**编码字典**（codebook）包括如何将问卷的原始数据转化成数据文件的详细说明。编码字典至少包含以下几方面的内容：（1）在数据文件中用来进行统计分析的变量名称；（2）对每个变量的编码说明；（3）在数据文件中对缺失数据的处理方法。事实上，编码字典是帮助调研者将完整的问卷转化成数据文件的指导说明。

表 16-3　　Avery 健身中心调查问卷编码字典

变量名	描述	选项
ID	问卷识别码	
负重训练	在过去 30 天是否进行过负重训练？	0=没有 1=有
健身课	在过去 30 天是否参加过健身课程？	0=没有 1=有
健身环道	在过去 30 天是否使用了健身环道？	0=没有 1=有
健身房	在过去 30 天是否使用过健身房？	0=没有 1=有
理疗池	在过去 30 天是否使用过理疗池？	0=没有 1=有
锻炼次数	在过去 30 天到 AFC 锻炼的次数	（记录数字）
锻炼时间	到 AFC 锻炼的通常时间	1=早上 2=中午 3=晚上
医生推荐	从何处获知 AFC？医生推荐	0=没有 1=有
口碑	从何处获知 AFC？朋友推荐	0=没有 1=有
广告	从何处获知 AFC？广告	0=没有 1=有
推销	从何处获知 AFC？人员推销	0=没有 1=有
位置便利	从何处获知 AFC？位置便利	0=没有 1=有
报道	从何处获知 AFC？报纸上的报道	0=没有 1=有
其他	从何处获知 AFC？其他	0=没有 1=有
健身	参加健身的重要性：一般的健康与健身	1~5，“完全不重要”到“非常重要”
社会	参加健身的重要性：社会因素	同上
享受	参加健身的重要性：身体享受	同上
医疗	参加健身的重要性：特定的医疗目的	同上
推荐	推荐的可能性	0~10，“完全不可能”到“极有可能”
事件	你最初使用 AFC 的原因是什么？（开放式问题）	1=一般的健康与健身 2=理疗设施/设备 3=康复/特定的医疗目的 4=社会因素 5=从另一个健身中心转过来 6=其他
年龄	目前年龄	（记录数字）
教育	最高受教育程度	1=高中以下 2=高中毕业 3=技术或职业学校 4=大学肄业 5=大学毕业 6=研究生及以上
收入	税前家庭年总收入	1=＄0~15 000 2=＄15 001~30 000 3=＄30 001~45 000 4=＄45 001~60 000 5=＄60 001~75 000 6=＄75 001~90 000 7=＄90 001~105 000 8=＄105 001~120 000 9=＄120 000 以上

续前表

变量名	描述	选项
状态	工作状态	1=在职，2=退休
收益	填答者过去贡献的收益	（来自二手数据）
	缺失值=空缺	

数据编码和录入有很多种方法，我们建议要遵循以下几个标准。

● 为每个变量分配特定的一列，这样不同答卷中同样的变量可以放在同一列。使用网络和电脑辅助方法时，这一步会自动完成。

● 当一个问题允许有多种答案时，为每个回答选项分配独立的变量。参见Avery健身中心调查中的问题1（见表16-2），这个问题允许多种答案（“请选出所有合适的选项”），编码者为数据文件中的每一个选项都分配了独立的变量。类似的，如果问题7要求Avery健身中心的每一个顾客提供两个使用理由，编码者会为每一个回答提供单独的一列。

● 只用数字进行编码，不要用字母或其他符号如“@”。如果可能的话，对开放式问题的回答也是如此。例如，问题7就是一个开放式问题。在编码字典中，与这个问题有关的EVENT变量显示应答者提供了5个共同的、普遍的回答：“1=一般的健康与健身，2=理疗设施/设备”，等等，加上一个“6=其他”。

● 对“无信息”也要进行标准编码。比如，所有的“不知道”可以编码为8，“没有答案”编码为9，“不适用”编码为0。最好把整个调研过程中所有的“无信息”都用同样的数字进行编码。如果“不知道”和“不适用”不是备选答案（因此“无信息”没有不同的类型），最好的做法就是将这一列空着。

● 应答者的每一项记录都要标上识别码（网络调查这一步通常是自动完成的）。这些数字通常不是用姓名来识别应答者，而是简单地将一份问卷与一组数据联系起来。这在清理数据时通常都是有用的信息。

清理数据

谬误（blunders）是指在编辑、编码，尤其是手动录入数据时出现的错误。在营销调研项目所有可能出现的错误中，谬误是最容易让人产生挫败感的错误之一，因为谬误通常都是由粗心引起的。下面我们将探讨如何避免出现谬误以及有可能减少这类错误的几种数据录入方法。网络数据收集的一个优势在于当应答者回答问题时，答案将会自动录入数据文件，减少了潜在的谬误。

有些谬误是相对容易被发现的。比如，一个调研人员在为一个5点李克特量表编码时，在录入“4”时意外地录入了“7”。这种谬误可以通过一个称为频率计算（将在下一章进行讨论）的简单单变量分析来发现。频率告诉我们为一个变量进行编码的不同答案以及每种答案出现了多少次。在这个例子中，错误的编码“7”在频率中显示为一个答案，我们可以立刻知道出现了一个错误（只有1～5才是有效的答案）。这时只要找出哪一份问卷中出现了“7”这个编码，在问卷中找到正确的答案（也就是“4”），再在数据文件中改正就可以了。在大部分时候，频率分析都应该用来检查所有变量，看是否有这种谬误出现。

其他的谬误更难被发现。在上面的例子中，假如调研人员不小心把“4”错输入为“1”，因为“1”是可能出现的编码（5 点量表），通过频率分析就不能发现这个谬误，此时就需要更多类型的检验了。一种可行的方法是，就像制造业的质量控制一样，随便抽取一个已经按照编码录入计算机的问卷样本，比较该数据文件与原始问卷并寻找差异。如果没有出现谬误，就不用担心数据录入误差；如果出现了几处谬误，就有必要对其他的数据甚至是所有数据进行检查。

一个好的选择是，使用**复式录入**（double-entry）数据，它要求两个人分别将数据录入两个不同的数据文件中，再将这两份数据文件进行对比。不同的地方将参考原始问卷进行修改。因为两个人在数据录入中犯同样错误的可能性很小，所以这种方法就非常可能得到正确的数据文件。使用现在的文字处理软件包，比较两份文件的差异非常简单。不过，这种方法需要更多的资源（比如时间、精力、金钱）。

最后，**光学扫描**（optical scanning）直接从数据收集表格中提取信息并生成一个数据文件。很多公司提供光学扫描服务，这种方法对邮寄或其他自填式问卷非常有用。

经理关注

作为一个经理，清理数据或处理缺失数据不是你的责任，但是你要知道这部分工作已经由你的调研提供者完成了。这两个预分析步骤或许不像结果分析那样重要，但是如果你没有处理好，最后的结论就有可能大打折扣。

在调查开始之前，有必要问一下调研提供者如何处理这些问题。如果一家调研公司没有给出一个令人满意的回答，就要另选一家公司。在数据收集结束之后，你要再次拜访调研提供者以确认其有一个适当的计划来进行这两个步骤，以便更好地进行最后的分析。

处理缺失数据

先前提到过，**无回应项**（item nonresponse）是一个很重要的问题。除非你在网络调研中强迫应答者完成所有问题的填答，总有一些应答者会跳过问卷中的某些问题甚至整个部分不答。虽然强迫应答者对调研者来说更方便（比如消除了缺失值），但这样做可能会导致：（1）应答者随意选择一个答案造成应答错误；（2）个体感到受挫而退出调研带来的无应答错误。调研者在使用强迫方式时必须确保所有的或者大多数的应答者都知道问题的答案，并且所有潜在的答案都被列举出来了（例如答案已被穷尽列举出来）。我们建议先展开仔细的探索性调研，尽可能避免出现类似问题。

无回应项的数量是测试调研质量的一个指标。当无回应项过多时，整个调研项目都会遭到质疑，需要对调研目的和程序进行严格的审查。即使缺失的数据并不太多，仍然需要在数据分析前决定如何处置这个问题。以下是一些可行的策略。

（1）将含有无回应项的问卷从分析中剔除。这一极端策略的结果是得到了一组不包含任何缺失值的“纯净”数据。这样一来所有分析的样本都将是同等的。然而，这一策略有可能删除了对某些分析非常有用的数据。举一个极端的例子，调研者可能会因为某一条信息的缺失就抛弃整张问卷。考虑到数据非常有价值且难以收集，这并不是我们推崇的策略，应该只剔除那些包含很多缺失值的问卷。

（2）在对某变量分析时剔除该变量值缺失的问卷。当使用这一方法时，分析者必须时时报告被分析的样本量，因为样本量会发生变化。这一方法明显的好处是利用了所有可以利用的数据。

（3）替换缺失值。有时候你可以根据应答者对其他相关题项的回答来推测缺失项的答案，可能会用到称为回归分析的统计方法，它测量两个或两个以上变量之间的关系。有时分析者会使用从其他问卷的数据得到的均值、中位数、众数等来替换缺失值。所有好的样本都被使用了，替换缺失值法最大化利用了可利用的数据。同时，这也需要分析者完成更多的工作，包含一些由于“制造”数据而带来的潜在误差。

（4）再次联系应答者。如果缺失信息对调查来说很重要，并且应答者并不是匿名的，通过和应答者再次联系来获得信息也是可行的。该方法在应答者只是漏答了某个部分，或者应答者想要回答问题但没有遵照指示来回答时特别有用。

对于缺失数据的处理并没有正确的或者简单的方法，这完全取决于调研的目的、缺失比率和数据分析方法。

经理关注

我们强烈推荐你将每一项调研的结果录入公司的营销信息系统（MIS）或者企业图书馆，这可以使所有经理都受益。作为这一程序的一部分，我们建议你建立一个系统，里面包括：（1）最终报告；（2）空白问卷；（3）数据文件；（4）编码字典。这些材料将使调研部门或经理们了解原始数据的性质，从而提高他们在将来进行恰当的分析的能力。当经理们使用这些二手数据来解决新的营销问题时，这一能力将大大提高调研结果的价值。

小结

学习目标1

解释编辑过程的目的

编辑的目的是在数据收集过程中发现和更正明显错误。

学习目标2

定义什么是编码

编码是一种对数据进行分类的技术程序。通过编码将原始数据转化为符号——通常是数字——以进行制表和计数。这种转化涉及编码者的判断。

学习目标 3

描述编码字典上所包含的各种信息

编码字典包括一些基本的说明，指出每个数据题项是如何被编码的。它包括变量名称、每个变量如何被编码的详细描述以及缺失数据是如何处理的解释说明。

学习目标 4

描述清理数据的常见方法

发现谬误的方法主要有以下几种：检查所有变量的频率分布，从而发现明显错误的编码；对数据文件进行抽样并将抽样记录与原始问卷进行比对；使用复式录入，将数据录入到两个独立的数据文件中，然后比较其差异。

学习目标 5

讨论分析中处理缺失值的方法

处理缺失值的几种方法包括：(1) 将无回应项列入一个单独的类别；(2) 将含有缺失值的问卷从分析中剔除；(3) 只在对含有缺失值的变量进行分析时剔除该变量值缺失的问卷；(4) 替换缺失值；(5) 再次联系应答者。

关键术语

编辑（editing）	编码（coding）
编码字典（codebook）	谬误（blunders）
复式录入（double-entry）	光学扫描（optical scanning）
无回应项（item nonresponse）	

复习题

1. 编辑人员如何处理不完整的答案？明显错误的答案？不认真回答的答案？
2. 一个调研人员怎样最好地为“请选出所有合适的选项”的问题编码？
3. 开放式问题有哪两种类型？为什么其中一种比另一种更难编码？
4. 为什么要求多个编码者对开放式问题的答案进行分类和编码？这适用于所有开放式问题吗？
5. 建立一个数据文件的方法有哪些？
6. 编码字典的目的是什么？
7. 什么是谬误？
8. 什么是数据复式录入？
9. 处理缺失数据的方法有哪些？你认为哪种策略比较可取？

讨论的问题与案例

1. KIST 电视台正在进行一项调研来帮助开发受观众欢迎的节目。调查人员针对住在休斯敦的 3 000 名观众固定样本组进行网络调研，其中 1 489 名应答者点击了网络调研的链接完成了至少一个问题。高级督导马林·豪（Marlene Howe）被指派负责数据编辑工作。他选择剔除有 5 个以上不完整答案和错误答案的问卷（问卷共有 33 个问题）。另外，马林根据自己的判断来评价应答者是否认真，如果不认真的话，就剔除此问卷。

a. 评价以上数据编辑过程，请详细阐述。

b. 向KIST电视台的所有者乔治·布雷迪（George Brady）就如何进行数据编辑提出具体建议。

2. a. 建立起以下问题的答案类别和编码："你对这个麦片新产品怎么看?"

b. 使用你的类别和编码对以下答案进行编码。

(1)"3.99美元的麦片价格比较合适。"

(2)"葡萄干和坚果为麦片增添了风味。"

(3)"包装的大小很方便。"

(4)"我喜欢麦片的糖衣。"

(5)"包装不好撕。"

(6)"我的孩子喜欢包装背面的卡通图案。"

(7)"和其他品牌比较，这个价格较合理。"

(8)"包装很吸引人并且在商店里很容易发现。"

(9)"我喜欢它的价格，不是低到让我怀疑它的质量，也不是高到让我不能接受。"

(10)"麦片的香脆和轻巧提升了口感。"

3. a. 对询问一个高层经理样本的以下问题建立答案类别和编码："在你看来，哪一种公司不会受到当今经济环境的影响?"

b. 使用你的类别和编码对以下答案编码。

(1)《华盛顿邮报》

(2) 高露洁

(3) 宝洁

(4) 希尔顿饭店

(5) 美国银行

(6) Faberge

(7) 富国银行

(8) Amana

(9) 假日酒店

(10) 惠而浦

(11) Chili's

(12) 花旗银行

4. 根据下面的编码字典，重新构建一个问卷为当地的饭店收集信息。

Pasta Shop 调查项目的编码字典

变量名	描述
ID	应答者识别码
RESIDENT	每年至少在格兰岱尔市居住6个月？1=是；2=否
AGES	年龄在18～74岁之间？1=是；2=否
AGE GROUP	属于哪个年龄层？1=18～24岁；2=25～44岁；3=45～74岁
SEX	性别？1=男；2=女
DINING OUT	每两周外出吃饭次数？1=1～2次；2=3～4次；3=5～6次；4=多于6次
RESTAURANTS	你最喜爱的饭店？(开放式问题)

续前表

变量名	描述
	01＝The Pasta Shop
	02＝Applebee's
	03＝EI Chico
	04＝Carter's
	05＝Missy's Steakhouse
	06＝Glendale Inn
	07＝Hideaway
	08＝Ko's Japanese Restaurant
	09＝Pedro's
	10＝Sirloin Stockade
	11＝Doc's Seafood
	12＝Western Sizzlin
	13＝Al's Diner
	14＝Denny's
	15＝Pony Express
	16＝Lenny's
	17＝Red Lobster
	18＝必胜客
	19＝Mom's Place
	20＝Brad's BBQ
	21＝Perkins
	22＝China Table
	23＝Bagel Shop
	24＝Pasta Palace
	25＝Dragon's Garden
RESTAURANT 2	第二喜爱的饭店
RESTAURANT 3	第三喜爱的饭店
AWARENESS	听说过 Pasta Shop 吗？1＝是；2＝否
NEWSPAPER	如何听说的 Pasta Shop？报纸广告？1＝是；2＝否
RADIO	广播广告？1＝是；2＝否
DRIVE BY	开车路过？1＝是；2＝否
WORD OF Mouth	听别人说？1＝是；2＝否
HAVE YOU EATEN THERE?	你在 Pasta Shop 吃过饭吗？1＝是；2＝否
SATISFACTION	是否满意？（1～5，“非常不满”到“非常满意”）
PRICE	价格？1＝太低；2＝适中；3＝太高
缺失值＝空缺	

5. 以下是 Hilltop Smoked Meat 餐厅的顾客填写的一份问卷。建立一个将原始答案转化成数据文件的编码字典。具体指出数据文件的位置、变量名、使用的编码以及缺失数据是如何处理的。

Hilltop Smoked Meat 餐厅顾客调查

该调查是为了了解您最近对 Hilltop Smoked Meat 餐厅就餐体验的满意度，请在就餐后完成以下问题并送还问卷。

请填写您认为最合适的答案，感谢您所花的时间！

（1）您的就餐时间？午餐 □ 晚餐 □ 二者之间 □

（2）这是您第一次来 Hilltop 吗？是 □ 否 □

（3）如果您不是第一次来，在最近 3 个月内来了几次？____次

您认为以下方面如何？

	很差	差	一般	好	很好
（4）员工友好度	□	□	□	□	□
（5）服务速度	□	□	□	□	□
（6）环境整洁度	□	□	□	□	□
（7）服务数量的价格	□	□	□	□	□
（8）服务质量的价格	□	□	□	□	□
（9）菜单多样化	□	□	□	□	□
（10）总体食物质量	□	□	□	□	□
（11）总体气氛	□	□	□	□	□
（12）位置方便程度	□	□	□	□	□
（13）总体评价	□	□	□	□	□

（14）您对 Hilltop 的所有菜肴是否熟悉？是 □ 否 □

（15）是否见过或听到过 Hilltop 的广告？是 □ 否 □

（16）如果是，选择广告来源：

报纸 □　　广播 □　　电视 □　　口碑 □

（17）您经常来 Hilltop 是为了：

店内午餐 □　　店内晚餐 □　　外卖午餐 □　　晚餐外卖□

（18）您希望在菜单中增加哪些其他的菜肴？________________

____

（19）菜单上您最喜欢的菜肴是？________________

（20）您的邮编是？________________

谢谢您的参与！

6. 一个调研组正在进行一项重要的调研项目，并且决定使用复式录入法来消除谬误。以下是在复式录入程序中两个人对 12 个应答者的回答转化的数据。两个数据输入者将数据分别输入到不同的文件，并且使用一个 word 软件包里的“compare versions”（或类似指令）来确定出现的谬误。

Data Set A

001165935845854555658455689555758559

0026954582 135 65565535　55647653257

0031654885789786544255409890 0　43434

004142323455　514925342383694458596

00510292374764564534234234235346457

00658478319283537456758495665256475

007655445455414243   544556462345456

008948584958878485878478574727 21646

009574731354446454575131223122 45465

0107346197845   586454272764694 58

01173875194673854 9464   579454356475

0126978756461584 67647   9565749455365

Data Set B

00116593584585455658455689555758559

0026954582 135 65565535   55647653257

003165488478978654425540989 00   43434

004143323455   514925342383694458596

00510292374764564534234234235346457

00658478319283537456758495665226475

007655445455414243   544556462345456

00894858495887848587847857472721646

00957473135444645457513122312 45465

010734619785   5864542757646 9458

01173875194673854 9464   579454356475

01269787564615846 7647   9565749455365

注释

1. Art Shulman, "War Stories: True-Life Tales in Marketing Research," *Quirk's Marketing Research Review*, December 1998, p. 16.

第17章 分析与解释：单变量独立分析

学习目标

1. 区分单变量分析和多变量分析
2. 描述频率分析
3. 描述常用的描述性统计计量
4. 讨论比例和均值的置信区间
5. 总览假设检验的基本目标

引 言

营销调研的某些方面是相当困难的。幸好数据分析通常比较简单，尽管许多人并不相信这一点。数据分析主要考虑关于被分析变量的两个问题。第一，变量是被单独分析（单变量分析），还是和其他相关变量一起分析（多变量分析）？第二，采用何种测量方法（定类、定序、定距、定比）？一旦回答了这些问题，数据分析就沿着答案确定的那条路进行。

在这一章，我们介绍一系列单变量数据分析技术和假设检验的概念。在营销调研的数据分析中单变量分析应用很广泛。例如，一家杂志社希望知道杂志的男性读者的百分比，一家饭店希望了解特色菜带来的平均收益，一项服务的提供者希望知道顾客的平均满意度。在以上所述的任何一种情况下，每一个变量（性别、收益、满意度）都是单独分析的。

AFC健身中心项目

回忆一下我们在前面章节里介绍的 Avery 健身中心（Avery Fitness Center，AFC）项目。这家公司位于美国东南部的一个中型城市，向顾客提供多种私人教练指导下的锻炼项目。这家公司成立于10年前，营业地点设在一所大学旁的老旧的商业中心内。AFC的主要目标客户是50～55岁的男性和女性，这一人群中的很多人都面临健康问题。很多顾客都是被大型理疗池吸引，在理疗池中通过对抗水的阻力来锻炼身体，与传统的锻炼方式相比，这种锻炼方法对骨骼更有利也更全面。支付一个月的费用就能成为会员，如果参加其他特定课程或雇用私人教练则需要额外付费。尽管公司运营非常稳定，AFC 的管理者认为在不增加更多设备的情况下公司业务还有拓展的空间。AFC 的管理者很想深入理解被吸引到 AFC 的顾客的需求，也致力于招募更多的类似顾客。AFC 的管理者尤其关注以下两个问题：(1) 发掘现有顾客的人口统计特征和使用模式（包括付费模式）；(2) 调研顾客最初被吸引至 AFC 的原因。

为了解决以上问题，调研者决定实施一项针对 AFC 顾客的邮寄调查（问卷详见表 16－2）。顾客是指出现在公司顾客数据库中、在过去的一年中来过 AFC 至少 1 次的人。采用随机抽样方法一共发出 400 份问卷，收回 231 份有效问卷，应答率为 58%，将被调查的个体与其过去 1 年中在 AFC 的总体消费数据匹配起来。通过编辑、编码和数据清理后，调研者准备开始进行数据分析了（数据表见表16－3）。

经理关注

经理人依靠调研者来完成数据分析，那么他们为何还需要了解数据分析技术呢？现在的数据分析软件已经开发到对非调研用户也非常友好了。有时你会发现你需要快速分析数据。能够熟练使用软件并不等同于能够恰当地分析和理解数据。在给定测量水平（如定类的、定序的、定距的或定比的）和调研目标的情况下，你需要找到最恰当的分析方法。此外，你还需要了解如何恰当地解释每一项调研的结果。即使由专业调研者完成了数据分析工作，在理解了统计检验的本质后，你至少不会太过依赖于他人的判断，而是能够独立地解释营销相关的发现。

基本的单变量统计：分类测量

由于定类和定序测量很容易将应答者或目标对象分组和分类，调研者通常将这些类型的测量称为**分类测量**（categorical measures）。例如，AFC 调研包括的测量：AFC 顾客的性别、应答者的最高受教育程度。第一个测量很明显是定类测量，每一个回答的个体属于男性或者女性。

第二个测量是定序测量。应答者在 6 个备选答案中选择表明自己所接受的最高教育程度，从低（高中以下）到高（研究生以上）。以上两个项目的样本统计值很容易通过频率分析获得。

频率分析

频率分析（frequency analysis）是为了了解落入不同应答者类别的样本的个数。这是一种非常简单的分析工具，但它又非常重要，通常在报告营销调研的总体结果时使用。在一项调研中你可以进行任何一个变量的频率分析，任何一种统计分析软件如 SPSS，或者电子表格程序如 Excel，都能完成频率分析。有些程序会除了报告每一个类别的样本数量外，还会计算出总体统计量，并画出取值的直方图。此外，很多网络调查工具也会以频率分析的格式提供总体统计量。

表 17-1 显示了 AFC 调研中应答者性别的频率分析结果（SPSS 菜单结果：Analyze＞Descriptive Statistics＞Frequencies）。统计表明，222 个应答者中有 177 人填答了性别问题（9 人没有回答这个问题）。在表 17-1 的第 3 列显示了计算的所有应答者百分比，包括那些没有回答该问题的应答者百分比。第 4 列显示了有效百分比（缺失值被剔除）。虽然频率分析表中显示了缺失值的个数，但有效百分比通常是根据总数来计算的。表 17-1 的最后一列报告了变量每一个取值的有效累计百分比。

表 17-1　　Avery 健身中心：性别

性别	数量	百分比	有效百分比	累计百分比
男性	45	19%	20%	20%
女性	177	77%	80%	100%
合计	222	96%	100%	
缺失值	9	4%		
总体合计	231	100%		

表 17-2 显示了 AFC 顾客自我报告的最高受教育程度的频率结果。如表 17-2 所示，15%的应答者报告他们的最高受教育程度不超过高中，82%的应答者都受过高中以上的教育，这一统计结果包含的信息更加丰富。表 17-2 的结果表明 AFC 的顾客受过良好的教育（60%以上的应答者都接受过大学及以上的教育）。

表 17-2　　Avery 健身中心：受教育程度

达到的教育水平	数量	有效百分比	累计百分比
高中以下	4	2%	2%
高中毕业	34	15%	17%
技术或职业学校	46	20%	37%
大学肄业	7	3%	40%
大学毕业	52	23%	64%
研究生及以上	82	36%	100%
合计	225	100%	

说明：缺失值个案数=6。

关于百分比　在进一步深入学习之前，让我们先了解如何使用百分比来报告调研结果。首先要做的是通过原始数据的频率分析得到总体的百分比——因为百分比有助于读者解释结果。（试想以下哪种报告给出的信息更加丰富——“80%的应答者为女性”或“222 个人中 177 个人是女性”？）其次，百分比应该取整数（不能是小数），因为整数更容易阅读，当样本量很小时，小数的表达方式可能会使结果超过数据实际的精确程度。有时候也可以报告至小数点后一位（很少到后两位），一般来说结果还是应该使用整数表达。[1]

频率的其他用途

除了用于报告一项调研的总体结果，频率分析还有好几种其他的用途。例如，频率有助于发现一个变量对应的题项的应答程度和帮助确定我们前面提到的谬误。在你开始一项调研的其他数据分析之前，你应该首先完成的就是对所有变量的频率分析。

频率分析的另一个作用是发现**异常值**（outliers）（异常值是指那些偏离了其他观测值的真实观测值，应该对它们采取特别的处理措施）。这意味着要么将这些异常值删除，要么尽量找出这些值显著不同于其他值的原因。例如，AFC 应答者的年龄直方图如图 17－1 所示。**直方图**（histogram）是以频率数值为基础的条形图。变量的数值——年龄，在这个例子中被放置在 x 轴，每个数值的频率在 y 轴显示。

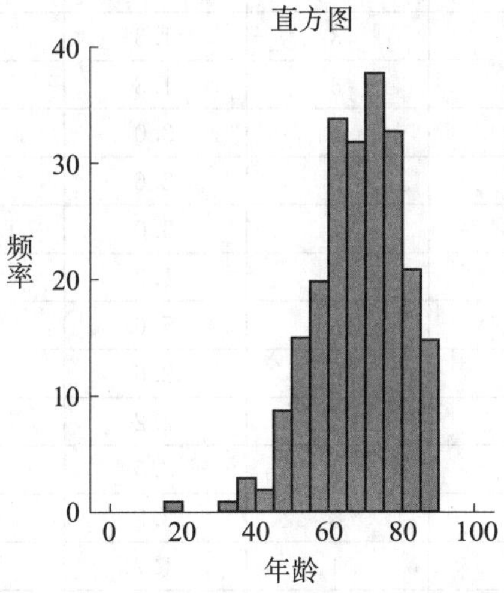

图 17－1　Avery 健身中心：应答者年龄的直方图（SPSS 结果）

图 17－1 表明有一个应答者报告的年龄比其他应答者低很多。SPSS 频率分析结果（见表 17－3）显示这个特别的客户只有 18 岁。应答者中第二年轻的客户是 35 岁。显然，该个案与其他样本很不一样——它应该被当作一个异常值。你该如何处理该个案取决于你的调研目标。在这个案例中，应答者 18 岁是合理的，因此，我们将它保留在数据文件中。

表 17－3　Avery 健身中心：年龄（SPSS 结果）

	年龄	频率	百分比	有效百分比	累计百分比
有效值	18	1	0.4	0.4	0.4
	35	1	0.4	0.4	0.9
	36	1	0.4	0.4	1.3
	38	1	0.4	0.4	1.8
	40	1	0.4	0.4	2.2
	43	1	0.4	0.4	2.7
	45	1	0.4	0.4	3.1
	46	1	0.4	0.4	3.6

续前表

	年龄	频率	百分比	有效百分比	累计百分比
	47	1	0.4	0.4	4.0
	48	2	0.9	0.9	4.9
	49	2	0.9	0.9	5.8
	50	3	1.3	1.3	7.1
	51	2	0.9	0.9	8.0
	52	1	0.4	0.4	8.5
	53	4	1.7	1.8	10.3
	54	4	1.7	1.8	12.1
	55	4	1.7	1.8	13.8
	56	1	0.4	0.4	14.3
	57	3	1.3	1.3	15.6
	58	3	1.3	1.3	17.0
	59	7	3.0	3.1	20.1
	60	6	2.6	2.7	22.8
	61	7	3.0	3.1	25.9
	62	3	1.3	1.3	27.2
	63	13	5.6	5.8	33.0
	64	6	2.6	2.7	35.7
	65	5	2.2	2.2	37.9
	66	8	3.5	3.6	41.5
	67	8	3.5	3.6	45.1
	68	4	1.7	1.8	46.9
	69	6	2.6	2.7	49.6
	70	6	2.6	2.7	52.2
	71	11	4.8	4.9	57.1
	72	4	1.7	1.8	58.9
	73	6	2.6	2.7	61.6
	74	9	3.9	40.0	65.6
	75	8	3.5	3.6	69.2
	76	6	2.6	2.7	71.9
	77	7	3.0	3.1	75.0
	78	7	3.0	3.1	78.1
	79	8	3.5	3.6	81.7
	80	5	2.2	2.2	83.9
	81	2	0.9	0.9	84.8
	82	11	4.8	4.9	89.7
	83	1	0.4	0.4	90.2
	84	3	1.3	1.3	91.5
	85	4	1.7	1.8	93.3

续前表

	年龄	频率	百分比	有效百分比	累计百分比
	86	4	1.7	1.8	95.1
	87	5	2.2	2.2	97.3
	88	2	0.9	0.9	98.2
	89	3	1.3	1.3	99.6
	90	1	0.4	0.4	100.0
总计	224	97	100.0		
缺失值	7	3.0			
总计	231	100.0			

表 17 - 3 中年龄的频率计数向我们展示了频率分析的最后一个用途。对于定类、定序和定距测量来说，以中间值作为分布的平均测量是很有用的。这样做很容易就将年龄的取值定位在 50%处（中间值是取值按从低到高排列时处于分布中间位置的观测值）。在此案中，年龄的中间点是 70 岁（如果有用，也可以计算出第一个四分位点落在了 61 岁，第三个四分位点落在了 77 岁）。

到目前为止，我们通过频率分析得到了哪些 AFC 顾客的信息呢？他们大多数是受过良好教育的年长的女性。更进一步的顾客人口统计特征分析表明，他们中的大多数人已经退休（77%），家庭年收入超过 45 000 美元（70%）。表 17 - 4 显示 AFC 服务使用行为的信息——所有这些结果都是通过简单的频率分析获得的。

表 17 - 4　　Avery 健身中心：在过去 30 天内被使用的服务

服务	数量	应答者的使用百分比
负重训练	73	32%
健身课	61	26%
健身环道	51	22%
健身房	28	12%
理疗池	104	45%

说明：$n=231$；无缺失值。

比例的置信区间

我们从表 17 - 1 显示的结果得知，样本中 77%的应答者是女性。尽管这个样本统计量很有趣，但 AFC 经理们感兴趣的不是某一特定顾客样本的情况而是总体的真实情况。之前我们抽取了一个样本来代表总体。在此例中，我们最好的猜测是总体顾客的 80%是女性，但是由于抽样误差（还不包括其他误差，我们目前先不考虑这些），我们不能确信这个估计是否对于总体足够精确。

幸运的是，由于样本选取比较科学，我们可以依据样本结果对总体情况作出推断。**置信区间**（confidence interval）是指由科学抽样得到的统计量决定了一个置信度水平，在该水平上总体落入的区间是可以预测的。[2] 为得到置信区间，需要计算抽样误差。为计算抽样误差，需要知道三个条件：（1）z，代表期望的置信度（通常是 95%，$z=1.96$）；（2）n，总体中有效的样本量；（3）p，样本中获得的相关比例。将这些条件代入下列公式计算比例的抽样误差：

$$比例的抽样误差 = z\sqrt{\frac{p(1-p)}{n}}$$

这个数值有时也称为样本边际误差。根据表 17-1，AFC 顾客总体中女性比例的样本边际误差为：

$$抽样误差 = 1.96\sqrt{\frac{0.80(1-0.80)}{222}} = 0.05$$

你可用下列方式计算置信区间：

$$(p - 抽样误差 \leqslant \pi \leqslant p + 样本误差)$$

$$(0.80-0.05 \leqslant \pi \leqslant 0.80+0.05)$$

或（0.75，0.85）

现在来解释置信区间：我们有 95%的把握相信总体（π）中女性所占实际比例在 0.75～0.85 之间。这是一个强调概率抽样全景的有力描述。尽管 AFC 的调研者只抽取了 222 名顾客样本，但他们很清楚在测量总体时会得到什么样的结论。如果分析者想有个较小的置信区间（即更大的精确度），他们可以减小期望的置信度（如 90%，$z=1.65$）或增加样本容量。

注意，在我们依据数据作出判断之前还是要小心。置信区间仅仅考虑了抽样误差。某种程度上讲，其他类型的误差已进入我们的研究视野——而且可以确信它已到了一定的程度，置信区间在已有的范围内几乎不可能"捕获"其总体参数。不幸的是，还没有定量的方法修正置信区间以使其反映这类误差。

基本的单变量统计量：连续指标

因为定距和定比指标在分析方法（均值是最常计算的统计量）上是很相似的，许多调研者将这两种类型指标都称做**连续指标**（continuous measures）。从技术上来说，这一名称并不正确，特别是等级量表的定距指标。

描述性统计量

对于连续指标，可以计算很多类型的**描述性统计量**（descriptive statistics）。描述性统计量描述了一个变量的回答分布，包括：中心趋势指标（均值、中位数、众数），分布或变差的指标（范围、方差、标准差）和分布形状指标（峰度、偏度）。在这里，我们讨论经常使用的两个描述性统计量——均值和标准差。这些描述性统计量在任何统计软件包里都很容易获得（SPSS 菜单结果：Analyze>Descriptive Statistics>Descriptives）。

样本均值（sample mean）（$\bar{x}$）是计算一个变量的所有回答的平均取值，其计算公式为：

$$\bar{x} = \frac{\sum_{i=1}^{n} x_i}{n}$$

式中，x_i为第 i 个 x 变量的观测值；n 为样本观测值数量。在 AFC 顾客调研中，年龄均值等于所有样本的年龄取值加总除以224（有效样本总数）。在此例中，计算出来的年龄均值是68.6岁。

尽管样本均值容易通过计算机计算获得，还是要牢记以下几点：第一，在一组数据中所有变量均值都可以计算获得，但是只有对于连续（如定距、定比）指标来说才有意义。因此，知道受教育程度的均值为4.4没有多大价值——最坏的情况甚至会产生误导，这些变量由定类和定序测量得到（例如，1=高中以下，2=高中毕业；数字并不是受教育的年限或者其他的连续指标）。均值只有应用于等间隔测量（定距和定比指标的共同特征）时才有意义。

解释均值涉及的第二个问题是虚假精确度。正如我们警告你注意表示百分比时小数的使用一样，你也要注意均值的精确程度。以表17-3所示的应答者年龄的原始数据为例，每一个应答者报告的年龄是整数。知道了这一点，使用68.643 726 1来表示年龄的均值是否合理呢？答案是不合理。结果应该取整数（69岁）或者最多使用一位小数（68.6岁）。在这里任何精确度的要求都是不合理的或没有必要的。

第三个问题是均值中是否应该包括一个或多个异常值和极端值。如前所述，有一个AFC顾客报告年龄只有18岁，大多数顾客都超过60岁。在此案例中，将这个应答者保留在数据中不会对样本的年龄均值带来很大影响，因此关系不大。但是，有一些情形下异常值会对样本均值带来很大的影响。总的来说，当数据分布中存在异常值时，报告中位数会更合适，因为中位数更能准确代表大部分个案。另一个选择是可以暂时忽略极端值，只计算剩下的样本的均值。[3]

样本标准差（sample standard deviation）提供了在连续测量中对差异性的简便测量。如果样本的个案之间仅有细微差别，也就是说，基本上所有人都有一样的特征或者对某一问题有同样的看法，这种情况下标准差就会很小。如果相反，回答有差别——答案中有的很高，有的很低，那么标准差可能会很大。

如果你不考虑回答的变差，有时候你会做出错误的决策。考虑以下这个新调料产品案例：

> 平均而言，顾客既不喜欢太辣也不喜欢太淡。测试参与者的平均打分十分接近量表的中点，其两端是“非常辣”和“非常淡”，正好符合客户的预期。
>
> 但是，评价分布的检验显示，有相当比例的顾客喜欢非常淡的调料，也有相当比例的顾客喜欢非常辣的调料。相对来说很少有人喜欢味道中等的产品。[4]

下面的公式用来计算样本的标准差：

$$s=\sqrt{\frac{\sum_{i=1}^{n}(x_i-\bar{x})^2}{n-1}}$$

式中，x_i为应答者i的某个变量取值；$\bar{x}$为该变量的均值；n为样本总数。统计软件可以轻易地计算包括标准差在内的描述性统计量。对于AFC顾客的年龄，样本的标准差是11.9岁，表明年龄围绕样本均值形成了一定的分布。

在大多数案例中，将标准差与均值一起报告是很重要的。然而应该注意：虚假精确度和异常值的存在对均值的影响同样存在于标准差之中。另外请记住，标准差只对定距测量和定比测量才有意义。

将连续指标转换成类别指标

有时候将定距指标和定比指标转换成类别指标是很有用的，因为高水平的指标拥有所有低水平指标的属性，这种转换是完全可以接受的——在许多情况下，这种转换对解释调研结果非常有帮助。图 17-1 就是将对年龄问题的开放式回答（定比指标）转换成几个年龄的类别（定类指标）并画出直方图的结果。这个转换对描述样本的年龄是必要的吗？从技术的角度来说并不是这样。调研者可以只报告描述性统计量（$\bar{x}=68.6$ 岁，$s=11.9$ 岁，中位数=70 岁）。从另一方面来说，图 17-1 使管理者或其他读者更容易准确抓住分布的特征，尤其是它和描述性统计量一起呈现出来时。

实际的转换过程没有太多既定的规则。有时候你只要根据自己的最佳判断来决定相关分类。有时候，客户事先已经确定了分类。除此之外，数据自身也决定了分类方法。例如，如果你想将连续指标转换成两个相同大小的组，你就需要根据**中位数分法**（median split）来创建分类。也就是说，在频率分析的累计百分比中找到处于第 50%的那个数值，所有小于和等于该值的样本值会形成一个组（尤其是定比测量中的“低”得分组），所有高于该值的样本值会形成第二个组（“高”得分组）。

中位数分法实际上只是**累计百分比分类法**（cumulative percentage breakdown）的一种，累计百分比分类法是使用累计百分比进行分类的一种技术。例如，再看表 17-3 中的年龄数据，如果我们想将这些数据分为大小相同的三个组，会形成哪些组呢？在累计百分比分类法的基础上将会形成如下三组：

＜64 岁

64～74 岁

＞74 岁

当使用统计软件进行分析时，我们强烈推荐创建一个和原来的值相等的新变量，这样你可以使用数据操纵命令将新变量划分成想要的类别。无论是原始变量还是新分类变量都可以通过这种方法进行分析（SPSS 菜单结果：Transform＞Recode into Different Variables）。

这里有另外一个案例：分析者报告定比测量的结果时，经常会展示选择了定比测量中最高两个选项的应答者的百分比，这称之为**双框技术**（two-box technique）。例如，表 17-5 显示的回答频次（或百分比）。AFC 调研者想要了解应答者参与 AFC 的重要原因。调研者可能会报告身体愉悦的重要性得分均值在 5 点量表上是 3.9 分。为了让这个结果更好理解，他们可能还会报告 70%的应答者选择了 5 点量表中两个选择最多的选项。应答者参与 AFC 的其他原因也会以相同的方式显示。表 17-6 显示了双框技术的结果和描述性统计量。

表 17-5　　Avery 健身中心：参与的原因

“以下参加 AFC 的原因对您个人而言的重要程度如何？”应答者选择每一个应答分类的数量					
	完全不重要				非常重要
一般的健康与健身	5（2）	2（1）	4（2）	26（11）	192（84）
社会因素	27（13）	34（17）	59（29）	48（24）	35（17）
身体享受	8（4）	10（5）	43（21）	67（33）	74（37）
特定医疗目的	17（8）	8（4）	22（11）	62（30）	100（48）

你需要知道的是，将连续指标转换成类别指标会不可避免地丢失一些变量信息。大多数情况下，使用类别指标得出的结论与使用全部连续指标得出的结论大致相同，但并不总是如此。为了安全起见，尽量使用连续型变量来分析数据，呈现分析结果时采用分类的做法以帮助经理人解释结果。最简单的解决办法是把两种测量结果都展示出来（见表 17－6）。

表 17－6　　Avery 健身中心：双框结果及描述性统计

	双框	均值	标准差（s. d.）	案例数（N）
一般的健康与健身	95%	4.7	(0.7)	229
社会因素	41%	3.2	(1.3)	203
身体享受	70%	3.9	(1.1)	202
特定的医疗目的	78%	4.1	(1.2)	209

均值的置信区间

样本均值（$\bar{x}$）是变量的一个重要信息，但正如我们之前提到的，经理们需要更多地关心总体而不是某个特定的样本。因此，我们的工作是推断总体均值（μ）可能会落在哪里而不是仅仅满足于了解样本的均值。Avery 健身中心的调研者收集的一个重要信息是应答者在过去 30 天内到访 AFC 的次数。需要注意的是，到访的次数是一个定比的测量。根据 198 位接受了调查的 AFC 顾客的回答结果，AFC 顾客的到访次数的均值是 10，标准差为 7.3。因此，每个顾客 30 天内平均到访次数为 10，是我们对总体均值（μ）的最佳点估计，但是我们还不确定这个最佳点估计值是否正确，因此，需要构建一个区间来使我们更有信心确定该区间范围真的包含了正确的参数值。为了得到确定置信区间的比例，我们必须先估计样本均值的抽样误差。抽样误差公式如下：

$$\text{抽样误差} = z\frac{s}{\sqrt{n}}$$

式中，z 为同置信度相联系的 z 值（对于 95%的置信度，$z=1.96$）；s 为样本标准差；n 为样本总数（标准差和样本数量是描述性分析的标准输出结果）。因此，在 95%的置信度下：

$$\text{抽样误差}=1.96\frac{7.3}{\sqrt{198}}=1.0$$

该估计值的样本边际误差约等于 1.0。将该值和样本均值代入下式：

$$(\bar{x}-\text{抽样误差}\leqslant\mu\leqslant\bar{x}+\text{抽样误差})$$

$$(10.0-1.0\leqslant\mu\leqslant10.0+1.0)$$

或（9.0，11.0）

可得在 95%的置信度下，置信区间为 9～11。我们就有 95%的把握认为 AFC 顾客在过去 30 天内到访 Avery 健身中心的平均次数在 9～11 次之间。

思考我们已经得到的如上结论，在仅有 198 个观测值的基础上，我们可以有 95%的把握说，在相关总体中到访次数的平均值落在 9～11 之间。我们再次提醒，置信区间仅仅考虑了抽样误差。当其他类型的误差出现时，我们的估计也许是有偏误的。

假设检验

营销调研者经常使用样本信息而不是总体信息，这给需要在调研结果的基础上作出决策的管理者带来了困扰。我们如何证明通过样本得出的结论对总体也是适用的呢？实际上，我们永远也不能确定样本的结果对总体是否同样适用。但是，通过假设检验，调研者可以确定样本结果是否对总体适用的标准。我们在这里介绍假设检验，是因为假设检验既适用于单变量分析（本章），也适用于多变量分析（下一章）。

当营销者准备实施一项调研时，他们通常已经确定了假设。广告经理可能对营销主管说："我敢打赌，如果请漂亮的女演员来推广我们的洗发水，销售额会上升。"通过推断技术，我们往往可以用来自样本的实证证据来推断**假设**（hypothesis）对总体是否适用。

零假设和备择假设

营销调研不能证明结果。我们最多可以在调研的基础上确定两个相互独立的假设哪一个更正确。这两个假设的一般形式和标记方式如下所示：

H_0：所得结论对总体来说是不正确的假设。

H_a：所得结论对总体来说是正确的备择假设。

第一个假设是 H_0，即**零假设**（null hypothesis）。一般情况下是拒绝零假设而选择**备择假设**（alternative hypothesis）（但是也要注意，即使我们拒绝了零假设，也无法证明备择假设的正确性。一个假设可以被拒绝，但是不能被完全接受，因为会有更多证据证明它的不正确性）。你可以这样设定零假设：拒绝零假设能导致暂时接受备择假设。举一个小例子，假设总体20%以上的个体更喜欢本公司的新产品而不是竞争者产品，此时你的公司想要引入这种新产品。这里设定如下假设：

H_0：$\pi \leqslant 0.20$

H_a：$\pi > 0.20$

如果调研结果使你拒绝了 H_0，你将暂时接受备择假设从而决定引入新产品，因为如果零假设是真的话，这样的结果将不可能出现。如果 H_0 不能被拒绝，产品就不能引入市场。

道德困境17-1

一家阿司匹林的生产商让它的营销调研部门进行一项全国性的调研，调查国内医生在治疗感冒时推荐使用什么药品。调研问题是让医生从以下几种药品中选出最可能用来治疗病人的一种：雅维（Advil）、泰诺、阿司匹林、以上几种都不是。答案分布如下所示：

雅维	100
泰诺	100
阿司匹林	200

以上几种都不是　　600
总计　　1 000

这家生产商以调查结果作为依据决定是否在广告中宣传："根据一项全国性调查，推荐使用阿司匹林治疗感冒的医生是推荐雅维和泰诺的两倍。"

- 该公司的做法合法吗？
- 该公司略去没有偏好的医生数目是否道德？
- 进行广告宣传最合适的说法是什么？这种方法比该公司使用的方法更有效吗？

实践中的假设检验

从技术角度来看，假设检验涉及一系列步骤，范围从明确假设到计算恰当的推断统计量，再到确定检验的显著性水平。实践中，调研者能一边让计算机进行基本的分析，一边处理更多假设检验的技术问题。

对于任何类型的假设检验，如果零假设（H_0）对总体来说是真的，你需要选择一个恰当的拒绝该零假设（H_0）的误差水平。这个误差水平通常称为**显著性水平**（significance level）或者检验的 α 水平，并用字母 α 代表。令我们高兴的是，这种类型的误差可能性是很小的。一般大多数社会科学家认为 0.05 的 α 水平是可以接受的，这就意味着我们最终拒绝真实的零假设的概率是 5%。如果一个误差的结果特别糟糕，那么最好降低 α 水平，可能降为 0.01 或者 0.001 更为合适。

如上所述，当你展开分析时，统计软件包通常计算出恰当的推荐统计量，以便判断一个样本的结果用于推断总体是否合适。实际上，分析软件甚至会计算与 ***p* 值**（*p*-value）相联系的检验统计量（有些统计软件包将 p 值放在"显著性"标签栏）。p 值代表如果零假设是真时获得一个检验统计量特定值的概率。一旦有了 p 值，你只需简单地将 p 值与检验的显著性水平比较，就可以判断结果是否可以被认为"具有统计显著性"（样本结果可用于推断总体）。如果 p 值比显著性水平低，你可以拒绝零假设而暂时接受备择假设。

仔细思考一下这样做的逻辑你就理解了。一个统计上具有显著性的结果仅仅意味着当零假设为真时，你已获得的特定结果的概率（p 值）比你愿意接受错误的概率要小。因此，调研者总是想要获得低的 p 值，这样所得结果可以运用于总体。如果 p 值不低于设立的显著性水平，那么获得真实可靠的结果就必须冒很大风险。

解释统计显著性方面的讨论

当与检验统计相关的 p 值比调研者设定的 α 水平还低时，我们认为该结果是具有统计显著性的结果。然而，对于 p 值和与之相联系的统计显著性有几种常见的误解。[5] 最常见的是将 p 值看作代表零假设为真的概率，在这种情形下，0.04 的 p 值会被错误地解释为偶然导致的结果出现的概率仅仅是 0.04。相反，0.04

的 p 值意味着如果零假设是真的，只有 1/25 的可能会获得这样观察得到的特殊结果。

另外一个习惯性的误解是调研者设定的 x 水平或者在分析中得到的 p 值都是指备择假设为真的概率。例如，一些人可能错误地解释 $p=0.07$ 为备择假设为真的可能性为 $1-0.07$ 或者 0.93。这种解释是错误的。p 值只表示如果零假设为真的话可能获得样本结果的可能性。

因此，营销调研者在解释假设检验结果时应该注意不要误导别人或自己。你必须确认自己没有误解显著性检验的真正意义，它只不过是对零假设的一个检验。

经理关注

在报告调研结果时，调研者经常强调结果在统计上是具有显著性的。当他们没有这样强调时，经理们也经常询问："这些差异是显著的吗？"经理们和调研者对显著性的关注似乎暗示，在解释调研结果时显著性是一个很重要的方面，但是其他因素也应该给予至少同样的重视。

本书通篇都强调经理们应当在营销调研中起到重要作用，以便调研得出可操作性发现。也就是说，营销调研的目标是获得与营销决策相关的信息，并为管理者做出恰当的市场反应提供有效的指导。因此，管理者必须理解统计上的显著性和管理相关性或可操作性是不同的。

我们并不是说了解调研发现的结果是否在统计上显著是不重要的，只是说你对调研结果不能只有这一个方面的发现。为什么呢？一个原因是数据结果可能在实际上是重要的而在统计上并不显著，这在样本量较小时经常发生。如果样本量不够大，统计检验的作用就被降低，而且发现显著性结果的可能性（例如拒绝错误零假设的概率）也降低了。在此情况下，营销调研者可能会发现消费者态度均值（使用 7 点量表）在男性中 (6.2) 比在女性中 (4.4) 要大，但是结果之间的差异并不显著。尽管如此，针对男性和女性的营销方案应该不一样（或者可以增大样本量来看这种差异是否真的存在）。

数据也可以是统计上显著的却没有实际管理意义。这种情况在样本量很大时会发生。样本量很大会导致统计检验作用增大（拒绝错误零假设的概率增大）。在此情况下，比率或均值之间很小的差异都会是显著的。例如，营销调研者发现态度均值在男性中 (6.2) 比在女性中 (6.1) 大一点，而且统计检验是显著的。这个显著的结果是否就表示不应该考虑女性市场或者对二者分别营销呢？直觉告诉你，二者都有较高的态度均值而且差异不大，这一结果可能是错误的发现。在每次对调研结果进行解释时，你都应该使用管理者的直觉。

单变量的假设检验

营销调研者经常需要将单变量统计分析数据同预设标准相比较。例如，调研者可能需要将某百货店的顾客满意度均值与所有百货店的顾客满意度均值进行比较，或者确定样本代表的特征是否与其来自的总体特征相吻合。这些都需要调研者对单变量的测量进行假设检验。

分类变量的统计显著性检验

设想 AFC 的经理想要知道现有的客户是否与住在他们周边商圈的人口总体有差异。尽管你可以比较好几个不同的分类变量，经理们却对顾客的受教育程度是否高于或者低于总体人群感兴趣。为了检验事实是否如此，你需要将样本和商圈的总体人群进行比较（见表 17－2）。在这里，我们将样本结果和同时进行的一项大型一般观点调查（也包含了受教育程度信息）的结果进行比较。

表 17－7 显示了一般观点调查的数据以及 AFC 顾客调查的数据。你将会迅速发现 AFC 顾客落在最高受教育程度分类中的比例更高（落在低受教育程度分类中的比例更低）。这就有足够证据来拒绝二者受教育程度相同的零假设了吗？这正是**卡方拟合优度检验**（chi-square goodness-of-fit test）最适合解决的问题类型。使用 SPSS（SPSS 菜单结果：Analyze＞Nonparametric Test＞Legacy Dialogs＞Chi-square），我们得到$\chi^2=118.38$，自由度为 5，[6] 相关联的 p 值<0.001。因为 p 值比我们设定的检验的显著性水平（$\alpha=0.05$）低得多，所以已经有证据表明 AFC 的顾客与城市一般总体人群的受教育程度存在差异，并且 AFC 的顾客受教育程度更高。

表 17－7　AFC 顾客受教育程度与其周边商圈人群受教育程度比较

受教育程度	AFC 顾客数	AFC 有效百分比	商圈人数	商圈有效百分比
高中以下	4	2%	147	10%
高中毕业	34	15%	294	20%
技术或职业学校	46	20%	412	28%
大学肄业	7	3%	59	4%
大学毕业	52	23%	368	25%
研究生及以上	82	36%	191	13%
合计	225	100%	1 471	100%

卡方检验也可以运用于二分类取值的变量，如性别。所对应的路径是二项式检验（binomial test）（SPSS 菜单结果：Analyze＞Nonparametric Test＞Legacy Dialogs＞Binomial）。

连续变量的统计显著性检验

当与一个标准比较的变量是连续变量时，方法会有所不同，也会让我们更加充分地利用统计的力量。例如，AFC 的经理从一个全国的商业协会获知健身中心的顾客每月到访健身中心的平均次数是 8 次。多年以来，AFC 的教练们都在不断鼓励顾客更多地来健身中心，即使顾客每次停留的时间都很短暂。现有调研结果表明 AFC 的顾客与全国的健身顾客相比每月到访健身中心的次数更多（请回忆样本每月到访的次数为 10 次），但是这样我们就可以确定无疑地说 AFC 总体顾客每月到访健身中心的平均次数实际上真的比全国的平均水平要高吗？这时我们使用 SPSS

（或其他软件）来比较样本均值和外部标准。分析（SPSS 菜单结果：Analyze>Compare Means>One-sample T test）结果如下：t value＝3.82，自由度 197，$p<0.001$。因此，如果 AFC 的顾客到访健身中心的次数与标准之间没有差异，我们获得这个巨大差异性结果（平均 10 次 vs. 8 次）的概率不超过千分之一。p 值比一般的显著性水平（$\alpha=0.05$）低，因此，可以推断 AFC 的顾客每月到访健身中心的频率比全国水平更高。

小结

学习目标 1

区分单变量分析和多变量分析

单变量分析是对单个变量进行的分析，多变量分析是对多个变量进行的分析。

学习目标 2

描述频率分析

频率分析或单向表是单变量分析的一种方法，统计不同类别的答案数。

学习目标 3

描述常用的描述性统计量

最常用的连续指标的（定距或定比）描述性统计量为均值或者算数平均数和标准差。均值是描述集中趋势的指标。标准差描述观测值的差异度。

学习目标 4

讨论比例和均值的置信区间

置信区间是指在给定的置信水平下（通常是 95%），总体（π）的真实比例或均值落入的范围。对于均值，置信区间等同于样本均值（$\bar{x}$）加或减估计的抽样误差。对于比例，置信区间等同于样本比率（p）加或减估计的抽样误差。

学习目标 5

总览假设检验的基本目标

假设检验是用于判定以样本为基础得出的调研结果是否对样本来源的总体为真。通常的目标是决定是否拒绝零假设（例如，结果对总体不适用）而接受备择假设（例如，特定结果适用于总体）。

关键术语

分类测量（categorical measures）
频率分析（frequency analysis）
异常值（outliers）
直方图（histogram）
置信区间（confidence interval）
连续指标（continuous measures）
描述性统计量（descriptive statistics）
样本均值（sample mean）
样本标准差（sample standard deviation）
中位数分法（median split）
累计百分比分类（cumulative percentage breakdown）
双框技术（two-box technique）
假设（hypothesis）
零假设（null hypothesis）
备择假设（alternative hypothesis）
显著性水平（α）（significance level）
p 值（p-value）
卡方拟合优度检验（chi-square goodness-of-fit test）

复习题

1. 哪些类型的变量适合使用频率分析？
2. 什么是异常值？
3. 报告的百分比应该精确到第几位数？
4. 什么是直方图？它提供了什么样的信息？
5. 分析中为什么要建立置信区间？其目的是什么？
6. 使用置信区间时考虑了哪类错误？
7. 最常见的描述性统计量有哪些？
8. 当决定报告哪种平均时为什么要考虑答案的分布？
9. 为什么分析者需要将连续指标转换为类别指标？
10. 什么是双框技术？什么是中位数分法？什么是累计百分比分类法？
11. 零假设和备择假设的区别是什么？
12. 为什么假设可以被拒绝，但绝对不能被完全接受？
13. 什么是 p 值？调研者一般想要得到高的还是低的 p 值？
14. 卡方拟合优度检验的基本用途是什么？
15. 如何将样本均值与一个标准进行比较？

讨论的问题与案例

1. 一家位于美国西北部的主题公园最近开展了一项调研，旨在了解开车前来游览的顾客从出发到公园所驾驶的距离。在一周时间内，调研者采用随机抽样方法对 400 名游客开展了个人访谈。下表显示了分析的结果。

开车前来公园的旅行距离

旅行的英里	游客数量
≤50	35
51～100	40
101～150	55
151～200	65
201～250	65
251～300	75
301～350	40
351～400	20
＞400	5
总计	400

a. 将以上信息转化为百分比。
b. 计算累计百分比。

c. 以旅行的英里数为 x 轴，绝对的频率为 y 轴，画出直方图。

2. 利用以上问题的信息，计算旅行距离大于 250 英里的游客的百分比的 95%的置信区间。

3. 假设调研者原来所问问题为开放式问题，并且受访者回答了游览公园需要开车旅行的实际距离。如果样本均值为 234 英里，标准差为 76 英里，计算总体旅行英里数均值的 95%的置信区间。

使用 AFC 顾客调查（见表 16－2），编码本（见表 16－3）和数据（Avery Fitness Center Data），来完成以下分析。数据的 Excel 格式文件和 SPSS 格式文件在 www. cengagebrain. com 上，搜索本书，然后选择按钮“Free Materials”和“Access Now”来查看。

4. Avery 健身中心调研项目的一个调研问题是调查顾客是通过何种途径获知 AFC 的。调查中的问题 4 直接对应这个问题。请使用频率分析构建一个表格来展示顾客是如何获知 AFC 的。

5. 使用从 AFC 调研中的问题 4 获得的数据，计算通过朋友或熟人推荐获知 AFC 的顾客百分比的 95%的置信区间。

6. 最近几年来，公司开始向经常推荐病人到健身中心理疗的医生发放餐券作为奖励。经理们注意到大多数来 AFC 的顾客并不是由医生推荐来的，他们思考针对医生推荐的激励活动是否值得花费相应的成本。他们决定减少此类活动，除非有证据表明至少 25%的顾客是通过医生获知 AFC 的。请使用二项式检验，将样本中报告获知 AFC 渠道为医生推荐的顾客比例与 AFC 经理们提供的标准（25%）进行比较。请问该项激励活动应该持续吗？

7. 5 年以前，AFC 实施了一项顾客调查。那时候顾客报告的受教育程度如下：

高中以下	15	5%
高中毕业	65	22%
技术或职业学校	74	25%
大学肄业	12	4%
大学毕业	50	17%
研究生及以上	80	27%
合计	296	100%

请使用表 17－2 中的数据和卡方拟合优度检验回答问题：有证据证明 AFC 正在吸引的顾客的受教育程度比过去的顾客更高吗？

8. 公司预计每位顾客带来的平均收益为每月 40 美元。AFC 目前达到这个目标了吗？假设 AFC 仅持有来自样本的信息。计算每位顾客的平均收益，构建围绕该均值的 95%的置信区间，并作出决策：计算的平均收益有可能达到前面为总体设定的标准吗？

9. 一位著名的商业咨询师提出可以通过公司顾客愿意推荐给他人的程度来预测一家公司的成功。阅读 AFC 问卷中的问题 6（见表 16－2）。0～6 的分数代表了应答者属于“贬低者”，那些得分在 7 分或 8 分的应答者可以被认为是“消极满意”，那些得分在 9 分或 10 分的应答者可以被认为是“促销员”。进一步地，对于任何一家公司，净促销员分值（net promoter score，NPS）可以通过促销员百分比减去贬低者百分比获得。[7]

a. 将对问题 6 的回答划分为三类（例如贬低者、消极满意者、促销员）。

b. 计算该公司的 NPS。

注释

1. See the classic book by Hans Zeisel, *Say It with Figures*, 5th ed. (New York: Harper and Row, 1968), pp. 16–17, for conditions that would support reporting percentages with decimal-place accuracy.
2. Earlier, we referred to this range as the precision range. After data have been collected and analyzed, it is more appropriate to refer to this range as a confidence interval, because the range itself, which represents the margin of sampling error, is established for a given level of confidence. If we change the level of confidence, the confidence interval itself will also change.
3. See the classic book by Darrell Huff, *How to Lie with Statistics* (New York: Norton, 1954).
4. Robert J. Lavidge, "How to Keep Well-Intentioned Research from Misleading New-Product Planners," *Marketing News* 18, January 6, 1984, p. 8.
5. For an excellent discussion of some of the most common misinterpretations of classical significance tests and some recommendations on how to surmount the problems, see Alan G. Sawyer and J. Paul Peter, "The Significance of Statistical Significance Tests in Marketing Research," *Journal of Marketing Research* 20, May 1983, pp. 122–133. See also Jacob Cohen, "Things I Have Learned (So Far)," *American Psychologist* 45, December 1990, pp. 1304–1312; Jacob Cohen, "The Earth Is Round ($P < .05$), " *American Psychologist* 49, December 1994, pp. 997–1003.
6. The term "degrees of freedom" refers to the number of things that can vary independently, and for the chi-square test, degrees of freedom is one less than the number of categories. If we know the total number of respondents and the number of respondents in five of the six categories of education level, the number of respondents in the remaining education category is fixed and cannot vary independently.
7. For more on the net promoter score, see Frederick F. Reichheld, "The One Number You Need to Grow," *Harvard Business Review* 81, December 2003, pp. 46–54. For a different perspective, see Timothy L. Keiningham, Bruce Cooil, Tor Wallin Andreassen, and Lerzan Aksoy, "A Longitudinal Examination of Net Promoter and Firm Revenue Growth," *Journal of Marketing* 71, July 2007, pp. 39–51; and Gina Pingitore, Neil A. Morgan, Lopo L. Rego, Adriana Gigliotti, and Jay Meyers, "The Single-Question Trap," *Marketing Research* 19, Summer 2007, pp. 9–13.

第18章 分析与解释：多元统计分析

学习目标

1. 讨论为什么调研者需要实施多元统计分析
2. 解释交叉表的目的和重要性
3. 描述比较连续型因变量组间差异的技术
4. 解释关于均值的独立样本 t 检验与配对样本 t 检验间的区别
5. 讨论皮尔逊积矩相关系数
6. 讨论检验一个或多个自变量对因变量影响的技术

引　言

有时候单变量分析就足够为调研问题提供答案。然而大多数时候你需要使用多元分析来获取你需要的信息。在多数情形下，增加一个或多个变量可以使得调研者更加深入地理解情境。

例如，在一项冰淇淋商店店名联想测试中，58%的调查参与者在回忆任务中能够说出店名，但是深入分析显示了好几种不同的深入理解。一方面，性别似乎与联想水平相关：71%的女性参与者能够说出店名，但只有45%的男性参与者能说出店名。年龄似乎也与知觉度存在关联：能够说出店名的参与者中，20岁及以下的有69%，21～40岁这个年龄段只有54%，在40岁以上的只有39%。如果只做单变量分析（在回忆任务中58%的参与者正确地说出了店名），调研者将会丢失性别与知觉度、年龄与知觉度这些重要的潜在管理见解。图18-1以图形的方式给出了这种信息。注意当我们考虑更多的变量时结论是怎么变化的。

在这一章中，我们提出了一些常用的多元分析技术。尽管只是简单粗略地介绍了这些技术在行业中的现状和使用情况，但我们将为你提供足够的最常见分析技术的信息，以便让你能够继续深入学习下去。和前一章介绍的单变量分析一样，计算机将会为我们完成大多数工作——包括提供统计显著性的检验，但你还是需要知道何时使用这些方法以及如何解释这些结果。解释尤其关键！

交叉表

交叉表（cross tabulation）是研究两个（或更多）类别变量间关系的重要工

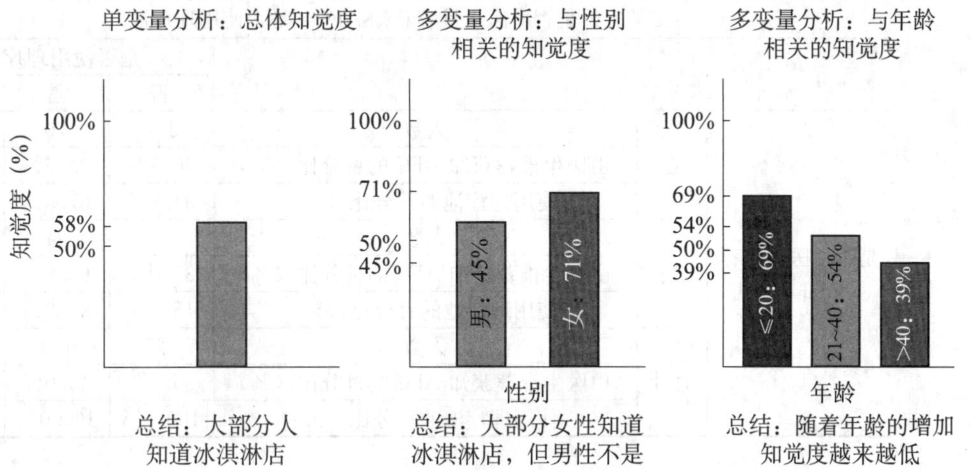

图 18-1　单变量与多变量分析

具。它是营销调研中用得最多的多元数据分析技巧。许多营销调研仅仅研究两个变量间的简单交叉表（双向交叉表）。因为交叉表被使用得非常普遍，所以你想快点完全理解交叉表是怎样被制成和解释的。

在多数的多元分析中，我们通常试图探究一个变量（自变量或预测变量）是否对另一个变量（因变量和结果变量）产生了影响。通过交叉表，应答者以自变量为依据被分成几组，以弄清楚因变量随着组别的不同发生了怎样的变化。再次以前面章节讨论的 AFC 项目为例。AFC 的调研者想要知道由医生推荐到健身中心的客户是否更多地使用了理疗池。快速浏览表 17-4，发现理疗池是过去一个月中应答者使用最多的服务（45%）。这一百分比在由医生推荐来的客户组和其他客户组之间是否存在差异？交叉表正好可以回答这个问题，因为理疗池的使用（是或否）与从医生处获知 AFC（是或否）都是使用分类指标来测量的。

表 18-1 展示了 SPSS 对样本应答者的理疗池使用和是否由医生推荐获知 AFC 的双向交叉表的分析输出结果（SPSS 菜单结果：Analyze>Descriptive Statistics>Crosstabs）。这张表包含了很多信息，请花时间仔细阅读它。首先，注意每个变量的边际总和（marginal totals）：104 个（45%）应答者使用过理疗池（127，或 55%没有使用），54 个（23.4%）应答者是由医生推荐获知 AFC 的（177，或 76.6%不是）。边际总和代表了每一变量的频率（单向表）。

通过交叉表分析，你也能检验两个变量的联合分布。这使得我们可以发现结果（使用理疗池的百分比）在由医生推荐获知 AFC 的人群和其他人群间是否存在差异。因为每个被考虑的变量都有两个水平，当同时考虑两个变量时就有四种可能的结果（2×2=4）。交叉表中的四个单元格代表这些组合。例如，54 人的由医生推荐获知 AFC 的应答者中，其中有 34 人在过去一个月中使用过理疗池。177 人不是由医生推荐获知 AFC 的应答者中，70 人使用过理疗池，107 人没有用过。对于 AFC 的经理来说这些信息意味着什么呢？这表明医生推荐与理疗池使用之间有某种联系吗？

表 18-1 Avery 健身中心：由医生推荐获知 AFC 的人对理疗池的使用（SPSS 输出结果）

交叉表：是否由医生推荐获知 AFC×是否使用理疗池

			是否使用理疗池		
			否	是	总计
是否由医生推荐获知 AFC	否	人数	107	70	177
		由医生推荐获知 AFC 的百分比（%）	60.5%	39.5%	100.0%
		使用理疗池的百分比（%）	84.3%	67.3%	76.6%
	是	人数	20	34	54
		由医生推荐获知 AFC 的百分比（%）	37.0%	63.0%	100.0%
		使用理疗池的百分比（%）	15.7%	32.7%	23.4%
	总计	人数	127	104	231
		由医生推荐获知 AFC 的百分比（%）	55.0%	45.0%	100.0%
		使用理疗池的百分比（%）	100.0%	100.0%	100.0%

经理关注

这一章主要帮助你熟悉一些分析方法，这些分析方法比第 17 章中讲的基本分析要复杂一些。在这一过程中，你的主要任务是准确全面地描述调研提供者所需信息。然后就是调研者的任务：开发一种调研计划来满足那些需要。作为客户，你最后会批准提出的这个计划。如果你选择具有较强竞争力的和较高可信度的提供者，你很可能强烈地依赖他们的意见。

能够很好地理解这一章中提出的不同分析方法的一个优点是，当你的提供者相信这个方法而不是传统的交叉表将会更好地满足你对信息的需要，你会更好地理解和接受更加先进和创新的方法。就像其他人一样，经理们更害怕他们所不理解的事情。数据分析的目标不是简单地做那些常规的和方便的事情，而是应用那些能够最直接地帮你解决营销问题的方法。换句话说，这一章的实质就是帮助你成为一位有见识的调研服务的消费者，使你能够更好地回答那些关于市场形势的问题。

之前我们已经注意到在解释结果时百分比是非常有用的。表 18-1 中的每一项都包含了两个不同的百分比，这些百分比因计算时所用的分母不同而不同。第一个百分比有时也叫做行百分比，它是以该行的样本数的总和作为分母求得的。例如，既未使用理疗池也不是由医生推荐获知 AFC 的应答者，其行百分比是 60.5%（107/177=0.605）。紧挨着行百分比的是列百分比，它是用该列的样本数总和作为分母求得的。对于既未使用理疗池也不是由医生推荐获知 AFC 的应答者，其列百分比为 84.3%（107/127=0.843）。

你应该使用哪一个百分比呢？为了回答这个问题，需要仔细思考这些变量中哪一个是自变量（原因），哪一个是因变量（影响）。百分比总是沿着原因变量方向来求的。也就是说，在计算交叉表的百分比时，总是把自变量的总数作为分母。我们推断由医生推荐获知 AFC 可能导致应答者使用理疗池，因为自变量的不同水平在交叉表中是行代表的（见表 18-1），所以应该使用行百分比。

现在回到最初的问题：是否由医生推荐的顾客更多或更少地使用了理疗池呢？

如果只看行百分比，你会发现两组不同的反应模式吗（如哪些人是由医生推荐获知AFC的，哪些人不是）？从样本结果来看，通过医生获知AFC的顾客看起来比不是由医生推荐的顾客更有可能使用理疗池（63.0%vs.39.5%）。因此，从管理者的视角来说，如果由医生推荐的AFC顾客的比例提高了（可能来自提高了医生推荐比例），理疗池的使用也会随之增加。

然而，在你急着推行促销以前（设想你想增加理疗池的使用），最重要的是停下来思考这一样本结果是否适用于总体。得到这个样本结果纯属意外，这样的概率总是存在的。**皮尔逊独立性卡方检验**（Pearson chi-square（χ^2）test of independence）用于评估交叉表分析中一个变量独立于另一个变量的程度。卡方值可以从0到由样本容量及单元格中事件的分布限定的上限值。卡方值、卡方检验的自由度以及p值都能在标准统计分析软件的输出结果中显示。

对于表18-1中显示的分析结果，皮尔逊卡方值是9.17，自由度（df）为1，与此相联系的p值是0.002。我们是通过在SPPS中交叉表分析中相应的统计程度得到的。如果这些变量在总体中是真正相互独立的，我们能够获得这样大的卡方值的概率不会超过1%，因此，我们可以拒绝认为变量独立的零假设。（请回忆，在多数目的中，p值必须小于0.05才算具有统计显著性，对表18-1中的结果来说也是如此。）

尽管卡方检验显示了两个变量是否独立，它却没有测量当它们不独立时彼此联系的强度。测量这两个分类变量之间关系强度的常用方法是**克莱默V值**（Cramer's V），该值取值范围在0～1之间，值越大代表变量间的联系越强。在我们的分析中，克莱默V值等于0.199，表明变量之间具有中等程度的联系。

经理关注

有时候经理们会要求问卷中的每一个问题都要与其他问题作交叉表分析。这是为什么？首先，很少情况下所有的问题都与同一市场营销的问题有关。进行的每一个分析只能代表问题的一方面。描述性（或者因果性）调研的主要目的不是发现未预期的关系，而是检验基于先前探索性调研发现的假设关系。

这种方法存在问题的第二个原因是统计上的。那些没有采用合理假设的分析开展得越多，出于偶然而获得统计上显著的结果的可能性越大，但这不是目标群体的变量之间的真正关系。记住，当你设置显著性水平为0.05时，有5%的可能你得到了关于零假设的错误结论。随着分析得越来越多，你获得的认为可以揭示联系和差异的统计上显著的发现大概有5%实际上是不存在的，这会导致你采取错误的市场营销行为。

进一步展开这个提示，应该指出，很多时候管理者或者调研者会识别出很多事先没有计划的检验。换句话说，以调研的最初目的和逻辑而不仅仅是数据的可得性为出发点，以你的数据探寻更多的内容就并无不当之处。当超越了最初的调研目的来处理数据时，最好把你所谓"有趣的"或者"奇怪的"发现当成试验性的。换句话说，你要避免想当然地得出结论，认为这些发现就能说明真正的市场形势，相反，你应当把这些发现视为新的假设，然后通过特定设计的调研来证实这些假设。

呈现交叉表结果：横幅表

商业营销调研的交叉表结果经常使用横幅表来表示。一个**横幅表**（banner）是在一页的单一表格中一个结果变量（因变量）与几个可能的原因变量之间的一系列交叉表。结果变量通常作为行变量，也叫做存根（stub）。原因变量作为列变量，这些变量中的每一类作为一个横幅点（banner point）。表18－2给出了对AFC分析的部分结果的横幅表形式。在这个结果中，三个变量都与是否使用理疗池显著相关。每一行的最上面一条显示了拥有该特征的绝对数量，第二条显示了百分比。横幅表只需使用很少的空间就能展示很多信息，对经理们来说也易于理解。

表18－2　Avery 健身中心：横幅表

是否使用理疗池	性别		是否经由医生推荐获知 AFC		“特定医疗目的”的重要性	
	男	女	否	是	低	高
否	36 (80)*	86 (49)	107 (61)	20 (37)	73 (67)	40 (40)
是	9 (20)	91 (51)	70 (40)	34 (63)	36 (33)	60 (60)
	(n=222)		(n=231)		(n=209)	

* 括号里的为百分比。

均值的独立样本 t 检验

调研人员经常需要连续型结果指标在不同组别的取值。例如，假设一个品牌经理想知道男性和女性对公司品牌是否持不同态度，或者一个小型医院的经理想比较本医院的顾客满意度水平与其他两个医院的顾客满意度水平，在很多类似的情形下，分析的任务是检验一些用连续指标评价的重要变量（如对品牌的态度、对服务质量的感知）在组间（如男性与女性；医院A的病人与医院B的病人与医院C的病人）的差异。在这样的情形下，就需要用到**均值的独立样本 t 检验**（independent samples t-test for means）

AFC的经理想知道设施的空间是否得到了较好的利用，他们尤其关心占用了大量地面空间的健身环道的使用效率。健身环道是一种锻炼者需要从一种训练迅速转换到另一种训练的锻炼方式。健身环道的目标是锻炼全身肌肉，但是，他们并不清楚规划用于健身环道的空间大小是否恰当。

经理们知道在过去一个月内有22%的AFC顾客使用了健身环道（见第17章的表17－4），但这些信息还不足以判断空间需求。如果有证据表明使用健身环道的顾客比不使用健身环道的顾客到访健身中心的次数更多，他们就决定维持现状，否则，他们想将这些空间用于其他更有吸引力的项目。由于决策非常重要，他们决定只考虑过去一个月内到访健身中心的AFC顾客的意见（在SPSS分析中，很容易通过SPSS菜单命令实现：Data>Select Cases）。

从AFC顾客获取的数据证明了那些使用健身环道的顾客到访健身中心更频繁

吗？假定结果变量是连续型变量（到访的次数，见表16－2的问卷中的问题2），自变量是分类变量（是否使用健身环道，见问题1），这样就非常适合采用独立样本 t 检验来决定这两组（如使用健身环道的顾客 vs. 不使用的顾客）是否真的在到访健身中心的频率上存在差异。

所有统计软件包都可以轻松地实现该项操作。表18－3显示了来自SPSS分析的结果（SPSS菜单结果：Analyze＞Compare Means＞Independent-Samples T Test）。首先注意到，那些使用了健身环道（均值＝14.2次）和没有使用健身环道的顾客（均值＝11.83次）在到访健身中心的频率上看起来真的存在差异。那么，我们可以得出这样的结论吗？还不行。

表18－3　Avery健身中心：到访次数（过去一个月内）与使用健身环道（SPSS结果）

分组统计量

	是否使用健身环道	N（人数）	均值	标准差	标准误差均值
到访次数	否	114	11.83	5.782	0.542
	是	44	14.20	5.773	0.870

独立样本 t 检验

		Levene's 方差齐性检验				均值齐性 t 检验				
		F	sig.	t	df	显著性（双尾）	均值差	标准误差的差异	差异的95%置信区间 最低	差异的95%置信区间 最高
到访次数	假设方差相等	0.196	0.658	－2.312	156	0.022	－2.371	1.026	－4.397	－0.345
	假设方差不等			－2.313	78.276	0.023	－2.371	1.025	－4.412	－0.331

通常必须用检验来决定：如果对样本来自的总体而言这种差异真的不存在，得到这样的样本结果（每月到访健身中心2.4次的差异）的可能性有多大。表18－3显示了检验统计量 t。在此案例中，在自由度为156的情况下计算出来的 t 值是－2.312。相关联的 p 值小于0.05。因此，如果使用健身环道和没有使用健身环道的顾客在到访健身中心的频率上真的没有差异，我们能够得到这个结果的可能性不超过传统设定的标准（$p<0.05$）。因此，我们得出结论：那些使用健身环道的顾客的确比不使用健身环道的顾客更频繁地到访健身中心。因此，经理们决定继续保留健身环道。

均值的配对样本 t 检验

均值的独立样本 t 检验总是对两个独立小组中的同一变量的平均值进行比较（例如使用健身环道的顾客组和不使用的顾客组）。当两个指标由同一样本提供时，如果调研人员需要比较两个指标的平均值，会发生什么情况呢？这种情况下需要使用均值的**配对样本 t 检验**（paired sample t-test）。

与独立样本 t 检验一样，配对样本 t 检验在营销调研中使用得也非常普遍。例如，回顾表16－2中AFC调研中的问题5。调研人员想要理解人们到AFC锻炼的动机。如果结果显示与其他人交往的社会原因是特别重要的，经理们计划为顾客增加更多的社交活动，甚至考虑重新设计健身中心的布局以鼓励顾客在锻炼时更多交往。

图18－2显示了到AFC锻炼的4个原因的重要程度均值。结果表明，社会原因是所有原因中最不重要的。在放弃计划之前，经理们必须确信：样本数据有证据表明对顾客总体而言社会原因是最不重要的吗？

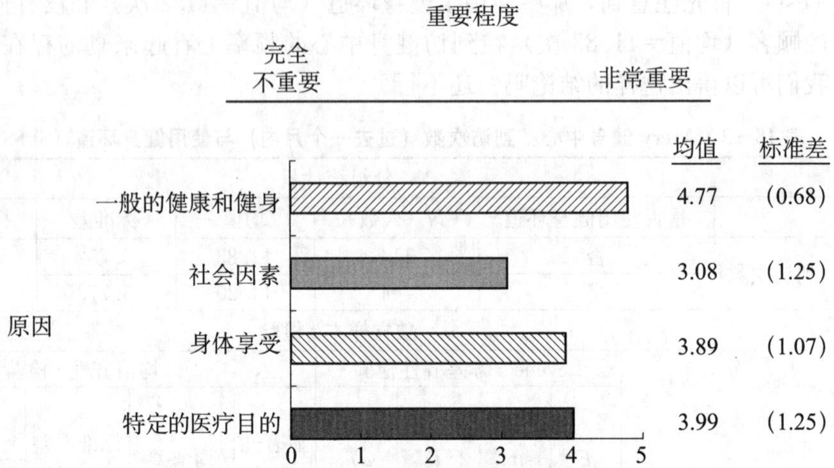

图18－2 Avery健身中心：不同原因的重要性

表18－4显示了三个不同的配对样本 t 检验的SPSS输出结果，每一个都将社会原因的重要性与其他三个原因的重要性进行比较（SPSS菜单结果：Analyze>Compare Means>Paired-Samples T Test）。比如，将社会原因的重要性与一般健康和健身原因的重要性进行配对样本 t 检验的 t 值为－17.667，自由度为202，相联系的 p 值正好小于0.05，我们可以得出结论：AFC顾客到AFC锻炼的原因中关心一般的健康和健身超过社会原因。现在我们来仔细看看表18－4，是否有证据表明顾客认为其他原因比社会原因更重要呢？

表18－4　Avery健身中心：配对样本 t 检验（SPSS输出结果）

配对样本 t 检验

	配对差异							
	均值	标准差	标准误差均值	差异的95%的置信区间 最低	差异的95%的置信区间 最高	t	df	显著性（双尾）
比较1　重要性：社会因素与一般的健康与健身	－1.631	－1.315	－0.092	－1.813	－1.449	－17.667	202	0.000
比较2　重要性：社会因素与身体享受	－0.794	1.107	0.078	－0.949	－0.639	－10.120	198	0.000
比较3　重要性：社会因素与特定的医疗目的	－0.917	1.546	0.112	－1.137	－0.697	－8.214	191	0.000

皮尔逊积矩相关系数

到目前为止，我们审视了原因变量或自变量是分类尺度时的自变量和因变量的关系。如果自变量和因变量两个都是以连续尺度测量时该怎么办呢？一个选择是计算两个连续型变量的相关程度。

相关系数是数据分析的基础之一。你也许已经基本理解了当某人说两个事物相关时意味着什么。你也许并不理解技术细节，但有一种隐含的理解，即两个概念、事件或观点在某种程度上“走到了一起”使它们之间有某种联系。

皮尔逊积矩相关系数（Pearson product-moment correlation coefficient）提供了一种量化两个连续变量之间联系强度的方法。皮尔逊积矩相关系数从本质上提供了评估两个连续型变量随着个案发生一致变化的程度。也就是说，一个变量的取值的增加或减少会与另一个变量取值的增加或减少有联系吗？相关系数的取值范围是－1（表示完全的负向线性相关）到＋1（表示完全的正向线性相关）。实践中很少有相关系数为－1 或＋1 的。

AFC 顾客的年龄和他们在健身中心的总体消费存在关系吗？经理们认为可能有关系，如果真是如此，他们计划对年龄大的顾客给予更多关注。为了发现真相，他们使用 SPSS（SPSS 菜单结果：Analyze>Correlate>Bivariate）来获得皮尔逊积矩相关系数。表 18－5 显示了顾客的年龄和过去一年间贡献的收益的相关系数结果。注意输出的结果提供了相关系数，相联系的 p 值（Sig.）以及分析的个案数（N）。在此例中，相关系数等于 0.25，表明两个变量中度相关。首要问题是要考虑对 AFC 顾客总体来说两个变量是否相关而不是仅仅限于样本。分析的 p 值低于常见的显著性水平（如 0.05），我们可以得出结论：年龄和贡献的收益之间存在显著相关关系。

表 18－5　Avery 健身中心：年龄和收益的相关系数（SPSS 输出结果）

相关系数			
		年龄	上年收益（美元）
年龄	上年相关系数	1	0.246*
	显著性（双尾）		0.000
	N	224	224
上年收益（美元）	上年相关系数	0.246*	1
	显著性（双尾）	0.000	
	N	224	231

* 相关性在 0.01 水平显著（双尾）。

对于相关系数解释的提醒

在进行深入探讨之前，我们需要对解释相关系数（也适用于其他多变量分析）给些简要的提醒。有时调研者得到了具有统计显著性的相关系数时会假定两个变量之间是一种因果关系。但是，两个变量仅仅相关并不意味着一个变量的发生一定导致另一个变量的发生。相关分析或其他任何数学方法是没法用来建立因果关系的。这些方法所能做的就是测量变量之间联系的本质和强度。用于解释现象的知识或理论才能用来判断因果关系，数学方法是做不到的。

这里有一个例子：如果使用数学方法，我们将会发现冰淇淋购买量与谋杀率正相关。什么？这是说冰淇淋购买导致了某些人实施谋杀吗？当然不是。我们知道的是天气越热人们购买的冰淇淋越多，白天也越长，人们在户外时谋杀率会更高。那么，这两种活动存在什么共同点呢？如果你说它们都发生在夏天，你就对了！冰淇淋销量和谋杀率在夏季更高，因此，这两个变量的关系是因为第三个变量（如月份，反映了气温）。是的，冰淇淋购买和谋杀率是相关的，但没法提供证据证明是一个导致了另一个的发生。

在AFC例子中，经理们可以寻找理论解释年龄的增长导致客户在AFC花更多钱，但相关系数本身是不能提供这一证据的。得到的结论与理论是一致的，但不足以提供建立因果关系的证据。

回归分析

回归分析（regression analysis）为获得一个或多个预测变量与一个因变量间关系的本质提供了一种方法。如果只有一个预测变量就是简单回归（simple regression），有多个预测变量就是多元回归（multiple regression）。通常调研者有理由相信预测变量在某种程度上影响了结果变量（记住，仅有数学关系并不能证明其因果关系），尽管情况并非一定如此。

我们已经确定了AFC顾客的年龄和收益间存在相关关系。经理们也想知道他们是否可以准确识别顾客在健身中心消费的基本动机。回忆应答者到AFC健身的四种不同的原因（见表16-2的问题5）。是否顾客因为一般健康与健身、社会原因、身体享受、特定医疗目的而到AFC健身导致了在AFC更多的消费？果真如此，经理们可能想在促销活动中加强针对这些需要的诉求来吸引新客户。[1]

在回归分析中，因变量（收益）是在设定预测变量或自变量时“被回归的”（SPSS菜单结果：Analyze＞Regression＞Linear）。数学上计算出的等式代表预测变量和结果变量之间关系的最佳拟合。如表18-6所示，分析提供了每一个预测变量的回归系数。这些系数代表在控制其他预测变量不变的情况下，预测变量随着结果变量每一单位的变化而发生的平均变化。例如，样本结果表明年龄每增加一岁我们可以预期的收益会随之增加大约4美元（4.33取整）。类似的，社会原因的重要程度每增加一个单位（比如从3到4）年收益增加37美元。但得出这些结论为时尚早。

在我们试着解释单个回归系数前，重要的是检查一系列的问题。首先要看设定的预测变量和结果变量的关系是否具有总体的统计显著性，如果没有，就没有必要进一步观察任何一个预测变量了。在表18-6中你将看到SPSS输出结果中ANOVA（方差分析）的部分。整个模型是建立在假设因变量的方差的变化可以被整合的预测变量解释的基础上。在此案中，F 统计量等于 7.06，相关联的 p 值小于 0.001，因此顾客支付的费用和预测变量（年龄＋四个重要性评价）的关系具有统计显著性。

我们还需要证明设定的预测变量可以解释（或预测）结果变量的方差变化的比例足够大（如果你处理足够大的样本，几乎所有变量间的关系都会变得显著，即使这种效应很难从管理的角度来解释）。如果我们的预测变量中的一些或全部正在导致结果变量的变化，那么自变量的变化和因变量的变化之间肯定存在一定的联系。**多元决定系数**（coefficient of multiple determination）计算了多元回归分析中预测变量和结果变量间关系的紧密程度，用 R^2 表示（在简单回归中，它称为决定系数（coefficient of determination）。在"模型总结"（见表 18-6）中 R^2 等于 0.17，这意味着预测变量与结果变量有微小至中等水平的联系，可以解释年收益变化中的 17%。我们希望多元决定系数越高越好，但是考虑到还有很多其他的因素也会影响顾客到健身中心的消费金额，这一结果对于 AFC 的经理们来说还是有意义的。

表 18-6　Avery 健身中心：几个预测变量对收益的回归分析（SPSS 结果）

模型总结

模型	R	R^2	调整后的 R^2	估计值的标准误差
1	0.408[a]	0.166	0.143	156.241

a. 预测变量：常数。重要性：特定医疗目的，年龄；重要性：身体享受；重要性：一般的健康和健身；重要性：社会原因。

ANOVA（方差分析）[b]

模型		平方和	自由度	均值平方	F	显著性水平
1	回归	861 276.227	5	172 255.245	7.056	0.000[a]
	残差	4 320 770.289	177	24 411.132		
	总计	5 182 046.516	182			

a. 预测变量：常数，重要性：特定医疗目的，年龄；重要性：身体享受；重要性：一般健康和健身；重要性：社会原因。

b. 因变量：前一年的年收益。

系数[a]

		非标准化系数		标准化系数		
模型		B	标准误差	β	t	显著性水平
1	（常数）	−88.819	108.633		−0.818	0.415
年龄	年龄	4.334	0.996	0.304	4.351	0.000
	重要性：一般的健康和健身	14.850	18.769	0.060	0.791	0.430
	重要性：社会因素	36.637	11.224	0.273	3.264	0.001
	重要性：身体享受	−29.639	13.609	−0.188	−2.178	0.031
	重要性：特定的医疗目的	2.486	9.828	0.018	0.253	0.801

a. 因变量：上年收益（美元）。

现在让我们将注意力转移到每个预测变量。观察与 5 个预测变量相联系的 t 值（见表 18-6），我们发现年龄（t=4.351），社会原因的重要性（t=3.264），身体享受的重要性（$t=-2.178$）是收益的显著性预测指标，但是一般健康和健身以及特定医疗目的加入健身中心的重要性看起来并不影响顾客在健身中心的消费（因为后两个预测变量的 p 值，也就是如果它们真的与收益没有关系时它们产生影响的可能性大于0.05）。

如何解读结果呢？首先，年龄大的顾客比年轻的顾客每年在健身中心的花费更多。经理们可能因此想要调整针对老年顾客的营销计划了。更重要的是，经理们可能花更多时间来考虑这一重要年龄市场对于健身的真实需求是什么，如何满足他们的需求。

其次，人们选择到健身中心，将社会原因放在重要位置的顾客看起来比看重其他原因的顾客消费更多。有趣的是，我们在此之前就知道这是一个比较重要的原因，这意味着这个领域有增长的潜力。经理们可能尤其想要将社会交往作为促销的重点来吸引年纪越来越大的顾客到健身中心。

最后，仔细观察那些因身体享受而到AFC对收益影响的系数。该值（−29.639）表明这个方面的重要性每提升一个单位，健身中心的年收益会减少大约30美元。实际上，如果身体享受被顾客作为到健身中心的重要原因，他最终会花更少的钱。AFC的经理们可能需要仔细考虑这一点对于组织的意义。

回归分析的最后一个提示是，当一个或多个自变量是分类变量而非连续变量时，回归分析仍是一种有效的分析工具。你可以通过阅读一本好的多元统计学教材来学习这方面或其他的分析技术。我们希望现在你已经能够从整体上很好地理解分析变量的价值。

小结

学习目标1

讨论为什么调研者需要实施多元统计分析

多元统计分析通常提供了一种更深入地理解数据的工具。单变量分析得到了宽泛的总体结果。多元分析寻找组间差异或变量间的联系。

学习目标2

解释交叉表的目的和重要性

交叉表是一种最常用的多变量分析技术。目的是研究类别变量之间的关系。

学习目标3

描述比较连续型因变量组间差异的技术

当只有两个组时，独立样本 t 检验用来确定一个组的因变量的平均值是否显著地不同于另一个组。

学习目标4

解释关于均值的独立样本 t 检验与配对样本 t 检验间的区别

独立样本 t 检验比较不同的应答组的因变量的平均值。配对样本 t 检验比较来自同一组（所有应答者对两个变量提供评价分值）的两个不同变量的平均值（以同样尺度衡量）。

学习目标5

讨论皮尔逊积矩相关系数

皮尔逊积矩相关系数评估两个连续型变量的线性关联程度。

学习目标 6

讨论检验一个或多个自变量对因变量影响的技术

使用回归分析获得一个数学等式，该数学等式描述了一个因变量和一个或多个自变量间的关系。预测变量可以是分类变量，也可以是连续型变量。

关键术语

交叉表（cross tabulation）

皮尔逊独立性卡方检验（Pearson chi-square（χ^2）test of independence）

克莱默 V 值（Cramer's V）

横幅表（banner）

均值的独立样本 t 检验（independent samples t-test for means）

配对样本 t 检验（paired sample t-test）

皮尔逊积矩相关系数（Pearson product-moment correlation coefficient）

回归分析（regression analysis）

多元决定系数（coefficient of multiple determination（R^2））

复习题

1. 为什么调研者需要进行多元统计分析？为什么只做总体的单变量分析不够？
2. 通常使用什么样的典型技术来研究两个分类变量间的关系？
3. 在交叉表分析中，如何决定使用哪一种百分比（行百分比还是列百分比）？
4. 如果想知道男人和女人对快餐店食物满意度的差异，最合适的检验方法是什么？
5. 当每个应答者都提供两种指标时，如何检验这两个连续型指标的取值差别？请解释。
6. 皮尔逊积矩相关系数测量的是什么？何时使用它最恰当？
7. 如果两个连续型变量彼此正相关，是否意味着它们中的一个导致另一个的发生？
8. 检验两个不同的自变量对同一个连续型因变量的影响的正确程序是什么？
9. 回归分析与相关分析的区别是什么？
10. 什么是多元决定系数？它测量的是什么？

讨论的问题与案例

1. 一个社会组织想要确定各种人口统计特征是否与人们向慈善机构捐助的倾向有关。这个组织尤其想知道 40 岁以上的人是否比 40 岁以下的人的捐助意愿更高。人口总体中的平均捐助额为 1 500 美元，用此数字按中位数划分成两个组。下表给出了捐助人数与年龄的双向分类。

年龄×个人捐助交叉表

个人捐助	年龄		总计
	39 岁及以下	40 岁及以上	
≤1 500 美元	79	50	129
>1 500 美元	11	60	71
总计	90	110	200

个人捐助的数额取决于年龄吗？制作一个表格来展示相关信息。

2. 某大型玩具制造商想确定已购买某一新电子游戏的家庭的特征。管理层尤其想知道家庭小孩的数量是否会影响家庭购买该电子游戏的决定。请帮助解释以下的交叉表。

小孩数量×购买电子游戏的交叉表

小孩数量	是否购买电子游戏		总计
	是	否	
≤1	63	87	150
>1	21	29	50
总计	84	116	200

该表是否表明一个人是否购买电子游戏取决于家中小孩的数量？制作一个表格来展示相关信息。

3. Enormous 州立大学（ESU）校长决定，该大学需要开发一项新的市场营销计划以吸引最好的学生，其目标是吸引那些将来有机会在四年内通过考试毕业的学生。学校管理层现指派你（助理副校长）负责执行这项计划。你现在作出判断：为了制定新的市场营销计划，必须开展营销调研以确定高中毕业生的特征是否与其在大学的学业成功有关。你觉得似乎应该进行多元回归分析。已经获得的一个大型的、全面的数据库将会简化你的任务，这个数据库包含有关高中毕业生（他们中的大多数后来都进入了 ESU）情况的几个内容广泛的调研结果。然而，你知道简单挖掘数据库不可能有很大帮助。于是，你的首要任务是开发一种有关学生为什么会在大学成功的理论。解释你的理论后，请详细说明你将在回归方程式中使用的因变量和预测变量。

4. Crystallo 制瓶公司是一家为各种软饮料提供玻璃瓶的制造商，现有关于每次装运瓶子的箱数与相应运输成本的如下资料：

每次装运箱数	运输成本（美元）
1 500	200
2 200	260
3 500	310
4 300	360
5 800	420
6 500	480
7 300	540
8 200	630
8 500	710
9 800	730

营销经理想要研究每次装运箱数与运输成本之间的关系，需要你的帮助。

(a) 使用统计软件包录入数据，并计算皮尔逊积矩相关系数。

(b) 每次装运箱数与运输成本之间看起来有关系吗？请解释。

5. Crystallo 制瓶公司的营销经理正在研究每次装运箱数与运输成本之间的关系。来自前述问题的数据分析产生了以下简单回归分析结果：

模型	系数[a] 非标准化系数		标准化系数		显著性水平
	B	标准误	β	t	
1　（常数）	87.000	25.984		3.348	0.010
CASES	6.545E02	0.004	0.985	15.981	0.000

a. 因变量：运输成本（TRANCOST）。

$R^2=0.970$

于是，回归方程式为：$Y=0.065X+87.000$

(a) 有证据支持假设——每艘轮船装运箱数的增加会带来运输成本的增加？

(b) 如果有，变量间关系的强度如何？

(c) 根据分析，每艘轮船每增加一箱导致运输成本增加了多少？

使用 AFC 顾客调查（见表 16－2）、编码表（见表 16－3）和数据（Avery Fitness Center Data）来完成以下分析。数据的 Excel 文件和 SPSS 文件在 www. cengage-brain. com 上，搜索本书，然后点击按钮“Free Materials”和“Access Now”来查看。

6. AFC 的经理们想要了解顾客和他们的使用模式。请使用交叉表分析法来研究以下关系。在每一个例子中，请回答该变量与另一个变量是否相关，以恰当的表格形式来显示结果，同时提供克莱默 V 值。

(a) 顾客使用理疗池是否影响了其在 AFC 停留的时间？

(b) 性别与负重训练设施的使用有关吗？

(c) 如果有人通过朋友获知了 AFC，他会更有可能参加 AFC 的健身课吗？

7. 经理们注意到可能因为在理疗池里一起待的时间较长，AFC 使用理疗池时间较长的顾客喜欢与其他顾客建立社会关系。他们假设对于退休和需要更多社会交往的顾客来说，社会因素是到 AFC 的重要原因。请使用恰当的 t 检验方法来验证这个假设。

8. 对于顾客来说，以下哪一个是参与 AFC 更重要的原因：身体享受还是特定医疗目的？证明你的答案。

9. 健身中心的经理们相信因为朋友的口碑推荐而到 AFC 的顾客比其他顾客在 AFC 消费更多。

(a) 请使用独立样本 t 检验来判断经理们的假设是否正确。

(b) 如果决定结果是否具有统计显著性的显著性水平从 0.05 改为 0.1，你对问题 (a) 的回答会发生变化吗？解释原因。

10. AFC 的经理们假定顾客每月到访次数和顾客提供的收益存在关联。数据中有证据表明这一结论对所有的顾客而言还是正确的吗？

11. 如果分析者认为顾客每月到访次数与贡献的收益（到访次数至少部分导致了收益的增加）相关，建立这种关系的恰当方法是什么？完成这一分析。顾客到访次数对收益的影响具有统计显著性吗？收益的变差在多大程度上可以被顾客每月的到访次数解释？

注释

1. Using current demographic and importance ratings to predict revenues from a prior time period is technically not correct, because effects should follow causes in time. Note, however, that this approach (1) is reasonable with the assumption that immediate past behavior is the best predictor of behavior in a following time period and (2) greatly increased the timeliness of the report (the alternative would have been to collect revenue data over the following 12 months, delaying presentation of results by one year).

第5篇　报告结果

品牌是否青睐特定的政党？好吧，品牌本身不会，但那些喜欢特定品牌的人当然会。图1显示了使用Wisdom这一大数据分析工具对Facebook活动进行分析得到的世界排名前20的品牌中19个品牌的美国粉丝的政治倾向（剩下的一个世界排名前20的通用电气（GE）因为没有Facebook账号而没有出现在我们的研究当中）。

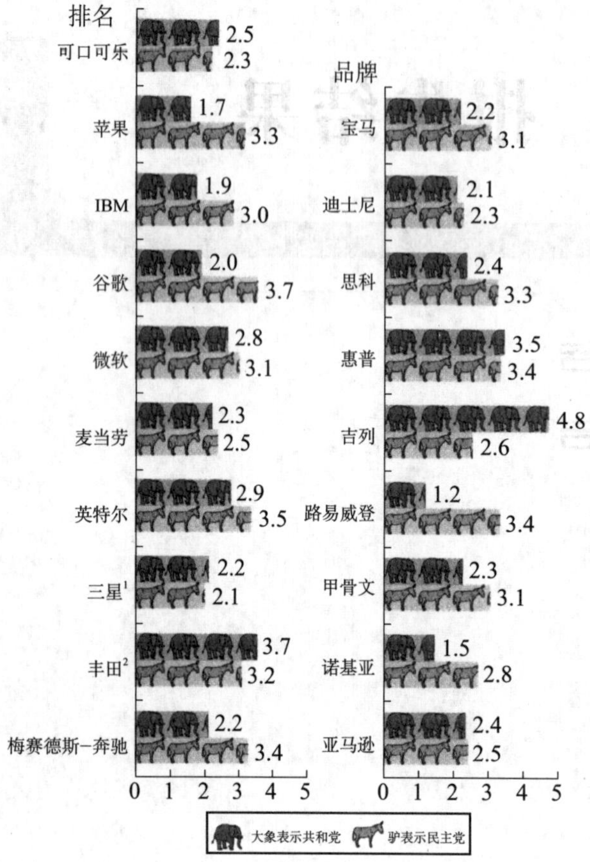

图1

1. 以美国三星手机为基础的分析。
2. 以美国丰田为基础的分析。

Wisdom检测了同意参与调研的数百万Facebook用户的Facebook活动。在我们的分析中，系统识别了（典型的）成千上万的特定品牌粉丝的政治倾向。结果显示，任何品牌都有一定比例的粉丝与美国的一个或多个主要政党有联系。在数据集中，民主党的Facebook用户几乎是共和党用户的两倍，但原始数据或者百分比都不是那么富有洞察力。亲和力得分的来源如下：在Wisdom系统中，亲和力评分是在某一特定品牌的粉丝中共和党或者民主党所占的比例与全美Facebook用户中共和党或者民主党所占比例之间进行的对比。图1就是这些顶级品牌的亲和力得分。

那么，你对这些顶级品牌的政治倾向有什么分析？它们之中的大多数品牌似乎没有什么区别，但是一些高科技品牌（例如，苹果、谷歌、诺基亚）和一些奢侈品牌（例如，梅赛德斯-奔驰、路易威登）倾向于民主党。唯一比较倾向于共和党的品牌是吉列——宝洁公司的剃须刀品牌。品牌经理可以使用此信息更好地了解客户基础，或许可以更好地识别用于促销的媒体工具。

资料来源："Best Global Brands 2012," Interbrand, downloaded from www.interbrand.com on November 13, 2012. Wisdom analysis conducted using data accessed on November 14 - 15, 2012.

第19章 口头调研报告

学习目标

1. 讨论制作一份口头调研报告的两个基本规则
2. 解释如何组织有时间限制的口头汇报
3. 列出用于展现调研结果的不同类型的图表

引　　言

如果不能有效地沟通调研结果，那么一个调研项目就不能算完美无缺——假设有可能完美无缺的话。无论是以书面还是口述的形式，做出一个有效的报告都是一个比调研者预计的要消耗更多时间的过程。这不是一件简单的事。在本章中，我们为准备一个精彩的口头报告提出了最佳实践的建议。此外，我们也将介绍几种在展示调研结果时有用的图表。在第20章，我们将介绍书面报告。

口头调研报告

绝大多数的营销调研报告需要一个或多个口头报告。通常客户或者项目经理希望在项目进行期间做调研进展报告。更常见的是，他们要求一个有调研结论的正式的口头报告。有一件你必须记住的事情是，许多听众不会真正理解报告中所涉及的技术性描述，当然也无法判断所做调研的质量水准，但是他们能够判断报告是专业的、自信的，还是无组织、无知的。一个高效率的报告能够掩盖调研的一些不足，但高质量的调研无法弥补一个差劲的报告。表19-1展示了一些如何成为杰出的演讲者的技巧。

表19-1　　OPEN UP！杰出的演讲者的技巧

OPEN UP！就是杰出的演讲者分享的六个技巧的首字母缩写，使用的秘诀就是不仅要知道每一个技巧的特点，而且要知道如何将它们融入你的演讲风格。

杰出的演讲者是：

有组织的（Organized）　杰出的演讲者能够掌控全场。他们看起来沉着又优雅，他们听起来是准备充分的。你会感觉到他站在那儿不是在浪费时间。他们的目标不是压制而是告知、说服、影响、娱乐或启发。他们的信息结构明确、定义清晰。

热情的（Passionate）　杰出的演讲者散发着热情和信念。如果看起来或者听起来连演讲者对他的演讲主题都没有热情，为什么要求其他人有热情呢？杰出的演讲者的发言必须要发自内心并且对他的立场坚定不移。他们的演讲是有说服力和感染力的。

融入（Engaging）　杰出的演讲者必须利用自己的能量让观众尽早地融入进来。他与听众迅速建立起融洽的关系，感染听众。如果你想要听众尊重，你必须与听众尽早联结起来。

自然的（Natural）　杰出的演讲者有一种自然的风格，他们传递出一种对话的感觉。自然的演讲者让这一切看起来很轻松。他与听众相处舒适，一个表现自然的演讲者会看起来很自信。

作为一名杰出的演讲者，你必须：

理解你的观众（Understand your audience）。杰出的演讲者在向听众演讲之前会尽可能多地了解他们。他对观众了解得越多，就越容易与他们沟通并且让他们融入演讲。

练习（Practice）。练习了就会提高，不练习就不会有提高。技巧必须经常练习才能掌握。练习是改善过程最重要的部分。如果你对各种技巧足够熟练，即使在压力下也不会失败。

资料来源：Excerpted from Timothy J. Koegel，*The Exceptional Presenter*（Austin，TX：Greenleaf Book Group Press，2007），pp. 4－5.

经理关注

当你以为“我可以稍稍松口气，让调研者完成调研过程的最后阶段”——请停止片刻。调研者以撰写书面报告和口头报告的形式发布调研结果，重要的是，市场部经理有责任将相关的营销调研结果通过组织传达给关键决策的制定者。这将是你撰写缩略的报告并将它传达给管理团队的其他人的时刻，而且你要针对不同职能部门的经理对报告进行修改，你甚至要对高层经理做一个口头报告，描述你从调研中获得的信息。鉴于这些原因，本章的内容对身为调研者的你大有干系。

准备口头报告

准备一份成功的口头报告需要提前了解听众，他们的技术水平如何？对项目的涉入程度怎么样？他们的兴趣是什么？你可能想为那些项目涉入度较深或技术水平更高的人陈述更多的细节。一般来讲，最好展示比较少的技术细节。主管们想要听到和看到的是那些对于他们作为营销活动的管理者有用的信息。对营销活动来说数据意味着什么？如果他们想要了解技术细节，他们可以提出问题并获得必要的详细解释。

你还需要决定报告内容如何组织，有两种普遍的组织形式，这两种形式均是以陈述调研的总目标和具体的调研问题开始。然而，关于什么时候介绍结论这一点，两者存在差异。在更常见的结构中，你在陈述完调研结果后才介绍结论，这样保证有充足的证据支持结论，这样做可以让你以一种更合逻辑的方式进行陈述。

另一个方法是在叙述完具体的调研问题之后，立即陈述结论。使用这种方法会很快地吸引别人的注意力，尤其是在结论出乎意料的情况下。这不仅促使经理们思考根据调研结果将采取什么行动，而且提醒他们密切关注支撑结论的论据。

在有效的口头报告中，还有一个重要的因素是视觉辅助设备。即使你避免陈述技术环节，但如果没有图表，你几乎不可能将调研结果表达出来。越来越多的口头演示使用计算机演示软件，比如微软的PPT软件、苹果公司的Keynote或者在线的Prezi。演示软件可以使展示定义、强调内容、地图以及图表都变得相当容易。演示软件也可以在演示中加入声音或录像、动画、影像效果等来创造一种理想的效果。表19-2给出了一些关于准备口头报告的建议。此外，附录19A中包含了报告Avery健身中心项目结果的幻灯片。

表19-2 准备幻灯片的一些小技巧

1. 简单。以听众能理解的方式传达复杂的想法。每张幻灯片只演示一个观点，并附以尽可能少的词语或图案。

2. 不要在一张幻灯片上展示太多观点。在解说时，少即是多。

3. 每张幻灯片使用一分钟，就换下一张。幻灯片应该安排紧凑。

4. 强调和突出重点，利用模板的大小、风格、颜色或其他方法来突出和强调有重要意义的观点。

5. 使幻灯片容易阅读。使用大的、清晰的字体，并且限制字体的种类，不要超过三种字体。确保正文颜色与背景色搭配得当。

6. 注意颜色的使用。颜色能增强兴趣和重点。如果使用不恰当，会分散观众的注意力。确定颜色方案并贯穿始终。

7. 注意使用幻灯片的背景。一致的背景图案（图片、标识语等）有助于视频演示。

8. 有序地陈述复杂观点。如果你有一个复杂的观点要传达，就从基础内容开始，然后用三四张幻灯片完成陈述。

9. 准备好幻灯片的复印件。在演示开始之前或之后把它交给听众。这样如果听众不得不作笔记，他们不用太过紧张。

10. 标记演示稿的页数。这样你会得到很好的听众的参考意见和一段有益的问答时间。

使用计算机演示软件来准备报告的另一个好处就是报告可以很简单地自动发送给需要的经理。不必打印，调研报告更有利于传播公司有关产品的关键知识或积累的知识。

视觉设备以及演示方式都不是最重要的，重要的是确保所有人读到报告。我们已经看过许多这样的演示，要么字体太小，要么字体的颜色与背景颜色十分相近，以至于无法看清晰。保持简单以至于扫一眼就能够理解是重要的。

道德困境19-1

你跟进管理的一个调研项目的结果让你感到失望。调研的四个问题只有一个得到了清楚的回答，其他三个问题的答案在周密的计划和大量的经费投入之后仍然相当模糊。电话访问中未曾预见的困难增加了每个访问的成本。这意味着所获得的样本比计划中更少，进而使得证据不明显。你担心自己以及你的团队会因此收获不好的评价。调研团队的成员认为可以给管理层提交口头报告时，试着隐藏四个问题中只有一个被圆满解决这一事实。团队成员建议做一个有许多张幻灯片的多媒体演示，尽量将时间都花在演示上，少留提问时间。

- 以这种方式隐藏令人失望的结果道德吗？
- 这样做的后果是什么？
- 使用如此之多的幻灯片使大家对所演示的题目产生兴趣，以至于幻灯片超过了调研发现的实质，这样做对吗？你真的应该使用这种障眼法吗？

提交口头报告

对大多数人来讲，一生中最紧张、最有压力的事情莫过于在众人面前演讲。我们也经历过那样的胆怯，比如第一次给学生讲课，在教会中讲话，发表演讲，做调研报告或者其他场合。

提交一份口头调研报告也不例外，特别对经验不足的调研者来讲，这是一个令人焦虑的过程。不过，这种焦虑很大程度上可以通过一些事先的准备来消解。完全不紧张只能说明你对此毫不在意。

一个好的口头报告要遵守两个基本原则，认真参照这些原则有助于减轻在众人面前时的紧张。第一条原则是：熟悉你的汇报材料。不确定的因素或多或少会引起一定的紧张和焦虑。在一份营销调研项目的口头报告中存在许多潜在的不确定因素，如问题的性质、数据收集的程序、结果的真正含义、决策者得到结论之后是否要求调研者提出建议、口头报告需要达到哪些目标，等等。如果所要展示的内容你都了然于胸，那么清楚明白地将听众想要了解的信息传达给他们就变得简单很多。不要忘记练习，不事先反复练习就进行正式的口头报告将十分失策，无异于自找麻烦。

提交一份有质量的报告的第二条原则是：了解听众。听众很可能有营销经理和其他部门的经理。报告者应从整体和个人两个层次去了解听众。如果有可能的话，可以提前确定即将参加口头报告的人。时刻牢记调研的目的和全体听众想要获知的答案。报告者还要了解听众的整体技术水平。比如，如果大部分听众都能够理解样本误差或统计显著性这样的概念，那么必要时就可以放开来谈论相关的问题，不必拘谨。如果你不确定，可以从更低的技术着手，但是要准备你可能需要的幻灯片。

做好口头展示还需要注意一些其他事项。注意会议的时间限制。使用不超过一半的时间进行正式的演讲，剩下的时间留给观众提问。请注意，不要跳过包含图表的信息的陈述。记住，你的观众是第一次看到它们。以合理的顺序安排你的陈述，保证有充足的时间用于陈述，并讨论最重要的调研结果，留出时间进行提问和进一步讨论。

口头报告的一个独一无二的好处是它允许演讲者与听众互动。在你的演示当中，问答时间将是最重要的部分，它使你得以解释清楚听众不明白的问题，强调值得特别关注的重点，并对听众非常关注的问题提出自己的看法。

最后，在正式报告开始前进入报告会议室是明智的。这会使你熟悉会议室的环境并且确认报告所需的设备以及软件都能够正常工作。没有什么比技术问题更能毁掉一个优秀的报告。如果你还需要视听方面的设备，在测试时，不要相信其他人，你必须掌握所需软件的第一手资料并且确保它们按照预想的那样工作。

结果的图表展示

俗话说："一图抵千字。"这也适用于营销调研报告与展示，前提是你做的是正确的。有时候就算是图片本身也能与对象进行有效的沟通与交流。一张不合适的、不准确的或者设计很烂的图表会轻易地导致别人的困惑或者被别人误解。在这个章节中，我们简单地回顾一下最常见的图表。

如果你想图表展示有效率，简单地将一系列的数字转化为一张图表是远远不够的。图表必须能让读者准确地理解报告数据之间的比较关系，免去读者自己在报告中搜寻这些数据的麻烦，无论他是在阅读书面报告还是在观摩一个口头报告。如果图表效果好，它将会比其他任何方式更能令读者迅速、透彻、全面地理解报告的内容。

这些年来，我们发现很多初级的调研者十分沉迷于图表，我们也知道原因是什么（可以查看SPSS软件的"新建图表"功能），但并不是每一个调研的结果都需要用图表来展示。事实上，图表通常能更有效地展示调研项目的结果。图表通常用来阐述主要的发现并且强调数据，否则容易被忽视。如果你使用太多的图表，你就会稀释掉真正有价值且重要的部分。

为了帮助理解不同类型的图表，我们从政府报告当中截取了近12年的个人支出情况（详见表19-3）。在本节，我们将用这些数据做例子。

表19-3　近12年来的个人支出（十亿美元）

年份	总的个人消费支出	耐用品	非耐用品	服务
1	3 659.3	480.3	1 193.7	1 983.3
2	3 887.7	446.1	1 251.5	2 190.1
3	4 095.8	480.4	1 290.7	2 324.7
4	4 378.2	538.0	1 339.2	2 501.0
5	4 628.4	591.5	1 394.3	2 642.7
6	4 957.7	608.5	1 475.8	2 873.4
7	5 207.6	634.5	1 534.7	3 038.4
8	5 433.7	657.4	1 619.9	3 156.7
9	5 856.0	693.2	1 708.5	3 454.3
10	6 246.5	755.9	1 830.1	3 660.5
11	6 683.7	803.9	1 972.9	3 906.9
12	6 987.0	835.9	2 041.3	4 109.9

饼图

饼图（pie chart）是一个分成几个部分的圆。每一个部分代表所占总体的比例。因为每个扇区代表全部或整体的一部分，所以它尤其适用于描述相对大小。例如，

图19-1显示了第12年个人支出的主要消费细目。结论很清楚，总消费中服务的花费占了最大的一块。

图19-1有三个部分，这很容易解释。如果你要展示的变量超过了五个或者六个水平（或者片），这时饼图就会迅速地变得困惑且无效，我们就需要使用其他类型的图表（有可能只是一个很棒的表格）。饼图的分块以份额递减顺时针排列，并且应在每一块中表明精确的百分比。

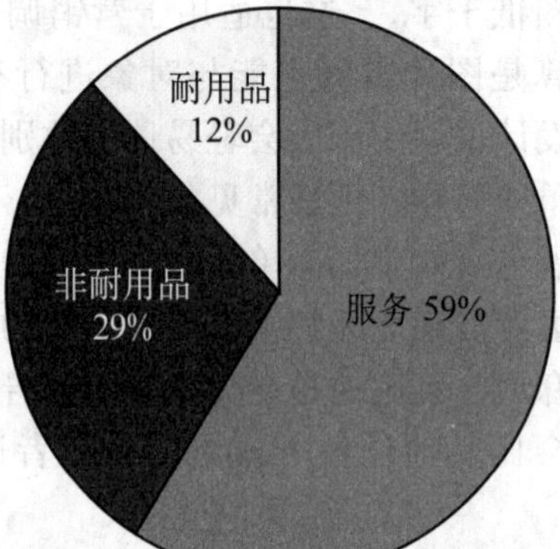

图19-1 饼图：个人支出的主要消费细目（第12年）

折线图

折线图（line chart）是一个二维图，尤其适用于描述时间序列波动动态关系。例如，图19-2和图19-1的饼图一样描述了第12年的个人支出的主要消费细目，但和饼图不一样的是，该折线图也包含了其他11年的具体数据。

折线图甚至比饼图使用的频率更高。它由代表时间的 x 轴和代表另一变量的取值或变差的 y 轴构成。当要描述多个变量时，通常的建议是对于不同变量的线用不同的颜色或形式（点和线适当的结合）加以区别，并且在图例中给予说明。

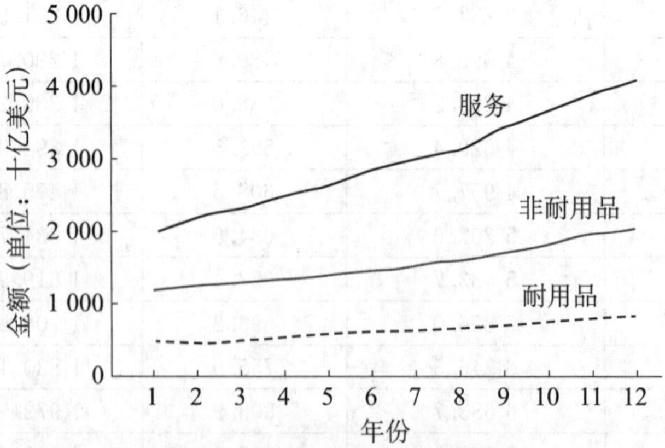

图19-2 折线图：个人支出的主要消费细目（12年）

层状图

层状图（stratum chart）在某些方面被当作动态的饼图，是因为它能用来显示各扇区的相对重要性（例如用户消费的数量）及一段时间的相对重点的变化。层状图由一系列的线图构成。这些线图所代表的数量被组到一起（或被划分成几个组成部分）。它也称为叠线图。例如，图 19－3 显示了在 12 年间个人支出的主要消费细目。最低的线显示的是服务的消费，第二低的线显示了服务和非耐用品的总消费，最上面的那条线表示三种消费的总和。如果用饼图我们不仅要画多个（每年画一个），而且传达的信息没有这么清楚明了。

x 轴一般在层状图中代表时间，y 轴代表变量的取值。同饼图一样，也不要用层状图来表示太多的成分。

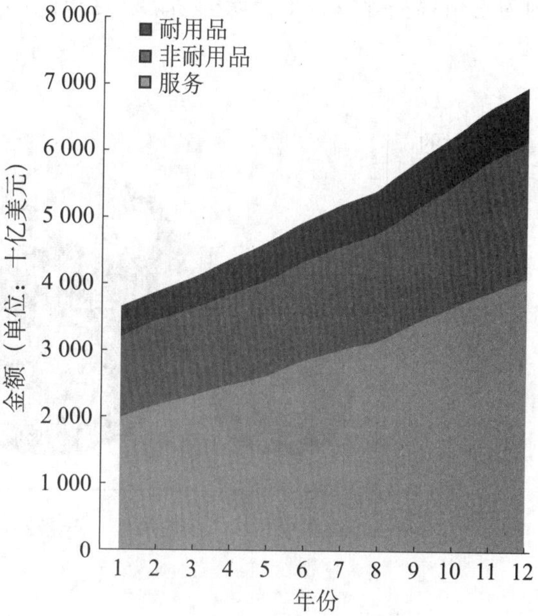

图 19－3　层状图：个人支出的主要消费细目（12 年）

条形图

条形图（bar chart）有很多变化形式，它的使用非常广泛。例如，图 19－4 显示了在单个时点上，个人消费在三大类别上的分布。图 19－4 就是一个简单的条形图，和前面的饼图（图 19－1）显示了同样的信息，但是因为标出了各种消费类别的具体数额，所以揭示了更多的信息。条形图可以水平或垂直显示，如果你想要展示变量在一段时期的变化，标准的程序是通过横轴的时间变化在纵轴上显示出变量的改变。

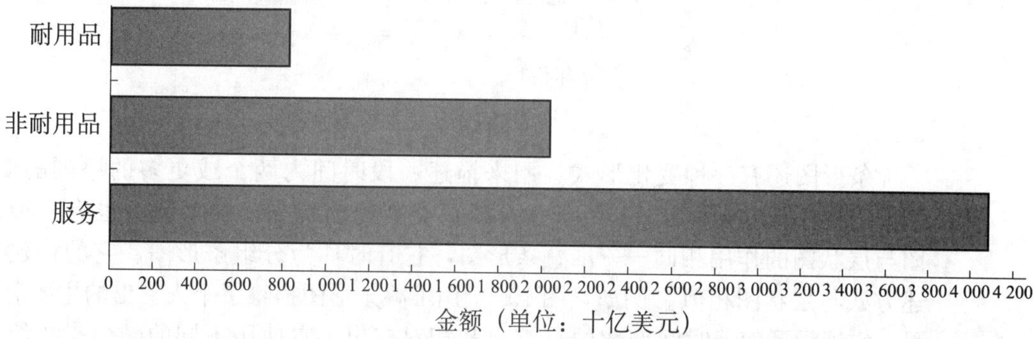

图 19－4　条形图：个人支出的主要消费细目（12 年）

条形图的变化 条形图很灵活，因此有很多用途。一种变化形式是将条形图**转化为象形图**（pictograms）。数量不是死板地用柱的长度来描述，而是用美元表示收入，汽车图片表示汽车产量，站成一排的人表示人口，等等。象形图的确是一个很有效的沟通工具。然而，一定要非常仔细，因为象形图比较容易误导受众。图 19－5 展示了两种不同的象形图，两张图都表示一个公司一年的税款和下一年相对于这年两倍的税款。有一些原因使第一张象形图看起来企业的税赋更重，你觉得呢？第二张象形图的形式更适合。特别要注意的是，在读取象形图时要很注意，因为它很容易导致一个错误的结论（这正是那些执行辩护调研的调研者所希望的）。

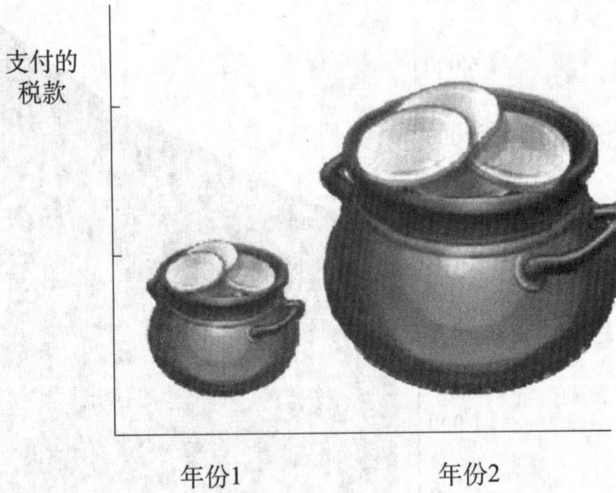

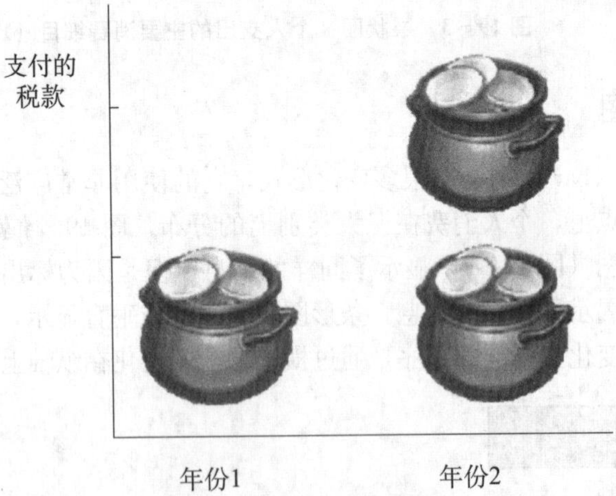

图 19－5 两种象形图

条形图还有一种变化形式，用来描述一段时间内两个或更多的序列的变化。例如，图 19－6 显示了 12 年间三大消费类别的消费支出的变化。也有一种条形图与层状图的作用相同——堆叠条形图，它有时称为分组条形图。它的构建与描述方式与层状图相似。例如，图 19－7 用堆叠条形图描绘了个人支出的主要消费细目，它展示了随着时间变化的总支出和相对支出，它使用不同的颜色来描绘各个类别。

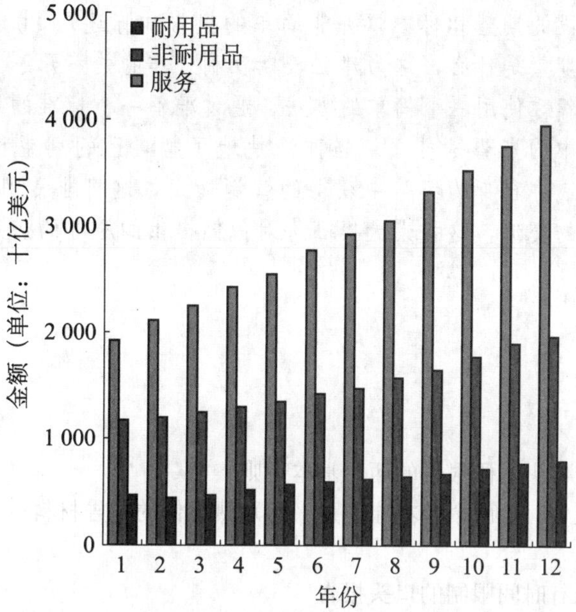

图 19－6　分组条形图：个人支出的主要消费细目

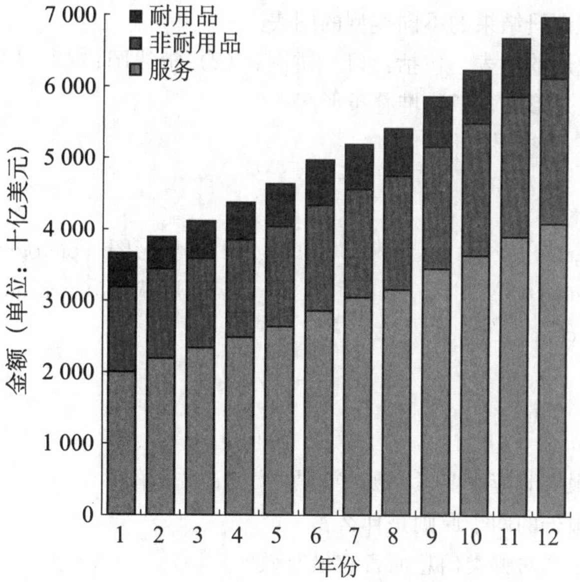

图 19－7　堆叠条形图：个人支出的主要消费细目

经理关注

作为客户，你有两条路可走。你可以按惯例积极地等待，审阅调研提供者的书面报告和口头报告是否达到了你的期望和要求。或者，你可以预先提供具体的指导方针，从而使得调研提供者可以在撰写书面报告并准备口头报告时遵循这些指导方针。

当我们开始与一个特定的客户建立关系时，市场部的一名经理来到调研者的办公室进行为期一天的指导/培训。他准备了一个标准的手稿，其中概括了企业在这个营销调研项目的每个阶段的期望和标准（并非简单的报告和陈述）。由于客户先行动，调研者不必假设客户的期望是什么，这为建立长期互利合作的关系开了个好头。

我们强烈推荐你使用一个简单的方法。通过准备一个标准的手稿，你和你的同事将更清楚自己心目中的期望是什么。当你清楚地了解自己的期望和需求时（若没有从书中、调研提供者或你自身的经验中获得的营销知识，这将非常困难），你可以与调研提供者进行更深入的交流，这将大大提高你对他们提供的服务的满意度。

小结

学习目标 1

讨论制作一份口头调研报告的两个基本规则

当陈述口头报告时，两个基本原则是：(1) 熟悉你的报告材料；(2) 了解你的听众。

学习目标 2

解释如何组织有时间限制的口头报告

注意会议的时间限制。正式演讲时间不要超过总时间长度的1/2，余下的时间留给提问和讨论。

学习目标 3

列出用于展现调研结果的不同类型的图表

有很多可以使用的图表。包括：(1) 饼图；(2) 折线图；(3) 层状图；(4) 条形图；(5) 象形图；(6) 分组条形图；(7) 堆叠条形图

关键术语

饼图（pie chart）
条形图（bar chart）
折线图（line chart）
象形图（pictograms）
层状图（stratum chart）

复习题

1. 准备口头报告时应主要考虑哪些问题？
2. 陈述口头报告的两个原则是什么？
3. 什么是饼图？对哪类信息而言它最有效？
4. 什么是折线图？一般在处理哪类信息时使用到它？
5. 什么是层级图？对哪类信息而言它尤其适用？
6. 什么是条形图？对哪类问题它是最有效的？
7. 什么是象形图？
8. 什么是分组条形图？什么时候应该使用它？

讨论的问题与案例

1. 西尔-泰特公司（Seal-Tight）是一家生产金属罐的厂商，它的管理层向你提供了以下信息：

西尔-泰特公司
2008—2012 财政年度比较损益表

（单位：美元）

	2008 年	2009 年	2010 年	2011 年	2012 年
净销售额	40 000 000	45 000 000	48 000 000	55 000 000	53 000 000
成本和费用	28 000 000	32 850 000	33 600 000	39 750 000	40 150 000
商品销售成本	4 000 000	4 500 000	4 800 000	5 300 000	5 300 000
销售和管理费用	1 200 000	1 350 000	1 440 000	1 590 000	1 650 000
折旧	800 000	900 000	960 000	1 060 000	1 100 000
利息支出	34 000 000	39 600 000	40 800 000	47 700 000	48 400 000
营业利润	6 000 000	5 400 000	7 200 000	5 300 000	6 600 000
估计税费	2 400 000	2 160 000	2 880 000	2 880 000	2 640 000
净利润	3 600 000	3 240 000	4 320 000	3 180 000	3 960 000

a. 运用图表显示该公司这 5 年的销售收入增长情况。

b. 运用图表比较净利润水平与净销售收入水平的变化情况。

c. 运用图表展示以下费用（不包括产品销售成本）5 年以来的情况：销售费用和管理费用、折旧和利息支出。

d. 西尔-泰特公司的管理层掌握了其两家主要竞争对手的销售数据（单位：美元），如下所示：

	2008 年	2009 年	2010 年	2011 年	2012 年
Metalmax 公司	35 000 000	40 000 000	42 000 000	45 000 000	48 000 000
Superior Can 公司	41 000 000	43 000 000	45 000 000	46 000 000	48 000 000

公司要求你运用图表将西尔-泰特公司与其主要竞争者的销售业绩进行比较。

2. 访问当地图书馆或浏览在线图书馆，找出在本章中所描述的每个图表的实例。在公共出版物如《彭博商业周刊》《财富》《今日美国》《华尔街日报》上找寻例子。复印图表，运用本书中提及的标准对它们进行评价。例如，是否饼图的分类数量超过了建议的最大值？有没有将精确的百分比展现出来？在每个实例中，图表是否恰当地达到了目的或者使用另一种图表会更具有说服力？如果准备在口头报告中运用图表，你有没有改进意见？

使用 AFC 会员调查（见表 16－2），编码字典（见表 16－3）和数据绘出下面要求的图表。用你所选择的建立新图表的软件（如 SPSS，Excel，Tableau）。AFC 的数据（Avery Fitness Center Data）可以在网站 www. cengagebrain. com 通过搜索本书，然后选择标签“免费材料”和“现在获取”看到 Excel 文本或者 SPSS 文本。

3. a. 新建一个饼图来呈现 AFC 调查对象的性别。

b. 新建一个条形图来显示 AFC 调查对象的收入水平。

c. 制作一个表格来显示过去的一个月里 AFC 调查对象中谁使用了不同类型的 AFC 服务。

d. 新建一个表格来展示交叉表分析的结果，该交叉表分析了 AFC 会员职业状况对到访服务中心时间的影响。

附录19A 口头调研报告：Avery 健身中心

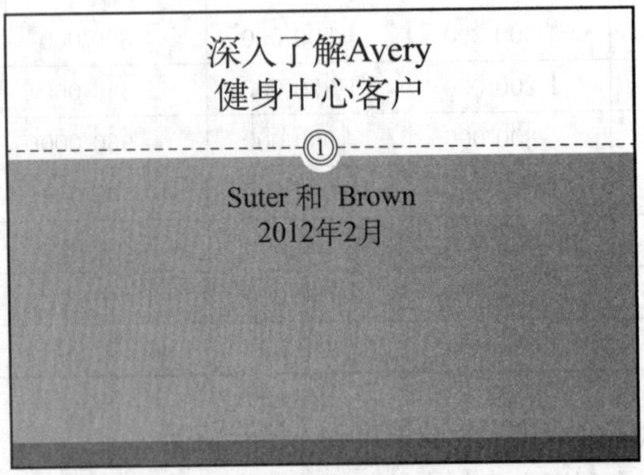
深入了解Avery
健身中心客户
1
Suter 和 Brown
2012年2月

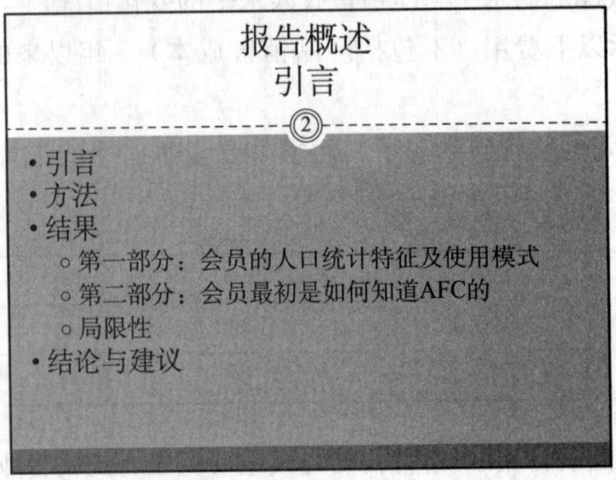
报告概述
引言
2
•引言
•方法
•结果
○第一部分：会员的人口统计特征及使用模式
○第二部分：会员最初是如何知道AFC的
○局限性
•结论与建议

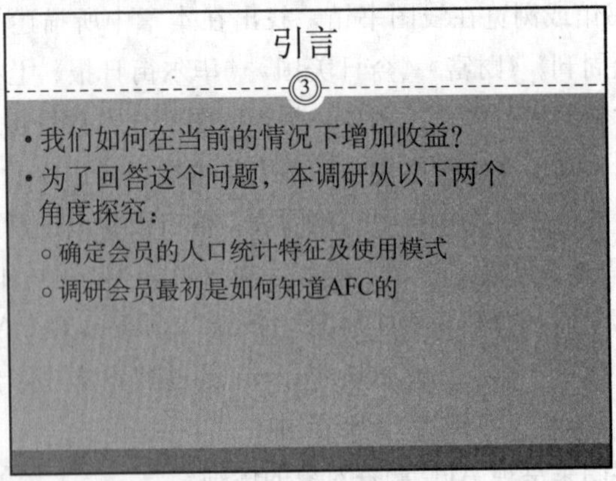
引言
3
•我们如何在当前的情况下增加收益？
•为了回答这个问题，本调研从以下两个角度探究：
○确定会员的人口统计特征及使用模式
○调研会员最初是如何知道AFC的

方法

④

- 探索性调研
  - 文献搜索
    —AFC在社区与在各地区的组织和项目是一致的
    —老人寻找社区项目以及设备为了使自己更健康
  - 与AFC员工的深度访谈
    —获得那些定期到访健身中心的会员
  - 与AFC会员的深度访谈
    —理解会员到访AFC的动机以及会员最初知道AFC的途径

方法

⑤

- 描述性调研
  - 使用简单随机抽样，邮寄调查在过去的12个月里至少使用过一次健身中心服务的AFC的当前会员和以前的会员
  - 发送邮件开始调查的2周后，在发送的400份邮件中一共获得231份有效的回复邮件
    —应答率为58%
  - 将收到的反馈邮件与该会员过去12个月的支出数据进行匹配

结果
第一部分 会员的人口统计特征及使用模式

⑥

- AFC会员的平均特征可以描述为：
  - 女性（女性占比80%）
  - 年龄大（平均年龄69岁，50%的会员年龄在60~77岁）
  - 受过良好的教育（60%的会员至少受过四年制大学教育）
  - 退休（77%的人已经退休）
  - 良好的收入（29%的人收入高于7.5万美元）

结果

第一部分 会员的人口统计特征及使用模式

⑦

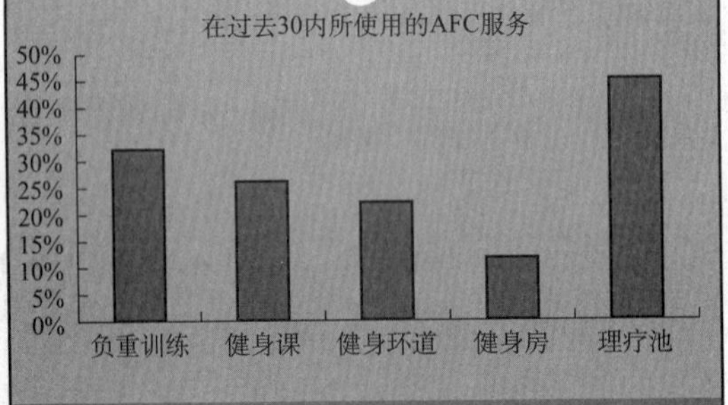

结果

第一部分 会员的人口统计特征及使用模式

⑧

- 负重训练（32%的受访者在过去的一个月内使用过健身中心的负重训练服务）
  - 51%为男性，27%为女性
  - 受教育程度较高（37%，受教育程度较低的为23%）
  - 家庭收入较高的（41%，收入较低的占27%）会员更有可能使用负重训练服务。
- 健身课（26%的受访者表示在过去的一个月内参加过AFC的健身课程）
  - 女性（30%）参加了课程，男性（9%）
- 健身环道（22%的受访者表示在过去的一个月内使用过健身环道）
  - 基于人口统计特征并无显著差异
- 健身房（12%的受访者表示在过去的一个月内使用过健身房）
  - 收入较低的受访者（17%）比收入较高的受访者（5%）更有可能使用循环训练

结果

第一部分 会员的人口统计特征及使用模式

⑨

- 理疗池（45%的受访者表示在过去的一个月内使用过理疗池）
  - 女性（51%）比男性（20%）更经常使用理疗池
  - 收入较低的受访者（55%）相对于收入较高的受访者（39%）更有可能使用理疗池

结果

第一部分　会员的人口统计特征及使用模式

⑩

轻度使用者 过去30天内	平均到访次数 过去30天内	重度使用者 过去30天内
• 25%的受访者表示在过去的一个月内最多去过4次	• 平均次数是10次（标准差为7.3）	• 28%的受访者表示超过14次

• 结果显示使用频率的高低不存在人口统计特征上的差异

结果

第一部分　会员的人口统计特征及使用模式

⑪

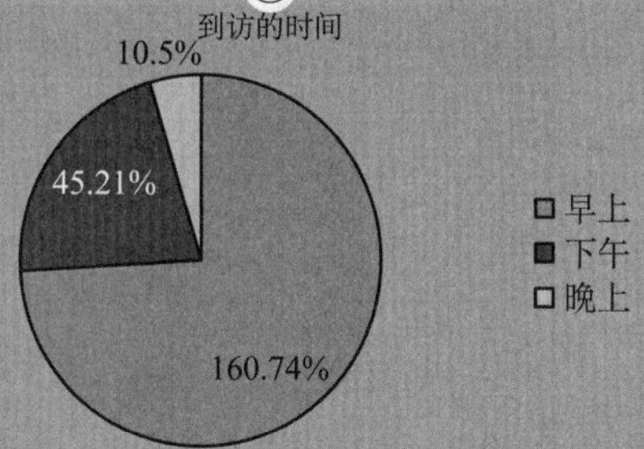

结果

第一部分　会员的人口统计特征及使用模式

⑫

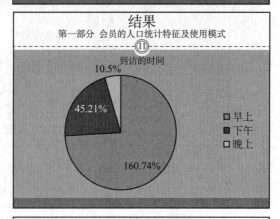

- 整体收益
  - 来自每位会员的平均收益为282美元（标准差为166美元）
    - —25%的会员支付了不超过155美元的费用
    - —25%的会员支付了超过400美元的费用
- 人口统计特征与收入
  - ≥70岁=年均328美元
  - ＜70岁=年均238美元
  - 在职=年均215美元
  - 退休=年均314美元

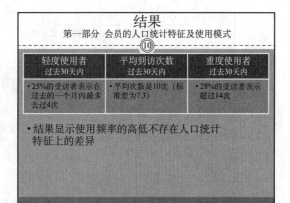

结果

第一部分　会员的人口统计特征及使用模式

⑬

- 使用带来的收益
  - 健身课的参与者=年均消费320美元
  - 没有参加健身课程的参与者=年均消费268美元
- 没有统计显著性差异的：
  - 使用负重训练/未使用
  - 使用健身环道/未使用
  - 使用健身房/未使用
  - 使用理疗池/未使用

结果

第一部分　会员的人口统计特征及使用模式

⑭

	完全不重要(1)				非常重要(5)
一般的健康与健身					4.7
社会因素			3.2		
身体享受			3.9		
特定的医疗目的				4.1	

- 进一步分析表明：人们越强烈地受到社会因素的激励，他们在健身中心支付的费用就越高（例如，在1~5分中，每高一分就会多40美元的消费金额）
- 打5分的受访者比打2分的受访者平均多支付120美元

结果

第二部分　会员最初是如何知道AFC的

⑮

带来会员的初始事件

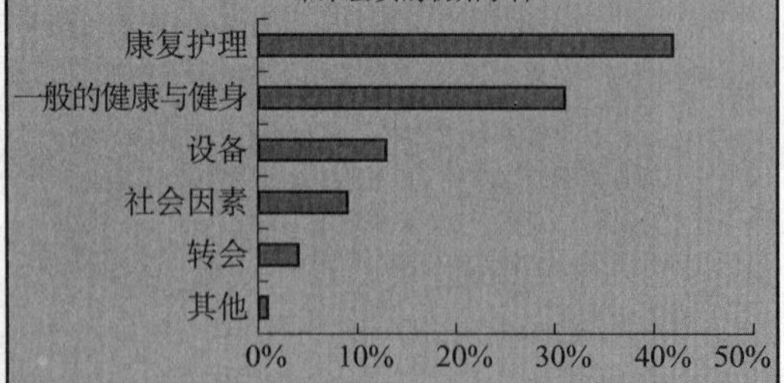

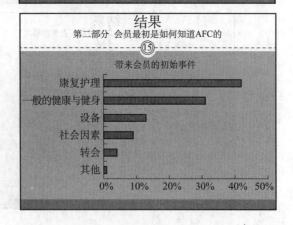

结果

第二部分 会员最初是如何知道AFC的

⑯

"你是通过何种途径知道AFC的？"

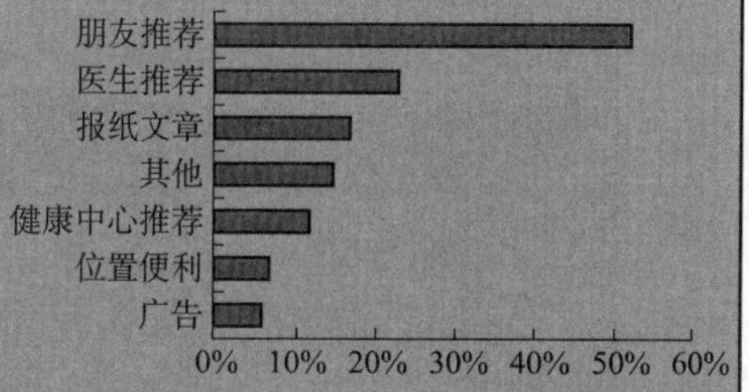

结果

第二部分 会员最初是如何知道AFC的

⑰

"你将AFC推荐给朋友或者同学的可能性有多大？"

绝对不可能(0)										极有可能(10)
									9.3	

- 71%的受访者在可能性量表上选择了"10"
- 退休的会员比在职的会员的推荐意向更高（退休76%vs.在职52%）
- 觉得社会因素很重要的会员比觉得社会因素不是那么重要的会员意向更高（社会因素重要87% vs.社会因素不重要63%）
- 近一个月内使用过理疗池的会员推荐可能性比较高（使用过的85%vs.没有使用过的59%）
- 女性比男性有更高的推荐意向（女性76%vs.男性56%）

局限性

⑱

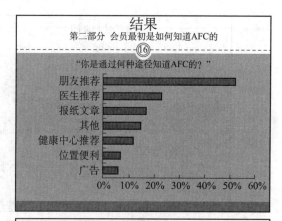

- 26个受访者没有回答职业状况这一问题。没有回答可能存在两个方面的原因：
  - 这一个问题没有标上编号，很容易导致受访者直接跳到家庭收入情况这一问题上
  - 受访者的就业情况不能简单地用"在职"和"退休"来回答

结论与建议

19

- 当前的情况下我们如何增加收益？
- 为了回答这个问题，本调研从以下两个角度探究：
  - 确定会员的人口统计特征以及使用模式
    - —年长的、受过良好教育的、退休的女性、有较高的收入并且有特殊社会需求的
    - —理疗池是最常用的一项服务
    - —AFC会员平均每个月去10次健身中心，最经常去的时间段是早上
  - 调研会员是如何知道AFC的

结论与建议

20

- 我们如何在当前的情况下增加收益？
- 为了回答这个问题，本调研从以下两个角度探究：
  - 确定会员的人口统计特征以及使用模式
  - 调研会员是如何了解AFC的
    - —受访者表示第一次来健身中心是为了康复训练或者寻求医疗帮助以及为了健康与锻炼
    - —从朋友、熟人以及医生那里获得口头推荐是最常见的会员第一次知道健身中心的方式

结论与建议

21

- 我们如何在当前的情况下增加收益？
  - 如果有可能尽量在高档市民中心或者生活团体中开展宣传
  - 专注于为现有的会员提供最优质的体验，以增加口碑
    - —这对退休的会员和因为社会因素而选择健身中心的会员尤其如此
  - 为现有的会员提供信息手册
    - —让会员了解更多的除正在使用的服务之外的其他服务
    - —制作一些宣传材料让他们传递给朋友或者熟人
    - —可以增加一些物质激励

第20章 书面调研报告

学习目标

1. 讨论与读者进行有效沟通的书面报告必须满足的写作标准
2. 列出构成标准调研报告的主要元素
3. 解释执行摘要中所包含的信息类别

引　言

在项目结束时，你通常都会被要求准备一份书面的调研报告。你需要花费一些时间来好好完成这份报告，如果你不能将最终的调查结果与客户进行有效的沟通，就意味着你的项目失败。书面报告深刻影响着最后的调研结果实际被采用的可能性。如果你考虑到报告是高管——那个你需要首先回答他的问题的人，也是将基于调研结果做出决策的人——能够了解该调研项目的全部，你就会认识到报告的重要性。一份严谨的书面报告代表了整个调研项目的质量。

在本章中，我们将为撰写一份成功的书面调研报告提供一些有用的指导，同时我们也会为你列举一些在撰写书面调研报告时可能会用到的例子。

书面调研报告

2006年12月，某媒体报道苹果公司从iTunes音乐下载服务当中获得的收入大幅下降，随后苹果公司的股价大跌了3%。根据Forrester调研公司的调研报告，英国The Register网站的一篇文章称因为iTunes的月收益下降了65%，将iTunes月收益描述为“崩溃”。考虑到iTunes后来成为数字音乐产业的收益“巨怪”（2013年2月超过250亿首歌曲被下载），有的人一定在这件事情上存在严重误读。

事实证明，Forrester发布的报告上面的数据是错误的。这项调研实际揭示的是iTunes下载量的下降，当然没有什么所谓的销量崩溃。毫不令人惊讶的是，出于保护苹果公司市场价值的考虑，“显然很不开心”的苹果公司事后立即致电Forrester调研公司，要求调研分析人员尽快澄清这一点。[1]

正如这个例子所说明的，对于书面调研报告来说真正重要的事情是它与读者沟通得有多好。调研报告必须是为读者量身定做的，要关注他们的技术水平、对调研领域的兴趣、他们阅读报告的环境以及他们可能怎样去使用这个报告。有一些读者可以理解技术层面的东西，但有的读者不行，一般来说，在报告当中使用试图打动老板的、很有技术水平的词不是一个很好的主意（这项策略可能会起到相反的作用，因为会使老板怀疑这份报告究竟是谁写的），花点时间将你的报告让读者可以理解。

有的时候，经理喜欢报告中有较少的信息含量。他们很多时候只想知道结果和获得一些结论与建议，不想讨论结果是如何产生的。有的高管可能正好相反，他们不仅要讨论结果，而且要讨论结果产生的细节以及一些结论与建议。简而言之，你的听众决定了报告的类型，你需要了解受众的特定偏好。

调研报告写作标准

能够与读者有效沟通的一份报告一般满足以下几个标准：完整、准确、清晰。[2]

完整　当报告用读者能理解的语言为他们提供需要的所有信息时，它才是**完整**（completeness）的报告。这意味着撰写人必须不断地问自己原始文件所包含的每一个问题是否已经表达出来。一份不完整的报告意味着还要添加一份烦人的、潜在的会严重降低调研者可信度的补充报告。

涉及完整性时就会有些矛盾：一份书面报告必须是完整的，但又要避免“过于完整”。报告应该包含相关的信息，但过多的信息又会降低报告的实用性。调研者显然不希望强迫读者在一页页无关紧要的结果中苦苦筛选真正重要的东西。平衡矛盾的技巧在于弄清真正重要的是什么，以及什么应该包含进报告的附录或者干脆舍弃。做到这点并不容易，要仔细地为读者想想。

准确　假设你已经出色地收集并分析了数据使之成为做出关键决策的完美依据，如果你太匆忙的话就会出错，因此，**准确**（accuracy）是另一个重要的考虑。表 20－1 列举了报告写作中一些不准确的例子

报告递交之后准确方面的问题就很难纠正了。因此，在将报告递交给经理之前找其他人帮忙检查一下报告的准确性是很有必要的。除此之外，像很多调查都会有预测试一样，在递交给经理之前检查一下书面报告也是有帮助的。

表 20－1　　报告写作中一些不准确的例子

A. 简单的加减错误

“在美国，14%的人口受过基础教育，51%的人高中毕业，16%的人受过高等教育。”

稍微检查一下（14＋51＋16≠100），作者就能发现这种错误并纠正过来。然而，读者是不易察觉的，因为他们根本就不知道到底是百分数错了还是有什么类别没有算进来。

B. 百分数与百分点数之间的混淆

“公司利润占销售额的百分比在 1997 年是 6%，在 2002 年是 8%，因此，5 年中只增长了 2%。”

在这个例子中，增长数是 2 个百分点或是增长了 33%。

C. 语法错误引起的不准确

“政府削减日用品价格补助造成每年农业收入减少 6～8 亿美元。”

要表达削减幅度，作者应该这样写：“政府削减日用品价格补助造成每年农业收入减少 6 亿～8 亿美元。”

续前表

D. 令人混淆的术语导致谬论

“基尼家庭年收入指标从1979年的15 000美元上升到2009年的45 000美元，因此2006年的家庭购买力也上升到1976年的3倍。”

尽管基尼家庭年收入指标在30年中上涨至1976的3倍，但是由于30年中，生活费用及所测量到的消费者价格指数不只增长至3倍，因此不能说家庭购买力也一定增长至3倍。

清晰　报告的**清晰**（clarity）比其他任何标准都难以达到。清晰包括思维逻辑清楚和表述准确。当逻辑混乱或表达不准确时，读者在阅读时就会有困难，他们不得不靠猜测，这样就可能有坏事发生。无论如何，要保证清晰就要付出极大的努力。

首先，也是最重要的原则，要好好组织报告的框架。你必须清楚报告的目的及如何去撰写。绘制出主要观点的框架，按逻辑顺序组织这些观点并在适当的地方加入支持它的细节描述。告诉读者你将在报告中揭示的信息，然后照着你所说的去做。

当开始撰写报告时，你应该使用简短的段落和简洁的语言。不要逃避或模棱两可，一旦你决定要说什么，勇敢地将它表达出来。慎重地选择你的词语，尽可能精确和容易理解。调研之窗20-1给出了一个关于使用浮夸的写作方式的警告。调研之窗20-2提供了斟酌词句时的一些建议。

不要期望初稿会令人满意，初稿永远不会令人满意。最好多次重写调研报告——至少要做深度修改。当重写时，尝试将文章篇幅缩减一半，这将迫使你简化并删除不必要的词句，它同样迫使你思考每个词语及其目的，从而评价每个词语能否帮助你说出想说的话。好的报告通常都是简洁的。

调研之窗20-1

失业后，你如何写自己的简历

乔克·埃利奥特（Jock Elliott）是奥美广告公司（Ogilvy & Mather）的前任总经理，他举的这个例子说明了书写清楚的重要性。

“上个月我收到一份来自一个管理顾问公司的副总裁的简历，我来给大家读两段。第一段：

“‘最近，我们公司被美国最大的一家消费者调查公司收购。事情进展顺利，符合基本的商业目标，也获得了MSG的关注，但对我个人来说发展受到了限制。我宁可选择换个行业，扩大我继续从事管理工作的机会。’

“他的意思是：这个收购对我的公司来说很好，对我来说并不好。我要另找一份工作。

“第二段：

“‘您可以从我简历中展示的管理和技术成就看出，也许我符合您的某些客户的要求。当然，我的工作经验可以保证，我会高效地理解我将要选择的任何新职位的需求和细节。’

“他的意思是：正如你在我的简历中看到的，我有丰富的工作经验，我的接受能力强。你有兴趣让我进入你们公司为客户服务吗？

“最终，我认为他的意思是这样。

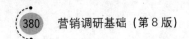

"这个人的简历表现出他的自负。他也许并不自负，但他的文章写得很糟。我没有兴趣，更没有时间找一个写作能力差的人加入我们，任何情况下都是如此。"

资料来源：Jock Elliott, "How Hard It Is to Write Easily," *Viewpoint*: *By, For, and About Ogilvy & Mather*, 2, 1980, p. 18.

调研之窗 20-2

撰写调研报告时选择词语的一些建议

1. 使用简短的词语。在表达同一件事时，简短的词语总比长的词语要好。

推荐使用	不推荐使用
现在（now）	目前（currently）
开始（start）	最初（initiate）
显示（show）	表明（indicate）
完成（finish）	定案（finalize）
使用（use）	运用（utilize）
置于（place）	定位（position）
所以（so）	相应地（accordingly）
帮助（help）	便利（facilitate）
在……之后（after）	随后（subsequently）

2. 避免使用模糊的修饰语。避免使用不准确或模糊的形容词与副词。不准确的修饰语在一些文章中使用得如此频繁以至于它们变成了陈词滥调。只使用那些能更精确表达含义的形容词与副词。

不准确的修饰语	清楚有力的表达
非常好（very good）	恰好满足（short meeting）
极度漂亮（awfully nice）	清晰的表达（crisp presentation）
基本准确（basically accurate）	令人困惑的指导（baffling instructions）
巨大的成功（great success）	微乎其微的增长（tiny raise）
完全值得（richly deserved）	紧张的握手（moist handshake）
至关重要（vitally important）	明确推荐（lucid recommendation）

3. 使用明确、具体的语言。避免使用技术术语。总会有一些简单实际的词语可以表达出那些故意卖弄或模糊抽象的词语所要表达的含义。

行话	口语
贯彻、执行（implement）	实施（carry out）
可实施的（viable）	可行的（practical, workable）
未达最佳标准的（suboptimal）	无法令人满意的（less than ideal）
主动的、抢先的（proactive）	积极的（active）
底线（bottom line）	结果，成果（outcome）

4. 简洁流畅——就像你在谈话一样。只使用那些在你面对面谈话时能帮你准确沟通的词语、短语和句子。如果你不想这样说，或者它听起来不像是你说的，那就不要这

样写。

呆板的	自然的
理由有四个之多（the reasons are fourfold）	有四个理由（there are four reasons）
重大的（importantly）	要点是（the important point is）
访问，探望（visitation）	参观（visit）
作为……的手段（as a means of）	为了（to）
在目前的情况下（at this point in time）	现在（now）
考虑到（in regard to）	关于（about）
如果是那样子的话（in the event that）	如果（if）
除……之外（with the exception of）	除了（Except）
由于这样的事实（Due to the fact that）	因为（Because）

5. 划掉你不需要的单词。某些日常使用的表达方式包括了一些多余的短语，删除那些额外的词语。

不推荐	推荐
预先计划（advance plan）	计划（plan）
采取行动（take action）	行动（act）
深入研究（study in depth）	研究（study）
观点一致（consensus of opinion）	一致（consensus）
直到时间到了（until such time as）	直到（until）

资料来源：Table adapted from Chapter 2 of *Writing That Works* by Kenneth Roman and Joel Raphaelson, Copyright © 1981 by Kenneth Roman and Joel Raphaelson, Harper Collins Publishers, Inc. Additional table entries from Laura Hale Brockway, "20 Phrases You Can Replace with One Word," *Ragan's PR Daily*, downloaded from www. prdaily. com/Main/Articles/11285. aspx on November 1, 2012; and "Long Words," *Garbl's Writing Center*, downloaded from http://home. comcast. net/~garbl/stylemanual/words. htm on November 1, 2012.

调研报告提纲

调研报告可以由多种形式组织。在这里，我们将对报告中需要阐述的关键内容提供一些建议而不是明确告诉你组织内容的方法。遵照一个好的结构，将使你清楚、简洁、准确、完整地完成报告。不要忘记，报告的格式应该考虑阅读者的性格和需求。我们在表 20-2 里提供了通用的格式，这个格式可以十分灵活。

表 20-2　　书面调研报告提纲

(A) 标题扉页
(B) 目录
(C) 执行摘要
(D) 引言
(E) 方法
(F) 结果
　　a. 调研发现
　　b. 局限性
(G) 结论与建议

续前表

(H) 附录
a. 数据收集表格的备份
b. 单变量结果的数据收集表格
c. 编码字典
d. 技术附录（如果必要的话）
e. 不包括在正文中的表格（如果必要的话）
f. 用于档案存储的数据文件
g. 参考文献

标题扉页 标题扉页显示报告的主题，报告将要呈交的组织、部门或者个人的名字，提交这个报告的组织、部门或者个人的名字以及日期。还有一个重要的事情是要写上项目负责人的名字以及相关的联络信息。

目录 目录按照在报告中出现的顺序和细分情况来呈列各部分。典型的目录也包括图表及它们所在的页码。对大多数报告而言，报告中会加入表格或图形，地图、曲线图、统计图被归入后者这一类。

执行摘要 可能这会令你感到非常惊讶，但事实是执行摘要是报告中最重要的部分，因为它是很多经理唯一会读的部分。它必须包含报告当中最重要的信息。当撰写报告时，一个好的策略是，假定自己只有 60 秒的阅读报告的时间，想想你最想表达的信息是什么。执行摘要最好在一页纸上就写完。

执行摘要首先要陈述谁做的这个调研以及引出调研的特定问题或者调研猜想。接下来简要陈述一下数据是如何收集的，还要包括回复率。接下来最重要的就是阐述本调研的结果，通常使用概括的方式，最后是结论（有可能会有建议，这取决于经理到底想不想看见这个）。在撰写执行摘要上花费时间是很有必要的。

引言 引言提供了一些背景知识，这些背景知识有助于读者鉴别报告的一些结论。介绍一些关于被调研议题的背景知识是一个不错的主意。引言通常都要陈述所要调研的特定问题（还包括一些比较合适的假设）。此外，引言常用来定义一些不常见的术语或报告中以某种特定形式引用的术语。例如，在一份新产品的市场渗透的调研中，引言可能会定义市场。在计算新产品的市场份额时，也会指定所涉及的产品和被认为是竞争者的公司名称。

道德困境20-1

作为一个独立调研团队的调研人员，你的工作是为一名客户撰写最终的调研报告。你的一个同事私下里和你说："用大量的专业术语让报告看起来很专业——你知道这种事的。我们就是靠这赚钱的。"

- 用复杂的术语掩盖报告的实质内容的做法道德吗？
- 客户会对不完全理解的术语留下深刻印象吗？

方法 报告写作最困难的地方就在于方法部分。这对作者而言确实是一个难题。必须有充分的信息使读者能够理解调研设计、数据的收集方法、抽样过程以及所使用的不致使人厌烦和感到困惑的分析技术。技术术语虽然在表达某些复杂概念时比较简明，但是由于许多阅读者无法理解它们，所以应该删除。

应该告知读者调研是探索性、描述性还是因果性的。如果你的调研包含多个方法（例如同时采用了探索性和描述性的调研方法），你应该依次陈述方法、结果以及调研方法的局限性（先讨论探索性调研以及结果，接下来是描述性调研）。有时候你的方法部分只是一个摘要——要有足够的细节，但不要过多。你还应告知读者结论是建立在二手数据还是原始数据的基础上。如果是原始数据，是观察而来的还是问卷调查得来的。如果是问卷，其执行方式是面谈、信件、邮件、传真还是电话？我们再次强调一定要对选择某种调研方法的原因进行说明。它有哪些优于备选方案的优点？这就意味着要简短地讨论一下其他数据收集方案的缺点。

抽样属于技术性议题，但是你必须要说清楚为什么这么做。如果你使用了一个特别复杂的方法，你需要在附录里详细说明。最起码你的抽样方法介绍里必须包括这几个部分：（1）陈述一下对总体的定义，包括分析的单元（例如，是针对个人的、家庭的还是企业的）；（2）抽样框及来源；（3）抽样的类型；（4）样本的大小；（5）反应率。

结果　报告正文的结果部分除了详细展示调研的发现，通常还包括解说性的图表。结果部分是报告的主体内容。报告的结果要针对某个确定的问题，而且结果应该以逻辑性的结构呈现。那些虽然有趣但与调研的特定问题不太相关的结论应该删除。一个建议：几乎没哪个经理有兴趣看调研中计算机输出的每个变量的冗长列表，对你来讲，思考如何最优化组织并陈述调研成果是非常关键的。

一个有效的方法是：围绕有待调研者回答的问题去组织结论部分。一般有一两个关键问题是经理们决策的核心，结论应提供有关这些问题的信息和答案。例如，如果一个中心问题是目标市场的知晓度，则在一个单独的部分中报告这种知晓度的结果（例如，总的回忆率、认知、定点回忆）。如果另一个推动调研的问题是公司的目标市场的感知，你就要在另一部分中组织结论。

在本章的最后有一个 Avery 健身中心项目的书面调研报告（见附录 20A）。这个报告主要阐述了调研所涉及的两个问题：（1）探究了现有会员的人口统计特征以及使用设备（包括支付费用）的情况；（2）调研会员一开始是如何知道 AFC 的。

有时候图表比简单的文本能更有效地表述结论。不过，要注意一些问题。表格、图形以及其他的展示方式并不能完全替代文本，你需要解释图表说明了什么，而且客户希望看到这些阐述明确的关键点。在报告中出现的图表不仅要容易理解，而且要围绕某个单一的议题。更复杂的内容应该出现在附录里。还有，一定要标注图表当中重要的结果。与图相比，表格更适合展示结果。明智的做法是仅用图表来强调那些需要强调的重要内容，太多的图表可能会分散注意力。

要想做出一个完美的调研几乎是不可能的，每一个调研都有局限性。调研人员知道调研的局限性在哪里，向读者指出这些局限性其实更有好处。告知局限性可使调研者自由地讨论局限性是否或在多大程度上影响了结论。因此，在你给出调研结果之后，需要用一个小部分来提一下调研的局限性。

结论与建议　结果会带来结论与建议。结论就是对结果进行解释，建议就是提醒经理们接下来应该做些什么。对每一个推动调研的问题都应该给出结论。一个好的策略就是将目标与结论紧密地联系起来。让读者在回顾了目标之后能够直接转向结论，并且每一个调研目标都有特定结论。如果调研没有获得充分的证据来得出解决调研问题的结论，你需要阐明这一点。

调研者的建议应该与结论保持一致。战略导向的调研，建议应该直接提出来，最终整个项目就只差制定决策了。在一个探索导向的调研里提出建议可能更重要，虽然它不能直接被提出来。你已经收集了信息并且有了答案，经理就会使用这些信息吗？记住，其实很多经理并不希望你提出建议。当然也有一些经理需要你为他们提出建议，因为你是和调研及结论接触最多的人，他们会衡量你做出来的东西。

经理关注

正如我们在本书前面的内容中所强调的，在使用调研者提供的信息之前，营销经理应该评估营销调研的质量，调研报告是主要的、最能理解的证据来源，因此，应该认真对待。

要考虑的事情有：调研目的是否明确，报告阐述的内容是否真实？调研的陈述是否清楚、简洁、完整、正确？调研设计是否合理，程序是否可靠？结论中所有的观点和建议是否建立在调研信息（或数据）的基础上？报告是否真实地公开了发现结果，调研是否以客观的方法来执行？这些量化的资料（或定性结果）是否可靠或值得信赖？

当你评价调研报告符合这些标准的程度时，你必须回答以下这个重要的问题：调研报告是否给出了根据市场环境而采取适当行动的清楚建议？我应该冒着失去声望和职位的风险遵照这些信息“action”吗？这个ACTION是以下活动的首字母缩略词：

Attained research objectives：可达到的调研目标

Communication is clear，concise，complete，and correct：报告的陈述清楚、简洁、完整、正确

Technically sound design and procedures：调研设计和程序看起来技术全面

Information-based insights in conclusions and recommendations：结论和建议中包含基于信息的洞察

Objective and open：客观性和开放性

Numerically（or qualitatively）reliable and trustworthy：定量或定性的调研成果可靠，值得信赖

道德困境20-2

一名同事向你吐露心事：“我刚为一个旅馆的老板做了一项调查，这位老板正准备提供一项为聚会、婚礼等提供餐食的服务。”他想知道宣传这项新业务最好的广告形式。在调查问卷中，我问那些受访者期望在哪里接触这项服务的广告，大多数的回答是报纸。我才意识到我的问题只是在问他们通常通过什么途径接触到这类广告，而不是他们最想在哪里接触，或者在哪里接触最有效。我们所得到的只是其他的提供者在哪里做这类广告！然而，我很清楚我的这位顾客肯定会将我的调查结果理解为报纸是他的服务的最佳宣传媒介。我应该清楚地说明这项调研的局限性吗？

- 明确说明调研的局限性的代价是什么，不说的代价又是什么？
- 促进调研的正确使用难道不是调研者的一个主要责任与义务吗？

附录　附录包括一些非常复杂的、琐碎的、专业的、对于正文并不是完全必需的材料。附录一般包括一份问卷或数据收集表。如果有更加复杂的关于抽样依据或统计检验的详细计算，也需要放在附录中。将调研中的每一个单变量统计结果以数据表格的形式呈现在附录中也是一个很好的办法。有时候调研者也会把所有的单变量统计结果放在一个表格里展示出来。不管怎样，就算其他的都没有做好，最起码可以让经理看到大家是如何回答这些问题的。要确认如果在报告中有引用附录内容的话，要在报告中标注出来并且做一个参考文献目录。

调研报告可能是调研项目最终保留的唯一文件，因此，它起着重要的存档作用。除了数据收集表的副本之外，我们建议你将包含编码字典在内的项目原始数据文件也存一个副本并添加到报告中。这通常意味着有一个电子文件。一些调研者喜欢将原始文件打印出来。有了数据收集表、编码字典和数据文件，很多年以后，如果有必要，任何有能力的调研者都可以重复验证你的结论或进行额外的分析。记住，对今后的项目来讲，你目前的调查是一份有用的二手数据。

小结

学习目标 1

讨论与读者进行有效沟通的书面报告必须满足的写作标准

能够与读者有效沟通的一份书面报告一般满足以下几个标准：完整、准确、清晰。

学习目标 2

列出构成标准调研报告的主要元素

一份标准的报告一般包括以下几个部分：标题扉页、目录、执行摘要、引言、方法、结果、结论与建议和附录。

学习目标 3

解释执行摘要中所包含的信息类别

一个好的执行摘要指出了报告的整个正文部分的关键点，其中包括必要的背景信息、重要的结果和结论。

关键术语

完整（completeness）　　准确（accuracy）

清晰（clarity）

复习题

1. 调研报告最重要的目标是什么？请进一步解释。

2. 报告的标准——完整、准确、清晰，其具体含义是什么？

3. 人们认为调研报告应该完整，又认为报告应该简洁。这两个目标相互冲突吗？如果是，你该如何协调？

4. 调研报告中以下部分应该包括哪些具体内容？

a. 标题扉页

b. 目录

c. 执行摘要

d. 引言
e. 方法
f. 结果
g. 结论与建议
h. 附录

讨论的问题与案例

1. 读完这章后你应该清楚一个专业的营销调研者必须具备良好的书面表达能力。许多大学和学院举办各种各样的活动帮助学生提高写作能力。这些活动可能有多种形式如写作实践、专门研讨会、词语应用指南、一对一写作辅导以及常规的写作交流课程。针对你学校所拥有的能提升写作能力的资源写一份调查报告。假定一年级新生即将到来，你的这篇报告会作为指导材料的一部分。应用本章提及的格式安排你报告的结构。

2. 一家中等规模的家庭装修公司擅长家装中的浴室定制设计和DIY（自己动手）设计。公司老板要求 Tom Jones 咨询公司提供一份有关家居市场中浴室设计这一细分市场的消费者概况。下面是报告中的一些摘录，请进行评价。

调研报告摘录

公司的消费者市场可以划分为DIY（自己动手）市场和浴室定制设计这两个细分市场。下面是对每一个市场的简短介绍。

DIY市场的消费群体主要是年龄在25～45岁之间住单身公寓的消费者。虽然越来越多的女性正成为DIY的积极消费者，不过绝大多数的DIY顾客还是男性。典型的DIY消费者，其年收入超过20 000美元，平均年收入达到29 100美元，标准差为86。他们拥有越来越多的闲暇时间，具备强烈的价值意识和方便意识，其自我满足愿望不断增强。

对浴室设计这一细分市场而言，其消费人群的平均年龄是41.26，每年收入在55 000～65 000美元之间，平均收入为59 000美元，标准差为73。浴室设计的顾客通常住单身公寓。家庭主妇一般是浴室设计的影响者也是主要的决策者。

3. 讨论在调研报告中结论与建议之间的区别。

4. 假设韦迪国际公司想进入快餐市场，以实现经营多样化。公司指定你为公司的主管们准备一份简短的报告来简要介绍这一富有吸引力的机会。

请按照以下步骤编写报告：

a. 确定你认为最合适的特定快餐市场。
b. 收集相关领域的二手资料，分析过去五年的消费倾向。
c. 确定报告的大纲及各个部分。
d. 运用合适的图形和表格来支持你的分析。
e. 写出报告。

5. 描述执行摘要中应包含的信息，讨论为什么这是调研报告最重要的部分。

6. 一位调研员向一群杂货商店的经理作报告，他说："我们对从10家杂货商店中得到的判别样本所采集的资料进行了分析，结果显示，从整体来看，杂货商店每年平均销售额的95%置信区间是1 000 000美元±150 000美元。"

a. 从听众的角度来说，这样的陈述存在什么问题？
b. 修正这段陈述。改正时，不要遗漏相关信息。

7. 一家大型割草机生产商委托你所在的营销调研公司做一个调查项目。公司正在准备最后的书面报告。调研项目的目标之一是从公司整体层面和公司单个销售区域层面对季度销售额的变化进行调查。你的这位客户尤其对季度销售额的最大值和最小值之间的变化范围感兴趣。你的同事向你呈报了下表。评价这张表格，对它做适当的修改后把它放入你的报告中。

季度销售额的变化

销售区域	销售额（单位：千美元）			
	春季	夏季	秋季	冬季
西北地区	120.10	140.59	50.90	30.00
中东地区	118.80	142.70	61.70	25.20
东南地区	142.00	151.80	134.20	100.10
中西部地区	100.20	139.42	42.90	20.00
中南部地区	80.77	101.00	90.42	78.20
平原地区	95.60	120.60	38.50	19.90
西南地区	105.40	110.50	101.60	92.10
太平洋地区	180.70	202.41	171.54	145.60

注释

1. Donald Melanson, "Apple: 16 Billion iTunes Songs Downloaded, 300 Million iPods Sold," October 4, 2011, downloaded from www.engadget.com on November 1, 2012; Andrew Orlowski, "iTune's Sales 'Collapsing,'" *The Register*, December 11, 2006, downloaded from www.theregister.co.uk/2006/12/11/digital_downloads_flatline/ on November 1, 2012; and Antone Gonsalves, "Research Firm Clarifies: iTunes Sales Are Not Collapsing," *InformationWeek*, downloaded from www.informationweek.com on August 29, 2008.
2. William J. Gallagher, *Report Writing for Management* (Reading, MA: Addison-Wesley, 1969), p. 78. Much of this introductory section is also taken from this excellent book. See also Pnenna Sageev, *Helping Researchers Write, So Managers Can Understand* (Columbus, OH: Batelle Press, 1995).

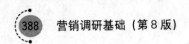

附录 20A 书面调研报告：Avery 健身中心

深度理解 Avery 健身中心的客户

他们是谁？他们使用什么服务？什么促使他们选择了 Avery 健身中心？

最终报告

委托方：Avery 健身中心

2012 年 2 月

报告撰写者：Suter 和 Brown Research

1 Research Boulevard

Stillwater，OK 74074

目录

执行摘要

Suter 和 Brown Research 在 2011 年 11 月就开始为 AFC 提供调研服务，目的是更好地利用现有的设施和设备来增加收益。我们做了以下特定调研：（1）调查现有会员的基本人口统计特征以及他们使用设备的情况（包括支付的费用）；（2）调研会员们一开始是如何知道 AFC 的。调研的目的是使 AFC 的经理对健身中心的会员有一个更深入的了解，包括他们如何使用健身中心的设备，并根据人口统计特征区分不同人群的使用特征差异，为增加收益提供机会。此外，了解会员们最初是如何知道 Avery 健身中心的有利于经理做出有效的宣传沟通计划。

关于调研 我们利用邮件来调查那些在过去的 12 个月里至少使用过一次健身设备的现有会员或者以前的会员，由此产生一个随机样本。我们收到了 231 个有效的邮件回复，答复率为 58%。在调查之前的 12 个月，我们还利用从公司拿来的二手数据，将这些样本分别匹配到相应的收益类别当中。

主要结果

- 比较典型的 AFC 的会员大部分是女性（女性占 80%），年龄大（平均年龄 69 岁，50%的会员年龄在 61～77 岁之间），大多数受过良好的教育（60%的会员至少受过四年制大学教育），退休的人比较多（77%的人已经退休），并且很多人拥有较高的收入（29%的人家庭年均收入高于 7.5 万美元）。
- AFC 中最经常用到的设备是理疗池，45%的受访者在调查前的 30 天里至少使用过一次理疗池。负重训练和健身课程的使用率紧随其后。
- AFC 会员平均一个月来 10 次健身中心，最常来的时间段是早上（占比 74%）。体重较重或者较轻的人没有明显的差异。
- 接受调查的独立样本在调查前的 12 个月里平均每人支付了 282 美元。结果显示那些上了年纪、退休了以及看重社会因素而去 AFC 的会员支付更高的费用。
- 42%的人第一次去健身中心是为了满足特殊的医疗要求；31%的人是为健康以及锻炼的目的。最常见的知道 AFC 的途径是朋友和医生的推荐，分别占 52%和 23%。

建议 基于以上调研结论，我们提出以下建议：

1. 把营销的焦点放在那些上了年纪并且退休的和看重社会因素的人。
2. 为了确定目标市场而进行的调查项目要在上午完成。换言之，下午和晚上 AFC 的客流量较少，设备闲置率较高。利用这些闲置的资源可能是一种机会。
3. 可能的话尽量在年长市民中心或者社会团体中开展宣传。
4. 专注于为现有的会员提供最优质的体验，以提升口碑。尤其重要的是，要鼓励那些退休的客户和那些由于社会因素选择健身中心的客户将健身中心推荐给其他人。
5. 为现有的会员提供信息手册，以便让他们：（1）了解更多的除正在使用的服务之外的那些服务；（2）将健身中心推荐给他们的朋友或者熟人。在访问年长市民中心和一些社会团体时可以这么做。
6. 追踪医疗转诊的来源，并为那些就诊最多的医生建立一个识别系统。
7. 定期拜访每个医疗办公室，并提供关于健身中心康复设备和服务的信息手册。

3

引言

AFC 的所有者和管理人员都想在公司当前状况基础上继续发展业务。Avery 成立于 10 年前，在一所大学旁边的一个大型购物中心里经营一个单一门店。AFC 的目标群体是 55 岁以上的人，他们中的一些人存在健康问题。许多客户被门店的大型室内理疗池吸引，希望利用水疗的方式促进健康。公司经营采取会员制，会员需要每个月支付一笔固定数额的费用。一些特殊课程需要额外支付费用，如使用私人教练服务等。

在公司成立的头 8 年里，经营收入稳步增长，但是后来收入就一直停滞不前。管理人员认为 AFC 应该可以在不降低服务质量的前提下维持现有的设施以及现有的人员编制水平，实现会员数量 20%～30%的增加。尽管已经通过广告做了一些吸引客户的初步努力，但是到目前为止会员数量以及支付的总费用还是差不多。简单来说，管理人员面临的问题以及引导这项调研的问题是：AFC 如何在当前的情况下实现收益的增加？

尽管 AFC 的员工和经理们对一些会员十分熟悉并且可以详细描述他们的很多私人信息，但是没有一个针对 AFC 会员的系统了解，管理方仍然不清楚为什么这些人会被健身中心吸引、哪些客户会带来更多的收益、会员是如何了解健身中心的，等等。我们建议 AFC 公司开始一项以发现为导向的调研项目，旨在解决以下两个特定的调研问题：(1) 确定 AFC 会员的基本人口统计特征以及使用模式；(2) 调研 AFC 会员最初是如何了解 AFC 的。

在接下来的部分，我们将阐述调研方法，并且详细地展示分析结果，根据结论提供相应的管理建议。

方法

调研设计 在与 AFC 的经理咨询会谈后，我们开始收集数据进行探索性调研。我们一开始收集并且阅读了很多健身中心为了迎合成熟的目标市场的相关资料，以便形成本调研的背景资料。美国退休人员协会（AARP）和国际活跃老龄理事会（ICAA）为此提供了很好的见解。Healthways' Sliver Sneakers 健身项目和 YMCA 的活跃长者活动计划项目也为我们了解相关的调研背景提供了有益的帮助。谢里尔·马西斯（Cheryl Matheis），AARP 的健康战略高级副总裁说："许多老人想要找到社区项目或者设施，以帮助他们更加活跃。"这一信息与 AFC 在社区当中的作用是一致的。接下来，我们对三个公司员工（一个经理，两个健身教练）进行了深度访谈，以了解哪些会员比其他人更经常来健身中心，并且了解一下他们对健身目标的看法。

此外，我们对六名 AFC 的会员进行了深度访谈（四名女性，两名男性；三名每天使用设备的人，三名偶尔使用设备的人）。这样做是为了了解会员来健身中心的动机以及他们是通过哪种途径知道并了解健身中心的。探索性调研的结果显示，我们掌握了几种动机和了解健身中心的途径，这些信息确定了我们下一阶段要使用的数据收集表格。

对于描述性调研，我们通过对 AFC 会员列表产生的随机样本开展了邮寄调查并收集到一手数据。我们选择了邮寄调查而不是个人访谈或者电话调查是想尽可能降低调查成本，并且我们可以预料到合理的回应率取决于调查对象本身以及他们对于调查主题的兴趣。虽然网络调查的费用很低，但我们还是担心与这些人接触的可靠性，尤其是这些人当中很多都是老年人。

我们将来自 AFC 会员的横截面数据以及在调查前 12 个月里的收益数据进行了匹配。收益数据是来自 AFC 公司的二手数据。

问卷（见附录 A）包含了各种封闭式问题，用来获取解决调研问题所需的信息。我们也使用了开放性问题，询问触发被调查者最初来健身中心的事件。

根据对 AFC 经理的访谈，我们将调研对象界定为在过去的 12 个月里至少来过一次健身中心的 AFC 会员。健身中心的人员名单以及相应的出席率记录作为抽样框，随机产生了一个包含 400 个元素的简单随机样本，目标回应率是 200 份。在发送邮件开始调查的 2 周后，我们停止了数据收集，一共获得 231 份有效的回复邮件，回应率为 58%。

结果

第一部分，确定会员的人口统计特征以及使用模式

总体人口统计特征 为了得到典型的AFC会员的信息，我们收集了会员基本的人口统计特征数据。

- 大部分是女性（女性占比80%）
- 年龄大（平均年龄69岁，50%的会员的年龄在61～77岁之间）
- 大多受过良好的教育（60%的会员至少受过四年制大学教育）
- 退休的人比较多（77%的人已经退休）
- 拥有较高的收入*（16%的人家庭年均收入低于3万美元，29%的人高于7.5万美元）

*23%的受访者没有回答收入的问题，如果这些受访者与其他受访者显著不同就有增加误差的可能性，因此，此调查的高回应率（58%）也会受到影响。此外，在此样本中，我们有理由相信高收入人群对应受教育程度高的人群。

附录B当中包含了完整的人口统计特征的信息。

因为增加收益对AFC的经理来说十分重要，并且他们想要保持长期增长，因此，会员收入水平是他们是否有能力支付每月的服务费用的一个重要衡量指标。我们在家庭年收入超过7.5万美元的会员数据当中计算得到了95%的置信区间，也就是说，我们有95%的信心认为收入超过7.5万美元的会员占比在22%～36%之间。总的来说，鉴于目前AFC有962名会员，212～346人的家庭年均收入是超过7.5万美元的。

使用情况统计 在本节中，我们将介绍该健身中心设施及其他服务的使用情况。条件允许时，我们根据不同的变量对比一下使用情况的差异，这些差异在一定的显著性水平上是显著的（$p<0.05$）。为了简化分析与报告，我们将年龄、受教育程序以及家庭收入组合起来进行分析。

A. 前30天内被使用的服务

（1）负重训练。整体上看，32%的受访者在过去的一个月内使用过负重训练服务，进一步分析显示，男性（51%，27%为女性）、受教育程度较高（37%，教育程度较低的为23%）、家庭收入较高的（41%，收入较低的占27%）会员更有可能使用负重训练服务。

（2）健身课。26%的受访者表示在过去的一个月内参加过AFC的健身课程。唯一有差异的人口统计特征就是性别。相当大一部分比例的女性（30%）参加了健身课程，比男性（9%）多得多。

（3）健身环道。22%的受访者表示在过去的一个月内使用过健身环道。基于人口统计特征并无显著差异。

（4）健身房。只有12%的受访者表示在过去的一个月内使用过健身房。收入较低的受访者（17%）比收入较高的受访者（5%）更有可能使用健身房。

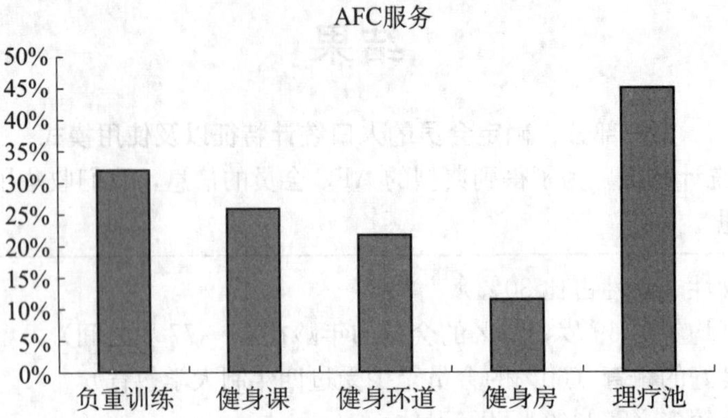

(5) 理疗池。45%的受访者表示在过去的一个月内使用过理疗池，这是使用频率最高的一项服务。女性（51%）比男性（20%）更经常使用理疗池。此外，收入较低的受访者（55%）相对于收入较高的受访者（39%）更有可能使用理疗池。

B. 前30天内访问健身中心的次数

在所有的受访者中，在过去的一个月内访问健身中心的平均次数是10次（标准差为7.3）。25%的受访者表示在过去的一个月内至少去过4次，28%的受访者表示超过了14次。

为了确定受访者访问健身中心的频率高低是否存在人口统计学差异，我们使用中位数将受访者的访问次数分成两组，频率较低（访问次数小于等于10次）的一组和频率较高（访问次数大于等于11次*）的一组。结果显示使用频率的高低不存在人口统计学上的差异。

C. 访问AFC最经常的时间段

我们询问了所有的受访者最经常访问健身中心的时间段（例如早上、下午和晚上）。所有的结果都显示在下面的饼图和表格里。

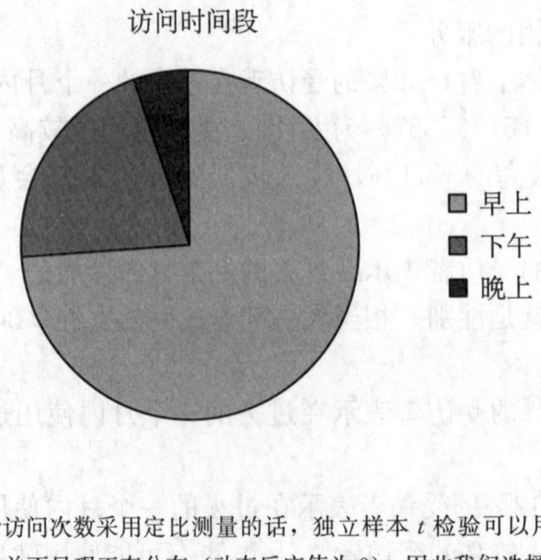

* 一般来说，如果受访者访问次数采用定比测量的话，独立样本 t 检验可以用来获得所有的分组比较信息。然而在这种情况下，访问次数并不呈现正态分布（动态反应值为0），因此我们选择交叉表进行分析。

7

访问时间段	受访者	所占比例
早上	160	74%
下午	45	21%
晚上	10	5%

（$n=215$）

结果显示，接近 3/4 的顾客会在早上去 AFC 锻炼。作为对这些结果的有效性检查，健身中心的员工确认了大多数的顾客会在中午前使用健身中心的设备。

后续分析显示，有工作的会员在早上去中心（46%）的可能性比那些已经退休的的会员（82%）要低。此外，所有被报告的在晚上使用健身中心设备的都是有工作的人。与这些结果相对应的是，绝大部分（80%）70 岁以上的老人会在早上去健身中心，在晚上去健身中心的都是 70 岁或者 70 岁以下的人。

使用情况统计：收益

在收集完调查数据之后，我们把在过去的 12 个月里每个受访者支付的费用与这些数据进行了匹配。在本节中，我们将整体的收益依据受访者的人口统计特征以及其他变量来分开展示。

A. 整体收益

每名会员的平均收益为 282 美元（标准差为 166 美元）。有 25%的会员支付了不超过 155 美元费用；25%的会员支付了 400 美元或以上的费用。

B. 按人口统计特征分组的收益

70 岁以上的会员平均每年在健身中心花费 328 美元，70 岁以下的会员花费 238 美元。唯一一个有统计显著性区别的人口统计特征是就业状况，在职的会员平均每年在健身中心支付的费用为 215 美元，退休的会员为 314 美元。

C. 按使用情况分组的收益

接下来，我们按照使用设备特征将会员进行分组并比较每组会员所产生的收益，确定一些特定的使用设备类别（例如负重训练、健身课、健身房、健身环道、理疗池）、访问时间段、访问频率等因素是否和较高的收益相关。唯一一个有统计显著性差别的使用变量是受访者是否在过去的一个月内参与了 AFC 的健身课程。那些参与健身课程的会员年花费为 320 美元，没有参加健身课程的会员为 268 美元。

D. 按参与动机分组的收益

我们要求受访者用 5 分量表对四个参与健身的理由进行重要性的衡量。其中最重要的一个理由是“一般的健康与健身”（4.7），接下来的一个理由是“特定的医疗目的”（4.1），身体享受（3.9）以及社会因素（3.2）。我们利用一个线性回归来确定这些重要的参加动机是否与更高的收益相关。

结果显示，人们越强烈地受到社会因素的激励，他们在健身中心支付的费用也就越高。（例如，在 1～5 分当中，每高一分就会多 40 美元的收益；打 5 分的受访者平均比打 2 分的受访者多支付 120 美元[1]）[2]。

E. 所有具有统计显著性差异的分组收益

最后，因为与收益相关的具有统计显著性的预测因子（如年龄、就业状况、是否参与健身课、对参与健身的社会因素的看重程度）之间可能存在相关关系，我们做了所有预测因子与收益的回归分析以确定每个预测因子的重要程度。数据结果显示更年长的（$p<0.1$）、退休的（$p<0.05$）、因为社会因素而参与健身（$p<0.1$）与向健身中心支付更高的年费是相关联的。如果同时考虑其他因素，是否参与健身课程并不影响在健身中心的消费。总而言之，该模型解释了年收益的大部分变异，多元决定系数大于0.14。

第二部分：调研会员最初是如何知道AFC的

我们的调研要告诉AFC管理者的一个重要的结果是什么因素将会员带到了AFC。这个部分需要解决两个问题。

"什么事件导致你第一次使用AFC的服务？"

我们收到了很多关于这个开放性问题的答案，我们将它们分为最基本的六类，如下所示：

带来会员的初始事件

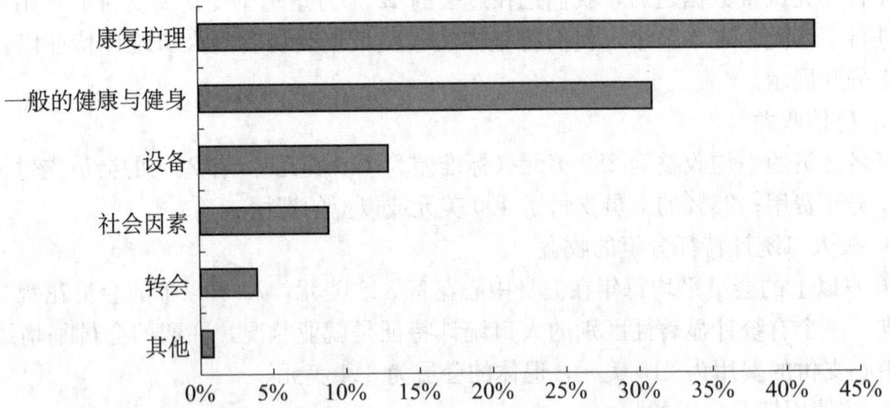

事件	比例
康复护理或特定的医疗目的	42%
一般的健康与健身	31%
设备	13%
社会因素	9%
从另一家健身中心转会	4%
其他	1%

（$n=224$）

1. 如果在回归模型当中加入了更多的预测因子，则增加的数量会发生变化，因此显示的结果应该谨慎使用。

2. 调研结果还表明，在过去的一年间，因为"身体享受"理由参与健身的受访者支付了更少的费用（例如，在量表中每升高一点就减少36美元）。在接下来的分析中，稳健性检验揭示了身体享受重要性和社会因素重要性之间的正向关系，消除了身体享受动机对收益方面的负向影响。因此，身体享受的动机与收益之间没有二元相关性。结果，我们认识到试图改变AFC会员的身体享受的动机的重要性不会带来任何净收益，增加身体享受的重要性会增加社会因素的重要性（这又会对收益产生直接的积极影响），同时消除了给收益带来的直接负向影响。

如表中所示，大部分的 AFC 会员一开始是由于康复护理或者特定的医疗目的(42%）而来到 AFC 的，还有一部分人（31%）是为了健康与健身。

后续的分析没有发现年收益在这些驱使会员最初选择 AFC 的理由中有显著性差异。

“你是如何知道 AFC 的?”

我们给受访者提供了七个可选的知道 AFC 的途径，他们可以选择任意符合情况的选项。

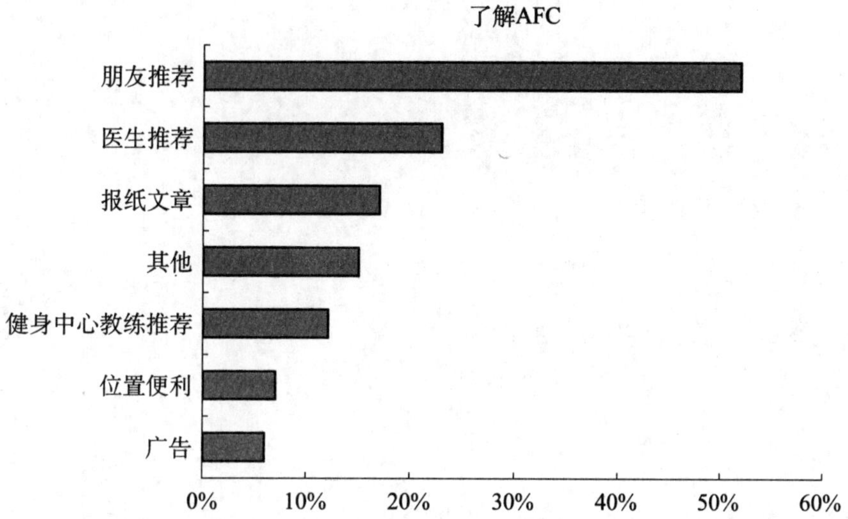

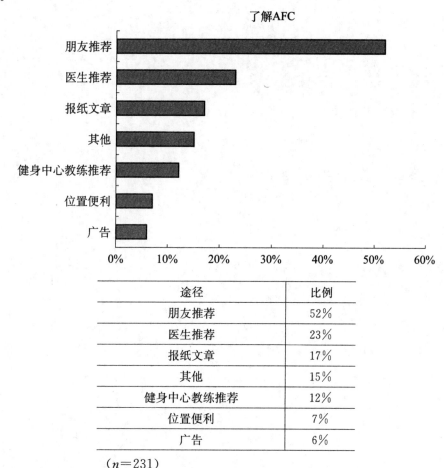

途径	比例
朋友推荐	52%
医生推荐	23%
报纸文章	17%
其他	15%
健身中心教练推荐	12%
位置便利	7%
广告	6%

(n=231)

从结果当中可以清楚地看到口头推荐是大部分会员知道 AFC 的原因。

为了深入了解口碑行为，我们还询问了受访者向其他人推荐 AFC 的可能性。整体来说，10 分量表当中平均得分为 9.3 分（标准差=1.5)，71%的受访者表现出很高的可能性，AFC 的会员表现出很高的向别人推荐的意向。后续的分析表示：(1）退休的会员比在职的会员意向更高（76% vs. 52%，表现出最高的推荐可能性)；(2）觉得社会因素很重要的会员比觉得社会因素不是那么重要的会员意向更高（87%vs. 63%，表现出最高的推荐可能性)；（3）近一个月内使用过理疗池的会员推荐可能性比较高(85%，没有使用过的会员推荐可能性为 59%)；（4）女性比男性有更高的推荐意向(76%vs. 56%)。

局限性

一个潜在的局限性是应该承认的。26个受访者没有回答就业情况这一问题。没有回答可能存在两个方面的原因：（1）这个问题没有标上编号，很容易导致受访者直接跳到家庭收入情况这一问题上；（2）受访者的就业情况不能简单地用“在职”和“退休”来回答。如果这个调研在未来继续进行，我们建议AFC经理或者调研人员要与受访者进行沟通来解决这个问题。

结论和建议

因为这个项目是一个以探索为导向的调研，因此并没有直接给 AFC 的经理提出行动方针。然而，我们的结果提供制定战略的基石，这是一种财富，有利于解决这个关键性的问题——我们如何在当前的情况下增加收益?

(1) 确定会员的人口统计特征以及使用模式

● 比较典型的是 AFC 的会员大部分都是女性（女性占比 80%），年龄大（平均年龄 69 岁，50%的会员年龄在 61～77 岁之间），受过良好教育的比较多（60%的会员至少受过四年制大学教育），退休的人比较多（77%的人已经退休），并且很多人有比较高的收入（29%的人家庭年均收入高于 7.5 万美元）。

● AFC 中最经常用到的设备就是理疗池，45%的受访者在调查开始前的 30 天里至少使用过一次理疗池。负重训练（32%）和健身课（26%）的使用率紧随其后。

● AFC 会员平均一个月来 10 次健身中心，最常来的时间段是早上（占比 74%）。体重较重或者较轻的人没有明显的差异。

● 接受调查的独立样本在调查前的 12 个月里平均每人支付 282 美元。结果显示那些上了年纪、退休了或者更看重社会因素的会员在 AFC 健身中心支付了更高的费用。

我们根据这些结果提供了一些建议。第一步是重点关注那些能带来高收益的会员的特征，具有这些特征的群体可能就是未来营销工作的目标群体。因此，把营销工作聚焦于更加看重社会因素的一些年纪较大的、已经退休的群体。识别那些看重社会因素的人群可能是困难的，但是可以先从那些丧偶的人入手（或者单身的人）。一个有效的策略是对员工进行培训，教他们询问了解会员在健身中心以外进行的活动。了解该目标人群的其他兴趣以及他们所属群体的特征可能有助于识别其他具有相似特征的并且可能会对 AFC 产生兴趣的人。

我们进一步的分析是试图识别能带来高收益的会员与其他会员的差异。正如调研结果所显示的，已经退休的（或者说更年长的）会员更有可能在早上使用 AFC 中心的设施。事实上，受访者中唯一会在晚上使用这些设备的是在职者。为了进一步巩固健身中心的实力，建议最好在早上完成（或者沟通）识别目标市场的任务。随着早上时间段需求的持续增长，从某些方面来说将需求引导至下午的时间段也是很重要的。(在一份相关的报告当中提到，考虑到在晚上几乎没有人会来 AFC，最好在早些时候关闭一些设备以降低成本。有一点要注意：即使是晚上来健身中心并且带来很少收益的那群人，他们最终也会退休并且转变为能带来高收益的群体。如果管理层选择提前关闭健身中心，那么就会带来丢失那些在未来有利可图的会员的风险。)

一些更年长的会员（17%）从 Avery 经理讲话中第一次听说 AFC 的比例是高于较为年轻的会员（7%）的。这证实了尽量在长者市民中心或者一些社会团体中进行宣传是行之有效的宣传手段。

12

（2）调研会员是如何了解AFC的

● 42%的受访者表示第一次来AFC是因为有特殊的医疗要求；31%的受访者是为了健康和锻炼的目的。从朋友、熟人（52%）或者医生（23%）处得到口头推荐是最常见的第一次知道AFC的途径。

● 很明显，口碑宣传是发展潜在会员的主导力量。我们主要的建议是尽可能为现有的会员提供最高质量的体验，因为现有的会员对AFC来说实际上是“营销部门”，只要体验是积极的，他们就会继续传播积极的口碑。

● 考虑到很多人第一次来健身中心是因为需要康复治疗或者其他的医疗需求，他们首先要到医生那里了解AFC，因此与这些医生保持关系是优先要考虑的事情。我们建议开始追踪医疗推荐的来源，并且建立一个奖励系统用以奖励那些为健身中心推荐了会员的医生。奖励可以很简单，例如给推荐的医生打电话或者留言表达感谢，或者送花去办公室表示感谢等。定期拜访每一个医生办公室并向有运动养生需求的病人提供宣传手册是很重要的。

● 最后，重要的是要提供信息手册给现有的会员，那么他们在宣传健身中心时就有实物给可能会对健身中心有兴趣的朋友和熟人。有趣的是，高收益会员的两个特征（退休，看重社会因素）都与较高的预期口碑推荐有关。在这些个体中进行宣传推广会产生很好的效果，因为他们有动力把健身中心推荐给别人，也更有可能与相同特征的人接触。

参考文献

American Association of Retired Persons（AARP），http：//www. aarp. org.

International Council on Active Aging（ICAA），http：//www. icaa. cc.

Healthways SilverSneakers Fitness Program，http：//www. silversneakers. com.

YMCA，http：//www. ymca. net.

Colin Milner，“Find a Fitness Center That Fits You，” February 2011，accessed November 2011，http：//www. aarp. org/health/fitness/info-02-2011/find _ a _ fitness _ center _ that _ fits _ you. html.

附录

附录 A　数据收集表格

Avery 健身中心调查

感谢您百忙之中抽时间来参与 Avery 健身中心（AFC）的调查。请回答以下问题。您真诚的回答将有助于我们在未来更好地提供服务。AFC 以外的任何人都不会看到您的回答，所以请据实回答。

(1) 在过去的 30 天里你至少使用了以下哪种 AFC 的服务。(请选出所有合适的选项)

□负重训练　□健身环道　□理疗池

□健身课　□健身房

(2) 在过去的 30 天内，你到 AFC 锻炼了多少次？

过去的 30 天内共锻炼________次

(3) 你通常在一天的哪个时段来 AFC？(限单选)

□上午　□下午　□晚上

(4) 你是如何获知 AFC 的？(请选出所有合适的选项)

□医生推荐　□朋友或熟人推荐　□广告（包括电话黄页）

□AFC 教练的推荐　□位置便利　□报纸上的文章

□其他

(5) 下列关于你来 AFC 锻炼的原因当中你认为它们有多重要？(在每个选项上画圈)

	完全不重要			非常重要
一般的健康与健身	1	2	3	4	5
社会因素	1	2	3	4	5
身体享受	1	2	3	4	5
特定的医疗目的	1	2	3	4	5

(6) 你将 AFC 推荐给朋友或同学的可能性有多大？

绝对不可能　可能　极有可能

0　1　2　3　4　5　6　7　8　9　10

(7) 你最初使用 AFC 服务的原因是什么？

____

(8) 目前的年龄________

(9) 性别　□男性　□女性

(10) 最高学历：

□高中以下　□高中毕业　□技术或职业学校

□大学肄业　□大学毕业　□研究生及以上

(11) 您家庭所有来源的税前年收入大概有多少？(请选择最接近的收入和就业状况类别)

□$0～15 000 □$15 001～30 000 □$30 001～45 000
□$45 001～60 000 □$60 001～75 000 □$75 001～90 000
□$90 001～105 000 □$105 001～120 000 □$120 000 以上

谢谢！

附录B 数据表格

(1) 在过去的30天里你至少使用了以下哪种AFC的服务？(请选出所有合适的选项)

服务	计数	使用率(%)	样本数量(n)
负重训练	73	32	231
健身课	61	26	231
健身环道	51	22	231
健身房	28	12	231
理疗池	104	45	231

(2) 在过去的30天内，你到AFC锻炼了多少次？

平均数＝10.0；标准差＝7.3；第一四分位数＝5，中位数＝10，第三四分位数＝14；n＝198

(3) 你通常在一天的哪个时段来AFC？(限单选)

时间段	计数	比例
早上	160	74
下午	45	21
晚上	10	5

(n＝215)

(4) 你是如何获知AFC的？(请选出所有合适的选项)

来源	计数	比例(%)	样本数(n)
医生推荐	54	23	231
朋友或熟人推荐	121	52	231
广告(包括电话黄页)	14	6	231
AFC教练的推荐	28	12	231
位置便利	15	7	231
报纸上的文章	38	17	231
其他	35	15	231

(5) 下列关于你去AFC锻炼的原因当中你认为它们有多重要？(在每个选项上画圈)

1～5表示从“完全不重要”到“非常重要”

原因	平均数	标准差	%	样本数量(n)
一般的健康与健身	4.7	0.7	95	229
社会因素	3.2	1.3	41	203
身体享受	3.9	1.1	70	202
特定的医疗目的	4.1	1.2	78	209

(6) 你将AFC推荐给朋友或同学的可能性有多大？

0～10代表从“绝对不可能”到“极有可能”

平均数＝9.3；标准差＝1.5；中位数＝10；n＝231

（7）你最初使用 AFC 服务的原因是什么？（开放性问题）

事件	计数	受访者比例（%）
一般的健康与健身	70	31
设备	28	13
康复护理或特定的医疗目的	95	42
社会因素	20	9
转会	8	4
其他	3	1

（n=224）

（8）目前的年龄

平均数=68.6；标准差=11.9；第一四分位数=60，中位数=70，第三四分位数=77；n=224

（9）性别

性别	计数	比例（%）
男	45	20
女	177	80

（n=222）

（10）最高学历

学历水平	计数	比例（%）
高中以下	4	2
高中毕业	34	15
技术或职业学校	46	20
大学肄业	7	3
大学毕业	52	23
研究生及以上	82	36

（n=225）

（11）您家庭所有来源的税前年收入大概有多少？（请选择最接近的收入和就业状况类别）

家庭收入	计数	比例（%）
0～15 000 美元	7	4
15 001～30 000 美元	22	12
30 001～45 000 美元	25	14
45 001～60 000 美元	42	24
60 001～75 000 美元	31	17
75 001～90 000 美元	18	10
90 001～105 000 美元	13	7
10 5001～120 000 美元	12	7
120 000 美元以上	9	5

（n=179）

就业情况	计数	比例（%）
在职	48	23
退休	157	77

（n=205）

17

附录 C　编码字典

Avery 健身中心调查问卷编码字典

变量名	描述	回答选项
ID	问卷识别码	
负重训练	在过去 30 天是否进行过负重训练？	0＝没有　1＝有
健身课	在过去 30 天是否参加过健身课？	0＝没有　1＝有
健身环道	在过去 30 天是否使用了健身环道？	0＝没有　1＝有
健身房	在过去 30 天是否使用过健身房？	0＝没有　1＝有
理疗池	在过去 30 天是否使用过理疗池？	0＝没有　1＝有
锻炼次数	在过去 30 天到 AFC 锻炼的次数	（记录数字）
锻炼时间	到 AFC 锻炼的通常时间	1＝早上　2＝下午　3＝晚上
医生推荐	从何处获知 AFC？医生推荐	0＝没有　1＝有
口碑	从何处获知 AFC？朋友推荐	0＝没有　1＝有
广告	从何处获知 AFC？广告	0＝没有　1＝有
推销	从何处获知 AFC？人员推销	0＝没有　1＝有
位置便利	从何处获知 AFC？位置便利	0＝没有　1＝有
报道	从何处获知 AFC？报纸上的报道	0＝没有　1＝有
其他	从何处获知 AFC？其他	0＝没有　1＝有
健身	对参加健身的重要性：一般的健康与健身	1～5，“完全不重要”到“非常重要”
社会	对参加健身的重要性：社会因素	同上
享受	对参加健身的重要性：身体享受	同上
医疗	对参加健身的重要性：特定的医疗目的	同上
推荐	推荐的可能性	0～10，“完全不可能”到“极有可能”
事件	你最初使用 AFC 的原因是什么？（开放式）	1＝一般的健康与健身 2＝理疗设施/设备 3＝康复/特定的医疗目的 4＝社会因素 5＝从另一个健身中心转过来 6＝其他
年龄	目前年龄	（记录数字）
性别	性别	1＝男性　2＝女性
教育	最高受教育程度	1＝高中以下 2＝高中毕业 3＝技术或职业学校 4＝大学肄业 5＝大学毕业 6＝研究生及以上
收入	税前家庭年总收入	1＝0～15 000 美元 2＝15 001～30 000 美元 3＝30 001～45 000 美元 4＝45 001～60 000 美元 5＝60 001～75 000 美元 6＝75 001～90 000 美元 7＝90 001～105 000 美元 8＝105 001～120 000 美元 9＝120 000 美元以上

18

续前表

变量名	描述	回答选项
状态	工作状态	1=在职，2=退休
收益	填答者过去贡献的收益	（来自二手数据）

缺失值=空缺

附录 D
数据文件

此项目（Avery 健身中心数据）的数据文件可以在 www. cengagebrain. com 上下载。

Basic Marketing Research：Customer Insights and Managerial Action，8e
Tom J. Brown，Tracy A. Suter，Gilbert A. Churchill，Jr.

Cengage Learning Asia Pte. Ltd.
151 Lorong Chuan，#02-08 New Tech Park，Singapore 556741

北京市版权局著作权合同登记号 图字：01-2019-1195

图书在版编目（CIP）数据

营销调研基础：第 8 版/汤姆·布朗，特蕾西·苏特，小吉尔伯特·丘吉尔著；景奉杰，杨艳译．—北京：中国人民大学出版社，2019.8

（工商管理经典译丛．市场营销系列）

书名原文：Basic Marketing Research：Customer Insights and Managerial Action，8e

ISBN 978-7-300-27182-8

Ⅰ.①营… Ⅱ.①汤…②特…③小… ④景… ⑤杨… Ⅲ.①市场营销学-调查研究 Ⅳ.①F713.50

中国版本图书馆 CIP 数据核字（2019）第 158304 号

工商管理经典译丛·市场营销系列

营销调研基础（第 8 版）

汤姆·布朗

特蕾西·苏特　　著

小吉尔伯特·丘吉尔

景奉杰　杨　艳　译

Yingxiao Diaoyan Jichu

出版发行	中国人民大学出版社		
社　　址	北京中关村大街 31 号	**邮政编码**	100080
电　　话	010－62511242（总编室）		010－62511770（质管部）
	010－82501766（邮购部）		010－62514148（门市部）
	010－62515195（发行公司）		010－62515275（盗版举报）
网　　址	http://www.crup.com.cn		
经　　销	新华书店		
印　　刷	北京市鑫霸印务有限公司		
规　　格	185 mm×260 mm　16 开本	**版　　次**	2019 年 8 月第 1 版
印　　张	26.5 插页 1	**印　　次**	2019 年 8 月第 1 次印刷
字　　数	610 000	**定　　价**	65.00 元

CENGAGE Learning™

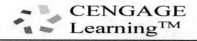

Supplements Request Form (教辅材料申请表)

Lecturer's Details(教师信息)			
Name: (姓名)		Title: (职务)	
Department: (系科)		School/University: (学院/大学)	
Official E-mail: (学校邮箱)		Lecturer's Address / Post Code: (教师通讯地址/邮编)	
Tel: (电话)			
Mobile: (手机)			

Adoption Details(教材信息) 原版□ 翻译版□ 影印版□			
Title:(英文书名) Edition:(版次) Author:(作者)			
Local Publisher: (中国出版社)			
Enrolment: (学生人数)		Semester: (学期起止日期时间)	

Contact Person & Phone/E-Mail/Subject:
(系科/学院教学负责人电话/邮件/研究方向)
(我公司要求在此处标明系科/学院教学负责人电话/传真及电话和传真号码并在此加盖公章。)

教材购买由 我□ 我作为委员会的一部分□ 其他人□[姓名:] 决定。

Please fax or post the complete form to(请将此表格传真至):

CENGAGE LEARNING BEIJING
ATTN : Higher Education Division
TEL: (86)10-82862096/95/97
FAX: (86)10-82862089
EMAIL: asia. infochina@cengage. com
www. cengageasia. com
ADD: 北京市海淀区科学院南路 2 号
融科资讯中心 C 座南楼 12 层 1201 室 100190

Note: Thomson Learning has changed its name to CENGAGE Learning.

VERIFICATION FORM/CENGAGE LEARNING

教师教学服务说明

中国人民大学出版社管理分社以出版经典、高品质的工商管理、统计、市场营销、人力资源管理、运营管理、物流管理、旅游管理等领域的各层次教材为宗旨。

为了更好地为一线教师服务，近年来管理分社着力建设了一批数字化、立体化的网络教学资源。教师可以通过以下方式获得免费下载教学资源的权限：

在中国人民大学出版社网站 www.crup.com.cn 进行注册，注册后进入“会员中心”，在左侧点击“我的教师认证”，填写相关信息，提交后等待审核。我们将在一个工作日内为您开通相关资源的下载权限。

如您急需教学资源或需要其他帮助，请在工作时间与我们联络：

中国人民大学出版社　管理分社

联系电话：010-82501048，62515782，62515735

电子邮箱：glcbfs@crup.com.cn

通讯地址：北京市海淀区中关村大街甲 59 号文化大厦 1501 室（100872）